prépabac

Entraînement intensif

Tle L, ES, S

Histoire Géographie

Géraldine Demagny
Professeur certifiée d'histoire-géographie
au lycée Fabert à Metz

Florence Holstein
Professeur agrégée d'histoire-géographie
au lycée Richelieu à Rueil-Malmaison

Gérard Pointereau
Professeur agrégé d'histoire-géographie
au lycée Charlemagne à Paris

Claire Ravez
Professeur agrégée d'histoire
au lycée Fabert à Metz

Nathalie Renault
Professeur agrégée d'histoire-géographie
au lycée Saint-Michel-de-Picpus à Paris

Frédéric Viénot
Professeur agrégé de géographie
au lycée Pasteur à Neuilly-sur-Seine

Hatier

Hatier s'engage pour l'environnement en réduisant l'empreinte carbone de ses livres. Celle de cet exemplaire est de :
2.1 kg éq. CO_2
Rendez-vous sur www.hatier-durable.fr

PAPIER À BASE DE FIBRES CERTIFIÉES

Conception de la maquette
Anne Gallet

Mise en pages
STDI

Suivi éditorial
Sandrine Gallotta

Cartes et schémas
Domino

Iconographie
Marthe Pilven/Hatier Illustration

 ISBN 978-2-218-97804-3

Achevé d'imprimer en Italie par La Tipografica Varese Srl
Dépôt légal n° 97804-3/01 - juin 2015

AVANT-PROPOS

À qui est destiné cet ouvrage ?

- Ce « Prépabac Entraînement intensif » s'adresse à vous qui visez l'excellence, parce que l'objectif principal de votre année de terminale, au-delà du bac, est l'orientation vers les **études supérieures** et les **classes préparatoires**.

- Quelle que soit votre série **(L, ES ou S)**, cet ouvrage vous offre les clés d'une année de terminale réussie et la promesse d'une entrée dans la **filière sélective** de votre choix.

Quels contenus offre cet ouvrage ?

- Le **cours**, clair et structuré, est renforcé par des **encadrés** offrant des éclairages variés sur les grands thèmes du **programme**. Dans chaque chapitre, il est complété par des pages de **repères** présentant de façon synthétique des **données clés** et donnant des **compléments** pour approfondir votre travail personnel.

- Les **méthodes** pour répondre aux questions types et les **stratégies** pour rendre de très bonnes copies sont un moyen de **gagner en efficacité** : elles constituent un gain de temps précieux dans votre travail.

- Les sujets, nombreux, variés, et originaux, offrent un **entraînement intensif**, complet et très formateur :

  – des **sujets de type bac** pour des révisions efficaces et ciblées ;

  – des **sujets d'approfondissement** de niveau **post bac** vous proposant des exercices exigeants pour viser avec confiance la filière sélective de votre choix.

Pour chaque sujet, les auteurs se sont attachés à rédiger un **corrigé** clair, détaillé et assorti de **commentaires** et de **conseils**.

Quels compléments offre le site annabac.com ?

- L'achat de ce « Prépabac Entraînement intensif » vous permet de bénéficier d'un **accès gratuit*** à toutes les ressources d'annabac.com : vidéos, podcasts audio et fiches de cours, exercices interactifs, sujets d'annales corrigés...

- Pour profiter de cette offre, rendez-vous sur **www.annabac.com** dans la rubrique « Vous avez acheté un ouvrage Hatier ? ».

* Selon les conditions précisées sur le site www.annabac.com

SOMMAIRE

HISTOIRE

Le rapport des sociétés à leur passé

Idéologies et opinions en Europe de la fin du XIXe siècle à nos jours

Puissances et tensions dans le monde de la fin de la Première Guerre mondiale à nos jours

Les dynamiques de la mondialisation

Dynamiques géographiques de grandes aires continentales

ANNEXES

Le rapport des sociétés à leur passé

INTRODUCTION

Les différentes mémoires

- Le passé laisse des traces susceptibles d'unir ou de diviser les hommes. Sur des moments difficiles de notre histoire, qui rompent l'unité nationale, comme la Seconde Guerre mondiale et la guerre d'Algérie, les mémoires peuvent être douloureuses, occultées, passionnées, instrumentalisées. Dans tous les cas, ces mémoires sont des représentations subjectives du passé parce qu'elles intègrent une expérience, un ressenti, une large part d'émotion.
- La mémoire sélectionne et déforme les événements passés, influencée par la diversité des témoignages et des groupes mémoriels qui la portent et par les contextes historique et politique dans lesquels elle se forme. Il n'y a donc pas une mémoire, mais des mémoires.
- Les mémoires d'un événement traumatique évoluent, la plupart du temps en plusieurs étapes : elles sont, dans un premier temps, douloureuses, refoulées ou manipulées pour devenir une mémoire officielle. Puis, elles sont ravivées, elles se construisent par l'action de nouveaux témoignages et du travail des historiens. Enfin, elles se révèlent, s'illustrant alors par une véritable « obsession mémorielle » entretenue par des commémorations, des mémoriaux et les programmes scolaires.

Les mémoires et l'histoire

- Au contraire, l'histoire est une reconstruction scientifique du passé qui se veut la plus objective possible. Le travail de l'historien est donc de mettre en perspective le passé avec les faits et les sources qui l'attestent. Les mémoires sont ainsi devenues un objet de recherche pour les historiens. Leur tâche est d'identifier ces mémoires plurielles, de montrer leur place dans le débat public et leur rôle dans la construction de l'histoire, d'analyser leur évolution. Il revient surtout aux historiens de montrer qu'aucune de ces mémoires n'est l'histoire.
- Les mémoires de la Seconde Guerre mondiale sont désormais de plus en plus libérées des enjeux liés aux acteurs survivants et politiquement actifs. Il n'en est pas de même concernant les mémoires de la guerre d'Algérie, encore proches et sensibles, et dont l'histoire reste en construction en France comme de l'autre côté de la Méditerranée.

Dans quelle mesure l'étude des mémoires de ces deux conflits permet-elle à l'historien de se rapprocher de la vérité historique ?

CHAPITRE 1 Séries L, ES et S

Les mémoires, lecture historique

COURS

MÉTHODES ET STRATÉGIES

SUJETS DE TYPE BAC

CORRIGÉS

COURS

Les mémoires, lecture historique

La Seconde Guerre mondiale et la guerre d'Algérie constituent des crises majeures de l'histoire nationale. Elles ont désuni la nation et ont suscité des témoignages et un regard collectif qui ont profondément évolué. L'historien a pris part à cette évolution et s'y intéresse aujourd'hui comme objet d'histoire.

I. L'historien et les mémoires de la Seconde Guerre mondiale

1. L'historien face aux mémoires immédiates (de 1945 aux années 1960)

a. La célébration des « mémoires résistantes »

- Dès août 1944, le général de Gaulle, soucieux de reconstruire **l'unité nationale**, laisse croire qu'une majorité de Français a résisté à l'occupant allemand. Lors de la Libération de Paris, dans un discours prononcé à l'Hôtel de Ville, de Gaulle minimise le soutien de la population au régime de Vichy. Les communistes* participent aussi à cette célébration de la Résistance en développant l'image du parti martyr, celui des **« 75 000 fusillés »**, destinée à effacer l'attitude ambiguë du PCF de 1939 à 1941, lorsque l'Allemagne et l'URSS étaient liées par un pacte de non-agression. Le cinéma soutient cette image avec, par exemple, *La Bataille du rail* de René Clément en 1946 qui héroïse les cheminots (voir le sujet 1).

- La **commémoration** de la guerre devient immédiatement un enjeu politique : les gaullistes commémorent le 18 juin, l'appel du général de Gaulle, et la Résistance. Les communistes héroïsent davantage la **résistance intérieure**, celle qui aurait vraiment fait face au danger, et célèbrent le 22 octobre, jour de la mort du jeune Guy Môquet.

- Les années 1960 marquent **l'apogée du mythe résistancialiste***. Avec le retour de De Gaulle au pouvoir en 1958 et le contexte difficile de la guerre d'Algérie, l'État ressent la nécessité de ressouder la nation autour de symboles forts : en 1960, la forteresse du Mont-Valérien devient le **mémorial*** de la France combattante et, en 1964, les cendres de **Jean Moulin** sont transférées au Panthéon. L'unificateur de la Résistance intérieure et le fondateur du **Conseil national de la Résistance (CNR)**, mort sous la torture, devient un « souvenir écran ».

b. La déformation des mémoires de Vichy

- Le général de Gaulle présente le régime de Vichy comme une « parenthèse » historique. La collaboration n'aurait concerné qu'une « poignée de misérables » alors que la **France libre** aurait incarné la continuité républicaine entre 1940 et 1944. La première décision du **Gouvernement provisoire de la République française** (GPRF) est d'ailleurs d'annuler toutes les lois de Vichy, de mettre fin à l'**épuration*** sauvage et d'organiser rapidement l'épuration légale. Pétain est condamné à mort, puis gracié et emprisonné à l'île d'Yeu. Laval est exécuté le 15 octobre 1945.

* Les mots suivis d'un astérisque sont définis dans le lexique.

L'épuration est limitée (1 500 exécutions, 44 000 condamnations) afin de permettre la reconstruction du pays. Des **lois d'amnistie*** sont votées par la IVe République en 1946 et 1947 pour les délits secondaires, puis l'épuration prend fin avec les lois de 1951-1953.

- Dans le contexte de la guerre froide et du départ des communistes du gouvernement en 1947, la droite se relève. Elle défend le **mythe du double jeu** de Pétain : celui-ci aurait été le « bouclier » qui protégeait la France et préparait l'action de De Gaulle, tandis que ce dernier aurait été « l'épée » organisant la Résistance. Cette vision avait déjà été défendue lors du procès de Pétain en 1945 ; elle est reprise en 1954 par l'historien Robert Aron qui ne dispose alors que des archives du procès et non de celles de l'État français.
- Ainsi, à la mort de Pétain en 1951, est fondée une association pour la défense de la mémoire du maréchal ; elle souhaite le transfert de ses cendres à l'ossuaire de Douaumont (site de Verdun) et demande une révision de son procès. Pour les dirigeants de droite, les communistes auraient préparé un coup d'État au moment de la Libération et mené une épuration sauvage ayant causé 100 000 morts (10 000 en réalité).

c. L'oubli des mémoires « difficiles » à évoquer

- La France combattante s'incarne dans la Résistance, mais elle laisse de côté les soldats de 1940. Ces combattants, dont 90 000 sont morts et 120 000 ont été blessés, ont souvent subi la captivité en Allemagne (2 millions de prisonniers), mais ils ne disposent pas de la gloire militaire des Poilus de 14-18. Ils sont donc **condamnés à l'oubli**, ou simplement ajoutés aux monuments aux morts de la Grande Guerre.
- La mémoire des **« malgré-nous »** est également passée sous silence. Ces jeunes Alsaciens et Mosellans, dont les départements ont été annexés à l'Allemagne en juin 1940, ont été enrôlés dans les forces nazies. Douze d'entre eux ont participé, au sein de la division SS Das Reich, au massacre de 644 villageois à Oradour-sur-Glane le 10 juin 1944. Le procès de Bordeaux en 1953 les condamne, mais l'État, ne souhaitant pas raviver les plaies du passé, les amnistie.
- Le pays vit, entre 1945 et 1946, le **retour des rapatriés***, dont les travailleurs du STO, service du travail obligatoire mis en place en 1943. Les réfractaires au STO sont considérés comme des lâches, la notion de « déportés du travail » leur est donc refusée. La vision officielle est celle de l'**amalgame entre les différentes victimes civiles**, dont celles qui ont été déportées pour des raisons raciales. Il existe une œuvre révélatrice de cette représentation univoque de la déportation : *Nuit et Brouillard* d'Alain Resnais (1955).
- Dès la Libération, les rescapés juifs des camps ont souhaité parler mais il n'existait pas d'espace pour le faire. De plus, ils sont peu nombreux et souhaitent ne pas faire entendre leur spécificité pour se fondre dans la communauté nationale. Les Tsiganes, nomades et apatrides, qui ont une tradition orale, ne sont pas encore reconnus comme des victimes.

2. L'historien étudie les différentes mémoires (des années 1960 aux années 1990)

a. L'émergence de la mémoire juive

- Les années 1960 constituent un tournant parce qu'elles permettent la redécouverte de l'histoire du génocide des Juifs. En 1961, le **procès d'Eichmann**, logisticien de la solution finale, en est le détonateur. Il permet aux historiens, dont Raul Hilberg, de mieux appréhender le processus complexe de la destruction des Juifs d'Europe. Pour la première fois, la spécificité du génocide est affirmée devant l'opinion internationale. En France, les **crimes contre l'humanité** deviennent **imprescriptibles** en 1964. Cela permet à des associations, comme les Fils et filles des déportés juifs de France, de Serge et Beate Klarsfeld, de lutter pour la condamnation des responsables de la déportation.

- Cette mémoire juive est menacée par la renaissance de l'antisémitisme en France et l'essor du **négationnisme*** : le 21 octobre 1978, Louis Darquier de Pellepoix, ancien **collaborationniste**, déclare dans *L'Express* qu'« à Auschwitz, on n'a gazé que des poux ». En 1980, un professeur de lettres à l'université de Lyon, **Robert Faurisson**, déclare que « les prétendues chambres à gaz hitlériennes et le prétendu génocide des Juifs forment un seul et même mensonge historique ».

- Face à ces thèses, des historiens comme Pierre Vidal-Naquet se mobilisent. En 1987, dans *Les Assassins de la mémoire*, ce dernier souligne l'absence totale de sérieux scientifique des discours **négationnistes**. Les survivants du génocide prennent alors la parole, au nom d'un **devoir de mémoire**, ce qui entraîne la succession de témoignages et la réalisation de documentaires comme *Shoah* de Claude Lanzmann (1985).

b. La remise en cause du mythe résistancialiste

- La génération qui n'a pas connu la guerre arrive à l'âge adulte dans les années 1970. Le climat politique et intellectuel, imprégné de l'esprit contestataire de mai 1968, et la démission de De Gaulle en 1969 puis sa mort en 1970, relancent la recherche historique. Dès lors, l'image héroïque d'une France massivement résistante s'efface derrière une **représentation plus nuancée et moins glorieuse** de la France occupée.

- En 1971, *Le Chagrin et la Pitié*, de Marcel Ophüls, est diffusé en salle. Ce film, qui retrace la vie à Clermont-Ferrand pendant l'Occupation, montre que de nombreux Français ont été attentistes ou ont fait le choix de la collaboration (voir le sujet 1). Mais la télévision refuse, jusqu'en 1981, sa diffusion. D'autres films mettent en valeur la complexité et l'ambiguïté des années noires : *Lacombe Lucien* (L. Malle, 1974), *L'Affiche rouge* (F. Cassenti, 1976), *Le Dernier Métro* (F. Truffaut, 1982).

- En 1973, l'ouvrage de l'historien américain **Robert Paxton**, *La France de Vichy*, montre que la collaboration de Vichy a été volontaire et non subie. En 1987, Henry Rousso publie *Le Syndrome de Vichy**. Il y souligne la persistance du mythe résistancialiste chez les élites politiques et l'existence de **vichysto-résistants**, fonctionnaires ou hommes politiques ayant participé au régime de Vichy tout en résistant. H. Rousso y révèle aussi les interventions de l'État pour cacher « ce passé qui ne passe pas ».

3. L'historien face aux enjeux mémoriels (des années 1990 à nos jours)

a. La déferlante mémorielle

- Dans les années 1980-1990, la traque des criminels de guerre aboutit à une série de procès : en 1987, Klaus Barbie, chef de la Gestapo de Lyon et tortionnaire de Jean Moulin, est condamné à la réclusion criminelle à perpétuité, notamment pour la rafle des enfants d'Izieu. La même année, Jean-Marie Le Pen qualifie le génocide des Juifs de « détail de l'histoire ». Cette provocation pousse le parlement à adopter la **loi Gayssot** du 13 juillet 1990 qui considère le négationnisme comme un délit.

- En 1993, François Mitterrand est confronté à la révélation de son passé de **vichysto-résistant**. Il institue alors la « Journée nationale à la mémoire des victimes des persécutions racistes et antisémites commises sous l'autorité de fait dite "gouvernement de l'État français" (1940-1944) », le 16 juillet, date anniversaire de la **rafle du Vel d'Hiv** (1942). Toutefois, il ne reconnaît pas la responsabilité de la République. En 1994, Paul Touvier, ancien chef de la Milice lyonnaise, est le premier Français condamné pour crime contre l'humanité.

b. La reconnaissance politique des faits historiques

- En 1995, Jacques Chirac est le premier président de la République à reconnaître la responsabilité de l'État français dans la déportation. Il ne remet pas pour autant en cause la mémoire gaulliste. Les victimes sont associées à de nouveaux héros, les **Justes**, qui ont sauvé des Juifs pendant l'Occupation.
- En 1997, le Premier ministre, Lionel Jospin, met en place une mission d'étude sur la spoliation des Juifs de France pendant l'Occupation afin d'indemniser les familles. En 2004, la journée du 16 juillet devient officiellement dédiée « à la mémoire des victimes des crimes racistes et antisémites de l'État français et en hommage aux "Justes" de France ».
- Parallèlement, un intense travail parlementaire aboutit au vote de nouvelles **lois mémorielles** : sur la reconnaissance du génocide arménien de 1915 et sur la traite et l'esclavage en tant que crime contre l'humanité (janvier et mai 2001), sur les rapatriés d'Afrique du Nord et sur le « rôle positif » de la colonisation (2005).

c. Une volonté des historiens de prendre leurs distances

- Commémorer la déportation s'affirme au cours des années 1990 comme un **« devoir de mémoire »**, c'est-à-dire l'obligation morale de se souvenir d'un événement traumatique afin de rendre hommage aux victimes. Les interventions d'historiens appelés comme experts dans certains procès (celui de Paul Touvier en 1994, de Maurice Papon en 1997) font débat. Certains considèrent que leur tâche peut être d'éclairer le jury en replaçant dans leur contexte historique les actions des prévenus. D'autres refusent cette fonction : pour eux, le récit historique ne ressaisit pas les comportements individuels dans toutes leurs nuances.
- Les historiens expriment aussi leur méfiance vis-à-vis des **lois mémorielles** au nom d'une liberté de la recherche qui risquerait d'être entravée par une histoire officielle. Aussi, l'obligation faite par Nicolas Sarkozy en 2007 de lire dans les lycées la dernière lettre de **Guy Môquet**, jeune communiste fusillé par les Allemands, est accusée de favoriser une approche émotionnelle du passé. En 2008, l'historien Pierre Nora crée l'association **« liberté pour l'histoire »**. Sous son action, une commission parlementaire préconise de ne plus adopter de telles lois.

La France a fait un important **travail d'histoire** pour assumer les crimes de l'État français pendant la Seconde Guerre mondiale. Parallèlement, le génocide des Juifs est entré progressivement dans la **mémoire collective** et s'est même mondialisé puisque la commémoration du **27 janvier** (libération d'Auschwitz) a été adoptée par l'Union européenne et l'ONU.

Les enjeux d'un lieu de mémoire

Le site choisi pour le **mémorial de la France combattante** commémore, tous les 18 juin depuis 1960, les différentes composantes de la France libre. La mémoire gaulliste se veut en effet unificatrice et gomme les clivages entre les résistants. Les communistes posent au contraire une plaque dans la clairière où Serge Klarsfeld a démontré, bien plus tard, qu'un millier d'hommes étaient morts. Parmi eux, de nombreux ouvriers communistes, mais aussi des Juifs, otages livrés par la préfecture de Police à la Gestapo. Inauguré en 2003, après un long travail de recensement des historiens, le monument aux fusillés du mont Valérien porte les noms des fusillés classés par date d'exécution, ainsi qu'une dédicace : « Aux résistants et aux otages fusillés au mont Valérien par les troupes nazies et à tous ceux qui n'ont pas été identifiés ».

DOC. 1 Le mémorial du mont Valérien a. La croix de Lorraine **b.** Le monument aux fusillés

II. Les mémoires de la guerre d'Algérie

1. Des constructions mémorielles différentes en France et en Algérie

a. Des mémoires inversées au sortir de la guerre d'Algérie (1962-1970)

- **En France**, après les **accords d'Évian** qui accordent l'indépendance à l'Algérie, et après le cessez-le-feu du **19 mars 1962**, la volonté d'oublier la guerre domine. Aucun de ses acteurs ne veut se pencher sur ce passé immédiat. L'opinion se tourne vers les nouveautés économiques des Trente Glorieuses* et occulte la perte de l'Empire colonial. Le pouvoir gaulliste organise **un oubli officiel** : une série de lois d'amnistie est accordée du 17 décembre 1964 à 1982, formant une sorte de « chaîne fabriquant l'amnésie » (Benjamin Stora). En 1966, le film italo-algérien *La Bataille d'Alger* remporte le Lion d'or au Festival de Venise, mais de nombreuses salles refusent de le projeter. En Algérie, il rencontre un vif succès.

- **En Algérie**, le drapeau du **Front de libération nationale (FLN)** devient celui de la République démocratique et populaire. Le pays célèbre le 1er novembre (fête de la Révolution) et le 5 juillet (fête de l'Indépendance). La constitution de 1963 impose une **vision officielle** de l'histoire, celle de « plus d'un million de martyrs ». Le FLN construit sa légitimité sur le conflit. Certains événements, comme le massacre des harkis (engagés musulmans dans l'armée française en Algérie) ou le rôle des Berbères, sont occultés afin de mettre en exergue l'arabité du pays.

b. La fin de l'amnésie (1970-1990)

- **En France**, la question algérienne revient sur le devant de la scène à partir de mai 1968. Des films **anticolonialistes**, comme *Avoir vingt ans dans les Aurès* de René Vautier (1972) ou *RAS* d'Yves Boisset (1973), rencontrent un vif succès auprès d'une jeunesse engagée à gauche qui remet en cause le passé colonial de la France. L'historien Pierre Vidal-Naquet, en 1972, évoque la torture dans *Raison d'État*, où il présente le cas de **Maurice Audin**, membre du PC algérien, mort sous la torture.

- Dans les années 1980, **les mémoires s'éveillent et se durcissent** : celle de la génération « beur » qui lutte contre le racisme et le Front national et marche « pour l'égalité », celle des héritiers des factions de l'OAS, celle des enfants de harkis qui luttent pour une reconnaissance officielle du rôle joué par leurs pères pendant la guerre. Des associations travaillent à intégrer officiellement la guerre d'Algérie dans l'histoire nationale, et la **FNACA** (Fédération nationale des anciens combattants en Algérie, Maroc et Tunisie) milite pour son entrée dans les programmes scolaires, ce qui est réalisé en 1983.

- **En Algérie**, les années 1980-1990 sont celles de graves crises qui divisent la société : le « printemps berbère » (1980) met en avant l'**identité kabyle** d'une partie du peuple et conteste la **politique d'arabisation** voulue par le pouvoir. L'image simpliste d'un peuple algérien tout entier arabe et musulman s'effondre. Dix ans plus tard, en 1992, le FIS, Front islamique du salut, fondé en 1989, est interdit : c'est le début d'une nouvelle guerre, opposant les islamistes à l'armée, qui ravive les plaies de la guerre d'indépendance. Pendant cette « décennie sanglante » (1992-2002), le FLN, qui n'a jamais opéré de retour sur son passé, n'est pas perçu comme légitime pour dénoncer la violence des islamistes.

c. Le temps du choc des mémoires (1992-2012)

- En 1997, le **procès de Maurice Papon** réveille le besoin de vérité historique. Préfet de police, il avait été impliqué dans la répression sanglante de la manifestation du 17 octobre 1961 organisée par le FLN à Paris, ainsi que dans celle du 8 février 1962, organisée par le PCF pour protester contre l'OAS (affaire de la station de métro Charonne). Les politiques se saisissent alors de la question : une partie des archives est ouverte en 1992 et l'expression **« guerre d'Algérie »** est officiellement reconnue par une loi le 18 octobre 1999. Au début des années 2000, des journalistes font ressurgir la mémoire des victimes de la torture : aveux du général Aussaresses, regrets du général Massu, contredits par le général Bigeard. La question de la **torture** continue de diviser. Cette division se cristallise autour de la question de la date de la fin de la guerre d'Algérie. En 2003, le gouvernement institue une commémoration officielle, le 5 décembre, jour anniversaire de l'inauguration du mémorial du quai Branly par Jacques Chirac. Cette date ne correspond pourtant à aucun événement de la guerre.

- Les souffrances des rapatriés sont reconnues en France par la loi du 23 février 2005, qui stipule également que les programmes scolaires doivent faire une place au « rôle positif de la présence française outre-mer » et « accordent à l'histoire et aux sacrifices des combattants de l'armée française issus de ces territoires la place imminente à laquelle ils ont droit ». Malgré l'abrogation de ce dernier point en 2006, cet épisode législatif ravive une « guerre des mémoires » entre les deux pays. Le discours du président Sarkozy sur les fautes de la colonisation française, prononcé à Alger en 2007, ne suffit pas à réconcilier les deux pays.

2. Une histoire qui explique le cloisonnement des mémoires

a. Les groupes mémoriels en France

- Les **pieds-noirs**, qui ont quitté l'Algérie en 1962, représentent environ 1 million de personnes aujourd'hui (dont leurs descendants). Leur mémoire est marquée par le traumatisme du **rapatriement**, la conviction d'avoir été abandonnés par de Gaulle. Les **partisans de l'Algérie française**, anciens de l'OAS, sont considérés comme des « ultras ». L'**OAS**, organisation de l'armée secrète, était un mouvement clandestin et terroriste créé en février 1961, regroupant des Français d'Algérie et des militants, souvent d'extrême droite, parfois officiers de l'armée française, passés à la clandestinité pour tenter d'empêcher les négociations entre la France et le FLN. Comme les pieds-noirs, ils entretiennent la mémoire d'un « paradis perdu », ou **« nostalgérie* »** (Benjamin Stora).

- Les **harkis** rapatriés en France ont servi comme supplétifs dans l'armée française en Algérie pour des raisons diverses : la solde, le désir de vengeance envers les exactions du FLN ou le patriotisme. Ils sont environ 43 000 (sur 180 000) à trouver refuge en France dès 1960, regroupés dans des camps de transit (voir le sujet 2), alors que l'État français leur avait promis son aide. Entre 1962 et 1968, c'est plus de 90 000 rapatriés harkis supplémentaires qui s'installent en France. Cette communauté représente aujourd'hui, avec les descendants, près de 400 000 personnes : elle est particulièrement active afin de faire reconnaître sa mémoire.

- Les **appelés du contingent** sont ceux qui effectuaient leur service militaire en Algérie. Ils représentent environ 1,7 million d'hommes (10 000 seraient morts au combat). Après le conflit, ils avaient demandé à l'État français la reconnaissance officielle d'une « guerre en Algérie » afin d'obtenir des pensions d'**anciens combattants**. La FNACA en est la principale fédération, créée en 1958 et forte de 370 000 adhérents. Elle milite aujourd'hui pour que la date du 19 mars soit celle de la commémoration de la fin de la guerre d'Algérie et prône la réconciliation.

- Les **immigrés algériens** et leurs descendants représentent aujourd'hui près de 2 millions de personnes. Ils ont le sentiment que le racisme colonial a traversé la Méditerranée et dénoncent les discriminations dont ils sont victimes.

b. Les groupes mémoriels en Algérie

- Les **combattants du FLN** et les **nationalistes** véhiculent la mémoire d'une **guerre de libération** contre l'occupant français. Cette mémoire militante est la source de l'unité nationale en Algérie. Pour eux, le 19 mars marque la fin de l'oppression coloniale. Cette mémoire se confond donc avec la mémoire nationale : « un seul héros, le peuple » est devenu la devise de l'État algérien.

- Les **harkis** présents en Algérie sont restés parfois de gré : ils pensaient que le FLN ne leur reprocherait pas d'avoir défendu leur famille contre son terrorisme et que les accords d'Évian seraient respectés. Mais la plupart des harkis sont souvent restés de force : le général de Gaulle ne souhaitait pas rapatrier les supplétifs après le cessez-le-feu, ne les considérant pas Français à part entière, les livrant ainsi désarmés aux exactions du FLN.

3. Le difficile travail des historiens face aux mémoires « parallèles » de la guerre d'Algérie

a. Des intellectuels engagés qui écrivent l'histoire immédiate

- **En France**, des historiens tentent d'écrire le récit du conflit avant même son issue. Mais ces historiens sont aussi des témoins des événements qu'ils étudient, comme Pierre Vidal-Naquet ou Pierre Nora.

- **En Algérie**, de nombreux intellectuels s'engagent dans le soutien à l'émancipation du peuple algérien. Albert Camus dénonce les inégalités, les effets de la colonisation, mais refuse les méthodes du FLN. Henri Alleg publie en 1958 *La Question* (sur la torture).

b. Les difficultés de la recherche historique

- Dans les années 1960, les archives françaises concernant la guerre d'Algérie sont encore fermées. Pourtant, la recherche progresse. En 1968 paraît la première histoire de la guerre d'Algérie en quatre volumes, par Yves Courrière. En 1972, Pierre Vidal-Naquet s'intéresse à la torture. Un premier colloque sur la guerre d'Algérie et les Français est organisé en octobre 1988 (sans objection de l'État).

- En Algérie, les historiens sont soumis à un contrôle par les institutions, particulièrement après l'arabisation de l'enseignement de l'histoire. À partir de 1970, le colonel Boumédiène ordonne une collecte des témoignages et documents pour que l'histoire de l'Algérie soit « écrite plus tard ». Mohammed Harbi, historien algérien, se réfugie en France et publie des ouvrages sur l'histoire du FLN dans les années 1975-1980.

c. Des historiens qui veulent dépasser le cloisonnement des mémoires

- Depuis les années 1990, les historiens français souhaitent éclairer les faits méconnus de la guerre d'Algérie. En 1992, avec l'ouverture partielle des archives publiques sur la guerre d'Algérie en France, le conflit devient un sujet de recherche qui se banalise. En 2001, les historiennes Raphaëlle Branche et Sylvie Thénault travaillent sur la torture et sur la justice. En 2004 sort un ouvrage de référence, *La Guerre d'Algérie, la fin de l'amnésie*. Une trentaine d'historiens français et algériens travaillent ensemble sous la direction de Benjamin Stora et de Mohammed Harbi.

- Les historiens sont parfois interpellés par les groupes mémoriels ou la classe politique. Ainsi, en 1994, Charles-Robert Ageron est critiqué pour avoir remis en cause le nombre de victimes harkis et Raphaëlle Branche est accusée de partialité à propos de ses recherches sur la torture. Soumis aux pressions des **groupes mémoriels**, certains historiens lancent une pétition contre l'article 4 de la loi du 23 février 2005 (sur les aspects positifs de la colonisation), largement inspiré par des associations de pieds-noirs. Dans un contexte de pressions sociales et politiques, certains historiens décident de créer, en juin 2005, le Comité de vigilance face aux usages publics de l'histoire (CVUH) afin de lutter contre toute instrumentalisation de celle-ci. Ils parviennent à faire abolir la mention sur la « lecture historique positive » de la colonisation en janvier 2006.

- Le travail des historiens n'a pas encore réussi à dépasser et à apaiser les **mémoires concurrentes et conflictuelles** de la guerre d'Algérie, comme en témoignent la non-commémoration du 50e anniversaire de la fin de la guerre d'Algérie en 2012 et l'oubli du 60e anniversaire du début du conflit en 2014.

REPÈRES

Dates clés

L'historien et les mémoires de la Seconde Guerre mondiale en France

1940 – 1950 – 1960 – 1970 – 1980 – 1990 – 2000 – 2010

LA MÉMOIRE DU CONFLIT
- **1945** Célébration de la victoire sur l'Allemagne nazie
- **1953** Le 8 mai 1945 est férié
- **1975** Suppression de la commémoration du 8 mai 1945
- **1981** Rétablissement du 8 mai 1945
- **1994** 50e anniversaire du Débarquement
- Visite du Président allemand à Oradour **2013**
- LA DÉFAITE DE 1940 OCCULTÉE

LA MÉMOIRE DE LA RÉSISTANCE
- HÉGÉMONIE DU RÉSISTANCIALISME
- Mythe de la « France résistance »
- La résistance incarnée toute entière par de Gaulle et Jean Moulin
- Résurgence du souvenir des divisions des groupes résistants

LA MÉMOIRE DU GÉNOCIDE JUIF
- SILENCE
- **1955** *Nuit et Brouillard* de A. Resnais
- **1985** *Shoah* de C. Lanzmann
- **1994** Procès P. Touvier
- **2004** le 16 juillet devient journée de commémoration officielle

LA MÉMOIRE DE VICHY ET DE LA COLLABORATION
- **1945** Épuration Procès Pétain et Laval
- **1951-1953** Loi d'amnistie
- **1971** *Le Chagrin et la Pitié* de M. Ophüls
- **1995** J. Chirac reconnait la responsabilité de la France dans le génocide juif

LE TRAVAIL DES HISTORIENS
- **1973** R. Paxton, *La France de Vichy*
- **1987** Vidal-Naquet prend position contre le négationnisme
- H. Rousso, *Le syndrome de Vichy*
- **années 1990** L'historien doit-il témoigner lors des procès ?
- **années 2000** L'historien contre les lois mémorielles

L'historien et les mémoires de la guerre d'Algérie

1960 – 1970 – 1980 – 1990 – 2000 – 2010

GROUPES DE MÉMOIRE : OUBLI (1962–1970) – GUERRE DES MÉMOIRES (1970–2000) – RECONNAISSANCE (2000–)

L'ARMÉE
- Lois d'amnistie
- **1962** Fin de la guerre
- Reconnaissance **1999** de la guerre d'Algérie

LA POPULATION ALGÉRIENNE
- Film *La Question* **1976**
- Affaire « Aussaresses » **2001** aveux sur l'usage de la torture

LES PIEDS-NOIRS
- Indemnisation **1978**
- Loi rendant hommage à l'œuvre accomplie par les Français rapatriés **2005**

LES HARKIS
- **1975** Révoltes des camps de harkis

LES TRAVAILLEURS ALGÉRIENS
- Marche pour l'égalité **1983**
- Reconnaissance du massacre **2012** du 17 octobre 1961

LE TRAVAIL DES HISTORIENS
- Sur la torture : R. Branche
- Sur la guerre : C.-R. Ageron
- Sur les mémoires : B. Stora et M. Harbi

Citations

Pierre Nora

L'histoire rassemble, la mémoire divise.

■ *Les Lieux de mémoire*, Gallimard, 1984 à 1993

Jacques Chirac

Oui, la folie criminelle de l'occupant a été, chacun le sait, secondée par des Français, secondée par l'État français.

■ Déclaration du 16 juillet 1995

Bibliographie

- *Le régime de Vichy*, TDC (textes et documents pour la classe), n° 1088, 15 janvier 2015
- *Les mémoires de guerre*, TDC, N° 877, 15 juin 2004
- *Lieux de mémoire européens*, La Documentation photographique, n° 8087, 2012

- ABECASSIS F., MEYNIER G., *Pour une histoire franco-algérienne. En finir avec les pressions officielles et les lobbies de la mémoire*, Paris, La Découverte, 2006
- *La décolonisation*, La Documentation photographique, n° 8062, 2008
- *La guerre d'Algérie*, TDC (textes et documents pour la classe), n° 994, 15 avril 2010

Filmographie

- KAREL W. et FINGER B., *Jusqu'au dernier. La destruction des Juifs d'Europe*, série documentaire en 8 épisodes (2015) ; série d'entretiens avec des historiens spécialiste de la question
- LANZMANN C., *Shoah* (1976-1981), sorti en salle en 1985 ; en particulier le témoignage du coiffeur Abraham Bomba
- OPHÜLS M., *Le Chagrin et la Pitié*, 1971

- BOUCHAREB R., *Hors-la-loi*, 2010
- SIRI F.-E., *L'Ennemi intime*, 2007
- VAUTIER R., *Avoir vingt ans dans les Aurès*, 1972

Sitographie

- **www.memorialdelashoah.org/index.php/fr/** ; onglet ressources audiovisuelles
- **fresques.ina.fr/jalons/parcours/0026/les-memoires-de-la-seconde-guerre-mondiale-en-france.html** ; les archives télévisées sur le sujet, classées par périodes
- **www.cheminsdememoire.gouv.fr/fr/memoire-des-harkis** ; site du ministère de la Défense recensant les lieux de la mémoire harkie
- **www.univ-paris13.fr/benjaminstora/la-memoire** ; le site de l'historien Benjamin Stora, en particulier les articles consacrés à la mémoire

1 Étude critique de deux documents – L'évolution de la mémoire du génocide en France depuis 1945

Vous ferez une analyse critique de ces documents afin de rendre compte de l'évolution de la mémoire du génocide en France depuis 1945.

> Voir la méthode générale d'une étude critique de document en annexe (p. 518).

> Voir les sujets 1 et 2 du chapitre 1.

DOC. 1 Affiche du Mouvement national des prisonniers de guerre et déportés, 1945.

DOC. 2 **a.** Mémorial du martyr juif inconnu, inauguré à Paris en 1956.
b. Mur des Noms au Mémorial de la Shoah, inauguré en 2005.

a.

b.

Analyser le sujet

> Analyser le thème et la consigne du sujet

Le sujet porte sur l'évolution de la mémoire du génocide depuis 1945. Il s'agit de montrer comment la France est passée d'un régime mémoriel de refoulement, c'est-à-dire d'oubli de la spécificité de la Shoah (doc. 1), à une période d'hypercommémoration voire d'obsession mémorielle de cet événement traumatique. Il ne convient donc pas d'étudier l'évolution de toutes les mémoires de la Seconde Guerre mondiale (mémoires de l'Occupation, de la collaboration, de la Résistance). Les bornes chronologiques sont indiquées par les documents : de 1945 à 2005.

> Identifier/présenter les documents

Le document 1 est une affiche du Mouvement national des prisonniers de guerre et déportés, datée de 1945. Le document 2 est une série de deux photographies représentant l'évolution de l'architecture du mémorial de la Shoah, à Paris, de 1956 à 2005.

> Relever et expliquer les informations importantes des documents

Ce que dit le doc. 1	Mon analyse (mes connaissances)
– Éléments iconographiques : Trois hommes se soutiennent et marchent vers la carte de France. Un homme en bleu avec une valise, un homme en uniforme militaire et, au centre, un homme en habits rayés soutenu par les deux autres.	On a représenté ici trois types de déportés : un travailleur du STO (obligatoire à partir de 1943), au centre un déporté que l'on reconnaît à son uniforme rayé, et un prisonnier de guerre (uniforme marron). En 1945, ces déportés ne sont pas reconnus : ce sont les « oubliés » de la guerre. Seuls les résistants reçoivent les honneurs de la nation afin de faire oublier les divisions de la France (ceux qui ont collaboré à la déportation en livrant des Juifs, ceux qui n'ont pas été réfractaires au STO et n'ont pas pris le maquis) et les prisonniers de la campagne de France (en mai-juin 1940), véritable débâcle militaire.
– Au premier plan, des débris.	Ces débris représentent les camps, sans mention particulière. En 1945, c'est le camp de Buchenwald qui est souvent nommé par les autorités. On ne distingue pas encore camps de concentration et camps d'extermination.
– Éléments écrits : « Ils sont unis, ne les divisez pas »	Une mémoire officielle s'est mise en place en 1945, celle de l'héroïsation de la Résistance. Henry Rousso parle de « résistancialisme ». Tous les déportés (politiques, raciaux) qui rentrent en France sont regroupés à l'hôtel Lutecia, à Paris, mais leur sort est amalgamé. Les Juifs de France, peu nombreux à être revenus des camps (2 500 sur les 76 000 déportés), ne souhaitent pas faire entendre leur voix ou ne sont pas entendus. On oublie volontairement la spécificité de la Shoah.

Ce que dit le doc. 2	Mon analyse (mes connaissances)
– Éléments photographiés : Mémorial du martyr juif inconnu inauguré en 1956	À la fin des années 1950, le temps est toujours celui de l'oubli. Même si un mémorial est inauguré en 1956 à Paris, il comporte des éléments qui renforcent l'idée d'une mort anonyme, tout comme, un an avant, le film *Nuit et Brouillard*. S'il évoquait l'extermination, ce film ne nommait pas spécifiquement le peuple juif, et certaines images, comme celle d'un policier français présent dans un camp de transit, ont été censurées.
– Mémorial de la Shoah inauguré en 2005, Mur des Noms	Cinquante ans plus tard, le mémorial de la Shoah est inauguré : il témoigne de l'évolution de la recherche historique et du travail de Serge Klarsfeld dans le recensement de toutes les victimes du génocide en France (Mur des Noms). Ce travail a été possible dans les années 1970, après le procès d'Eichmann à Jérusalem (1961), élément déclencheur dans la redécouverte des camps de la mort par la communauté internationale. Il s'est poursuivi dans les années 1980 après les propos négationnistes de Robert Faurisson et le travail d'historiens comme Pierre Vidal-Naquet pour y répondre. Il témoigne aussi du « devoir de mémoire » voulu par les victimes et par l'État lui-même, qui admet ses responsabilités en juillet 1995 (discours de Jacques Chirac).

> Mobiliser et organiser ses idées

La consigne demandant de rendre compte d'une évolution, le plan doit être chronologique et étudier scrupuleusement chacun des documents. Il s'agit ici de montrer qu'ils rendent compte de deux visions totalement opposées d'un même sujet.

> Relever les limites des documents

Ces documents ne mentionnent pas le rôle du régime de Vichy. Il convient de les replacer dans leur contexte pour les analyser.

Bâtir le plan de l'étude de documents

Le premier document met en évidence le temps de l'oubli de la déportation des Juifs de France ; le second, celui de l'obsession mémorielle depuis les années 2000. Il convient de maintenir dans le plan cette rupture chronologique.

I. Le temps de l'oubli du génocide

1. L'amalgame des victimes du nazisme…
2. … s'explique par la mise en valeur d'un « souvenir écran », celui du résistant…
3. … et par le silence des déportés raciaux

II. L'obsession mémorielle des années 2000

1. L'inauguration du mémorial de la Shoah ou le temps de l'hypercommémoration…
2. … est possible grâce au travail des historiens depuis les années 1970…
3. … et à la volonté des politiques depuis les années 1990

Rédiger l'étude critique de documents

> Introduire une étude critique de documents

- Débuter par une phrase d'accroche.

Alors que l'on croyait les débats sur la Seconde Guerre mondiale apaisés, force est de constater qu'il n'en est rien. Au cœur de la polémique en octobre 2014, la thèse controversée d'Éric Zemmour, dans son ouvrage *Le Suicide français* : il y défend « la stratégie adoptée par Pétain et Laval : sacrifier les Juifs étrangers pour sauver les Juifs français ».

- Définir les termes du sujet.

Ce débat sur l'attitude du régime de Vichy face à la déportation des Juifs de France n'est pas nouveau. Il rappelle l'importance du travail des historiens, dont le rôle est d'établir une vérité historique. Il se distingue des mémoires et des groupes qui les portent : ce sont des visions du passé, souvent affectives, qui renvoient à des enjeux politiques particuliers au moment où elles s'expriment.

- Présenter les documents.

Les deux documents soumis à notre étude témoignent de ce processus mémoriel concernant le génocide. Le premier, une affiche du Mouvement national des prisonniers de guerre et déportés, s'inscrit dans l'immédiat après-guerre, alors que le deuxième, une série de photographies du mémorial de la Shoah, ayant subi des transformations et inauguré dans sa forme actuelle en 2005, représente une mémoire contemporaine du génocide.

- Annoncer la problématique.

Dans quelle mesure ces deux documents sont-ils le reflet d'une évolution des mémoires du génocide des Juifs en France depuis 1945 ?

- Annoncer le plan.

Les deux documents présentent deux régimes mémoriels opposés : celui de l'oubli dans le contexte de l'après-guerre et celui de l'hypercommémoration dans les années 2000.

> Conclure une étude critique de documents

- Répondre à la problématique.

La Seconde Guerre mondiale a été l'occasion d'expériences traumatisantes, comme celle du génocide. Si l'oubli et l'amalgame de tous les déportés dominent dans l'immédiat après-guerre, c'est parce que la parole des survivants, peu nombreux, n'est pas entendue, et que le souvenir de la Résistance est magnifié par le pouvoir en place. Un tout autre régime mémoriel s'impose à partir des années 1990 : celui de la reconnaissance de la spécificité du génocide dans l'histoire du conflit et son « hypercommémoration ». Un devoir de mémoire s'est donc imposé.

- Proposer une ouverture, fondée ici sur la critique d'un des deux documents.

Le deuxième document comporte cependant des limites : il ne fournit pas d'éclairage sur le discours politique actuel face à la responsabilité de la France dans la déportation des Juifs, comme aurait pu l'illustrer le discours de Jacques Chirac au vélodrome d'Hiver en 2005.

2 Bâtir le plan d'une composition

Les mémoires de la guerre d'Algérie, des mémoires conflictuelles

> Voir la méthode générale de la composition en annexe (p. 515).
> Voir le sujet d'approfondissement (p. 34).

Analyser le sujet

> Analyser les termes du sujet

Il convient évidemment de définir « mémoires ». On peut reprendre ici la définition de Maurice Halbwachs : la mémoire est « la manière dont les groupes sociaux interprètent leur passé en fonction de leurs besoins présents ».

Il faut aussi définir le terme « conflictuelles ». Il renvoie à l'ensemble des discours relatifs au passé, tenus par les acteurs ou témoins de la guerre d'Algérie : les États, mais aussi les communautés d'hommes qui n'ont pas toutes le même vécu. L'absence de bornes chronologiques impose de placer la réflexion dans la longue durée et invite à s'interroger sur l'évolution de ces mémoires et leurs confrontations depuis 1962.

> Dégager la problématique du sujet

L'idée de « mémoires conflictuelles » conduit à opposer les différents groupes mémoriels de la guerre d'Algérie : comment ceux-ci perpétuent-ils les querelles du passé, pourquoi se présentent-ils en victime du conflit ?

> Mobiliser et organiser ses idées

L'approche est chrono-thématique : il faut présenter les différentes mémoires de la guerre d'Algérie, celle des États (mémoires officielles) et celles des acteurs directs (mémoires privées). Afin de montrer la cristallisation récente de ces oppositions, un autre moment du devoir peut s'intéresser à ces mémoires depuis 1992, 30 ans après la fin du conflit. Afin d'éviter un plan déséquilibré, le premier thème peut être présenté en deux parties.

Bâtir le plan de la composition

I. Des mémoires officielles inversées

1. L'amnésie française
2. L'hypermnésie algérienne

II. Des mémoires communautaires qui s'opposent

1. La mémoire des rapatriés d'Algérie
2. La mémoire blessée des harkis
3. La mémoire des anciens combattants

III. Le choc des mémoires depuis 1992

1. L'émergence de la mémoire de l'immigration algérienne en France
2. La crise des mémoires algériennes
3. La crise des mémoires françaises

SUJETS DE TYPE BAC

1 Étude critique de deux documents iconographiques – L'évolution de la mémoire de l'Occupation en France

60' (S)
90' (L, ES)

Analysez de façon critique les deux documents afin de présenter l'évolution de la mémoire de l'Occupation en France.

> Voir la méthode générale d'une étude critique de document en annexe (p. 518).
> Voir la méthode et stratégie 1 du chapitre 1.

DOC. 1 Affiche de *La Bataille du rail* de René Clément, 1946.
De 1944 à 1946, le Comité de libération du cinéma français, fondé par des résistants, gère la production de ce film.

DOC. 2 Affiche de *Le Chagrin et la Pitié* de Marcel Ophüls, 1971.

2 Étude critique de deux documents – L'attitude de l'État français face aux mémoires de la guerre d'Algérie en France

60' (S)
90' (L, ES)

À partir de l'étude critique des deux documents, vous montrerez qu'ils illustrent la multiplicité des mémoires de la guerre d'Algérie en France et représentent un changement notable dans l'attitude de l'État français vis-à-vis d'elles.

> Voir la méthode générale d'une étude critique de document en annexe (p. 518).
> Voir la méthode et stratégie 1 du chapitre 1.

DOC. 1 Rivesaltes, camp de transit, 1962.

Le ministère de la Défense utilise le camp Joffre de Rivesaltes pour l'hébergement des harkis à la fin de la guerre d'Algérie. Cette situation, annoncée comme provisoire, durera jusqu'à la fin des années 1960.

DOC. 2 Discours de Jacques Chirac, 5 décembre 2002.

Discours prononcé lors de l'inauguration du Mémorial national de la guerre d'Algérie et des combats du Maroc et de Tunisie.

« Soldats de métier, combattants volontaires, Français musulmans engagés dans les forces supplétives, appelés et rappelés du contingent : tous ont connu les mêmes épreuves. Tous ont lutté pour le même idéal au service de la République et de la France. [...]

De retour en France, beaucoup, qui avaient servi avec honneur, ont porté seuls le poids de cette guerre dont on ne parlait pas, et qui a laissé de profonds stigmates dans notre mémoire nationale. Les harkis, les membres des forces supplétives, qui ont tant donné à notre pays, ont également payé un très lourd tribut. À eux, à leur honneur de soldats, à leurs enfants qui doivent trouver toute leur place dans notre pays, la France adresse aujourd'hui un message tout particulier d'estime, de gratitude et d'amitié. [...]

Quarante ans après la fin de la guerre d'Algérie, après ces déchirements terribles au terme desquels les pays d'Afrique du Nord se sont séparés de la France, notre République doit assumer pleinement son devoir de mémoire. Au-delà des ombres et des lumières, au-delà de la mort et des souffrances, elle doit garder vivante la mémoire des deux millions de soldats qui ont combattu, de tous ceux qui ont été tués ou blessés. Fidèle à ses principes et à son histoire, elle associe dans un même hommage ses enfants de toutes origines morts pour la France. »

CORRIGÉS

1 Étude critique de deux documents iconographiques – L'évolution de la mémoire de l'Occupation en France

[Introduction]

Les documents soumis à notre étude sont deux affiches d'œuvres cinématographiques révélant les mémoires de l'Occupation en France, d'abord en 1945, au sortir de la Seconde Guerre mondiale, puis en 1971, après la mort du général de Gaulle. Ces deux documents rendent compte de deux régimes mémoriels distants d'une vingtaine d'années. Ils présentent des mémoires – c'est-à-dire des façons dont les sociétés appréhendent le passé en fonction de leurs besoins présents – différentes concernant l'attitude des Français entre 1940, date de la débâcle française, et 1945, date de la fin du conflit. En quoi ces deux documents sont-ils les reflets de l'évolution des mémoires de la Seconde Guerre mondiale en France ?

Il sera possible de répondre à cette question en montrant, d'une part, que *La Bataille du rail* rend compte d'une **mémoire résistancialiste**, puis, d'autre part, que *Le Chagrin et la Pitié* est révélateur d'un dévoilement progressif, dans les années 1970, d'**une nouvelle mémoire de l'Occupation**, plus nuancée.

[I. La mémoire immédiate de l'après-guerre : l'héroïsation de la figure du résistant]

[1. Glorifier une résistance unifiée...]

Le film de René Clément, *La Bataille du rail*, s'inscrit dans le régime mémoriel de l'immédiat après-guerre, celui de l'**héroïsation** des résistants. Il a la particularité d'unifier des **mémoires concurrentes** : la mémoire gaulliste et la mémoire communiste. En effet, la figure du résistant intérieur – ici, sur l'affiche, un cheminot – n'appartient pas précisément à l'un ou l'autre camp, même si la majorité des cheminots était sans doute proche de l'extrême gauche de l'échiquier politique. La construction de l'affiche révèle l'héroïsation de l'action résistante : le cheminot est la figure centrale du document, dont il occupe tout l'espace, le visage grave, les yeux perdus au loin. Dans le coin supérieur gauche de l'affiche, le slogan « À la gloire des cheminots de France » renforce cette idée. À l'arrière-plan, à gauche, l'image d'un train déraillé et d'Allemands prêts à se battre fournit un exemple de l'action des cheminots dans la Résistance : le **sabotage** des trains dans le but de gêner l'approvisionnement en armes, en munitions, en denrées alimentaires et en troupes.

[2. ...pour mettre en place le mythe résistancialiste]

La Bataille du rail est produit par le Comité de libération du cinéma français, comité fondé par d'anciens résistants. Il s'inscrit dans le contexte de la mise en place du « mythe résistancialiste », terme inventé par l'historien Henry Rousso pour qualifier ce **régime mémoriel**. En 1946, l'objectif est de reconstruire l'unité nationale en laissant croire qu'une majorité de Français a résisté à l'occupant. La figure héroïque du cheminot peut être assimilée à un **« souvenir écran »**, comme le sera plus tard la figure de Jean Moulin, panthéonisé en 1964. Il permet à de Gaulle de légitimer sa place dans le Gouvernement provisoire de la République française (GRPF) en tant que chef de la France libre ; il permet aussi aux communistes de rappeler que la SNCF a constitué un réseau de résistance important, notamment lors du Débarquement, tentant de paralyser l'arrivée de troupes ennemies sur les zones de combat. Le régime mémoriel alors en place est celui de l'**oubli officiel** du régime de Vichy (rappelons que les chemins de fer, par convention d'armistice, sont placés sous l'autorité occupante) et de la collaboration (certains cheminots ont participé, malgré eux ou pas, à la déportation). *La Bataille du rail* n'est que l'un des nombreux films produits alors pour rappeler l'engagement résistant pendant le conflit.

Dans les années 1960, avec le retour de De Gaulle au pouvoir, la production cinématographique s'intensifie. Elle s'accompagne des progrès de la recherche historique et donne une image moins idéaliste de la Résistance, comme dans *L'Armée des ombres* de Jean-Pierre Melville, en 1969, qui tente une approche plus psychologique et dramatique. Avec le départ du général de Gaulle, l'année 1969 marque une rupture dans les représentations de ce « passé qui ne passe pas » (H. Rousso).

[II. Le dévoilement d'un nouveau régime mémoriel dans les années 1970]

[1. L'image brisée d'une France entièrement résistante...]

Dans son documentaire *Le Chagrin et la Pitié*, sorti en 1971, Marcel Ophüls dresse le portrait de la vie quotidienne durant l'Occupation, en partant du cas de Clermont-Ferrand, cadre dont il sort régulièrement pour présenter des Français **maréchalistes** et **attentistes**. Différents acteurs des événements sont tour à tour dépeints : pétainistes, collaborateurs, notables, résistants anonymes. Les témoignages alternent avec des documents d'archives. L'affiche du film accumule les éléments informatifs et publicitaires : une explicitation du titre (« Chronique d'une ville française sous l'Occupation ») et un commentaire dithyrambique (« Nul ne peut ignorer cette leçon d'histoire »). Une série de photographies dénonce la France de Vichy : l'Assemblée nationale recouverte d'un slogan en allemand (signifiant « l'Allemagne gagne sur tous les fronts »), des passants lisant une interdiction faite aux Juifs de se rendre dans une salle de spectacle, un bureau de recrutement de la Légion des volontaires français, une affiche reprenant le thème de la nouvelle Europe chère à Victor Hugo, des soldats allemands passant devant un gendarme français, et une affiche française appelant à la lutte contre la Résistance et les Alliés.

[2. ...permet une remise en cause du mythe résistancialiste]

On est bien loin du mythe résistancialiste, et ce film inaugure un nouveau régime mémoriel : le miroir « se brise », comme le dit l'historien H. Rousso. C'est le départ du général de Gaulle en 1969, mais surtout sa disparition, le 9 novembre 1970, qui ouvre le temps du **dévoilement** de la mémoire et un nouvel élan de la recherche historique. Quelque temps auparavant, en mai 1968, la révolte étudiante et la contestation sociale et politique du gaullisme ont rendu possible cette **démystification** du passé dans la mémoire collective. Le projet, financé par la télévision allemande, est diffusé en Allemagne, en Suisse, aux Pays-Bas et aux États-Unis, mais l'ORTF pratique la censure*, car, selon son directeur, il « détruit les mythes dont les Français ont encore besoin ». Ce film est donc un choc lors de sa sortie : il accompagne la recherche historique, mais il n'est pas une « leçon d'histoire » comme le dit l'affiche. Il reste une vision d'un cinéaste qui choisit des témoignages pour démontrer son propos et on peut lui reprocher un manque de nuance. Il précède la publication d'une œuvre majeure dans le processus de dévoilement de la mémoire : *La France de Vichy* de Robert Paxton, traduite en français en 1973, et qui enterre définitivement le mythe résistancialiste.

[Conclusion]

Les mémoires sont le fruit d'un choix d'acteurs individuels, ici des cinéastes, mais aussi de groupes et d'institutions. Le document 1 est révélateur de la mémoire résistante et de la volonté du pouvoir alors en place, celui du GPRF puis de la jeune IVe République, d'héroïser le combat résistant et de passer sous silence l'attitude plus ambiguë des Français pendant l'Occupation. Le film présenté dans le document 2 est plus proche de la recherche historique de la fin des années 1960, mais il manque lui aussi de nuance et entraîne de vives contestations parce qu'il dévoile des vérités dérangeantes. Ce documentaire ne sera diffusé à la télévision qu'en 1981. Il faudra attendre les années 1990 pour se rapprocher de la vérité historique – et bien plus encore pour dépassionner les débats mémoriels.

2 Étude critique de deux documents – L'attitude de l'État français face aux mémoires de la guerre d'Algérie en France

[Introduction]

En 2002, trois ans après la **requalification législative** des combats d'Algérie en « guerre d'Algérie », le président Chirac prononce un discours lors de l'inauguration du mémorial du **quai Branly**. Ce discours politique se veut être un discours de réconciliation et d'apaisement, notamment envers la communauté des harkis, mais aussi vis-à-vis d'autres groupes dont la pluralité des mémoires est conflictuelle en France. Ces mémoires, qui sont la restitution de souvenirs, des discours et des représentations subjectives du passé, sont souvent en opposition. Pour Jacques Chirac, il est nécessaire d'apaiser ces mémoires douloureuses, comme celles concernant les camps de transit (document 2) où, quarante ans auparavant, furent accueillis les supplétifs algériens de l'armée française dans l'indifférence générale.
Comment expliquer ce changement d'attitude de la République française à propos des mémoires de la guerre d'Algérie ?
Nous verrons tout d'abord qu'il existe une pluralité des mémoires du conflit en France avant d'analyser l'évolution de l'attitude de l'État face à ces mémoires.

[I. La pluralité des mémoires de la guerre d'Algérie en France]

En commémorant le souvenir de tous les disparus de la guerre d'Algérie, le président J. Chirac tente d'**unifier les différentes mémoires** de la guerre : celles des harkis et des pieds-noirs et celle des anciens combattants français. Il évoque donc tous les groupes porteurs de mémoires de ce conflit.

[1. Les nostalgiques de l'Algérie française]

Au total, 5 à 6 millions de personnes sont concernées directement par ce conflit. Ceux qui défendaient l'Algérie française sont les **pieds-noirs**, les **harkis** et certains **officiers** de l'armée française (ou « ultras », souvent d'extrême droite). Les pieds-noirs sont les Européens vivant en Algérie : le plus souvent de nationalité française, leurs familles se sont établies là-bas dès le début de la colonisation, en 1830. Dès la fin des combats, ils rentrent en France, laissant derrière eux leurs biens et leur vie. Ils entretiennent la nostalgie de la colonisation, celle de la terre perdue, « **la nostalgérie** ». Les harkis (musulmans ayant combattu du côté de l'armée française) connaissent des sorts différents. Ceux qui sont parvenus à rentrer en France dans le courant des années 1960 sont le plus souvent accueillis dans des **camps de transit** (comme le camp de Rivesaltes, doc. 2), ou dans des villages forestiers où l'État les maintient ensemble pour éviter leur déracinement. Comme les pieds-noirs, ils entretiennent la mémoire vivante de l'Algérie perdue, avec en plus l'amertume de ne pas avoir été acceptés par la France et d'être très mal considérés dans leur pays d'origine. Quant aux ultras, parfois anciens de l'OAS, ils sont assez actifs, souvent lors de débats sur la guerre d'Algérie. Ils remettent en question les responsabilités de l'armée française lors des **émeutes de Sétif** en 1945, ils investissent le champ médiatique lors des commémorations, et réfutent la date du 19 mars 1962, celle des accords d'Évian, comme fin du conflit, le FLN ayant perpétré plusieurs massacres après cette date.

[2. Les partisans d'une mémoire apaisée]

Les groupes mémoriels favorables à un apaisement des mémoires du conflit sont représentés, en France, par les appelés ou rappelés du contingent. Ils ont revendiqué leur droit à des pensions, pour les années de jeunesse perdues à combattre « dans les Aurès », mais acceptent de tourner la page. Ce sont les **anciens combattants** regroupés au sein d'associations telle la FNACA. Certains intellectuels vont même jusqu'à évoquer publiquement la **torture**, dès le conflit, comme Henri Alleg qui publie *La Question* en 1958.

[3. Le réveil des mémoires]

Entre les années 1970 et 1980, les mémoires de ces groupes se réveillent tandis que la recherche historique progresse. René Vautier réalise *Avoir vingt ans dans les Aurès* en 1972, tandis que la même année l'historien Pierre Vidal-Naquet remet en cause l'attitude de l'État français. Les années 1980 sont celles du **durcissement des mémoires** dans le contexte de la montée du Front national en France, du militantisme des enfants d'immigrés algériens contre le racisme et des révoltes dans des cités de harkis. Dans les années 1990, dans le contexte de la **guerre civile** en Algérie, les mémoires françaises favorables à la colonisation dévalorisent l'Algérie indépendante. Pourtant, avec le procès Papon qui se tient en 1997, le besoin de vérité est ravivé : les jeunes générations attendent de leurs aînés des témoignages et de l'État qu'il arbitre ce « devoir de mémoire ».
C'est dans ce contexte que J. Chirac, en 2002, rend « un même hommage » aux « enfants de toutes origines ». Pourtant, l'attitude de l'État n'a pas toujours été aussi conciliatrice.

[II. L'évolution de l'attitude de l'État français face aux mémoires de la guerre d'Algérie]

[1. L'organisation de l'oubli]

En 1962, quand se termine la guerre d'Algérie, la mémoire est occultée, comme le mentionne le discours de J. Chirac : « le poids de cette guerre dont on ne parlait pas ». Les historiens n'ont pas encore accès aux archives, ils écrivent une histoire immédiate, souvent parce qu'ils ont vécu les événements eux-mêmes, mais n'ont pas accès aux **sources**. L'État français, comme le dit Benjamin Stora, « organise la chaîne de l'amnésie » : une fois les accords d'Évian signés, on ne parle plus du conflit. Des lois d'amnistie sont même votées en décembre 1964 pour effacer les exactions militaires. Pour l'État, l'indépendance de l'Algérie est synonyme d'abaissement du prestige de la nation, c'est une **crise politique** majeure qui a entraîné la chute de la IVe République et qu'il faut dépasser. Dans les années 1960, le **silence officiel** perdure : les harkis sont maintenus dans des camps qui se pérennisent ou sont logés en cité HLM ; en 1966, le film *La Bataille d'Alger* de Gillo Pontecorvo suscite des protestations officielles et il est interdit de diffusion en France jusqu'en 1972. Malgré les pressions des étudiants tiers-mondistes en 1968 et les premières révoltes de harkis, l'attitude de l'État ne change pas.

En 1982, une nouvelle loi d'amnistie est votée même si l'histoire de la guerre, sous la pression de la FNACA, entre timidement dans les programmes scolaires en 1983.

[2. La fin de l'amnésie]

Dans les années 1990, la question de la guerre d'Algérie, et plus généralement de la colonisation, trouve enfin un écho dans la classe politique grâce à la pression de la recherche historique, qui s'intensifie, et à celle des enfants de l'immigration. Une partie des archives sont ouvertes en 1992, ce qui permet d'éclairer les historiens sur des faits méconnus. Robert Ageron, Raphaëlle Branche, Benjamin Stora profitent de cette ouverture dans leur recherche d'une vérité historique, d'un consensus national. Le 18 octobre 1999, l'expression « guerre d'Algérie » est définitivement acceptée par l'État français par un vote à l'Assemblée et remplace le terme d'« événements ». La guerre d'Algérie est revenue sur le devant de la scène médiatique et les témoignages sur la torture se multiplient. Dès lors, l'État français cherche à se rapprocher des historiens, qu'il appelle régulièrement pour donner leurs avis d'expert. De l'amnésie, l'État français passe à l'obsession mémorielle au début des années 2000.

[3. Des blessures rouvertes par des lois mémorielles]

En 2003, le gouvernement institue une **commémoration officielle** des Français morts en Algérie (la date choisie, le 5 décembre, correspond à celle de la tenue du discours de Jacques Chirac un an plus tôt) et une journée nationale de commémoration en l'honneur des harkis (le 25 septembre). L'année suivante, les souffrances des rapatriés sont reconnues par une loi du 23 février 2005, les programmes scolaires devant même faire une place aux « aspects positifs de la présence française outre-mer » (art. 4) ainsi qu'au rôle joué par les harkis. Malgré l'abrogation en 2006 de l'article suscitant la polémique et le rejet de la date du 5 décembre comme date de commémoration, les mémoires blessées du conflit sont ravivées : l'État a participé, par ces **lois mémorielles**, à un retour en arrière, une fin de l'apaisement.

En 2007, le président Sarkozy prononce à Alger un discours sur les fautes de la colonisation française. Mais cette « politique des petits pas » n'est pas suffisante et la question reste vive, les mémoires étant toujours autant divisées malgré la multiplication des plaques commémoratives et des mémoriaux. En 2012, l'absence de commémoration particulière pour les 50 ans de la fin de la guerre d'Algérie révèle la gêne de l'État face à un « passé qui ne passe pas ».

[Conclusion]

Les deux documents soumis à notre étude ont permis d'étudier l'évolution des groupes porteurs de mémoire de la guerre d'Algérie, mais surtout les positions successives de l'État français face à cet événement douloureux. Ils montrent deux attitudes radicalement opposées : d'abord l'**amnésie**, voire l'abandon vis-à-vis des victimes dans les années 1960, jusqu'à la volonté d'**apaisement** – voire l'**hypercommémoration** – dans les années 2000. Mais ces documents ne montrent pas que cette volonté d'apaisement, amorcée par Jacques Chirac, n'a pas abouti. Même si les jeunes générations n'éprouvent pas de problème à étudier ou à évoquer ce conflit (et notamment la torture et l'attitude de l'armée française), il n'en est pas de même pour les harkis et les pieds-noirs, dont les mémoires restent blessées. Le travail de l'historien vers la vérité historique pour parvenir à un consensus n'est pas fini. Opposé à l'obsession mémorielle actuelle, il défend un « travail d'histoire » et non un **« devoir de mémoire »**.

SUJET D'APPROFONDISSEMENT

POST BAC

Composition

Le travail de l'historien face aux mémoires de la Seconde Guerre mondiale

150'
(L, ES, S)

> Voir la méthode générale d'une composition en annexe (p. 515).
> Voir la méthode et stratégie 2 du chapitre 1.

CORRIGÉ

POST BAC

Composition – Le travail de l'historien face aux mémoires de la Seconde Guerre mondiale

Analyser le sujet

> Analyser les termes du sujet

- Il convient de définir *mémoire* mais aussi *histoire*, termes auxquels renvoie ici la formule « travail de l'historien ».
- Le sujet invite à étudier le rôle de l'historien face à aux différentes mémoires du conflit. L'historien doit les identifier, étudier leur évolution pour faire l'histoire de ces mémoires. Il prend part aux débats publics, intervient lors des procès et réagit face aux pressions des groupes mémoriels sur les pouvoirs publics, lors du vote des lois mémorielles par exemple. Il faut en conséquence s'interroger sur l'indépendance du travail des historiens face aux mémoires.

> Dégager la problématique du sujet

Pourquoi le travail de l'historien doit-il s'efforcer d'être indépendant des dimensions affectives et politiques des mémoires de la Seconde Guerre mondiale ?

Bâtir et rédiger le plan de la composition

> Mobiliser et organiser ses idées

Le sujet met en avant les différentes lectures possibles du passé : les lectures savantes sont fondées sur une méthode scientifique (travail de l'historien), mais il existe aussi des lectures subjectives et politiques : ce sont les mémoires. Mémoires et histoire semblent ainsi s'opposer, mais elles se nourrissent aussi les unes les autres.

> Bâtir le plan de la composition

Pour présenter les relations entre histoire et mémoires, il est préférable d'opter pour un plan thématique.

I. Le travail de l'historien se distingue des mémoires
1. Histoire et mémoire : deux notions différentes et complémentaires
2. Faire des mémoires un objet d'histoire

II. L'historien analyse les mémoires (de la Seconde Guerre mondiale)
1. Le temps de la mémoire officielle et de l'amnésie
2. Le temps du dévoilement des mémoires
3. Le temps de l'hypermnésie

III. Le travail des historiens peut se heurter aux mémoires
1. Établir la vérité historique
2. Le travail des historiens face au devoir de mémoire et à l'inflation commémorative

[Introduction]

La Seconde Guerre mondiale a causé un profond traumatisme au sein de la société française. À partir de la Libération, ceux qui ont participé à l'événement ont cherché à le dépasser en élaborant différentes mémoires – c'est-à-dire différentes représentations subjectives – de ce qui s'était passé. Certaines de ces mémoires se sont imposées officiellement très vite, d'autres ont été occultées ou oubliées pendant près de quarante ans. Dès 1944, les deux principales forces politiques, gaulliste et communiste, ont enraciné l'image d'une France unanimement résistante. Les travaux des historiens, qui visent à l'objectivité, à la vérité historique, ont été aussi en partie influencés par cette vision, jusqu'à ce que cette mémoire officielle soit remise en question par de nouvelles recherches historiques, par des acteurs engagés, mais aussi par de nouveaux témoignages de victimes. L'évolution des mémoires de la Seconde Guerre mondiale, qui se distingue de l'histoire de cette dernière, devient elle-même un sujet qui intéresse les historiens. Mémoire et histoire sont donc deux notions différentes, mais complémentaires : elles mettent toutes deux le passé en récit, elles se nourrissent réciproquement ; elles peuvent également entrer en conflit.

Pourquoi le travail de l'historien doit-il s'efforcer d'être indépendant des dimensions affectives et politiques des mémoires de la Seconde Guerre mondiale ?

Le travail de l'historien se distingue des mémoires (I) : son rôle est d'identifier et d'analyser l'évolution de ces dernières (II) ; il doit œuvrer pour un devoir d'histoire et non pour un « devoir de mémoire », voire dénoncer une certaine « obsession mémorielle » (III).

[I. Le travail de l'historien se distingue des mémoires]

Le travail des historiens est de faire l'histoire, c'est-à-dire de construire un récit le plus objectif possible de ce qui est passé. Il faut distinguer ce travail de ce qu'est la mémoire.

[1. Distinguer histoire et mémoire]

L'histoire est une reconstruction scientifique du passé qui se veut objective, à vocation universelle. Le travail des historiens est de périodiser, de mettre en perspective le passé, à l'appui des faits et des documents qui les attestent. Il peut ainsi contredire une vision morale et simpliste des faits étudiés, se confronter aux mythes. Ce travail évolue aussi en fonction de l'accès aux archives (qui peuvent être rendues publiques après avoir été confidentielles), des recherches des autres historiens et de l'évolution des problématiques universitaires.

Selon l'historienne Annette Wieviorka, « la mémoire, c'est le fait qu'une collectivité se souvienne de son passé et cherche à lui donner une explication au présent, à lui donner un sens ». La mémoire est le vécu tel qu'on se le remémore, elle est donc émotionnelle.

La mémoire est une modalité d'accès au passé, mais elle est un rapport subjectif qui procède par sélection des événements. L'historien distingue alors plusieurs types de mémoires : **la mémoire officielle**, liée à des enjeux politiques et qui se traduit par une **politique mémorielle** fondée sur un certain nombre d'instruments (commémorations). **La mémoire des acteurs** des événements étudiés : ces acteurs peuvent avoir des souvenirs parfois opposés, il y a alors une très grande diversité des mémoires. Enfin, **la mémoire sociale** est celle de l'opinion, de la majorité des Français, et elle ne doit pas être confondue avec celle de l'État. Elle évolue en fonction des préoccupations contemporaines et peut être relayée par la culture populaire.

L'historien utilise les mémoires comme un matériau pour comprendre le passé, il confronte les témoignages aux autres sources dont il dispose. Lorsque certains témoins sont encore vivants, ils peuvent fournir des sources orales aux historiens. Parfois, certains débats mémoriels stimulent la recherche historique.

[2. Faire des mémoires un objet d'histoire]

La mémoire est devenue un objet de recherche pour les historiens. **Il s'agit de faire l'histoire des mémoires, d'identifier les groupes porteurs de mémoire et les régimes mémoriels des événements étudiés.** Selon l'historien Henry Rousso, la Seconde Guerre mondiale et la guerre d'Algérie semblent suivre le même cycle mémoriel. La première phase correspond à **l'amnésie**, c'est-à-dire à l'oubli de certains événements et à la mise en place d'une mémoire officielle, de l'héroïsation d'une version de l'histoire – celle de la Résistance en ce qui concerne la Seconde Guerre mondiale. Après le temps de l'amnésie vient celui de **l'anamnèse**, c'est-à-dire une prise de conscience, quarante ans après les faits, des événements jusque-là occultés. C'est le temps de l'**éclatement des mémoires** qui se produit sous l'effet des témoignages des rescapés du génocide, des déportés résistants et politiques, des requis du STO, des anciens hauts fonctionnaires de Vichy. La dernière phase est celle de **l'hypermnésie**, une sorte d'excès de mémoire. Concernant la Seconde Guerre mondiale, l'implication du régime de Vichy dans le génocide devient obsédante depuis les années 1990. Cette obsession est liée à l'action des victimes qui réclament des compensations financières (orphelins du génocide, Juifs spoliés) et la reconnaissance officielle de leur mémoire par l'État.

[Transition]

L'historien doit identifier ces mémoires plurielles du second conflit mondial, montrer leur place dans le débat public, leur rôle dans la construction de l'histoire, analyser leur évolution.

[II. Le travail de l'historien : analyser l'évolution des mémoires]

Les historiens ont périodisé l'évolution des mémoires de la Seconde Guerre mondiale. Deux grandes périodes peuvent alors être identifiées.

[1. Le temps de la mémoire officielle et de l'amnésie : l'héroïsation de la mémoire résistante]

Deux mémoires concurrentes et complémentaires se mettent en place à la Libération : celle des gaullistes et celle des communistes. En 1945, les Français sortent traumatisés de la Seconde Guerre mondiale : la défaite militaire de mai-juin 1940 et l'armistice, la collaboration menée par le régime de Vichy, les persécutions politiques et raciales, l'épuration, ont divisé la nation. La priorité du général de Gaulle est alors de reconstruire l'unité nationale autour de sa personne : il faut oublier au plus vite ce qui divise. Les gaullistes imposent la mémoire d'une France unanimement résistante. **C'est le mythe résistancialiste : la majorité de la population aurait combattu l'occupant allemand et le régime de Vichy dès le début du conflit, et aurait ainsi contribué à la libération du territoire.** Une politique active doit conforter ce discours : le 11 novembre 1945, une cérémonie à l'Arc de Triomphe, autour de quinze cercueils, commémore toutes les composantes de la Résistance. Ce mythe atteint son apogée après 1958, avec le retour du général de Gaulle au pouvoir dans le contexte de la guerre d'Algérie. Le 18 juin 1960 est inauguré le mémorial de la France combattante au mont Valérien, qui devient un lieu de mémoire national. En 1962, le concours national de la Résistance et de la Déportation est institué dans les collèges et les lycées. Le 10 décembre 1964, la dépouille de Jean Moulin entre au Panthéon : il devient un « **souvenir écran** ». Les communistes contribuent aussi à la construction de cette mémoire en exagérant leur rôle dans les mouvements de Résistance : le Parti communiste français se présente comme le « parti des 75 000 fusillés ». Guy Môquet, fils d'un député communiste et militant fusillé par les Allemands en octobre 1941, devient pour eux une figure canonique. Des films comme *La Bataille du rail* (1946) véhiculent cette mémoire unanime d'une France toute entière résistante.

Les vaincus de la guerre sont oubliés par la mémoire officielle : il s'agit des prisonniers de guerre, des travailleurs du STO, des « malgré-nous » alsaciens et lorrains, des déportés. Ainsi, la spécificité de la Shoah n'est pas reconnue, d'autant que les victimes peinent à exprimer leurs souffrances et que les survivants sont peu nombreux. Après les procès de Pétain et de Laval et l'épuration légale (1945), les lois de 1951 et de 1953 permettent l'**amnistie** d'anciens collaborateurs (comme René Bousquet, ancien secrétaire d'État de la police de Vichy, amnistié en 1958). Certains intellectuels et historiens, comme Robert Aron en 1954, tentent de réhabiliter la figure du maréchal Pétain en expliquant que celui-ci aurait protégé le territoire national de l'occupant nazi tandis que de Gaulle aurait organisé la Résistance : c'est la thèse « du glaive et du bouclier ». Mais à cette date, Aron ne dispose que des archives du procès de Pétain, puisqu'aucune autre archive publique n'est accessible avant 1979.

[2. Le temps du réveil des mémoires (années 1970-années 1990)]

La fin des années 1960 est marquée par le déclin du gaullisme (de Gaulle démissionne en 1969) et du communisme, l'arrivée à l'âge adulte d'une génération n'ayant pas connu la guerre et l'essor d'un esprit contestataire (crise de mai 1968). Des œuvres cinématographiques portent un **regard critique sur la période de l'Occupation et remettent en cause le mythe résistancialiste** (*Le Chagrin et la Pitié* de Marcel Ophüls, 1971 ; *Lacombe Lucien* de Louis Malle, 1974). Des travaux historiques pionniers contribuent également à un réexamen des faits (*La France de Vichy* de Robert Paxton, 1973) puis à l'étude des mémoires elles-mêmes (*Le Syndrome de Vichy* de Henry Rousso, 1987). Le procès d'Eichmann (1961) et la guerre des Six Jours (1967) favorisent **l'émergence d'une mémoire juive militante.** Ainsi, l'avocat Serge Klarsfeld, fils de déporté, s'appuyant sur la loi de 1964 rendant imprescriptibles les crimes contre l'humanité, pourchasse des collaborateurs ayant contribué à la « Solution finale ». Son combat aboutit notamment aux procès de Klaus Barbie (1987) et de Maurice Papon (1998). Des œuvres cinématographiques sensibilisent le grand public à la Shoah (le téléfilm américain *Holocaust* diffusé en France en 1979, le film *Shoah* de Claude Lanzmann sorti en 1985).

[3. Le temps de l'hypermnésie (depuis les années 1990)]

En 1990, afin de répondre aux thèses négationnistes et aux provocations dans la presse de Jean-Marie Le Pen (il déclare en 1987 que les chambres à gaz sont « un détail de l'histoire »), **la loi Gayssot qualifie de délit la contestation de l'existence du génocide**. En 1993, le président François Mitterrand décide de faire du 16 juillet, jour anniversaire de la rafle du Vel' d'Hiv', une journée nationale commémorative, sans toutefois reconnaître la responsabilité de l'État français dans la déportation des Juifs. Le 16 juillet 1995, répondant à la pression des victimes et au besoin de reconnaissance officielle de leurs blessures, le président Jacques Chirac reconnaît officiellement cette responsabilité, tout en rendant hommage aux Justes, c'est-à-dire aux Français qui ont sauvé des Juifs de l'extermination nazie. À partir de 2000, le dimanche le plus proche du 16 juillet devient une journée nationale à la mémoire des crimes racistes et antisémites de l'État français et d'hommage aux Justes de France.

[Transition]

La République française se montre aujourd'hui soucieuse de transmettre aux jeunes générations une mémoire de la guerre dans laquelle l'ensemble des Français puisse se reconnaître autour de valeurs communes. Cependant, en voulant, par la loi, faire reconnaître la souffrance de groupes mémoriels, la République provoque la méfiance des historiens, dont le travail se complique.

[III. Le travail des historiens peut se heurter aux mémoires]

[1. Le travail de l'historien : établir la vérité historique]

Face aux mythes, il revient à l'historien de poursuivre son travail scientifique pour **se rapprocher de la vérité et ne pas présenter une vision univoque du passé.** C'est ainsi que la recherche historique a vraiment progressé à partir des années 1970, notamment au moment de la publication de l'ouvrage de Robert Paxton, *La France de Vichy*, en 1973. Dans cet ouvrage, l'historien américain présente la volonté de Vichy de mener une politique de rénovation de la société française, indépendante des nazis, notamment une politique antisémite. L'historien est persuadé que, sans le concours de l'administration et des forces policières de Vichy, jamais le Reich n'aurait eu les moyens de déporter 73 000 Juifs de France.

Pendant cette décennie, les recherches historiques françaises portent davantage sur l'attitude des Français sous l'Occupation que sur les responsabilités de l'État français. Pour l'opinion publique*, **la remise en question de la mémoire officielle résistancialiste a balayé le mythe « tous des héros » au profit d'un autre mythe : « tous collaborateurs »**, notamment lors de la sortie du film *Le Chagrin et la Pitié* en 1971. La démythification des années 1970 a produit un **contre-mythe** et il revient alors à l'historien de tenter de le dénoncer en insistant sur la diversité des attitudes des Français : peu résistèrent, peu collaborèrent (5 % environ), la plupart furent attentistes, beaucoup furent pétainistes au début de la guerre et gaullistes à la fin.

Dans les années 1980-1990 ont lieu de nombreux procès d'anciens responsables de l'État français, comme celui de Paul Touvier, chef de la Milice française à Lyon, qui est condamné à la réclusion à perpétuité. En 1998, Maurice Papon est jugé responsable de la déportation des Juifs de Bordeaux et condamné à 10 ans de prison pour complicité de crimes contre l'humanité. Lors de ces procès, certains historiens sont appelés à la barre comme **experts du passé.** Leur intervention fait débat : ils doivent éclairer le jury en replaçant les faits dans leur contexte historique, mais certains s'y opposent, comme Henry Rousso pour qui le récit historique oral ne permet pas de saisir les nuances et la diversité des comportements individuels. L'historien doit-il être un témoin, un juge ?

[2. Les historiens contre le devoir de mémoire et l'inflation commémorative]

Depuis les années 1990, le **« devoir de mémoire », c'est-à-dire le devoir moral de se souvenir des souffrances subies dans le passé**, est invoqué de façon récurrente par l'État, les associations d'anciens combattants, de résistants, de déportés, par des minorités persécutées ou des victimes civiles de la Seconde Guerre mondiale comme de la guerre d'Algérie. La loi Gayssot relève de cette volonté de « devoir de mémoire », de lutte contre l'oubli, mais certains historiens regrettent que cette dernière limite le terrain de recherche scientifique par des vérités incontestables et sanctuarisées : impossible de remettre en question des aspects de ces vérités sous peine de poursuites judiciaires. Cette politique de la mémoire s'exprime également par la construction de monuments, de mémoriaux, de journées commémoratives officielles.

Les historiens expriment leur méfiance vis-à-vis de cette inflation mémorielle au nom d'une liberté de la recherche qui risquerait d'être entravée par une histoire officielle. Ainsi, l'obligation faite par Nicolas Sarkozy en 2007 de lire dans les lycées la dernière lettre de Guy Môquet a été accusée de favoriser une approche émotionnelle et non historique du passé. En 2008, Nicolas Sarkozy propose également que chaque élève de CM2 soit chargé du souvenir d'un enfant déporté, ce qui suscite de vifs débats et l'abandon de cette proposition. La même année, l'historien Pierre Nora crée une association, Liberté pour l'histoire, qui vise à protéger la liberté des chercheurs. Sous son action, une commission parlementaire préconise de ne plus adopter de loi mémorielle.

[Conclusion]

L'autonomie de l'histoire et ses usages politiques sont donc au cœur des relations entre histoire et mémoire, deux notions différentes et pourtant complémentaires. Il revient à l'historien de s'affranchir des pressions politiques mais aussi de répondre au besoin d'histoire des citoyens français. Concernant la Seconde Guerre mondiale, on peut distinguer deux régimes mémoriels depuis 1944, c'est-à-dire deux périodes pendant lesquelles domine un type de mémoire majoritairement partagé : jusqu'à la mort du général de Gaulle (1970), la mémoire résistante s'impose, avant d'être supplantée par la mémoire du génocide juif, avec une réévaluation des responsabilités de l'État français. De nouvelles mémoires apparaissent aujourd'hui : celle des « Justes de France », auquel un hommage solennel a été rendu au Panthéon le 18 janvier 2007, et celle des « malgré-nous », officiellement reconnus comme des victimes du nazisme le 8 mai 2008. Mais certains groupes mémoriels restent encore marginalisés, comme les Tziganes, qui n'ont toujours pas reçu en France d'hommage officiel ; des mémoires que l'on croyait oubliées, comme la mémoire pétainiste, peuvent ressurgir au gré de la publication d'ouvrages polémiques, comme le *Suicide français* d'Éric Zemmour en 2014. Les questions de mémoire ne sont donc pas près de s'éteindre, preuve de l'intérêt que les Français portent à l'étude de leur passé.

Idéologies et opinions en Europe
de la fin du XIXe siècle à nos jours

INTRODUCTION

- Le XIXe siècle, avec l'influence de la Révolution française et de ses prolongements en Europe, connaît un développement des aspirations libérales, parfois réprimées, mais qui s'étendent cependant sur une partie du continent. Les progrès de l'instruction, la libéralisation progressive de la presse, l'extension du droit de vote donnent naissance à une opinion publique s'exprimant et se divisant lors de crises politiques. La France, depuis l'affaire Dreyfus, est un exemple caractéristique de ces mouvements d'opinion, de ces débats présents dans des médias qui se développent et se diversifient au XXe siècle et au début du XXIe siècle.

- Dans le même temps, l'industrialisation, à partir du XIXe siècle – avec les difficiles conditions de travail et de vie d'un monde ouvrier en forte croissance et l'accentuation des inégalités sociales – engendre l'apparition d'idéologies et de mouvements s'opposant au capitalisme* et visant une organisation sociale et politique nouvelle. Le mouvement ouvrier se constitue autour d'un syndicalisme naissant, peu à peu toléré puis accepté comme acteur des relations sociales, et s'organise parallèlement dans des partis politiques à l'idéologie socialiste forgée par des penseurs comme Karl Marx. Syndicalisme, socialisme, puis communisme* au XXe siècle, forment de puissants courants d'opinion, des forces politiques influentes, en Allemagne tout particulièrement.

- L'étude des « Socialisme, communisme et syndicalisme en Allemagne depuis 1875 » d'une part, celle de l'évolution des « Médias, opinion publique dans les grandes crises politiques de la France depuis l'affaire Dreyfus » de l'autre, permettent de mesurer et d'analyser certains des enjeux majeurs du XXe siècle, lorsque la France et l'Allemagne laissent s'exprimer et se développer les opinions contradictoires dans les domaines politique et social – en dehors des périodes de régimes politiques où l'État autoritaire triomphe (le IIIe Reich et la dictature nazie ; la France de Vichy et l'antirépublicanisme de l'État français ; la RDA et la dictature communiste).

CHAPITRE 2 Séries L et ES

Socialisme, communisme et syndicalisme en Allemagne depuis 1875

COURS

MÉTHODES ET STRATÉGIES

SUJETS DE TYPE BAC

CORRIGÉS

COURS

Socialisme, communisme et syndicalisme en Allemagne depuis 1875

L'unification et la construction étatique du nouvel État allemand, le IIe Reich, s'inscrivent dans le contexte de l'industrialisation rapide du pays. Les mutations économiques s'accompagnent de mutations sociales et d'une politisation accrue de la société. La question ouvrière devient centrale à la fin du XIXe siècle et met en avant le développement du mouvement ouvrier et l'essor de la social-démocratie*. Des bouleversements sociologiques et politiques ont mu l'Allemagne de 1875, date de fondation du premier parti socialiste unifié d'Europe, à nos jours. Dans quelle mesure le mouvement ouvrier à travers le socialisme*, le communisme* et le syndicalisme incarne-t-il les évolutions de la société allemande de 1875 à nos jours ?

I. Émergence du mouvement ouvrier et essor du socialisme (1875-1914)

1. La naissance de la social-démocratie allemande

a. Aux origines du mouvement socialiste allemand

- L'Allemagne connaît un décollage industriel rapide : elle est la première puissance industrielle d'Europe et la deuxième mondiale en 1913. C'est l'émergence du monde ouvrier et de la grande entreprise (*Konzern*) avec l'essor du capitalisme* libéral. Face aux mutations économiques et sociales, la question sociale (*soziale Frage*) ou question ouvrière (*Arbeiterfrage*) se pose avec acuité. Le pays est un **terreau de l'idéologie socialiste**.

- Le mot *socialisme* est apparu dans les années 1830. Révoltés par la misère ouvrière et les excès du libéralisme, des hommes et des femmes se battent contre la pauvreté et la précarité du monde ouvrier et veulent réorganiser la société sur des bases plus justes. Le philosophe **Karl Marx** (1818-1883) et l'industriel **Friedrich Engels** (1820-1895) sont les principaux fondateurs du socialisme.

- Dans *Le Manifeste du Parti communiste* (1848), ils expliquent que le moteur de l'histoire est la lutte des classes et que la production industrielle repose sur l'exploitation de la classe des prolétaires* par la classe des bourgeois. Ils prônent la révolution prolétarienne pour renverser l'ordre économique et social bourgeois et permettre l'établissement d'une société sans classe, la société communiste, égalitaire.

b. De la division interne des socialistes allemands...

- Le marxisme* constitue une doctrine philosophique, économique et sociale. Pour que la victoire des ouvriers soit assurée, les prolétaires doivent s'unir dans un parti révolutionnaire. Les idées de Marx sont interprétées de différentes manières et donnent naissance à plusieurs courants politiques. L'année révolutionnaire 1848 ouvre la voie à la structuration du mouvement ouvrier allemand : c'est l'éclosion d'une conscience ouvrière collective et d'une solidarité ouvrière.

* Les mots suivis d'un astérisque sont définis dans le lexique.

- Le premier parti ouvrier allemand, l'Association générale des travailleurs allemands (*Allgemeiner Deutscher Arbeiterverein*, ADAV), est créé en 1863. Cette politisation du mouvement ouvrier se réalise sous l'égide de **Ferdinand Lassalle** avec la naissance d'un parti réformiste : « La présence de l'organisation ouvrière dans les institutions légales de l'Allemagne est seule à pouvoir satisfaire sur le plan politique ses légitimes intérêts. »
- En 1869 est fondé le Parti ouvrier social-démocrate (*Sozialdemokratische Arbeiterpartei*, SDAP) sous l'impulsion de **Wilhelm Liebknecht** et **August Bebel**. La ligne politique choisie est résolument marxiste, donc révolutionnaire. Aussi le décalage entre aspirations révolutionnaires et démarche réformiste conduit-il à la formation des deux ailes du mouvement ouvrier.

c. ... à une unité de compromis dogmatique

DOC. 1 Walter Crane, *Le Vampire capitaliste*, gravure sur bois, 1885. Représentation du socialisme, du capitalisme et du prolétariat. Le socialisme réveille, pour le sortir de son sommeil politique, le prolétariat, livré au vampire sanguinaire symbolisant le capitalisme.

- Les difficultés d'accords doctrinaux induisent une concurrence entre les deux partis divisés par un clivage idéologique entre marxistes et lassalléens. L'unité de la social-démocratie est scellée dans la création d'un nouveau parti socialiste ouvrier d'Allemagne, le Parti socialiste des ouvriers (*Sozialistische Arbeiterpartei*, SAP) né lors du congrès de Gotha en mai **1875** de la fusion de l'ADAV et du SDAP. **Le SAP est le premier parti socialiste unifié d'Europe.**
- Le congrès unificateur de Gotha aboutit à un **programme unitaire**, fruit d'un désir de conciliation des deux traditions du mouvement ouvrier allemand, mais reflet des contradictions du socialisme. Si le programme est de tendance révolutionnaire et internationaliste, dans la pratique le parti participe à la vie parlementaire en tant que parti d'opposition qui demande des réformes. L'appel aux « moyens légaux » pour transformer la société amène Marx à critiquer vivement ce programme de compromis.
- Le parti unifié permet le renforcement du mouvement social-démocrate. En septembre **1890**, le Parti socialiste ouvrier change de nom et devient le Parti social-démocrate allemand (*Sozialdemokratische Partei Deutschlands*, **SPD**).

2. La social-démocratie entre répression et renaissance

a. Bismark et le socialisme d'État

- Le chancelier Bismarck mène une politique offensive pour asseoir le nouvel Empire né en 1871. Les socialistes sont présentés comme des « ennemis du *Reich* » (*Reichsfeinde*), une « secte révolutionnaire qui sape les fondements de l'Empire et menace le système économique et social européen ». En 1875, Bismarck présente au Reichstag un projet de loi réprimant toute « incitation à la haine de classe ».
- Deux attentats perpétrés contre l'empereur Guillaume Ier aboutissent au vote de **lois d'exception** : par la **loi dite antisocialiste** (*Sozialistengesetz*) le 21 octobre **1878**, « les associations qui, par l'agitation sociale-démocrate, socialiste ou communiste, visent au renversement de l'ordre politique et social existant doivent être interdites ». Ainsi l'ensemble de la vie politique est contrôlé, les journaux, les organisations et associations sociales-démocrates ; les syndicats sont interdits. La répression est sévère : 217 associations sont dissoutes, 147 journaux et revues interdits, 600 peines de prison prononcées.
- Bismarck œuvre au développement d'une politique de socialisme d'État. Ce sont les **débuts de la protection sociale** avec la création de caisses d'assurance maladie (1883), de l'assurance accident (1884), de l'assurance invalidité-vieillesse (1889). L'État social moderne (*Sozialstaat*), ou État-providence*, naît. Cette législation sociale contribue à l'amélioration de la condition ouvrière.

b. La renaissance du mouvement ouvrier…

- La loi antisocialiste n'interdit cependant pas l'élection de représentants socialistes. Les députés socialistes élus au Reichstag incarnent le parti et participent au travail parlementaire. Le parti maintient son activité dans la clandestinité et les congrès se tiennent à l'étranger (Wyden, 1880 ; Copenhague, 1883 ; Saint-Gall, 1887). En 1890, après la levée de la loi antisocialiste, le parti se reconstruit dans la légalité.
- **Le parti se débat entre pratique réformiste et dogme révolutionnaire.** Le programme adopté à Gotha en 1875 est remplacé en 1891 lors du **congrès d'Erfurt** : est affirmé le caractère révolutionnaire du parti avec le marxisme comme fondement

doctrinal, tandis que sont appelées des réformes sociales et économiques. Ancrage révolutionnaire et visée réformiste coexistent alors.

c. ... toujours en proie à des débats internes

- Le révisionnisme se développe dans les années 1890. **Eduard Bernstein** souhaite repenser le rôle du parti dans un contexte de stabilité du système capitaliste : la doctrine marxiste ne peut s'appliquer aux nouvelles réalités économiques et sociales. C'est la négation de la doctrine de la lutte des classes et de la théorie de l'effondrement inéluctable du système capitaliste. Il faut dès lors mettre en accord la théorie et la pratique en instaurant un parti réformiste.

- Les critiques au sein du Parti social-démocrate découlent d'une opposition de gauche préconisant la révolution et d'une opposition de droite prônant la négociation : c'est la **crise révisionniste**. Le réformisme* qui s'impose dans les pratiques politiques conduit à l'affirmation d'un courant révolutionnaire autour de Rosa Luxemburg et Karl Liebknecht. Le SPD est divisé à la veille de la guerre.

3. L'expansion de la social-démocratie

a. L'ascension électorale du SPD

- En 1912, le SPD est le **premier parti du pays,** la principale force politique. Sa montée est spectaculaire : elle est liée à l'essor industriel de l'Allemagne qui s'accompagne d'une progression des ouvriers : de 4 millions en 1882 à 8,5 millions en 1907 (soit près de 40 % de la population active).

- La social-démocratie allemande fait figure de modèle parmi les mouvements socialistes européens. Lors du congrès de l'Internationale à Amsterdam en 1904, Jean Jaurès évoque le SPD comme « l'exemple d'une action suivie, méthodique, d'une organisation graduelle et puissante, qui ne se rebute devant aucun sacrifice, et ne se laisse ébranler par aucun assaut ».

- Si, en 1906, le SPD compte 384 327 membres, il atteint 1 085 000 membres en 1914. C'est un **parti de masse.** Si les effectifs ont triplé entre 1906 et 1914, 80 % des adhérents sont des ouvriers, souvent qualifiés. Pour élargir encore la base électorale et attirer davantage les classes moyennes, il faut remettre en cause le dogme. Les victoires électorales successives éloignent de fait la nécessité de la révolution.

b. L'expansion syndicale : un syndicalisme puissant mais divisé

- Dans les années 1860, la conscience collective ouvrière permet des revendications communes (salaire minimum, durée de travail). L'enracinement du syndicalisme se fait dans les traditions issues des corporations, ce qui confère aux syndicats une fonction de prestataire de services. Le rôle revendicatif s'ajoute à la fonction d'entraide. Les syndicats allemands s'organisent entre 1861 et 1867. **Le développement du syndicalisme est parallèle au développement du socialisme.**

- Les syndicats d'obédience socialiste sont appelés **syndicats libres** (*freie Gewerkschaften*). Le premier syndicat créé est celui des ouvriers du tabac en 1865. Ces syndicats sont traversés par les mêmes divisions dogmatiques, avec la fondation de deux confédérations syndicales en 1868 et 1869. Les grèves, moyens de revendication, deviennent à partir de 1885 des grèves de masse opposant patrons et ouvriers.

- Il existe aussi les **syndicats de tendance libérale** envisageant le syndicalisme comme un instrument de négociation et les **syndicats chrétiens** interconfessionnels œuvrant au dialogue social. Malgré la loi antisocialiste, la social-démocratie perdure notamment à travers l'expansion syndicale, celle des syndicats chrétiens et libéraux qui sont épargnés par la répression menée par Bismarck.

c. L'affirmation de l'unité syndicale socialiste

- La régénérescence du syndicalisme socialiste se fait après 1890. En novembre **1890**, la volonté d'unification des syndicats libres aboutit à la création de la **Commission générale des syndicats d'Allemagne** (*Generalkommission der Gewerkschaften Deutschlands*) sous la présidence de Carl Legien. Celui-ci fait le choix du réformisme : les tensions sociales sont aplanies par le recours à la négociation de conventions collectives*, véritable outil de régulation sociale.

- Pour C. Legien, le mouvement ouvrier, au-delà des résultats électoraux du SPD, doit renforcer son poids dans la société. La reconnaissance de l'égale importance des syndicats et du parti est de mise : si les syndicats visent l'amélioration de la condition ouvrière, le parti mène le combat politique pour supprimer l'exploitation et établir une société égalitaire. **Les liens entre SPD et monde syndical sont étroits** : sur les 110 députés du SPD en 1912, 46 ont un lien direct avec le milieu syndical.

- Le syndicalisme devient un **syndicalisme de masse** avec 2,9 millions de syndiqués en 1913, soit un taux de syndicalisation atteignant les 22 % contre 8 % en France. Les syndicats libres dominent incontestablement le monde syndical. La composante mutualiste des syndicats, qui s'affirme au début du XXe siècle avec un haut niveau de prestations, explique ce taux élevé. **Syndicats et SPD forment les deux piliers du mouvement ouvrier**. L'osmose des deux organisations ouvrières est une spécificité de la social-démocratie allemande.

II. De l'épanouissement à l'anéantissement du mouvement ouvrier (1914-1945)

1. La guerre, accélérateur des divisions des sociaux-démocrates

a. Les sociaux-démocrates allemands face à la guerre

- L'Internationale socialiste, ou IIe Internationale (1889-1914), prône l'internationalisme et le pacifisme. La volonté de définir une position commune en cas de guerre, et notamment le recours à la grève générale, par les dirigeants socialistes européens, notamment français et anglais, est freinée par l'**émergence d'un « patriotisme social-démocrate »** en Allemagne.

- Si le SPD dénonce la politique impérialiste de l'Allemagne, l'aile droite du parti souscrit cependant à l'idée de défense nationale et de nécessité d'une armée forte. Un nouveau clivage survient, même si la ligne patriotique domine chez une majorité des sociaux-démocrates. En 1913, les députés du SPD votent en faveur des crédits nécessaires à l'accroissement des effectifs militaires. L'idée d'une grève générale en cas de guerre est rejetée.

- **Le 4 août 1914, le SPD vote en faveur des crédits militaires** : c'est l'Union sacrée (*Burgfrieden*) au service de la défense nationale. L'emprise de l'aile droite, celle des réformistes, est croissante. Le vote des crédits de guerre est la première étape vers la scission.

b. Vers la scission du mouvement ouvrier

- La volonté de cohésion interne est prégnante au début de la guerre : il faut maintenir « l'esprit du 4 août ». Mais la discipline du parti est rompue à l'initiative de K. Liebknecht qui, le 2 décembre 1914, vote contre de nouveaux crédits de guerre. L'aile gauche du parti dénonce la guerre impérialiste et la collaboration avec les forces bourgeoises.
- Au sein de la gauche parlementaire et syndicale se dessinent des **lignes de fracture**. Le groupe Spartakus* rassemblant les partisans de R. Luxemburg et de K. Liebknecht se constitue à Berlin en janvier 1916. Il prône la lutte révolutionnaire contre la guerre. L'idée de rupture avec le SPD s'affirme de plus en plus.

c. L'éclatement du SPD

- L'exclusion du SPD, le 24 mars 1916, de certains députés sociaux-démocrates ayant refusé de voter les crédits de guerre mène, après la révolution russe (février 1917), à la création du Parti social-démocrate indépendant (*Unabhängige Sozialdemokratische Partei Deutschlands*, **USPD**), le 6 avril **1917**.
- L'USPD regroupe différentes tendances allant des modérés comme E. Bernstein et Karl Kautsky aux spartakistes tels R. Luxemburg et K. Liebknecht. **Le mouvement ouvrier n'est plus uni au sein d'un même parti.**
- Dans le contexte chaotique de la sortie de guerre, l'USPD se divise : l'extrême gauche du parti, les spartakistes, fonde le 11 novembre 1918 la Ligue spartakiste (*Spartakusbund*) pour défendre la cause marxiste. Puis, le 30 décembre **1918**, naît le Parti communiste allemand (*Kommunistische Partei Deutschlands*, **KPD**) avec R. Luxemburg et K. Liebknecht.

2. Le SPD, un parti de gouvernement sous la République de Weimar

a. L'accession du SPD au pouvoir

- L'acceptation de responsabilités gouvernementales traduit le changement dans la doctrine et dans la pratique du SPD dès lors que le parti est « candidat à l'exercice du pouvoir d'État » (Philipp Scheidemann, 1917). Début novembre 1918, les sociaux-démocrates sont majoritaires et représentent une véritable force politique. La gauche du SPD appelle de ses vœux une révolution démocratique et sociale.
- Le 9 novembre 1918, c'est la proclamation de la république par le modéré P. Scheidemann au nom du nouveau gouvernement, tandis que le spartakiste K. Liebknecht proclame la « république socialiste » et indique que « le jour de la révolution est arrivé ». **Les sociaux-démocrates se chargent de la direction de la république naissante.** Friedrich Ebert, nommé chancelier, forme un gouvernement de coalition avec sociaux-démocrates, représentants de l'USPD et libéraux. La **coalition de Weimar** est née. La social-démocratie est mise au défi du pouvoir.
- L'agitation révolutionnaire enflamme l'Allemagne à partir de novembre 1918. Les sociaux-démocrates mènent la répression contre les spartakistes en laissant agir l'armée et les corps francs (*Freikorps*). Lors de la « semaine sanglante » de janvier 1919 à Berlin, K. Liebknecht et de R. Luxemburg sont assassinés (15 janvier) : cela conduit au **divorce entre gauche révolutionnaire et gauche parlementaire**.

b. Le SPD à l'épreuve du pouvoir

- Les conditions de naissance de la République de Weimar rendent le nouveau régime fragile. La République de Weimar est qualifiée de « démocratie improvisée ». L'organe officiel du SPD, *Vorwärts*, titre le 8 juin 1920 : « la responsabilité imposée à la social-démocratie par les événements de novembre 1918 était presque trop lourde pour ses épaules ».

- Si les élections de janvier 1919 permettent l'obtention de 37,9 % des suffrages pour le SPD, le recul électoral est ensuite fort avec 21,9 % en juin 1920. La honte du traité de Versailles (28 juin 1919) est assimilée à la République de Weimar et ses représentants. La paix est mutilante pour l'Allemagne : l'article 231 la rend responsable des dommages et pertes dus à la guerre.

- Le traité de Versailles, qualifié de *Diktat*, fédère les ennemis du régime. Il conduit au retour d'une droite hostile à la démocratie et aux républicains, « traîtres du peuple ». Ainsi est forgée la légende du « coup de poignard dans le dos » (*Dolchstoßlegende*) pour expliquer la défaite militaire de l'Allemagne. À l'extrême gauche, le KPD qualifie le SPD, participant au gouvernement d'une République bourgeoise, de « socialistes de droite » et l'accuse de trahison.

c. Les années 1920, apogée de la social-démocratie

- **Les sociaux-démocrates détiennent la présidence et la chancellerie de 1918 à 1920**. F. Ebert, élu président, gouverne de 1919 à 1925 ; les chanceliers sociaux-démocrates sont Philipp Scheidemann (1918-1919), Gustav Bauer (1919-1920) et Hermann Müller (1920 ; 1928-1930). Le SPD, jusqu'en juin 1920, participe aux coalitions gouvernementales puis, jusqu'en 1928, devient un parti d'opposition, sauf en 1923.

- Les sociaux-démocrates entreprennent des réformes profondes. Les **avancées sociales** sont filles des réformes de novembre-décembre 1918 qui annoncent la journée de huit heures (1919) et diverses mesures telles les assurances sociales, les allocations-chômage (1927), un programme de logements ouvriers, la liberté syndicale, les conventions collectives… Les syndicats sont reconnus comme les représentants légitimes des salariés et des conseils d'entreprise sont mis en place.

- La République de Weimar est une **république sociale, mais bourgeoise** : les espoirs révolutionnaires de novembre 1918 sont déçus dans les milieux ouvriers par l'absence de socialisation de l'économie. Les sociaux-démocrates sont accusés d'avoir trahi la cause ouvrière.

3. SPD et KPD, de la rivalité à la désunion fatale sous le nazisme

a. La concurrence entre SPD et KPD

- Dans les années 1920, la baisse du nombre d'adhérents du SPD est significative : de 1,2 million en 1921 à 867 000 en 1927. L'ouverture aux classes moyennes est évoquée. La modification des structures socio-économiques avec la progression des employés et des fonctionnaires dans la population active, le recul de la part des ouvriers et l'absence de « prolétarisation » des couches moyennes posent question. **Mais le SPD reste un parti ouvrier**.

- Le caractère ouvrier est encore plus prégnant au KPD. La fusion par étapes de l'USPD et du KPD jusqu'en juillet 1920 transforme le **KPD en parti de masse** comptant environ 350 000 adhérents. Le KPD fait perdre une partie de son électorat au SPD et exerce une forte influence dans les syndicats libres.

- Les relations entre SPD et KPD ne sont pas pacifiées. Le KPD est à partir de 1924 un parti en voie de bolchévisation, de plus en plus inféodé au Parti communiste de l'Union soviétique (PCUS). C'est la transformation en un « parti de type nouveau ». Le KPD se radicalise à partir de 1928 : il prend, en effet, une nouvelle orientation en rompant avec la social-démocratie. Le SPD est désormais le « social-fascisme ».

b. Le SPD face à la radicalisation des extrêmes politiques

- L'émergence des forces réactionnaires, avec la poussée des mouvements extrémistes comme le Parti national-socialiste ouvrier allemand (*Nationalsozialistische deutsche Arbeiterpartei*, NSDAP), groupuscule d'extrême droite, révèle le rejet du parlementarisme et de la démocratie.

- La « **tactique classe contre classe** » du KPD est de mise à partir de juin 1929. Le KPD combat toutes les forces bourgeoises auxquelles est associé le SPD, qui devient l'ennemi principal. Le combat entre SPD et KPD est fratricide. La volonté de fonder des syndicats propres se fait jour dès 1924 et conduit à la formation d'un syndicalisme révolutionnaire avec l'Opposition syndicale révolutionnaire (*Revolutionäre Gewerkschafts-Opposition*, RGO) en 1929. En outre, le KPD mise avec la radicalisation du champ politique sur l'avènement de la révolution : NSDAP et KPD luttent de concert contre la république.

- Le SPD retrouve le million d'adhérents en 1929 puis stagne, tandis que le parti nazi voit son nombre d'adhérents augmenter : de 129 000 en 1930 à 849 000 au 30 janvier 1933. Le SPD ne représente pas la réalité sociologique de la période cependant que le parti nazi apparaît comme un parti du peuple, incarnant diverses couches sociales. Aux élections de 1932, le fort recul du SPD (20,4 %), la progression du KPD (16,9 %) et la montée en force du NSDAP (33,1 %) marquent l'**échec de la social-démocratie** dans une Allemagne en proie au chômage et à la misère suite à la dépression économique.

c. L'anéantissement du mouvement ouvrier allemand

- Le 30 janvier 1933, Adolf Hitler est nommé chancelier. Le SPD entre en résistance mais veut user des moyens constitutionnels et légaux pour s'opposer à la politique d'Hitler. Les communistes prônent la grève générale pour lutter contre la dictature fasciste ; cet appel demeure néanmoins sans réponse du SPD. **La gauche allemande est divisée** face à l'ennemi nazi dont la nature n'est pas appréciée avec justesse.

- La dictature nazie naît le 27 février 1933 avec l'incendie du Reichstag : les communistes sont désignés comme coupables et le KPD est interdit dès le 28 février. La mise au pas (*Gleichschaltung*) est en marche. Malgré le refus des pleins pouvoirs à Hitler par les 94 parlementaires sociaux-démocrates le 23 mars 1933, l'impuissance du SPD domine. L'impossibilité d'envisager des moyens hors de la légalité est fatale à la résistance du SPD. Le 2 mai 1933, les syndicats sont dissous et les principaux responsables syndicaux emprisonnés ; le Front du travail allemand (*Deutsche Arbeitsfront*, DAF) est créé le 10 mai. Le 22 juin, le SPD est interdit, et le 14 juillet, le **parti nazi devient parti unique**.

- La répression est sévère : en avril 1939, les statistiques de la Gestapo (*Geheime Staatspolizei*), police secrète d'État, font mention de 302 562 prisonniers politiques, principalement des socialistes et des communistes. La résistance intérieure s'organise autour de petits groupes clandestins pour dénoncer les crimes du régime. La lutte est aussi réalisée de l'extérieur avec les membres en exil du SOPADE (*Sozialdemokratische*

Partei Deutschlands), nouvelle abréviation du SPD. Les communistes exilés se replient principalement en URSS. La volonté de rétablir l'unité du mouvement ouvrier avec un rapprochement entre sociaux-démocrates et communistes s'affirme à partir de 1934, mais est rompue avec la signature du pacte germano-soviétique en août 1939.

III. D'un socialisme à deux visages (1945-1989) à une gauche plurielle (à partir de 1990)

1. Le socialisme démocratique en RFA

a. La renaissance du mouvement ouvrier

- L'année 1945 est celle de la **renaissance des partis politiques** dans une Allemagne divisée en quatre zones d'occupation et sous tutelle alliée. Le 6 mai 1945, **Kurt Schumacher** fonde la première section du **SPD** de l'après-guerre, à Hanovre. C'est le **premier parti politique à se reconstituer**. Dans les zones occidentales, le SPD est officiellement reconstitué en mai 1946 et compte environ 700 000 membres à la fin 1946. Des trois zones d'occupation occidentales naît un nouvel État, la **République fédérale d'Allemagne** (*Bundesrepublik Deutschland*), avec l'adoption de la Loi fondamentale (*Grundgesetz*) le 8 mai 1949. Le SPD participe à la rédaction de ce texte constitutionnel qui reconnaît les droits fondamentaux et la fondation d'un « État fédéral, démocratique et social ».

- Le KPD est, lui, officialisé en septembre 1945, mais est marginalisé dans le contexte de la Guerre froide car perçu comme un relais du SED, parti communiste au pouvoir en RDA et financé par l'URSS. Il est interdit en 1956 sous prétexte que son programme vise à renverser l'ordre mis en place par la Loi fondamentale. Il est à nouveau autorisé en 1968, non plus sous le nom de KPD mais de DKP (*Deutsche kommunistische Partei*). Il demeure un groupuscule.

- Le syndicalisme renaît d'abord dans la clandestinité, car interdit, puis se reconstitue progressivement. Les syndicats des trois zones occidentales se fédèrent en **1949** au sein de la **Confédération allemande des syndicats** (*Deutscher Gewerkschaftsbund*, DGB). **Le DGB est un syndicat unitaire**, mais pas unique. Il compte 5 millions d'adhérents en octobre 1949, dont 4,2 millions d'ouvriers. Le mouvement syndical se réveille à partir de 1950. Il est très lié au SPD, ses principaux dirigeants étant dirigeants du parti.

b. Le renouveau du SPD : rejet du marxisme et choix du réformisme

- Le **Parti démocrate-chrétien de droite** (*Christlich Demokratische Union Deutschlands*, CDU) est au pouvoir et mène une politique sociale qui concurrence le SPD. La CDU incarne la stabilité économique, sociale et politique, et représente le renouveau alors que le SPD reste associé à l'échec de la République de Weimar. La CDU est un parti socialement intégrateur qui a conquis les classes moyennes.

- **Sous la chancellerie de Konrad Adenauer (1949-1963), les sociaux-démocrates sont en marge du gouvernement fédéral.** Le SPD ne dépasse pas les 30 % lors des élections, ce qui ne lui permet pas d'accéder au pouvoir. Cela engage une nécessaire réflexion sur son identité. Le SPD compte toujours environ 45 % d'ouvriers. C'est la nouvelle défaite électorale des sociaux-démocrates en 1957 qui engendre **la refondation du parti**, véritable tournant dans la ligne programmatique.

- La réforme doctrinale est définie dans le programme adopté au congrès de **Bad Godesberg** du 13 au 15 novembre **1959**. La social-démocratie doit tenir compte des réalités contemporaines et établir une stratégie de conquête du pouvoir politique. **Le SPD moderne se veut réformateur.** Ainsi est écarté le concept de « société de classes » : le SPD « après avoir été un parti de la classe ouvrière est devenu un parti du peuple » (Acte du congrès de Bad Godesberg). C'est l'abandon de la doctrine marxiste, et la définition d'une nouvelle politique économique avec la reconnaissance de la libre concurrence. C'est une **rénovation idéologique et culturelle.**

Le Congrès de Bad Godesberg (1959), acte de refondation du SPD

Le Congrès de Bad Godesberg aboutit à une réorganisation du parti, marquée par une évolution du programme fondamental de Heidelberg (1925) dans un sens réformiste. Si l'identification du socialisme avec la démocratie est affirmée, la rénovation programmatique s'accompagne de l'acceptation d'une économie de marché et de l'évolution vers un socialisme libéral. Sont affirmés que « la propriété privée des moyens de production mérite la protection et le soutien dans la mesure où elle n'entrave pas l'institution d'un ordre social juste » et « la concurrence dans toute la mesure du possible, la planification autant que nécessaire ». L'État doit « se limiter dans l'essentiel à agir indirectement sur l'économie ». L'État a un rôle de régulateur. La volonté de se démarquer de la ligne communiste est prégnante. Le SPD adopte aussi un positionnement nouveau dans le domaine de la politique de défense et de sécurité avec la reconnaissance de l'importance du système de sécurité atlantique et l'acceptation de la division de l'Allemagne. L'objectif est d'accroître la crédibilité du parti et de permettre l'ouverture du parti à l'ensemble des couches sociales. Le SPD devient un parti du peuple (*Volkspartei*), orienté à gauche, le socialisme mettant en exergue la justice et la liberté. La mutation passe par le changement de vocabulaire – le terme de *Genosse* (camarade) disparaît – et de couleur – le bleu remplaçant le rouge. Le message politique est incarné par de nouveaux dirigeants sociaux-démocrates comme Willy Brandt et Helmut Schmidt, témoignant d'un changement de génération. Mais ce programme rénové suscite des tensions internes entre réformistes et traditionnalistes, qui représentent l'aile gauche du parti.

c. Le SPD au pouvoir (1966-1982)

- Les sociaux-démocrates tentent d'incarner la modernité dans les années 1960. Le SPD et Willy Brandt, son nouveau président depuis 1964, apparaissent comme une alternative politique. De 1966 à 1969, la participation du SPD au gouvernement permet au parti de gagner en crédibilité et de mieux appréhender les rouages du fonctionnement de l'État. En **1969, Willy Brandt, élu chancelier** dans le cadre d'une coalition avec le Parti libéral-démocrate (*Freie Demokratische Partei*, FDP), **est le premier chancelier social-démocrate de la RFA.** Dans sa déclaration gouvernementale, W. Brandt parle de « nouveau départ », de « renouveau » (*Neubeginn*) incarnant la rupture d'avec la RFA conservatrice.

- Si, sous la chancellerie de W. Brandt (1969-1974), la politique extérieure domine avec l'ouverture à l'Est (*Ostpolitik*) qui marque un tournant avec la reconnaissance mutuelle des deux États allemands souverains (*Zweistaatlichkeit*) en 1972, la politique sociale se veut progressiste : droit des femmes à l'avortement (1974), droit des femmes au divorce, augmentation des allocations familiales et de l'allocation-logement (1970), élargissement des droits des salariés dans l'entreprise, réforme des retraites (1972). C'est la **mise en place du modèle social allemand**. Le gouvernement de H. Schmidt (1974-1982) poursuit cette politique sociale avec notamment l'extension de la cogestion* en 1976. Mais il se heurte, à partir de 1974, à la crise économique qui freine le financement de réformes coûteuses et pose ainsi les limites de la protection sociale.

- L'émergence d'une opposition extraparlementaire virulente à partir de 1967-1968 avec la formation de l'APO (*Außerparlamentarische Opposition*) et l'apparition à partir de 1970 de groupuscules gauchistes extrémistes recourant au terrorisme – comme la Fraction Armée rouge (*Rote Armee Fraktion*, RAF), également nommée « bande à Baader » – montrent les contestations à l'endroit du gouvernement. C'est Helmut Kohl, candidat de la CDU/CSU, qui est élu chancelier en 1982 : il parle dans sa première déclaration au gouvernement de la nécessité du « renouveau politique et intellectuel ». **La social-démocratie traverse une crise identitaire après ses 13 années au pouvoir.**

2. Le « socialisme réel » en RDA : la construction d'un État socialiste

a. La naissance du SED

- Dans la zone d'occupation soviétique, le mot d'ordre est, le 10 juin 1945, à l'établissement de partis antifascistes et démocratiques. Le KPD y renaît le 11 juin. La fusion forcée du SPD et du KPD, le 22 avril **1946**, vise l'unification entre les deux partis ouvriers au sein du **Parti socialiste unifié** (*Sozialistische Einheitspartei*, **SED**) avec Otto Grotewohl (SPD) et Wilhelm Pieck (KPD) comme dirigeants.

- C'est « la renaissance du mouvement ouvrier allemand » selon Walter Ulbricht, premier secrétaire du SED à partir de 1950. Le Parti libéral (LDP) et les chrétiens-démocrates (CDU) entrent en 1947 dans une coalition dirigée par le SED, le « bloc des partis ». Tout comme le Parti national-démocrate d'Allemagne (*National-demokratische Partei Deutschlands*, NDPD) et le Parti paysan démocratique d'Allemagne (*Demokratische Bauernpartei Deutschlands*, DBP) créés en 1948.

- **Le SED est un parti unique** car il contrôle les autres partis. À partir de 1948-1949, dans le contexte de la Guerre froide, la radicalisation s'opère avec un « parti de type nouveau » calqué sur le modèle du Parti communiste soviétique. La **République démocratique allemande** (*Deutsche Demokratische Republik*), fondée le 7 octobre 1949, est une « Allemagne socialiste ».

b. La dictature du SED

- La RDA est une démocratie populaire, une dictature communiste, dirigée par Walter Ulbricht (1950-1971) puis par Erich Honecker (1971-1989). Il y a une « disciplinarisation » (S. Kott) au sein du parti pour assurer un comportement dans la ligne du parti. Le communisme est le vecteur d'une **idéologie politique et sociale**. Le but est d'ériger une société égalitaire, une « communauté d'hommes socialistes » (W. Ulbricht).

- Le parti encadre la société par un contrôle étroit et une répression politique et sociale par l'intermédiaire de la police et de la police d'État, la Stasi (abréviation pour *Ministerium für Staatssicherheit*, ministère pour la Sécurité d'État) : créée le 8 février 1950, la Stasi est « l'épée et le glaive du parti » (*Schild und Schwert der Partei*). La surveillance des comportements privés induit la nécessaire conformité des comportements politiques, sociaux et moraux des citoyens.
- Les nouveaux équilibres sociaux se réalisent sous l'effet de la domination du parti et des organisations de masse. Le SED compte 2,3 millions de membres sur les 16,4 millions d'Allemands de l'Est en 1989. L'embrigadement de la société passe par l'école, monopole de l'État socialiste, le syndicat unique, à savoir la Confédération syndicale libre allemande (*Freier Deutscher Gewerkschaftsbund*, FDGB), les organisations de jeunes comme la Jeunesse libre allemande (*Freie Deutsche Jugend*, FDJ)...

c. Une opposition politique faible au régime

- Le FDGB, créé en 1946, est la « courroie de transmission » (S. Simsch) du parti. Dans un État socialiste, il vise non pas la défense des ouvriers mais la mobilisation de la main-d'œuvre pour la construction de la nouvelle société. La grève est interdite en 1961 et l'appartenance au FDGB est quasi systématique dès les années 1960 pour avoir accès à des bénéfices sociaux.
- L'opposition au régime est faible. L'émeute ouvrière du **16 juin 1953** débouche sur une insurrection de la population est-allemande aux revendications démocratiques et libérales. Le soulèvement est écrasé le 17 juin, dans le sang, par les chars soviétiques. Cet épisode insurrectionnel est le seul de l'histoire de la RDA, cependant que l'opposition au régime se manifeste par le « vote avec les pieds » : près de 3 millions d'Allemands de l'Est fuient à l'Ouest jusqu'à la construction du mur de Berlin en août 1961.
- Mais l'opposition politique s'accroît à partir de 1986 sous l'effet de la politique réformiste entreprise par Mikhaïl Gorbatchev en URSS (*Perestroïka*) et rejetée par E. Honecker. La vague de manifestations à l'automne 1989, véritable révolution pacifique, et la chute du Mur le 9 novembre 1989, conduisent à la faillite du régime communiste. C'est l'échec du « socialisme réel ».

3. Nouveau paysage politique dans une Allemagne réunifiée

a. Socialisme et communisme face à la réunification

- Le délitement de la RDA s'opère en dépit d'un courant réformateur prônant une autre voie vers le socialisme avec la construction d'un État socialiste démocratique. Avec l'unification s'efface la solution politique alternative : la RDA est absorbée par la RFA. Le 1er décembre 1989, le rôle dirigeant du SED est aboli. Le Parti pour le socialisme démocratique (*Partei des demokratischen Sozialismus*, PDS) est l'héritier du SED.
- À l'Ouest, les sociaux-démocrates se divisent dans le débat sur l'unification entre désir de réunification (W. Brandt) et réticence (Oskar Lafontaine). Réclamée par les manifestants en RDA et soutenue par la CDU de l'Ouest, la réunification des deux Allemagnes est menée par Helmut Kohl, chancelier de la RFA. Elle a lieu le **3 octobre 1990**. En 1990, le SDP, le Parti social-démocrate de la RDA (*Sozialdemokratische Partei in der DDR*) fondé le 7 octobre 1989, rejoint le SPD, la CDU-Est fusionne avec la CDU ; le LPDP avec le FDP.
- Le SPD, resté en retrait du processus d'unification, ne semble pas à même de répondre aux nouveaux défis. Aux élections fédérales de décembre 1990, le SPD ne

réalise que 33,5 % des voix contre 43,8 % pour la CDU/CSU. Déjà, dans les années 1980, le SPD n'apparaît plus comme le parti de la jeunesse et de l'avancée sociale (vote pour les Verts) et la compétence dans le domaine économique ne lui est plus tout entière reconnue (vote pour la CDU).

b. Retour au pouvoir du SPD et virage libéral

- L'échec de la social-démocratie aux élections de 1990 et de 1994 est patent. La concurrence du PDS à l'Est, dans les nouveaux *Länder*, et celle des Verts à l'Ouest, condamnent le SPD à la stagnation aux élections fédérales. Toutefois, en 1998, le SPD l'emporte et forme un gouvernement de coalition avec les Verts (coalition rouge-verte, 41 %) sous la direction de Gerhard Schröder.
- Le SPD est reconduit en 2002 et G. Schröder développe un programme de « nouveau centre » (*Neue Mitte*). Il entreprend en 2003 des réformes sociales nommées « Agenda 2010 » ; il impose une nouvelle ligne politique « néolibérale » dans un contexte de chômage et d'incertitudes économiques, rompant avec la ligne traditionnelle sociale-démocrate et faisant fi de l'opposition des syndicats et de l'aile gauche du parti.
- En 2005, le PDS et l'Alternative électorale travail et justice sociale (*Wahlalternative Arbeit und Soziale Gerechtigkeit*, WASG) de l'Ouest font liste commune sous le nom Die Linke. PDS (La Gauche. PDS), menée par O. Lafontaine. Le SPD (36,2 % des voix) refuse de s'allier à cette nouvelle gauche et participe à une Grande Coalition avec la CDU (36,8 % des voix) menée par la chancelière Angela Merkel (CDU) : le SPD gouverne avec la CDU, réduisant le clivage gauche-droite.

c. La social-démocratie en crise ?

- En 2007 naît Die Linke, parti situé à la gauche du SPD et qui constitue un cinquième parti sur l'échiquier politique. Une nouvelle réflexion programmatique s'impose pour le SPD : il y a conflit interne entre les tenants de la ligne idéologique définie à Bad Godesberg en 1959 et les partisans d'une modernisation induisant une orientation plus « centriste ». Le socialisme doit faire face à la mondialisation libérale, à la tertiarisation d'une société post-industrielle et à la montée de l'individualisme.
- La remise en cause de l'État social engendre une mutation du partenariat privilégié entre SPD et syndicats, générant des tensions fortes. La représentation sociale des adhérents syndicaux ne correspond plus à celle des membres du SPD et révèle une dissonance. L'Allemagne traverse une crise de la représentation syndicale. Le nombre de syndiqués a diminué de 11,8 millions en 1991 à 6,1 millions en 2014, et la répartition de ces derniers n'est plus le reflet de la sociologie du marché du travail et de la société. Le syndicalisme évolue vers une action plus revendicative. Le syndicat industriel IG Metall parle d'« érosion du partenariat social » sous l'effet de la libéralisation et des privatisations.
- Depuis 1998, le SPD souffre d'une désaffection de ses membres et, après les réformes libérales de Schröder, une partie de l'électorat se détourne du SPD. Les difficultés à trouver un positionnement politique aboutissent à une défaite historique aux élections fédérales de 2009 (23 % des voix, score électoral le plus bas depuis 1945), rejetant le SPD dans l'opposition. En 2013 est à nouveau formée une Grande Coalition dirigée par A. Merkel (25,7 % pour le SPD, 41,5 % pour la CDU/CSU), brouillant toujours plus l'opposition idéologique entre gauche et droite. Le déclin de l'idéologie dans les partis est manifeste. Le modèle social-démocrate en crise doit se réinventer.

REPÈRES

Dates clés

1875	Congrès de Gotha : formation du parti socialiste allemand
1878	Loi antisocialiste de Bismarck
1890	Naissance du SPD
1918 (déc.)	Fondation du KPD
1933	Interdiction des partis politiques et des syndicats
1946	Création du SED en zone d'occupation soviétique
1949	Création de la RFA et de la RDA ; création du DGB en RFA
1959	Congrès de Bad Godesberg : renouveau programmatique du SPD
1969-1974	Willy Brandt, premier chancelier SPD
1974-1982	Helmut Schmidt, chancelier SPD
1990 (3 oct.)	Réunification de l'Allemagne
1998-2005	Gerhardt Schröder, chancelier SPD ; 2003 : Agenda 2010
2007	Fondation de Die Linke

Citations

Karl Marx et Friedrich Engels

L'histoire de toute société jusqu'à nos jours n'a été que l'histoire de la lutte des classes.

■ *Manifeste du Parti communiste*, 1848

August Bebel

Le parti et les syndicats forment un tout, car ce sont les mêmes personnes qui portent le mouvement.

■ *Protokoll über die Verhandlungen des Parteitages der SPD*, 1906

Déclaration finale du Congrès du SPD à Bad Godesberg, RFA, 1959

Les socialistes veulent instaurer la liberté et la justice, tandis que les communistes exploitent les divisions sociales pour installer la dictature de leur parti.

***Manifeste Blair-Schröder* (texte de doctrine politique), 8 juin 1999**

La flexibilité des marchés est l'un des objectifs de la social-démocratie moderne.

Bibliographie et sitographie

- GOUGEON J.-P., *La Social-démocratie allemande*, Aubier, 1996.
- KOTT S., *Histoire de la société allemande au XXe siècle. La RDA, 1949-1989*, Paris, La Découverte, coll. « Repères », 2011.
- WAHL A., *L'Allemagne de 1918 à 1945*, A. Colin, coll. « Cursus », 1993.
- WAHL A., *Histoire de la République fédérale d'Allemagne*, A. Colin, coll. « Cursus », 1995.
- **www.tatsachen-ueber-deutschland.de/fr :** Portail Allemagne – Faits et réalités
- **www.france-allemagne.fr** : notes du Cerfa (Comité d'études des relations franco-allemandes).
- **www.fesparis.org :** publications de la Fondation Friedrich Ebert.

1 Étude critique d'un document statistique – SPD et élections

Après avoir présenté le document, montrez dans quelle mesure il rend compte de l'histoire du SPD entre succès et revers électoraux.

> Voir la méthode générale d'une étude critique de document en annexe (p. 518).
> Voir les sujets 1 et 2 du chapitre 2, 1 du chapitre 3.

DOC. Résultats électoraux du SPD aux élections fédérales depuis 1877

Année électorale*	1877	1890	1912	1919	1930	1933	1949	1961	1969
Suffrages (%)	9,1	19,8	34,8	37,9	24,5	18,2	29,2	36,2	42,7
Sièges au Bundestag	12	35	110	165	143	120	131	190	224

Année électorale*	1990	1998	2005	2009	2013
Suffrages (%)	33,5	40,9	34,2	23,0	25,7
Sièges au Bundestag	239	298	222	148	193

*Seules les dates les plus significatives ont été retenues.

Analyser le sujet

> Analyser le thème et la consigne du sujet

Le sujet traite de l'histoire du parti socialiste allemand à travers ses résultats électoraux. Le SPD (*Sozialdemokratische Partei Deutschlands*) est l'une des représentations politiques du mouvement ouvrier. La consigne invite à retracer les grandes périodes de l'histoire du socialisme à travers les résultats électoraux du SPD. Succès et revers électoraux reflètent la ligne politique défendue et révèlent l'évolution du positionnement idéologique en lien avec les mutations sociales à l'œuvre et le contexte politique interne comme externe au parti.

> Identifier le document

Le document est un **tableau statistique** présentant le pourcentage des voix recueillies par le SPD ainsi que le nombre de sièges obtenus au Bundestag (ou Reichstag). La période à étudier s'étend de 1877, deux ans après la création d'un parti socialiste unifié, le SAP, le Parti socialiste des ouvriers (*Sozialistische Arbeiterpartei*) devenu en 1890 le SPD, à 2013, date des dernières élections fédérales.

> Relever les informations importantes dans le document

Pour analyser un tableau statistique, il convient de :

- repérer les **dates clés de l'histoire du SPD** : il faut identifier les dates qui font écho à l'histoire de la social-démocratie allemande ;
- repérer les **dates rupture dans l'histoire de l'Allemagne** : il faut isoler les grandes dates de l'histoire allemande pour replacer l'évolution du SPD dans un contexte plus global ;

- dégager les grandes tendances en termes de suffrages (augmentation, diminution stagnation).

Année électorale*	1877	1890	1912	1919	1930	1933	1949	1961	1969
Suffrages (%)	9,1	19,8	34,8	37,9	24,5	18,2	29,2	36,2	42,7
Sièges au Bundestag	12	35	110	165	143	120	131	190	224
Évolution des suffrages	↗				↘		↗		

Année électorale*	1990	1998	2005	2009	2013
Suffrages (%)	33,5	40,9	34,2	23,0	25,7
Sièges au Bundestag	239	298	222	148	193
Évolution des suffrages	↘	↗	↘	↗	

> Mobiliser les connaissances de cours

- Le repérage des **dates clés de l'histoire du SPD** permet de donner du sens aux chiffres indiqués. *À titre d'exemple* : 1912 est l'année où le SPD devient le premier parti politique d'Allemagne, traduisant l'ascension électorale du parti dans une société où la question ouvrière s'affirme depuis les années 1880 avec l'industrialisation accélérée de l'Allemagne. Le SPD est un parti de masse.

- Le repérage des **grandes dates de l'histoire allemande** permet de contextualiser certaines césures. *À titre d'exemple* : 1919 fait référence à l'immédiat après-guerre et à la défaite militaire de l'Allemagne, consignée dans le traité de Versailles (28 juin 1919). L'article 231 rend l'Allemagne « responsable » de la guerre et lui impose de lourdes réparations. La République de Weimar, république démocratique et parlementaire, proclamée par les sociaux-démocrates le 9 novembre 1918, est dès lors fragilisée.

> Relever les limites du document

Le document se borne aux résultats électoraux du SPD, cependant que le courant socialiste se scinde à partir de 1916 entre sociaux-démocrates du SPD et communistes (spartakistes, USPD, KPD), ce qui engendre une concurrence électorale jusqu'en 1933. De même, si dans une Allemagne divisée entre 1949 et 1989, la référence au SPD évoque la RFA, dans l'Allemagne réunifiée, l'émergence de mouvements politiques sur la gauche du SPD à partir de 1990, aboutit à la fondation de Die Linke en 2007.

Bâtir le plan de l'étude critique du document

> Construire le plan

Le SPD étant le parti le plus représentatif des évolutions du mouvement ouvrier en Allemagne, les trois grands axes dégagés pour l'étude du chapitre se retrouvent à travers les résultats électoraux du SPD.

I. Naissance et essor du SPD : la social-démocratie dans une Allemagne qui s'industrialise (1875-1914)

1. Unité des socialistes allemands et percée politique et électorale : du SAP au SPD
2. Mise à mal de la social-démocratie : la répression d'État par la loi antisocialiste de Bismarck
3. Renaissance et triomphe électoral du SPD

II. De l'épanouissement à l'anéantissement du mouvement socialiste (1914-1945)
1. Le SPD, de l'Union sacrée à parti d'État sous la République de Weimar
2. La concurrence entre socialistes et communistes, fruit de la scission du SPD
3. Recul électoral du SPD face à la crise et effondrement face au nazisme

III. Le SPD en quête d'identité : l'évolution de la ligne idéologique et politique en Allemagne de l'Ouest puis dans l'Allemagne réunifiée (1945 à nos jours)
1. Quête du pouvoir : le choix du réformisme
2. Conquête du pouvoir et apogée du modèle social allemand
3. Le tournant néolibéral : modernisation ou crise de la social-démocratie ?

2 Composition

Socialisme et communisme en Allemagne depuis 1875

> Voir la méthode générale d'une composition en annexe (p. 515).
> Voir les sujets 3 du chapitre 2, 2 du chapitre 3.

Analyser le sujet

> Analyser les termes du sujet

Définir les mots-clés du sujet

- Les mots-clés du sujet sont « socialisme » et « communisme ». Le socialisme est un mouvement politique souhaitant résoudre la question sociale, luttant contre l'exploitation économique des ouvriers et pour la mise en place d'une société plus juste. La doctrine, élaborée K. Marx et F. Engels, prône la révolution afin d'abolir la société bourgeoise, la société capitaliste, et de mettre fin à la lutte de classes et à la prolétarisation du monde ouvrier. Or, ce courant est traversé par des tensions internes quant aux moyens d'action à mettre en œuvre pour une plus grande égalité sociale. Après la révolution bolchévique de 1917, ces divisions aboutissent à des ruptures.

- Le socialisme est une mouvance partisane du **réformisme** et non de la révolution, c'est-à-dire que la transformation escomptée de la société industrielle se fait de l'intérieur par la voie légale, à savoir la voie démocratique et parlementaire grâce au vote de lois sociales.

- Le communisme est une mouvance incarnant l'objectif **révolutionnaire**, c'est-à-dire que la conquête du pouvoir doit se faire par la révolution. L'étatisation des moyens de production permet alors de remplacer le capitalisme par le socialisme, de substituer à la société bourgeoise fondée sur l'exploitation de l'homme par l'homme une société plus juste et plus égalitaire.

Identifier le type de sujet

La **conjonction de coordination « et » met les deux notions en relation** ; le sujet est ainsi un **sujet analytique** sur les liens entre les deux courants politiques, entre racines consanguines et lutte fratricide, entre résonances et dissonances, etc.

Définir le champ d'étude du sujet

L'intitulé du sujet est une reprise partielle de l'intitulé du chapitre « Socialisme, communisme et syndicalisme en Allemagne depuis 1875 ». Le mouvement ouvrier n'est donc

à traiter que sous l'angle de la **représentation politique de ce mouvement**, qui, d'un parti traversé par des tensions idéologiques, se scinde en deux mouvances politiques. Le champ d'étude porte sur :
– les débats internes au sein du parti social-démocrate ;
– les facteurs et les conséquences de la formation d'une mouvance à la gauche du SPD ;
– les positionnements idéologiques marqués par le contexte de la Guerre froide dans une Allemagne divisée (1949-1989) et les projets politiques et sociétaux portés par les partis en RFA et en RDA ;
– l'évolution des lignes politiques dans une Allemagne réunifiée.

Délimiter le cadre spatio-temporel

- Le cadre spatial clairement énoncé « en Allemagne » reprend l'espace géographique du programme, tout comme le cadre temporel large incluant l'ensemble de l'objet d'étude « à partir de 1875 ».
- Il convient de justifier la date de 1875 : c'est l'année du congrès de Gotha donnant naissance au SAP, premier parti socialiste unifié d'Europe.

> Dégager la problématique d'un sujet

Dans quelle mesure socialisme et communisme reflètent-ils un idéal de société incarné dans un projet politique et sociétal dual en Allemagne depuis 1875 ?

Bâtir et rédiger le plan de la composition

> Choisir le type de plan

Le sujet étant un sujet analytique, le plan requis est le plan thématique, ou plus précisément le **plan chrono-thématique** : du contexte historique découlent les **évolutions** propres au socialisme et au communisme. Il faut alors veiller à **coupler systématiquement les deux notions** pour dégager les idées-forces et ainsi mener une réflexion problématisée répondant pleinement aux enjeux du sujet.

> Construire le plan

I. De l'unité dans la diversité à la division (1875-1918)
1. Union des partis et unité de compromis dogmatique
2. Pérennité du débat doctrinal et crise du révisionnisme
3. De la brèche à la fracture (1914-1918)

II. D'une lutte fratricide à l'anéantissement (1918-1945)
1. Le SPD, parti d'État au pouvoir : entre défense et trahison de la cause ouvrière
2. De la concurrence à la confrontation idéologique
3. Désunion fatale face au nazisme (1933-1945)

III. D'un socialisme à deux visages dans une Allemagne divisée à une gauche plurielle dans une Allemagne réunifiée (1945 à nos jours)
1. Le socialisme démocratique en RFA
2. Le « socialisme réel » en RDA : la construction d'un État socialiste
3. Réunification et refondation politique : vers de nouvelles lignes politiques (1989 à nos jours)

SUJETS DE TYPE BAC

1 Étude critique de deux documents – Naissance et essor du KPD (1918-années 1920)

90’ (L, ES)

Après avoir présenté les documents, montrez dans quelle mesure ils rendent compte de la rupture à l’œuvre au sein du mouvement socialiste.

> Voir la méthode générale d’une étude critique de document en annexe (p. 518).
> Voir les méthodes et stratégies 1 du chapitre 2, 2 du chapitre 3.

DOC. 1 Le courant spartakiste révolutionnaire.

« Le 9 novembre, en Allemagne, les ouvriers et soldats ont mis en pièces l’ancien régime. […]

La réalisation du régime socialiste est la tâche la plus grandiose qui ait jamais incombé dans l’histoire du monde à une classe et à une révolution. Cette tâche requiert une transformation totale de l’État et un bouleversement complet des fondements économiques et sociaux de la société. […]

La révolution prolétarienne sonne […] le glas de toute servitude et de toute oppression ; voilà pourquoi se dressent contre elle dans une lutte à mort, comme un seul homme, tous les capitalistes, les Junkers*, les petits-bourgeois, les officiers, bref tous les profiteurs ou les parasites de l’exploitation et de la domination de classe.

C’est pure folie que de s’imaginer que les capitalistes pourraient se plier de bon gré au verdict socialiste d’un Parlement, d’une Assemblée nationale, qu’ils renonceraient tranquillement à la propriété, au profit, aux privilèges de l’exploitation. […]

À l’omniprésence et aux mille moyens dont dispose la société bourgeoise, il faudra opposer le pouvoir de la classe ouvrière décuplé par l’union et la concentration. Seul le front uni de l’ensemble du prolétariat allemand, […], l’élargissement de la révolution allemande aux dimensions de la révolution mondiale du prolétariat, permettront de créer le soubassement de granit sur lequel on construira 1’édifice de l’avenir. […]

La Ligue spartakiste refuse de partager le pouvoir avec les Scheidemann, les Ebert, avec ces hommes de main de la bourgeoisie parce qu’elle considère que collaborer avec eux, c’est trahir les principes fondamentaux du socialisme, renforcer la contre-révolution et paralyser la révolution. […]

Debout prolétaires ! Au combat ! Il s’agit de conquérir tout un monde et de se battre contre tout un monde. […] »

* Junkers : noblesse foncière de Prusse et d’Allemagne orientale

■ Rosa Luxemburg, « Que Veut la Ligue Spartakiste ? », *Die Rote Fahne*, 14 décembre 1918, devenu le programme adopté le 31 décembre par le Congrès de fondation du KPD, DR

DOC. 2 Affiche électorale du KPD aux élections fédérales, 1928.
Sur la partie gauche de l'affiche, il est inscrit sur la pancarte « Le socialisme passe par la coalition » ; la partie droite de l'affiche proclame « Votez communiste ! »

2 Étude critique de deux documents – Les défis du syndicalisme depuis les années 1970

90' (L, ES)

Après avoir présenté les documents, montrez dans quelle mesure le syndicalisme, à travers l'exemple du DGB, fait face à des défis nombreux depuis les années 1970.

> Voir la méthode générale d'une étude critique de document en annexe (p. 518).
> Voir les méthodes et stratégies 1 du chapitre 2, 2 du chapitre 3.

DOC. 1 L'évolution du nombre d'adhérents au DGB de 1970 à 2010.

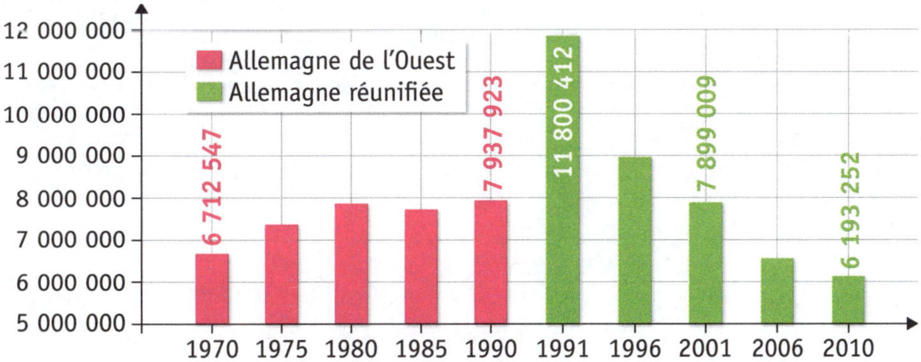

Source : DGB

DOC. 2 Le syndicalisme à l'heure actuelle en Allemagne.

« […] L'arrivée de Reiner Hoffmann ouvre […] une nouvelle ère pour le DGB. Élu en 2002, son prédécesseur, Michael Sommer avait été confronté dès 2003 aux réformes libérales du chancelier Gerhard Schröder – l'Agenda 2010 – puis à la décision du SPD de porter progressivement l'âge de la retraite à 67 ans.

Le syndicat arrivait d'autant moins à se faire entendre qu'il perdait de nombreux adhérents. De 7,7 millions en 2002, ceux-ci n'étaient plus que 6,15 millions dix ans plus tard. Désormais, la chute se ralentit nettement. En 2013, le DGB comptait 6,14 millions d'adhérents. Surtout, sur les huit fédérations qui le composent, six regagnent des adhérents, dont les deux poids lourds du DGB : la fédération de la métallurgie (2,2 millions d'adhérents) et Verdi, le syndicat des services (2 millions d'adhérents). Par ailleurs, les premières mesures du nouveau gouvernement Merkel, notamment la création d'un salaire minimum et la possibilité pour les salariés ayant cotisé 45 ans de partir à la retraite dès 63 ans, représentent deux victoires pour le DGB. Traditionnellement proche du Parti social-démocrate – comme ses prédécesseurs, Reiner Hoffmann a sa carte du SPD en poche – le DGB a de nouveau l'impression de peser dans le débat public. […] Si, dans le syndicalisme allemand, le véritable pouvoir est aux mains des fédérations, plus que de la confédération, le DGB est l'interlocuteur privilégié des pouvoirs publics et du gouvernement.

Michael Sommer, bien que membre du SPD, avait d'excellentes relations avec Angela Merkel. […] En reconduisant […] Elke Hannack, qui, elle, est membre de la CDU, à la vice-présidence du DGB, les syndicalistes ont confirmé qu'ils n'entendaient plus avoir des liens exclusifs avec le SPD. »

▪ Frédéric Lemaitre, « Reiner Hoffmann, un syndicaliste allemand résolument européen », lemonde.fr, 13 mai 2014

3 Composition

150' (L, ES)

Socialisme et syndicalisme en RFA de 1949 à nos jours

Le nom de RFA est la dénomination de l'Allemagne de l'Ouest de 1949 à 1990, par opposition à la RDA, et le nom officiel de l'Allemagne réunifiée.

> Voir la méthode générale d'une composition en annexe (p. 515).

> Voir les méthodes et stratégies 2 du chapitre 2, 1 du chapitre 3.

CORRIGÉS

1 Étude critique de deux documents – Naissance et essor du KPD (1918 – années 1920)

[Introduction]

Le mot d'ordre « Prolétaires de tous les pays, unissez-vous ! » achève le *Manifeste du Parti communiste* de K. Marx et F. Engels. Le document 1 est un texte doctrinal, projet de programme de la Ligue spartakiste (*Spartakusbund*), intitulé « Que Veut la Ligue Spartakiste ? », véritable dogme fondateur de la pensée communiste. Il est rédigé par Rosa Luxemburg, militante socialiste et théoricienne marxiste à l'origine du courant spartakiste, courant scissionniste du SPD à partir de 1916 avec le groupe Spartakus, devenu le 11 novembre 1918 la Ligue spartakiste pour défendre la cause marxiste. Cette ligue est issue du Parti social-démocrate indépendant (USPD) créé en 1917. Le programme défini par R. Luxemburg est publié dans le journal spartakiste *Die Rote Fahne* (Le Drapeau rouge) du 14 décembre 1918. Le document 2 est une affiche électorale du KPD, Parti communiste allemand, datant de 1928. Le KPD naît le 30 décembre 1918 de la rupture d'avec l'USPD. Les deux documents s'inscrivent dans le contexte de la République de Weimar proclamée le 9 novembre 1918. Le contexte révolutionnaire de l'immédiat après-guerre marque l'opposition entre les socialistes réformistes du SPD, aux rênes du pouvoir, et les socialistes révolutionnaires prônant le renversement de l'ordre établi pour construire une république socialiste et une société nouvelle. Le courant politique révolutionnaire gagne en influence, le KPD devient un parti de masse dans les années 1920. L'orientation du KPD se bolchévise dès 1924 et se radicalise à partir de 1928 en désignant la social-démocratie comme l'aile gauche du fascisme. Dans quelle mesure les deux documents rendent-ils compte de la rupture à l'œuvre au sein du mouvement socialiste ?

La rupture idéologique et donc doctrinale s'affirme en 1918, engendre une fracture politique du mouvement ouvrier avec la naissance du KPD et crée une concurrence électorale entre SPD et KPD.

[I. De la rupture idéologique par la défense de l'idéal révolutionnaire...]

[1. La volonté de fonder une république socialiste]

Le 9 novembre 1918 conduit à la fin de « l'ancien régime », à savoir du régime du Reich de l'Allemagne wilhelmienne (1871-1918), monarchie parlementaire autoritaire. L'abdication, suivie de l'exil, de l'empereur Guillaume II et la proclamation de la République par le social-démocrate modéré P. Scheidemann, constituent une rupture. L'action révolutionnaire menée par « les ouvriers et soldats », réunis en conseils d'ouvriers et de soldats dans les grandes villes du Nord de l'Allemagne (Lübeck, Hambourg, Brême) depuis le 3 novembre, traduit l'espoir d'une mutation. Aussi, une véritable **révolution démocratique et sociale** est-elle réclamée par l'aile gauche du SPD : le spartakiste K. Liebknecht proclame, lui, la **république socialiste**. C'est la « réalisation du régime socialiste [...] tâche la plus grandiose » qui guide ainsi l'action spartakiste.

[2. La lutte des classes comme moteur de l'histoire]

Le fondement doctrinal du mouvement spartakiste est le marxisme et sa vision de l'histoire exprimée dans *Le Manifeste du Parti communiste* (1848). Pour K. Marx, le moteur de l'histoire est la **lutte des classes** qui oppose les bourgeois, propriétaires des moyens de production et détenteurs du capital, à ceux qu'ils dominent, réduisent à la

« servitude » et soumettent à l'« oppression » grâce à cette possession, les prolétaires. La « classe » prolétarienne doit donc combattre la bourgeoisie dans une « lutte à mort ».

[3. La révolution prolétarienne comme moyen de conquête du pouvoir]

Le marxisme prône la « révolution prolétarienne » dans le but de **détruire la société capitaliste** et d'établir une dictature du prolétariat, puis le communisme. Seul le renversement de l'État par la révolution peut engendrer la naissance d'une société sans classe. En effet, établir un État socialiste « requiert une transformation totale de l'État », qui, selon le dogme marxiste, est un instrument au service de la classe dominante afin de perpétuer son pouvoir. L'**instauration d'une société plus juste et plus égalitaire** nécessite « un bouleversement complet des fondements économiques et sociaux » : le capitalisme, ordre économique né de l'industrialisation, et son corollaire, l'exploitation de l'homme par l'homme, doivent être détruits.

[II. ... à la rupture politique face à la question de l'exercice du pouvoir...]

[1. La condamnation du réformisme]

Les divisions internes au Parti social-démocrate (*Sozialdemokratische Partei Deutschlands*, SPD), exacerbées par la crise révisionniste dans les années 1890, aboutissent, sous l'effet d'accélérateur joué par la guerre, à la scission du parti entre une aile modérée partisane du réformisme et une aile radicale fidèle à la révolution. Le socialisme réformiste entend, non pas détruire l'État bourgeois, mais le transformer progressivement de l'intérieur, afin d'améliorer le sort de la classe ouvrière. Les sociaux-démocrates forment le groupe le plus nombreux au Reichstag en 1914 avec 110 élus et sont donc le groupe le plus organisé à la sortie de la guerre. Rosa Luxemburg critique vivement l'idée d'une transformation par le seul « verdict socialiste d'un Parlement, d'une Assemblée nationale ». Ainsi, passer par la voie légale et législative, ce serait « s'imaginer que les capitalistes [...] renonceraient tranquillement à la propriété, au profit, aux privilèges de l'exploitation ».

[2. La critique virulente de la participation gouvernementale]

Mais les sociaux-démocrates, avec Friedrich Ebert, nommé chancelier en novembre 1918, se chargent de la direction de la République de Weimar naissante. De l'acceptation de responsabilités gouvernementales découlent donc des changements dans la doctrine et dans la pratique du SPD. Le SPD, devenu parti d'État, s'associe selon Rosa Luxemburg à « tous les capitalistes, les Junkers, les petits-bourgeois, les officiers, bref tous les profiteurs ou les parasites de l'exploitation et de la domination de classe ». **Le SPD renonce ainsi, selon la vision spartakiste, à la défense de la cause ouvrière** : « Les Scheidemann, les Ebert [...] [sont] les hommes de main de la bourgeoisie », « collabore[nt] » avec l'État bourgeois et « trahi[ssent] les principes fondamentaux du socialisme ».

[3. La naissance du KPD]

Les spartakistes publient le 14 décembre 1918, dans leur journal *Die Rote Fahne*, un projet de programme proposé par R. Luxemburg : celui-ci devient le programme du KPD, le Parti communiste allemand, fondé le 30 décembre. Les troubles révolutionnaires à Berlin sont sévèrement réprimés lors de la « semaine sanglante » de janvier 1919. La nouvelle république renonce aux aspirations révolutionnaires. L'assassinat de Karl Liebknecht et de Rosa Luxemburg le 15 janvier conduit au **divorce entre la gauche révolutionnaire et la gauche parlementaire**.

[III. ... et à la fracture de la représentation politique du mouvement ouvrier]

[1. La concurrence électorale entre SPD et KPD]

La République de Weimar est une **démocratie parlementaire**. Les élections à l'Assemblée constituante de janvier 1919 conduisent à la victoire du SPD ; l'Assemblée élit en février 1919 président de la République le social-démocrate F. Ebert, qui nomme P. Scheidemann chancelier. Le KPD, adhérent du Komintern placé sous l'égide du PCUS, rejette la Constitution, adoptée le 31 juillet 1919, et combat la république bourgeoise. La République de Weimar est dominée par une coalition de trois partis : centre catholique (*Zentrum*), libéral et social-démocrate. Il s'agit donc d'un **régime de compromis**. La concurrence sur la gauche du SPD aux élections législatives vient du KPD. La fusion de l'USPD avec le KPD en 1920 transforme le KPD en parti de masse.

[2. De la représentation électorale et du projet politique du SPD...]

Déjà, en janvier 1919, la collusion du SPD avec les troupes armées gouvernementales radicalise certains ouvriers. Déçus par l'action gouvernementale menée par la coalition de Weimar, les ouvriers reportent dès 1920 leurs voix vers une gauche plus radicale lors des élections au Reichstag. L'**hostilité du KPD à l'égard du SPD** se reflète dans le message politique délivré par l'affiche électorale du KPD (document 2) pour les élections législatives de mai 1928 : le SPD apparaît sous les traits de F. Ebert, mort en 1925, mais symbole de ce SPD œuvrant à une politique de compromis avec les autres partis. L'effigie, toute de rouge colorée pour marquer l'appartenance à gauche, tient une pancarte sur laquelle est inscrit « *Durch Koalition zum Sozialismus* ». Le socialisme passerait donc par la coalition de plusieurs partis. Les diverses forces traditionnelles de la société allemande sont représentées par quatre figures allégoriques, l'Église avec la croix chrétienne, la justice avec la balance, l'armée avec les armes et la bourgeoisie avec le capitaliste. La représentation graphique montre le SPD aux mains de ces forces conservatrices et bourgeoises ; la rigidité de l'effigie reflète cet immobilisme tant social que politique, cette absence de bouleversement radical de l'ordre établi. Le KPD qualifie le SPD de « socialistes de droite ».

[3. ... à la représentation électorale et au projet politique du KPD]

Le KPD est, quant à lui, présenté sous les traits d'un ouvrier. Le travailleur, aux manches retroussées et figuré tout en rouge, incarne par son visage marqué par la détermination et par ses poings serrés **l'union et la combativité des prolétaires** : le « pouvoir de la classe ouvrière [est] décuplé par l'union et la concentration ». C'est le « front uni de l'ensemble du prolétariat allemand » qui doit œuvrer à la conquête du pouvoir et « au combat » pour chasser la république bourgeoise, capitaliste et militariste. Le poing lancé en avant met en exergue le mouvement dont est porteur le KPD ; il révèle la volonté de changement, rompant avec le maintien des structures traditionnelles de la société allemande : « il s'agit de conquérir tout un monde et de se battre contre tout un monde ». Seul le renversement de l'État par la « révolution allemande » « permettr[a] de créer le soubassement de granit sur lequel on construira l'édifice de l'avenir ».

[Conclusion]

Ainsi le mouvement spartakiste représenté par une partie de la gauche radicale puis le KPD portent-ils les couleurs de l'idéologie marxiste révolutionnaire et s'opposent-ils en conséquence à la pratique réformiste du SPD sous la République de Weimar (1918-1933). La rupture est amplifiée par-delà les crispations dogmatiques par l'antagonisme politique entre sociaux-démocrates et communistes quant à l'exercice du pouvoir et au modèle de société à bâtir.

Le raidissement du KPD s'accentue encore au cours de l'été 1928, le Komintern faisant de la lutte contre la social-démocratie l'objectif prioritaire des communistes et le SPD étant qualifié de parti « social-fasciste » sous l'effet de la bolchévisation du KPD.

2 Étude critique de deux documents – Les défis du syndicalisme depuis les années 1970

[Introduction]

L'État social ou État-providence (*Sozialstaat*), né sous l'impulsion bismarckienne, se consolide après 1890 sous l'action des courants social-démocrate et syndical. Le document 1 est un graphique en barres (ou histogramme) présentant l'évolution du nombre d'adhérents au DGB (*Deutscher Gewerkschaftsbund*), Confédération des syndicats allemands de 1970 à 2010 – soit de 1970 à 1990 en Allemagne de l'Ouest, puis à partir de 1990 dans l'Allemagne réunifiée. Le document 2 est extrait d'un article de presse, « Reiner Hoffmann, un syndicaliste allemand résolument européen », écrit par F. Lemaître et publié dans le journal *Le Monde* le 13 mai 2014. Le journaliste y dresse un bilan des revers et des conquêtes des syndicats. Le DGB est le syndicat unitaire le plus important d'Allemagne, regroupant environ 80 % des salariés. Créé en 1949 en RFA, il est un acteur du partenariat social. Le mouvement ouvrier par la lutte syndicale est confronté à des défis internes et externes depuis la crise économique des années 1970. Dans quelle mesure le DGB fait-il face à des défis nombreux depuis les années 1970 ? Le DGB est le principal partenaire social en Allemagne de l'Ouest et permet l'affirmation d'une force syndicale. Cependant, le syndicalisme connaît une crise à partir des années 1990, véritable tournant marquant l'érosion du partenariat social. Affronter les défis en lien avec les évolutions de l'économie et de la société allemandes a alors conduit à une rénovation du syndicalisme.

[I. Le DGB, principal partenaire social : l'affirmation d'une force syndicale]

[1. Le poids syndical du DGB]

Le syndicalisme allemand repose sur une volonté de regroupement tant par la constitution d'un **syndicat unitaire, le DGB**, que par le principe du **syndicat de branche** selon l'idée « un établissement, un syndicat » (*Ein Betrieb, eine Gewerkschaft*). Le poids du DGB est important puisque la confédération regroupe « huit fédérations » affiliées, parmi lesquelles le puissant syndicat de branche IG-Metall (*Industriegewerkschaft Metall*), « la fédération de la métallurgie » et « Verdi, le syndicat des services ». Le DGB représente presque 80 % des adhérents du mouvement syndical allemand. De 5 millions d'adhérents en octobre 1949, le DGB passe à 6,7 millions de syndiqués en 1970, soit un tiers des salariés allemands. Le taux de syndicalisation est particulièrement massif dans l'industrie.

[2. Syndicalisme et conquêtes sociales]

Le mouvement syndical se réveille à partir de 1950 et, soutenu par le SPD, revendique la cogestion (*Mitbestimmung*), instituée en 1951 dans le secteur charbon-acier puis généralisé en 1976 à toutes les entreprises. La cogestion est un système de gouvernance des entreprises associant représentants des salariés et représentants des actionnaires dans les conseils de surveillance. Les conventions collectives négociées entre patronat et syndicats permettent une **coopération étroite entre patronat et syndicats**, remplaçant le recours à la lutte syndicale et instituant un dialogue social fructueux. Le DGB, tout comme le SPD, prend une orientation réformiste. La négociation collective permet un recours limité à la grève, qui n'est déclenchée qu'après épuisement des possibilités de négociation.

[3. La puissance du syndicalisme]

En RFA, la **mise en place d'un modèle social** est impulsée par le SPD et les syndicats. « Le DGB est l'interlocuteur privilégié des pouvoirs publics et du gouvernement ». Les syndicats sont, en effet, acteurs dans l'élaboration des choix politiques : ils s'associent à la concertation entre le gouvernement et les employeurs dans cette dynamique d'« action concertée » introduite en 1967 et perpétuée jusqu'en 1977. En 1972 sont définis les droits et le rôle des syndicats dans la loi constitutionnelle sur l'entreprise. La fin de la forte croissance économique dans les années 1970 fait émerger de nouveaux défis politiques. Le compromis social issu de l'après-guerre se fissure. La politique de rigueur conduite par le chancelier social-démocrate H. Schmidt (1974-1982) pour réduire le déficit public engendre des manifestations syndicales pour protéger les acquis sociaux.

[II. Le syndicalisme en crise : l'érosion du partenariat social ?]

[1. La chute du nombre de membres du DGB…]

La stabilisation du nombre d'adhérents autour de 7,9 millions de membres durant les années 1980 et 1990 montre le poids du DGB. La réunification entraîne un pic avec un afflux de nouveaux adhérents par l'absorption au sein du DGB de la majorité des salariés syndiqués du FDGB (*Freier Deutscher Gewerkschaftsbund*), la Confédération syndicale libre allemande de la RDA. Le DGB compte alors 11,8 millions de salariés syndiqués. Cette hausse est d'une durée limitée car la chute s'engage durablement dès 1991. Le DGB « per[d] de nombreux adhérents » : « de 7,7 millions en 2002, ceux-ci [ne sont] plus que 6,15 millions dix ans plus tard ». Le syndicalisme affronte alors une **crise**. La **désyndicalisation** est à l'œuvre.

[2. … sous l'effet de mutations structurelles]

Cette baisse du nombre d'adhérents très rapide après 1990 est la conséquence des restructurations économiques et de la désindustrialisation dans l'ex-Allemagne de l'Est, mais également de la réorganisation industrielle et des délocalisations des industries traditionnelles dans l'ex-Allemagne de l'Ouest. Sous l'effet des **privatisations** et de la **mondialisation**, l'économie allemande est soumise à des **mutations structurelles** : licenciements et chômage de masse touchent le salariat et impactent dès lors le taux de syndicalisation. Les syndicats étaient les représentants du monde ouvrier, or les ouvriers sont désormais moins nombreux dans le salariat (24,6 % en 2014). La structure du salariat évolue avec la **tertiarisation** de la société. La précarisation de l'emploi, avec l'extension du travail à temps partiel, renforce les attentes individuelles des salariés et remet en cause les pratiques syndicales.

[3. Les liens DGB/SPD : des liens historiques distendus]

Les fédérations du DGB ne sont pas affiliées à un parti, ni financées par des partis politiques. En revanche, l'**ancrage à gauche du DGB** est historique et le DGB a des relations étroites avec le SPD. L'ancien président du DGB (2002-2014) « Michaël Sommer […] [est] membre du SPD ». Cependant les liens entre syndicats et SPD ont sensiblement évolué au cours des dix dernières années. En effet, l'Agenda 2010 divise alors les syndicats, alliés traditionnels du SPD : la politique sociale de la coalition rouge-vert du chancelier G. Schröder, menée à partir de 2003, distend les liens. « Michaël Sommer avait été confronté dès 2003 aux réformes libérales du chancelier Gerhardt Schröder – l'Agenda 2010 – puis à la décision du SPD de porter progressivement l'âge de la retraite à 67 ans ». En effet, les **réformes Hartz** – du nom du PDG de Volkswagen – engendrent un durcissement des conditions d'indemnisation (allocation-chômage, assistance chômage, aide sociale) pour inciter à la reprise du travail et réduire le déficit public. Cela renforce les tensions entre le DGB et le SPD. Le DGB oppose une résistance ferme contre les coupes massives dans le régime d'assurance chômage et revendique l'instauration d'un salaire minimum.

[III. ... mais en cours de rénovation pour répondre aux nouveaux défis]

[1. La remise en cause du partenariat social]

Le taux de syndicalisation diminue : de 40 % au début des années 1950, il est passé à 17,7 % en 2013, soit une diminution de plus de moitié. Le principe « une entreprise, un syndicat » restant le principe organisateur du DGB, la restructuration de certaines branches industrielles et l'émergence de nouvelles industries (informatique, communication) engendrent des conflits entre les fédérations du syndicat unitaire : « dans le syndicalisme allemand, le véritable pouvoir est aux mains des fédérations ». **Le syndicalisme se fait désormais plus revendicatif**. Le modèle allemand du partenariat social est alors remis en cause, comme en témoignent des **grèves** longues et massives (*Deutsche Bahn*, 2007).

[2. Une nécessaire adaptation aux mutations structurelles de la population active]

Comme « le syndicat arrivait d'autant moins à se faire entendre qu'il perdait de nombreux adhérents », une adaptation aux mutations structurelles s'avérait nécessaire. Les syndicats ont tardé à réagir au passage d'une économie fondée sur l'industrie à une économie fondée sur les services. Il faut ainsi **redéployer l'action syndicale**. Pour conquérir de nouveaux adhérents, il convient de renforcer les structures syndicales dans les nouveaux domaines d'activité : le syndicat des services, Ver.di (*Vereinte Dienstleistungsgewerkschaft*), a fait une place au secteur des techniques de l'information et de la communication. Les syndicats cherchent également à prendre en considération les travailleurs à emploi précaire (intérimaires, temps partiel), qui représentent un tiers du salariat.

[3. Vers une nouvelle ère ?]

« Désormais la chute [des adhérents] se ralentit nettement ». « Sur les huit fédérations qui [...] composent [le DGB], six regagnent des adhérents, dont les deux poids lourds du DGB : la fédération de la métallurgie (2,2 millions d'adhérents) et Ver.di, le syndicat des services (2 millions d'adhérents) ». Ces deux fédérations, IG Metall et Ver.di, regroupent presque 70 % des adhérents du DGB. « En 2013, le DGB comptait 6,14 millions d'adhérents ». Une « nouvelle ère » s'ouvre : en effet, « les premières mesures du nouveau gouvernement Merkel, notamment la création d'un salaire minimum et la possibilité pour les salariés ayant cotisé 45 ans de partir à la retraite dès 63 ans, représentent deux victoires pour le DGB ». La mise en place d'un salaire minimum (*Mindestlohn*) à partir du 1er janvier 2015, met en exergue la volonté de mener de nouvelles conquêtes sociales. « Le DGB a de nouveau l'impression de peser dans le débat public ». Et même si les relations entre les syndicats et la social-démocratie restent plus étroites qu'avec les autres partis politiques, « les syndicalistes ont confirmé qu'ils n'entendaient plus avoir des liens exclusifs avec le SPD ». Les adhérents et les électorats des syndicats et du SPD sont devenus socialement de plus en plus différents. Le **refus de l'inertie par les syndicats** et, notamment le DGB, s'est traduit par le dépassement des cadres traditionnels.

[Conclusion]

Ainsi le syndicalisme allemand est-il soumis depuis les années 1970 à des évolutions tant conjoncturelles que structurelles, à des défis tant externes qu'internes. L'exemple du DGB, grand syndicat unitaire, est révélateur des mutations de l'économie et de la société allemandes. Si la puissance syndicale se donne à voir dans le rôle du DGB comme principal partenaire social, acteur du dialogue social avec l'entreprenariat et avec le gouvernement, le milieu des années 1990 marque un tournant : le partenariat social s'érode et le syndicalisme allemand est confronté à une crise. Cette crise est la conséquence de l'inadéquation entre syndicalisme et économie moderne ouverte sous les effets de la libéralisation et de la mondialisation mais aussi de la tertiarisation et de la structuration nouvelle de la population active. Face à la désyndicalisation, la rénovation du syndicalisme s'est imposée et a permis l'endiguement de l'érosion du nombre d'adhérents par le DGB et le retour des syndicats dans le débat public.
Mais le modèle social allemand n'apparaît plus aussi vertueux avec la précarisation de l'emploi. La cohésion sociale, mise à mal, reste fragile et le modèle social est à réinventer.

3 Composition – Socialisme et syndicalisme en RFA de 1949 à nos jours

Ce sujet limite l'étude à l'après 1949 et à la RFA. Seul le plan est ici présenté, chaque sous-partie ou idée principale s'appuyant sur une partie du cours et sur les éléments de correction du sujet corrigé 2.

[Introduction]

« Donner à tous les hommes liberté, justice et bien, c'est là tout le sens du socialisme », est-il déclaré au congrès du SPD de Bad Godesberg en 1959. Le socialisme est un mouvement politique né au XIXe siècle qui vise à résoudre la question sociale par la lutte contre l'exploitation économique des ouvriers et qui œuvre pour la mise en place d'une société plus juste. La doctrine marxiste de tendance révolutionnaire divise le courant socialiste et engendre des contradictions entre théorie révolutionnaire et pratique réformiste. Le mouvement ouvrier repose également sur le syndicalisme, mouvement qui a pour but de défendre les droits d'une profession. Mis à mal pendant le IIIe Reich (1933-1945), socialisme et syndicalisme renaissent en 1945 dans une Allemagne divisée et s'affirment progressivement comme des forces politique et sociale en RFA. Dans une Allemagne de l'Ouest où triomphe la démocratie parlementaire (1949-1989), puis à partir de 1990 dans une Allemagne réunifiée en proie à des mutations profondes, les enjeux politiques et sociaux évoluent pour le SPD et pour les syndicats. Dans quelle mesure socialisme et syndicalisme en RFA oscillent-ils entre crises et nouveaux départs depuis 1949 ?

I. L'affirmation d'un socialisme et d'un syndicalisme réformistes (1949-années 1960)

1. La renaissance du mouvement ouvrier : refondation du SPD (1945) et création du DGB (1949)

2. Crise idéologique et renouveau du SPD : le choix du réformisme au congrès de Bad Godesberg (1959)

3. Un modèle de gouvernance fondé sur la concertation sociale : le choix du partenariat social, facteur de cohésion et d'efficacité

II. Le mouvement ouvrier entre avancées et blocages (années 1970-années 1990)

1. Le SPD au pouvoir (1966-1982) : un « nouveau départ » pour la RFA

2. Crise identitaire et retour dans l'opposition du SPD

3. Désyndicalisation et malaise syndical

III. La crise de la social-démocratie (années 2000-aujourd'hui)

1. Le virage libéral du SPD et l'affirmation d'une nouvelle gauche plus radicale

2. La rénovation syndicale

3. Gouvernements de Grande Coalition et brouillage des oppositions traditionnelles entre sociaux-démocrates (SPD) et démocrates-chrétiens (CDU)

[Conclusion]

Ainsi le socialisme et le syndicalisme en RFA sont-ils mus, de 1949 à 1990, par une quête de justice sociale qui guide ces deux courants depuis le XIXe siècle. La mise en place d'un modèle social vertueux et la participation du SPD au pouvoir révèlent le poids du syndicalisme et de la social-démocratie. Mais déjà la dynamique est brisée dans les années 1980 et la césure définitive survient avec le tournant que représentent les années 1990. Aussi s'impose un changement dans le positionnement traditionnel du SPD et des syndicats pour mieux répondre aux défis d'une économie nouvelle et d'une société en mutation. Le dépassement des crises conduit à de nouveaux départs, nécessaires ajustements à une histoire en mouvement.

À l'utopie socialiste succède le pragmatisme politique du SPD, à la force conciliatrice d'un syndicalisme unitaire la volonté revendicatrice d'un syndicalisme en refondation, et au triomphe du modèle social l'essoufflement de l'État social.

CHAPITRE 3 Séries L et ES

Médias et opinion publique dans les grandes crises politiques de la France depuis l'affaire Dreyfus

COURS

MÉTHODES ET STRATÉGIES

SUJETS DE TYPE BAC

CORRIGÉS

COURS

Médias et opinion publique dans les grandes crises politiques de la France depuis l'affaire Dreyfus

Depuis la fin du XIXe siècle, des médias* de plus en plus diversifiés, de la presse jusqu'à Internet, contribuent à former l'opinion publique*, voire à l'influencer ou à la refléter. Des relations complexes se nouent ainsi entre médias et opinion publique, en particulier lors des crises politiques, moments de tension et de division dans la vie du pays. Quels sont le rôle et les relations des médias et de l'opinion publique dans les grandes crises politiques de la France depuis l'affaire Dreyfus ?

I. La presse écrite sous la IIIe République

1. Le développement d'un média de masse (1881-1914)

a. Liberté de la presse et opinion publique : la loi du 29 juillet 1881

- La Déclaration des droits de l'homme et du citoyen affirmait déjà, dans son article 11, « la libre communication des pensées et des opinions » permettant à « tout citoyen » de « parler, écrire, imprimer librement ». En 1868 intervient une libéralisation partielle de la presse, mais elle reste soumise dans les années 1870 à de nombreuses contraintes et restrictions.

- Dans les années 1880, la IIIe République adopte de nombreuses lois favorisant la démocratisation de la société française : liberté de réunion, liberté syndicale, libertés municipales, complétées en 1901 par la liberté d'association. La loi consacrant la liberté de la presse est votée à la quasi-unanimité par le Parlement le 29 juillet 1881 : **« l'imprimerie et la librairie sont libres »** (article 1), « tout journal ou écrit périodique peut être publié sans autorisation préalable et sans dépôt de cautionnement » (article 5). La loi s'applique également aux affiches, images et caricatures.

- La **presse contribue à informer et à former l'opinion publique**, dont l'émergence est indissociable de l'avènement de la démocratie. Les progrès de l'instruction, favorisés par les lois sur l'enseignement primaire gratuit et obligatoire, permettent aux Français de devenir les premiers lecteurs de journaux du monde au début du XXe siècle.

b. Multiplication et diversité des journaux avant 1914

- L'impression et la diffusion des journaux sont facilitées par de nombreuses innovations techniques qui abaissent les prix de fabrication, et par conséquent de vente. Les informations se diffusent plus rapidement grâce au développement du téléphone et du télégraphe ; la reproduction photographique agrémente la lecture de journaux. La presse fait la part belle aux faits divers, aux divertissements, aux romans-feuilletons et n'aborde vraiment les questions politiques qu'au moment des élections et lors des crises politiques.

* Les mots suivis d'un astérisque sont définis dans le lexique.

- On parle d'un « **âge d'or** » **de la presse**, devenue un média de masse. En 1914, la presse française a un tirage global proche de 9 millions d'exemplaires (70 quotidiens imprimés à Paris et 242 en province). Les journaux les plus lus de la **presse généraliste** atteignent ou dépassent des tirages d'un million d'exemplaires : c'est notamment le cas du *Petit Parisien*, créé en 1876, qui tire 1,4 million d'exemplaires quotidiens en 1914.

- Les **journaux d'opinion***, qui expriment clairement leurs options et engagements idéologiques et politiques, naissent à cette époque ; si leur tirage est moindre, leur influence n'est pas négligeable, surtout lors des crises. Les différents courants de l'opinion sont représentés depuis l'extrême droite nationaliste (*L'Action française*, né au moment de l'affaire Dreyfus) à l'extrême gauche socialiste (*L'Humanité*, créé par Jean Jaurès en 1904).

2. L'affaire Dreyfus : un combat d'opinions orchestré par la presse

L'opinion publique s'affirme à la fin du XIXe siècle avec une presse qui contribue à nourrir des débats contradictoires. C'est le cas lors du scandale politico-financier de Panamá en 1892, de la séparation des Églises et de l'État en 1905, durant les affrontements sociaux entre le gouvernement de Clemenceau et la CGT ou encore pour la loi portant le service militaire à trois ans en 1913. C'est surtout le cas avec l'affaire Dreyfus qui secoue la France à partir de 1894 : au départ simple affaire d'espionnage (voir l'encadré p. 76), elle divise bientôt la population entre **dreyfusards et antidreyfusards**.

a. Presse antidreyfusarde et antisémitisme

- L'opinion des royalistes, des nationalistes, des antisémites et de ceux pour qui l'armée et la raison d'État sont les valeurs suprêmes, est au départ très majoritaire. Ils sont soutenus par la grande presse d'information*, notamment par *Le Petit Journal* qui tire alors à 1,5 million d'exemplaires.

- Les antidreyfusards sont soutenus par des écrivains célèbres comme Maurice Barrès et par une grande partie des **intellectuels**. Lorsque les preuves de l'innocence de Dreyfus s'accumulent, l'essentiel de la presse s'oppose à la révision du procès, dont des journaux violemment antisémites comme *La Croix* et *La Libre Parole*. Lorsque le gouvernement républicain s'engage vers la reconnaissance de l'innocence de Dreyfus, Paul Déroulède, à la tête de la Ligue des patriotes, songe même à un coup d'État.

b. Rôle de la presse dreyfusarde dans la révision du procès

- En face, les dreyfusards mènent le combat pour la défense de la vérité et des droits de l'homme. Soutenus par certains intellectuels comme Charles Péguy ou Anatole France, ils utilisent la presse pour mobiliser l'opinion et la faire évoluer : à côté d'une presse militante comme *L'Aurore*, un journal comme *Le Figaro* passe de l'antidreyfusisme au dreyfusisme.

- Le 13 janvier 1898, dans *L'Aurore*, dirigé par Georges Clemenceau, Émile Zola publie sa lettre ouverte au président de la République : « **J'accuse** ». Cette édition du journal est tirée à 300 000 exemplaires. Le combat pour la révision du procès de Dreyfus s'amplifie, avec notamment les articles de Jean Jaurès dans *La Petite République*, d'autant que les preuves de l'innocence de Dreyfus deviennent publiques.

Chronologie de l'affaire Dreyfus

- Le **22 décembre 1894**, un conseil de guerre condamne Alfred Dreyfus (1859-1935), capitaine de l'Armée française, de confession juive, pour haute trahison au profit de l'Allemagne. On apprendra plus tard que le tribunal a jugé l'officier sur la base d'un dossier secret, non communiqué à l'avocat de Dreyfus et contenant des documents faux ou mal datés. *Le Soir* puis *Le Figaro* révèlent le nom de Dreyfus.
- Malgré ses protestations d'innocence, Dreyfus est dégradé solennellement dans la cour de l'École militaire le **5 janvier 1895** (une illustration en couleur de l'événement, passée à la postérité, paraît en une du *Petit Journal* le 13 janvier 1895) et est transféré au bagne de l'île du Diable en Guyane. L'opinion est majoritairement convaincue de la culpabilité de Dreyfus.
- Le lieutenant-colonel Picquart découvre le vrai coupable, le commandant Esterházy. Un « parti dreyfusard » s'organise, mais le conseil militaire acquitte Esterházy le **11 janvier 1898**.
- Le **13 janvier 1898**, Émile Zola publie « J'accuse » dans *L'Aurore*. Zola, condamné pour diffamation en appel le 18 juillet à la peine d'un an de prison et 3 000 francs d'amende, s'exile en Angleterre.
- Après les élections législatives, le nouveau gouvernement de « défense républicaine » dirigé par Waldeck-Rousseau décide la révision du procès en juin 1899. La justice militaire condamne à nouveau Dreyfus à 10 ans de réclusion malgré un article dans *Le Matin* où Esterházy se déclare l'auteur du bordereau qui a servi à condamner Dreyfus. Le président de la République Émile Loubet gracie le condamné en septembre.
- En **juillet 1906**, la Cour de Cassation casse le verdict de la justice militaire. Dreyfus est réhabilité et réintégré dans l'armée.

- Dans cette grave crise politique, la presse, avec ses articles, ses caricatures (voir le sujet 1) et ses photographies, a joué un rôle essentiel et a influencé une opinion très partagée. L'Affaire est transposée au théâtre, avec *Les Loups* de Romain Rolland en 1898, et au cinéma avec une sorte de docufiction en 12 tableaux réalisée par Georges Méliès en 1899, dans un sens favorable à Dreyfus.

3. Médias et opinion publique dans les crises de l'entre-deux-guerres

a. Développement de la presse et apparition de nouveaux médias

- Le développement de la presse écrite se poursuit avec l'apparition des premiers magazines, des articles de grands reporters et l'utilisation de la photographie. Mais certains traits négatifs déjà présents avant 1914 s'accentuent : la corruption de nombreux journalistes liés aux milieux politiques ou financiers, la recherche du sensationnel et la diffusion d'informations peu vérifiées – voire des campagnes de diffamation, dont l'une conduit au suicide, en 1936, du ministre socialiste Roger Salengro, accusé à tort de désertion pendant la Première Guerre mondiale par la presse d'extrême droite.
- Les journaux sont concurrencés par de nouveaux médias. Les **actualités filmées** précèdent les séances de cinéma ; elles deviennent sonores à partir de 1929. **La radio** devient un média de masse qui touche la moitié de la population en 1939. Elle diffuse surtout des jeux, de la musique, des feuilletons et de la publicité. Contrôlée par l'État, elle est la voix officielle des gouvernements avec Radio Paris, devenue publique en 1933. Ce contrôle devient total avec le déclenchement de la guerre en 1939 et la création du premier secrétariat d'État de l'information et de la propagande en mars 1940.

Presse et censure* pendant la Grande Guerre

Les cas de limitation de la liberté de la presse ont été rares avant 1914 : ils concernent la brève période d'attentats anarchistes, dont l'un conduit en juin 1894 à l'assassinat de Sadi Carnot, président de la République. Avec la guerre, une loi est adoptée dès le 4 août 1914 sur la « censure préventive », pilotée par le bureau de la presse dépendant du ministère de la Guerre. Très vite, les outrances de la propagande, qualifiée de « bourrage de crâne », décrédibilisent les informations de la presse. Les Français se tournent vers d'autres moyens pour connaître la réalité de la guerre, notamment le courrier entre soldats et l'arrière, les journaux de tranchées écrits par les soldats eux-mêmes, ou des journaux moins conformistes s'efforçant d'échapper à la censure comme le tout nouveau *Canard enchaîné*.

- La presse reste le lieu principal du débat politique. De plus en plus violent, il reflète et entretient les profonds déchirements de l'opinion publique dans les années 1930 face à la crise économique, aux totalitarismes en Europe, aux dangers croissants de guerre : ces divisions sont exacerbées durant la période du Front populaire, lors de la guerre d'Espagne ou à propos de la conférence de Munich en 1938.

b. Le rôle de la presse dans la crise du 6 février 1934

- Dans le contexte de crise économique mondiale qui touche la France à partir de 1931, mais aussi d'instabilité ministérielle avec cinq gouvernements qui se succèdent entre 1932 et début 1934, un scandale politico-financier éclate fin 1933 : des organes de presse révèlent qu'un escroc, Alexandre **Stavisky**, a bénéficié de complicités dans les milieux politiques et médiatiques pour échapper à sa condamnation. Il est retrouvé mort le 8 janvier mais une partie de l'opinion doute de la version officielle du suicide (*Le Canard enchaîné* titre « Stavisky se suicide d'un coup de revolver qui lui a été tiré à bout portant »).

- Des **ligues d'extrême droite**, relayées par leur presse avec virulence, appellent à manifester contre le gouvernement tout au long du mois de janvier. Les tirages s'envolent : *l'Action française*, journal monarchiste, passe de 40 000 à 186 000 exemplaires en un mois et les manifestations tournent à l'émeute. Le gouvernement, dirigé par le radical Camille Chautemps, démissionne malgré le soutien reçu à la Chambre des députés. Le radical Édouard Daladier, nouveau président du Conseil, révoque Jean Chiappe, préfet de police très proche de l'extrême droite. Se faisant l'écho des nombreux mouvements d'extrême droite, dont certains sont tentés par le fascisme, et des associations d'anciens combattants (la plus puissante est celle des Croix de Feu), **la presse parisienne de droite** (comme *L'Écho de Paris*) appelle à un rassemblement le 6 février 1934, jour de présentation à la Chambre des députés du nouveau gouvernement. Les manifestants doivent converger vers la Chambre des députés avec des mots d'ordre antiparlementaires, xénophobes et antisémites. Si la presse parisienne se mobilise, la presse régionale reste pour sa part favorable au régime parlementaire et respectueuse du gouvernement légalement désigné. Le soir du 6 février, des violences entre forces de l'ordre et manifestants font une quinzaine de morts et des centaines de blessés. Le gouvernement Daladier démissionne dès le lendemain, cédant face à l'émeute et à la campagne de presse.

- **La presse est divisée** sur l'interprétation de l'événement : celle d'extrême droite dénonce « les assassins », à l'image de *L'Action française* qui titre « Paris couvert de sang. Pour étouffer la révolte des honnêtes gens, la garde mobile tire sur la foule. » Pour la presse socialiste, comme l'annonce en première page *Le Populaire*, « Le coup de force fasciste a échoué ». La grande presse d'information, dont les trois principaux journaux ont un tirage global dépassant les 3 millions d'exemplaires, s'en tient à une présentation factuelle neutre : *Paris-Soir* titre ainsi en première page « Après l'émeute, le gouvernement démissionne ».
- En 1935, Laurent Bonnevoy, député d'une droite modérée et président de la commission d'enquête sur les émeutes du 6 février 1934, conclut ainsi : « La faute incombe à ceux, dirigeants de groupements et rédacteurs de journaux, qui ont surexcité jusqu'au paroxysme la foule de leurs adhérents et de leurs lecteurs et les ont lancés dans la terrible aventure d'une bataille de rue. Les excitations de certains organes de la presse parisienne, répétées quotidiennement pendant plus d'un mois, devaient aboutir fatalement à la formidable explosion du 6 février. »

Alors qu'elle est encore le seul média de masse, une certaine presse a donc joué un rôle essentiel dans la crise du 6 février 1934 en **contribuant à fabriquer l'événement**.

II. Les médias dans les années noires de la Seconde Guerre mondiale

Dans le contexte de la défaite, de l'occupation et d'un gouvernement de Vichy collaborant avec l'Allemagne nazie, le contrôle de l'opinion publique, et par conséquent des médias, est essentiel pour le pouvoir. Mais l'enjeu est aussi vital pour la Résistance, désireuse de se faire entendre malgré la clandestinité. Si la presse reste importante, le média privilégié est alors la radio, terrain d'une véritable « **guerre des ondes** ».

1. Des médias sous contrôle de l'occupant et de Vichy

- En zone occupée, les médias passent immédiatement sous **le contrôle de la propagande allemande** (*Propaganda-Ableitung*) dépendant de l'armée et de l'ambassade à Paris. **Radio-Paris** en est l'instrument privilégié : elle diffuse les informations officielles, mais aussi des programmes de distraction ; elle accueille les journalistes français collaborationnistes – dont l'un des plus écoutés, Philippe Henriot, devient en janvier 1944 secrétaire d'État à la propagande dans le gouvernement de Vichy avant d'être abattu par la Résistance en juin. Dans le même esprit, les actualités cinématographiques diffusent les images allemandes de la guerre – les salles restent allumées pour repérer ceux qui, parmi le public, seraient tentés de manifester leur opposition aux occupants.
- Quant à la presse, celle du moins qui ne se saborde pas pour échapper aux nazis, elle est financée par l'occupant et diffuse sa propagande anticommuniste, antisémite, et contre les résistants appelés « terroristes ». Le journal le plus emblématique est ***Je suis partout***, créé en 1930 : son rédacteur en chef, l'écrivain Robert Brasillach, sera fusillé à la Libération. Le journal affiche ses sympathies pour le nazisme, tout comme *L'Appel* où écrit Louis-Ferdinand Céline. Enfin, les Allemands ont placé un collaborationniste proche de Jacques Doriot (le fondateur du Parti populaire français, d'idéologie fasciste, qui s'engagera dans la SS) à la tête du journal le plus diffusé, *Le Petit Parisien*.

- En zone non occupée (au sud), la presse est soumise à la censure et au contrôle du gouvernement. Même les journaux nationaux qui s'y installent après l'occupation de la zone nord, comme *Le Figaro*, développent une propagande en faveur de Pétain et de son régime antidémocratique et collaborateur. **Radio Vichy** diffuse les messages du chef de l'État, dont certains sont même écoutés dans les écoles. L'invasion de la zone sud en novembre 1942 par l'armée allemande unifie les deux propagandes en même temps que le régime de Vichy se radicalise. À l'image du *Figaro*, certains journaux choisissent alors de ne plus paraître pour échapper à la tutelle nazie.
- Il est difficile de connaître l'influence de cette propagande massive sur l'opinion. Les travaux des historiens mettent l'accent sur le rejet très précoce, à l'exception d'une petite minorité, des Allemands et de la politique de collaboration. Quant à l'opinion des Français concernant Vichy, elle évolue du ralliement à l'attentisme, puis au rejet quand le régime lance les grandes rafles contre les Juifs, envoie les jeunes travailleurs en Allemagne au titre du STO ou combat les résistants avec ses miliciens associés aux troupes SS.

2. Les médias de la Résistance

a. De Gaulle et la guerre des ondes

- Les médias sont un enjeu d'importance pour de Gaulle comme pour la Résistance intérieure. L'**appel du 18 juin** est prononcé en 1940 par un général inconnu, depuis un poste étranger (la BBC, très peu écoutée), au lendemain du discours radiodiffusé de Philippe Pétain annonçant la demande d'armistice. Les deux discours, souvent mis en parallèle, n'ont toutefois pas la même audience lorsqu'ils sont prononcés. C'est pourtant le début d'une **« guerre des ondes »**, au départ très inégale, mais que le chef de la France libre va conduire avec détermination depuis Londres puis Alger.
- Churchill accorde aux Français une demi-heure quotidienne avec l'émission « Les Français parlent aux Français », où s'illustre l'humoriste Pierre Dac, et cinq autres minutes sont librement attribuées à de Gaulle : celui-ci s'adresse 67 fois directement aux Français qui apprennent à le connaître par ce moyen. Radio-Londres fournit des informations sur le déroulement de la guerre, y compris quand elles sont mauvaises, et devient une arme pour la Résistance en lui donnant des consignes par messages codés – dont le célèbre « Les sanglots longs des violons de l'automne bercent mon cœur d'une langueur monotone », qui annonce le débarquement du 6 juin 1944.
- Malgré le brouillage et la menace d'une peine d'emprisonnement pour ses auditeurs, l'écoute de Radio-Londres a progressé au cours des années de guerre. Certaines de ses consignes ont été suivies malgré le danger de la répression : appel à manifester à des dates symboliques (le 11 novembre ou le 14 juillet), de même que la campagne des V de la victoire à inscrire sur les murs. Un sondage clandestin du printemps 1944 indique que 70 % des Français ayant un poste écoutent les programmes de Radio-Londres.

b. La presse clandestine

La Résistance clandestine naît sur le sol français dès 1940, dans les conditions difficiles d'une opinion désorientée. Malgré peu de moyens, des individus isolés d'abord, puis des petits groupes décidés à s'opposer aux occupants s'efforcent de se faire connaître, de combattre la propagande allemande et vichyste, de mobiliser les Français grâce à leurs écrits. Si les premiers tracts de l'été 1940 et le premier journal clandestin, *Pantagruel*, paru en octobre, ont des diffusions très limitées, les mouvements de Résistance

Combat, Libération, Franc-Tireur, Défense de la France, etc. **se structurent chacun autour de leur propre journal** (portant leur nom) : rédigés, imprimés, distribués dans des conditions dangereuses, ils ont conduit nombre de résistants à être arrêtés, déportés ou exécutés. Plus de 1 200 titres paraissent entre 1940 et 1944. À la fin de la guerre, certains tirages dépassent les 100 000 exemplaires, témoignant de leur audience auprès de l'opinion publique. Ces journaux font également connaître aux Français de Gaulle, auquel les résistants de l'intérieur vont se rallier : c'est l'unification de la Résistance, œuvre notamment de Jean Moulin. Ainsi, malgré la propagande des occupants et de Vichy, les médias de la Résistance (Radio-Londres et la presse clandestine) ont largement contribué à l'évolution de l'opinion publique au cours des années de guerre.

En 1941, une brochure de Vichy oppose les discours de De Gaulle et de Pétain

- Pétain, en tenue de maréchal, bien droit devant le micro, proclame « la vérité » pour dénoncer les mensonges de De Gaulle. Celui-ci, vu de dos, est courbé sous la menace de Churchill, cigare aux lèvres – ce qui rend ironique la phrase écrite sur le fil du micro « La France libre vous parle ».
- D'autres caricatures de Vichy représentent « le général micro » comme agent du judaïsme. Elles témoignent de la crainte de Vichy de perdre la bataille de l'opinion, comme le prouve aussi ce discours de Pétain prononcé à la radio le 12 août 1941 puis diffusé par la presse : « Français, j'ai des choses graves à vous dire. De plusieurs régions de France, je sens depuis quelques semaines se lever un vent mauvais. L'inquiétude gagne les esprits, le doute s'empare des âmes. [...] La radio de Londres et certains journaux français ajoutent à ce désarroi des esprits. »

DOC.1 Extrait de la brochure de Vichy, « Les bruits et prophéties qu'"on" émet... et la vérité toute nue ». Illustrée par Jean Chaperon et Lornac, 1941.

III. Médias, opinion publique et crises politiques de 1945 à 1981

1. Évolution du paysage médiatique

En moins de 40 ans, l'évolution des médias en France est considérable. Concurrencée par la radio puis par la télévision dans les années 1960, la presse décline. Si les gouvernements successifs maintiennent un contrôle important sur les médias audiovisuels, les événements de mai 1968 marquent un tournant : la liberté de l'information audiovisuelle devient un sujet politique. Cette revendication s'incarne à la fin des années 1970 dans les « radios libres ».

a. Renouvellement de la presse écrite, déclin de la presse quotidienne

- À la Libération, la presse est renouvelée : les journaux qui ont collaboré sont interdits (ordonnance du 30 septembre 1944), certains des titres nés dans la Résistance continuent de paraître (comme *Combat* avec Albert Camus), d'autres renaissent (*Le Figaro*). Un nouveau titre, *Le Monde*, voulu par le général de Gaulle, est créé en décembre 1944 pour remplacer *Le Temps*, qui a été interdit, et pour jouer le rôle de journal officieux du ministère des Affaires étrangères. Ce journal est l'un des seuls à connaître une progression de son tirage, qui passe de 170 000 exemplaires en 1945 à 500 000 en 1972. C'est aussi le cas du grand journal populaire *France-Soir* qui dépasse un temps le million d'exemplaires. Les autres déclinent, en particulier la presse d'opinion : le tirage global pour la presse parisienne passe de 6 millions en 1945-1946 à 3 millions en 1975. La presse régionale diminue aussi, mais dans des proportions moindres.

- En revanche, le succès des magazines hebdomadaires, apparus avant 1939, se confirme et s'amplifie. *Paris-Match* frappe l'opinion par l'utilisation massive de la photo. *France Observateur* et *L'Express*, nés au début des années 1950, prennent position dans les crises de la IVe République en soutenant le gouvernement de Pierre Mendès-France ou en dénonçant la torture pendant la guerre d'Algérie ; cela leur vaut, comme d'autres titres (*L'Humanité*, *Témoignage chrétien*…) d'être censurés. *Le Canard enchaîné* progresse sous la Ve République, notamment grâce à sa rubrique « La Cour » qui assimile de Gaulle au roi absolu Louis XIV.

- Malgré la diversité des positions politiques de la presse, de Gaulle, revenu au pouvoir avec la crise de mai 1958, conserve une grande méfiance à l'égard des journaux et « des journalistes qui gribouillent, grenouillent et scribouillent », d'où sa volonté de maintenir le monopole de l'État sur les médias audiovisuels.

b. L'audiovisuel, un média sous contrôle

- La radio reste un **monopole d'État**. L'emprise sur l'information est telle sous la IVe République, que ses opposants (de Gaulle lui-même ou les communistes) sont interdits d'antenne. Ce contrôle, étendu à la Radiodiffusion-télévision français (RTF) après la guerre, se poursuit avec la Ve République dirigée par de Gaulle. Si la télévision démarre timidement dans les années 1950 (le premier journal télévisé a lieu le 30 juin 1949), le nombre de récepteurs passe de 1 à 10 millions dans la décennie suivante : elle devient le média de masse, « le moyen d'information adapté à notre époque mécanisée, agglomérée et précipitée » selon de Gaulle (inauguration la Maison de la radio à Paris, le 14 décembre 1963).

- La radio joue **un rôle majeur lors des crises des débuts de la Ve République :** en avril 1961, lors de la tentative de putsch des généraux en Algérie, de Gaulle intervient à la radio (et à la télévision) en s'adressant en particulier aux soldats du contingent pour leur interdire de suivre les généraux – il semble que les soldats ont massivement écouté et suivi cet appel.

- Le gouvernement, par l'intermédiaire de son ministre de l'Information, contrôle l'audiovisuel et nomme les dirigeants de l'**Office de radiodiffusion-télévision française (ORTF)**, créé en 1964. De Gaulle en fait le moyen de communication privilégié avec les Français : il donne 59 allocutions télévisées entre 1959 et 1969 (voir le corrigé du sujet 2, partie II. 3). Son successeur à l'Élysée, Georges Pompidou, partage cette appréciation de la télévision : son contrôle se justifie par son rôle, y compris auprès de l'opinion internationale. « Qu'on le veuille ou non, la télévision est considérée comme la voix de la France, et par les Français et par les étrangers. » (Conférence de presse, 22 septembre 1972). En 1974, le président nouvellement élu, Valéry Giscard d'Estaing, supprime le ministère de l'Information. Dans une première étape timide de libéralisation, l'ORTF est divisée en sept sociétés autonomes qui restent des chaînes publiques avec le maintien du contrôle de l'État sur l'information. Certains pensent que sa victoire à l'élection présidentielle de 1974 face à François Mitterrand doit beaucoup à sa prestation réussie dans le débat télévisé qui a opposé les deux candidats – le premier du genre.

2. Médias, opinion publique dans les « événements » de mai-juin 1968

3-9 mai	Manifestations étudiantes et occupation dans les universités.
10-11 mai	« Nuit des barricades », notamment couvertes par les radios périphériques ; un magazine télévisé consacré au mouvement étudiant est censuré.
13 mai	Manifestations à l'appel des syndicats et début des grèves avec occupation des usines.
14 mai	Le premier ministre Georges Pompidou critique « le rôle, [...] néfaste, de radios qui, sous prétexte d'informer, enflamm[ent] quand elles ne provoqu[ent] pas ».
14-28 mai	La grève gagne tous les secteurs. On compte 8 millions de grévistes, le pays est paralysé. 25-27 mai : négociations syndicats-patronat-gouvernement et « accords de Grenelle ».
23-24 mai	Deuxième « nuit des barricades ».
24 mai	L'intervention télévisée du président de Gaulle annonçant un référendum rencontre peu d'échos.
30 mai	Discours de De Gaulle à la radio annonçant la dissolution de l'Assemblée, grande manifestation de soutien au Général.
4-7 juin	Reprise du travail dans les grandes entreprises.
27 juin	Fin de la grève à l'ORTF (59 journalistes seront licenciés en août).
23-30 juin	Victoire gaulliste aux élections législatives.

DOC. 2 Mai 1968, quelques repères chronologiques.

- Née dans le milieu étudiant, la crise sociale et politique de mai-juin 1968 se propage dans les entreprises et se transforme en crise politique. Elle dure à peine deux mois, mais l'opinion connaît des évolutions rapides et des divisions profondes. La contestation sociale dénonce également le contrôle par le pouvoir des radios et de la télévision d'État, perçues comme outil de propagande.
- Les journalistes des **radios périphériques*** suivent avec davantage de libertés un mouvement qui se donne de nouveaux moyens d'expression : journaux, affiches et tracts. Moins soumises au contrôle du pouvoir, ces fréquences donnent la parole aux manifestants.
- De Gaulle reprend la situation en main lors d'une courte mais décisive allocution le 30 mai – uniquement à la radio – qui fait basculer l'opinion dans le sens d'un soutien au pouvoir en place. Voir la méthode et stratégie 2.

IV. Médias, opinion publique et crises politiques depuis 1981

1. Évolution des trois médias du XXe siècle

Le contrôle de l'audiovisuel par les gouvernements, contesté en 1968 et assoupli en 1974, est supprimé par la loi du 29 juillet 1982 qui met fin au monopole de l'État et affirme que « la communication audiovisuelle est libre » (art. 1). Un double secteur, public et privé, apparaît.

a. Libéralisation et diversification de l'audiovisuel

- Nées dans les années 1970, les **radios libres** émettent clandestinement. La loi de 1982 autorise leur existence et l'on assiste pendant un bref moment à leur prolifération, chaque mouvement, association, collectivité, voire groupe de citoyens créant sa propre radio. Très vite, l'organisme régulateur (la Haute autorité de la communication audiovisuelle, devenue ensuite le CSA, Conseil supérieur de l'audiovisuel) distribue les fréquences et accorde les autorisations pour émettre. La plupart de ces radios indépendantes disparaissent pour laisser la place aux radios commerciales vivant de la publicité et appartenant à des groupes puissants.
- L'État conserve un important secteur public de **télévision** (France Télévision aujourd'hui), mais une partie du secteur est privatisé : naissance de Canal + en 1984, rachat de TF1 par l'entreprise du bâtiment Bouygues en 1987. La concurrence entre les chaînes les conduit à la recherche de la meilleure audience, à la course à l'**audimat** pour capter les recettes publicitaires. La diversification de l'offre audiovisuelle se poursuit avec le câble (première chaîne en 1993), le satellite qui donne accès à des stations internationales, la TNT (télévision numérique terrestre) en 2005 qui offre l'accès gratuit ou payant à de nombreuses chaînes généralistes ou spécialisées, l'arrivée de chaînes d'information en continu… L'opinion publique semble ainsi pouvoir recevoir une information multiple et diversifiée, à tout moment et en tout lieu.

b. Les difficultés de la presse

Avec l'augmentation de l'offre télévisuelle, l'apparition de journaux gratuits et, à partir de 1993, la concurrence d'Internet, la presse quotidienne voit son lectorat diminuer et vieillir. Ses difficultés financières s'accentuent, un grand titre comme *France Soir* disparaît, des journaux font appel à des investisseurs : rachat du *Figaro* par l'industriel et homme politique Serge Dassault, entrée d'hommes d'affaires dans le capital de *Libération* et du *Monde*. La presse de province résiste mieux, les magazines également en s'adressant à des segments d'une opinion publique de plus en plus morcelée.

2. Internet et le bouleversement du système médiatique

- À partir de 1993, **Internet entre dans les foyers français** : entre 2000 et 2012, le nombre d'utilisateurs passe de 8 à 45 millions. De nombreux sites d'information s'ouvrent, les médias traditionnels créent leur propre site, des journaux n'existent que sur le Web (Mediapart) : une offre d'informations gratuite, immédiate, ouverte, crée un nouvel espace médiatique où circulent information et idées, un lieu de débats, d'échanges et de polémiques. Des citoyens, des consommateurs, s'expriment directement et librement, apportent leurs témoignages, réagissent à l'actualité, se font experts en livrant leurs analyses sur la toile : la frontière entre journalistes et citoyens devient plus floue. Ce phénomène est amplifié avec la création de blogs, d'espaces sur les réseaux sociaux.

- On peut aussi bien y voir un approfondissement de la démocratie participative que constater les dérives d'une situation où des informations peu fiables, des rumeurs et des diffamations sont mises en ligne, parfois dans un anonymat offrant l'impunité. En tout état de cause, Internet est devenu le **média incontournable** du début du XXIe siècle.

3. Médias, opinion et monde politique : l'ère de la méfiance

a. La médiatisation de la vie politique

Malgré l'absence de crise politique majeure depuis 1968, la société française connaît une crise politique rampante marquée par une abstention croissante, les fluctuations d'un électorat désorienté par une crise économique et sociale qui perdure, une défiance de l'opinion à l'égard des hommes politiques. À l'ère de la « société de communication », les hommes politiques apprennent à maîtriser les outils médiatiques : télévision, presse grand public (« peopolisation » des politiques), comptes Facebook et usage de Twitter…

b. Le danger de la désinformation

- La communication tend à supplanter l'information, l'image semble compter plus que le message, la forme des interventions plus que leur contenu – une tendance analysée dès 1967 par l'écrivain Guy Debord dans *La Société du spectacle*. Le phénomène s'est accentué avec l'omniprésence des médias, qui, eux-mêmes, s'inscrivent dans une concurrence les poussant à chercher l'information sensationnelle, le « scoop », au détriment parfois de l'analyse et de la réflexion : l'information est mise en scène, les événements sont rapportés à chaud, quitte à négliger la vérification des sources.

- Parmi beaucoup d'autres, un exemple peut attester de cette dérive : **« L'affaire du RER D »**, en juillet 2004. Une jeune femme, Marie L., dit avoir été victime d'une agression antisémite dans le RER D. Elle porte plainte avant de reconnaître, trois jours plus tard, avoir tout inventé. Au cours de son procès, à l'issue duquel elle sera condamnée à 4 mois de prison avec sursis, elle affirme « avoir menti pour que l'on s'occupe d'elle » mais elle ne pensait pas que « ça irait si loin sur le plan médiatique ».

Le rôle des médias au cours de l'élection présidentielle de 2002

- Un moment particulier de l'histoire politique récente met en jeu les relations entre médias, opinion publique et crise politique : l'élection présidentielle de 2002. Pour la première fois, un candidat d'un parti classé à l'extrême droite, Jean-Marie Le Pen, arrive au second tour de l'élection présidentielle en éliminant le candidat socialiste Lionel Jospin, avec respectivement 16,86 % et 16,18 % des suffrages exprimés et une abstention de 28,4 %. Au second tour, Jacques Chirac sera réélu avec 82,21 % des voix. Les analyses postérieures ont mis l'accent sur plusieurs points qui ont précédé le premier tour et ont pu avoir une influence sur les choix des électeurs, sans que l'on puisse mesurer précisément leur impact.

- Les **sondages** annoncent comme pratiquement certain le second tour Chirac-Jospin, « match » attendu par les médias et l'opinion depuis pratiquement 5 ans, comme si le premier tour n'existait pas. Juste avant le premier tour, les différents instituts de sondage indiquent comme intentions de votes des scores de 20 % pour J. Chirac, 18 % pour L. Jospin et 12 à 14 % pour J.-M. Le Pen, dont le résultat s'avérera bien supérieur. Les annonces de sondages avant le premier tour ont-elles pu pousser certains électeurs soit à s'abstenir en attendant le second tour annoncé soit à voter, non pour le candidat socialiste mais pour les nombreux autres candidats de gauche ?

- Les médias audiovisuels sont également mis en cause pour **la surmédiatisation** de deux événements qui ont précédé le premier tour. D'une part, le 13 mars, la rencontre difficile entre Jospin et des grévistes menacés de perdre leur emploi aux usines Lu d'Évry montre un candidat sur la défensive, qui fera une déclaration choquante pour l'opinion de gauche : « L'État ne peut pas tout faire » en cas de licenciement ou de fermeture d'entreprise. D'autre part, un fait divers – l'agression le 18 avril d'un retraité près d'Orléans par deux jeunes – donne lieu à une surexploitation télévisée : les deux jours suivants, le journal télévisé de TF1, chaîne la plus regardée, accorde une importance particulière à cette « information », alors qu'elle a déjà, depuis le début du mois, mis en exergue 54 sujets consacrés à l'insécurité dans le pays. La filiale de TF1, LCI, repasse 19 fois le sujet à 2 jours du premier tour. L'**impact médiatique** est considérable, même si l'on ne peut déterminer dans quelle mesure il a influé sur le vote des électeurs. Dix ans plus tard, le directeur de l'information de TF1 en 2002, Robert Namias, reconnaît que « le traitement de cette affaire avait été une faute ».

- Enfin, le **rôle d'Internet** apparaît pour la première fois dans une élection : les sites Internet des candidats deviennent un outil de campagne à côté des moyens traditionnels (meetings, conférences de presse, campagne officielle à la radio et à la télévision). Entre les deux tours, des initiatives diverses, des appels à manifester se multiplient à travers des centaines de sites.

- La presse a joué un rôle au moins aussi important, comme *Libération* qui, le 30 avril 2002, appelle sur sa une à la mobilisation : « Le premier mai, tous contre Le Pen, Marchons ! »

En effet, ce supposé fait divers a entraîné « une précipitation de la part des politiques mais aussi des médias » (David Pujadas, France 2, 13 juillet, 20 h) : la classe politique, le président de la République et le ministre de l'Intérieur ont réagi immédiatement, sans prudence, de crainte d'être accusés d'indifférence à l'égard de la victime et, de façon plus générale, à l'égard de tous les citoyens ; les médias se sont empressés de diffuser « l'information » en jouant sur l'émotion de l'opinion pour augmenter leur audience.

Le paysage médiatique a donc beaucoup évolué au cours des dernières années : l'opinion est devenue plus difficile à appréhender malgré les sondages censés la mesurer dans ses moindres détails ; le monde politique s'est adapté à ces changements. Cependant, le média de masse de l'époque de l'affaire Dreyfus, la presse, papier ou électronique, en dépit de son déclin et des critiques qu'elle peut susciter, conserve des moyens pour informer, former l'opinion, mener des enquêtes, faire un vrai travail d'**investigation**. De nombreux exemples l'ont montré, y compris parfois à l'encontre d'hommes politiques. Des médias, un journalisme critique avec des points de vue différents, un « observatoire des médias » sur Internet et l'intervention des citoyens sont aujourd'hui la garantie que la liberté d'opinion et d'expression est défendue et considérée comme un élément fondamental de la démocratie.

REPÈRES

Citations

Eugène Pelletan, rapporteur de la loi du 29 juillet 1881 au Sénat

La presse, cette parole présente à la fois partout et à la même heure, grâce à la vapeur et à l'électricité, peut seule tenir la France toute entière assemblée comme sur une place publique et la mettre, heure par heure, jour par jour, dans la confidence de tous les événements et au courant de toutes les questions.

Charles de Gaulle

C'est au peuple lui-même que je veux être lié par les yeux et les oreilles. Il faut que les Français me voient et m'entendent, que je les entende et les voie. La télévision et les voyages publics m'en donnent la possibilité.

■ *Messages d'espoir*, Plon, 1970

Georges Pompidou

Qu'on le veuille ou non, les journalistes de la télévision ne sont pas tout à fait des journalistes comme les autres. Ils ont des responsabilités supplémentaires. Qu'on le veuille ou non, la télévision est considérée comme la voix de la France, et par les Français et par les étrangers. Cela impose une certaine réserve.

■ Conférence de presse, 22 septembre 1972

Bibliographie

- *L'Opinion publique*, Textes et documents pour la classe, n° 941, 01/10/2007
- JEANNENEY J.-N., *Une histoire des médias des origines à nos jours*, Paris, Seuil, 1996
- BARBIER F. et BERTHO-LAVENIR C., *Histoire des médias de Diderot à Internet*, Paris, A. Colin, 2003
- WINOCK M., *La Fièvre hexagonale*, Paris, Calmann-Lévy, 1986

Sitographie

- **www.ina.fr** : archives radio et télévision pour la période de la Seconde Guerre mondiale comme pour la période de la Ve République, notamment les événements de mai-juin 1968.
- **http://gallica.bnf.fr** : archives numérisées de nombreux journaux.

Filmographie

- BOISSET Y., *L'Affaire Dreyfus*, 1995 ; en attendant le film de Roman Polanski (tournage en 2015)
- RESNAIS A., *Stavisky*, 1974
- CHABROL C., *L'Œil de Vichy*, 1993 : montre sans commentaire des actualités allemandes et de Vichy
- MARKER C., *Le Fond de l'air est rouge*, 1977 ; MALLE L., *Milou en mai*, 1990 ; LE ROUX H., *Reprise*, 1997 : sur mai 1968

MÉTHODES ET STRATÉGIES

1 Composition

L'influence des médias sur l'opinion publique dans les crises politiques en France depuis l'affaire Dreyfus

> Voir la méthode générale d'une composition en annexe (p. 515).
> Voir les sujets 3 du chapitre 2 et 2 du chapitre 3.

Analyser le sujet

> Analyser les termes du sujet

Le sujet reprend les trois notions du chapitre – « médias », « opinion publique » et « crises politiques » ainsi que son cadre spatio-temporel, celui de la France depuis l'affaire Dreyfus (1894). L'intitulé met l'accent sur l'influence des médias, la façon dont ils forment, informent, voire fabriquent, déforment ou même manipulent l'opinion publique au moment de crises politiques. Mais ces médias sont divers : ils peuvent émettre des opinions différentes, rester plus ou moins neutres face à des événements. Ils ont aussi beaucoup évolué depuis les débuts de la presse écrite jusqu'à Internet. L'opinion publique, elle aussi divisée lors des crises, peut être influencée par les médias ; mais elle peut également réagir, voire s'opposer aux informations reçues, surtout lorsque celles-ci relèvent d'une forme de propagande. Quant aux crises politiques, s'il ne s'agit pas de les étudier en détail : il faut choisir dans le cours certains des exemples les plus significatifs pour répondre au sujet.

> Dégager la problématique d'un sujet

En reprenant les termes du sujet, il faut se poser la question du rôle et des limites des médias sur l'opinion publique à travers les grandes crises politiques de la France depuis l'affaire Dreyfus : comment les médias influencent-ils l'opinion publique au moment des crises politiques ?

Bâtir le plan de la composition

Les relations complexes entre médias et opinion publique sont au cœur du sujet et doivent constituer l'armature du plan : celui-ci doit donc être thématique. À l'intérieur des grandes parties du plan, le développement sera partiellement chronologique : d'une part pour présenter les événements choisis à titre d'exemple dans leur ordre successif, d'autre part pour tenir compte de l'évolution des médias depuis la fin du XIXe siècle.

> Rédiger le plan détaillé de la composition

I. Les médias influencent l'opinion et jouent un rôle moteur dans les crises politiques

1. L'affaire Dreyfus. La presse, surtout la presse d'opinion, révèle l'Affaire, contribue à la relancer (le « J'accuse » de Zola), traduit les divisions et les évolutions de l'opinion.

2. Crise du 6 février 1934. Des journaux appellent ou relaient des appels à manifester le 6 février 1934, de façon mesurée pour certains et virulente pour d'autres. L'interprétation de cette journée par la presse reflète la diversité des opinions, soutenant les manifestants ou bien, au contraire, y voyant une menace pour la démocratie.

3. Crise du 13 mai 1958. Les médias, dans leur grande majorité, évoluent très vite lors de la crise commencée le 13 mai 1958 ; beaucoup désapprouvent ce qu'ils considèrent comme un coup de force de l'armée avant de se rallier au retour de De Gaulle au pouvoir. Ils reflètent l'état d'une opinion inquiète au sujet de la guerre d'Algérie et des faiblesses de la IVe République. Les sondages, puis le référendum sur la nouvelle constitution, montrent qu'une opinion très majoritaire adhère au changement politique.

II. L'opinion publique résiste aux informations diffusées par les médias

1. Pendant la Première Guerre mondiale : l'opinion est vite méfiante devant une presse soumise à la censure et dont l'information tourne au « bourrage de crâne ». Les Français se tournent vers d'autres sources d'information.

2. Pendant la Seconde Guerre mondiale : l'opinion se détache progressivement des médias sous contrôle de l'occupant ou de Vichy pour s'informer grâce aux émissions de Radio-Londres et aux journaux clandestins de la Résistance.

3. Les médias audiovisuels (radio à partir des années 1920 et télévision à partir des années 1950) sont contrôlés par le pouvoir et suscitent une méfiance de la part de l'opinion ; celle-ci s'exprime notamment lors de la crise de mai-juin 1968.

III. La diversification des médias élargit les sources d'information et suppose un regard critique de l'opinion

1. En 1982, les médias audiovisuels deviennent libres : chaînes publiques et privées se font concurrence et sont de plus en plus nombreuses, même si les ressemblances dans le traitement de l'information sont importantes. La presse écrite, en déclin, est davantage pluraliste.

2. Les médias audiovisuels sont largement soumis à la tyrannie de l'audimat, dont ils dépendent pour leurs ressources publicitaires. La course à l'audience peut conduire à donner une information immédiate, manquant de recul et d'analyse.

3. À partir du début du XXIe siècle, Internet élargit les sources d'information : sites électroniques des médias traditionnels (presse et audiovisuel), création de journaux en ligne. Internet donne aussi la possibilité à chacun d'apporter des informations, de débattre sur les forums et les réseaux sociaux, ce qui permet la circulation des idées et les appels à des initiatives citoyennes collectives ; mais la fiabilité des sources peut être douteuse.

Conclure une composition

Voici un exemple de conclusion pour ce sujet.

L'importance du rôle des médias, de plus en plus diversifiés, se manifeste auprès de l'opinion lors des grandes crises politiques. Certains d'entre eux, notamment les plus engagés, influencent l'opinion : ils contribuent parfois à faire évoluer l'événement, comme lors de l'affaire Dreyfus ou de la crise du 6 février 1934. Toutefois, dans un pays démocratique, l'opinion ne suit pas aveuglément les informations diffusées dans les médias ; elle se détermine en fonction de nombreux critères indépendants de ceux-ci, comme le montre l'évolution de l'opinion pendant la Seconde Guerre mondiale.

Aujourd'hui, l'information en continu et en direct, venue du monde entier, offre à l'opinion de nouveaux moyens d'exercer son rôle dans la vie politique. Dans la grave crise provoquée par les attentats terroristes de janvier 2015, en particulier ceux contre la rédaction du journal *Charlie Hebdo*, l'ensemble des médias et l'immense majorité de l'opinion se sont retrouvés pour affirmer leur volonté de défendre la République à travers l'affirmation des libertés d'opinion et d'expression qui en constituent un des fondements.

2 Étude critique de deux documents – Les médias audiovisuels dans la crise de mai-juin 1968

Vous montrerez, en présentant, expliquant et confrontant les deux documents, le rôle des médias audiovisuels dans la crise de mai-juin 1968 ainsi que les critiques dont ils ont été l'objet.

> Voir la méthode générale d'une étude critique de document en annexe (p. 518).
> Voir les sujets 1 et 2 du chapitre 2, 1 du chapitre 3.

DOC. 1 Affiche sérigraphiée de l'atelier populaire des Beaux-Arts, 3 juin 1968.

DOC. 2 Les relais audiovisuels du mouvement.

« Depuis le 6 mai, le transistor est devenu le cordon ombilical qui relie la France à sa révolution. La télévision, muselée ou presque, a pour l'instant renversé le régime de l'image. Le pouvoir est à la parole. Et dans le domaine de l'information, les radios périphériques, grâce à leur souplesse, à leur mobilité, grâce aussi à une certaine liberté, ont affirmé leur puissance, et, dans l'ensemble, assumé leurs responsabilités. »

▪ Extrait d'un article de Danièle Heymann, *L'Express*, 3 juin 1968.

Analyser le sujet

> Identifier, présenter les documents

- Le premier document est une affiche créée le 3 juin 1968 par un artiste anonyme de l'atelier populaire des Beaux-Arts. L'école est alors occupée par ses étudiants, qui réalisent de nombreuses affiches (environ 800) suivant la technique de la sérigraphie, peu coûteuse et qui permet d'imprimer rapidement jusqu'à 2 000 exemplaires.
- Le second document est un extrait d'article signé par la journaliste Danièle Heymann et paru le 3 juin 1968 dans l'hebdomadaire *L'Express* (fondé en 1953).
- Les deux documents datent tous les deux du 3 juin 1968, à un moment crucial des événements de ce printemps : grèves et manifestations du monde étudiant et des salariés ont commencé depuis trois semaines ; le président de la République, Charles de Gaulle, a annoncé à la radio le 30 mai la dissolution de l'Assemblée.

> Mobiliser et organiser ses idées

Les documents font référence aux événements de 1968, dont il faut connaître les origines, le déroulement, et le contexte précis en ce début juin : ce mouvement lancé par les étudiants devient un mouvement social avec les grèves les plus importantes que la France ait connues. L'épilogue n'est pas encore connu à la date des documents, mais les élections législatives anticipées prévues les 23 et 30 juin seront une échéance importante (elles se solderont par la victoire des candidats du parti gaulliste).
Les deux documents mettent de façon différente l'accent sur le rôle des médias audiovisuels au cours de la crise de mai-juin 1968. Si le document 1 porte un regard critique sur l'ensemble des médias audiovisuels, le document 2 montre le rôle de certains de ces médias comme moyens d'information auprès de l'opinion. Il s'agit donc d'étudier la place jouée par les médias par rapport aux événements telle que la présentent les deux documents et en utilisant vos connaissances.

> Relever les limites des documents

Ces documents sont l'expression d'un point de vue :
– le document 1 est une critique de l'ensemble des médias audiovisuels par des étudiants et artistes engagés en faveur du mouvement ;
– le document 2 est plus nuancé : il relève le rôle positif d'information des radios périphériques, qu'il distingue de celui de la télévision.
Une compréhension plus précise du rôle des médias en 1968 demanderait de se référer également à la presse écrite, aux nombreuses affiches, aux émissions de la radio et de la télévision de ces deux mois.

Bâtir le plan de l'étude critique de documents

Comme souvent, le plan peut s'inspirer des questions posées dans la consigne :

I. La place des médias audiovisuels dans la crise de 1968
1. Les médias du service public
2. Le rôle des radios périphériques

II. La dénonciation des médias audiovisuels dans la crise de 1968
1. Des médias audiovisuels sous contrôle de l'État
2. La grève de l'ORTF
3. L'émergence de nouveaux moyens d'information (affiches, graffitis, etc.)

Rédiger l'étude critique de documents

> Rédiger l'introduction

– Présenter le contexte de diffusion des documents : les événements de 1968, trois semaines après leur début et avant les élections anticipées.
– Décrire succinctement des documents : de quelle nature sont-ils (une affiche, un extrait d'article de presse) et ce qu'ils disent.
– Problématiser la question : quel est le rôle des médias audiovisuels dans la crise de 1968, comment et pourquoi sont-ils fortement critiqués ?
– Présenter le plan en deux parties.

> Rédiger le développement d'une partie

[I. Le rôle des médias audiovisuels dans la crise de mai-juin 1968]

[1. Les médias du service public]

D'après les deux documents proposés, les médias publics ne semblent jouer aucun rôle : l'ORTF, Office de radiodiffusion-télévision française, est un établissement public créé en 1964 qui succède à d'autres organismes comparables dépendants du gouvernement. Il regroupe la radio, dont France Inter, et la télévision, qui compte une deuxième chaîne depuis décembre 1963. Si la radio, média né dans les années 1920, est largement présente dans les foyers, la télévision connaît un développement spectaculaire dans les années 1960, passant de 1 à 10 millions de récepteurs dans la décennie. Elle est devenue le principal moyen d'information des Français, mais aussi de distraction, d'éducation et de culture selon les missions qui lui ont été confiées. Or, selon les deux documents, elle ne jouerait plus son rôle d'information pendant les événements de 1968. Le premier document montre un écran blanc et vide : en effet, avec un certain retard par rapport à d'autres catégories de salariés, les personnels puis les journalistes de l'ORTF, qui emploie 12 000 personnes, se sont mis en grève, et le service d'information est réduit au minimum. Comme nous le verrons dans la seconde partie, ils protestent contre la mainmise du pouvoir qui, comme le dénonce le document 2, a « muselé » la télévision. Le président de la République démontre cependant, par son allocution du 30 mai, diffusée exclusivement par la radio, que celle-ci peut jouer un rôle important, peut-être même déterminant, sur l'évolution de l'opinion : en effet, comme le montrent les sondages de l'époque, les Français, jusque-là plutôt favorables aux acteurs contestataires de mai 1968, soutiennent davantage le pouvoir après l'intervention radiodiffusée de De Gaulle. D'autres raisons ont également joué dans cette évolution de l'opinion : lassitude à l'égard d'une grève qui dure depuis trois semaines, absence de perspective d'un mouvement sans orientation claire, crainte de nouveaux affrontements...

[2. Les radios périphériques]

Deux points de vue différents concernent les radios périphériques. C'est par le biais des radios, aussi bien publiques que privées, que de Gaulle s'est adressé aux Français. Mais ce sont surtout les « radios périphériques » qui, selon Danièle Heymann, « ont affirmé leur puissance ». Ces radios diffusent leurs programmes en France à partir d'émetteurs situés à l'étranger : RTL depuis le Luxembourg et Europe 1 depuis la région de la Sarre en Allemagne. Elles échappent ainsi au monopole de l'État et donc, au moins partiellement, à son emprise. La journaliste de *L'Express* met en avant « une certaine liberté » de ces radios – opinion que ne semble pas partager le dessinateur du document 1 qui met sur le même plan ORTF gouvernementale et radios privées. Danièle Heymann met l'accent sur l'invention récente du « transistor », appareil radio léger, autonome grâce à ses piles, transportable, qui permet à chacun – et notamment aux étudiants, grévistes, manifestants – d'être informés en permanence, de « constituer le cordon ombilical qui relie la France à sa révolution » : les radios périphériques deviennent le média de temps de crise. Elles en deviennent même à certains moments un acteur, comme lors de la « nuit des barricades », où le vice-recteur de l'Académie de Paris dialogue avec les leaders syndicaux des enseignants et des étudiants par l'intermédiaire de la rédaction de RTL.

> Rédiger la conclusion

La crise de mai 1968 voit s'épanouir la prise de parole des acteurs du mouvement par des moyens d'information nouveaux : graffitis et affiches sur les murs, banderoles et slogans des manifestations, tracts et cahiers de revendication des grévistes. La presse écrite joue encore un rôle important auprès de l'opinion par le biais des journaux populaires à fort tirage, tels *France-Soir* et *Le Parisien libéré*. C'est cependant la radio, avec le transistor, qui occupe une place essentielle au cours de la crise. Les médias audiovisuels, contrôlés par le gouvernement, sont remis en cause en raison de leur manque d'objectivité. C'est pour protester (entre autres) contre la mainmise gouvernementale sur l'information que les techniciens, personnels et journalistes de l'ORTF entament le 17 mai une grève qui dure jusqu'au début du mois de juillet ; au terme de celle-ci, plusieurs dizaines de salariés seront licenciés.
1968 constitue donc un moment où les médias ont constitué un enjeu entre le pouvoir et un puissant mouvement de contestation. Les années suivantes, la demande de libéralisation des médias audiovisuels se poursuit, conduisant en 1982 au vote de la loi mettant fin au monopole de l'État et déclarant que « la communication audiovisuelle est libre ».

SUJETS DE TYPE BAC

1 Étude critique de deux documents – Presse et opinion publique pendant l'affaire Dreyfus

90' (L, ES)

Identifiez, confrontez et expliquez les deux documents et montrez en quoi ils illustrent le rôle de la presse et de l'opinion au moment de l'affaire Dreyfus.

> Voir la méthode générale d'une étude critique de document en annexe (p. 518).
> Voir les méthodes et stratégies 1 du chapitre 2 et 2 du chapitre 3.

DOC. 1 **« Un dîner en famille », Caran d'Ache, dessin publié dans *Le Figaro*, 12 février 1898.**

DOC. 2 « En famille », gravure de Félix Vallotton en couverture du *Cri de Paris*, 13 février 1898.

2 Composition

De Gaulle, médias et opinion publique, dans les crises politiques de la France de 1940 à 1969

150' (L, ES)

> Voir la méthode générale d'une composition en annexe (p. 515).
> Voir les méthodes et stratégies 2 du chapitre 2, 1 du chapitre 3.

CORRIGÉS

1 Étude critique de deux documents – Presse et opinion publique pendant l'affaire Dreyfus

[Introduction]

Deux documents iconographiques publiés dans la presse en février 1898, à un jour d'intervalle et avec un titre proche, semblent se répondre pour évoquer le rôle de la presse sur l'opinion publique à l'époque de l'affaire Dreyfus. Le premier, devenu emblématique de cette crise politique de la fin du XIXe siècle, est une caricature composée de deux dessins du dessinateur Emmanuel Poiré (1858-1909), connu sous son pseudonyme Caran d'Ache signifiant « crayon » en russe. Il paraît dans le quotidien *Le Figaro* dirigé par Gaston Calmette. Le second est une gravure sur bois de l'artiste d'avant-garde Félix Vallotton (1865-1925), publiée dans *Le Cri de Paris*, hebdomadaire satirique fondé en 1897 et dont la première page est une illustration. Les deux documents représentent chacun une famille : la première au cours d'un dîner qui, commencé dans le calme, se termine dans le désordre parce qu'« ils [...] ont parlé » de l'affaire Dreyfus, comme le précise le texte accompagnant la caricature ; la deuxième famille se compose de trois personnes en train de lire paisiblement trois journaux différents, dont *L'Aurore* : c'est par ce quotidien que l'affaire Dreyfus a été relancée un mois plus tôt avec le célèbre « J'accuse » d'Émile Zola. En effet, depuis la condamnation au bagne à perpétuité pour espionnage du capitaine Alfred Dreyfus en décembre 1894, des éléments de son innocence ont commencé à se faire jour, notamment dans la presse grâce aux premiers « dreyfusards » ; quand le véritable coupable, Esterházy, est innocenté par un conseil de guerre, Zola publie deux jours plus tard dans le journal dirigé par Georges Clemenceau son long article de dénonciation des autorités militaires, permettant ainsi à l'affaire de venir sur la place publique et de la relancer auprès de l'opinion. Comment ces deux documents témoignent-ils du rôle de la presse sur l'opinion et des divisions de cette opinion à propos de l'affaire Dreyfus ?

À côté du sort dramatique d'une personne injustement condamnée, cette crise politique est largement une affaire alimentée par la presse avant de devenir une affaire qui interpelle et divise le pays.

[I. L'affaire Dreyfus, une affaire de presse]

[1. La presse, un média de masse en pleine expansion]

Les journaux d'information connaissent de **gros tirages**, ils sont variés et influents. Grâce à l'essor de l'alphabétisation et la baisse des prix des journaux, les lecteurs sont nombreux et lisent parfois plusieurs quotidiens. Ainsi, lors du procès Zola (février 1899), la Préfecture de police a procédé illégalement à une enquête sur les jurés[1] avec une fiche détaillée mentionnant le ou les journaux lus par chacun : l'un d'eux lit les journaux achetés pour les consommateurs de son débit de boissons (*L'Intransigeant*, *Le Petit Journal* et *L'Éclair*), certains sont abonnés, d'autres achètent la presse au kiosque de façon régulière.

1 FULIGNI B., *Dans les archives inédites des services secrets*, Paris, L'iconoclaste, 2010.

[2. Le rôle de la presse dans l'affaire Dreyfus]

Les deux documents de cette étude ont été publiés dans la presse. Le document 2 montre la lecture de journaux différents (Félix Vallotton a déjà fait paraître dans *Le Cri de Paris*, le 23 janvier 1898, une eau-forte intitulée « L'âge du papier » où l'on voit des lecteurs de journaux à une terrasse de café avec en premier plan le « J'accuse » de *L'Aurore*). S'il a été dit, peut-être de façon excessive, que sans la presse il n'y aurait pas eu d'affaire Dreyfus, il reste indéniable que **les journaux ont joué un rôle de premier plan** : certains accablent Dreyfus au moment de son procès à huis clos et de sa condamnation (une du supplément illustré du *Petit Journal* représentant la dégradation du capitaine) ; les premières preuves de son innocence sont publiées par *Le Matin* en novembre 1896 à l'initiative de son frère (il s'agit de la reproduction du fac-similé du bordereau ayant servi à l'accusation de Dreyfus et qui montre qu'il ne s'agit pas de son écriture) ; le **« J'accuse » de Zola** (13 octobre 1898) joue un rôle essentiel dans l'évolution de l'opinion en faveur de Dreyfus.

La presse est très majoritairement antidreyfusarde. Elle est dans un premier temps convaincue de la culpabilité de l'officier ; puis elle adopte les décisions de l'armée et la position du gouvernement qui refuse de procéder à la révision du procès. Certains journaux sont très violemment hostiles à Dreyfus : c'est le cas de *L'Intransigeant* d'Henri Rochefort, que l'on voit représenté sur la gravure de Vallotton, et de journaux antisémites et xénophobes comme *La Libre Parole* d'Édouard Drumont.

Les journaux qui s'engagent pour défendre Dreyfus sont minoritaires. C'est le cas de *L'Aurore*, créé en octobre 1897, où les articles consacrés à la vie littéraire et artistique sont complétés par un éditorial politique rédigé par Clemenceau. La position de certains journaux évoluent, comme *Le Figaro*, d'abord hostile à Dreyfus, qui publie fin 1897 un premier article de Zola se terminant par « La vérité est en marche, rien ne l'arrêtera plus. »

[3. La place du dessin, de la caricature]

Les deux documents illustrent la place du dessin et de la caricature dans la presse. À cette époque, la une de nombreux journaux comporte une illustration. En février 1898, deux journaux hebdomadaires de caricatures sont créés : de quatre pages chacun, adoptant le même format (40 × 28 cm), ils ne comportent aucun texte. *Psst... !* est antidreyfusard, et l'un de ses caricaturistes est Caran d'Ache. *Le Sifflet*, est, lui, dreyfusard : il est imprimé par un jeune éditeur, Pierre-Victor Stock, qui publie également volumes, affiches, cartes postales et albums photos favorables à Dreyfus. Les deux journaux vont disparaître respectivement en septembre 1899 et mai 1899, soit peu avant le deuxième procès de Dreyfus. L'Affaire est alors pratiquement terminée : quand la décision de révision est enfin prise par le nouveau gouvernement de Waldeck-Rousseau en juin 1899 et que la grâce est prononcée en septembre, l'opinion ne se manifeste pas et reste calme ; seuls les journaux antidreyfusards les plus acharnés accordent encore à l'affaire Dreyfus une place importante.

[Transition]

Comment l'opinion publique, tenue informée par la presse, s'est-elle divisée tout au long de l'Affaire ?

[II. Deux courants d'opinion antagonistes dans un pays partiellement indifférent]

[1. Une famille divisée : la caricature de Caran d'Ache]

Si nous savons que Caran d'Ache est antidreyfusard, sa position n'apparaît pas dans le document présenté ici. Son dessin est neutre et veut illustrer la division de l'opinion à travers une famille bourgeoise composée de dix personnes, attablées pour un dîner, un serviteur arrivant avec une soupière fumante. Le chef de famille est cependant inquiet et demande de ne pas parler de l'affaire Dreyfus. Hélas, comme l'indique la légende du second dessin, « ils en ont parlé » : l'affrontement entre ces personnes respectables est d'une rare violence, à coups de table et chaises renversées, d'œil au beurre noir, de tentative d'étranglement et d'attaque à la fourchette... Un désordre extrême s'est emparé de cette famille. Le dessin de Caran d'Ache veut témoigner d'un climat passionnel : une partie de la presse traite l'affaire comme un roman à épisodes, à l'image des feuilletons qu'elle publie régulièrement, entretenant le suspense à des fins commerciales ; une autre partie s'engage pour ou contre Dreyfus, de façon mesurée ou brutale, reflétant et renforçant les divisions de l'opinion.

[2. Deux courants d'opinion antagonistes]

Dans l'opinion s'opposent deux courants idéologiques qui ne recouvrent pas entièrement les options politiques traditionnelles. Les nationalistes, les bonapartistes et monarchistes, la majorité du clergé et de l'armée sont dans **le « camp » antidreyfusard** – mais le journal monarchiste *Le Soleil*, par exemple, perd une partie de ses lecteurs en affichant une position dreyfusarde. Beaucoup de républicains soutiennent la position de Jules Méline, alors président du Conseil, qui déclare qu'« il n'y a pas d'affaire Dreyfus » : pour eux, défendre Dreyfus en demandant la révision de son procès reviendrait à porter atteinte à l'autorité de la décision judiciaire et au prestige de l'armée. L'**antisémitisme** tient aussi une place importante dans l'hostilité contre Dreyfus, reliant le vieil antijudaïsme chrétien à l'antisémitisme socio-économique assimilant les Juifs au monde de l'argent, ces deux courants étant complétés par un antisémitisme nationaliste et raciste où le Juif est la figure de l'étranger, du traître : Édouard Drumont est ainsi élu député à Alger en mai 1898 comme « candidat anti-juif ».

Le « camp » dreyfusard se trouve plutôt chez les radicaux, même si un journal de cette tendance, *La Dépêche*, reste longtemps antidreyfusard. Les socialistes sont divisés eux aussi : si Jaurès affirme que Dreyfus « n'est plus ni un officier ni un bourgeois mais l'humanité tout entière », et qu'il faut donc le défendre, le courant de Jules Guesde pense que « les prolétaires* n'ont rien à faire de cette bataille qui n'est pas la leur » (déclaration du Parti ouvrier français du 24 juillet 1898). Le combat des dreyfusards est celui de la défense des valeurs de vérité et de justice, comme le proclame lors de sa fondation en février 1898 la Ligue des droits de l'homme. « C'est le combat de deux mondes » déclare en 1906 l'écrivain dreyfusard Romain Rolland, et la presse y a occupé une place centrale.

[3. Une famille lisant tranquillement la presse : la gravure de Félix Vallotton]

Peintre engagé dans la défense de Dreyfus, Félix Vallotton choisit de représenter une famille paisible. Une jeune femme, vue de face, est plongée dans la lecture de *L'Aurore*, le quotidien dreyfusard où Zola a publié le 13 janvier 1898 son « J'accuse » ; si la une titre « La France en révolte » (ou peut-être même « en révolution »), la lectrice est, en contraste, parfaitement paisible. Derrière elle, un homme plus âgé, son père ou son mari, lit *L'Intransigeant*, un des journaux antidreyfusard les plus virulents : son directeur, Henri Rochefort, ancien communard proche des ouvriers, anticlérical et antisémite, prône un nationalisme qui tente de faire la synthèse de ces divers courants. Au premier plan, dans le coin inférieur gauche du dessin, une troisième personne dont on ne voit que la main lit *Le Libertaire*, journal anarchiste fondé en novembre 1895 et dirigé par le dreyfusard Sébastien Faure.

Vallotton représente une famille composée de trois personnes, aux lectures, et sans doute aux opinions, diamétralement opposées. Pourtant, à la différence de la caricature de Caran d'Ache, le calme règne, les tasses, la théière, la bouteille sont intactes sur une table recouverte d'une nappe immaculée. Ainsi, cette gravure montre une opinion intéressée par l'Affaire, **une opinion aux points de vue contradictoires et qui s'informe par la presse, mais de manière dépassionnée.** De nombreux travaux historiques mettent en effet l'accent sur l'indifférence et le conformisme dominants, dans un monde rural encore majoritaire ; l'attitude générale est passive, même si elle suit majoritairement les positions antidreyfusardes tant que le gouvernement s'oppose à la révision du procès. Ainsi, lors des élections législatives d'avril-mai 1898, qui se tiennent entre les deux procès de Zola, la campagne électorale ne se joue pas sur l'Affaire, les candidats ne prennent pas position ; le seul député fortement engagé pour Dreyfus avec le journal *La Petite République* est le socialiste Jean Jaurès, battu par son concurrent, mais l'Affaire n'est pas au cœur de leur affrontement.

[Conclusion]

Les deux documents montrent une vision différente de l'attitude de l'opinion face à l'affaire Dreyfus, celle d'une division profonde au sein même d'une famille ou celle plus apaisée d'une famille où coexistent cependant des opinions opposées. Les deux documents, dessins de presse, témoignent d'un moment de crise politique où s'affirme le rôle nouveau de la presse et de l'opinion. Depuis cette date, l'affaire Dreyfus est emblématique de la place des médias dans la formation de l'opinion et dans les luttes politiques qui la divisent dans les moments les plus tendus de notre histoire.

2 Composition – De Gaulle, médias et opinion publique, dans les crises politiques de la France de 1940 à 1969

L'introduction, la seconde partie et la conclusion sont rédigées. Le reste du plan est proposé sous forme détaillée.

[Introduction]

« À 49 ans, j'entrais dans l'aventure », relate le général de Gaulle dans ses *Mémoires*. De Gaulle fait référence à son appel à la radio de Londres le 18 juin 1940, qui marque son entrée dans l'histoire nationale en même temps que son entrée dans le monde des médias. Jusqu'à sa démission en 1969, de Gaulle porte une attention particulière aux moyens d'information et à l'opinion publique : à la presse écrite dont il est un lecteur assidu et critique ; à la radio ; à la télévision, en plein essor et sous contrôle de l'État, qui lui offre un contact direct avec l'opinion dès qu'il devient président de la République en 1958. Durant la Seconde Guerre mondiale, la guerre d'Algérie et les événements du printemps 1968, de Gaulle utilise les différents médias comme un instrument de communication, voire de propagande. Avec certaines limites toutefois : certains médias lui restent opposés et l'opinion publique se détachera de lui lors du référendum d'avril 1969, qui le conduit à démissionner. Comment le général de Gaulle utilise-t-il les médias pour s'adresser à l'opinion publique entre 1940 et 1969 ?

De Gaulle est le premier homme politique français qui investit les médias pour en faire un outil de sa propre communication. D'abord pendant la Seconde Guerre mondiale et dans l'immédiat après-guerre, puis lors de son retour au pouvoir en 1958 et dans les premières années de la Ve République. Lors des événements de mai 1968, de vives critiques sont portées contre l'utilisation des médias par le président de Gaulle.

[I. Le général de Gaulle, la « guerre des ondes » et la Libération (1940-1946)]

1. L'appel du 18 juin 1940 et les Français à Radio-Londres : le « général micro » Voir le cours, partie II.2.a

2. Le rôle de Radio-Londres dans l'évolution de l'opinion publique en France occupée Voir le cours, partie II.2.a

3. Le retour à la liberté de la presse et les espoirs d'une presse honnête, sincère et indépendante (ordonnances de 1944) Voir le cours, partie III.1.a

[II. De la « traversée du désert » au pouvoir politique et médiatique (1946-1969)]

[1. La « traversée du désert » et les relations de De Gaulle avec la presse]

Durant une longue période baptisée par les gaullistes la « traversée du désert », de Gaulle est quasiment **absent des médias**. Étant entré dans l'opposition en créant en 1947 le Rassemblement du peuple français (RPF) et en le présidant jusqu'en 1953, de Gaulle ne peut s'exprimer à la radio publique. À partir de 1953, il se retire de la vie politique et se consacre à la rédaction de ses *Mémoires de guerre* (1954-1959).
Concernant la presse écrite, de Gaulle est un lecteur régulier de plusieurs quotidiens nationaux, mais aussi de Grande-Bretagne et d'Allemagne. Après son soutien à la création du journal *Le Monde* fin 1944, il est déçu par les positions de ses journalistes et notamment de son directeur Hubert Beuve-Méry, qui écrit lors des élections législatives de 1951 : « De toute évidence, la démocratie n'est pas compatible avec le dévouement aveugle, l'abdication de la liberté individuelle qu'exige le président du RPF. » Même si des journaux continuent de rendre compte des activités et des prises de position du général, si certains lui sont plutôt favorables comme *Le Parisien libéré* et s'il rencontre des soutiens de journalistes éminents comme François Mauriac ou Raymond Aron au *Figaro*, **de Gaulle estime que la presse écrite lui est hostile**. Revenu à la tête de l'État, ses relations restent difficiles avec les journalistes, comme il en témoigne lui-même lors de la conférence de presse du 14 janvier 1963 : « Il ne faut pas s'attendre, bien sûr, à ce que les professionnels de la nostalgie, du dénigrement, de l'aigreur renoncent, tout au moins pour le moment, à suer le fiel, à cracher la bile et à lâcher le vinaigre. » La presse écrite est encore influente à l'époque, les tirages augmentent même légèrement dans la décennie 1960 avec une moyenne quotidienne de 4,5 millions d'exemplaires pour la presse parisienne et 7,5 millions pour la presse régionale.

[2. De Gaulle, les médias et l'opinion aux débuts de la Ve République]

[a. La crise du 13 mai 1958 et la naissance de la Ve République]
Dès les premiers mois de l'année 1958, face à l'impuissance de la IVe République dans la guerre d'Algérie et à l'instabilité de ses gouvernements, des journaux commencent à évoquer le possible retour du général de Gaulle au pouvoir. **Les événements du 13 mai 1958** à Alger vont lui en offrir l'occasion : les émeutiers reçoivent le soutien des chefs de l'armée qui font appel à de Gaulle, celui-ci apparaissant aux uns et aux autres comme seul capable de conserver l'Algérie française. Tout se joue ensuite très vite à Paris : René

Coty, dernier président de la IVe République, les dirigeants des principaux partis, la majorité de la presse et même la radio d'État se rallient à de Gaulle. Dès que s'affirme son retour en politique, de Gaulle renoue avec l'utilisation des médias pour rallier à lui l'opinion (communiqué de presse le 15 mai et conférence de presse radiodiffusée et télévisée du 19 mai). Le 27 mai, il déclare avoir engagé « le processus régulier nécessaire à l'établissement d'un gouvernement républicain ». Sans avoir désavoué le coup de force d'Alger, certain du soutien de l'armée et recevant celui des groupes politiques présents à l'Assemblée à l'exception des communistes, de Gaulle est nommé président du Conseil (le nom de l'époque pour Premier ministre) : il reçoit le 1er juin l'investiture des députés qui lui accordent les pleins pouvoirs pour préparer une nouvelle constitution.
En dépit, le 28 mai, d'une importante manifestation d'opposition d'une partie des hommes et forces politiques de gauche, dont Pierre Mendès France et François Mitterrand, **l'opinion publique se rallie à de Gaulle**. Les sondages effectués en juin en témoignent : 54 % des Français estiment que le retour au pouvoir du général de Gaulle est « un grand bien » (26 % « un moindre mal ») ; seuls 9 % pensent que c'est « une très mauvaise chose ». À l'exception du quotidien communiste *L'Humanité* évoquant « la dictature militaire » ou l'hebdomadaire *L'Express* montrant en une, le 29 mai, une Marianne prête à se suicider (dans ce journal, un article de Jean-Paul Sartre est hostile à de Gaulle quand un autre écrit par François Mauriac lui est favorable), la majorité des organes de presse, la radio, les actualités cinématographiques se rallient à l'« homme du 18 juin » qui met fin à la crise politique en écartant le risque de guerre civile et en donnant une perspective de régime républicain plus stable : le 28 septembre, les Français approuvent par référendum la nouvelle constitution voulue par de Gaulle à la majorité écrasante de 79 %.

[b. De Gaulle et l'opinion dans la crise algérienne]
En 1958, le conflit algérien dure depuis déjà 4 ans. De Gaulle, attaché à la grandeur de la France et à ses colonies, est aussi conscient du mouvement de décolonisation largement entamé dans le monde. Il doit également tenir compte d'opinions violemment opposées : celles des chefs de l'armée et des « pieds noirs » refusant toute évolution, celle d'une opinion métropolitaine partagée mais soucieuse de mettre fin au conflit, celle des Algériens de plus en plus nombreux à soutenir le FLN, celles enfin d'une opinion internationale qui s'exprime à l'ONU pour y condamner la poursuite de la guerre. **Certaines de ces opinions**, notamment celles qui continuent de dénoncer dans la presse l'usage de la torture, **sont censurées** et des manifestations en faveur de l'indépendance algérienne – comme celle des Algériens de la région parisienne du 17 octobre 1961 – sont durement réprimées. De Gaulle, tout en continuant les opérations militaires pendant encore quatre ans, va chercher une solution en entamant des négociations difficiles avec l'adversaire et en prenant le peuple à témoin de ses choix par des consultations sous forme de référendum. Il doit faire face aux partisans de l'Algérie française quand, **les 21 et 22 avril 1961, un coup de force militaire** dirigé par quatre généraux tente une dernière fois de s'opposer à la politique gaulliste : le dimanche 23, le général de Gaulle, en uniforme, paraît à la télévision dénonçant le « pouvoir insurrectionnel... d'un quarteron de généraux en retraite », ordonnant que « tous les moyens soient employés pour barrer la route de ces hommes-là » et concluant : « Françaises, Français, aidez-moi ». Cet appel est entendu sur leurs transistors par les soldats du contingent qui refusent de suivre la tentative de putsch des généraux et restent obéissants au pouvoir incarné par de Gaulle : **les médias et notamment la radio ont servi de relais auprès**

de l'opinion des ordres du général. Après la fin de la guerre, de Gaulle sera victime de tentatives d'assassinat par ceux qui lui reprochent l'« abandon » de l'Algérie ; mais, avec le soutien majoritaire de l'opinion (90 % de oui au référendum du 8 avril 1962 sur l'indépendance de l'Algérie), et grâce à une utilisation fréquente des médias audiovisuels, il peut estimer avoir tourné la page de ce long et sanglant conflit.
Désireux de faire adopter une réforme qui lui est chère, il décide en octobre 1962 de modifier la constitution en instaurant l'élection du président de la République au suffrage universel : cette proposition est au départ rejetée par les députés qui renversent le gouvernement dirigé par Georges Pompidou et elle est critiquée dans la plupart des journaux. De Gaulle laisse le peuple juge en lui soumettant le projet par référendum, cette réforme est adoptée par 62 % des électeurs. Les sondages indiquent que le président est alors au sommet de sa popularité.

[3. De Gaulle et la télévision]

Ce média, placé sous **monopole de l'État**, connaît une très forte expansion dans les années 1960. Il devient pour de Gaulle une arme nouvelle, un moyen de s'adresser directement aux Français, instaurant un rituel nouveau entre l'homme politique et les citoyens. Après une première allocution télévisée peu satisfaisante, de Gaulle s'adapte très vite à ce média. Dans *Mémoires d'espoir* (1970), il rappelle qu'il voulait « que les Français [le] voient et [l]'entendent », que « pour être présent partout, la combinaison du micro et de l'écran est un moyen sans égal ». Il adopte face à la caméra une attitude « sans papier et sans lunettes », doit paraître « assez animé et spontané pour saisir et retenir l'attention, sans se commettre en gestes excessifs et en mimiques déplacées ».
En 11 ans de présidence, il s'adresse aux Français au cours de **53 allocutions radiotélévisées** (et 4 uniquement radiodiffusées), 18 conférences de presse et 5 entretiens avec un journaliste qui lui est proche, Michel Droit, rédacteur en chef du *Figaro littéraire*. Il estime que la RTF (puis l'ORTF à partir de 1964), « placée sous la tutelle de l'État et payée par lui » (note à Alain Peyrefitte, ministre de l'Information, 2 février 1963), est au service de sa politique, ses opposants étant pratiquement privés d'antenne. Les **conférences de presse** tenues à l'Élysée, au rythme de deux par an, sont suivies par 1 000 personnes, dont 600 journalistes de France et du monde entier, qui répercutent dans leurs journaux les propos du président. Celui-ci multiplie par ailleurs les déplacements en province, qui font l'objet de reportages télévisés contrôlés par le gouvernement et montrent des images de foules nombreuses et enthousiastes. Le même procédé est utilisé pour les voyages à l'étranger : pour son long voyage en Amérique du Sud, où il visite tous les pays entre le 21 septembre et le 16 octobre 1964, prononce 49 discours en français et 6 en espagnol, la télévision assure un suivi quotidien, avant de diffuser une émission de synthèse de 30 minutes donnant à voir, selon les mots du journaliste qui la présente, ce « voyage extraordinaire ».

[Transition]

Pour de Gaulle, la télévision est un outil pédagogique qui permet d'expliquer sa politique, ses projets, ses analyses – d'autant qu'il continue de penser que la presse écrite lui est hostile. Cependant, des critiques mettent en avant un usage partial de ce média de masse, en particulier lors de la crise de mai-juin 1968.

[III. De Gaulle, les médias et l'opinion publique dans la crise de mai-juin 1968]

[1. Les médias audiovisuels dans la première élection du président de la République au suffrage universel, décembre 1965]

[2. De Gaulle et les médias en 1968 : critiques des médias, rôle des radios périphériques, discours radiodiffusé du 30 mai] (Voir le cours, partie III.2, ainsi que la méthode et stratégie 2)

[Conclusion]

De Gaulle est un personnage historique éminent du siècle passé et, par là même, occupe une place importante dans les médias de notre pays. Il se révèle à l'opinion publique par son discours à la BBC du 18 juin 1940, peu entendu sur le moment mais dont l'influence se fait sentir ensuite lorsqu'il est amplifié par l'usage quotidien de Radio-Londres au service de la France libre et de la Résistance. Peu de temps après la Libération, son opposition au régime de la IVe République le prive d'accès à la radio. De retour au pouvoir en 1958 avec la crise algérienne, il utilise fréquemment le média télévisuel, en expansion, pour s'adresser à l'opinion publique. Des critiques sont émises en 1968 pour cet usage jugé partial. Quand il se retire du pouvoir au lendemain du référendum perdu d'avril 1969, puis après sa disparition en novembre 1970, une majorité des médias, même ceux qui ont pu le combattre, rend hommage à l'homme du 18 juin et au chef d'État.

De Gaulle a instauré des relations nouvelles entre les dirigeants politiques et les citoyens dont se serviront ses successeurs, tout en les adaptant progressivement en fonction de leurs propres convictions et de l'évolution des médias.

SUJET D'APPROFONDISSEMENT

POST BAC

Composition

150' (L, ES)

Le socialisme en Allemagne et en France (1875-1920)

> Voir la méthode générale de traitement d'une composition en annexe (p. 515).

> Voir les méthodes et stratégies 1 du chapitre 2 et 2 du chapitre 3.

CORRIGÉ

POST BAC

Composition – Le socialisme en Allemagne et en France (1875-1920)

[Introduction]

« Les prolétaires de tous les pays n'ont rien à perdre que leurs chaînes. Ils ont un monde à gagner », énoncent Karl Marx et Friedrich Engels dans le *Manifeste du Parti communiste* (1848). La mouvance socialiste est fille du XIXe siècle, siècle porteur d'évolutions économiques et sociales et, subséquemment, d'idéologies théorisant ces mutations profondes. Elle dénonce la précarité des conditions de travail et de vie des ouvriers à l'ère industrielle et capitaliste, et prône l'établissement d'une société plus juste. Elle est à la fois savante et militante. L'idée socialiste est forgée par des penseurs vers 1830, puis elle est incarnée et véhiculée, à partir des années 1880, par de grands partis, vecteurs sociologiques et politiques. L'émergence du système de pensée socialiste précède l'organisation partisane, à savoir le mouvement ouvrier. La création d'un parti socialiste unifié en Allemagne en 1875 érige ce parti en modèle à suivre pour les partis socialistes européens. Les circonvolutions de la ligne politique des partis allemand et français ponctuent le chemin menant à l'impasse : deux années après son voisin d'outre-Rhin, l'année 1920 scelle la scission du SFIO, le parti socialiste en France, entre courant réformiste et courant révolutionnaire avec la naissance du Parti communiste. Cette période est donc fondatrice. Entre unité et dualité doctrinale du socialisme, entre internationalisme et nationalisme des pratiques, entre identité ouvrière et identité nationale, l'histoire du socialisme allemand et du socialisme français emprunte des chemins tantôt convergents, tantôt divergents. Dans quelle mesure l'évolution du socialisme en Allemagne et en France entre 1875 et 1920 est-elle le reflet de lignes politiques ancrées dans une histoire nationale ?

Si le mouvement socialiste oscille entre universalisme dogmatique et particularismes nationaux, les partis socialistes, incarnation militante du mouvement ouvrier, s'affirment comme forces politiques au tournant du XXe siècle. Mais le premier conflit mondial constitue une césure dans l'histoire du socialisme en Allemagne et en France.

[I. Organisation du mouvement socialiste : entre universalisme et particularismes]

[1. De l'universalité de l'idéologie socialiste...]

Si le terme « socialisme » est employé dès 1822 en Angleterre, il n'est employé qu'à partir des années 1830 en Allemagne et en France. Le socle de la pensée socialiste est commun et le XIXe siècle est le siècle fondateur de la doctrine socialiste, prenant racine dans le terreau nouveau, né de l'industrialisation et des bouleversements inhérents à la société industrielle. En effet, **l'industrialisation est la matrice historique du socialisme moderne**. Le socialisme est un courant syncrétique alliant volonté politique démocratique et base sociale ouvrière, une mouvance partisane d'une justice sociale qui verrait triompher égalitarisme et collectivisme. La pensée socialiste universelle tend à **une démocratie politique, économique et sociale**.

Le socialisme, aux visages divers, se structure progressivement au XIXe siècle autour d'une pensée, celle du philosophe allemand **Karl Marx** et de son ami l'industriel **Friedrich Engels,** principaux théoriciens du socialisme. Selon eux, l'évolution des sociétés humaines dépend uniquement des forces matérielles, c'est-à-dire des forces économiques, déterminées par l'état de la technique à un moment donné de l'histoire.

Le marxisme repose sur l'explication de l'histoire par la lutte des classes et prône la révolution par le prolétariat, dans le but de détruire la société capitaliste et d'établir une dictature du prolétariat, puis le communisme : « l'émancipation des travailleurs doit être l'œuvre des travailleurs eux-mêmes ». **L'essor du socialisme se fait avec l'interpénétration de la doctrine et de la pratique socialistes dans les partis socialistes.**

[2. ... face aux particularismes nationaux]

En Allemagne, l'année révolutionnaire 1848 ouvre la voie à l'émergence d'une **conscience de classe**, consubstantielle de la **politisation du monde ouvrier**. Sous l'effet de la fulgurance de l'essor industriel et urbain de l'Allemagne après 1870, l'expansion des ouvriers dans la population active – de 4 millions en 1882 à 8,5 millions en 1907, soit près de 40 % de la population active – met en exergue la question ouvrière (*Arbeiterfrage*). Cette croissance du monde ouvrier sous le *Kaiserreich* (Empire), mais également la **solidarité collective et les aspirations communes à la classe laborieuse** travaillant dans les *Konzerne* (de très grandes entreprises), participent à l'essor du mouvement ouvrier.

Le contexte sociologique et politique est, en France, très différent. Malgré l'industrialisation commencée dès la première moitié du XIXe siècle, le pays reste majoritairement rural jusqu'en 1931, et la IIIe République (1870-1940) érige la petite propriété en projet social en s'appuyant sur une petite paysannerie nombreuse. Si une société industrielle émerge, elle est marquée par la prépondérance des petites entreprises, l'hétérogénéité des situations ouvrières, et donc **l'impossibilité de structuration d'une « classe ouvrière » dans la grande industrie**. On dénombre environ 5,5 millions d'ouvriers en 1914.

Les aspirations démocratiques se renforcent avec le développement du mouvement ouvrier. L'idéologie marxiste exhorte, en effet, à la révolution prolétarienne pour réaliser l'effondrement de l'État et l'établissement d'une société égalitaire. En Allemagne, les revendications libérales exprimées lors des révolutions de 1848 avaient été tues par la réaction politique ; et c'est l'autoritarisme politique qui, avec la fondation du IIe Reich en 1871, domine au travers du pouvoir de l'empereur. Le régime impérial se caractérise par l'absence de tout État démocratique malgré l'établissement d'une monarchie constitutionnelle et l'existence d'un Reichstag élu au suffrage universel.

Or, en France, le socialisme est inséparable de la démocratie : le socialisme est pour les socialistes français de la IIIe République le parachèvement de la Révolution. Aussi les premiers mouvements issus du socialisme s'intègrent-ils dans la mouvance républicaine. **L'enracinement de la tradition républicaine engendre une faible prévalence du marxisme sur le socialisme français.**

[3. La fondation de partis socialistes]

En Allemagne naît, en **1875**, lors du congrès de Gotha, le Parti socialiste ouvrier (*Sozialistische Arbeiterpartei*, **SAP**), de la réunion de l'Association générale des travailleurs allemands (*Allgemeiner Deutscher Arbeiterverein*, ADAV) fondée en 1863 par Ferdinand Lassalle et du Parti ouvrier social-démocrate (*Sozialdemokratische Arbeiterpartei*, SDAP) créé en 1869 par August Bebel et Wilhelm Liebknecht. Les deux ailes, lassalléenne/réformiste et marxiste/révolutionnaire, du mouvement ouvrier fusionnent dans le SAP autour d'une unité de compromis dogmatique.

En France, la défaite de la Commune de Paris en 1871 réduit au silence les aspirations socialistes. La construction du socialisme est longue ; aucun élément fédérateur ne transcende alors la **diversité du socialisme**. Si le Congrès de Marseille, en octobre 1879, premier congrès ouvrier français, est fondateur avec la naissance du **premier parti socialiste, le Parti des travailleurs socialistes de France**, l'unité est de courte durée. La scission lui succède avec divers courants : courant blanquiste avec **Auguste Blanqui** et **Édouard Vaillant**, incarné par le Comité révolutionnaire central (CRC) créé en 1881 et devenu Parti socialiste révolutionnaire en 1898 ; courant guesdiste avec **Jules Guesde** et le Parti ouvrier français (POF), d'inspiration marxiste et dont le programme est adoubé par Marx et Engels, et lequel est le parti le mieux structuré des entités socialistes en France ; courant allemaniste avec Jean Allemane et le Parti ouvrier socialiste révolutionnaire, fondé en 1891.

Le SAP est le premier parti socialiste unifié d'Europe, soulignant la **précocité et la vigueur du Parti socialiste allemand**. En **1890**, le SAP devient le Parti social-démocrate allemand (*Sozialdemokratische Partei Deutschlands*, **SPD**). En France, à partir de 1896, point au sein des différentes mouvances socialistes l'idée d'un programme socialiste commun. Toutefois, l'affaire Dreyfus, qui cristallise les tensions entre forces républicaines et antirépublicaines, retarde l'unification. L'union prend corps en **1905** avec la **naissance de la Section française de l'Internationale ouvrière (SFIO)**, dominée par la figure politique de **Jean Jaurès**. L'unification, à tout le moins la réunion des différentes tendances, est donc tardive.

[II. Essor des partis socialistes, incarnation politique du mouvement ouvrier]

[1. Enjeu du débat doctrinal : entre réformisme et révolution]

En Allemagne, le parti devient l'instrument de la conquête du pouvoir politique. **L'unification du parti en 1875 renforce le poids du parti dans la vie parlementaire** : en 1877, le SAP obtient 500 000 voix et 12 députés au Reichstag. Toutefois, le parti se débat entre pratique réformiste et théorie révolutionnaire. Le programme adopté à Gotha en 1875 est remplacé en 1891 lors du congrès d'Erfurt, où est affirmé le caractère révolutionnaire du parti tandis que sont appelées des réformes sociales et économiques. La contradiction transparaît, soulignant le **décalage entre aspirations révolutionnaires et démarche réformiste**.

Au sein du SPD, la volonté de mettre en accord doctrine et pratique, et d'instaurer ainsi un parti réformiste, transparaît dans le **révisionnisme d'Eduard Bernstein** : en effet, E. Bernstein remet en cause les prédictions marxistes d'effondrement du système capitaliste et note, au contraire, un renforcement du capitalisme industriel nécessitant une nécessaire adaptation aux réalités économiques et sociales. Il prône dès lors la conquête de l'État par les moyens parlementaires. Cela aboutit à une crise dans le parti, la **crise révisionniste**, au cours des années 1890.

En France, les divers partis socialistes obtiennent en 1893 une cinquantaine de sièges à la Chambre des députés. Le **socialisme parlementaire** devient prépondérant sur le socialisme révolutionnaire. **J. Jaurès** incarne ce socialisme. Le guesdisme, sous l'effet de la participation politique, se défait de ses couleurs révolutionnaires pour se teinter de républicanisme. J. Guesde affirme, au vu de l'exemple allemand, que le suffrage universel peut devenir le *medium* de l'émancipation ouvrière. **J. Jaurès et J. Guesde érigent le parti en instrument de la révolution sociale.**

[2. Union et désunion du mouvement ouvrier]

La pratique politique du SPD n'est pas inspirée de la logique révolutionnaire et de l'attente de l'effondrement de l'État bourgeois. Le SPD, devenu parti d'opposition, œuvre à la **transformation d'une société inégalitaire de l'intérieur par la voie légale, c'est-à-dire par le biais du parlementarisme**. Et les succès électoraux du SPD éloignent la nécessité de la révolution. F. Engels écrit en 1895 dans la préface à la réédition des *Luttes de classes en France (1848-1850)* : « Nous, les "révolutionnaires", les "chambardeurs", nous prospérons beaucoup mieux par les moyens légaux que par les moyens illégaux et le chambardement ». **L'Allemagne devient le berceau de la social-démocratie et le mouvement ouvrier y est unifié** grâce aux liens très étroits entre syndicats et SPD. August Bebel énonce, lors du congrès de Mannheim de 1906, que « le parti et les syndicats forment un tout, car ce sont les mêmes personnes qui portent le mouvement ». Le SPD joue un rôle directeur, imprimant sa domination sur les syndicats : **l'osmose entre parti et mouvement syndical triomphe.**

Or, **en France, l'unité entre parti et syndicat n'a pas lieu** : l'idéal révolutionnaire s'incarne dans le mouvement syndical avec la CGT (Confédération générale du travail), créée en 1895 et s'appuyant sur des convictions antipartistes et antiparlementaristes. Syndicalisme et grève générale apparaissent comme les moyens d'action les plus efficaces. La Charte d'Amiens (1906) proclame l'indépendance syndicale. Là où le Parti socialiste va à la conquête de l'État, les syndicats veulent la destruction de l'État ; là où le Parti socialiste se fond dans le paysage de la démocratie parlementaire, les syndicats critiquent le gouvernement bourgeois de la IIIe République. **En France, parti et syndicat sont rivaux, chacun affirmant sa vision du socialisme**, soit celle d'un **socialisme politique (SFIO)**, soit celle d'un **socialisme syndical (CGT)**. Si le parti est un instrument de lutte en Allemagne, en France domine l'idée que c'est le syndicat qui doit révolutionner la société.

[3. Expansion du socialisme politique]

En Allemagne, le soutien des sociaux-démocrates à la Commune de Paris en 1871 est un prétexte à la répression : cet événement est, selon les autorités allemandes, la manifestation d'une solidarité de classe, contraire à la solidarité nationale. Les socialistes sont alors désignés comme des « ennemis de l'intérieur » (*Reichsfeinde*) par le chancelier Bismarck, désireux d'asseoir le nouveau régime, le IIe Reich, en combattant l'influence de la social-démocratie. La loi antisocialiste (*Sozialistengesetz*), votée en 1878, lutte contre l'agitation sociale-démocrate en interdisant le Parti social-démocrate et de nombreux syndicats affiliés au parti. Mais l'organisation socialiste n'est pas anéantie par la répression. **La loi antisocialiste, appliquée jusqu'en 1890, n'a pas freiné le succès électoral du SPD** : en 1871, le parti obtient 3,2 % des suffrages (1 siège au Reichstag), en 1890, 19,7 % (35 sièges), et en 1912, 34,8 % (110 sièges). C'est une montée spectaculaire du SPD dans une Allemagne s'industrialisant et s'urbanisant.

En France, c'est l'affaire Dreyfus (1894-1906) qui amène le Bloc des gauches au pouvoir. Dès juin 1899, dans un sursaut républicain, se constitue un gouvernement de « défense républicaine » dans lequel entre, aux côtés des radicaux, un socialiste, Alexandre Millerand. Celui-ci parvient à poser quelques jalons dans le domaine de la protection du travail. Le **Bloc des gauches**, créé en 1899, remporte une nette victoire électorale en 1902. Le révisionnisme d'E. Bernstein s'épanouit dans la pratique en France. La social-démocratie allemande fait figure de modèle : le SPD est perçu comme le « phare du socialisme français ». Les socialistes qui, dans les années 1910, participent au pouvoir, lancent certaines réformes sociales.

En 1912, le SPD est le premier parti en Allemagne, la principale force politique. La vigueur de la social-démocratie allemande se reflète dans la constitution du SPD en **parti de masse** du fait du poids électoral et du nombre élevé d'adhérents : de 384 327 membres en 1906, il dépasse le million de membres en 1914, dont 80 % sont des ouvriers, souvent qualifiés. L'électorat du SPD est ouvrier et urbain. **Le SPD est ainsi un parti de classe, un parti ouvrier**. En revanche, **la SFIO n'apparaît ni comme un parti ouvrier, ni comme un parti de masse** en raison de la faiblesse du nombre de ses adhérents (moins de 100 000 en 1914). Mais son poids se renforce à la Chambre des députés avec l'obtention de 104 sièges en 1914.

[III. La guerre, un tournant pour le socialisme en Allemagne et en France]

[1. Patriotisme et pacifisme]

L'Internationale socialiste, ou IIe Internationale (1889-1914), prône l'internationalisme et la lutte pour la paix. À partir de 1900, les congrès de l'Internationale, fondés sur une idéologie pacifiste, débattent des moyens destinés à empêcher une guerre. Les dirigeants socialistes européens, notamment les Français J. Jaurès et E. Vaillant, souhaitent arrêter une stratégie commune : la grève générale est préconisée. Mais le SPD parvient à empêcher l'adoption de cette position par les congrès de Stuttgart (1907) et de Copenhague (1910).

Si le SPD dénonce la politique impérialiste de l'Allemagne, l'**émergence d'un « patriotisme social-démocrate » voit cependant le jour**. Déjà, en 1913, les députés sociaux-démocrates votent en faveur des crédits nécessaires à l'accroissement des effectifs militaires et, au congrès d'Iéna, est rejetée l'idée d'une grève générale en cas de guerre. Néanmoins, à la fin juillet 1914, est réaffirmé l'attachement au pacifisme. Le 25 juillet, la direction du SPD affirme : « Nous ne voulons pas la guerre ! À bas la guerre ! ». Mais, alors que, le 3 août 1914, la fraction SPD au Reichstag se divise en interne sur le vote des crédits de guerre (78 pour, 14 contre) – l'aile droite réformiste du parti souscrivant à l'idée de défense nationale –, le vote des crédits se fait à l'unanimité le 4 août et la paix des partis (*Burgfrieden*) est de mise. Cette volonté d'intégration du SPD est mue par l'espoir d'obtenir en échange des concessions politiques.

En France, un cabinet d'union nationale se forme avec le ralliement des socialistes, malgré l'assassinat de J. Jaurès (31 juillet 1914) par un nationaliste : le président de la République, Raymond Poincaré, parle d'**« Union sacrée »**. Socialistes allemands et français votent ainsi simultanément les crédits de guerre : les limites du pacifisme apparaissent au grand jour avec le déclenchement de la Première Guerre mondiale, **le patriotisme l'emportant sur l'internationalisme**. Les politiques d'Union sacrée conduisent à l'intégration des socialistes dans l'appareil gouvernemental : en France, dès la fin août, J. Guesde devient ministre d'État ; en Allemagne, deux sociaux-démocrates entrent au gouvernement au mois d'octobre.

[2. Scission du socialisme]

Les contradictions du socialisme, oscillant entre révolution et réformisme, sont prégnantes à la veille de la guerre. Cette ligne de partage traverse l'ensemble des partis socialistes européens. Le SPD est divisé avec, au sein du parti, l'affirmation d'une aile révolutionnaire menée par Rosa Luxemburg et Karl Liebknecht. Le vote du 4 août annonce la scission à venir. En décembre 1914, K. Liebknecht refuse de voter les crédits de guerre : « l'esprit du 4 août » vole en éclat, la discipline de parti est brisée. Une brèche s'ouvre. **En 1915, l'aile gauche du parti dénonce la guerre impérialiste et la collaboration avec les forces bourgeoises**. Le mouvement spartakiste, ainsi nommé en référence au plus connu des esclaves révoltés dans la Rome antique, est fondé en janvier 1916. Et en mars, les députés opposés aux crédits de guerre sont exclus de la fraction parlementaire du Reichstag. **En France, une opposition socialiste à la guerre,**

plus modérée, se manifeste au travers du refus d'une minorité de députés refusant les crédits de guerre en juin 1916.

Année des révolutions russes, l'**année 1917** fait du socialisme une réalité historique : c'est le « socialisme réel ». Socialistes et communistes se séparent. En avril est créé le Parti social-démocrate indépendant (*Unabhängige sozialdemokratische Partei Deutschlands*, USPD), qui regroupe les opposants à la direction du SPD. Une fraction de la SFIO dénonce, quant à elle, une guerre bourgeoise avant qu'en septembre, le basculement des socialistes français dans l'opposition sonne le glas de l'Union sacrée. L'agitation sociale gronde. En Allemagne éclatent en 1918 des grèves soutenues par l'USPD et des conseils d'ouvriers et de soldats s'organisent. Face à ces troubles, le socialiste Friedrich Ebert se prononce contre la révolution – qu'il « hait comme le péché » – et penche pour une participation au gouvernement. En Allemagne, le SPD domine largement le monde socialiste avec 250 000 membres contre 100 000 à l'USPD. Mais la scission de l'unité socialiste est en germe, tout comme en France où, le 28 juillet 1918, la fraction de la SFIO hostile à la guerre et à la participation ministérielle devient majoritaire.

L'acceptation de responsabilités gouvernementales par le SPD induit des changements dans la doctrine et dans la pratique du parti. **Les sociaux-démocrates, majoritaires, se chargent de la direction de la République naissante**, proclamée le 9 novembre 1918 par le modéré Philipp Scheidemann. Ce dernier est partisan de la voie parlementaire pour œuvrer au passage entre empire et république, et souhaite instituer le suffrage universel direct, ce qui désavoue le pouvoir des conseils d'ouvriers et de soldats. La nouvelle république veille au maintien de l'ordre et renonce aux aspirations révolutionnaires. **Préserver l'union des socialistes dans un même parti est devenu impossible.**

[3. Vers deux socialismes concurrents : socialisme et communisme]

Le 30 décembre **1918 naît le Parti communiste allemand** (*Kommunistische Partei Deutschlands*, KPD), sous l'impulsion du mouvement spartakiste avec R. Luxemburg et K. Liebknecht. Ces derniers veulent une révolution sociale à la manière de la révolution bolchévique. Le divorce entre gauche révolutionnaire et gauche parlementaire est consommé en janvier 1919 avec la répression de la révolution par les sociaux-démocrates au pouvoir ; K. Liebknecht et de R. Luxemburg sont assassinés le 15 janvier. **Le 19 janvier, lors des élections législatives, le SPD obtient 37,9 % des suffrages et 163 sièges. Il est la première force politique d'Allemagne.** F. Ebert est élu président de la République et P. Scheidemann dirige le gouvernement, qui comprend 6 ministres SPD sur les treize qui le composent. Les spartakistes dénoncent alors l'alliance entre les socialistes et la bourgeoisie, véritable trahison de la cause ouvrière : les socialistes sont des « social-traîtres ». Au pouvoir ou dans l'opposition, où il retourne à partir de juin 1920, le SPD est désormais un parti d'État participant à la République de Weimar.

En France, en octobre 1919, les tenants de la révolution bolchévique au sein de la SFIO fondent la SFIC (Section française de l'Internationale communiste). La tentation révolutionnaire affaiblit la SFIO. En novembre, les élections législatives révèlent une **poussée à droite avec la victoire du Bloc national**. Ce virage à droite est conséquence de l'agitation révolutionnaire en Europe, de la crainte du danger bolchévique et de la crise financière qui sévit au lendemain de la guerre. La défaite électorale et l'affaiblissement de son poids parlementaire suite à une modification du mode de scrutin placent la SFIO dans l'impuissance politique.

La rupture entre socialistes et communistes, consommée dès 1917, est parachevée par la création en 1919 de l'Internationale communiste. En effet, la IIIe Internationale, également appelée Komintern, lancée par Lénine en 1919, accélère l'éclatement définitif du mouvement socialiste. En Allemagne, la **fusion de l'USPD avec le KPD en juillet 1920** transforme le KPD en parti de masse (300 000 membres) et fait perdre une partie de son électorat au SPD. En France, **le Congrès de la SFIO à Tours, en 1920, est un acte fondateur. Le socialisme français s'incarne dans deux partis : la SFIO et le PCF (Parti communiste français).** Le PCF naît le 29 décembre 1920. **À partir de 1920, socialistes et communistes sont des frères ennemis et se concurrencent : SPD et KPD en Allemagne, SFIO et PCF en France.** Les voies empruntées sont celle de la social-démocratie pour les partis socialistes, celle du socialisme bolchévique pour les partis communistes. Socialisme de parti contre socialisme d'État.

[Conclusion]

Ainsi, de la naissance en 1875 d'un parti socialiste unifié en Allemagne, premier grand parti socialiste européen, à la scission définitive de la SFIO en France en 1920, les chemins empruntés par le socialisme allemand et le socialisme français sont-ils parallèles et convergents à la fois. Parallèles car tributaires d'une histoire sociale et politique propre à l'Allemagne et à la France. Convergents par les fondements doctrinaux, la dualité congénitale du socialisme entre réformisme et révolution, la prégnance du nationalisme en 1914 et l'implosion à partir de 1917 produisant deux entités politiques distinctes. Nonobstant l'universalité de l'idéologie fondatrice d'un mouvement ouvrier, les dynamiques internes de chaque État brouillent l'idéal internationaliste et révèlent des identités nationales, fruits d'une histoire singulière.

Face à la montée du danger fasciste dans les années 1930, les trajectoires choisies par les partis socialistes et communistes français et allemands divergent. À la désunion fatale du SPD et du KPD attachés à des lignes politiques indépassables idéologiquement en 1933 en Allemagne s'oppose l'union des gauches dans un Front populaire où l'emporte l'attachement aux traditions républicaines et démocratiques en 1936 en France.

Puissances et tensions dans le monde
de la fin de la Première Guerre mondiale à nos jours

INTRODUCTION

- Quelles sont les puissances du XXᵉ siècle et du début du XXIᵉ siècle et par quels chemins sont-elles parvenues à jouer un rôle dominant dans le monde actuel ? Quels conflits ont trouvé leurs origines au XXᵉ siècle et restent importants dans la géopolitique d'aujourd'hui ?
- Le XXᵉ siècle est celui des deux guerres mondiales, des totalitarismes, de nombreux conflits à l'échelle planétaire ou régionale. Ces bouleversements, ainsi que les évolutions économiques, ont modifié la hiérarchie de la puissance* dans le monde.
- Les États-Unis ont dominé le XXᵉ siècle : déjà première puissance économique vers 1900, ils sortent vainqueurs et leur influence est renforcée à l'issue des guerres mondiales. Leur rôle international s'affirme avec leur pouvoir politique et militaire. Leur capacité à intervenir dans les affaires du monde et à influencer d'autres pays s'est développée, et ils peuvent également jouer de leur *soft power* grâce au rayonnement de leur culture et de leurs valeurs. Ils ont ainsi tous les attributs d'une puissance mondiale.
- L'hégémonie des États-Unis, souvent contestée ou remise en cause, est aujourd'hui confrontée à l'émergence de puissances nouvelles, et en particulier à celle de la Chine. Héritière d'une civilisation millénaire, ayant recouvré sa souveraineté en 1949 et lancée dans une croissance économique spectaculaire depuis 30 ans, la Chine est devenue une puissance mondiale avec laquelle il faut compter.
- Des conflits, tensions et menaces de toute nature, dont les origines historiques sont souvent très anciennes, restent très présents dans le monde actuel. Le Proche-Orient et le Moyen-Orient sont le théâtre par excellence de ces conflits régionaux anciens dont les répercussions se font sentir dans le monde entier en raison de la multiplicité et de la complexité des enjeux qu'ils recouvrent.

CHAPITRE 4 Séries L, ES et S

Les États-Unis et le monde depuis 1918

COURS

MÉTHODES ET STRATÉGIES

SUJETS DE TYPE BAC

CORRIGÉS

COURS

Les États-Unis et le monde depuis 1918

Première puissance économique mondiale dès le début du XXe siècle, les États-Unis deviennent également une puissance géopolitique* active et influente dans le monde. Leur intervention dans la Première Guerre mondiale, en avril 1917, marque une première rupture avec leur tradition isolationniste et signe leur véritable entrée sur la scène internationale. À partir de ce moment, comment et pourquoi les États-Unis deviennent-ils la première puissance mondiale, exerçant une influence décisive dans le monde et les relations internationales ?
Trois grands moments peuvent être dégagés : d'abord hésitants sur le rôle à tenir à l'échelle mondiale (1918-1941), ils assument ensuite pleinement leurs responsabilités de première puissance (1941-1991) ; ils restent aujourd'hui la puissance dominante malgré certaines fragilités et des contestations de leur rôle.

I. Un engagement progressif au niveau mondial (1918-1941)

1. Le rôle des États-Unis dans la Grande Guerre et dans la paix

a. L'entrée dans la guerre et les « 14 points »

L'entrée en guerre est votée par le Congrès après le discours de Woodrow Wilson, le 2 avril 1917 : il y dénonce « la guerre de l'Allemagne contre le commerce » à la suite de la décision de guerre sous-marine à outrance. Le président américain met également en avant son « combat pour la paix définitive du monde, pour la libération de tous les peuples » – ce que l'on qualifie habituellement d'idéalisme wilsonien. Cependant, les **raisons économiques et financières** ne sont pas absentes de cette décision, les États-Unis ayant renforcé leurs exportations à destination de la Grande-Bretagne et de la France, auxquelles ils ont aussi consenti des prêts importants.

Cette **conjugaison d'idéalisme et de défense des intérêts du pays** est au cœur du message présidentiel au Congrès du 8 janvier 1918, resté dans l'histoire comme « les 14 points de Wilson » (voir la méthode et stratégie 1). À cette date, les troupes américaines du général Pershing commencent à participer aux combats et apportent à la Triple Entente une supériorité numérique décisive dans les offensives de l'été 1918, obligeant l'Allemagne à accepter l'armistice du 11 novembre, date à laquelle l'armée américaine compte 2 millions de soldats engagés et déplore 160 000 pertes.

b. Wilson à la conférence de la paix

Wilson est le premier président américain à se rendre sur le sol européen, montrant ainsi l'importance qu'il attache au rôle de son pays dans le règlement de la paix. Il participe, de janvier à juin 1919, à la **conférence de la paix**. Les négociations entre vainqueurs sont difficiles en raison de la diversité de leurs objectifs. Wilson s'efforce de faire prévaloir les idées énoncées dans les « 14 points » et de jeter les bases de la future Société des Nations. Le traité de Versailles, finalement signé le 28 juin 1919, inclut la création de cette première organisation internationale destinée à garantir la paix et la sécurité collective, première approche pour les États-Unis d'une politique extérieure fondée sur le multilatéralisme*.

DOC. 1 G. Clemenceau, président du Conseil, W. Wilson, président des États-Unis et Lloyd George, Premier Ministre britannique, après la signature du traité de Versailles le 28 juin 1919.

c. Le refus du Congrès

Les républicains, majoritaires au Congrès depuis les élections de 1918, se désengagent et **le Sénat refuse à deux reprises de ratifier le traité de Versailles**. Les États-Unis n'adhèrent pas à la SDN, craignant, comme ce sera souvent le cas par la suite, de prendre part à une organisation internationale qui pourrait les contraindre à des décisions prises contre leurs propres intérêts. C'est sur ce retour à l'isolationnisme* que le candidat du Parti républicain, Warren G. Harding, est largement élu président en novembre 1920 : dans son discours inaugural prononcé en mars 1921, il met en avant le « retour à la normale », à une restauration de la situation d'avant 1914, à la « sagesse de la politique traditionnelle de non-implication dans les affaires du Vieux Monde ».

2. Un isolationnisme relatif (1920-1941)

a. Un repli apparent...

Les années 1920 semblent confirmer la politique nationaliste de repli sur le thème d'*America first*. L'opinion américaine manifeste sa crainte des troubles politiques qui affectent l'Europe avec la victoire du communisme* en Russie. Cette peur de l'étranger conduit le Congrès à adopter deux lois, en 1921 et en 1924, instaurant des **quotas limitant l'immigration** de façon sélective selon l'origine nationale et privilégiant les immigrants WASP*. Le président Harding ratifie la loi de 1921 en déclarant : « L'Amérique doit rester américaine. »

* Les mots suivis d'un astérisque sont définis dans le lexique.

b. … mais un rôle toujours présent dans le monde

Les États-Unis ne perdent pas de vue **leurs intérêts partout dans le monde.** Ils continuent en premier lieu à exercer leur influence et leur domination sur le continent américain. Ils jouent un rôle actif dans le Pacifique et en Asie orientale, inquiets de la montée en puissance du Japon. En Europe, ils exigent le remboursement des 10 milliards de dollars prêtés à l'Angleterre et à la France. Ils font adopter, à l'initiative de leurs banquiers, deux plans successifs d'allégements des réparations dues par l'Allemagne à la suite du traité de Versailles (plan Dawes en 1924 et plan Young en 1929). Lorsque la crise économique de 1929 s'étendra en Europe et tout particulièrement en Allemagne, les États-Unis instaureront la suspension du paiement de ces réparations (« moratoire Hoover » en 1931).

c. Une économie dominante à l'époque de la prospérité…

Cette « diplomatie du dollar » est celle d'une économie dominante renforcée au cours des années de la « prospérité ». Les États-Unis sont devenus créanciers de l'Europe. Ils détiennent en 1918 la moitié du stock d'or monétaire mondial et 60 % en 1929 : à la conférence de Gênes en 1922, le dollar acquiert une place nouvelle à côté de la livre sterling dans un nouveau système monétaire. Leurs productions industrielles et leurs exportations s'accroissent considérablement, par exemple celles de l'industrie automobile grâce au succès de la célèbre Ford T. Les méthodes d'organisation du travail et de management de leurs entreprises améliorent une productivité très supérieure à celle de leurs concurrents ; elles sont étudiées, reproduites et parfois critiquées dans les autres pays industriels. De même, l'influence de la société de consommation et de la culture de masse commence à s'exercer : le ***soft power*** (voir l'encadré p. 122) apparaît au cours de ces années et diffuse le rêve américain dans le reste du monde.

d. … et de la crise

La crise économique de 1929, née aux États-Unis, a des conséquences dans le monde entier du fait du rapatriement des capitaux américains (notamment d'Allemagne), de la baisse des importations et de la dévaluation du dollar. Les États-Unis entendent conduire leur politique anticrise de relance intérieure, le **New Deal**, sans aucune coopération avec les autres puissances, et ils se retirent de la conférence économique de Londres en juin 1933.

3. Un lent engagement dans la Seconde Guerre mondiale

a. Les États-Unis affirment leur neutralité…

Alors qu'en Asie et en Europe, les crises internationales et les politiques d'agression des pays fascistes se multiplient, le Congrès vote à plusieurs reprises (1935-1937) des « lois de neutralité » interdisant la vente d'armes à un pays en guerre. Quand la guerre éclate en Asie en 1937, puis en Europe en septembre 1939, les États-Unis réaffirment leur neutralité. Toutefois, à la demande du président Franklin D. Roosevelt, la loi « cash and carry » autorise les belligérants à acheter sur le marché américain, à condition de payer comptant et de transporter eux-mêmes leurs marchandises. Cette mesure favorise, de fait, la Grande-Bretagne et la France du moins jusqu'à la défaite de celle-ci en juin 1940.

b. ... mais se préparent à la guerre...

- Tout en conservant officiellement leur neutralité, les États-Unis se lancent dès 1940 dans une vaste politique de réarmement et rétablissent le service militaire. Ils fournissent une aide à la Grande-Bretagne qui se concrétise par l'adoption, en mars 1941, de la loi « prêt-bail », permettant de vendre ou de prêter du matériel militaire à un pays dont la défense est jugée vitale pour la sécurité des États-Unis.
- Roosevelt, comme l'avait fait Wilson avec les 14 points, prépare l'opinion américaine à une intervention de leur pays au nom de la liberté : dans son message au Congrès du 6 janvier 1941, connu sous le nom de « discours des quatre libertés », il met l'accent sur les valeurs américaines qui doivent être défendues et diffusées dans le monde. Avec Churchill, il adopte la **charte de l'Atlantique**, simple déclaration d'intention mais qui traduit l'engagement idéologique des deux pays en faveur du droit des nations, de la liberté et de la paix contre la tyrannie nazie et définit les buts de guerre – alors même que les États-Unis sont encore en paix.
- Enfin, inquiets de l'expansionnisme du Japon en Asie, les États-Unis adoptent des sanctions économiques à son encontre.

c. ... dans laquelle ils entrent en décembre 1941

L'agression japonaise, avec l'attaque de Pearl Harbor le 7 décembre 1941, fait entrer les États-Unis dans la guerre, à la fois contre le Japon et contre l'Allemagne, et les conduit dès lors à jouer un rôle décisif dans le monde.

II. L'exercice des responsabilités mondiales (1941-1991)

1. Un rôle décisif dans la guerre et l'après-guerre (1941-1947)

a. Les États-Unis dans la Seconde Guerre mondiale

- Dès l'entrée en guerre de son pays, Roosevelt met en avant le caractère mondial et total de ce conflit et assigne aux États-Unis un rôle majeur : « Nous devons faire face à la grande tâche qui est devant nous en abandonnant immédiatement et pour toujours l'illusion que nous pourrions jamais nous isoler à nouveau du reste de l'humanité. » (discours au Congrès, 8 décembre 1941). Le 6 janvier 1942, il précise le sens de cette lutte et la croyance en la supériorité du modèle politique libéral américain conférant aux États-Unis la mission de combattre « un monde de tyrannie, d'esclavage et de cruauté ».
- Dans cette guerre, les Etats-Unis jouent un **rôle militaire majeur** grâce à une mobilisation économique et humaine créant une économie de guerre performante appuyée sur des progrès technologiques et scientifiques : c'est le Victory Program, mis en place dès janvier 1942. Les États-Unis deviennent l'« arsenal des démocraties », fournissant à leurs alliés, y compris l'URSS, une aide essentielle en matériels militaires.
- Ils apportent une contribution décisive dans la libération de l'Europe et la défaite de l'Allemagne (débarquements d'Afrique du Nord, d'Italie, de Normandie et de Provence) et du Japon (reconquête des territoires continentaux et insulaires de l'empire japonais jusqu'à l'utilisation des bombes atomiques de Hiroshima et Nagasaki).

b. Une superpuissance au lendemain de la guerre

- Les États-Unis sont les **grands vainqueurs de la Seconde Guerre mondiale**, disposant seuls de l'arme nucléaire. Ils sont le seul grand pays dont la richesse et les productions se sont accrues pendant la guerre alors que le monde entier est ruiné. Leur territoire n'a pas été touché et leurs pertes humaines (300 000 morts) sont faibles par rapport à celles des autres pays.
- Leur **rôle diplomatique de grande puissance** se confirme aux conférences interalliées de Téhéran (octobre 1943), Yalta (février 1945) et Potsdam (juillet-août 1945) qui traitent de la fin de la guerre et de la réorganisation du monde (le « partage du monde » souvent évoqué à propos de Yalta). Leur rôle de premier plan dans les projets de reconstruction des relations économiques et financières apparaît à la conférence de Bretton Woods en 1944, où le FMI* et la Banque mondiale sont créés et où le dollar se voit reconnaître sa primauté dans le nouveau système monétaire. Ils sont à l'initiative de la création du GATT*, qui prône le libéralisme commercial dans une période où les États-Unis sont pratiquement le seul pays capable d'exporter. Par ailleurs, comme Wilson pour la création de la SDN, Roosevelt a jeté ses dernières forces (il meurt en avril 1945) pour faire naître l'ONU, fondée à San Francisco en juin 1945.
- Les États-Unis ont, au lendemain de la guerre, un poids écrasant dans tous les domaines. Ils vont dès lors assumer leurs responsabilités de grande puissance face à l'autre « grand », l'URSS, dans une confrontation appelée guerre froide.

2. Les États-Unis, leaders du monde libre et modèle idéologique dominant (1947-1965)

a. La politique du *containment* : « endiguer » le communisme

- Les grands principes de la nouvelle politique extérieure sont énoncés par le président Harry Truman devant le Congrès en mars 1947, alors que les tensions avec l'URSS se sont multipliées depuis la fin de la guerre : la **doctrine Truman** annonce l'engagement des États-Unis dans la défense du « monde libre », l'endiguement* du communisme et la lutte contre le nouveau totalitarisme de l'URSS. Les États-Unis renoncent définitivement à leur isolationnisme.
- La mise en œuvre de cette politique se réalise avec l'aide économique et financière proposée aux pays d'Europe souhaitant « rester libres » : c'est le **plan Marshall**, en juin 1947. Il permet également aux États-Unis de rétablir les relations économiques avec leurs partenaires en bénéficiant d'une position dominante.

b. Un rôle prépondérant dans les conflits de la guerre froide

- Les États-Unis constituent un bloc qu'ils vont diriger en créant une **alliance politique et militaire** – une première en temps de paix : le pacte de l'Atlantique (avril 1949), complété par son organisation militaire, l'OTAN, place l'Europe occidentale sous la protection militaire des États-Unis. Une « pactomanie » leur permet d'installer des bases militaires dans le monde entier (Japon, Taïwan, Corée du Sud, Moyen-Orient…).
- Ils interviennent de façon décisive pour défendre leur camp dans les premières crises de la guerre froide : à Berlin en 1948-1949, pour briser le blocus de la ville mis en place par les Soviétiques ; dans la guerre de Corée en 1950-1953, où ils interviennent au nom de l'ONU ; lors de la crise de Cuba en octobre 1962, où Kennedy, après dix jours de tension extrême, fait céder Khrouchtchev en obtenant le retrait des fusées soviétiques.

- La **CIA**, créée en 1947, mène également ses propres interventions pour renverser des gouvernements jugés hostiles aux intérêts, économiques notamment, des États-Unis et de leurs firmes (Guatemala, Iran).

La doctrine Truman

- Deux ans après la fin de la Seconde Guerre mondiale, la Grande Alliance contre l'Allemagne nazie est rompue. La méfiance entre Occidentaux et Soviétiques a cédé la place à la crainte de l'autre et à une opposition dans tous les domaines : c'est ce que l'on qualifie, dès ce moment, de guerre froide.

- Les principes de politique étrangère, déjà énoncés en 1946 par l'ancien Premier Ministre britannique Winston Churchill dans son « discours de Fulton », sont solennellement définis par le président Truman dans son discours devant le Congrès le 12 mars 1947 : face à la soviétisation brutale des pays d'Europe centrale et orientale et à la menace supposée d'extension du communisme à d'autres pays affaiblis par la guerre, les États-Unis se placent en leaders d'un « monde libre », caractérisé par ses institutions démocratiques et le respect des libertés fondamentales, et en opposants du nouveau totalitarisme qui s'appuie sur la terreur et l'oppression. L'enjeu idéologique de cette « guerre » est ainsi nettement affirmé : défendre le monde libre, endiguer le communisme.

- Les États-Unis entendent utiliser leur puissance économique pour apporter un soutien aux pays d'Europe. Ce sera le plan Marshall, lancé en juin de la même année. Ils en attendent en retour la stabilité économique, nécessaire à leurs entreprises, exportations et investissements à l'étranger, et une stabilité politique, menacée à leurs yeux par la misère qui ferait le jeu du communisme : cette conjonction dans leur politique extérieure d'idéalisme et de réalisme se retrouve tout au long du XXIe siècle.

- Ce discours marque donc réellement « un tournant décisif de la politique extérieure américaine », comme le dit lui-même Truman dans ses *Mémoires*.

c. Une puissance hégémonique

La puissance états-unienne est sans égale au début des années 1960 dans **les domaines économique et financier** : productions agricole et industrielle, innovations technologiques, commerce extérieur bénéficiaire, poids des multinationales américaines qui s'implantent aussi bien dans les pays du Sud que dans ceux du Nord, dollar comme seule monnaie d'échange et de réserve. Les États-Unis exercent également leur puissance dans le **domaine idéologique et culturel** : attrait et diffusion du modèle américain, vertus du capitalisme libéral, reprise d'une immigration de masse incluant le « brain-drain* », renommée de *l'american way of life* répandu par la publicité, la musique et le cinéma…

3. Difficultés, contestations et retour en force de la puissance américaine (1965-1991)

a. Le déclin des États-Unis ?

- Sur le plan économique s'exerce progressivement la **concurrence des autres pays capitalistes** lancés dans les Trente Glorieuses*, et dont la croissance est plus forte que celle des États-Unis. En 1971, la décision du président Richard Nixon de rendre inconvertible le dollar, suivie de sa dévaluation – décision unilatérale qui met fin au système monétaire international né à Bretton Woods – est concomitante du premier déficit commercial (qui ne fera par la suite que s'amplifier jusqu'à aujourd'hui). Le thème du déclin américain apparaît alors à la fin des années 1970.

- La société américaine témoigne des **limites du modèle**, avec l'ampleur de la pauvreté, des inégalités et la situation persistante de la ségrégation raciale. Celle-ci est contestée pacifiquement ou plus violemment par les mouvements en faveur des droits civiques.
- Dans le domaine des institutions, **le scandale du Watergate**, qui aboutit en 1974 à la démission de Nixon, entraîne une défiance de l'opinion vis-à-vis des institutions et des autorités du pays.
- À l'étranger, le soutien à certaines dictatures (et parfois même leur mise en place) au nom de la lutte contre le communisme, notamment en Amérique latine, et les méthodes utilisées dans la guerre du Vietnam, atteignent profondément l'image des États-Unis, autant dans l'opinion du pays qu'à l'étranger. De plus, leur politique se solde parfois par des échecs (défaite au Vietnam) et des reculs (perte de leur allié iranien en 1979).

Le *soft power*

- Le concept de « soft power » a été inventé en 1990 par Joseph Nye, politologue et professeur à Harvard qui fut secrétaire adjoint à la Défense sous la présidence de Clinton. Il désigne le pouvoir de conviction et de séduction exercé par les États-Unis sur le reste du monde, leur permettant de diffuser leur mode de vie et leurs valeurs, d'exercer ainsi leur influence dans les domaines culturel et idéologique.
- Le *soft power* inclut de nombreux moyens favorisant le rayonnement des États-Unis : la langue anglo-américaine devenue langue internationale, l'attraction du pays de la liberté pour de nombreux émigrants, le prestige de sa culture (littérature, art contemporain, recherche scientifique…) ; et, surtout, la diffusion d'une culture de masse devenue universelle avec la musique populaire (jazz, rock), les films et les séries télévisées de Hollywood, les phénomènes de mode. Il s'appuie sur de puissantes firmes connues dans le monde entier dont un exemple emblématique est Coca Cola.
- Dans les années 1950 et jusqu'à nos jours, de nombreux artistes américains ont symbolisé ce pouvoir de séduction des États-Unis dans le monde : Marilyn Monroe (1926-1962) est certainement celle qui l'incarne le mieux.

DOC. 2 Marilyn Monroe (1926-1962). Modèle, actrice, chanteuse, elle reste une icône féminine dont la carrière, mais aussi la vie privée et le décès, ont forgé un mythe toujours fascinant.

b. Une influence mondiale toujours considérable

- Le rôle des États-Unis dans les affaires du monde reste malgré tout prépondérant. Les théories et politiques néolibérales inspirées par l'« école de Chicago » de l'économiste Milton Friedman s'imposent dans le cadre de la nouvelle phase de mondialisation, témoignant de la capacité renouvelée des États-Unis à étendre leur modèle au reste du monde.
- Le président Ronald Reagan, qui annonce « America is back » en 1980, développe une politique de réarmement avec le déploiement des euromissiles et l'annonce du programme d'Initiative de défense stratégique (surnommée « **guerre des étoiles** »). Il apporte une aide militaire aux luttes anticommunistes au Nicaragua ou en Afghanistan : c'est le combat contre l'« Empire du mal », l'époque de la « guerre fraîche ».
- L'URSS, à bout de souffle, s'engage dans une politique de réformes intérieures avec Mikhaïl Gorbatchev, de désarmement négocié avec les États-Unis et de retrait de ses forces basées à l'étranger. Cette politique ne peut empêcher la **disparition du bloc soviétique en 1989**, symbolisée par l'ouverture du mur de Berlin et, finalement, de l'URSS elle-même en 1991. Les États-Unis sortent vainqueurs de la guerre froide et deviennent l'**hyperpuissance*** mondiale.

III. Une hyperpuissance contestée depuis la fin de la guerre froide

1. Les États-Unis et la construction d'un « nouvel ordre mondial »

a. Seule puissance mondiale ?

- Les États-Unis sortent vainqueurs de la guerre froide après la disparition de l'URSS et du bloc soviétique. L'extension de la démocratie et du capitalisme* sur le modèle américain semble annoncer la domination sans partage de l'**hyperpuissance** américaine.
- Après l'invasion du Koweït par l'Irak, les États-Unis prennent la tête d'une coalition au nom de l'ONU et du droit international : c'est la guerre du Golfe (1990-1991). Les motivations sont aussi celle de la défense de leurs intérêts, importants dans cette région stratégique du Moyen-Orient : idéalisme et réalisme se conjuguent à nouveau dans leur politique extérieure.
- Les États-Unis poursuivent le dialogue avec la Russie pour la réduction de leurs arsenaux nucléaires, tout en conservant en permanence leur puissance militaire hégémonique.
- Avec le président Clinton, les États-Unis jouent un rôle majeur dans la résolution, au moins temporaire, de certains conflits : au Proche-Orient avec la signature des « accords d'Oslo » entre Israéliens et Palestiniens en 1993 ; dans les guerres des Balkans, où l'ONU impuissante laisse la place aux États-Unis et à leur bras armé, l'OTAN, pour imposer des accords de paix en Bosnie en 1995 et au Kosovo en 1999.

b. Des faiblesses nouvelles

- Les accords conclus, notamment au Proche-Orient, restent très fragiles, et la fin du deuxième mandat du président Clinton marque un échec dans la relance du « processus de paix », toujours en panne en 2015. Par ailleurs, les États-Unis sont peu impliqués dans les nombreux conflits en Afrique ; ils subissent même l'humiliation d'un retrait rapide de leurs forces en Somalie, où leur intervention en 1992-1993, à la demande de l'ONU et sous les prémices du « droit d'ingérence humanitaire », tourne au cauchemar pour leurs soldats.

- Enfin, dans les années 1990, malgré l'exceptionnelle croissance de leur économie (entraînée par les nouvelles technologies) et leur rôle déterminant dans la création du grand marché nord-américain, l'ALENA*, la montée en puissance des pays émergents*, et en particulier de la Chine, laisse apparaître **de nouvelles concurrences** et une redistribution de la puissance dans un monde devenu multipolaire.

La politique d'*enlargment* du président Clinton

L'entretien accordé en 1997 par le président Clinton à la revue française *Limes* résume clairement le rôle de leader mondial exercé et revendiqué par les États-Unis : au nom de leurs valeurs et de leurs idéaux, mais aussi pour la défense de leurs intérêts, Clinton réaffirme ce que tous les présidents des États-Unis ont exprimé depuis Wilson en 1918 : en raison de leur puissance et de ce qu'ils considèrent comme leur mission, les États-Unis ont le devoir de garantir la paix dans le monde, y compris par des interventions militaires. Par ailleurs, Clinton rappelle cette correspondance totale qui existe pour lui - et pour une grande majorité d'Américains - entre démocratie libérale, libre-échange commercial et maintien de la paix. Le modèle américain doit s'étendre au reste de la planète : c'est ce qu'il appelle la politique d'*enlargment*.

« Nous ne sommes pas et nous ne pouvons pas être le gendarme du monde. Mais là où nos intérêts et nos idéaux le demandent, nous agirons et, si c'est nécessaire, nous assumerons le rôle de leader. [...] Nous sommes décidés, en particulier, à favoriser le flot montant de la démocratie et du libre marché sur tous les continents. Ceci est le reflet non seulement de nos idéaux, mais aussi de nos intérêts. Si un pays est démocratique, les probabilités qu'il engage une guerre contre un autre pays ou bien qu'il commette des abus envers des droits de son peuple diminuent. Et les probabilités qu'il soit un bon partenaire commercial et qu'il collabore avec nous pour combattre les nouvelles menaces que les démocraties doivent ensemble affronter (les États hors-la-loi, le terrorisme, la criminalité internationale et le trafic de la drogue) augmentent. »

■ Revue *Limes* (n° 1, 1997), DR

2. Une puissance toujours dominante mais davantage contestée

a. Une politique unilatérale* dans la guerre contre le terrorisme

- Le choc du 11 septembre 2001 – les attentats terroristes menés sur le sol américain contre les symboles de la puissance économique, militaire et politique des États-Unis – modifie la politique extérieure du pays.

- La priorité du président George W. Bush devient la lutte contre le terrorisme avec l'intervention en Afghanistan (acceptée par l'ONU), puis l'invasion sans mandat de l'Irak en 2003 dans le cadre de la guerre préventive, en application de la théorie des néoconservateurs* au pouvoir à Washington décidés à combattre les « États voyous » (Rogue States) qui forment « l'axe du mal ». Les États-Unis reviennent à une politique unilatérale qui s'applique également à d'autres domaines, par exemple avec le refus de ratifier le protocole de Kyoto de 1997 sur la lutte contre le réchauffement climatique ou le traité de Rome en 1998, créateur de la Cour pénale internationale. L'image des

États-Unis dans le monde se dégrade fortement, d'autant que l'usage de la torture dans les prisons d'Irak, de Guantanamo et d'ailleurs devient un fait avéré, reconnu officiellement par Barak Obama en août 2014.

b. Une nouvelle politique étrangère avec le président Obama ?

- Le président Obama affirme son multilatéralisme*, décide le retrait des troupes américaines d'Irak et d'Afghanistan (en 2014 pour ces dernières) ; mais il confirme la position de tous ses prédécesseurs depuis 1918 : « maintenir le leadership mondial des États-Unis » grâce à leur domination militaire (la moitié de toutes les dépenses du monde dans ce domaine), technologique et culturelle. Cette politique, destinée à restaurer une image dans le monde fortement dégradée, est baptisée « smart power » suivant la formule utilisée par Hilary Clinton, secrétaire d'État d'Obama lors de son premier mandat.

- Après la crise financière puis économique née aux États-Unis, et malgré l'ampleur des déficits, le pays retrouve les chemins de la croissance – à la différence de l'Europe ou du Japon – et s'affirme plus que jamais comme une superpuissance aux atouts inégalés, le « premier empire global ». Cette position exceptionnelle n'exclut pas l'incapacité des États-Unis à agir dans certains conflits (Proche-Orient, Ukraine…) ni les critiques et les contestations de nombreux États à leur encontre : ils doivent compter avec les autres puissances émergentes.

REPÈRES

Dates clés

Janvier 1918	« 14 points » du président Wilson
Novembre 1918	Armistice de la Première Guerre mondiale
Mars 1920	Rejet du traité de Versailles par le Sénat américain
1935	Première loi de neutralité
Décembre 1941	Attaque japonaise contre Pearl Harbor
Janvier 1942	Roosevelt lance le *Victory Program*
Juin 1944	Débarquement allié
Février 1945	Conférence de Yalta
Mai 1945	Capitulation allemande
Juillet-août 1945	Conférence de Potsdam

Août 1945	Bombardements atomiques d'Hiroshima et Nagasaki
12 mars 1947	Doctrine Truman
1947	Création du GATT
1949	Création de l'OTAN
1962	Crise de Cuba
1960-1973	Guerre du Vietnam
1991	Guerre du Golfe
Septembre 2001	Attentats islamistes à New York et à Washington
Octobre 2001	Invasion de l'Afghanistan
Mars 2003	Invasion de l'Irak

Données clés

Les présidents américains (1913-2016)

Années d'exercice	Président
1913-1920	Wilson
1921-1924	Harding
1925-1928	Coolidge
1929-1932	Hoover
1933-1945	Roosevelt
1945-1952	Truman

Années d'exercice	Président
1953-1960	Eisenhower
1961-1963	Kennedy
1963-1968	Johnson
1969-1974	Nixon
1974-1976	Ford
1977-1980	Carter

Années d'exercice	Président
1981-1988	Reagan
1989-1992	Bush
1993-2000	Clinton
2001-2008	G. W. Bush
2009-2016	Obama

Les présidents démocrates sont en bleu, les présidents républicains en rouge.

Le rôle des présidents en politique étrangère

Même si le Congrès dispose de réels pouvoirs en matière de politique étrangère, le président des États-Unis joue un rôle prédominant pour définir et mettre en œuvre cette politique : il est le chef de l'État négociant les traités avec les autres pays, le chef des armées pouvant lancer des opérations militaires et signer la paix ; il est aussi le chef du gouvernement nommant les responsables (par exemple de la diplomatie et des services de renseignement). En raison de l'implication croissante des États-Unis dans le monde au XXe siècle, les pouvoirs des présidents se sont fortement accrus : on parle de « présidence impériale ».

Citations

F. D. Roosevelt

Nous combattons aujourd'hui pour la sécurité, le progrès et la paix, non seulement pour nous-mêmes, mais pour tous les hommes, non seulement pour une génération, mais pour toutes les générations. Nous combattons pour débarrasser le monde du mal. [...] Seule une victoire totale peut récompenser les champions de la tolérance, de la liberté et de la foi.

■ Discours du 6 janvier 1942 lançant le Victory Program

H. Truman

Les États-Unis doivent soutenir les peuples libres qui résistent à des tentatives d'asservissement par des minorités armées ou des pressions venues de l'extérieur. Nous devons aider les peuples libres à forger leur destin de leurs propres mains.

■ *Mémoires*, 1955-1956

Bill Clinton

Les États-Unis sont une puissance mondiale et ils ont des intérêts dans toutes les régions de la terre. Les États-Unis devront être actifs dans chaque aire qui se dessine aujourd'hui, pour contribuer à maintenir la paix et la stabilité et pour promouvoir la démocratie.

■ Entretien, *Limes*, n° 1, 1997, DR

D. Lacorne

Désormais sans rivale, l'Amérique fait figure de « premier empire global », authentique « empire du milieu » autour duquel le monde gravite comme une roue tourne autour d'un moyeu.

■ *Les États-Unis*, sous la direction de D. Lacorne, Fayard-CERI, 2006

Bibliographie

• « L'Empire américain, du big stick au soft power », *Les Collections de l'Histoire* » n° 56, 2012
• BOURGUIGNON N., *Histoire des États-Unis de 1860 à nos jours*, Paris, A. Colin, 2006
• LEFEBVRE M., *La Politique étrangère des États-Unis*, PUF, collection Que sais-je ?, 2004
• NOUAILHAT Y. H., *Les États-Unis et le monde de 1898 à nos jours*, Paris, A. Colin, 2003

Filmographie

• CAPRA F., *Pourquoi nous combattons*, 1942-1945
• KUBRICK S., *Docteur Folamour*, 1964
• CIMINO M., *Voyage au bout de l'enfer*, 1978
• BIGELOW K., *Zero dark thirty*, 2013

1 Étude critique d'un document – Les « 14 points » du président W. Wilson

Vous expliquerez ce que ce document apporte à la compréhension du rôle nouveau des États-Unis dans le monde et montrerez de façon critique la portée du texte sur l'établissement de la paix.

Ce sujet ne peut être proposé qu'aux terminales L et ES.

> Voir la méthode générale d'une étude critique de document en annexe (p. 518).
> Voir les sujets 1 du chapitre 4, 1 du chapitre 5, 1 du chapitre 6.

DOC. Discours du président W. Wilson.

Ce discours est connu sous le nom des « 14 points », tenu le 8 janvier 1918 devant le Congrès américain.

« Nous sommes entrés dans la guerre parce que des violations du droit avaient été commises, violations qui nous concernaient profondément et rendaient impossible la vie de nos propres concitoyens tant qu'elles n'étaient pas réprimandées et que le monde n'était pas protégé définitivement de leur réapparition. Ce que nous demandons dans cette guerre, dès lors, n'est rien qui nous soit propre. Ce que nous voulons, c'est que le monde devienne un lieu où tous puissent vivre en sécurité, [un lieu sûr] pour toute nation qui désire vivre sa propre vie en toute liberté, décider de ses propres institutions, et être assurée que les autres nations la traitent en toute justice et loyauté, au lieu de se voir exposée à la violence et aux agressions égoïstes de jadis. Tous les peuples du monde sont en fait partenaires dans cet intérêt et en ce qui nous concerne, nous voyons très clairement que tant que justice n'est pas faite aux autres, elle ne nous sera pas faite. Le programme pour la paix mondiale, dès lors, est notre programme : et ce programme, le seul programme possible, tel que nous le voyons, est le suivant :

I. Alliances pour la paix ouvertes à tous, réalisées publiquement, qui ne seront suivies d'aucun arrangement international privé quelconque mais la diplomatie procédera toujours franchement et dans le respect de l'opinion publique.

II. Absolue liberté de navigation sur les mers, hors des eaux territoriales, en temps de paix comme en temps de guerre, sauf si les mers sont fermées, complètement ou en partie, par une action internationale pour la mise en application d'alliances internationales.

III. Suppression, dans la mesure du possible, de toutes les barrières économiques et établissement d'une égalité des conditions commerciales entre toutes les nations consentant à la paix et s'associant pour son maintien.

IV. Échanges de garanties convenables selon lesquelles les armements nationaux seront réduits jusqu'au niveau le plus bas en accord avec la sécurité nationale.

V. Ajustement libre, sans préjugés et absolument impartial de toutes les revendications coloniales, basé sur une observation stricte du principe selon lequel, en déterminant toutes ces questions de souveraineté, les intérêts des populations concernées doivent peser autant que les revendications justes du gouvernement dont les compétences sont à déterminer.

VI. Évacuation de tous les territoires russes et règlement de toutes questions concernant la Russie en vue d'assurer la meilleure et la plus libre coopération de toutes les autres nations pour accorder à la Russie toute latitude, sans entrave ni obstacle, de décider en toute indépendance de son développement politique et de son organisation nationale, et pour lui assurer un accueil sincère dans la société des nations libres, sous les institutions qu'elle aura elle-même choisies et, plus qu'un simple accueil, toute aide dont elle aurait besoin et qu'elle désirerait recevoir.
Le traitement accordé à la Russie par ses nations sœurs dans les mois à venir constituera l'épreuve décisive de leur bonne volonté, de leur aptitude à comprendre ses besoins, indépendamment de leurs propres intérêts, et de leur sympathie intelligente et désintéressée.
VII. La Belgique, tout le monde en conviendra, doit être évacuée et rétablie, sans aucune tentative de limiter la souveraineté dont elle jouit en même temps que toutes les autres nations libres. Aucun acte, plus que celui-ci, ne sera en mesure de rétablir la confiance au sein des nations sous les lois qu'elles ont établies elles-mêmes et déterminées pour gérer leurs relations avec les autres nations. Sans cet acte salvateur, l'entière structure et la validité du droit international seront pour toujours incomplètes.
VIII. Tout le territoire français devrait être libéré et les parties envahies restituées, et l'injustice faite à la France par la Prusse en 1871 en ce qui concerne l'Alsace-Lorraine, qui a déstabilisé la paix mondiale pendant près de cinquante ans, devrait être réparée afin que la paix puisse encore une fois être assurée dans l'intérêt de tous.
IX. Un réajustement des frontières de l'Italie devrait être effectué selon des lignes clairement reconnaissables de nationalité.
X. Les peuples d'Autriche-Hongrie, dont nous souhaitons que la place parmi les nations soit sauvegardée et assurée, devraient se voir accorder l'occasion la plus libre d'un développement autonome.
XI. La Roumanie, la Serbie et le Monténégro devraient être évacués ; les territoires occupés restitués ; la Serbie se voir accorder un accès libre et sûr à la mer ; et les relations mutuelles entre les différents États des Balkans déterminées par une consultation amicale le long des lignes d'allégeance et de nationalité établies par l'Histoire ; et des garanties internationales de l'indépendance politique et économique et de l'intégrité territoriale des différents États des Balkans devraient être recherchées.
XII. Les parties turques de l'actuel Empire ottoman devraient avoir la garantie d'une souveraineté sûre, mais les autres nationalités qui sont maintenant sous l'autorité turque devraient se voir garantir de manière incontestable la sécurité de leur existence et l'entière possibilité d'un développement autonome ; et les Dardanelles devraient être ouvertes en permanence, en tant que couloir libre pour les bateaux et le commerce de toutes les nations, sous des garanties internationales.
XIII. Un État polonais indépendant devrait être établi, lequel devrait inclure les territoires habités par des populations incontestablement polonaises, qui devraient avoir la garantie d'un accès libre et sûr à la mer, et dont l'indépendance politique et économique et l'intégrité territoriale devraient être garanties par une convention internationale.
XIV. Une association générale des nations doit être formée sous des conventions spécifiques en vue de créer les garanties mutuelles de l'indépendance politique et de l'intégrité territoriale des États grands et petits. »

■ *Les 100 discours qui ont marqué le xxe siècle*, sous la dir. de H. Broquet, C. Lanneau et S. Petermann, André Versaille éditeur, 2008.

Analyse du sujet

> Identifier/présenter le document

Ce texte est un document-source, public, un texte politique officiel : c'est le message du président des États-Unis, Woodrow Wilson, réélu en 1916, s'adressant au Congrès, c'est-à-dire aux parlementaires des deux Chambres (Chambre des représentants et Sénat).

Ce discours du 8 janvier 1918 confirme l'engagement dans la guerre des États-Unis, qui, après avoir maintenu leur neutralité depuis 1914, ont décidé en avril 1917 d'apporter leur aide économique et militaire aux pays de l'Entente. Wilson énonce les principes de son programme pour la paix future et s'adresse, au-delà du Congrès de son pays, aux gouvernements et aux opinions publiques des pays en guerre, du côté de l'Entente comme en direction de l'Allemagne.

> Mobiliser et organiser ses idées

Ce texte est le témoignage du rôle nouveau que les États-Unis, à travers leur président, entendent exercer dans le monde en intervenant directement dans les relations internationales et en essayant d'y faire prévaloir leurs vues : c'est une rupture avec la politique isolationniste revendiquée auparavant. Wilson avance par ailleurs des idées nouvelles dans le domaine des relations internationales.

Quel est le programme de Wilson pour la paix future, quelle conception des relations internationales met-il en avant ?

Trois thèmes principaux peuvent être dégagés pour l'explication de ce texte : ❶ Wilson préconise le droit des peuples, le principe des nationalités dans la réorganisation des États européens ; ❷ il avance des principes généraux pour maintenir la paix dans l'avenir ; ❸ il souhaite bâtir une nouvelle organisation des relations internationales.

> Relever les limites du document

Malgré sa portée générale, ce document exprime aussi et surtout les idées du président Wilson, porteur d'un idéalisme universel, mais également défenseur des intérêts de son pays.

- Ainsi, les articles II et III, en revendiquant une liberté totale de navigation maritime et la suppression des barrières économiques et douanières, servent la cause des États-Unis : devenus première puissance économique, ils souhaitent pouvoir exporter librement leurs productions dans le monde. Cette revendication de libre-échange est une constante de la politique américaine depuis lors, quitte d'ailleurs à ne pas la respecter eux-mêmes en maintenant des droits de douane élevés (et même renforcés entre les deux guerres mondiales).

- L'article V, qui préconise une discussion sur les questions coloniales entre métropoles et colonies, se rattache à l'idéologie anticolonialiste présente aux États-Unis depuis leur propre guerre d'indépendance contre l'Angleterre ; mais il traduit également la volonté de développer des relations économiques fructueuses avec les marchés coloniaux jusque-là fermés pour leurs entreprises : c'est la revendication de « la porte ouverte » déjà avancée par les États-Unis pour le marché chinois à la fin du XIXe siècle.

Par ailleurs, ce document, en ne présentant que les propositions de Wilson, ne nous informe pas sur la façon dont il est reçu en Europe et si les idées de Wilson vont ou non être acceptées : cette analyse sera conduite dans la conclusion.

Bâtir le plan de l'étude de document

Les trois thèmes du document identifiés précédemment structurent le plan et répondent aux deux parties de la consigne (montrer le « rôle nouveau des États-Unis dans le monde » et « la portée du texte sur l'établissement de la paix »).

I. Affirmer le droit des nationalités pour réorganiser les frontières des États en Europe, anticiper la disparition des empires multinationaux et la création de nouveaux États-nations.

II. Promouvoir des principes pour maintenir la paix : diplomatie ouverte, réduction des armements, liberté de navigation et de commerce.

III. Fonder une nouvelle organisation des relations internationales : sécurité collective, garanties internationales et société des nations.

Rédiger l'étude de document

> Rédiger les développements

- Il faut faire référence au texte tout en apportant les connaissances nécessaires à son explication.
– Ainsi, les articles V à XIII posent le principe des nationalités, le « droit des peuples à disposer d'eux-mêmes » suivant une formulation adoptée après la Seconde Guerre mondiale.
– Concernant l'Italie, mentionnée dans l'article IX, Wilson préconise un « réajustement des frontières [...] selon des lignes clairement reconnaissables de nationalité » : il s'oppose ici directement au traité secret conclu par la France pour entraîner l'Italie dans la guerre en lui promettant d'obtenir des territoires de l'Empire d'Autriche, pourtant non peuplés par des Italiens, mais revendiqués par les nationalistes de ce pays.

- Rédaction de la troisième partie du développement :

[III. Fonder une nouvelle organisation des relations internationales]

[1. Des relations internationales basées sur la sécurité collective]

Wilson préconise une véritable révolution des relations internationales fondées sur un système de discussions et de sécurité collective. De nombreux articles du texte font référence à cette aspiration du président américain : « action internationale tendant à faire appliquer des accords internationaux » (article II), « échange de garanties suffisantes » (article IV), « arrangement librement débattu » (article V), « règlement de toutes questions concernant la Russie qui assure la meilleure et la plus libre coopération de toutes les nations du monde » (article VI), « rendre aux nations leur confiance dans les lois qu'elles ont elles-mêmes établies et fixées, pour régir leurs relations réciproques » (article VII), agir « afin que la paix puisse de nouveau être assurée dans l'intérêt de tous » (article VIII), « garanties internationales d'indépendance politique, économique et d'intégrité territoriale » (article XI), « protection de garanties internationales » (article XII), « accord international » (article XIII). Dans cette nouvelle conception, les relations internationales ne devraient donc plus dépendre des rapports de force et des alliances entre puissances aboutissant à des équilibres instables et toujours remis en cause, en particulier par la guerre.

[2. Créer une société des nations]

Il s'agit de maintenir la paix par une entente de l'ensemble des nations, la création d'une communauté internationale garante de la sécurité de tous. C'est l'objectif final de Wilson dans l'article XIV : « Il faut qu'une société des nations soit constituée en vertu de conventions formelles ayant pour objet d'offrir des garanties mutuelles d'indépendance politique et d'intégrité territoriale aux petits comme aux grands États ». La sécurité de chaque nation doit être assurée collectivement, de façon multilatérale, par la création d'une organisation internationale : si l'idée d'une société des nations a déjà été avancée par le philosophe Kant à la fin du XVIIIe siècle, puis par l'homme politique Léon Bourgeois au début du XXe siècle (il obtiendra conjointement avec Wilson le prix Nobel de la paix en 1920), cette demande du président américain introduit une véritable révolution dans la conception des relations internationales. La Société des Nations (SDN) voit le jour avec le traité de Versailles et tentera de faire face aux rivalités nationales et aux guerres entre 1919 et 1939, mais elle ne parviendra pas à empêcher le déclenchement de la Seconde Guerre mondiale.

> Conclure une étude de documents

- Répondre tout d'abord à la première partie de la consigne (le rôle nouveau des États-Unis dans le monde).

L'ensemble du texte confirme le rôle international nouveau des États-Unis après leur entrée dans la guerre, marquant la première rupture avec la politique isolationniste antérieure issue de la doctrine Monroe* de 1823 (avant la deuxième rupture, décisive, de la Seconde Guerre mondiale). Les ambitions diplomatiques du président Wilson se révèlent dans ce document avec la volonté d'organiser les relations internationales sur les bases nouvelles du principe des nationalités et de la garantie de la paix par la sécurité collective. Wilson est d'ailleurs le premier président américain à s'être rendu en Europe.

- Répondre à la seconde partie de la consigne (la portée du texte sur l'établissement de la paix).

Certaines des propositions de Wilson vont servir de base aux négociations difficiles de la conférence de la paix en 1919, avec la disparition des grands empires multinationaux d'Europe et l'apparition d'États nouveaux en partie fondés sur le droit des nationalités (Pologne, Tchécoslovaquie, Yougoslavie). Par ailleurs, le projet de la création de la Société des Nations (SDN) est validé lors de la conférence.

- Élargir le sujet à la période qui suit.

Les vainqueurs, et notamment les Français emmenés par Clemenceau, refuseront d'appliquer certaines des idées de Wilson en imposant des conditions très dures à l'Allemagne, notamment sa reconnaissance de responsabilité dans le déclenchement de la guerre justifiant la demande de lourdes réparations. Surtout, le Congrès des États-Unis revient, avec le retour au pouvoir des républicains, à une attitude isolationniste : il refuse de ratifier le traité de Versailles et l'entrée de leur pays à la SDN. Enfin, les espoirs d'une paix durable dans le monde seront vite déçus pour laisser la place à la montée de nouveaux dangers conduisant à une deuxième guerre mondiale, encore plus meurtrière.

2 Composition

Les États-Unis, superpuissance mondiale de 1945 à 1991

> Voir la méthode générale d'une composition en annexe (p. 515).

> Voir les sujets 2 du chapitre 4, 2 du chapitre 5, 2 du chapitre 6.

Analyser le sujet

> Analyser les termes du sujet

Ce sujet de composition est formulé différemment de l'intitulé figurant dans le programme et correspond à la partie II du cours (p. 119). Il met l'accent sur le caractère

majeur de la puissance des États-Unis dans la seconde moitié du XXe siècle : ils sont devenus une « superpuissance », terme qui doit être au cœur de la réflexion tout au long du devoir, et cela dès l'introduction.
Les bornes chronologiques du sujet doivent être explicitées dès l'introduction : 1945 voit les États-Unis sortir vainqueurs de la guerre et prêts à exercer leurs responsabilités face à l'autre superpuissance ; 1991 constitue la fin de la guerre froide avec la disparition de l'URSS et du bloc communiste.

> Dégager la problématique d'un sujet

Cela consiste à reformuler le sujet sous la forme d'une question : comment les États-Unis s'imposent-ils comme puissance dominante et quel rôle exercent-ils dans le monde entre 1945 et 1991 ?

Bâtir et rédiger le plan de la composition

Comme pour la plupart des sujets portant sur une longue période, un plan chronologique est mieux adapté et plus simple à mettre en œuvre. Entre 1945 et 1991, il n'y a cependant pas de rupture nette ; le choix de la césure le plus pertinent est l'année 1962 qui correspond à un moment charnière dans la guerre froide : auparavant, les États-Unis ont organisé leur bloc de façon à faire face à leur adversaire communiste ; après 1962 et la crise des missiles à Cuba, ils exercent leur influence dans le monde malgré des difficultés, avant de sortir vainqueurs de la guerre froide.

> Plan détaillé

I. Les États-Unis, superpuissance à la tête du monde libre (1945-1962)

1. Une puissance hégémonique au lendemain de la guerre

a. Puissance de leurs productions, de leur monnaie, avance technologique
b. Puissance militaire avec le monopole de l'arme nucléaire et une présence sur tous les continents
c. Une puissance qui permet au président américain de jouer un rôle décisif dans la réorganisation du monde avec la création de l'ONU (qui s'installe à New York), les accords de Bretton Woods qui font du dollar la monnaie internationale et créent le FMI siégeant à Washington.

2. Le leader du monde libre

a. Face à l'URSS, Truman annonce sa politique d'endiguement et apporte aux pays d'Europe occidentale et au Japon l'aide nécessaire à leur reconstruction.
b. L'influence des États-Unis passe également par la diffusion de leur mode de vie et de leur culture.

3. Engagement dans la protection de leurs alliés

Par la signature de pactes militaires comme l'OTAN, l'installation de bases dans le monde entier et par leurs interventions dans les crises avec l'URSS à Berlin (1948-1949), en Corée (1950-1953) et à Cuba (1962).

Transition entre les deux parties du développement :

La crise de Cuba consacre la puissance états-unienne avec le recul de l'URSS, retire de l'île les fusées nucléaires qu'elle y avait installées. Elle marque en même temps l'entrée dans une nouvelle phase des relations internationales.

II. Les États-Unis, superpuissance contestée mais finalement victorieuse (1962-1991)

1. Une superpuissance fragilisée…

a. Au niveau économique, montée en puissance de concurrents (Europe occidentale et Japon). Les États-Unis connaissent leurs premiers déficits commerciaux depuis le début du siècle, ce qui conduit le président Nixon à rendre le dollar inconvertible en or avant de le dévaluer (1973).

b. Les faiblesses internes (ségrégation raciale et revendications des afro-américains, inégalités sociales et persistance de la pauvreté, scandale politique du Watergate) fragilisent la puissance et affectent l'image des États-Unis dans le monde.

c. Les échecs de politique étrangère : la guerre et la défaite au Vietnam (1973), la perte d'un allié essentiel, l'Iran (1979), l'implantation de régimes prosoviétiques en Afrique et en Amérique centrale (Nicaragua).

2. … mais toujours présente dans le monde grâce à de nombreux atouts

a. Capacité de négociation et d'influence grâce à leur puissance militaire :

– avec l'URSS : négociations sur la limitation des armements nucléaires à l'époque de la « détente » (SALT 1 en 1972) ; pression sur l'URSS en reconnaissant la République populaire de Chine ; reprise du réarmement avec le président Reagan (euromissiles et « guerre des étoiles ») qui conduit l'URSS à négocier les accords de désarmement et accélère son effondrement.

– dans d'autres régions du monde : présence active en Amérique latine, y compris en soutenant des régimes dictatoriaux ; influence au Proche-Orient amenant Égypte et Israël à signer la paix ; présence militaire toujours forte chez les nombreux alliés d'Asie comme le Japon ou la Corée du Sud ; aide aux résistants afghans luttant contre l'invasion soviétique.

b. Une économie mondiale tournant toujours autour des États-Unis (poids de Wall Street, des firmes transnationales américaines, du dollar) ; influence des idées et des politiques néolibérales.

c. Diffusion du mode de vie et de la culture américaine de masse renforcé par la faillite du contre-modèle communiste (exemple de la série des *Rambo* dans les années 1980 qui diffuse le combat idéologique des États-Unis en faveur des valeurs de liberté).

Rédiger la composition

> Introduire une composition

L'introduction d'une composition reprend les conseils précédents d'analyse du sujet, dans ses termes et ses limites temporelles, puis formule la problématique avant d'annoncer le plan.

En 1945, les États-Unis, sortis vainqueurs de la guerre, se déclarent prêts à assumer leurs responsabilités de grande puissance et à exercer une influence décisive dans le monde, aussi bien en Europe qu'en Asie. Dans la seconde moitié du XXe siècle, leur rôle est supérieur à celui des autres pays, notamment face aux puissances européennes en déclin, jouant pour cela de tous les instruments de la puissance (politique et militaire, économique et culturel). Ils exercent ainsi un rôle dominant dans les relations internationales, tout en devant faire face à la rivalité avec l'autre « superpuissance », l'URSS.

Si l'année 1945 marque l'émergence des États-Unis comme superpuissance mondiale, 1991 est un tournant avec la fin de la guerre froide, la disparition de l'URSS et du bloc communiste : c'est la victoire pour les États-Unis qui apparaissent comme l'« hyperpuissance » unique dans le monde. Comment les États-Unis s'imposent-ils comme puissance dominante et quel rôle exercent-ils dans le monde entre 1945 et 1991 ?

Dans un premier temps, entre 1945 et 1962, les États-Unis affirment leur rôle de leader du « monde libre » face à leur adversaire communiste. Après 1962 et la crise des missiles à Cuba, ils exercent leur influence dans le monde, malgré des limites, avant de sortir vainqueurs de la guerre froide en 1991.

> Conclure une composition

Répondre tout d'abord à la problématique.

Entre 1945 et 1991, les États-Unis sont une incontestable superpuissance. Ils sont présents et actifs dans le monde dans les domaines diplomatique et militaire, signant des traités avec leurs nombreux alliés, négociant avec leurs adversaires, s'engageant dans des conflits. Malgré certains déboires, ils sortent finalement vainqueurs de la guerre froide, de façon pacifique. Leur économie, bien que rattrapée par certains concurrents, reste la première du monde par le volume de leurs productions et de leurs exportations, par la place prépondérante de leur système financier, du dollar et de leurs entreprises, par les avancées technologiques et scientifiques. Les valeurs de leur modèle, malgré des défauts souvent dénoncés aux États-Unis même, sont diffusées dans le monde entier et l'attraction de l'« american way of life » est un atout de leur puissance.

Élargir le sujet à la période qui commence en 1991.

La puissance des États-Unis apparaît à son apogée en 1991. Désormais sans véritable rival, ils sont une « hyperpuissance » : ils peuvent conjuguer la défense de leurs intérêts, celle du droit international défini par l'ONU et la manifestation de leur supériorité militaire en prenant la tête d'une coalition contre l'Irak, agresseur du Koweït, lors de la guerre du Golfe (1991). Le président G.H. Bush parle alors de mettre en place un « nouvel ordre international ». Toutefois, très vite, les conflits renaissent dans un monde encore plus instable, dans lequel la place et les interventions des États-Unis sont contestées ou dénoncées. Leur supériorité économique, sans réellement disparaître, est dorénavant confrontée au dynamisme des pays émergents. Toujours seule puissance globale, les États-Unis et leurs présidents successifs doivent en permanence adapter leur politique étrangère en fonction des circonstances mouvantes du monde actuel, privilégiant dans leurs choix tantôt leur idéalisme universel, tantôt leurs intérêts de grande puissance.

SUJETS DE TYPE BAC

1 Étude critique d'un document – La puissance des États-Unis au début du XXIe siècle

60' (S)
90' (L, ES)

Vous expliquerez les manifestations de la puissance des États-Unis au début du XXIe siècle tout en indiquant les limites de cette carte pour répondre au sujet.

> Voir la méthode générale d'une étude critique de document en annexe (p. 518).

> Voir les méthodes et stratégies 1 du chapitre 4, 1 du chapitre 5, 1 du chapitre 6.

DOC. Les États-Unis, superpuissance mondiale au début du XXIe siècle ?

1. Un monde dominé par les États-Unis
- États-Unis
- Pays membres de l'OTAN
- Autres pays liés aux États-Unis par des accords militaires

2. Les moyens de la domination états-unienne
- Flottes de guerre états-uniennes
- Interventions militaires des États-Unis depuis 1991
- Pays occupés par l'armée états-unienne et ses alliés

3. Les remises en cause de la domination états-unienne: vers un monde multipolaire
- Pays possédant l'arme nucléaire
- Rivaux potentiels des États-Unis
- Pays désignés par les États-Unis comme « hostiles »
- Principales zones de crise (guerres civiles, conflits frontaliers)
- Principaux attentats attribués à Al-Qaida

2 Composition

120' (S)
150' (L, ES)

Les instruments de la puissance des États-Unis dans le monde depuis 1945

> Voir la méthode générale d'une composition en annexe (p. 515).

> Voir les méthodes et stratégies 2 du chapitre 4, 2 du chapitre 5, 2 du chapitre 6.

CORRIGÉS

1 Étude critique d'un document – La puissance des États-Unis au début du XXIe siècle

[Introduction]

Le document est une carte centrée sur le continent américain et présentant, avec sa légende organisée, la place des États-Unis dans le monde au début du XXIe siècle. Le titre de la carte comporte la notion centrale de « superpuissance », c'est-à-dire une puissance dans tous les domaines et influente dans le monde entier, une puissance pratiquement sans rivale, ce qui est le cas des États-Unis depuis la disparition de l'URSS en 1991. On peut toutefois se demander si la notion de superpuissance est encore pertinente pour qualifier les États-Unis au début du XXIe siècle : c'est d'ailleurs ce qu'invite à faire la forme interrogative du sujet. Le monde tend en effet à devenir multipolaire. Par ailleurs, les États-Unis sont confrontés à des oppositions et à des menaces au cœur même de leur puissance, comme l'ont dramatiquement démontré les attentats terroristes du 11 septembre 2001. Quelles sont les manifestations de la puissance des États-Unis au début du XXIe siècle ? Se résument-elles, comme tend à le démontrer la carte, à une domination stratégique et militaire au niveau mondial ?
Si la domination stratégique des États-Unis est patente, tant d'un point de vue militaire que diplomatique, leur puissance est désormais concurrencée et menacée sur plusieurs niveaux. Si la carte nous permet de démontrer ces affirmations, ce que nous ferons dans les deux premières parties, elle comporte néanmoins des limites importantes qui ne révèlent pas tous les aspects de la superpuissance américaine au XXIe siècle.

[I. Une domination stratégique : la puissance militaire et politique des États-Unis]

[1. Les alliances politiques des États-Unis : une stratégie mondiale]

Le thème principal du document cartographique est celui d'**un monde dominé par les États-Unis**. La première partie de la légende met l'accent sur les accords militaires conclus par les États-Unis avec d'autres pays ou régions du monde. L'OTAN, fondée en 1949 dans le cadre de la guerre froide et de l'endiguement (*containment*) du communisme, est une alliance politique et militaire entre les États-Unis et l'Europe occidentale. Après la disparition du bloc communiste, l'OTAN s'est élargie aux pays d'Europe orientale – encore inquiets aujourd'hui d'une éventuelle menace russe (après ses interventions en Géorgie et en Ukraine). Les États-Unis ont également signé des accords militaires bilatéraux avec de nombreux pays d'Asie (Japon depuis 1951, Corée du Sud, Philippines...), face à l'URSS au temps de la guerre froide et des guerres de Corée et du Vietnam, face à la Chine aujourd'hui. C'est enfin le cas avec plusieurs pays du Moyen-Orient où les intérêts américains sont particulièrement importants.

[2. Des implantations militaires dans le monde entier...

Les moyens de la domination états-unienne, présentés dans la deuxième partie de la légende, sont ceux de ses forces militaires dans le monde : bases en Europe, au Japon, en Australie, dans les Émirats arabes unis... Ils sont la seule puissance maritime disposant d'une **flotte présente sur tous les océans et mers du monde**. Les États-Unis sont très présents au Moyen-Orient, où les conflits sont récurrents sous des formes diverses (conflit israélo-palestinien, les guerres civiles en Syrie, en Irak...).

Toutefois, certaines des informations fournies par la carte et la légende sont imprécises ou incomplètes. Ainsi, la carte représente les flottes de guerre des États-Unis mais pas leurs bases militaires et leur redéploiement actuel. D'autre part, les interventions militaires ne sont pas différenciées, notamment en fonction de l'accord ou non de la communauté internationale, de leur durée, des forces engagées, des résultats obtenus…

[3. …afin de soutenir des interventions militaires]

Les États-Unis sont intervenus militairement contre plusieurs pays depuis 1991 et la fin de la guerre froide, pour des opérations ponctuelles en Haïti, au Panama, en Somalie, en ex-Yougoslavie (frappes aériennes au nom de l'OTAN suivies du règlement diplomatique intervenu sous l'autorité du président Clinton). Ils ont mené récemment des **guerres de longue durée** contre l'Afghanistan des talibans et d'Al-Qaida en riposte à l'attaque terroriste du 11 septembre 2001.
Deux guerres ont été conduites contre l'Irak : la guerre du Golfe en 1991 à la tête d'une coalition mandatée par l'ONU ; et une intervention sans légitimité internationale en 2003 qui a abouti à la chute du dirigeant irakien Saddam Hussein et à une occupation du pays à laquelle le président Obama a mis fin en 2011. Après ces deux interventions, l'Irak est aujourd'hui en proie aux violences et aux guerres civiles : les États-Unis semblent donc avoir échoué dans leur rôle de « gendarmes du monde ».
On peut reprocher à la carte sa datation imprécise (« au début du XXIe siècle »). Elle ne signale pas les évolutions qui, en près de quinze ans, ont été souvent très rapides. Ainsi, l'Irak n'est plus occupé par l'armée américaine depuis 2011, et les soldats américains ont quitté l'Afghanistan fin 2014 (alors que ce pays est pourtant loin d'être pacifié).

[II. Une puissance concurrencée et menacée]

[1. Les pays « rivaux » : vers un monde multipolaire]

Le troisième thème de la légende propose quelques exemples de **contestation de la domination américaine**. Parmi eux, la Russie et la Chine sont présentés comme des « rivaux potentiels », capables de contrecarrer la puissance américaine et de s'opposer à elle. Toutefois, la carte ne signale pas en quoi ces pays se posent en rivaux. Ainsi, la Russie mène une diplomatie et des actions souvent opposées à celles des États-Unis : certains évoquent une nouvelle guerre froide entre les deux pays. La Chine est quant à elle devenue la deuxième puissance économique du monde et connaît des progressions spectaculaires dans tous les domaines, que ce soit sur les plans économique, militaire, technologique, politique – et même, symbolique (l'annonce par le FMI, en décembre 2014, que la puissance économique de la Chine dépasse celle des États-Unis, a été un véritable coup de tonnerre). La rivalité économique peut s'étendre à d'autres domaines des relations de ces deux puissances (voir la méthode et stratégie 2 du chapitre 5).
La carte mentionne également les pays disposant de l'arme nucléaire. Si la possession de l'arme nucléaire ne peut être considérée, a priori, comme une marque de contestation de la puissance américaine, elle témoigne toutefois d'une **dynamique de multipolarisation**.

[2. De nouvelles menaces s'ajoutent aux ennemis plus anciens]

D'autres pays sont désignés comme « hostiles » aux États-Unis par les États-Unis eux-mêmes. Ce sont notamment ceux qui, suivant la terminologie du président G. W. Bush, ont été désignés par les expressions « **États voyous** » (*rogue states*) ou regroupés sous l'expression « Axe du mal » et qui financent et organisent des actions terroristes. Parmi

ces pays, certains sont des « ennemis » de longue date (Cuba depuis la révolution castriste de 1959 jusqu'au rapprochement diplomatique historique en décembre 2014, Iran depuis l'établissement d'une république islamique en 1979) ; d'autres affichent une hostilité plus récente (pays d'Amérique latine comme le Venezuela, menace du régime dictatorial de Corée du Nord disposant de l'arme nucléaire dont chercherait également à se doter l'Iran…).
D'autres menaces sont plus diffuses. C'est le cas dans des régions du monde qualifiées de « zones de crise » : sur le continent africain, où les États-Unis ne sont pas impliqués directement mais où la menace a pris la forme d'attentats contre leurs ambassades (Kenya et Tanzanie) et du terrorisme dans la zone saharienne. La **menace terroriste** s'incarne notamment à travers Al-Qaida, dont les attentats se sont multipliés aussi bien dans le monde musulman qu'occidental. De nouvelles zones de crise sont apparues récemment qui ne sont pas signalées sur la carte, par exemple dans l'espace saharien.

[III. Les autres aspects de la puissance américaine au XXIe siècle]

[1. Puissance économique et domination militaire : des liens étroits]

La notion de « superpuissance » est complexe : elle est en général conçue de façon globale, alors que la carte n'aborde que les aspects militaires. Elle n'évoque donc pas les autres aspects de la puissance, à commencer par les aspects économiques : puissance des firmes transnationales américaines, centres de haute technologie comme la Silicon Valley, siège du FMI à Washington, investissements à l'étranger, organisation régionale de l'ALENA…
Or, c'est bien la **puissance économique des États-Unis** qui légitime leur domination militaire et stratégique dans le monde. Tout d'abord, cette puissance écrasante en matière militaire ne se fait pas sans moyens : les dépenses militaires des États-Unis correspondent à la moitié des dépenses du monde dans ce domaine, où ils disposent d'une grande avance technologique et des firmes les plus performantes. Ensuite, ce sont bien souvent les intérêts économiques à l'étranger qui motivent, au moins en partie, leurs interventions militaires (cas de l'Irak).

[2. Puissance culturelle : le *soft power*]

La puissance des États-Unis à l'échelle mondiale est aussi celle de leur **rayonnement culturel** : leur « *soft power* », selon le terme inventé en 1990 par le politologue Joseph Nye. Hollywood et les séries (dont la popularité dépasse celle du cinéma depuis quelques années), la culture Disney (à travers ses films et ses parcs d'attractions), le tourisme, l'attraction de nombreux migrants pour ce pays (le premier pour l'immigration dans le monde…) reste sans égal.

[Conclusion]

Cette carte permet d'observer et d'expliquer la place dominante des États-Unis dans le monde en tant que superpuissance militaire. Présents dans de nombreux pays alliés et sur toutes les mers du globe, ils interviennent dans de nombreux conflits, seuls ou à la tête de coalitions, contre des adversaires de natures très diverses (États ennemis, groupes terroristes…), pour la défense de leurs intérêts ou au nom de la communauté internationale. Ce rôle est permis par une économie puissante et d'imposants moyens alloués en matière militaire. Mais aussi par des choix de politique extérieure élaborés et mis en œuvre depuis 1917 avec Wilson. Ils confèrent aux États-Unis une mission évoquée dès le XIXe siècle sous le nom de « destinée manifeste » et constamment reprise par les présidents américains, depuis la Seconde Guerre mondiale jusqu'à aujourd'hui. Seuls les adversaires et les modalités changent en fonction des circonstances historiques. En ce début de XXIe siècle, les menaces sont réelles, mais les contestations de la puissance américaine deviennent multiples. Cela conduit certains analystes à avancer l'idée de « déclin américain ». Aujourd'hui, une puissance globale semble en mesure de concurrencer les États-Unis dans les années à venir : la Chine, avec laquelle les relations se multiplient, les deux puissances étant à la fois rivales et interdépendantes.

2 Composition – Les instruments de la puissance des États-Unis dans le monde depuis 1945

Analyser le sujet

Le sujet est sensiblement différent du titre du chapitre étudié. Il suppose une réflexion sur le terme d'« instruments de la puissance », c'est-à-dire tout ce qui permet aux États-Unis d'exercer leur puissance dans le monde, incluant *soft* et *hard power*.

Le sujet invite à construire un plan thématique en classant les divers instruments de la puissance. Il faudra néanmoins réintroduire de la chronologie dans le développement du devoir en utilisant des exemples datés.

Il est nécessaire de montrer les limites et les contestations de cette puissance ; mais, plutôt que le faire dans un paragraphe distinct, mieux vaut les intégrer aux paragraphes traitant des instruments de la puissance.

[Introduction]

En 1945, les États-Unis sortent grands vainqueurs de la guerre et sont la première puissance mondiale. Cette puissance, qui s'appuie sur des facteurs déjà anciens (vaste territoire, ressources naturelles abondantes, population nombreuse à haut niveau de vie, entreprises puissantes…), s'exerce dès lors dans tous les domaines (politique, militaire, économique, culturel) et permet aux États-Unis de développer leur rôle et leur influence dans le monde jusqu'à aujourd'hui. Quels sont les moyens permettant aux États-Unis de jouer un rôle dominant dans le monde depuis 1945 ?

Ils apparaissent tout d'abord comme un modèle attractif qui se diffuse dans le monde, malgré des oppositions et résistances : c'est le *soft power*. Ils disposent ensuite d'une puissance politique, diplomatique et militaire sans équivalent : c'est le *hard power*.

[I. Les fondements d'un modèle attractif et qui se veut universel]

[1. « Le pays de la liberté »]

[a. Un modèle libéral diffusé dans le monde]

Les États-Unis se considèrent comme un modèle et les Américains sont convaincus que leur système politique est le meilleur, construit autour des valeurs de liberté depuis la rédaction de la Constitution et de ses premiers amendements à la fin du XVIIIe siècle : libertés publiques et individuelles, dont les libertés de presse et de religion, démocratie pluraliste où les pouvoirs sont séparés.

Confrontés à l'URSS dans le cadre de la guerre froide, les États-Unis s'imposent comme les **leaders du « monde libre »**. Ils contribuent à diffuser la démocratie libérale et s'opposent aux régimes dictatoriaux et totalitaires : c'est la politique de *containment* du communisme de la doctrine Truman (1947), mais aussi l'« Alliance pour la liberté » avancée par Kennedy pour contrer l'influence de Cuba en Amérique latine (1961), la dénonciation de l'URSS comme « Empire du mal » par le président Reagan (1981) et enfin le combat contre le terrorisme et les « États voyous » qui le soutiennent selon le président G. W. Bush après 2001.

Tout au long de leur histoire, des millions d'immigrants ont vu dans les États-Unis la possibilité de vivre libres : la célèbre comédie musicale *West Side Story*, portée à l'écran en 1961, témoigne dans la chanson « America » de cet attrait de la liberté. Cette attraction est incontestablement un instrument de la puissance de ce pays.

[b. Les limites du « rêve américain »]

Bien au-delà des communistes dénonçant, avec la doctrine Jdanov (1947), les États-Unis comme chef de file du « camp impérialiste et antidémocratique », beaucoup, y compris aux États-Unis même, s'interrogent sur le **fonctionnement du système politique**. Ils soulignent la faible participation électorale des citoyens, notamment les plus pauvres et les moins éduqués, et critiquent le coût considérable des campagnes électorales.

Par ailleurs, les libertés ont été menacées à plusieurs reprises au sein du pays : maccarthysme des années 1950 visant à éliminer les communistes (ou supposés tels) de l'administration ou de Hollywood ; scandale du Watergate obligeant le président Nixon à démissionner en 1974 après avoir été convaincu d'espionner ses adversaires politiques ; système d'écoute électronique étendu à la planète entière avec le système Echelon depuis 1948 ; et, aujourd'hui, le scandale des écoutes réalisées par la National Security Agency (NSA).

À l'étranger, les États-Unis, au nom de la lutte contre le communisme et de la défense de leurs intérêts économiques et stratégiques, ont fréquemment soutenu, voire mis en place, des régimes dictatoriaux (comme au Chili en 1973).

[2. Le pays le plus riche]

[a. Une économie dominante parfois contestée]

La Seconde Guerre mondiale a favorisé la croissance économique des États-Unis et leur puissance productive et technologique est sans égal. Ils contribuent à la réorganisation économique du monde selon les principes du **capitalisme libéral** : les accords monétaires de Bretton Woods de 1944 créent des institutions qu'ils dominent encore largement (FMI et Banque mondiale) et font du dollar la monnaie de réserve et d'échange – ce qu'elle est encore aujourd'hui malgré le dérèglement du système dans les années 1970 et la concurrence naissante d'autres monnaies. Ils vantent les mérites du libre-échange commercial et en font adopter les principes en 1947 avec les **accords du GATT**, et poursuivent aujourd'hui cette politique en impulsant les négociations sur un traité commercial transpacifique et transatlantique. Leurs **firmes transnationales** sont implantées dans le monde entier et leurs produits connaissent une popularité exceptionnelle (de Coca-Cola à Apple, de Mac Do à Boeing). Ils restent la première économie mondiale. Leur influence se mesure aussi par les répercussions des crises nées chez eux, comme celle de 2008.

Cependant, ce rôle est parfois contesté, par exemple par les mouvements altermondialistes. Leur économie a des faiblesses (importance des déficits et de l'endettement) et leur place dans l'économie mondiale est en partie remise en cause par la montée de nouvelles puissances émergentes, la Chine notamment.

[b. L'« american way of life »]

Leur pouvoir de séduction reste entier dans le domaine social : après la Seconde Guerre mondiale et dans les années 1950 et 1960, la société d'abondance fait rêver, entre autres, les pays détruits par la guerre en Europe. La population américaine dispose alors du niveau de vie le plus élevé, favorisant une **consommation de masse** facilitée par le crédit et la publicité. Aujourd'hui encore, même si d'autres pays ont atteint le même niveau de vie, les États-Unis exercent toujours pour de nombreuses populations du monde une réelle attraction, instrument de leur puissance.

Pourtant, la société américaine est profondément marquée par de **fortes inégalités** et un niveau de pauvreté affectant 12 à 15 % de la population : l'acceptation de cette situation au nom du mythe de la réussite et de la compétition individuelles n'exclut pas les contestations internes (mouvement hippie vers 1970, « Occupy Wall Street » en 2011) et nuit au rayonnement des États-Unis dans le monde. Malgré les lois sur les droits civiques de 1964-1965, les mouvements revendicatifs des Noirs américains, l'émergence d'une classe moyenne afro-américaine et l'élection du président Obama, la situation sociale des Noirs américains reste globalement difficile et l'existence de ghettos constitue toujours une caractéristique majeure des villes américaines.

[3. La puissance d'une culture devenue universelle.]

[a. Culture et recherche]

Si la culture américaine était encore largement ignorée, voire décriée avant 1945, notamment par de nombreux intellectuels européens, elle avait déjà montré ses immenses possibilités avec le cinéma. Après la Seconde Guerre mondiale, l'essor culturel américain se manifeste dans les domaines de la littérature (les écrivains Ernest Hemingway et John Steinbeck obtiennent le prix Nobel), et des arts plastiques, où des peintres créent de nouveau courants de l'abstraction (Mark Rothko, Jackson Pollock) ou du « pop art » (Andy Warhol, Roy Lichtenstein). Dans les domaines scientifiques (informatique, nucléaire, espace…), les moyens financiers et humains des laboratoires de recherche et des universités américaines donnent des résultats exceptionnels. En témoigne le nombre de prix Nobel accordés à des savants américains depuis 1945 : 58 sur 68 en médecine, 48 sur 68 en physique , 44 sur 68 en chimie. De nombreux étudiants, chercheurs, enseignants, venus du monde entier, contribuent à développer la puissance des États-Unis : c'est le phénomène du « brain-drain ».

[b. Pouvoirs de diffusion du modèle culturel]

L'originalité de cette culture réside dans son **caractère populaire**, sa diffusion au-delà des élites, sa transmission par des moyens de communication de masse (les *mass media*). Dès les années 1920, les studios de cinéma de Hollywood diffusent leurs productions avec des films couvrant tous les genres et transmettent dans le monde les valeurs de la société américaine : ils sont l'un des instruments essentiels de la puissance américaine et n'ont cessé de se renforcer après 1945. Depuis, la télévision est apparue, offrant à chacun informations, jeux, variétés, créant aujourd'hui des séries exportées ou imitées hors des États-Unis. Dans bien d'autres champs de la culture populaire et des loisirs (musique, sport, tourisme, gastronomie…), les États-Unis constituent un véritable modèle qui rayonne à travers la planète : les grands parcs d'attractions de Disney sont nés aux États-Unis (en Californie en 1955 puis en Floride) avant de s'implanter ailleurs.

[c. La crainte de l'américanisation du monde]

Cette puissance culturelle dominante suscite la crainte d'une uniformisation conduisant à la disparition d'autres cultures : c'était un thème favori du Parti communiste français au temps de la guerre froide, avec sa dénonciation de la « cocacolonisation » ; aujourd'hui, la domination de l'anglo-américain dans de nombreux domaines (enseignement, revues scientifiques, Internet…) fait craindre l'exclusion des autres langues. Ces craintes sont certes excessives, et la diversité des pratiques et des comportements s'oppose à l'idée d'une américanisation des cultures dans le monde. Par ailleurs, les États-Unis absorbent des influences d'autres régions du monde, par exemple d'Amérique latine, et s'adaptent aux caractères nationaux des pays où leur culture s'exporte.

[Transition]

La culture constitue l'un des vecteurs de la puissance américaine dans le monde, de leur « puissance douce ». Cette puissance dispose par ailleurs d'autres instruments pour assurer sa domination dans le monde ; depuis 1945, les États-Unis les ont utilisés de diverses manières en fonction des circonstances et de leurs choix de politique étrangère.

[II. Les instruments de la puissance politique et militaire dans le monde]

Avant 1945, ou plus précisément avant 1941 et leur intervention décisive dans la guerre, la politique extérieure des États-Unis reste marquée par un isolationnisme qui, sans être total, ne leur donne pas les moyens d'exercer une véritable influence dans les affaires du monde. Après 1945, ils assument pleinement leur rôle de grande puissance en s'appuyant sur des instruments qu'ils vont développer. Nous pouvons distinguer deux moments dans la mise en place et l'utilisation de ce ***hard power*** : au temps de la guerre froide (1945-1991) d'abord, dans le cadre d'un monde multipolaire ensuite.

[1. Au temps de la guerre froide, 1945-1991 : les leaders du « monde libre »]

[a. La construction d'une puissance politique et militaire]

L'engagement dans la politique contre le communisme face au bloc soviétique s'incarne en 1947 dans la doctrine Truman et le plan Marshall, qui constituent les instruments idéologique et économique de la puissance américaine.

La **création d'alliances et de pactes** dans toutes les régions du monde (OTAN, Organisation du traité de l'Asie du Sud-Est, Australia, New Zealand, United States Security Treaty/ANZUS et pacte de Bagdad), mais aussi la **protection** apportée au Japon, à la Corée du Sud ou à Taïwan face à l'URSS, et surtout face à la Chine devenue communiste, constituent l'instrument militaire de cette puissance, dont les bases et les flottes de guerre sont présentes dans le monde entier. Les États-Unis sont la **première puissance militaire** et conservent sur l'URSS leur avance dans le domaine nucléaire. Ils sont aussi victorieux dans la course à l'espace avec le **programme Apollo** (1961-1975) qui démontre leur supériorité technologique.

Dans le cadre de la guerre froide et de ses crises, les États-Unis interviennent militairement dans la guerre de Corée au nom de l'ONU (1950-1953) et dans celle du Vietnam (1964-1973) pour empêcher l'extension du communisme en Asie. Ils s'opposent avec succès à l'URSS lors du blocus de Berlin (1948) et de la crise des missiles à Cuba en 1962. Ils restent les leaders du « monde libre ».

[b. Des contestations et difficultés dans les années 1960 et 1970]

L'enlisement dans la guerre du Vietnam, puis la défaite malgré leur supériorité militaire et au prix de la mort de 60 000 soldats américains, marquent un **recul de la puissance américaine**, aggravé par la dégradation de leur image dans le monde. Le choix par le président Carter d'une politique extérieure fondée sur les droits de l'homme ne parvient pas à restaurer cette image. Cette période est marquée par de nouveaux reculs, par exemple avec la perte de leur allié iranien (révolution iranienne de 1979).

Cependant, la diplomatie des États-Unis reste active et connaît des succès : négociations et accords dans le domaine des armements nucléaires avec l'URSS (SALT 1 en 1972), reconnaissance de la Chine populaire avec la visite du président Nixon en 1972, signature des accords de Camp David entre l'Égypte et Israël (1978) où leur rôle d'intermédiaire permet la conclusion de la paix entre les deux pays.

[c. Le leadership retrouvé et la victoire dans la guerre froide]

Dès l'invasion de l'Afghanistan par l'URSS en 1979, les États-Unis utilisent, sous les présidences de Carter et surtout de Reagan, tous leurs moyens pour réaffirmer leur prépondérance et leur engagement dans la **lutte contre l'« Empire du mal »**. En 1980, ils boycottent les Jeux olympiques de Moscou et décrètent un embargo sur les céréales destinées à l'URSS. Mais, surtout, ils relancent la course aux armements. En réponse aux missiles SS-20 à tête nucléaire installés sur le territoire soviétique et en Europe orientale (et capables d'atteindre l'Europe de l'Ouest, le Moyen-Orient ou encore le Japon), ils installent des euromissiles en Europe occidentale. Reagan lance en 1983 le projet de bouclier spatial (« guerre des étoiles ») protégeant le sol américain d'une éventuelle attaque nucléaire. Enfin, les Américains apportent un soutien militaire croissant aux combattants afghans face à l'URSS.

L'URSS ne peut suivre la course aux armements et s'engage dans des négociations. Finalement, la chute du mur de Berlin (1989) annonce la disparition du communisme en Europe orientale et de l'URSS elle-même (1991). Les États-Unis sortent vainqueurs de la guerre froide et deviennent la seule superpuissance mondiale.

[2. Les instruments de la puissance depuis 1991]

[a. L'hyperpuissance à l'origine d'« un nouvel ordre mondial »]

Avec la chute du bloc soviétique, les États-Unis se posent comme les « **gendarmes du monde** » au service du droit international dans un cadre multilatéral, et multiplient les interventions : guerre du Golfe contre l'Irak (1991), intervention en Bosnie conduisant aux accords signés aux États-Unis à Dayton (1995), signature sous l'autorité de Clinton des « accords d'Oslo » entre Israéliens et Palestiniens (1993). Leur rôle et leurs interventions sont cependant **sélectifs**, fonction de leurs intérêts et de l'adversaire éventuel : ils se désintéressent par exemple des conflits du continent africain ou de la guerre menée par la Russie en Tchétchénie. Par ailleurs, les États-Unis refusent de signer (surtout lorsque les républicains redeviennent majoritaires au Congrès à partir de 1994) les accords internationaux jugés contraignants ou mettant en cause leur souveraineté : c'est le cas avec le protocole de Kyoto sur la réduction des gaz à effet de serre, que le Sénat américain refuse de ratifier en 1997, ou avec le traité créant la Cour pénale internationale.

L'économie américaine reste dominante, elle connaît même une forte croissance, stimulée par les industries et services des nouvelles technologies de l'information et de la communication (NTIC) et les sociétés de l'Internet. Leur domination sur le continent américain les conduit à conclure le traité de libre-échange en Amérique du nord (ALENA) et à l'envisager – sans toutefois y parvenir – pour l'ensemble du continent. La forte croissance, la faiblesse du chômage permettent de rétablir l'équilibre du budget et de trouver facilement, notamment en Chine, le financement du déficit commercial.

[b. Une politique extérieure unilatérale privilégiant la force]
L'élection de Georges W. Bush en 2000 modifie les principes de la politique extérieure américaine. Le président et les « **néoconservateurs** » qui l'entourent sont favorables à l'utilisation de la force pour combattre les dictatures. Le choc du 11 septembre 2001 donne une légitimité à cette politique, menée soit avec l'accord de l'ONU en Afghanistan (2001), soit sans cet accord contre l'Irak (2003). L'écrasante supériorité militaire conduit à des victoires rapides contre les deux régimes, mais ne permet pas une stabilisation politique, toujours loin d'être atteinte en 2015.
Cette politique, menée au nom du « **choc des civilisations** », est par ailleurs critiquée par la Russie, la Chine, les pays d'Amérique latine et certains des alliés en Europe, comme l'Allemagne et la France. Dans le monde arabo-musulman, la politique américaine est ressentie pour beaucoup comme une guerre contre l'islam.
Sur le plan intérieur, l'augmentation considérable des dépenses militaires (les États-Unis assurent près de la moitié des dépenses militaires du monde) aggrave le déficit budgétaire.
[c. Les instruments de la puissance politique dans un monde multipolaire]
L'élection en 2008 de Barack Obama, président recevant immédiatement pour ses intentions le prix Nobel de la paix, marque un retour partiel à une **politique multilatérale** en renouant avec l'ONU et avec les autres puissances du monde. La politique du président, réélu en 2012, n'exclut pas l'utilisation de la force : dans le cadre d'une coalition internationale, les États-Unis s'engagent ainsi en 2014, à nouveau en Irak, face à l'État islamique (Daech).
L'approche politique multilatérale s'avère d'autant plus nécessaire que l'émergence de puissances rivales (Chine, Inde, Brésil) se confirme et que les dangers dans le monde (au Moyen-Orient, en Afrique, en mer de Chine, avec la Russie…) sont toujours aussi redoutables : ainsi, la **lutte contre le terrorisme**, qui est une des priorités des États-Unis, suppose une coordination des services de renseignements et des actions communes avec d'autres pays confrontés aux mêmes dangers.

[Conclusion]
Les États-Unis disposent de moyens exceptionnels pour affirmer leur puissance dans le monde. Le pouvoir d'attraction auprès de populations pauvres d'Amérique latine ou d'Asie, comme pour des intellectuels de toutes disciplines, continue de faire des États-Unis le premier pays d'immigration du monde. Leur puissance économique, monétaire, technologique s'exprime avec les firmes transnationales les plus puissantes du monde. Leur domination dans le domaine militaire, appuyée sur des alliances conclues partout dans le monde, s'est manifestée depuis 1945 par des interventions multiples.
Critiquée souvent, combattue parfois, concurrencée aujourd'hui, leur puissance est moins sûre d'elle qu'au temps de la guerre froide remportée face à l'URSS : leurs déséquilibres financiers ont conduit, depuis 2008, à la plus grave crise économique que le monde ait connue depuis les années 1930, et leur politique extérieure semble plus hésitante. Face à un monde instable devenu multipolaire, les États-Unis restent cependant, encore aujourd'hui, la seule puissance globale.

CHAPITRE 5 Séries L, ES et S

La Chine et le monde depuis 1949

COURS

La Chine et le monde depuis 1949

Après un siècle de domination étrangère, trente ans de troubles intérieurs et de guerre, l'année 1949 marque, avec la prise du pouvoir par les communistes, le rétablissement de la souveraineté chinoise et la naissance d'une Chine nouvelle. Comment la Chine a-t-elle, ensuite, acquis le rang de grande puissance mondiale, et comment sa place et son rôle dans le monde ont-ils évolué ? Ce processus s'est déroulé en deux étapes : la voie maoïste d'une Chine à la puissance encore limitée, puis, à partir de 1978, une ouverture sur le plan économique conduisant à la situation actuelle.

I. La période maoïste (1949-1978) : un État communiste à la puissance limitée

Lorsque **Mao Zedong** proclame le 1er octobre 1949 la République populaire de Chine à Pékin, le dirigeant nationaliste Jiang Jieshi (ou Tchang Kaï-chek selon la forme cantonaise) s'enfuit avec ses partisans dans l'île de Taïwan. C'est son gouvernement de la République de Chine que les Occidentaux reconnaissent comme gouvernement légitime et qui conservera le siège de la Chine à l'ONU jusqu'en 1971. Les communistes au pouvoir, sans expérience – notamment économique –, à la tête d'un pays isolé, très peuplé et très pauvre, se tournent vers l'URSS, qui va servir de modèle pour moderniser la société et entrer sur la scène internationale.

1. La voie communiste sur le modèle soviétique (1949-1960)

a. L'entrée dans le camp communiste

- La situation de l'URSS et de la Chine en 1949 est difficilement comparable : l'Union soviétique, auréolée de sa victoire en 1945, disposant de l'arme nucléaire, et à la tête d'un bloc formé après 1945, est considérée comme une superpuissance en compétition avec les États-Unis. La Chine sort de longues années de domination étrangère, « le siècle de la honte » selon l'histoire officielle chinoise, et est un **pays sous-développé** suivant la terminologie de l'époque. Par ailleurs, les deux dirigeants communistes, Staline et Mao Zedong, se sont rencontrés entre les deux guerres mondiales dans le cadre de l'Internationale communiste et des divergences idéologiques sont déjà apparues à cette occasion.

- Cependant, les deux pays signent en 1950 un traité d'alliance, d'amitié et d'assistance mutuelle : l'URSS voit dans la victoire communiste chinoise le moyen d'élargir son bloc et d'enregistrer un succès face aux États-Unis ; la Chine, quant à elle, a besoin de l'expérience et de l'aide financière et technique soviétiques. La Chine de Mao Zedong adopte le système d'économie collectivisée et planifiée donnant la priorité à l'industrie lourde ainsi qu'**un régime politique totalitaire** impliquant arrestations, internements dans des camps et exécutions des ennemis, réels ou supposés, du communisme*.

* Les mots suivis d'un astérisque sont définis dans le lexique.

DOC. 1 La signature du traité sino-soviétique. Le 14 février 1950, Zhou Enlai signe un traité d'alliance avec l'URSS, au nom du gouvernement chinois, devant Joseph Staline et Mao Zedong (en arrière-plan).

b. L'entrée progressive sur la scène internationale

- Absente de l'ONU, **la Chine s'aligne sur l'URSS** dans la guerre froide. Elle engage des centaines de milliers de « volontaires » aux côtés de la Corée du Nord dans la tentative de réunifier de force la péninsule ; c'est la première confrontation de la Chine communiste avec les États-Unis, qui interviennent au nom de l'ONU pour défendre la Corée du Sud. En 1954, un an après l'armistice mettant fin à la guerre de Corée et juste après la défaite française en Indochine, la Chine participe à la conférence de Genève qui règle l'avenir de l'ancienne colonie française.

- En 1955, la Chine populaire est présente avec son Premier ministre et son ministre des Affaires étrangères **Zhou Enlai** à **la conférence de Bandung**, qui réunit les pays nouvellement indépendants du tiers-monde : c'est, selon Léopold Sédar Senghor, alors leader indépendantiste du Sénégal, le « coup de tonnerre » lancé par ces pays qui veulent se faire entendre sur la scène internationale et se soustraire à l'affrontement des deux Grands en se déclarant « **non-alignés** ». La Chine affirme sa solidarité avec les nouveaux pays indépendants et les peuples d'Asie et d'Afrique encore en lutte contre le colonialisme : cette politique de relations privilégiées avec les pays du Sud sera poursuivie, sous d'autres formes, jusqu'à aujourd'hui, la Chine y trouvant un moyen d'assurer sa puissance internationale.

c. La rupture avec l'URSS

- Les relations entre les deux grands du communisme se dégradent à la fin des années 1950. Officiellement, ils s'opposent sur des divergences idéologiques : Mao Zedong refuse la nouvelle orientation politique décidée par Khrouchtchev en 1956 (dénonciation du culte de la personnalité et choix de la coexistence pacifique) dans laquelle il voit un renoncement à la doctrine communiste. Mais, surtout, les deux puissances se méfient l'une de l'autre : l'URSS n'aide pas la Chine dans sa demande d'accéder à l'arme nucléaire, leur frontière est contestée par la Chine et leur rivalité s'étend auprès des pays du tiers-monde.

- **La rupture est définitive en 1960.** La Chine est alors totalement isolée sur le plan international, dans un contexte intérieur de drames successifs. Le choix du « Grand Bond en avant* » en 1958, politique économique présentée comme la voie chinoise du socialisme et qui pousse à l'extrême la logique de collectivisation des campagnes, conduit à des famines épouvantables faisant des dizaines de millions de morts.

2. De l'isolement à l'insertion dans les relations internationales (1960-1978)

a. « Compter sur ses propres forces »

Mao préconise un modèle original pour construire le **socialisme**. Cette période est marquée en interne par des luttes pour le pouvoir alors que Mao est contesté par d'autres dirigeants du Parti. Il lance la « **révolution culturelle*** » qui aggrave la situation économique et sociale du pays et l'affaiblit considérablement, avec par exemple la fermeture des établissements scolaires.

b. La sortie progressive de l'isolement international

- La Chine entre en 1964 dans le « club » fermé des **puissances nucléaires**. Elle apporte son soutien au Vietnam en guerre contre les États-Unis, obtient la reconnaissance officielle de certains pays occidentaux, dont la France gaulliste. L'hostilité vis-à-vis de l'URSS – qui conduit même à un bref affrontement sur leur frontière – amène la Chine à se rapprocher des États-Unis : la condition préalable d'**entrée à l'ONU**, avec un siège permanent au Conseil de sécurité en remplacement de la Chine de Taïwan, est satisfaite en octobre 1971.

- En 1972, après la visite officielle du président Nixon et sa rencontre avec Mao, les États-Unis reconnaissent l'unité de la Chine, ce qui exclut l'indépendance de Taïwan considérée comme une province de la République populaire, et sa souveraineté sur le Tibet, annexé en 1951. Enfin, les relations diplomatiques entre les deux pays sont rétablies en 1979.

c. Le rôle encore limité d'un pays toujours très pauvre

- Le rapprochement tactique avec les États-Unis ne rompt pas totalement l'isolement de la Chine sur la scène internationale. Elle se présente alors comme un leader des pays du tiers-monde, participe aux conférences des pays non-alignés comme observateur et s'efforce de mettre en avant une « **troisième voie** », selon une vision du monde énoncée par son dirigeant Deng Xiaoping à la tribune de l'ONU le 10 avril 1974 (voir l'encadré p. 151).

Le discours de Deng Xiaoping à l'ONU en 1974

- En 1974, à l'ONU, Deng Xiaoping prononce un discours dans lequel il divise le monde en trois ensembles : il regroupe les deux superpuissances, qualifiées d'impérialistes et dénoncées comme constituant « le foyer d'une nouvelle guerre mondiale », « menaçant l'indépendance et la sécurité de tous les autres pays », « se livrant sur le plan économique à l'exploitation des autres nations, au pillage de leurs richesses ». La critique, qui intervient deux ans après le rapprochement avec les États-Unis, est plus forte vis-à-vis de l'URSS, qui apparaît comme une menace réelle et une concurrente de la Chine, chacun des deux régimes prétendant incarner le vrai socialisme auprès des peuples du monde.
- Le deuxième ensemble est constitué des pays capitalistes développés d'Europe et du Japon, soumis aux deux superpuissances et dont certains essaient de se détacher.
- Le troisième ensemble est celui du tiers-monde auquel la Chine appartient : « la Chine est un pays socialiste et un pays en développement… La Chine n'est pas une superpuissance et jamais elle ne cherchera à en être une ». Deng Xiaoping présente ainsi la Chine comme une puissance indépendante opposée aux deux superpuissances et aux deux blocs, comme un modèle de développement pour des pays comparables, pauvres, encore très ruraux et à forte croissance démographique.

- Toutefois, l'influence de la Chine dans le monde reste limitée à la fin de l'époque maoïste, et peu de pays en développement sont vraiment séduits par le modèle chinois. La Chine a retrouvé son indépendance, elle commence à bâtir une puissance politique disposant de l'arme nucléaire et d'un siège de membre permanent au Conseil de sécurité de l'ONU. Mais les choix de politique intérieure ont stoppé tout développement et le pays reste très pauvre. D'autres orientations semblent alors nécessaires et vont s'affirmer à partir de 1978.

II. L'ouverture et l'affirmation de la puissance depuis 1978

Après la mort de Zhou Enlai et de Mao en 1976, l'arrivée au pouvoir de **Deng Xiaoping** en 1978 marque l'entrée dans une nouvelle période de l'histoire de la Chine et de ses relations au monde. Il lance son pays sur la voie des **Quatre modernisations** : celles de l'agriculture, de l'industrie, des sciences et de la défense. La priorité n'est plus le respect des dogmes idéologiques mais bien le développement économique. « Qu'importe qu'un chat soit gris ou noir pourvu qu'il attrape des souris » : ainsi que l'illustre sa formule, l'efficacité économique devient le seul critère pour la direction communiste et le moyen privilégié est celui de l'ouverture au monde. Les défis à relever sont nombreux, avec notamment le contrôle démographique qui aboutit à la mise en place de la « politique de l'enfant unique » (voir l'encadré p. 152).

1. Modernisation et essor économiques

a. Un nouveau modèle économique

- Les réformes engagées à partir de décembre 1978 s'opposent au modèle maoïste. La collectivisation des terres est abandonnée et les agriculteurs, qui constituent encore les deux tiers de la population, sont à peu près libres de leurs productions et de leurs prix. Des entreprises privées de petite taille sont autorisées et les entreprises d'État obtiennent une autonomie de gestion. Ces réformes de **libéralisation de l'économie** s'inspirent de celles des « nouveaux pays industrialisés d'Asie », notamment des Dragons peuplés de chinois – Hong Kong, encore sous contrôle britannique, Taïwan et Singapour, qui connaissent une forte croissance économique et prennent leur envol, suivant l'image japonaise du « vol des oies sauvages ».

- La Chine s'ouvre sur le plan commercial en créant des **zones économiques spéciales** (ZES)* où les entreprises étrangères bénéficient d'avantages fiscaux et douaniers pour s'implanter et trouvent en Chine une main-d'œuvre nombreuse, travailleuse et bon marché : d'abord limité à quatre ZES littorales en 1980, puis élargi à 14 villes côtières en 1984, le dispositif s'étend à toute la Chine en 1992.
- À cette date, une deuxième étape de réformes est engagée avec des privatisations d'entreprises publiques et la naissance d'un secteur bancaire et financier. La Chine adopte le **socialisme de marché**, que certains qualifient aussi de capitalisme d'État : il conjugue économie libérale et dirigée, maintien d'un secteur étatique important, et régime politique autoritaire reposant sur la domination du Parti communiste et le contrôle étroit de la société. Les dirigeants chinois, témoins de l'effondrement du bloc soviétique et de la disparition de l'URSS, sont eux-mêmes confrontés au printemps 1989 à des revendications de démocratisation dans les villes du pays, et notamment à Pékin sur la place Tian'anmen, ce mouvement étant brutalement réprimé par l'armée.

La démographie chinoise

- Les slogans des autorités chinoises adressés à la population sont caractéristiques de l'évolution de la politique démographique. « Une bouche supplémentaire, c'est aussi deux bras de plus », affirmait Mao dans les années 1960. Durant l'époque maoïste, en accord avec des théories en vogue dans les pays communistes et les pays en voie de développement, une population nombreuse et en forte croissance est considérée comme un atout pour un pays dépourvu de moyens techniques et financiers.
- Dans les années 1970, alors que la population chinoise a augmenté de 350 millions de personnes depuis 1949, une **politique de limitation des naissances** commence à se mettre en place. Le gouvernement et la population prennent conscience que la forte fécondité est un frein au développement. En 1979, le gouvernement adopte la **politique de l'enfant unique**, imposant à la population un contrôle mené par une administration coercitive de 500 000 fonctionnaires et appuyée par les autorités locales du Parti communiste.
- Aujourd'hui, cette politique, bien que légèrement assouplie à partir de 1984, a atteint son objectif : la croissance de la population est faible, l'indice de fécondité (1,6 enfant par femme) inférieur au seuil de renouvellement des générations (2 enfants par femme). La transition démographique est achevée, mais les **conséquences négatives** de cette politique apparaissent avec force : déséquilibre du ratio homme/femme, perspective d'un vieillissement accéléré de la population. Elle pourrait d'ailleurs être remise en cause comme le réclament les démographes chinois.

b. Une puissance économique mondiale

Avec une croissance annuelle de sa richesse de 10 % en moyenne, la Chine est devenue en 2010 la **deuxième puissance économique mondiale**, et même la première en 2014 selon le FMI*. Si le PIB par habitant est encore très inférieur à celui des pays du « nord », le niveau de vie des Chinois a beaucoup progressé pour atteindre ce que les autorités appellent une « relative aisance ». Le pourcentage d'habitants vivant sous le seuil de pauvreté est tombé en dessous de 10 % et 400 millions de Chinois sont sortis de la pauvreté absolue selon la Banque mondiale. Une nouvelle classe moyenne accède à la société de consommation, faisant par exemple de la Chine le premier marché automobile du monde. Cette richesse est due à l'ampleur de ses productions industrielles qui en font l'« atelier du monde » pour les biens de consommation courante et, de plus en plus, pour les produits de haute technologie.

Stimulées depuis l'entrée du pays à l'OMC* (2001), **les exportations chinoises se placent en 2011 au 1er rang mondial**, procurant un excédent considérable de devises dont la Chine se sert pour acheter des bons du trésor américain, investir dans des fonds de pension et développer ses investissements directs à l'étranger (IDE)*. Ceux-ci sont réalisés avec le soutien de l'État par des firmes transnationales, dont la montée en puissance est particulièrement impressionnante dans les secteurs de l'énergie et de l'informatique (le rachat de la division PC d'IBM par Lenovo en est un symbole). La Chine est devenue le partenaire privilégié de nombreux pays en achetant matières premières et énergétiques, terres agricoles, mais aussi entreprises et infrastructures dans les pays développés ou en développement : la progression est particulièrement forte sur le continent africain, dont un exemple est la construction par des sociétés chinoises du siège de l'Union africaine à Addis-Abeba, capitale de l'Éthiopie, inauguré en 2012.

DOC. 2 Le quartier d'affaires de Pudong à Shanghai. À l'époque de Mao Zedong, Shanghai est une ville délaissée, à l'image de l'ensemble des régions littorales d'un pays fermé sur lui-même. Elle est aujourd'hui le symbole de l'ouverture du pays sur le monde. Shanghai est aussi le premier port du monde depuis 2005. Le nouveau quartier d'affaires de Pudong abrite le siège asiatique de nombreuses firmes étrangères, ainsi que la première bourse en Chine, rouverte en 1990.

2. La Chine, puissance mondiale

a. La puissance économique

La puissance économique due à l'intégration réussie de la Chine dans la mondialisation et à son modèle de développement tourné vers l'exportation implique certains choix politiques : maintenir ou rétablir des relations apaisées avec ses partenaires et concurrents principaux, et notamment les États-Unis, établir des relations privilégiées avec ses fournisseurs d'énergie et de matières premières tout en sécurisant ses approvisionnements, et donc les voies maritimes. De façon plus générale, la Chine a besoin de la paix pour poursuivre son développement économique, d'où l'insistance des dirigeants chinois à affirmer que la montée en puissance de leur pays constitue une « **émergence pacifique** », suivant l'expression utilisée par le président Hu Jintao en 2003 (voir le sujet 1).

b. L'affirmation de la puissance dans le domaine international

- Aujourd'hui, la Chine dispose des attributs d'une puissance mondiale : **rôle diplomatique à l'ONU** en participant à des opérations de maintien de la paix dans plusieurs régions en conflit, même si son implication dans les grandes questions internationales n'est pas encore au niveau de sa puissance économique ; participation aux rencontres des **BRICS*** avec lesquels les positions en politique internationale sont souvent proches et peuvent représenter un contrepoids à l'influence occidentale ; **modernisation de ses forces armées** grâce à la progression de ses dépenses militaires avec le deuxième budget dans le monde, loin toutefois de celui des États-Unis (qui disposent par ailleurs de nombreux alliés et bases autour de la Chine) ; débuts d'une **influence culturelle**, d'un *soft power* avec la multiplication des Instituts Confucius créés par l'État depuis 2004 et déjà au nombre de 440 dans 120 pays en 2013, pour diffuser la langue et la culture chinoises dans le monde ; **puissance scientifique et technologique**, dont témoignent le premier vol spatial habité en 2003 et le premier alunissage en 2013.
- De façon symbolique, cette place nouvelle a été reconnue avec l'attribution à Pékin des **jeux Olympiques de 2008**, où la Chine a fait preuve de sa capacité dans l'organisation d'une manifestation de cette importance et où les athlètes chinois l'ont emporté avec 51 médailles d'or, devançant les États-Unis (36 médailles).

c. La Chine est avant tout une grande puissance régionale

- La Chine est devenue le **moteur économique de la région**, supplantant le Japon. Son commerce extérieur en Asie de l'Est et du Sud-Est représente 40 % de la totalité de ses échanges. Elle reçoit une large partie de ses investissements depuis la région, et notamment par le biais de la diaspora chinoise et de la place financière de Hong Kong. Des **formes d'intégration économique**, mais aussi sécuritaire, se mettent en place : la Chine, ainsi que le Japon et la Corée du Sud, sont associés depuis 1995 à l'ASEAN* (dans le cadre de l'ASEAN +3), et une zone de libre-échange est entrée en vigueur en 2010 entre la Chine et six États de l'ASEAN. Malgré son soutien constant au régime communiste dictatorial de Corée du Nord, la Chine a établi en 1992 des relations diplomatiques avec la Corée du Sud. Enfin, la reprise de contact avec Taïwan, initiée en 1987, se poursuit aujourd'hui avec un accord de coopération économique signé en 2010, des échanges touristiques et des contacts politiques : pour le gouvernement de Pékin, Taïwan est partie intégrante de la Chine et ne saurait proclamer son indépendance au risque d'un conflit majeur. Les autorités chinoises sont par ailleurs très fermes sur la question tibétaine, qui relève exclusivement de la souveraineté chinoise, le Tibet annexé en 1951 faisant partie intégrante du territoire chinois.

- Ces **questions géopolitiques** sont essentielles pour la Chine, qui partage des frontières avec 18 États, dont trois puissances nucléaires. Beaucoup de ces frontières sont instables : les délimitations de territoires sont contestées avec l'Inde et, dans les zones maritimes de mer de Chine, avec pratiquement tous les pays – la tension étant particulièrement forte avec le Japon. Pour sécuriser ses approvisionnements énergétiques, et pour des raisons de sécurité, notamment de lutte contre le terrorisme présent en Chine avec des mouvements de population ouïgoure, la Chine a été à l'initiative de la constitution du groupe de Shanghai en 1995. Devenue en 2001 l'**Organisation de coopération de Shanghai**, elle regroupe la Russie et quatre ex-républiques soviétiques d'Asie centrale. D'autres pays comme le Pakistan et l'Iran y sont associés comme observateurs ; l'objectif est aussi de lutter contre l'influence des États-Unis dans cette région.
- La Chine considère que son rôle, déjà essentiel en Asie orientale, est amené à s'étendre dans l'ensemble de l'**aire Asie-Pacifique**. Elle le montre en accueillant en novembre 2014, pour la deuxième fois, le Forum de coopération économique d'Asie-Pacifique (APEC, créé en 1989 et regroupant 21 pays) et en recevant à ce titre les présidents des États-Unis, de Russie, les Premiers ministres japonais et coréen.

Les phases de l'ouverture

Les années 1960-1970 : un retournement diplomatique
- Rupture avec l'URSS
- Rapprochement avec les États-Unis

Les années 1980 : l'ouverture économique
- Les grands deltas ouverts aux investissements étrangers
- L'afflux des IDE

Les années 1990 : « un pays, deux systèmes »
- La rétrocession à la Chine de Hong Kong (1997) et de Macao (1999)

Les espaces de l'ouverture
- Régions littorales ouvertes aux investissements étrangers densités de population élevées, PIB élevé
- Régions frontalières : densités de population faibles, PIB faible, régions à exploiter et à contrôler
- Régions intérieures, densités de population moyennes, PIB faible, réservoirs de main-d'œuvre
- Tibet Tensions politiques, ethniques et/ou religieuses
- Frontières fixées dans les années 1990

Les héritages de la guerre froide
- LAOS Régimes officiellement communistes
- Les bases américaines en Asie

La nouvelle donne géopolitique
- Le Japon, des contentieux anciens avec la Chine
- Les tensions géopolitiques et les contentieux territoriaux

DOC. 3 La Chine depuis 1960 : une ouverture incomplète.

3. Les limites de la puissance chinoise

a. Une puissance perçue comme menaçante en Asie

Malgré l'intensité des relations économiques et le règlement pacifique de plusieurs contentieux frontaliers, la Chine apparaît comme une menace aux yeux de nombreux pays d'Asie orientale. Les antagonismes sont parfois anciens et instrumentalisés par le pouvoir communiste, notamment contre le Japon. Cette région du monde est le lieu d'enjeux majeurs pour les États-Unis, présents militairement dans les pays auxquels ils apportent leur soutien : Japon, Corée du Sud ou encore Philippines…

b. La stabilité politique d'un régime autoritaire

- Après avoir lancé en 1978 les Quatre modernisations, Deng Xiaoping précise dès mars 1979 que la « cinquième », celle d'une libéralisation politique revendiquée par certains, est exclue : le **dogme d'un parti unique** et de son hégémonie est maintenu, y compris par la force comme la répression brutale du mouvement démocratique du printemps 1989 devait le montrer. La répression de mouvements considérés comme séparatistes au Tibet ou terroristes au Sinkiang est constante : ces deux régions périphériques de l'Ouest sont peuplées de « minorités ethniques » aux cultures religieuses très ancrées, bouddhiste dans un cas et musulmane dans l'autre. À l'automne 2014, le gouvernement de Pékin a en outre montré son opposition intransigeante aux revendications démocratiques de Hong Kong. Cette politique répressive, associée à une amélioration des conditions de vie de la population, assure aujourd'hui la stabilité du régime, mais elle compromet son image à l'étranger.

- La **question d'une libéralisation politique** est maintenant posée par de nombreux citoyens chinois, de mieux en mieux éduqués, informés, ouverts sur le monde malgré le contrôle et la censure des médias et d'Internet par le pouvoir. Plus que la question des droits de l'homme, qui ne concernent peut-être qu'une minorité d'intellectuels et de « dissidents », de nombreux mouvements de mécontentement, qualifiés d'« incidents de masse », se répandent dans le pays contre les dirigeants d'entreprises et les autorités locales du Parti communiste, contre la corruption, les expulsions illégales de paysans, les dégâts provoqués sur l'environnement. Le pouvoir central, et en particulier le président et secrétaire du Parti communiste depuis 2013, Xi Jinping, dénoncent les abus les plus visibles et prennent des sanctions pour satisfaire la population.

- Les **inégalités sociales** se sont accentuées et, hors des zones littorales développées, de nombreuses régions restent dans une situation de retard et de pauvreté. Cette situation, associée au ralentissement de la croissance économique depuis 2012 et à la perspective d'un vieillissement accéléré de la population, inquiète le pouvoir. L'ancien président Hu Jintao (2003-2013) a ainsi lancé l'objectif, sous forme de slogan, de la construction d'une « société harmonieuse » sur le modèle des préceptes confucéens.

c. Une puissance incomplète

Malgré ses immenses progrès dans tous les domaines et la reconnaissance de sa place de grande puissance, la Chine n'est pas encore une superpuissance. Ni son *hard power* ni son *soft power* ne sont comparables à ceux des États-Unis (voir la méthode et stratégie 2). Les autorités chinoises affirment d'ailleurs ne pas souhaiter accéder à ce statut, n'ayant pas d'objectif expansionniste ou hégémonique, ni de vision religieuse, politique ou philosophique à exporter dans le monde.

En 1949, la Chine a retrouvé sa souveraineté et, depuis, ses dirigeants utilisent la corde nationaliste pour légitimer leur pouvoir. Après trente années d'un pouvoir qui mettait l'idéologie communiste révolutionnaire au cœur de toutes les décisions, et qui a redonné une place à leur pays dans les relations internationales malgré les drames intérieurs, l'Empire du milieu a trouvé en un délai très court les chemins de la puissance. Elle est aujourd'hui un acteur central dans le monde.

REPÈRES

Chronologie

1er octobre 1949	Proclamation de la République populaire de Chine
1950	Traité d'alliance et d'amitié entre la Chine et l'URSS
1955	Participation à la conférence de Bandung
1960	Rupture sino-soviétique
1964	Premier essai atomique
1971	Entrée à l'ONU en remplacement de Taïwan
1972	Visite du président américain Nixon en Chine
1976	Mort de Zhou Enlai et de Mao Zedong
1978	Deng Xiaoping lance les quatre modernisations
1989	Répression place Tian'anmen
1997-1999	Récupération de Hong Kong et de Macao
2001	Entrée de la Chine à l'OMC Création de l'Organisation de coopération de Shanghai
2008	Jeux Olympiques de Pékin
2011	2e PIB mondial
2014	1er PIB mondial selon le FMI

Bibliographie et filmographie

- *La Chine, 1912-2012, d'un empire à l'autre*, Les collections de l'Histoire, n° 57, oct. 2012
- *La Chine des guerres de l'opium à nos jours*, La documentation photographique, Les Dossiers n° 8093, 2013
- BERGÈRE M.-C., *La Chine de 1949 à nos jours*, Paris, A. Colin, 2000
- ROUX A., *La Chine au XXe siècle*, Paris, A. Colin, 2006
- MO YAN, *La Mélopée de l'ail paradisiaque*, Paris, Seuil, 2005
- CARRÉ J.-M., *Chine, le nouvel empire - De l'humiliation à la domination*, Arte Éditions, 2013 ; à voir sur **www.arte.tv**

Biographies

- **Mao Zedong (1893-1976)**. Fondateur et dirigeant du Parti communiste. Organisateur de la lutte contre le régime de Tchang Kaï-Chek et dans la guerre contre l'agresseur japonais, il devient le chef d'État de la République populaire de Chine de 1949 jusqu'à sa mort en 1976. Il promeut certaines des bases de développement du pays ainsi qu'un rôle nouveau dans les relations internationales.
- **Deng Xiaoping (1904-1997)**. Aux côtés de Mao dans les années 1930, il occupe des postes importants au sein du Parti communiste. Il devient le dirigeant du pays de 1978 à 1992 et reste influent jusqu'à sa mort. Initiateur des réformes économiques et de l'ouverture qui mettent la Chine sur la voie d'un développement rapide, il s'oppose avec brutalité, au printemps 1989, au mouvement démocratique de Tien'anmen.

MÉTHODES ET STRATÉGIES

1 Étude critique de deux documents – La Chine et les pays du Sud

Montrez et expliquez le changement radical de la politique chinoise à l'égard des pays du Sud entre la période maoïste et aujourd'hui.

> Voir la méthode générale d'une étude critique de document en annexe (p. 518).
> Voir les sujets 1 du chapitre 4, 1 du chapitre 5, 1 du chapitre 6.

DOC. 1 Affiche de propagande chinoise de 1967.
Soutenir la lutte anti-impérialiste des peuples du monde.

DOC. 2 « La Chine et l'Amérique latine ».

« La Chine est devenue un acteur économique majeur en Amérique latine. Troisième partenaire commercial du sous-continent, elle pourrait à l'horizon 2014-2015 ravir la deuxième place à l'Union européenne. [...] Cette relation commerciale florissante témoigne pourtant d'une forte asymétrie : l'Amérique latine fournit presque exclusivement à la Chine des produits de base alors que cette dernière lui vend des biens manufacturés à forte valeur ajoutée. [...] Leader économique et politique régional, le Brésil demande à la Chine de corriger cette relation de type néocolonial qu'il subit lui aussi. En 2009, la Chine est devenue son premier partenaire commercial, détrônant les États-Unis. Les exportations du Brésil vers la Chine ont, en valeur, été multipliées par quinze depuis 2000. Mais en 2009, 73 % d'entre elles correspondaient seulement à trois produits : le minerai de fer, le pétrole et le soja.

Le Brésil subit, comme tout le monde, les effets de la sous-évaluation de la monnaie chinoise, le yuan. [...] Il se soucie des exportations que la Chine lui enlève dans son aire commerciale naturelle, l'Amérique du Sud. [...] Le Brésil fait enfin grief à la Chine de ne pas investir chez lui alors qu'il aura besoin de capital étranger, notamment pour organiser la coupe du monde de football 2014 et les Jeux olympiques 2016. »

■ Jean-Pierre Langellier, « Les grands pays émergents se retrouvent à Brasília », *Le Monde*, 16 avril 2010.

Analyse du sujet

> Analyser le thème et la consigne du sujet

Le sujet porte sur les relations de la Chine avec les pays du Sud, la Chine étant elle-même un pays en développement mais aussi une grande puissance émergente.

La consigne oriente le devoir vers l'étude et l'explication du changement de cette politique entre la période maoïste (1949-1976), caractérisée par le soutien de la Chine aux luttes des peuples du tiers-monde, et la situation actuelle où la Chine, nouvelle grande puissance, a des intérêts souvent différents de ceux des pays du Sud.

> Identifier, présenter les documents

Les deux documents sont de natures très différentes et surtout, produits à 43 années d'écart. Ils s'inscrivent dans deux époques entre lesquelles la politique de la Chine à l'égard des pays du Sud a radicalement changé.

- Le premier document est une **affiche de propagande** chinoise qui exprime le point de vue officiel du gouvernement. Daté de 1967, il traduit la volonté de la Chine de se placer à la tête du tiers-monde : les trois continents en développement et en lutte sont personnifiés sur l'affiche par trois personnages.

- Le deuxième document est un **extrait d'article du journal** *Le Monde* consacré aux relations entre la Chine et l'Amérique latine. Il propose une analyse de ces relations en 2010, à l'occasion du 2e sommet des BRICS réunissant les grandes puissances émergentes (Brésil, Russie, Inde, Chine et Afrique du Sud). Il met surtout l'accent sur les relations commerciales entre Brésil et Chine, et montre que la politique chinoise à l'égard du Brésil est contestée.

> Mobiliser, organiser ses idées

À travers l'affiche, la Chine veut montrer son soutien aux peuples du tiers-monde en lutte pour leur indépendance, comme par exemple le Vietnam (figuré au premier plan par la femme) en guerre contre les États-Unis, ou pour se dégager de la domination des impérialismes. Elle propose son modèle de socialisme, adapté aux pays pauvres du monde, et de lutte révolutionnaire mise à l'honneur lors de la révolution culturelle des années 1960.

L'article de journal montre l'ambiguïté des relations de la Chine avec les pays du Sud, dont elle fait encore partie. Devenue en 2010 la deuxième puissance mondiale, elle a maintenant des intérêts de grande puissance, qui peuvent apparaître comme une volonté de domination face à des pays, même importants, comme le Brésil.

> Relever les limites des documents

Ils ne montrent que des aspects partiels, voire limités du sujet. L'affiche ne permet pas de savoir comment la politique chinoise est reçue dans les pays du tiers-monde, où l'influence occidentale reste forte et où l'URSS veut également proposer son modèle socialiste en concurrence avec celui de la Chine. L'article de journal met l'accent sur les déséquilibres entre Chine et Brésil dans leurs relations commerciales, alors que les deux pays, depuis la visite du président chinois Hu Jintao en 2004, ont considérablement développé leurs relations de toutes sortes et expriment souvent des positions communes sur la scène internationale.

Bâtir le plan de l'étude de documents

Les deux documents sont pratiquement opposés et ne comportent pas de points communs. Leur explication doit se faire successivement pour montrer le changement radical de la politique chinoise à l'égard des pays dits du tiers-monde en 1967 – et appelés pays du Sud aujourd'hui : une Chine révolutionnaire aux côtés des peuples en lutte dans les années 1960 sous la présidence de Mao Zedong, une Chine devenue grande puissance économique défendant ses intérêts en 2010.

I. La Chine se présente comme un pays apportant au tiers-monde son soutien et son modèle socialiste

1. De la conférence de Bandung à la Tricontinentale (1955-1966)
2. Le modèle chinois peu suivi par les pays du tiers-monde

II. La Chine se différencie des pays du Sud par sa puissance et son rôle dans le monde

1. Chine et Brésil : des relations commerciales déséquilibrées
2. La Chine, puissance majeure des BRICS

Rédiger l'étude de document

> Rédiger les développements

Seule la première partie du corrigé est ici rédigée.

[I. La Chine se présente comme un pays apportant au tiers-monde son soutien et son modèle socialiste]

[1. De la conférence de Bandung à la Tricontinentale (1955-1966)]

L'affiche de propagande est, comme tout document de cette nature, de lecture facile et immédiate : sous le soleil rouge de la révolution communiste, le soleil levant des lendemains qui chantent, deux hommes et une femme regardent vers l'avant, vers l'avenir, avec enthousiasme et détermination. Ils symbolisent les peuples des trois continents dominés et pauvres qui constituent ce que l'on appelle alors, selon l'expression d'Alfred Sauvy, le tiers-monde : l'Afrique, l'Amérique latine et l'Asie.

Nous sommes douze ans après la conférence de Bandung (1955), où les pays sortis récemment de la colonisation et les mouvements indépendantistes ont exprimé leurs revendications et ont reçu le soutien de la Chine. En 1961, la conférence de Belgrade réunit 24 États qui forment le

mouvement des non-alignés ; si la Chine n'en fait pas partie, elle peut proposer son modèle de développement indépendant s'engageant sur une voie socialiste originale. En 1966, à La Havane (Cuba), naît une organisation qui aura une existence éphémère mais qui marque l'époque, la Tricontinentale : 82 pays y sont présents, souvent représentés non par leur gouvernement mais par des organisations révolutionnaires, parfois en guérilla contre les dirigeants de leurs États. La Chine y est présente et les États-Unis y sont dénoncés comme le principal ennemi.
Le personnage central de l'affiche, qui représente l'Amérique latine, est un homme armé. Les gouvernements chinois mettent en avant la lutte armée comme une nécessité des mouvements communistes pour faire la révolution et prendre le pouvoir. Mao Zedong n'hésite pas à évoquer la possibilité d'une guerre nucléaire dans laquelle l'impérialisme américain, qui n'est qu'un « tigre en papier », serait vaincu. C'est même l'un des sujets de discorde avec l'URSS, alors engagée dans une politique de détente avec les États-Unis. Cette glorification de la lutte armée se retrouve dans le célèbre film chinois de 1961, *Le Détachement féminin rouge*, et surtout dans le ballet qui s'en inspire et qui connaît alors un très grand succès en Chine.

[2. Le modèle chinois peu suivi par les pays du tiers-monde

Cette affiche ne montre pas l'isolement international de la Chine des années 1960 et l'échec de sa propagande. Ayant rompu avec l'URSS et les pays du bloc communiste, elle voit l'influence soviétique grandir à ses frontières, au Vietnam en guerre comme en Corée du Nord. Elle perd tout rôle en Indonésie après le coup d'État militaire de 1965 soutenu par les États-Unis et qui aboutit à l'interdiction du Parti communiste. Elle s'oppose une nouvelle fois à l'Inde dans un conflit frontalier.
Dans le reste du monde, son influence est minime. En Amérique latine, les guérillas communistes, comme celle emmenée par Che Guevara, ne font pas référence à l'expérience chinoise. Enfin, les deux visites qu'effectue le Premier ministre Zou Enlai en 1965 sur le continent africain ne rencontrent d'intérêt véritable qu'en Tanzanie.
Il est vrai que la Chine de l'époque maoïste, en proie aux troubles et aux violences de la « révolution culturelle », n'a pas grand-chose à offrir en dehors de ses discours et de son idéologie. Étant elle-même encore très pauvre, elle ne peut apporter aucune aide économique, technique ou financière. La situation va radicalement changer par la suite.

> Conclure une étude de documents

Conclure en dégageant l'intérêt historique des documents.

La comparaison des deux documents illustre, par le biais des relations entre la Chine et les pays du Sud, les changements spectaculaires de ce pays au cours des cinq dernières décennies. La Chine, qui était encore un pays très pauvre et essentiellement rural à la fin des années 1960, très fermé sur le plan économique, a connu une croissance tournant autour de 10 % par an depuis plus de trente ans jusqu'à devenir la deuxième puissance économique du monde en 2010 : c'est ce que montre le second document. Sa politique a radicalement changé : officiellement, elle reste un pays communiste fidèle aux enseignements du marxisme* et de la « pensée Mao Zedong » – la photo du « Grand Timonier » est toujours sur les murs de la Cité interdite et le mausolée contenant son corps embaumé sur la place Tian'anmen attire chaque jour les foules –, et le Parti communiste reste le parti unique. Mais la Chine ne se place plus, comme en 1967 (premier document), en leader des revendications du tiers-monde, terme d'ailleurs de moins en moins employé aujourd'hui ; elle ne propose plus un modèle révolutionnaire aux peuples déshérités en les incitant à la lutte contre l'impérialisme. Les intérêts économiques dominent aujourd'hui dans les relations entre la Chine et les pays du Sud, dont beaucoup se sont développés (telles les puissances émergentes regroupées au sein des BRICS).
La Chine devra démontrer au cours des prochaines années que son émergence se fait dans la coopération et non dans la recherche d'hégémonie (voir le sujet 1), que les relations avec les pays du Sud sont bénéfiques à tous et pas seulement à elle seule, que son statut de grande puissance n'induira pas un comportement néocolonial.

2 Composition

Les relations entre la Chine et les États-Unis depuis 1949

> Voir la méthode générale d'une composition en annexe (p. 515).
> Voir les sujets 2 du chapitre 4, 2 du chapitre 5, 2 du chapitre 6.

Analyser le sujet

> Analyser les termes du sujet

- Étudier les relations entre la Chine et les États-Unis demande d'abord de réfléchir aux différentes natures des relations qu'entretiennent ces deux pays. Les rapports politico-diplomatiques ont été ceux de deux ennemis et sont aujourd'hui ceux des deux principales puissances du monde ; ils incluent des discussions et des accords, mais aussi des tensions, voire des confrontations dans la région d'Asie-Pacifique où ils sont en contact. Les rapports économiques, commerciaux, financiers, d'abord inexistants, sont devenus considérables et créent une interdépendance entre les deux pays. Il ne faut pas négliger d'autres relations moins stratégiques mais en plein développement : échanges universitaires et touristiques, relations culturelles, flux migratoires…
- L'analyse des relations repose en partie sur la vision que chacun se fait de l'autre : dans ce domaine, la situation a beaucoup évolué depuis 1949, où la victoire des communistes était une défaite pour les États-Unis engagés dans la guerre froide. Aujourd'hui, les deux pays ont multiplié leurs échanges, les rencontres entre leurs dirigeants sont nombreuses, mais leur concurrence et les sujets de désaccord en font des adversaires potentiels.

> Dégager la problématique d'un sujet

- Le sujet regroupe l'étude des deux pays compris dans la partie du programme intitulée « Les chemins de la puissance ». Il doit donc conduire à comparer l'évolution respective de la puissance et de la place dans le monde des deux pays : la période, surtout depuis 1978, est essentiellement marquée par la montée en puissance de la Chine, même si les États-Unis restent encore la seule puissance globale.
- Comment, après avoir été des ennemis déclarés, la Chine et les États-Unis ont-ils normalisé leurs relations, politiques et économiques notamment, désormais essentielles pour les deux pays en dépit de désaccords persistants ?

Bâtir et rédiger le plan de la composition

> Mobiliser et organiser ses idées

Un plan thématique distinguerait dans une première partie les relations politiques et stratégiques des deux puissances, avant d'aborder dans une seconde partie les échanges économiques et culturels. Chaque partie serait structurée de façon chronologique.
Toutefois, en raison de l'imbrication des relations de toutes natures, et surtout des évolutions considérables des relations au cours de la période, un plan chronologique est plus pertinent et efficace pour traiter le sujet.

> Construire le plan de la composition

Trois périodes déterminent les trois parties du devoir.

I. Ennemis déclarés dans la guerre froide (1949-1972)

1. La Chine devient communiste, les États-Unis perdent un allié
a. La Chine s'aligne sur l'URSS
b. Les États-Unis développent leurs alliances militaires autour de la Chine
c. Les deux pays s'affrontent dans la guerre de Corée

2. Toujours adversaires dans les années 1960
a. Opposés dans la guerre du Vietnam
b. Une forte confrontation idéologique

[Transition] Un adversaire commun, l'URSS, rapproche les deux pays.

II. Des relations normalisées mais fluctuantes (1972-2001)

1. Le rapprochement entre les deux pays
a. Nixon à Pékin : l'URSS comme adversaire commun
b. Des relations commerciales naissantes

2. Des relations croissantes mais qui restent méfiantes des deux côtés
a. Des relations politiques compromises par la répression du mouvement de la place Tian'anmen en 1989…
b. … mais se poursuivent avec des rencontres fréquentes…
c. … et le développement d'échanges économiques et de migrations humaines

III. Des relations de plus en plus étroites entre deux puissances mondiales (2001-nos jours)

1. Développement des échanges économiques
2. L'amorce d'une coopération diplomatique face au terrorisme
3. Des rivalités nouvelles à la hauteur d'une puissance nouvelle

Rédiger la composition

Voici un exemple de rédaction de la partie III du devoir.

[III. Les relations de plus en plus étroites entre deux puissances mondiales]

[1. Développement des relations économiques]

En 2001, la Chine entre à l'OMC, s'engageant à baisser ses taxes douanières, à ouvrir son marché au secteur financier, à respecter les droits de la propriété intellectuelle : les États-Unis avaient donné leur accord en 1999. Les deux pays vont développer leurs échanges économiques de toutes sortes, avec, sur le plan commercial, un fort déséquilibre au profit de la Chine : celle-ci s'en sert pour financer le déficit budgétaire américain, ce qui augmente l'interdépendance des deux pays (voir le cours, II.1.b).

[2. L'amorce d'une coopération diplomatique face au terrorisme]

Toujours en 2001, les attentats du 11 septembre conduisent les deux gouvernements à accentuer leur coopération diplomatique : la Chine soutient l'intervention des États-Unis et de l'OTAN en Afghanistan ; les États-Unis placent, à la demande de la Chine, le « mouvement islamiste du Turkestan » sur la liste des organisations terroristes. La lutte contre le terrorisme devient un des enjeux majeurs des relations internationales en ce début de XXIe siècle et rapproche les deux pays. Toutefois, en 2003, la Chine s'oppose à l'intervention des États-Unis en Irak en l'absence de mandat de l'ONU.

[3. Les rivalités des deux premières puissances mondiales]

Les dirigeants des deux puissances se rencontrent fréquemment (dix rencontres avec Hu Jintao lors du premier mandat d'Obama). Les deux puissances ont cependant des projets concurrents pour établir une zone de libre-échange en Asie-Pacifique, chacun souhaitant écarter l'autre de cette future zone commerciale.
Surtout, des tensions régulières ressurgissent en mer de Chine, où les États-Unis soutiennent leurs alliés – et notamment le Japon – face aux revendications affichées de la Chine. En 2010, lors du forum régional de l'ASEAN, le ministre des Affaires étrangères chinois déclare face à ses partenaires et concurrents : « La Chine est un grand pays. Et les autres pays sont de petits pays. Voilà les faits ! » Une véritable lutte d'influence est désormais engagée : les États-Unis réaffirment leur position de puissance maritime et se réengagent comme leader dans cette région ; la Chine n'en est qu'à ses débuts dans ce domaine, avec son premier porte-avions inauguré en 2012 (voir les parties II.2.c et II.3.a du cours).
Cependant, ces points de tension ne nuisent pas aux relations et à la recherche d'une stabilité indispensable pour la Chine, dont l'objectif prioritaire reste le développement économique : la Chine propose aux États-Unis « une relation constructive et de coopération globale » lors de la visite aux États-Unis du président Hu Jintao en 2006.

Conclure une composition

- Dans un premier temps, **répondre à la problématique** posée en introduction.

La Chine et les États-Unis sont passés en un demi-siècle du statut d'ennemis, aux relations pratiquement inexistantes, à celui de puissances mondiales qui coopèrent malgré leurs différends. La guerre froide terminée, il n'y a pas de réel conflit idéologique malgré la différence de régime politique. Dans la mondialisation économique, les deux pays sont interdépendants. Dans le domaine stratégique, les États-Unis sont une puissance globale présente dans le monde entier, alors que la Chine est une puissance surtout influente en Asie orientale.

- **Le sujet permet une ouverture** sur l'évolution possible des relations des deux pays.

Les États-Unis, tenus par leurs engagements et leurs alliances dans le monde, ont refusé le « duopole » envisagé par la Chine. Mais ils n'ont plus la position hégémonique qui fut brièvement la leur dans les années 1990, alors que la Chine poursuit sa montée en puissance, entamée il y a plus de trente ans. En ce début de XXIe siècle, les deux pays sont maintenant engagés dans une confrontation qui se veut pacifique.

SUJETS DE TYPE BAC

1 Étude critique d'un document – La Chine et le monde aujourd'hui

60' (S)
90' (L, ES)

Vous montrerez et expliquerez les orientations actuelles de la politique extérieure de la Chine en portant un regard critique sur ce document en raison notamment des fonctions de son auteur.

> Voir la méthode générale d'une étude critique de document en annexe (p. 518).
> Voir les méthodes et stratégies 1 du chapitre 4, 1 du chapitre 5, 1 du chapitre 6.

DOC. « Face aux États-Unis, la Chine ne cherche pas l'hégémonie. »

« Chaque siècle a sa propre histoire. Le XXe siècle a été dominé par la guerre et la révolution violente. Mais tout a une fin. À l'approche des années 2000, l'histoire a basculé et le XXIe siècle devrait être marqué par la paix et le développement. Ce changement n'est pas fortuit, il a été amené par plusieurs facteurs. D'abord, les leçons des guerres mondiales du XXe siècle. L'humanité a compris qu'il était temps de mettre fin à ces tueries. Cette prise de conscience a trouvé son expression dans la Charte des Nations unies. Ensuite, c'est l'apparition des armes nucléaires. […]

Troisième facteur, l'interdépendance économique entre les nations n'a jamais été aussi profonde. […] Dernière cause de ce changement, les défis auxquels est confrontée l'humanité : changement climatique, terrorisme, pandémies, trafic de drogue, etc. L'humanité est condamnée à s'unir pour y faire face.

Ce basculement de l'histoire vers la paix et le développement a formé un puissant courant qui favorisera ceux qui l'accompagneront. À l'inverse, aller à contre-courant, en brandissant la guerre, sera puni. Les conflits d'Afghanistan et d'Irak ont été deux exemples éloquents […] et ont fini par affaiblir les États-Unis […].

Quant à la Chine, cherche-t-elle la suprématie en Asie-Pacifique ? Ma réponse est non. Ne jamais chercher l'hégémonie, c'est une politique constante de la Chine [affirmée] le 10 avril 1974 [par] Deng Xiaoping […] devant l'Assemblée générale de l'ONU. […] Tout le monde reconnaît le succès que la Chine a remporté dans la modernisation durant les trente-quatre dernières années. Ce succès a été acquis grâce à la coopération avec le reste du monde, pas contre celui-ci. […] C'est ce que nous appelons l'émergence pacifique. […]

Il est vrai qu'il existe des divergences, des frictions et parfois même des tensions dans les relations sino-américaines, mais tous les dirigeants chinois, de Deng Xiaoping à Hu Jintao, sont unanimes pour déclarer que les intérêts communs avec les États-Unis dépassent de loin les divergences. […]

■ Extraits de la tribune de Wu Jianmin, ancien ambassadeur de Chine en France, *Le Monde*, 9 novembre 2012.

2 Composition

La Chine et le monde depuis 1949

120' (S)
150' (L, ES)

> Voir la méthode générale d'une composition en annexe (p. 515).
> Voir les méthodes et stratégies 2 du chapitre 4, 2 du chapitre 5, 2 du chapitre 6.

CORRIGÉS

1 Étude critique d'un document – La Chine et le monde aujourd'hui

[Introduction]

Cet article, écrit au moment où le dirigeant chinois Xi Jinping prend ses fonctions de secrétaire général du Parti communiste chinois, présente les grandes lignes de la politique extérieure de la Chine alors que celle-ci suscite des inquiétudes parmi ses voisins de l'Asie-Pacifique et aux États-Unis. Il veut donc y répondre en confirmant les choix pacifiques de la Chine, déjà énoncés par le chef d'État, Hu Jintao, au début du XXIe siècle. L'auteur, Wu Jianmin, un diplomate chinois, exprime les idées des dirigeants de son pays. Il peut le faire librement, n'ayant à cette date plus de fonction officielle. Il s'adresse au public français, qu'il connaît bien pour avoir été ambassadeur en France, et fait également passer de façon non officielle auprès des autorités françaises le message de son pays, présenté comme partie prenante de la communauté internationale. La Chine est alors devenue la deuxième puissance économique du monde et son poids politique et militaire lui donne une influence importante dans les relations internationales.

Comment ce texte présente-t-il et explique-t-il les choix de la Chine en politique extérieure ; quel regard critique devons-nous porter sur ces analyses ?

Le texte est clairement organisé et le plan du devoir peut en suivre les grandes lignes, tout en procédant à son explication critique. Dans un premier temps, nous expliquerons le choix d'une Chine unie à la communauté internationale, puis nous analyserons la notion d'« émergence pacifique », qui serait le comportement de la Chine en partie opposé à celui des États-Unis.

[I. La Chine unie à la communauté internationale]

L'auteur affirme que « le XXe siècle a été dominé par la guerre et la révolution violente », et la Chine en est un exemple caractéristique : la guerre civile a opposé nationalistes et communistes de 1927 à 1949 ; le pays a été envahi et occupé par le Japon entre 1931 et 1945, subissant des dévastations et des massacres de grande ampleur ; puis, à partir de la prise de pouvoir par les communistes en 1949, un système dictatorial et des répressions de masse (comme lors de la « révolution culturelle » des années 1960) ont entraîné la mort de millions d'habitants, ce que les dirigeants chinois ne veulent pas reconnaître. Mais, selon Wu Jianmin, « le XXIe siècle devrait être marqué par la paix et le développement ». L'auteur procède alors à une **explication de toutes les caractéristiques de la mondialisation actuelle** qui exigent, d'après lui, que « l'humanité [soit] condamnée à s'unir ». Il fournit quatre sortes d'arguments (voir les chapitres 10 et 15 de géographie).

[1. « les leçons des guerres mondiales »]

Les guerres mondiales du XXe siècle ont été des « tueries ». « L'humanité a compris qu'il était temps [d'y] mettre fin. » Cet argument de raison n'empêche pas au XXIe siècle les guerres, qui prennent bien souvent la forme de conflits internes dans des régions en crise. L'« apparition des armes nucléaires », dont disposent officiellement sept pays, joue aussi en faveur du maintien de la paix au XXIe siècle. Pourtant, la seconde moitié du XXe siècle est traversé par la peur d'un conflit nucléaire : les détenteurs de cette arme ont ainsi signé divers accords, comme le traité de non-prolifération nucléaire, renouvelé en 1995 par pratiquement tous les pays du monde. **La Chine**, d'abord réticente, **est finalement signataire du traité**. Elle a cependant contribué à aider le Pakistan dans son programme nucléaire et elle soutient le régime nord-coréen, détenteur de cette arme.

[2. « la Charte des Nations unies »]

Cette volonté pacifique « trouve son expression dans la Charte des Nations unies », qui condamne les guerres, sauf en cas de légitime défense ou par résolution de l'ONU en riposte à une agression. La République populaire de Chine de Mao Zedong, qui n'était pas reconnue et ne siégeait pas à l'ONU, appelait pourtant à la lutte armée, à combattre l'impérialisme. Aujourd'hui, au contraire, avec son droit de veto au Conseil de sécurité, **la Chine s'appuie sur l'ONU**, souvent avec le soutien des pays du Sud, **pour s'opposer à ce qu'elle considère comme une ingérence dans les affaires intérieures** – par exemple en s'opposant, depuis 2012, à toute intervention en Syrie.

[3. « l'interdépendance économique entre les nations »]

Ce troisième facteur est décisif pour un pays ouvert dans le domaine économique, premier commerçant du monde, recevant et émettant des investissements en grande quantité. Cette **mondialisation des échanges**, dont la Chine est un des grands bénéficiaires, **nécessite des relations pacifiques pour se poursuivre**.

[4. « les défis auxquels est confrontée l'humanité »]

Enfin, Wu Jianmin veut montrer que la Chine est préoccupée par les grandes questions de la planète. Les défis du monde actuel exigent des réponses de l'humanité, condamnée à s'unir si elle veut les relever : « changement climatique, terrorisme, pandémies, trafic de drogue… ». Si l'on n'examine que le changement climatique, la Chine est devenue récemment le premier pays émetteur de gaz à effet de serre, avec notamment ses centrales électriques à charbon. La dégradation de l'environnement atteint dans le pays des niveaux inquiétants. Dans le même temps, elle développe de façon intensive la recherche dans le domaine des énergies vertes. Elle se dit prête à assumer ses responsabilités dans cette question, où la communauté internationale piétine pour l'instant : elle a, pour la première fois, fixé en novembre 2014 des objectifs chiffrés de diminution de ses émissions de gaz à l'horizon 2030.

[Transition]

En prenant toute sa place dans le monde en tant que grande puissance, la Chine veut également montrer qu'elle le fait sans ambition hégémonique.

[II. « L'émergence pacifique » de la Chine]

La deuxième partie de l'article développe la notion d'« émergence pacifique », idée formulée par les dirigeants chinois depuis le début du XXIe siècle et destinée à rassurer tous ceux que la montée en puissance de la Chine inquiète.

[1. La Chine critique les interventions des États-Unis]

L'article fournit d'abord le contre-exemple des États-Unis, qui mènent une politique interventionniste « en brandissant la guerre ». Pour les Chinois, « les conflits d'Afghanistan et d'Irak ont été deux exemples éloquents » : ces deux interventions, dont celle contre l'Irak menée sans mandat de l'ONU, « ont fini par affaiblir les États-Unis ». L'analyse chinoise rejoint celle d'une grande partie de la communauté internationale **hostile à la politique unilatérale des États-Unis** – et la situation actuelle dans ces deux pays semble justifier les critiques adressées aux États-Unis.

La Chine se donne ici le bon rôle, celui d'un pays respectueux du droit international, intransigeant quant au respect de la souveraineté des États.

[2. La Chine en Asie orientale]

Le diplomate avance que son pays ne cherche pas « la suprématie en Asie-Pacifique ». Certes, de nombreux accords ont été signés par la Chine avec les pays d'Asie orientale. Elle ne manifeste de menace directe contre aucun d'entre eux, même sur la question sensible de Taïwan, où la République populaire de Chine a abandonné depuis 1978 le terme de « libération de l'île » pour celui de « réunification pacifique ». La Chine est désireuse de **maintenir la stabilité régionale**, son soutien à la Corée du Nord est en partie justifié par sa crainte d'un effondrement de ce pays allié et frontalier.
La Chine maintient cependant des revendications territoriales en mer de Chine, et elle conteste depuis 1895 au Japon la souveraineté des îles Senkaku (appelés Diaoyu en Chine). Ce conflit territorial non armé, sur fond de nationalismes opposés et de contrôle des ressources naturelles, donne régulièrement lieu à des incidents révélateurs de la volonté chinoise de s'assurer le leadership régional. Cette question est l'une de celles qui témoignent de « divergences, frictions dans les relations sino-américaines », les États-Unis apportant leur soutien à leur allié japonais. L'auteur de l'article estime cependant que « les intérêts communs avec les États-Unis dépassent de loin les divergences », preuve selon lui que **la Chine n'a pas de volonté hégémonique**, une politique constante depuis le discours de Deng Xiaoping à l'ONU en 1974.

[3. La Chine et le monde dans le domaine économique]

La puissance économique récente de la Chine pouvant inquiéter, Wu Jianmin veut rassurer sur les intentions de son pays, dont les succès ont été « acquis grâce à la coopération avec le reste du monde, pas contre celui-ci ». Si les échanges commerciaux et financiers de la Chine avec ses partenaires sont souvent profitables aux deux parties, la Chine est souvent dénoncée pour ses méthodes, réelles ou supposées : espionnage industriel et contrefaçon, concurrence déloyale de ses entreprises bénéficiant des aides de l'État, normes sociales et environnementales moins contraignantes, pillage des ressources et des terres de pays pauvres…

[Conclusion]

Cette tribune signée par un ancien diplomate chinois expose de façon synthétique la vision du monde qui est celle de la Chine, sa place nouvelle dans les relations internationales, son émergence « pacifique », son absence de volonté hégémonique. La Chine est au cœur de la mondialisation économique et est le partenaire incontournable de la plupart des pays du monde. Elle joue un rôle croissant dans des institutions comme le FMI et la Banque mondiale, quitte à en critiquer le fonctionnement. Elle dispose d'un pouvoir politique et diplomatique dans sa région, mais aussi à l'échelle mondiale où elle se présente comme partenaire privilégié et concurrent des États-Unis.
Cette version fait silence sur les sujets qui opposent la Chine à d'autres pays, sur son absence d'implication dans de nombreuses questions mondiales, sur sa puissance militaire nouvelle, pour ne mettre en avant que son engagement dans une approche pacifique et multilatérale des relations internationales.

2 Composition – La Chine et le monde depuis 1949

Voici une proposition de plan détaillé. Seules l'introduction et la conclusion sont rédigées.

[Introduction]

Après le « siècle de la honte », selon la terminologie officielle chinoise, la Chine retrouve son indépendance en 1949 et affirme son rôle sur la scène internationale. Elle reste encore isolée et sous-développée lors de la période maoïste, avant de s'ouvrir et de devenir l'une des principales puissances ayant aujourd'hui de fortes relations avec le reste du monde.

Comment ce changement spectaculaire s'est-il opéré, quels chemins de la puissance ont conduit la Chine à retrouver une place de premier rang dans le monde ?

Nous analyserons d'abord l'évolution du rôle de la Chine dans le monde sur le plan politique et diplomatique, puis les changements de ses rapports au monde en raison de la progression de sa puissance.

[I. De l'isolement politique à un rôle mondial reconnu]

[1. L'époque maoïste : une souveraineté retrouvée mais un isolement politique]

- Alliance avec l'URSS (participation à la guerre de Corée dans un premier face-à-face avec les États-Unis) et non reconnaissance internationale (Taïwan représente la Chine à l'ONU).
- Un isolement accentué après la rupture avec le bloc communiste en 1960, une audience limitée dans le tiers-monde malgré une intense propagande auprès des pays non-alignés.
- Sortie progressive de l'isolement et place accrue de la Chine dans le monde : accession à la puissance nucléaire (1964), entrée à l'ONU avec le statut de membre permanent au Conseil de sécurité (1971) et rapprochement avec les États-Unis (visite de Nixon en Chine en 1972).

[2. L'émergence et l'affirmation d'une puissance mondiale depuis 1978]

- La Chine, puissance régionale : amélioration des relations de voisinage en dépit de certaines tensions persistantes aussi bien avec le Japon (malgré un traité de paix signé en 1977) qu'avec l'Inde (contestations territoriales). La Chine participe aux décisions de l'ASEAN, elle est à l'initiative de la création de l'Organisation de coopération de Shanghai avec la Russie.
- Des ambitions à l'échelle mondiale : la Chine se présente comme une puissance mondiale pacifique, sans volonté hégémonique, respectueuse de la souveraineté des États, reconnaissant le caractère multipolaire du monde. Participation à des opérations de maintien de la paix décidées par l'ONU, organisation où elle joue un rôle croissant, de même qu'au sein du G20. Elle entretient des relations étroites avec les grands pays émergents*, dont les BRICS. Relations fortes et rivalité avec les États-Unis.
- Modernisation de l'armée chinoise disposant d'un budget en forte progression pour se doter d'une flotte de haute mer et sécuriser ses approvisionnements, notamment énergétiques.

[Transition]

Pour les dirigeants chinois, leur pays retrouve la place qui était la sienne avant les révolutions industrielles du XIXe siècle et la période où il fut dominé par des puissances étrangères : c'est « la renaissance de la nation », qui s'appuie sur une économie devenue la deuxième du monde, et même la première en 2014 par le PIB selon le FMI.

[II. Du sous-développement à la puissance mondiale]

[1. Un pays du tiers-monde sans moyens d'influence]

- En 1949, la Chine est un pays très pauvre manquant de moyens financiers et technologiques. La progression des productions agricoles peine à suivre celle, rapide, de la population. L'influence du modèle socialiste chinois reste faible dans les pays en développement.
- Les troubles politiques intérieurs (« Grand Bond en avant » et « révolution culturelle ») entraînent des drames humains, désorganisent l'économie et affaiblissent le rôle de la Chine dans le monde.

[2. Ouverture et modernisation économiques comme moyen de la puissance mondiale à partir de 1978]

- Une ouverture contrôlée de l'économie (« économie socialiste de marché » restant dirigée par l'État), des investissements (à partir de Hong Kong et de la diaspora chinoise) et du territoire (les ZES du littoral avant une ouverture complète) à partir de 1978 (les « Quatre modernisations » de Deng Xiaoping), puis l'extension des réformes en 1992.
- Une croissance économique forte et continue (10 % par an depuis 1980) : la Chine joue le rôle de moteur dans l'économie mondialisée grâce aux flux commerciaux et financiers qu'elle génère ; ses relations s'étendent à la planète entière, elle devient le premier partenaire, et parfois le concurrent, de nombreux pays.
- Des relations et une influence dans le domaine culturel : accroissement récent du *soft power* (universités, cinéma, mode, Instituts Confucius diffusant la langue et la culture chinoises, radio et télévision internationales, organisation d'événements mondiaux comme les JO de Pékin en 2008, destination touristique de plus en plus recherchée...). Pas d'intention affirmée (ni la capacité) à diffuser son modèle resté, sur le plan politique, celui d'un régime autoritaire à parti unique.

[Conclusion]

Sortie de la domination étrangère en 1949, restée isolée et sous-développée dans les années qui ont suivi la prise du pouvoir par Mao Zedong, la Chine a développé ensuite des relations avec le reste du monde, utilisant la puissance économique pour être un acteur majeur des relations internationales. Le rôle nouveau de l'« Empire du milieu » est un des facteurs principaux dans la recomposition des équilibres mondiaux, dans le basculement du monde vers les pays du Sud.

CHAPITRE 6 Séries L, ES et S

Le Proche et le Moyen-Orient, un foyer de conflits depuis la fin de la Première Guerre mondiale

COURS

Le Proche et le Moyen-Orient, un foyer de conflits depuis la fin de la Première Guerre mondiale

Le Proche et le Moyen-Orient comptent parmi les zones les plus instables au monde depuis le partage de l'Empire ottoman, il y a près d'un siècle. Cet espace, qui s'étend de l'est de la Méditerranée (Turquie au nord, Égypte au sud) jusqu'à l'Iran et à la péninsule Arabique, est une zone de convoitises, de tensions et de conflits aux origines complexes. L'instabilité de cette région a des répercussions à toutes les échelles, même planétaire. Comment expliquer que le Proche et le Moyen-Orient soient, depuis la fin de la Première Guerre mondiale, un foyer majeur de conflits régionaux aux enjeux internationaux ?

I. Un cumul de convoitises et de tensions

1. Des divisions culturelles

a. Trois peuples majoritaires

Les **Arabes** sont le peuple majoritaire avec environ 200 millions d'individus. Viennent ensuite les Perses ou Iraniens (65 millions de personnes), puis les Turcs (60 millions). De nombreuses minorités peuplent le Proche et le Moyen-Orient. Les **Kurdes**, avec 30 à 35 millions d'individus, sont la plus importante. Ils sont présents dans quatre pays – la Turquie, l'Irak, l'Iran et la Syrie – si on excepte la diaspora. Cette minorité sans État est régulièrement victime de discriminations et de persécutions. Elle revendique la création d'un État autonome, le Kurdistan.

b. Le berceau des trois monothéismes

- La **religion musulmane** est la plus répandue au Moyen-Orient. Le sunnisme est le courant majoritaire dans le monde musulman et dans cette région du monde. Le chiisme est présent en Iran, en Irak et au Liban. Il existe aussi des groupes minoritaires, comme les Druzes ou les Alaouites.

- Les **chrétiens** (environ 13 millions d'individus) sont dispersés en une douzaine de communautés, les unes reconnaissant l'autorité de Rome (les maronites au Liban), les autres formant des églises autonomes de rite orthodoxe (les coptes en Égypte).

- Les **Juifs** sont un peu plus de 6 millions au Moyen-Orient, très majoritairement en Israël. Ils étaient autrefois dispersés dans tout le Moyen-Orient. Leur migration vers la Palestine débute dans les années 1920, dans la mouvance du sionisme de Theodor Herzl. L'immigration vers Israël se poursuit dans le cadre de l'*aliyah*, le droit au retour. Plus de 90 000 Juifs de France ont quitté l'hexagone depuis 1948. La colonisation des Juifs s'est heurtée très vite aux populations arabes de la région. La terre est ainsi un enjeu majeur des guerres israélo-arabes, puis du conflit israélo-palestinien.

2. Des tensions pour le partage de l'eau

a. Des ressources inégalement réparties

Les fortes concentrations humaines se situent le long des fleuves, qui permettent l'irrigation pour l'agriculture et l'approvisionnement en eau des villes. Les terres fertiles se concentrent autour des vallées fluviales du Nil, du Jourdain, du Tigre et de l'Euphrate. L'eau est une ressource inégalement répartie et disputée. La Turquie et l'Irak disposent de plus de 3 000 m³/an/habitant. Avec moins de 200 m³/an/habitant, les Territoires palestiniens (Cisjordanie-Gaza) sont dans une situation de « stress hydrique ».

b. Des besoins en eau croissants

La **croissance démographique**, constante dans ces régions, associée à la hausse du niveau de vie moyen, entraîne une consommation en eau par tête plus élevée. L'agriculture s'est également intensifiée pour répondre à l'expansion démographique. Enfin, les besoins de l'industrie et du tourisme accentuent la tension liée à cette ressource. Les eaux du Tigre et de l'Euphrate sont ainsi l'objet de **tensions permanentes** entre la Syrie, l'Irak et la Turquie, cette dernière en contrôlant les sources et ayant multiplié les barrages à ses frontières. Celles du bassin du Jourdain sont disputées par la Syrie, la Jordanie et Israël.

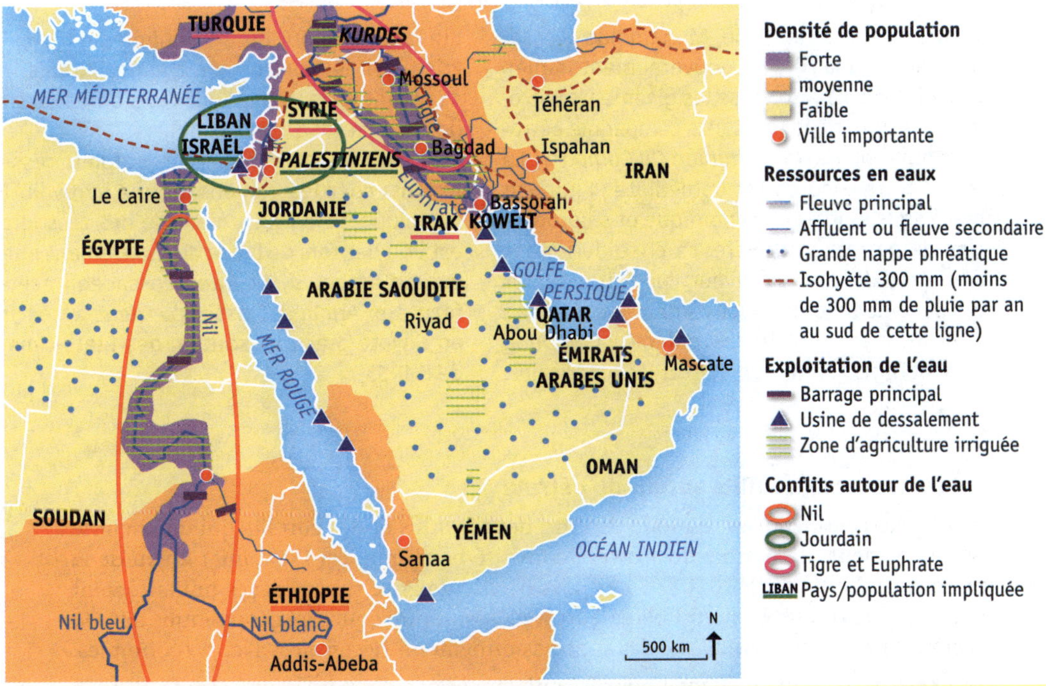

DOC. 1 Les tensions autour de l'eau au Proche et au Moyen-Orient.

3. L'exploitation des hydrocarbures : une source de tensions

a. La question du contrôle des ressources

- Le Moyen-Orient détient 40 % des réserves mondiales de gaz et 70 % des réserves de pétrole. La maîtrise de ces **hydrocarbures** est source de convoitises. Dès le début du XXe siècle, l'essor industriel occidental pousse des compagnies privées occidentales, les *majors*, à s'implanter dans la région. Les États-Unis et le Royaume-Uni contrôlent la production, le prix et l'acheminement du pétrole. Au lendemain de la Seconde Guerre mondiale, des États de la région souhaitent prendre le contrôle de cette exploitation d'hydrocarbures en augmentant leur participation dans les compagnies pétrolières ou en les nationalisant.

- La création de l'**OPEP*** en 1960 montre la volonté des États arabes de s'approprier leurs ressources par la maîtrise de la production et des prix. En 1973, lors de la guerre du Kippour, ils augmentent fortement le prix du pétrole et frappent d'embargo les alliés d'Israël, provoquant ainsi le premier choc pétrolier.

La nationalisation du pétrole iranien en 1951

- Nationaliste farouche, Mohammad Mossadegh arrive à la tête du gouvernement iranien en avril 1951. Il nationalise les gisements pétroliers et exproprie la puissante compagnie pétrolière britannique *Anglo-Iranian Oil Company*. La réaction de Londres est immédiate : l'Iran est placé sous embargo économique et sa production de pétrole s'effondre. La crise dure deux ans et se dénoue en faveur des Britanniques qui font et défont le gouvernement du Shah et de Mossadegh. L'*Anglo-Iranian Oil Company* devient *British Petroleum* (BP) et les Américains, qui ont soutenu les Britanniques dans cette crise, font leur entrée sur le marché iranien. Ils s'implantent encore davantage après la crise de Suez en 1956.

- L'événement a nourri de profonds ressentiments chez les Iraniens jusqu'à la révolution islamique de 1979. La maîtrise des ressources est l'un des fers de lance du mouvement nationaliste arabe. Si, en Iran, Mossadegh échoue face aux Anglais, Nasser parvient à ses fins en Égypte grâce au soutien des États-Unis et de l'URSS.

b. Les nouveaux conflits autour du pétrole

- Le pétrole est souvent en toile de fond des tensions et des conflits qui touchent le Moyen-Orient. Le pétrole du Koweït, convoité par l'Irak, est le premier enjeu de la **guerre du Golfe**, en 1990-1991. Les pays occidentaux se sont engagés militairement dans le cadre de l'ONU pour libérer le Koweït, assurer un équilibre géopolitique dans la région et préserver la régularité des approvisionnements nécessaires à leurs économies.

- Le pétrole est un enjeu vital pour les puissances occidentales et une arme politique aux mains des États producteurs. Le pétrole est aussi facteur de déséquilibres régionaux entre les pays producteurs et ceux qui en sont dépourvus comme la Turquie, l'Afghanistan ou le Liban.

* Les mots suivis d'un astérisque sont définis dans le lexique.

II. Une histoire politique et diplomatique complexe

1. La domination de l'Occident sur le Proche et le Moyen-Orient

a. La présence européenne jusqu'aux années 1950

- Pendant la Première Guerre mondiale, l'Empire ottoman s'engage du côté de l'Allemagne. Le traité de Sèvres, en 1920, démantèle l'Empire : la Société des Nations confie, sous forme de mandats, la Syrie et le Liban à la France, la Palestine et l'Irak à la Grande-Bretagne. La France et la Grande-Bretagne gardent leur influence sur la région au lendemain de la Seconde Guerre mondiale, mais se heurtent aux sentiments **nationalistes** de ces jeunes États devenus indépendants.
- En Égypte, c'est une compagnie franco-britannique qui exploite le canal de Suez. Pour financer la construction du barrage d'Assouan sur le Nil, Gamal Nasser, le président égyptien, décide en 1956 de nationaliser ce canal. Cette action déclenche une intervention militaire conjointe de la France et de la Grande-Bretagne, avec l'appui d'Israël. La pression simultanée des États-Unis et de l'URSS les contraint à se retirer. La crise de Suez vient confirmer la perte d'influence des anciennes puissances coloniales sur la région et l'émergence politique du tiers-monde. Nasser fait partie des fondateurs du mouvement des non-alignés et prouve l'irruption du Moyen-Orient sur la scène internationale. Le **panarabisme** cherche à unir tous les peuples arabes en une seule nation, dans un monde devenu bipolaire.

b. Un théâtre de la guerre froide

Les États-Unis et l'URSS utilisent les tensions internes à la région pour défendre leurs intérêts et leur zone d'influence. La politique américaine **d'endiguement** du communisme aboutit à la signature du pacte de Bagdad en 1955 entre la Turquie, la Grande-Bretagne, le Pakistan, l'Iran et l'Irak. L'Arabie saoudite, la Jordanie et Israël bénéficient de l'alliance politique et militaire des États-Unis. Pour contrebalancer l'influence américaine, l'URSS soutient les pays arabes dans leur lutte contre Israël.

c. Les États-Unis, « gendarmes » de la région depuis 1990

- À la suite de l'invasion du Koweït par l'Irak, en août 1990, les États-Unis prennent la tête de l'opération « Tempête du Désert » (janvier-février 1991). Cette intervention fonde un **nouvel ordre mondial** qui repose, selon le président George H. Bush, sur le multilatéralisme et le respect du droit international.
- Aussi, les États-Unis poussent Israël, les pays arabes et l'OLP, à reprendre les négociations. Elles débouchent sur les accords de reconnaissance mutuelle d'Oslo (1993-1995) qui prévoient la création d'une autorité palestinienne en Cisjordanie et dans la bande de Gaza. L'intervention des États-Unis en Irak en 2003 marque le retour à un nouvel unilatéralisme. Cette hégémonie renforce **l'antiaméricanisme** au sein des populations arabes ou musulmanes.

2. Le contexte politique des conflits

a. Des frontières récentes, imposées de l'extérieur et instables

Les frontières du Proche-Orient résultent du découpage de l'Empire ottoman par la France et le Royaume-Uni au lendemain du premier conflit mondial. L'Irak devient indépendant dès 1932, le Liban, la Syrie et la Jordanie le deviennent en 1946. Le

Royaume-Uni quitte la Palestine en 1948 et accorde l'indépendance au Koweït (1961), au Yémen (1967), puis aux Émirats du Golfe (1971). Ces frontières sont l'enjeu de tensions. La Syrie considère qu'elle a été dépossédée du Liban et ne le reconnaît qu'en 2008.

b. La question de la démocratie

- Lorsqu'ils accèdent à l'indépendance, les pays du Proche et du Moyen-Orient n'ont pas de tradition démocratique. Ces pays connaissent alors, dans les années 1950-1960, de nombreux coups d'État et la multiplication d'assassinats politiques. Des militaires parviennent au pouvoir par la force, comme Hafez el-Assad en Syrie en 1970. Son fils Bachar lui succède en 2000. Des dirigeants autoritaires s'installent dans la longue durée, à l'exception d'Israël.

- L'évolution actuelle des sociétés semble balayer les régimes en place. Une jeune opinion publique revendique plus de démocratie et un partage plus juste des richesses locales. Elle se nourrit de l'ouverture sur le monde, des nouvelles technologies de communication et de l'accès à l'éducation des femmes. Le « printemps arabe » naît fin 2010 en Tunisie et souffle sur le Proche-Orient en 2011. Hosni Moubarak, qui gouverne l'Égypte depuis trente ans, doit quitter le pouvoir en février 2011. En Syrie, ce mouvement débouche sur une guerre civile. L'ensemble de la région paraît être en cours de recomposition, avec l'instauration par l'État islamique (Daech) d'un « califat » à cheval sur la Syrie et l'Irak. Même Israël connaît un mouvement de contestation, « les indignés », qui dénonce les inégalités dans la société, la hausse du coût de la vie et la corruption de certains membres du gouvernement.

c. Les revendications identitaires des communautés

- L'enchevêtrement des peuples dans la région a rendu quasiment impossible la création d'**États-nations**. D'importantes minorités n'ont pas de territoire propre, à l'image des Kurdes. Le traité de Sèvres de 1920 prévoyait pourtant la création d'un Kurdistan. Mais ce projet est abandonné avec le traité de Lausanne (1923). Le dirigeant turc Mustafa Kemal rejette l'existence de ce peuple par une politique d'assimilation forcée. Le **PKK** (Parti des travailleurs du Kurdistan) lutte en Turquie depuis 1978 pour la reconnaissance des droits culturels, voire de l'autonomie. En Irak, en revanche, les Kurdes disposent d'un statut de large autonomie depuis 2003. Les minorités tiennent donc une place importante dans les enjeux de pouvoir. Elles peuvent être mises à l'écart, comme les Kurdes de Turquie et de Syrie, ou les Arabes d'Iran ou d'Israël. Parfois, elles sont au pouvoir, comme les Alaouites en Syrie.

- Les **déplacements de populations**, volontaires ou forcés, et le problème des réfugiés découlent des aspirations identitaires des peuples de la région, en même temps qu'ils en témoignent. La question palestinienne déstabilise toute la région. Le Liban est confronté à une importante présence de réfugiés palestiniens dès 1948 et encore plus après leur expulsion de Jordanie en 1970. Le Liban sombre dans une guerre civile entre 1975 et 1990, dans laquelle interfèrent la Syrie, Israël et l'Iran.

3. Les conflits autour de la création et de l'existence de l'État d'Israël

a. La difficile naissance d'Israël

Avec son fondateur Theodor Herlz, le **sionisme** devient, à la fin du XIXe siècle, un projet politique qui vise à doter les Juifs d'un État en « Terre d'Israël ». Il s'inscrit dans le prolongement du mouvement des nationalités et en réaction à la montée de l'antisémitisme en Europe. Cette aspiration est reconnue par la déclaration du Britannique Lord Balfour en 1917. À la suite du génocide des Juifs pendant la Seconde Guerre mondiale, l'ONU adopte en 1947 un plan de partage de la Palestine entre Arabes palestiniens et colons juifs. David Ben Gourion proclame la naissance de l'État d'Israël le 14 mai 1948. Les pays arabes voisins rejettent ce plan de partage et attaquent le jeune État. La victoire israélienne est rapide et lui offre 77 % de l'ancienne Palestine contre les 56 % octroyés en 1947. L'Égypte administre la bande de Gaza. La Transjordanie occupe Jérusalem-Est et la Cisjordanie, qui devient dès lors la Jordanie. Il n'y a plus d'État arabe palestinien. C'est la *Nakba*, la « catastrophe » : 700 000 Palestiniens prennent le chemin de l'exil. Seuls 150 000 demeurent en Israël.

b. Les guerres israélo-arabes

- Trois autres conflits succèdent à la première guerre israélo-arabe. En 1956, Ben Gourion décide de participer à l'attaque franco-britannique de Suez. L'armée israélienne, Tsahal, envahit le Sinaï puis se retire sous la pression américano-soviétique. En 1967, durant la guerre des Six Jours, une nouvelle attaque éclair d'Israël conduit à l'occupation du plateau du Golan, de la Cisjordanie, de la bande de Gaza et du Sinaï. Israël refuse de se soumettre à la **résolution 242 de l'ONU** en se maintenant dans les territoires occupés. Elle y engage même une politique de colonisation. Toutefois, en 1973, lors de la guerre du Kippour, Tsahal repousse plus difficilement une offensive surprise des Égyptiens et Syriens dans le Sinaï.
- L'**Organisation de libération de la Palestine (OLP)** est créée en 1964. Elle encourage des actions de guérilla depuis les pays arabes voisins et le terrorisme. Mais ses relations avec les États arabes sont aussi par moments tendues, comme le montre le violent refoulement des réfugiés palestiniens de Jordanie lors de « Septembre noir », en 1970.
- En 1977, la visite surprise à Jérusalem du président égyptien Anouar el-Sadate débouche sur l'**ouverture de négociations en 1978** à Camp David (États-Unis). Un an plus tard, la paix est signée entre les deux pays, puis avec la Jordanie en 1994. Ces rapprochements divisent le camp arabe mais montrent que les conflits liés à l'existence d'Israël impliquent désormais moins d'États.

c. La question palestinienne

- Israël évacue définitivement le Sinaï en 1982 mais intensifie la colonisation des Territoires palestiniens. Elle intervient militairement au Liban la même année avec l'opération « Paix en Galilée » afin de réduire la résistance palestinienne. Tsahal soutient les milices chrétiennes libanaises lors du massacre dans les camps palestiniens de Sabra et de Chatila. Israël se retire du Sud-Liban en 2000. Le conflit reprend à l'été 2006 entre la milice chiite du Hezbollah et l'État hébreu.

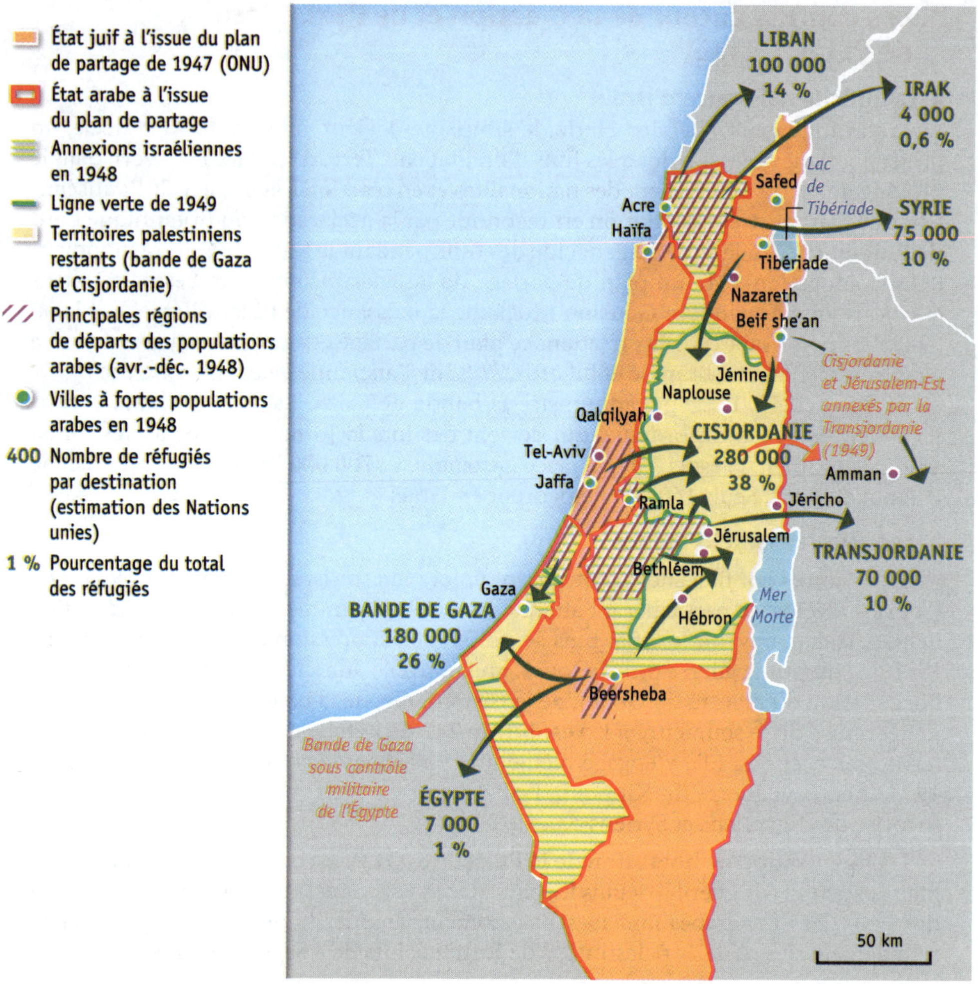

DOC. 2 Les conséquences territoriales et humaines de la première guerre israélo-arabe (1948).

En 1987, les Palestiniens déclenchent une première *intifada* (« révolte ») contre l'armée israélienne dans les territoires occupés. La répression est massive. Elle conduit à la création du mouvement de lutte palestinien islamiste du Hamas mais aussi, avec le soutien américain, aux **accords d'Oslo (1993-1995)** signés entre le Premier ministre israélien Yitzhak Rabin et le dirigeant de l'OLP, Yasser Arafat. L'Autorité palestinienne et Israël se reconnaissent mutuellement.

Toutefois, le processus de paix s'enlise rapidement. Les extrémistes des deux camps refusent tout compromis. Les implantations massives de colonies juives dans les Territoires palestiniens, la multiplication d'attentats, le lancement d'une seconde *intifada* en 2000 et la construction par Israël d'un mur de séparation renforcent les tensions. Parallèlement, l'éclatement de l'unité palestinienne devient manifeste en 2007 lorsque le Hamas s'empare du pouvoir à Gaza. Le rétablissement de la paix entre Israël et ses voisins ainsi que la reconnaissance d'un État palestinien ne sont pas acquis.

III. La montée de l'islamisme politique depuis les années 1970

1. Des causes multiples à l'essor de l'islamisme politique

a. Le rejet de l'occidentalisation

- Le démantèlement de l'Empire ottoman en 1920 et l'abolition du **califat** en 1924 posent la question du lien entre islam et pouvoir politique. En Turquie, Mustapha Kemal fait le choix de la laïcité qui va de pair avec l'occidentalisation du pays. Mais, dans l'ensemble du monde arabe, les islamistes – partisans des courants les plus radicaux de l'islam – rejettent ce modèle occidental de l'État-nation et de l'État laïc. Pour eux, seul le respect de la loi islamique (la **charia**) permettrait de recréer la communauté des croyants, l'*umma*.

- Par leur action sociale, culturelle et éducative, **les mouvements islamistes s'enracinent** et recrutent dans les couches sociales les plus modestes. Ils séduisent aussi la jeunesse des classes moyennes, diplômée et souvent sans emploi, dans des États autoritaires et parfois corrompus : l'islamisme est pour elle un moyen de s'opposer politiquement. Les islamistes veulent ainsi fédérer une jeunesse très nombreuse dans l'opposition à l'occidentalisation. L'islam politique apparaît donc comme un repli identitaire dans le processus de mondialisation.

b. Un combat contre Israël

- La présence occidentale au Proche et Moyen-Orient et son soutien au jeune État d'Israël est une autre raison de l'essor de l'islamisme. Les islamistes prennent pour cible les États-Unis, qui représentent selon eux une culture matérialiste et impérialiste. L'islam politique a pris la place du nationalisme, particulièrement là où il a échoué. Nasser a incarné ce mouvement panarabe : la lutte contre Israël était un ciment du mouvement.

- Or, la défaite de 1967 durant la guerre des Six Jours fait perdre à Nasser son influence dans le monde arabe et relance la question palestinienne. L'islamisme s'en empare et s'implante dans la région. Les Frères musulmans, actifs dans les territoires occupés, créent le Hamas au lendemain du déclenchement de la première *intifada*, en 1987. Il concurrence les mouvements nationalistes palestiniens plus anciens, comme le Fatah de Yasser Arafat.

2. Les manifestations de l'islamisme politique au Moyen-Orient

a. La prise du pouvoir

- La sphère religieuse interfère avec le pouvoir politique au Proche et au Moyen-Orient. Depuis le XVIIIe siècle, la monarchie des Saoud s'appuie sur la doctrine islamique **wahhabite** pour régner dans la Péninsule arabique. Cette monarchie se sert de son influence politique et économique actuelle pour étendre l'islam wahhabite et contenir les autres mouvements.

- Depuis les années 1970, l'islamisme politique se renforce dans cette région. Les différents mouvements n'hésitent pas à recourir à la violence, sous forme d'attentats (Égypte) ou de guerre civile (Liban, Irak) pour accéder au pouvoir. C'est un échec, mis à part en Iran, où l'ayatollah Khomeyni fonde en 1979 une République islamique, basée sur une constitution autoritaire et centralisatrice. Khomeyni veut ensuite étendre la révolution et soutient les mouvements islamistes au Moyen-Orient.

La confrérie des Frères musulmans

- La confrérie des Frères musulmans a été fondée en Égypte en 1928 par Hassan al-Bannâ, un instituteur. Cinq principes, à l'image des cinq piliers, guident les Frères : « Dieu est notre but ; le prophète est notre modèle ; le Coran est notre loi ; le jihad est notre vie ; le martyre est notre vœu. » La confrérie se structure très vite et se développe dans l'ensemble du monde musulman grâce à une branche armée clandestine, l'Ordre spécial.
- Nasser muselle la confrérie sous sa présidence (1954-1970) mais elle renaît sous Sadate (1970-1981). Les islamistes pèsent alors de plus en plus sur la vie politique, sociale et intellectuelle. Certains membres radicalisés commettent des attentats, comme celui qui coûte la vie à Sadate en 1981. Son successeur, Hosni Moubarak, réprime le mouvement à la fin des années 1990 à la suite des attaques répétées contre les touristes occidentaux.
- La confrérie se montre discrète pendant la révolution qui renverse Moubarak en 2011 et elle arrive au pouvoir lors des élections présidentielles de juin 2012. Mohamed Morsi reste un an à la tête de l'Égypte : il est renversé par le général Al-Sissi après de nombreuses manifestations. Les cadres de la confrérie sont arrêtés et jugés sommairement.
- En 2014, les Frères musulmans sont décrétés « organisation terroriste » par la justice égyptienne et ils ne peuvent plus se présenter aux élections législatives et locales.

b. Le jihad

Les islamistes combattent ce qu'ils jugent contraire à leur foi. Ils s'appuient sur une interprétation radicale du Coran et particulièrement du jihad. Le jihad est d'abord un effort sur soi-même afin de devenir un bon musulman. Les islamistes l'interprètent comme une guerre sainte, où le martyre conduit au paradis. Ils désirent mener la guerre sainte pour repousser toute présence étrangère au Moyen-Orient. Entre 1979 et 1989, les **moudjahidin** résistent militairement à la présence soviétique en Afghanistan. Les islamistes combattent aussi les déviances au sein du monde arabe. En 1989, Khomeyni lance une **fatwa** contre l'écrivain Salman Rushdie, auteur des *Versets sataniques*.

c. L'islamisme et le printemps arabe

Les Occidentaux ont soutenu le printemps arabe en espérant que les progrès de la démocratie permettent l'instauration d'une paix durable au Moyen-Orient. Les différentes élections voient la forte progression des islamistes. Ces mouvements ont été fortement médiatisés. Ils vont devoir passer maintenant de la conquête du pouvoir à son difficile exercice. En dépit de ce qu'ils prônent, les islamistes ne sont pas unis.

3. Des conséquences géopolitiques à toutes les échelles

a. Dans l'ensemble du monde musulman

- Avec le développement de l'islamisme, la région, en recherche de paix, entre dans une période de turbulences. Le Hezbollah chiite libanais et le Hamas dans la bande de Gaza mènent des **actions terroristes**, comme les attentats suicides à Jérusalem. En même temps, de nouvelles puissances régionales voient le jour au Moyen-Orient et souhaitent la stabilité de la région (Émirats arabes unis, Qatar).

- L'influence de l'islamisme s'étend hors de cette région et touche l'ensemble des pays musulmans, de l'Afrique au Pakistan. À partir des années 1980, des gouvernements, par conviction ou pour limiter l'influence des islamistes, définissent le droit par rapport à la **charia**, notamment au Soudan, au Pakistan, au Yémen, en Afghanistan et dans une partie du Nigeria. Parallèlement, les islamistes gagnent des adeptes par la création d'écoles religieuses et par la diffusion de sermons grâce aux moyens modernes de communication. Attentats, enlèvements, guerres civiles montrent l'affirmation de mouvements islamistes comme Al-Qaida au Maghreb islamique (AQMI).
- Depuis la prise d'otages à l'ambassade des États-Unis en Iran en 1979, l'enlèvement d'Occidentaux est devenu un moyen pour les groupuscules islamistes de faire parler d'eux, de montrer leur influence ou de financer leurs activités. Une partie de l'Afrique a basculé à son tour dans l'instabilité.

b. À l'échelle mondiale

- La présence, réelle ou supposée, d'**armes de destructions massives** au Moyen-Orient est un élément supplémentaire de tensions. Israël possède, sans l'avouer officiellement, l'arme nucléaire depuis 1996. L'Iran est suspecté de développer une technologie militaire nucléaire.
- Le réseau islamiste **Al-Qaida**, organisé par le Saoudien Ben Laden, engage en 1992 une série d'attentats au Moyen-Orient, en Afrique, en Asie et sur le sol américain dès 1993. Les attentats du 11 septembre 2001 défient l'hyperpuissance américaine. Le président Bush dénonce un « axe du mal » dont le cœur se trouverait au Moyen-Orient. En octobre 2001, il engage une guerre contre les **talibans** en Afghanistan, régime qui abriterait Ben Laden. Il est soutenu par une coalition des Nations unies. Mais, en 2003, sans l'aval de l'ONU, les armées américaines et britanniques interviennent en Irak et renversent Saddam Hussein.
- Les États-Unis cherchent à remodeler politiquement le Moyen-Orient, en appuyant la création de régimes démocratiques alliés. Mais la présence américaine dans la zone n'a pas mis fin aux tensions. Des affrontements entre sunnites et chiites menacent la cohésion de l'Irak. Les talibans restent fortement implantés en Afghanistan. Le retrait amorcé en 2011 des troupes occidentales de ces deux pays ouvre une ère d'incertitude.

Depuis le début du XXe siècle, le Proche et le Moyen-Orient sont des foyers de crises internationales et de conflits, dont les racines sont profondes et complexes. Les tensions liées au partage des terres et des ressources entre les différents peuples augmentent avec l'accroissement démographique et un certain radicalisme religieux. Dans cette région d'une grande importance géostratégique, les conflits ont une résonance internationale. Les puissances occidentales interviennent, le terrorisme islamiste s'exporte. Pour autant, les forces en faveur de la paix et de l'instauration de la démocratie sont nombreuses et elles se rencontrent à toutes les échelles, du local au supranational.

REPÈRES

Chronologie

Le Proche et le Moyen-Orient : un siècle de bouleversements.

1917	Déclaration de Lord Balfour soutenant la création d'un « foyer national pour le peuple juif en Palestine ».
1920	Le traité de Sèvres démembre l'Empire ottoman.
1948	Création de l'État d'Israël et première guerre israélo-arabe.
1955	Le pacte de Bagdad, encouragé par les États-Unis, regroupe la Turquie, le Pakistan, l'Iran et l'Irak autour de la Grande-Bretagne et des États-Unis.
1956	Crise de Suez à la suite de la nationalisation du canal par le président égyptien Nasser.
1960	Création de l'OPEP.
1967	Guerre des Six Jours. Israël occupe le Golan, la Cisjordanie (dont Jérusalem-Est), la bande de Gaza et le Sinaï. Résolution 242 de l'ONU.
1973	Guerre du Kippour entre Israël et ses voisins. Premier choc pétrolier.
1977	Visite du président égyptien Sadate en Israël. Début de la normalisation des relations entre ces deux pays avec les accords de Camp David en 1978.
1975-1990	Guerre civile au Liban durant laquelle interfèrent la Syrie, Israël et l'Iran.
1979	La révolution islamique en Iran amène l'ayatollah Khomeyni au pouvoir.
1979-1989	Guerre d'Afghanistan entre l'URSS et les moudjahidin, soutenus par les Américains.
1980-1988	Guerre entre l'Iran et l'Irak (appelée aussi Première guerre du Golfe).
1987	Déclenchement de la première *intifada* en Cisjordanie et dans la bande de Gaza.
1990-1991	L'Irak envahit le Koweït. Intervention victorieuse d'une coalition de pays arabes et de forces alliées occidentales (Deuxième guerre du Golfe).
1993-1995	Les Accords d'Oslo entraînent la reconnaissance mutuelle d'Israël et de l'OLP et ouvrent la voie à l'instauration d'une autonomie palestinienne.
2000	Paralysie du processus de paix. Une seconde *intifada* éclate, plus violente que la première.
11 septembre 2001	Les attentats terroristes sur le sol américain entraînent l'intervention d'une coalition dirigée par les États-Unis en Afghanistan.
2003	Intervention anglo-américaine en Irak. Exécution de Saddam Hussein (Troisième guerre du Golfe).
Depuis 2011 **2013**	Reconnaissance de l'État palestinien à l'Unesco et début du printemps arabe. Daech, ou État islamique, apparaît en Syrie début 2013.

Bibliographie

• GRESH A., VIDAL D., *Les 100 clés du Proche-Orient*, Paris, Hachette littératures, 2006
• LAURENS H., *Paix et guerre au Moyen-Orient*, Paris, A. Colin, 2005

Sitographie

www.lesclesdumoyenorient.com : plus de 1 200 articles par des spécialistes du Moyen-Orient, notamment la partie « L'histoire et l'actualité par les cartes ».

MÉTHODES ET STRATÉGIES

1 Étude critique d'un document d'histoire – L'islamisme politique

Après avoir présenté l'auteur du document et le contexte, vous dégagerez ce qu'il nous apporte dans la connaissance de l'islamisme politique. Vous porterez un regard critique sur les propos de l'auteur.

> Voir la méthode générale d'une étude critique de document en annexe (p. 518).
> Voir les sujets 1 du chapitre 4, 1 du chapitre 5, 1 du chapitre 6.

DOC. Message aux pèlerins de La Mecque, Ruhollah Khomeyni, 28 juillet 1987.

« Le désaveu des païens est le prélude à la lutte et à l'organisation des soldats de Dieu contre les forces de Satan. C'est l'un des principes fondamentaux du monothéisme. [...] Notre slogan "Ni Est ni Ouest" est le slogan fondamental de la révolution islamique dans le monde des affamés et des opprimés. Il situe la véritable politique non alignée des pays islamiques et des pays qui accepteront l'islam comme la seule école pour sauver l'humanité dans un proche avenir, avec l'aide de Dieu. Il n'y aura pas de déviation, même d'un iota, de cette politique. Les pays islamiques et le peuple musulman ne doivent dépendre ni de l'Ouest – de l'Amérique ou de l'Europe – ni de l'Est – de l'Union soviétique. Aujourd'hui, notre désaveu des païens est notre cri contre les injustices des oppresseurs et les pleurs d'une nation qui en a assez des agressions de l'Est et de l'Ouest, ce dernier dirigé par l'Amérique et ses laquais. [...]
Une fois de plus, je souligne le danger de répandre la cellule maligne et cancérigène du sionisme dans les pays islamiques. J'annonce mon soutien sans limite, ainsi que celui de la nation et du gouvernement de l'Iran, à toutes les luttes islamiques des nations islamiques et de l'héroïque jeunesse musulmane pour la libération de Jérusalem. [...]
Je prie pour le succès de tous les bien-aimés qui, usant de l'arme de la foi et du jihad, portent des coups à Israël et à ses intérêts. [...]
Avec confiance, je dis que l'islam éliminera l'un après l'autre tous les grands obstacles à l'intérieur comme à l'extérieur de ses frontières et fera la conquête des principaux bastions dans le monde. Ou nous connaîtrons tous la liberté, ou nous connaîtrons une liberté plus grande encore, qui est le martyre. »

Analyser le sujet

Le sujet proposé s'articule autour de l'émergence de l'islamisme politique. Mais l'étude critique du document nécessite des connaissances sur l'ensemble du chapitre.

> Identifier/présenter le document

L'auteur du discours est l'ayatollah Khomeyni. Membre du haut clergé chiite opposé au Shah d'Iran, principal allié des Américains au Moyen-Orient, il est exilé et revient en 1979 lors de la Révolution pour fonder une République islamique. Il prend ici la parole dans la ville natale du prophète Mahomet, La Mecque. Chiite en territoire sunnite, Khomeyni se veut rassembleur mais défie par là même la dynastie saoudienne qui tente de contenir le processus d'expansion de la révolution iranienne.

> Relever les informations importantes dans le document

Dans un texte où domine le vocabulaire religieux, Khomeyni fait passer trois messages qui correspondent aux trois paragraphes.

- **Dans le 1er paragraphe, Khomeyni se positionne dans un monde bipolaire.** Le contexte politique est celui de la fin de la guerre froide. Mais Khomeyni renvoie dos à dos les deux Grands et il reprend le slogan « Ni Est ni Ouest » des « non alignés ». Il se voit comme le nouveau leader des « affamés et opprimés » du tiers-monde. Khomeyni évoque les « agressions de l'Est et de l'Ouest ». L'URSS combat alors en Afghanistan depuis 1979 pour contenir l'expansion de l'islamisme. La présence américaine au Moyen-Orient n'est pas mieux perçue. À son arrivée au pouvoir, Khomeyni a soutenu la prise d'otages des employés de l'ambassade américaine à Téhéran. Les alliés du bloc occidental ne sont pas mieux considérés avec l'expression de « laquais ».

- **Le 2e paragraphe est un appel à la lutte armée contre Israël.** Ce discours est violemment antisémite. L'auteur compare Israël à une tumeur, « la cellule maligne et cancérigène ». Il veut rassembler l'ensemble des musulmans dans un combat contre l'État hébreu. Khomeyni emploie le mot « jihad » qui signifie « la lutte ». C'est l'effort sur soi pour devenir un « bon musulman » mais c'est aussi « l'effort de guerre » contre les infidèles ou les minorités.

- **Le 3e paragraphe est un appel au « martyre ».** Ce mot signifie la mort ou les tourments qu'un martyr endure pour sa foi. Khomeyni compare la mort par le martyre à la plus grande des libertés. Sans doute fait-il référence à la croyance en l'accès direct des martyrs au paradis. C'est donc un appel aux conflits armés « classiques » mais surtout au terrorisme. L'Iran soutient les combattants contre Israël, notamment les groupes terroristes chiites comme le Hezbollah.

> Mobiliser et organiser ses idées

Trois thématiques principales se dégagent du document :
– Le champ sémantique de la **religion** domine dans ce texte. Le discours même est prononcé par un dignitaire religieux qui parle au nom de l'islam.
– La **guerre froide** est au cœur du premier paragraphe. Khomeyni se positionne dans un monde bipolaire.
– L'**idéologie islamiste** guide les propos de l'auteur dans les 2e et 3e paragraphes. Il appelle au jihad, interprété comme une guerre sainte conduisant au martyre.

> Relever les limites du document

L'auteur tire sa légitimité de son statut d'ayatollah. Il base son discours sur l'islam mais sa lecture du Coran est étroite et belliciste. Il ne respecte pas non plus la tradition. Il considère ici les chrétiens et les Juifs comme des « païens » et non comme les *dhimmis*, les gens du livre.

Sa vision du monde est simplifiée, manichéenne. Elle ne rend pas compte de sa complexité à toutes les échelles. Il réduit le monde en une dichotomie entre le bien (« les soldats de Dieu ») et le mal (« Satan »).

En voulant donner l'image d'un monde musulman uni, il occulte les tensions entre sunnites et chiites. L'Iran, par exemple, est en guerre depuis 1980 contre l'Irak de Saddam Hussein. Aussi Khomeyni muselle-t-il les oppositions dans le monde musulman. Deux ans après ce discours, il lance à la radio une fatwa contre l'écrivain Salman Rushdie.

Quel est l'écho de ce message aux pèlerins ? Nous n'avons pas d'autres documents auxquels confronter ce texte. L'Iran soutient les mouvements chiites au Moyen-Orient et les actions en dehors de cette région.

Bâtir le plan de l'étude de document

Les trois thématiques principales identifiées dans le discours guident la construction du plan :

I. Un discours prononcé au nom de l'islam
1. Un appel symbolique
2. « L'islam [...] pour sauver l'humanité »
3. L'image d'un monde musulman uni

II. Un discours politique de la troisième voie
1. « Ni Est ni Ouest »
2. « Le monde des affamés et des opprimés »
3. « Les agressions de l'Est et de l'Ouest »

III. Un appel au jihad
1. L'instauration de régimes islamiques au Proche et au Moyen-Orient
2. La lutte contre Israël
3. L'appel au martyre

Rédiger l'étude de document

> Introduire une étude critique de document

- Débuter par une phrase d'accroche.

Le cinquième pilier de l'islam appelle tout croyant qui en a les moyens pécuniaires et physiques à faire au moins une fois dans sa vie le pèlerinage à La Mecque. C'est de cette ville, la plus sainte de l'islam, que Khomeyni prononce ce discours, traduit et tronqué. L'auteur est alors à la tête de l'Iran depuis huit ans.

- Présenter le document en veillant à le replacer dans son contexte.

L'ayatollah est arrivé au pouvoir avec la révolution islamique en 1979. Il fonde une République islamique, basée sur une constitution autoritaire et centralisatrice. Il veut étendre la révolution au Moyen-Orient et soutient les mouvements islamistes. L'islamisme est une idéologie politique qui prend sa source dans une interprétation radicale de l'islam et vise à établir les textes sacrés comme seule source de droit.
Dans ce discours, Khomeyni s'adresse à l'ensemble des musulmans. Il veut rassembler l'*umma*, la communauté des croyants, dans une lutte contre les deux Grands et leurs alliés, dans le contexte de la guerre froide.

- Énoncer la problématique.

Quels sont les fondements de l'islamisme politique, les objectifs à atteindre pour ce mouvement et les moyens d'y parvenir ?

- Annoncer le plan.

Ce discours adressé aux pèlerins de La Mecque est fondé sur une interprétation des principes religieux (1re partie). Dans le monde bipolaire de la guerre froide, l'islamisme propose une troisième voie (2e partie). L'unité du mouvement se fait dans « l'effort de guerre », le jihad (3e partie).

> Rédiger les développements

[I.2. « L'islam [...] pour sauver l'humanité »]

Khomeyni est un dignitaire chiite. Il « prie », prêche et prédit la victoire de l'islam. Son discours est manichéen, fondé sur le dualisme. Il oppose les forces du bien (« les soldats de Dieu ») aux forces du mal (« Satan »), le « peuple musulman » aux « païens ». Son interprétation du Coran est très étroite. S'il évoque le monothéisme en général, il considère ici les chrétiens et les Juifs comme des « païens » et non comme les *dhimmis*, les gens du livre. Il rompt donc avec la tradition.

Son discours est eschatologique. Il annonce la fin des temps et le rôle de l'islam pour « sauver l'humanité dans un avenir proche ». Par cet appel, il souhaite la conversion de l'ensemble des musulmans à ses idées fondamentalistes.

> Conclure une étude de document

Khomeyni fonde son discours sur une lecture simplifiée du monde et des écritures. Dans la lignée du tiers-mondisme, l'islamisme politique veut s'affranchir de l'hégémonie des deux Grands. Il veut fédérer les musulmans autour d'un modèle politique fondé sur l'islam. C'est par la lutte armée, le « jihad », que l'auteur entend étendre la révolution islamique.

Ce discours est d'une grande violence à l'égard d'Israël. Après la mort de Khomeyni et une phase de libéralisation du régime, les partisans d'une ligne dure reviennent au pouvoir en Iran. Élu en 2005, le président Ahmadinejad appelle dès son élection à la destruction d'Israël.

2 Composition

Le Proche et le Moyen-Orient, un foyer de conflits depuis la fin de la Première Guerre mondiale

> Voir la méthode générale d'une composition en annexe (p. 515).

> Voir les sujets 2 du chapitre 4, 2 du chapitre 5, 2 du chapitre 6.

Analyser le sujet

Le sujet proposé ici reprend l'intitulé du chapitre, ce qui est assez courant dans les épreuves du baccalauréat. Pour autant, il ne faut pas à tout prix « réciter » votre cours. Prenez le temps d'analyser le sujet pour bâtir une problématique et un plan.

> Analyser les termes du sujet

- « **Le Proche et le Moyen-Orient** » sont les **bornes géographiques** du sujet. Il faut préciser leurs contours. Dans la composition, on peut être amené à déborder le cadre géographique proposé pour répondre pleinement au sujet. Les origines, les enjeux et les conséquences des conflits qui ont lieu dans cette région débordent le cadre du Proche et du Moyen-Orient.
- L'expression « **foyer de conflits** » est complexe. Le mot « foyer » est polysémique. Il signifie le lieu, le centre principal d'où proviennent des « conflits », c'est-à-dire des luttes, des combats mais aussi des tensions et des crises. Le déterminant **« un »** nous rappelle qu'il y a d'autres foyers de conflits dans le monde sur la même période. Il faut démontrer que le Proche et le Moyen-Orient sont un foyer **majeur** de conflits.
- **Les bornes chronologiques** s'étendent sur près d'un siècle. Elles débutent à la fin de la Première Guerre mondiale avec le démembrement de l'Empire ottoman et l'affirmation de la présence occidentale dans la région. Il n'y a pas de bornes de fin car cette

région reste, au début du XXIe siècle, au cœur d'un « arc de crises », selon l'expression de Zbigniew Brzezinski, conseiller de Jimmy Carter à la maison Blanche.

> Dégager la problématique du sujet

- Les conflits sont nombreux et complexes au Proche et au Moyen-Orient depuis la fin de la Première Guerre mondiale. Il faut se poser la question de leurs origines, des formes qu'ils peuvent prendre, de leurs intensités, de leurs éventuelles résolutions et de leurs conséquences à toutes les échelles.
- Comment expliquer que, depuis la fin de la Première Guerre mondiale, le Proche et le Moyen-Orient soient un foyer majeur de conflits régionaux aux enjeux internationaux ?

Bâtir et rédiger le plan de la composition

Plusieurs plans sont possibles. Un plan thématique met plus en avant la continuité des enjeux, des tensions et conflits. C'est celui du cours. Un plan chronologique convient bien à ce sujet parce que la période considérée est longue et peut être clairement divisée.

I. Le Proche et le Moyen-Orient, une région sous la tutelle occidentale (1918-1947)
1. De nouvelles frontières imposées par les Occidentaux
2. Une présence occidentale intéressée et contestée
3. Un chemin difficile vers les indépendances nationales

II. Le Proche et le Moyen-Orient, un théâtre de la guerre froide (1947-1991)
1. Une région disputée par les deux Grands
2. Des guerres israélo-arabes au conflit israélo-palestinien
3. Du panarabisme aux guerres entre États arabes

III. Depuis 1991, l'instabilité régionale concourt au déséquilibre mondial
1. Une région au cœur du « nouvel ordre mondial américain »
2. De nouvelles tensions régionales et internationales
3. Une région en recomposition avec le « printemps arabe »

Rédiger la composition

> Introduire une composition

- Pour ce thème, un fait d'actualité permet facilement d'aborder le sujet.

Le 9 juin 2014, à l'invitation du souverain pontife, les présidents israélien Shimon Peres et palestinien Mahmoud Abbas, ont prié auprès du pape François dans les jardins du Vatican. Cette prière historique et inédite était une « invocation pour la paix » au Proche-Orient qui est, avec le Moyen-Orient, une région de conflits depuis plus d'un siècle.

- L'analyse du sujet est l'occasion de définir plus précisément les cadres géographique et chronologique de l'étude et son intérêt.

Le Proche et le Moyen-Orient sont l'une des zones les plus instables au monde depuis le partage de l'Empire ottoman en 1920. Cet espace qui s'étend de l'est de la Méditerranée (Turquie au nord, Égypte au sud) jusqu'à l'Iran et la péninsule Arabique est une zone de convoitises, de tensions et de conflits aux origines complexes. L'instabilité de cette région a des répercussions à toutes les échelles.

- La problématique découle de l'analyse et reprend l'ensemble des termes du sujet.

Pourquoi le Proche et le Moyen-Orient sont-ils, depuis la fin de la Première Guerre mondiale, un foyer majeur de conflits régionaux aux enjeux internationaux ?

- On justifie le choix du plan chronologique et on présente les grands axes du devoir.

On peut distinguer plusieurs phases dans les tensions et conflits qui bouleversent le Proche et le Moyen-Orient depuis 1918. Nous verrons d'abord que du démembrement de l'Empire Ottoman en 1920 aux débuts de la guerre froide, la région est sous la tutelle occidentale. De 1947 à 1991 le Proche et le Moyen-Orient deviennent un théâtre majeur de la guerre froide. Enfin, la chute de l'URSS en 1991 n'apporte pas la paix dans la région. De nouvelles sources de tensions et de nouvelles formes de conflictualité voient le jour et déstabilisent une région en quête de paix.

> Rédiger les développements

Voici un exemple de rédaction de la partie III.1. du devoir.

[1. Une région au cœur du « nouvel ordre mondial américain »]

- On introduit la troisième partie en faisant le lien avec la partie précédente et on annonce la piste de réflexion.

La disparition de l'URSS en décembre 1991 met fin à la guerre froide, mais les tensions au Moyen-Orient, exacerbées par la rivalité entre les deux Grands, ne cessent pas. De nouvelles sources de tensions et de nouvelles formes de conflictualité déstabilisent la région.

- On présente le premier thème et la première idée.

La fin de la guerre froide fait des États-Unis les seuls « gendarmes » de la région. À la suite de l'invasion du Koweït par l'Irak, en août 1990, ils prennent la tête d'une vaste coalition mandatée par l'ONU. 70 % des soldats alliés engagés dans l'opération « Tempête du Désert » (janvier-février 1991) sont américains. Cette intervention fonde un nouvel ordre mondial qui repose, selon le président George H. Bush, sur le multilatéralisme et le respect du droit international. Cet engagement prouve la domination militaire américaine. Il répond aussi au besoin des États-Unis de préserver la régularité de leurs approvisionnements en pétrole.

- Une transition nous conduit à une deuxième idée, autour d'un deuxième exemple.

L'intervention anglo-américaine en Irak en 2003 marque le retour à un nouvel unilatéralisme. Les armées américaines et britanniques n'ont pas le soutien de l'ONU. Elles renversent Saddam Hussein et occupent militairement le pays. Elles organisent de premières élections libres (2005), mettent en place des institutions démocratiques mais ne parviennent pas à contrôler le pays. Cette hégémonie renforce l'antiaméricanisme au sein des populations arabes ou musulmanes. [*transition vers III.2*] Le Proche et le Moyen-Orient connaissent de nouvelles tensions régionales et internationales.

SUJETS DE TYPE BAC

1 Étude critique d'un document – Le Proche et le Moyen-Orient, un foyer d'instabilité

60' (S)
90' (L, ES)

Après avoir défini le cadre géographique de l'étude, vous présenterez, à partir de la carte, les foyers d'instabilité dans cette région et évoquerez les limites éventuelles de ce document pour rendre compte du sujet.

> Voir la méthode générale d'une étude critique de document en annexe (p. 518).
> Voir les méthodes et stratégies 1 du chapitre 4, 1 du chapitre 5, 1 du chapitre 6.

DOC. Les foyers d'instabilité au Proche et au Moyen-Orient en 2012.

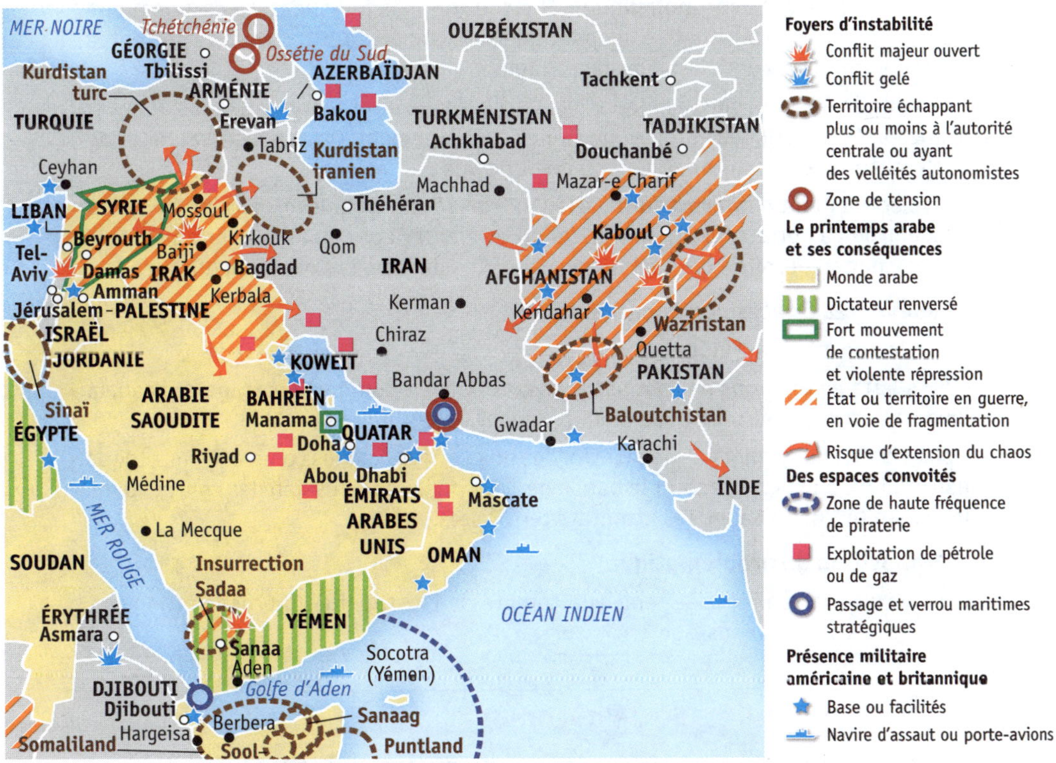

2 Composition

120' (S)
150' (L, ES)

Le Proche et le Moyen-Orient, un foyer de conflits depuis la fin de la Seconde Guerre mondiale

> Voir la méthode générale d'une composition en annexe (p. 515).
> Voir les sujets 2 du chapitre 4, 2 du chapitre 5, 2 du chapitre 6.

CORRIGÉS

1 Étude critique d'un document d'histoire – Le Proche et le Moyen-Orient, un foyer d'instabilité

Analyser le sujet

> Analyser le thème et la consigne du sujet

- La difficulté du sujet réside dans :

– l'analyse de **certains termes** de la consigne. Le mot « instabilité » désigne ce qui n'est pas fixe. Il renvoie à la précarité, à l'incertitude ou à la fragilité de la situation géopolitique de la zone ;

– le choix des **bornes chronologiques**. Elles ne sont pas indiquées. La carte est une « photographie » de la situation géopolitique de la région en 2012. Les faits présentés s'éclairent par des connaissances historiques ;

– le **manque de recul** pour expliquer des faits complexes et actuels. Il faut s'appuyer sur des faits historiques et rester neutre de tout jugement. On est observateur et on cherche à expliquer, sans donner son point de vue ;

– le **foisonnement d'informations**. La légende n'est pas organisée, certains éléments peuvent ne pas être connus (le Yémen) ou être extérieurs au Proche et au Moyen-Orient, tout en étant en interaction avec eux (le Caucase, la Corne de l'Afrique).

> Relever les limites des documents

- Le document a des limites car :

– les **sujets de tensions** ne sont pas tous mentionnés, comme le partage de l'eau, la diversité ethnique et religieuse (dont l'occupation des lieux saints) ;

– **son échelle** ne permet pas de montrer des points névralgiques comme les Territoires palestiniens, particulièrement la bande de Gaza ou la répercussion des conflits dans le monde (AQMI au Sahel, les attentats terroristes...).

> Proposition de problématique

Comment la carte proposée rend-elle compte de l'instabilité du Proche et Moyen-Orient et de sa recomposition ?

Bâtir le plan de l'étude de document

Il n'y a pas d'indications dans la consigne qui permettent de bâtir un plan, ce qui est une difficulté supplémentaire du sujet.

Les tensions et conflits dans cette région se lisent à toutes les échelles. Un **plan multiscalaire** permet de montrer les conséquences de l'instabilité dans la zone au sein des États, entre plusieurs États régionaux et à l'échelle internationale.

Seuls les développements des parties sont ici proposés.

[I. Le printemps arabe, né au Maghreb, a soufflé au Proche et au Moyen-Orient]

Le manque – voire l'absence – de libertés et de démocratie, le chômage et la misère sont les principales causes du printemps arabe qui naît en décembre 2010 en Tunisie et s'étend aujourd'hui encore dans les pays arabes.

[1. En Égypte et au Yémen, la légende indique « dictateur renversé »]

En Égypte et au Yémen, la légende indique « dictateur renversé ». Il s'agit de deux militaires devenus des chefs d'État autoritaires, dans la lignée de ceux qui ont pris le pouvoir dans les années 1950-1960, au lendemain des indépendances. Hosni Moubarak reste 30 ans à la tête de l'Égypte, réélu tous les 6 ans avec des scores souvent supérieurs à 80 %. Le printemps arabe souffle sur l'Égypte en janvier 2011 et le raïs doit quitter ses fonctions en février. La situation politique n'en devient pas pour autant stable. Un bras de fer s'engage entre les contestataires de la place Tahrir au Caire et l'armée. Les élections législatives et présidentielle donnent largement le pouvoir aux islamistes en 2012 puis à l'armée en 2014.

[2. En Syrie, le printemps arabe est devenu une guerre civile, un nouvel affrontement entre l'Est et l'Ouest et une guerre sainte]

En Syrie, le soulèvement pacifique du printemps 2011 est devenu une guerre civile. Les rebelles, souvent sunnites, combattent les forces loyalistes du président. Bachar el-Assad a succédé en 2000 à son père Hafez el-Assad, arrivé au pouvoir par la force en 1970. Le conflit est aussi un théâtre de la rivalité entre sunnites et chiites. Le pouvoir dispose d'une assise auprès des minorités protégées sous son régime, la communauté alaouite, mais aussi auprès des chrétiens et des druzes. L'Iran chiite, soutien de longue date de la famille Assad, fournit une aide logistique. Les monarchies sunnites de la péninsule Arabique aident les opposants, parfois des groupes jihadistes. Enfin, cette guerre est instrumentalisée par des pays extérieurs au Proche et au Moyen-Orient. Les États-Unis et l'Union européenne soutiennent diplomatiquement la Coalition nationale syrienne (CNS) mais ils ne parviennent pas à condamner la Syrie au Conseil de sécurité de l'ONU en raison des veto chinois et russe. Ces deux pays sont portés par des motivations économiques, militaires et géopolitiques. Dans cette situation complexe, une partie de la population est prise en otage. Trois ans après le début du conflit, on compte plus de 200 000 morts et 3,3 millions de réfugiés dans les pays voisins.

[3. Dans d'autres pays du Proche et du Moyen-Orient, le pouvoir est ébranlé]

Au Bahreïn, la révolte démocratique a été écrasée avec l'aide de l'Arabie saoudite qui s'inquiétait d'une possible contagion révolutionnaire. Le Bahreïn est un royaume dont la majorité de la population est chiite tandis que la dynastie régnante est sunnite. L'intervention des Saoudiens a attisé les tensions entre les membres de ces deux branches de l'islam dans la région. L'Arabie saoudite se méfie de l'Iran chiite et on retrouve là les deux puissances rivales qui interfèrent en Syrie.

La carte ne mentionne pas, en revanche, le mouvement des indignés israéliens durant l'année 2011. C'est un mouvement social dénonçant la hausse du coût de la vie, notamment la cherté des logements dans les villes et l'accroissement des inégalités sociales. Il est aussi appelé « la révolte des tentes » en raison des campements des manifestants.

[II. Des conflits qui menacent les pays de partition ou qui impliquent au moins deux États]

[1. Un figuré met en valeur les mouvements nationaux]

Ces mouvements, qui s'expriment au nom du « droit des peuples à disposer d'eux-mêmes », se lisent au Sinaï, au Sud-Yémen et dans un hypothétique Kurdistan. Les Kurdes, avec 30 à 35 millions d'individus, sont la plus importante minorité dans la région (voir le cours, I.1.a). Cette minorité revendique la création d'un État autonome, le Kurdistan. En Irak, les Kurdes disposent d'un statut de large autonomie depuis la chute de Saddam Hussein en 2003. Se pose toutefois la question du contrôle des puits de pétrole sur leur territoire. La crainte de voir naître un Kurdistan indépendant demeure chez les voisins de l'Irak. En Turquie, le PKK (Parti des travailleurs du Kurdistan) lutte depuis 1978 pour la reconnaissance des droits culturels, voire de l'autonomie. En 2013, le chef du PKK, Adbullah Öcalan, a appelé de sa prison à un cessez-le-feu « historique » avec le gouvernement turc.

[2. L'instabilité liée au conflit israélo-palestinien]

L'échelle de la carte ne peut mettre en valeur le plus ancien des conflits actuels au Proche-Orient, celui qui oppose Israël aux Autorités palestiniennes, au Liban et à la Syrie. Si la bande de Gaza est devenue autonome en 2005, sa situation reste précaire. Ce petit territoire où vivent plus d'1,5 million de Palestiniens n'a qu'un semblant d'indépendance. Israël restreint très fortement son accès à la mer et empêche la réouverture de son aéroport. Près de 80 % de sa population est au chômage. Le mouvement islamiste Hamas, tout comme le Hezbollah libanais, ne reconnaît toujours pas l'État hébreu. Le Hamas a pris le pouvoir à Gaza en 2007 et a rompu avec l'Autorité palestinienne en Cisjordanie. Il poursuit la lutte armée et Israël réplique en 2008, avec l'opération « Plomb durci », puis à l'été 2014. Les colonies israéliennes ont disparu de la bande de Gaza, mais elles continuent de s'accroître en Cisjordanie, notamment à l'occasion de la construction du mur de séparation.

La fin de la guerre froide n'a pas résolu ce conflit datant de 1948 et la voie d'une pacification entre Israéliens et Palestiniens semble toujours compromise.

[3. Le Liban, un « miroir cassé de la complexité du Proche-Orient »]

Sur la carte, les hachures sur le Liban mettent en valeur la fragilisation du pays. Ce petit État multiconfessionnel incarne la complexité actuelle de la région. Il a été le théâtre d'affrontements entre Israël et ses opposants (occupation du Sud-Liban de 1982 à 2000, guerre en 2006). Son instabilité actuelle provient des ingérences à la fois syrienne et iranienne. La Syrie, qui revendiquait le Liban depuis le démembrement de l'Empire ottoman, a enfin reconnu son voisin en 2008. Mais la guerre civile syrienne déstabilise le Liban, ne serait-ce que par la présence en décembre 2014 de plus d'un million de réfugiés. C'est un problème humanitaire, sanitaire, économique et communautaire. L'équilibre entre les trois composantes religieuses du pays penche du côté sunnite. Les réfugiés sont très opposés au Hezbollah chiite, dont le rôle politique est dominant au Liban. Le pays s'enfonce dans la crise politique et le risque d'embrasement est réel si la guerre civile se poursuit en Syrie.

[III. Une instabilité, liée à la gestion de zones ou de ressources stratégiques, qui déborde du Proche et du Moyen-Orient]

[1. Un cercle bleu signale des passages et verrous maritimes stratégiques]

Le Proche et le Moyen-Orient sont un carrefour terrestre mais aussi maritime entre l'Occident et l'Asie. Français et Britanniques ont maintenu fermement leur présence à Suez jusqu'en 1956. Le contrôle des détroits d'Ormuz, de Bab el-Mandeb et du Canal de Suez sont essentiels pour assurer l'exportation du pétrole du Moyen-Orient. Les porte-conteneurs en provenance d'Asie et en direction de l'Europe empruntent aussi cette route commerciale. La piraterie, un phénomène qui a triplé en dix ans, s'est développée autour du golfe d'Aden. Elle y est favorisée par la décomposition géopolitique de la Somalie. La présence militaire internationale que l'on voit dans la zone vise à sécuriser le trafic international, régional, et la navigation de plaisance.

[2. De nombreuses bases américaines ou britanniques au Moyen-Orient]

Le Moyen-Orient a été un théâtre de l'affrontement entre les États-Unis et l'URSS pendant la guerre froide. L'effondrement soviétique laisse les États-Unis seuls « gendarmes » de la région. Les Américains sont très présents dans la péninsule Arabique en raison d'intérêts liés au pétrole. Cette hégémonie se voit par la présence de nombreuses bases américaines ou britanniques.

Les Américains ne sont plus indiqués en Irak car ils se sont retirés en 2011 après huit ans de présence. Le pays n'est pas pour autant pacifié. Il est ravagé par la guerre civile, les violences intercommunautaires entre chiites, sunnites et Kurdes, et les attentats orchestrés par des groupuscules terroristes liés à Al-Qaida.

En Afghanistan, les derniers soldats américains sont partis à la fin de l'année 2014. Leur présence depuis 2001 était liée à la guerre menée par les Américains contre le terrorisme. L'exécution de Ben Laden en 2011 est, pour la Maison blanche, une sanction des attentats du 11 septembre. Le pays, ravagé par vingt-cinq ans d'affrontements, n'est pas reconstruit et la menace talibane en Afghanistan demeure, avec l'afflux de combattants venant du Moyen-Orient ou du Pakistan. Des flèches rouges indiquent un risque d'extension de ce conflit vers l'Iran et le Pakistan.

[3. L'instabilité de la zone a des répercussions au-delà du Proche et du Moyen-Orient]

La carte ne peut nous montrer les conséquences des tensions et conflits en dehors du Proche et du Moyen-Orient. Le groupuscule islamiste Al-Qaida se développe au Maghreb et au Sahel. L'AQMI organise attentats et prises otages et commence à déstabiliser un vaste monde arabe. La menace d'attentats terroristes islamiques s'étend hors du monde arabe. L'Asie (Indonésie en 2002), l'Europe (Madrid en 2004, Londres en 2005, Paris en 2015), l'Amérique (New York et Washington en 2001) et l'Afrique (Kenya 2013, 2015 ; Tunis 2015) en ont été victimes.

2 Composition – Le Proche et le Moyen-Orient, un foyer de conflits depuis la fin de la Seconde Guerre mondiale

Le sujet proposé ici reprend l'intitulé du programme pour les Terminales scientifiques. Plusieurs plans sont possibles pour construire le devoir. Le plan thématique proposé dans le cours (p. 173) est opératoire. Pour un plan chronologique, adopté ici, la difficulté provient du choix des dates charnières qui permettent de montrer les grandes inflexions et d'équilibrer le devoir.
Il s'agit ici d'un plan détaillé. Seules l'introduction et la conclusion sont entièrement rédigées.

[Introduction]

Le Proche et le Moyen-Orient sont l'une des zones les plus instables au monde depuis la fin de la Seconde Guerre mondiale. Cet espace, qui s'étend de l'est de la Méditerranée jusqu'à l'Iran et la péninsule Arabique, est une zone de convoitises, de tensions et de conflits aux origines complexes.
Comment expliquer que le Proche et le Moyen-Orient soient, depuis la fin de la Seconde Guerre mondiale, un foyer majeur de conflits régionaux aux enjeux internationaux ?
De la fin de la guerre en 1945 à la crise de Suez en 1956, la domination européenne est contestée par l'essor des nationalismes. La région devient ensuite un théâtre de la guerre froide. La fin de ce conflit mondial en 1991 n'est pas source de paix pour le Proche et le Moyen-Orient.

[I. 1945-1956 : le Proche et le Moyen-Orient entre convoitises internationales et affirmations nationales]

[1. Une région convoitée pour ses ressources en hydrocarbures]

- Une région stratégique : 40 % des réserves mondiales de gaz et 70 % des réserves de pétrole. Dès le début du XXe siècle, l'essor industriel pousse des compagnies privées occidentales, les *majors*, à s'implanter dans la région.
- Les États de la région souhaitent prendre le contrôle de cette exploitation d'hydrocarbures en augmentant leur participation dans les compagnies pétrolières ou en les nationalisant. Exemple de la crise entre l'Iran et l'Angleterre (1951-1954).

[2. L'émergence d'un nationalisme arabe en réaction à la présence européenne]

- Des indépendances progressives. La France se retire du Liban et de la Syrie en 1946. Le Royaume-Uni quitte la Jordanie la même année, la Palestine en 1948.
- Les puissances européennes souhaitent se maintenir dans la région. Crise de Suez à la suite de la nationalisation du canal par Nasser en 1956. Intervention militaire de la France et de la Grande-Bretagne, avec l'appui d'Israël. La pression des États-Unis et de l'URSS les contraint à se retirer.

[3. La naissance conflictuelle de l'État d'Israël]

- Plan de partage de la Palestine par l'ONU en 1947, rejeté par les pays arabes.
- Naissance de l'État d'Israël le 14 mai 1948 et première guerre israélo-arabe remportée par Israël. La Palestine est occupée par l'Israël, l'Égypte et la Cisjordanie. 700 000 Palestiniens prennent le chemin de l'exil.

[II. 1956-1991 : le Proche et le Moyen-Orient, un théâtre de la guerre froide]

[1. Le Proche et le Moyen-Orient au cœur des divisions entre l'Est et l'Ouest]

- Pactomanie américaine : l'adhésion de la Turquie à l'OTAN en 1951, signature du pacte de Bagdad en 1955. Les alliances ne sont pas toutes figées et les équilibres régionaux se modifient.
- L'URSS soutient les pays et peuples arabes dans leur lutte contre Israël et étend son influence au Moyen-Orient. Exemple : intervention en Afghanistan en 1979 pour soutenir le gouvernement communiste – une guerre de 10 ans. Les combattants islamistes sont soutenus par les Américains. L'enlisement de l'Armée rouge affaiblit l'URSS et son image. Les répercussions de ce conflit dépassent la région.

[2. La question israélo-arabe n'échappe pas à la bipolarisation]

- L'hostilité à Israël, commune au monde arabe, entretient un état de guerre au Proche-Orient. Soutien américain à Israël, soviétique aux États arabes.
- Guerre des Six Jours en 1967. Israël occupe de nouveaux territoires et y engage une politique de colonisation. À l'ONU, vote de la résolution 242 pour la restitution de ces territoires en échange de la reconnaissance d'Israël par ses voisins.
- Guerre du Kippour en 1973. Les pays arabes de l'Opep utilisent pour la première fois le pétrole comme arme de guerre : premier choc pétrolier.
- La question palestinienne divise les pays arabes. L'Égypte se rapproche d'Israël à partir de 1977. Sous le parrainage américain, les deux États signent les accords de Camp David (1978). Israël évacue le Sinaï en 1982 mais intensifie la colonisation des Territoires palestiniens et intervient militairement au Liban la même année.

[3. La montée de l'islamisme, un élément majeur et déstabilisant pour la région]

- Les origines de la montée de l'islamisme : refus de la présence occidentale dans la région, contestation du soutien américain à Israël, échec du nationalisme arabe, repli identitaire dans le processus de mondialisation.
- Des groupes islamistes en concurrence dans la lutte armée (le jihad) contre Israël. Le recours à la violence (première *intifada* en 1987 dans les territoires occupés, multiplication des attentats à Jérusalem).
- En Iran, Khomeyni fonde une République islamique. Il veut ensuite étendre la révolution dans le reste de la région. La guerre entre l'Iran et l'Irak échappe à la logique de la guerre froide.

[III. Depuis 1991, une région au cœur du nouveau déséquilibre mondial]

[1. Une région au cœur du « nouvel ordre mondial américain »]

- Les États-Unis deviennent les « gendarmes » de la région. La première intervention en Irak fonde un nouvel ordre mondial qui repose sur le multilatéralisme (1991). La deuxième intervention américaine en 2003 marque le retour à l'unilatéralisme.
- L'hégémonie américaine renforce l'antiaméricanisme au sein des populations arabes ou musulmanes.
- Retrait américain d'Afghanistan fin 2014. Un bilan incertain.
- État américain en guerre contre l'État islamique (Daech).

[2. Des enjeux stratégiques renouvellent les tensions]

- L'exploitation des ressources en gaz et en pétrole occasionne des tensions à toutes les échelles : entre pays voisins (Irak/Koweït) ou à l'échelle mondiale (interventions occidentales).
- L'épineuse question du partage des terres et des ressources en eau, dans un milieu contraignant, qui connaît une forte croissance démographique.
- Le contrôle des passages et verrous stratégiques : développement de la piraterie dans le golfe d'Aden, d'où la présence militaire internationale afin de protéger les échanges.

[3. Une région en recomposition]

- Le Liban après la guerre civile (1975-1990) : quelle paix possible ? La guerre civile syrienne déstabilise le Liban, plus d'1 million de réfugiés en décembre 2014. Le pays s'enfonce dans la crise politique.
- Le conflit israélo-palestinien. Des tentatives de paix (processus d'Oslo 1993-1995), mais, de part et d'autre, le refus du compromis (construction du mur de séparation, seconde *intifada*). Attentats contre raids militaires : le conflit n'est pas réglé.
- Le printemps arabe : l'origine du mouvement, le renversement de régimes dictatoriaux, l'incertitude sur la démocratisation. Un mouvement qui profite aux islamistes. La guerre civile en Syrie et la mise en place de l'État islamique déstabilisent le Proche-Orient et le monde musulman.

[Conclusion]

Depuis la fin de la Seconde Guerre mondiale, le Proche et le Moyen-Orient sont des foyers de crises internationales et de conflits aux racines profondes et complexes. De 1945 à 1956, la présence européenne est remise en cause par l'action simultanée de mouvements nationalistes et la convoitise des deux nouvelles superpuissances. Le Proche et le Moyen-Orient deviennent alors un théâtre de la guerre froide où les États régionaux s'appuient tantôt sur les États-Unis, tantôt sur l'URSS. De leur côté, les deux Grands utilisent les tensions internes à la région pour défendre leurs intérêts et leur zone d'influence. Depuis 1991, le Proche et le Moyen-Orient sont au cœur du nouveau déséquilibre mondial, où les États-Unis tentent de jouer le rôle de « gendarmes » dans une région en recomposition.

SUJET D'APPROFONDISSEMENT

POST BAC

Étude critique d'un document – Les États-Unis et la guerre depuis 1945 à travers l'analyse critique d'un historien américain

90' (L, ES, S)

Vous analyserez comment ce texte rend compte de la participation des États-Unis à de nombreuses guerres depuis 1945 et vous montrerez d'autre part que l'auteur porte un regard critique sur les engagements militaires de son pays.

> Voir la méthode générale d'une étude critique de document en annexe (p. 518).
> Voir les méthodes et stratégies 1 du chapitre 4, 1 du chapitre 5, 1 du chapitre 6.

DOC. Les États-Unis et la guerre selon Howard Zinn.

Extraits de l'ouvrage du professeur d'histoire et de sciences politiques Howard Zinn, connu pour ses engagements contre la politique de son pays et notamment contre les guerres menées par les États-Unis.

« Car la guerre ne plaça pas seulement les États-Unis en position de domination sur la majeure partie du globe, elle créa également des conditions efficaces de contrôle social à l'intérieur des frontières. [...] Par une série d'actions, elle instaura un climat de peur – et une véritable hystérie vis-à-vis du communisme – qui entraîna l'escalade progressive du budget de l'armée et la stimulation de l'économie nationale par le biais des commandes militaires. Cette combinaison permettait d'engager des actions plus agressives à l'étranger et plus répressives à l'intérieur du pays. [...] La guerre de Corée mobilisa l'opinion libérale derrière la guerre et le président. Elle créa le genre de coalition dont on avait besoin pour soutenir une politique d'intervention à l'étranger et une militarisation de l'économie à l'intérieur. [...] En 1970, le budget militaire américain atteignait les 80 milliards de dollars et les entreprises impliquées dans la production militaire faisaient des bénéfices colossaux. [...] Le pays vivait dans le cadre d'une économie de guerre permanente qui présentait d'importantes poches de pauvreté, mais il y avait suffisamment d'argent pour que la société soit pacifiée. [...] »

« Dans le même temps, les États-Unis tissaient, au moyen de l'aide économique accordée à certains pays, un réseau de domination économique à travers le globe et renforçaient ainsi leur influence politique. [...] Bush déclara immédiatement la « guerre au terrorisme » et affirma que « nous ne [devions] pas faire de différence entre les terroristes et les pays qui abritent les terroristes ». Le Congrès s'empressa de voter un décret autorisant le Président à engager des opérations militaires sans être tenu de lui demander l'autorisation légale de faire la guerre, comme la Constitution américaine l'exige pourtant. [...] Bush et ses conseillers auraient dû savoir que les terroristes ne pouvaient être détruits par la force. Les précédents historiques le montrent suffisamment. [...] Depuis la catastrophe du 11 septembre, l'opinion publique américaine soutenait, en grande majorité, le président Bush dans sa « guerre contre le terrorisme ». [...]

Le Congrès vota le USA Patriot Act, qui donnait au département à la Justice le droit de détenir des résidents étrangers sur simple présomption et sans qu'aucune charge ne soit retenue contre eux. On leur déniait également les droits juridiques accordés par la Constitution. »

■ Howard Zinn, *Le XXe siècle américain. Une histoire populaire de 1890 à nos jours*, traduction française de F. Cotton, Éditions Agone, 2003

CORRIGÉ

POST BAC

Les États-Unis et la guerre depuis 1945 à travers l'analyse critique d'un historien américain

Analyse du sujet

- Il n'y a pas eu de guerre mondiale depuis 1945, mais, en raison de leur puissance et de leur rôle dans le monde, à l'époque de la guerre froide comme ensuite, les États-Unis ont été engagés dans de nombreux conflits armés (guerre de Corée, du Vietnam, du Golfe, en Afghanistan et en Irak...). Ces interventions ont été motivées par des choix politiques (l'endiguement du communisme, la guerre contre le terrorisme), géostratégiques (alliances, bases militaires), économiques et financiers (complexe militaro-industriel). Elles ont eu des conséquences pour les pays contre lesquels les États-Unis ont combattu mais aussi sur la société américaine.
- Ce rôle des États-Unis dans les guerres a été approuvé ou rejeté, débattu par les Américains eux-mêmes, notamment à travers des critiques du complexe militaro-industriel ou des mouvements de contestation (l'opposition à la guerre du Vietnam). On peut songer au cinéma qui trouve fréquemment son inspiration dans les guerres menées par les États-Unis et le fait de façon très contrastée.
- Le texte qui doit être étudié pour traiter le sujet appartient à un registre critique de la politique des États-Unis. Il est extrait du livre d'histoire *Le xxe siècle américain. Une histoire populaire de 1890 à nos jours*. L'auteur est le professeur d'histoire et de sciences politiques à l'université de Boston, Howard Zinn (1922-2010), dont les engagements en faveur des droits civiques des Afro-Américains et contre la guerre du Vietnam ont été marquants. Une biographie parue récemment en France, écrite par un de ses collègues et amis, porte le titre *Howard Zinn, une vie à gauche* (Martin Duberman, Éditions Lux, 2013). L'explication du texte doit donc tenir compte, comme le demande la consigne, de la fonction de l'auteur – il est un historien – et de son engagement dans la vie politique américaine.

[Introduction]

Le document est composé d'extraits du livre *Le XXe siècle américain. Une histoire populaire de 1890 à nos jours*, écrit par l'historien américain Howard Zinn, dont les engagements contre la politique de son pays, et notamment contre les guerres, ont été constants. Il ne s'agit donc pas d'un texte source, mais des écrits d'un historien qui a lui-même travaillé sur des sources originelles (lois, discours, témoignages, etc.). L'ouvrage, dont la première édition date de 1980, a été traduit en français en 2003, lors de la dernière édition aux États-Unis. Les extraits portent, d'une part, sur la période de la guerre froide et, d'autre part, sur la « guerre contre le terrorisme » qui suit les attentats du 11 septembre 2001.
Le sujet s'intéresse au rôle des États-Unis dans les conflits armés menés par eux ou dans lesquels ils ont été impliqués. Il inclut les causes et les conséquences de ces guerres, et donc les relations des États-Unis avec le reste du monde. Mais il comporte également une analyse de la société et du système politique américains, des choix et des enjeux nationaux en relation avec les guerres.

Nous pouvons ainsi nous demander comment ces extraits du livre de Howard Zinn rendent compte, de façon critique, de la place de la guerre dans l'histoire des États-Unis depuis 1945.

Deux idées principales sont au cœur de ce texte et nous serviront dans l'organisation du devoir : si les guerres ont permis aux États-Unis d'étendre leur influence dans le monde, elles ont aussi eu de nombreuses conséquences sur la société américaine.

[I. « Les États-Unis et la guerre » : l'expansion de l'empire américain depuis 1945]

Le thème de la guerre apparaît dès le début du texte : « la guerre » – il s'agit ici de la Seconde Guerre mondiale – « plaça les États-Unis en position de domination sur la majeure partie du globe ». Le thème est ensuite développé par des exemples précis.

[1. Les États-Unis dans la guerre froide]

Au sujet de la guerre de Corée (1950-1953), l'auteur évoque le début de la « politique d'intervention à l'étranger » des États-Unis. Dès la fin de la Seconde Guerre mondiale, les **États-Unis se sont engagés dans des conflits très éloignés de leur territoire** : en Corée à partir de 1950, au Vietnam de 1964 à 1973 ou, à partir de 1991, dans le golfe Persique. Ces interventions ont pu être motivées par des menaces réelles provenant des adversaires des États-Unis, en particulier de l'URSS, ce qui n'apparaît pas dans les extraits du livre de H. Zinn ; ainsi, l'auteur ne mentionne pas que l'engagement américain dans la guerre de Corée a constitué une riposte voulue par l'ONU à l'invasion de la Corée du Sud par la Corée du Nord communiste.

L'auteur évoque « un réseau de domination économique à travers le globe » renforçant l'« influence politique » des États-Unis : la doctrine Truman (1947) annonce le soutien des États-Unis au « monde libre » contre le communisme. Elle est immédiatement complétée par l'aide économique du plan Marshall assurant la reconstruction de l'Europe occidentale. Cette période marque le **début de l'influence des États-Unis**, qui tissent en parallèle autour du monde un réseau d'alliances militaires.

L'auteur ne mentionne pas à quel point la domination est aussi de nature largement idéologique grâce à l'attraction de la culture et du mode de vie américains, un *soft power* qui diffuse l'influence des États-Unis dans le monde. De même, la domination économique et financière est un vecteur puissant d'influence que les adversaires des États-Unis, et notamment l'URSS, sont bien incapables de concurrencer.

[2. Les États-Unis dans la « guerre contre le terrorisme »]

« La catastrophe du 11 septembre » conduit le président Bush à « déclarer immédiatement la guerre au terrorisme ». Si l'auteur paraît manifestement opposé à l'intervention militaire des États-Unis en Afghanistan à partir de 2001, au nom de son inefficacité supposée, les États-Unis ont toutefois reçu l'accord de l'ONU et le soutien de leurs alliés de l'OTAN. Ce ne sera pas le cas avec l'invasion de l'Irak en 2003, qui peut sembler un moyen pour les États-Unis de renforcer leur influence dans la région stratégique du Moyen-Orient.

[Transition]

Les guerres dans lesquelles sont intervenus les États-Unis depuis 1945 leur ont permis de jouer leur rôle de superpuissance, de « gendarmes du monde » : c'est en tout cas l'opinion de H. Zinn. L'auteur met surtout en avant, afin de les dénoncer, les effets multiples de ces guerres sur la société américaine.

[II. « Les États-Unis et la guerre » : des répercussions en politique intérieure]

[1. Le poids du « complexe militaro-industriel »]

Pour H. Zinn, les États-Unis vivent « dans le cadre d'une économie de guerre permanente », d'« une militarisation de l'économie ». Ce qu'il décrit, et même dénonce ici, c'est le « complexe militaro-industriel » américain. Ce terme est utilisé pour la première fois en en janvier 1961 par D. Eisenhower lorsqu'il quitte ses fonctions de président, inquiet des graves implications que fait peser cette **collusion de l'institution militaire et des grandes entreprises d'armement**, y compris sur les libertés et processus démocratiques du pays.

Pour H. Zinn, les États-Unis vivent « dans le cadre d'une économie de guerre permanente », d'« une militarisation de l'économie ». L'importance du budget de la défense américaine représente aujourd'hui presque la moitié de toutes les dépenses militaires dans le monde. Le gouvernement américain le justifie par les nécessités de la défense du pays et de ses alliés. Cela « stimule l'économie nationale » mais profite essentiellement aux « entreprises impliquées dans la production militaire », qui réalisent « des bénéfices colossaux ».

Le pays connaît toutefois « d'importantes poches de pauvreté » : cette situation dénoncée par l'auteur apparaît au grand jour dans les années 1960, aussi bien dans les discours officiels que dans les dénonciations de Martin Luther King qui établit le lien entre dépenses de la guerre du Vietnam et pauvreté, des Afro-Américains notamment.

[2. Des décisions politiques contraires à l'exercice des libertés]

L'auteur dénonce « une véritable hystérie vis-à-vis du communisme » : il fait ici référence à la période du début de la guerre froide, qualifiée de « chasse aux sorcières » ou de « maccarthysme », et aux **peurs suscitées par l'influence communiste** pourtant peu importante aux États-Unis.

Il dénonce également **« le USA Patriot Act »** : face au terrorisme qui vient de toucher brutalement les États-Unis le 11 septembre 2001, le Congrès vote une loi qui suspend une partie des garanties individuelles pour « des résidents étrangers », mais aussi pour les moyens d'information (censure et contrôle).

[3. Les guerres et l'opinion publique]

Les débats au sein de l'opinion publique sont mentionnés à de nombreuses reprises dans le texte, les extraits montrant le soutien du pays aux décisions de ses dirigeants lors des conflits : « la guerre de Corée mobilisa l'opinion libérale derrière la guerre et le président », cette intervention des États-Unis se faisant au nom de l'ONU contre une agression de la Corée du Nord communiste ; « l'opinion américaine soutenait, en grande majorité, le président Bush dans sa guerre contre le terrorisme ».

Toutefois, surtout avec la guerre du Vietnam, la société américaine a manifesté assez vite son opposition à la guerre et influencé le gouvernement pour le conduire à en sortir. On peut également songer à l'évolution – assez rapide – de l'opinion américaine vis-à-vis de l'engagement en Irak. Un des objets d'étude de H. Zinn, comme le montre d'ailleurs le sous-titre de l'ouvrage (*Une histoire populaire des États-Unis*), est le **rôle du peuple américain et de ses luttes contre le gouvernement**, luttes auxquelles il a lui-même participé.

[Conclusion]

En raison de leur puissance et de leur influence dans le monde, renforcées par la Seconde Guerre mondiale, les États-Unis ont été impliqués dans de nombreux conflits

depuis 1945. Le texte extrait de l'ouvrage de Howard Zinn analyse les conséquences, tant dans le monde qu'aux États-Unis mêmes, de ces guerres menées par son pays. Il le fait en tant qu'historien soucieux de partir des sources pour reconstituer les événements et les expliquer ; mais il écrit également en tant que citoyen américain engagé dans les débats portant sur la politique, et notamment la politique extérieure des États-Unis : il porte un regard critique et dénonciateur dont nous devons tenir compte.
Au moment où le président Obama a retiré les troupes américaines d'Irak et d'Afghanistan (fin 2014), qu'il réitère son souhait d'un monde sans armes nucléaires, qu'il poursuit la guerre contre le terrorisme et alors qu'apparaissent de nouveaux dangers en Afrique et au Moyen-Orient, les débats des historiens et des populations se poursuivent en ce qui concerne la politique des États-Unis dans les guerres actuelles et à venir.

Les échelles de gouvernement dans le monde
de la fin de la Seconde Guerre mondiale à nos jours

INTRODUCTION

- Depuis 1945, le pouvoir des États a considérablement évolué. Jusqu'alors, l'échelle de gouvernement qui prévalait était celle de l'État-nation* qui exerçait sa souveraineté à l'intérieur de ses frontières. Mais, au sortir de la Seconde Guerre mondiale, le nationalisme et la crise économique des années 1930 sont jugés responsables du conflit. L'État-nation est déconsidéré, jugé incapable d'assurer la paix et la prospérité. Émerge alors la volonté d'inventer de nouvelles formes de gouvernement.

- À l'échelle nationale, en France, il s'agit en 1946 de refonder la République sur des bases démocratiques et sociales. L'État est renforcé par la mise en place d'un État-providence*. Cependant, à partir des années 1970-1980, ce modèle et l'idée même de nation sont remis en cause dans le contexte de la mondialisation, de l'intégration européenne et de profondes mutations sociales.

- À l'échelle continentale, le projet d'une Europe politique voit le jour dès 1948. Ce régionalisme repose sur la définition d'objectifs communs qui n'ont cessé d'évoluer depuis sa mise en place. Dans les années d'après guerre, il s'agit surtout d'assurer la paix et les échanges économiques dans une Europe marquée par les conflits fratricides du XXe siècle. Puis, à partir des années 1990, l'Union européenne cherche à assurer son insertion dans la mondialisation et à affirmer son poids dans les relations internationales.

- À l'échelle mondiale, et malgré l'échec de la Société des Nations, renaît après la Seconde Guerre mondiale la volonté d'instaurer une organisation internationale capable d'assurer la prospérité économique et la stabilité financière : de nouvelles institutions (FMI, BIRD) tentent de jouer ce rôle dans le cadre de négociations interétatiques. Mais l'entrée dans une nouvelle phase de la mondialisation, dans les années 1970, rend nécessaire une nouvelle régulation de celle-ci. Un concept apparaît alors : celui de la gouvernance. Il renvoie à la volonté d'instaurer des règles communes, des modes de coopération pour traiter des nouveaux problèmes concernant l'ensemble de la planète. Il remet en cause le monopole des États sur les affaires mondiales et entend associer les acteurs étatiques et non étatiques (FTN, ONG), notamment dans le domaine économique.

- Dans quelle mesure ces deux nouvelles échelles de gouvernement du monde remettent-elles en cause la souveraineté de l'État-nation ?

CHAPITRE 7 Séries L, ES et S

Gouverner la France depuis 1946

COURS

MÉTHODES ET STRATÉGIES

SUJETS DE TYPE BAC

CORRIGÉS

COURS

Gouverner la France depuis 1946

Dans l'après-guerre, la préoccupation majeure est la reconstruction de l'État et sa modernisation. L'État est une entité politique et juridique exerçant, sur une population et un territoire donnés, le pouvoir de gouverner et de décider. La légitimité de l'intervention de l'État retrouvée, la capacité de l'État à réguler et à intégrer s'impose. L'État devient un acteur central, omniprésent et puissant à partir de 1946, puis, à partir des années 1970-1980, il voit son rôle de plus en plus remis en cause. En quoi la gouvernance de la France est-elle l'expression d'un modèle français d'État soumis à des évolutions profondes depuis 1946 ?

I. Gouverner un État républicain et démocratique

1. Refonder la République (1946-1958)

a. Restaurer la République démocratique

- Les années 1944-1946 sont une période transitoire dans la France libérée, qui doit se doter de nouvelles institutions. La volonté de restaurer la République et **l'État de droit** est énoncée par le GPRF (Gouvernement provisoire de la République française ; 1944-1946), dès l'automne 1944.
- L'aspiration à **rénover la République** se traduit par différentes mesures : affirmation d'une démocratie libérale avec le retour des libertés individuelles et publiques, rétablissement des élections, élargissement de cette démocratie avec le droit de vote des femmes (ordonnance du 21 avril 1944).

b. Réformer les institutions

- Le retour à l'ordre républicain passe également par une **refonte institutionnelle**, l'État républicain s'incarnant dans des institutions politiques et dans l'exercice du pouvoir. La France libérée est une France à réformer. Il faut deux années pour que les Français se dotent d'une constitution, dans un jeu politique qui est le reflet de la **démocratie parlementaire** et est dominé par le tripartisme*.
- La **IVe République** naît de la volonté de se tourner vers l'avenir et d'oublier les années noires de Vichy. La nouvelle Constitution, adoptée le 13 octobre, est promulguée le 27 octobre 1946. Dans son préambule, la République française est définie comme « indivisible, laïque, démocratique et sociale ».

c. Instituer une République parlementaire

- La IVe République est un gouvernement d'assemblée, une République parlementaire. L'**Assemblée nationale** est au cœur du système institutionnel : elle est la maîtresse du pouvoir législatif et la source du pouvoir exécutif, car elle seule vote la loi. Le président de la République est élu pour sept ans par le Parlement et dispose de pouvoirs très limités.
- La IVe République institue une **démocratie représentative**. La représentation proportionnelle des courants politiques, instaurée pour respecter le pluralisme, empêche la formation de majorités stables. La IVe République est un « régime des

* Les mots suivis d'un astérisque sont définis dans le lexique.

partis » caractérisé par une forte instabilité gouvernementale. Vingt-cinq gouvernements se succèdent en douze ans, avec une durée moyenne de sept mois.

2. Créer un État stable et fort

a. Sortir de la crise politique...

- La IVe République a renvoyé l'image d'un régime impuissant et embourbé dans les crises. L'instabilité gouvernementale est le reflet de la fragilité institutionnelle de la IVe République, que beaucoup qualifient de « IIIe, en pire ». La guerre d'Algérie mène à une impasse politique aboutissant à la crise du 13 mai 1958.
- Le recours « dans le péril de la patrie et de la République » à de Gaulle comme président du Conseil par René Coty, président de la République, apparaît comme une solution à la crise. Mais l'opposition de De Gaulle aux institutions de la IVe République induit une réforme institutionnelle.

b. ... par une réforme institutionnelle

- Le 3 juin 1958, le gouvernement de De Gaulle est investi des « pouvoirs constituants ». La Constitution de la Ve République est adoptée le 28 septembre 1958 par référendum, à une très large majorité (79,2 % des suffrages).
- La nouvelle Constitution fonde un **régime semi-présidentiel***, en reprenant l'idée d'un système présidentiel promu par de Gaulle dans son discours de Bayeux (1946) mais en maintenant les principes fondamentaux d'un système parlementaire. C'est l'aspiration à un État fort et à un exécutif solide et stable en limitant l'hégémonie parlementaire.

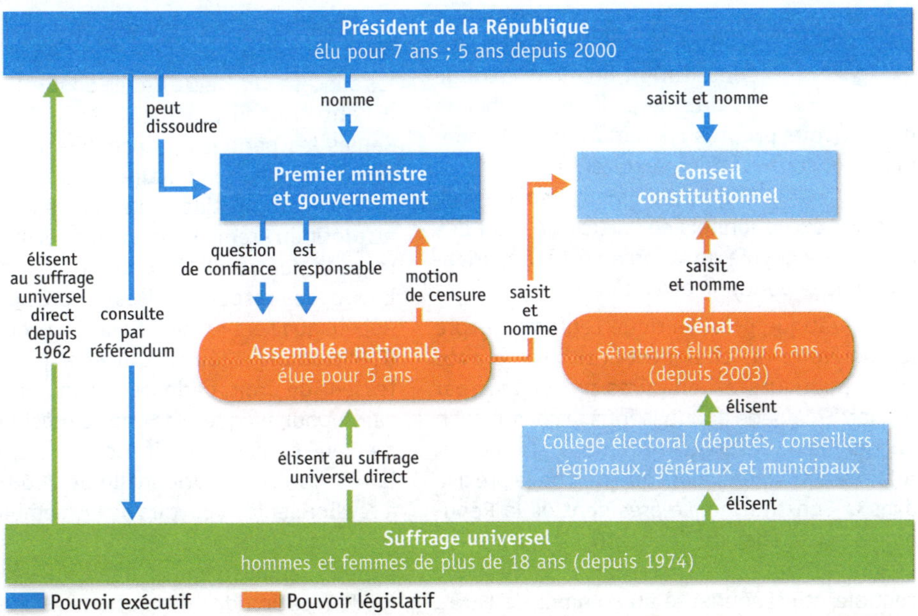

DOC. 1 Les institutions de la Ve République.

c. Renforcer et personnaliser l'exécutif : un exécutif prééminent

- L'**exécutif puissant** s'incarne dans le président de la République, qui dispose de prérogatives élargies, et le gouvernement « détermine et conduit la politique de la Nation » (art. 20). Président de la République et Premier ministre forment une dyarchie à la tête de l'État.
- Le **Parlement** voit son pouvoir amoindri. L'Assemblée nationale partage l'initiative des lois avec le gouvernement qui peut, s'il est confronté à une majorité réticente ou incertaine, recourir à l'article 49-3 pour faire adopter un texte sans débat et sans vote, sauf motion de censure*. L'Assemblée nationale est élue selon un nouveau mode de scrutin, uninominal à deux tours*, qui met fin au principe proportionnel de la IVe République afin de dégager des majorités stables. Ceci conduit à la bipolarisation de la vie politique.
- La révision constitutionnelle de 1962, avec l'élection du président de la République au suffrage universel direct, contribue à la personnalisation du régime, et donc au renforcement de la **présidentialisation* du régime** : le 28 octobre 1962 est la date d'une refondation de la Ve République avec un remodelage fondamental à son sommet (voir le sujet corrigé 2). Cette élection est la « rencontre d'un homme et d'un peuple » (de Gaulle).

Le président, un monarque républicain ?

- « Il doit être entendu que l'autorité indivisible de l'État est confiée tout entière au président » (C. de Gaulle, 1964). La Constitution de 1958 attribue au président de la République des **pouvoirs propres** : nomination du Premier ministre, consultation par référendum, dissolution de l'Assemblée nationale, recours aux pouvoirs exceptionnels de l'article 16, chef des armées, monopole de la force nucléaire, orientation de la politique étrangère.
- La pratique présidentielle renforce encore les pouvoirs du chef de l'État : les graves crises politiques et militaires provoquées par la guerre d'Algérie aboutissent à la constitution du « domaine réservé » (Défense nationale et Affaires étrangères) alors que rien ne le précise dans la Constitution. Le président de la République est le **chef de l'exécutif** : il est **arbitre** et **gouvernant**. La position du président est centrale et prééminente au sommet de l'État. Les adversaires de De Gaulle critiquaient le « pouvoir personnel » du chef de l'État et, en 1964, F. Mitterrand qualifiait la nouvelle République de « coup d'État permanent ».
- Héritière de la pratique gaullienne, la lecture présidentialiste de la Constitution s'impose, car les successeurs de De Gaulle sont très attachés à l'autorité du président de la République. Seules les périodes de cohabitation amènent une lecture parlementaire de la Constitution : les pouvoirs présidentiels sont alors affaiblis au profit du Premier ministre, mais le président reste le centre et le sommet de la Ve République. Les responsabilités du président de la République sont « celles de la vie ou de la mort » (F. Mitterrand). Maurice Duverger, juriste et professeur de droit, parle de « monarque républicain » pour évoquer l'arbitraire présidentiel. Un meilleur équilibre institutionnel est initié par la réforme constitutionnelle de 2008 qui tend à revaloriser les pouvoirs de l'Assemblée nationale et du Sénat. Mais le Parlement reste docile, dominé par une majorité fidèle au président. La modernisation des institutions est jusqu'alors passée par des adaptations sans engendrer de passage à une nouvelle et VIe République.

3. Adapter la gouvernance politique et administrative de l'État

a. Former les élites de l'État

- En 1945, la création de l'**École nationale d'administration (ENA)** et la nationalisation partielle de l'École libre des sciences politiques répondent à la volonté de former une élite de commandement, c'est-à-dire de hauts fonctionnaires avec des compétences administratives et techniques. « La plus haute des fonctions, [c'est] le service de l'État » (de Gaulle).

- La place des hauts fonctionnaires au sommet de l'État devient grandissante sous la Ve République, où ces derniers représentent souvent près de la moitié des ministres et dominent les cabinets ministériels. 8,5 % des emplois de cabinet en 1955 sont occupés par des énarques pour 32 % dès 1968. La haute administration devient conquérante avec le recours aux experts et aux « technocrates ».

b. Décider dans un État unitaire

- En France, une place majeure est dévolue à l'État et se traduit par la **centralisation administrative**. La construction d'un État unitaire et jacobin puise ses origines dans la construction du pouvoir monarchique centralisé et se poursuit lors de la Révolution française.

- Un mouvement de **déconcentration* régionale** est lancé à partir de 1955 : les attributions de l'État sont déléguées à des autorités de l'État dans des circonscriptions administratives. Des circonscriptions d'action régionale sont créées en 1960 et sont dirigées par le préfet, représentant de l'État central, devenu « préfet de région » en 1964. La structure administrative est hiérarchisée et soumise au contrôle de l'État.

- À partir de 1968 débute une **entreprise de décentralisation*** avec, en 1972, la création de régions comme établissements publics : c'est le transfert des compétences administratives de l'État vers des entités locales distinctes de lui. Mais les régions sont dotées de peu de pouvoirs jusqu'aux lois de décentralisation de 1982-1983, qui instituent les régions en collectivités territoriales.

c. Adapter les institutions d'un régime enraciné

- Le système quinto-républicain surmonte la crise de mai 1968, les rouages institutionnels en sortent raffermis. Ces derniers survivent sans heurt à l'après de Gaulle en s'adaptant aux alternances politiques, qu'elles soient endogènes à la droite comme en 1974, ou radicales en 1981 avec l'inversion de l'équilibre des forces droite/gauche. Les institutions de la Ve République sont **solides**.

- Les pratiques constitutionnelles nouvelles ne mettent pas à mal les institutions. Trois **périodes de cohabitation*** (1986-1988 et 1993-1995 sous F. Mitterrand ; 1997-2002 sous J. Chirac) donnent une nouvelle lecture de la Constitution aboutissant à une nouvelle gouvernance : le centre du pouvoir est déplacé vers le Premier ministre et sa majorité parlementaire. Les institutions de la Ve République font preuve de **plasticité**.

- La Constitution de la Ve République a évolué sous l'effet de 24 révisions constitutionnelles. La révision constitutionnelle majeure à ce jour est la réforme du 6 novembre 1962 qui institue l'élection du président de la République au suffrage universel direct. Dix-neuf réformes ont été apportées à partir des années 1990, dont la réforme du 2 octobre 2000 qui instaure le quinquennat présidentiel, réduisant la durée du mandat présidentiel de sept à cinq ans.

II. Ériger un État modernisateur, véritable État-moteur

1. Bâtir un État omnipotent

a. Redéfinir les missions de l'État : l'expansion des fonctions de l'État

- La conception française de l'État repose sur les valeurs de l'intérêt général et du service public, et l'idée républicaine de l'État est que l'État est garant du lien social. À la Libération, la légitimité retrouvée de l'État permet l'expansion de son rôle. **L'État devient omniprésent**. Il engage des réformes de structures qui modifient durablement le monde social, les activités économiques, les identités sociales, les représentations de l'État. Il devient moteur pour reconstruire, équiper, innover, moderniser.

- Face à la situation difficile de l'après-guerre, l'État devient un acteur de la reconstruction et de la démocratisation sociale. L'intervention de l'État vise à moderniser la France et à lui permettre de redevenir une grande puissance*. La transformation du rôle de l'État conduit à **redéfinir ses missions** qui s'étendent de l'administration aux domaines de la santé, de la sécurité sociale, du travail, de la culture…

b. Redéfinir les compétences de l'État

- La modernisation du pays nécessite la transformation économique, territoriale et sociale du territoire ainsi que le développement de projets techniques ambitieux dans les domaines énergétique, aéronautique ou militaire. L'État se veut **volontariste** et crée en 1945 le CEA (Commissariat à l'énergie atomique) et, en 1946, l'Inra (Institut national de la recherche agronomique).

- L'État devient plus rationnel, son expertise se renforce : il devient **savant**. Il se dote d'outils d'analyse tels l'Insee (Institut national de la statistique et des études économiques), fondé en 1946 pour documenter les choix économiques. La Datar (Délégation à l'aménagement du territoire et à l'action régionale) est créée en 1963 pour aménager le territoire : aménagement touristique du littoral du Languedoc-Roussillon en 1963 et des Alpes (plan Neige) en 1964, création des métropoles d'équilibre en 1964 et de villes nouvelles en 1965, etc.

c. Renouveler la fonction publique

- L'ordonnance du 9 octobre 1945 œuvre à une **réforme administrative**, créant notamment l'ENA. La loi du 19 octobre 1945, portant sur le statut général des fonctionnaires, poursuit cette transformation. C'est l'expansion de l'administration.

- Le fonctionnaire est le serviteur de l'État. L'emploi permanent, le droit syndical et le droit de grève sont garantis tandis que le principe du recrutement par concours s'impose. Sous les IVe et Ve Républiques, entre 1945 et 1974, la fonction publique connaît une consécration. Le statut est rendu attractif, à l'exemple des statuts de la SNCF, de la Sécurité sociale ou d'Air France.

2. Établir un État modernisateur

a. L'État, un nouvel acteur économique

- Le **dirigisme économique** d'après 1945 est fruit des deux guerres mondiales, où l'État a contrôlé l'économie pour soutenir l'effort de guerre : il a organisé le ravitaillement, le rationnement et la production d'armement. Les réformes structurelles font de l'État d'après-guerre un acteur majeur des politiques économiques pour moderniser l'économie française et réorganiser la production.

- Les **idées keynésiennes** se développent au sommet de l'État. L'intervention active de l'État permet d'optimiser l'économie et d'assurer la croissance* économique : c'est l'émergence de l'« État keynésien modernisateur » (P. Rosanvallon). Un système d'économie mixte, système économique associant entreprises privées et secteur public puissant contrôlé par l'État, naît. L'État est le **régulateur de l'économie**.
- Il encourage la concertation en instaurant une politique contractuelle pour apaiser les tensions sociales en associant patronat et syndicats à la décision. Il renforce aussi les négociations avec les partenaires sociaux lors de la crise de mai 1968 avec les accords de Grenelle.

b. L'État, un acteur économique interventionniste

- Entre 1944 et 1948, l'État accroît ses capacités à intervenir dans l'économie par des **nationalisations**. Avec de lourds investissements, il nationalise les secteurs de l'énergie et des transports : charbon avec les Charbonnages de France le 19 avril 1946, électricité avec EDF (Électricité de France) et gaz avec GDF (Gaz de France) le 8 avril 1946 ; transports avec Air France le 16 juin 1945. Mais aussi le secteur de la banque (Banque de France, Crédit Lyonnais, Société Générale…) le 2 décembre 1945 pour mobiliser les ressources financières nécessaires à la modernisation et assurer le crédit. Des nationalisations sanctions sont réalisées à l'encontre des entreprises ayant collaboré activement avec l'occupant (usines Renault nationalisées le 15 novembre 1944). L'**État-patron** crée ainsi un secteur public puissant dominant des secteurs stratégiques.
- La reprise de la production est soutenue par l'action publique avec une **planification** souple (indicative et incitative) de l'organisation de l'activité publique et privée pour définir les priorités et répartir les moyens. Le 3 janvier 1946 est créé le Commissariat général au plan : c'est la mise en œuvre d'un plan de modernisation et d'équipement de la France (Ier plan, dit plan Monnet, 1947-1952). Le principe d'« économie concertée », selon la formule de Jean Monnet, premier commissaire général au Plan, s'impose.

c. L'État entrepreneur

- L'État est **conquérant** : il lance des programmes d'innovation dans les domaines du nucléaire dans les années 1960 autour du CEA, de l'informatique avec le « plan calcul » en 1966, de l'aérospatiale avec la création du Comité de recherches spatiales (CRS) en 1959 et de la Société nationale industrielle aérospatiale (SNIAS) en 1970, de l'aéronautique avec le projet du Concorde en 1962.
- L'État est **aménageur** : il développe une politique de grands travaux avec l'essor du réseau autoroutier à partir des années 1950, la construction des aéroports modernes (Roissy-Charles-de-Gaulle, 1974) et le développement des télécommunications (télévision, équipement téléphonique).
- L'État favorise, en lien avec l'ouverture européenne (1957), la concentration des entreprises pour créer de grands groupes industriels compétitifs (Elf en 1964, Saint-Gobain/Pont-à-Mousson en 1970, Pechiney en 1971). En 1967, il assure plus de la moitié du financement des investissements en France.

3. Construire un État social : vers l'État-providence*

a. Organiser le progrès social

- L'État devient social. Les réformes sociales sont inspirées du Conseil national de la Résistance (CNR) aspirant à l'avènement d'une démocratie sociale et d'une société plus juste. C'est la naissance de l'**État-providence** ou « État de bien-être » : l'État se fait l'« instituteur du social » (P. Rosanvallon). Les fonctions de l'État dépassent ainsi les fonctions régaliennes : l'État-providence est en rupture avec l'État-gendarme.

- Un grand chantier est engagé avec la généralisation de l'assurance maladie avec la Sécurité sociale, le développement de prestations familiales, de l'aide au logement, de l'allocation-chômage, des pensions de retraite… La protection sociale a pour but d'assurer la cohésion sociale : **l'État-providence renforce l'État-nation***.

b. Garantir un État responsable du bien vivre de tous

- La **Sécurité sociale** est créée par l'ordonnance du 4 octobre 1945, complétée par une série de lois et de décrets en 1946. Financée par les cotisations, elle repose sur une logique redistributive : les prestations sociales créent des transferts sociaux. Elle vise un idéal de **justice sociale**.

- Des comités d'entreprise sont créés en 1945 dans toutes les entreprises de 50 salariés et plus. En 1947 est fixé un salaire minimum – appelé SMIG (salaire minimum interprofessionnel garanti) en 1950, puis SMIC (salaire minimum interprofessionnel de croissance) en 1970 – pour garantir un pouvoir d'achat minimum aux ménages les plus modestes. En 1947 est votée la loi sur les HLM (habitations à loyers modérés). Une troisième semaine de congés payés est instaurée en 1956, avant une quatrième en 1969.

c. Renforcer l'État-providence

- L'État-providence étend ses missions pour améliorer le niveau de développement du pays. Il se fait **vecteur de progrès** en jouant un grand rôle dans le domaine de la culture avec la création du ministère des Affaires culturelles (1959) confié à André Malraux, de l'éducation pour pourvoir la France d'un enseignement secondaire de masse (établissement de la scolarité obligatoire jusqu'à 16 ans en 1959, construction de 2 500 équipements collectifs scolaires entre 1965 et 1975, instauration du collège unique en 1975), et de la santé avec la création de CHU (centres hospitaliers universitaires) en 1958.

- L'État accompagne les transformations de la société par des **réformes sociales** : loi Neuwirth sur la contraception en 1967, loi Veil sur l'interruption volontaire de grossesse en 1975, âge de la majorité civile et du droit de vote fixé à 18 ans en 1974.

III. Repenser l'État : l'État en mutation depuis les années 1970

1. La crise de l'État-providence

a. La remise en cause de l'État-providence

- Dans les années 1960, le souci de réduction des dépenses publiques apparaît. La généralisation de la couverture sociale, sous l'effet de l'augmentation des prestations et de la montée du chômage dans les années 1970, fait naître des déséquilibres. La crise économique des **années 1970** souligne les difficultés du financement de la protection sociale et engendre une **inflexion libérale** sous la présidence de V. Giscard d'Estaing (1974-1981). Le délitement de l'État-providence s'amorce.

- Si l'élection de F. Mitterrand, en 1981, réinstaure plus d'État, avec de nombreuses réformes économiques et sociales menées entre 1981 et 1983 (augmentation du SMIC et des allocations familiales, semaine de travail de 39 heures payées 40, cinquième semaine de congés payés, retraite à 60 ans, nationalisations de grandes entreprises industrielles et bancaires), le retour en force du libéralisme s'impose à partir de 1983. C'est le **tournant de la rigueur*** et la fin de l'État interventionniste, jugé trop coûteux.

b. « Dégonfler » l'État-providence au niveau économique...

- À partir de 1985, la priorité n'est plus le plein-emploi ni l'État-providence, mais le libre jeu du marché contre les pesanteurs que sont les lois sociales et le poids des syndicats. Les années 1980 sont celles du triomphe du libéralisme économique : la **révolution néolibérale** est en marche, les gouvernements adoptent des politiques de réduction des dépenses de l'État.

- Le désengagement économique progressif de l'État est impulsé : il s'agit de recentrer l'État sur ses fonctions régaliennes. Sous la première cohabitation, en 1986, le Premier ministre Jacques Chirac lance une vague de **privatisations** concernant 65 entreprises publiques (Saint-Gobain, TF1, Paribas, etc.) dans une logique de concurrence économique et de réduction de la dette publique. Ce mouvement est poursuivi par ses successeurs pendant deux décennies.

c. ...et au niveau administratif et politique

- L'État-providence, en difficulté, déconcentre son intervention : en 1982-1983, les lois Defferre mettent en œuvre une politique de **décentralisation** en instaurant un transfert des compétences et des financements vers les collectivités territoriales (régions, départements, communes), dessinant ainsi un nouveau système administratif et politique. Une nouvelle impulsion est donnée, en 2003, avec l'« acte II » de la décentralisation instaurant d'autres transferts de compétences : « l'organisation décentralisée de la République » est inscrite dans la Constitution.

- La décentralisation conduit à un réaménagement des relations entre État et collectivités territoriales : de centralisateur, l'État devient **coordonnateur**. L'État, jusqu'alors tuteur, devient partenaire avec les territoires de la République. L'État est en relation contractuelle avec les régions par le biais des CPER (contrats de projets État-région). Les centres de décisions sont désormais multiples.

2. Restructurer l'État

a. Réformer l'État...

- L'État, longtemps présenté comme solution aux problèmes sociaux de l'après-guerre, devient peu à peu un **problème** lui-même. Dans les années 1970, l'objectif grandissant de réduction des dépenses publiques conduit à l'idée d'une mauvaise gestion de l'État : les critiques portent alors sur les dysfonctionnements, le caractère antidémocratique et la dimension oppressante de l'État. L'administration est dénoncée pour ses lourdeurs, son inefficacité et son inertie, tandis que le monde de l'entreprise est caractérisé par le dynamisme et la performance.

- Le « **pantouflage** » vers le secteur privé des hauts fonctionnaires, partis offrir un capital de compétences et de connaissances accumulées au long d'une carrière (d'au moins quinze années obligatoires) dans la fonction publique, reflète la perte d'attractivité du service de l'État.

b. ...pour plus d'efficience : vers l'État-stratège ?

- Une logique de restructuration émerge pour répondre à la logique de rationalisation et de réorganisation introduite sous l'égide des néolibéraux et du nouveau management public (*New Public Management*). Une **politique de réforme de l'État** est lancée dans les années 1990 pour réduire les dépenses publiques et transformer le management administratif.
- Des instruments d'action sont massivement importés du secteur privé : *benchmarking*, audit, évaluation de la performance. La LOLF (loi organique relative aux lois de finances), adoptée en 2001 et mise en application depuis 2006, est un levier de la réforme de l'État pour œuvrer à une gestion efficace des dépenses publiques. En 2007, l'État bureaucratique devient un **État néomanagérial** avec la RGPP (Révision générale des politiques publiques) visant à rationaliser les dépenses de l'État et engendrant une réduction des effectifs de la fonction publique.

c. Redéfinir le rôle de l'État : l'État-nation face à de nouvelles concurrences

- L'érosion du pouvoir de l'État à partir des années 1970 s'est faite dans le contexte de la **mondialisation** et de la régionalisation du monde. La mondialisation avec l'ouverture des frontières, l'affirmation des marchés financiers et des grandes firmes fait perdre à l'État une partie de ses capacités de direction, d'orientation et de contrôle de l'économie.
- La montée en puissance de nouveaux espaces de régulation et de gouvernement réduit la souveraineté nationale : de nombreuses compétences étatiques ont été transférées à l'UE pour réaliser l'union économique et monétaire. S'ajoutent également l'émergence d'une gouvernance mondiale, l'intégration dans des organisations intergouvernementales, l'engagement à respecter des traités internationaux qui réduisent le périmètre d'action de l'État.
- Le poids de la dette publique retire à l'État sa capacité d'action face à la puissance des marchés. La dette publique a en effet beaucoup augmenté : si elle représentait 20 % du PIB en 1980, 35 % en 1990, 60 % en 2002, elle dépasse 95 % du PIB en 2014. Les recettes de l'État ne couvrant pas toutes les dépenses, le solde budgétaire négatif, aussi appelé **déficit public**, s'accroît et conduit l'État à emprunter sur les marchés financiers. La place prise par les agences de notation, de plus en plus intrusives, nuit à la prise de décision autonome.

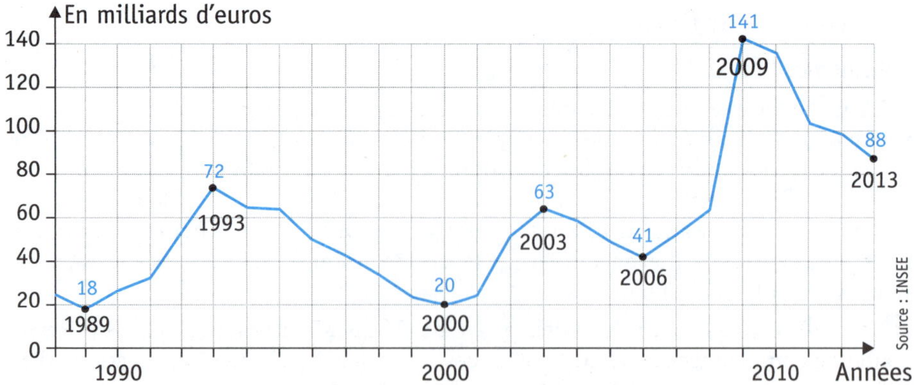

DOC. 2 Le déficit public de la France (en milliards d'euros) depuis 1988.

3. Le retour de l'État

a. La fragilisation de l'État...

- L'État a cessé d'être tout-puissant. Il est dès lors considéré comme moins utile et moins efficace pour soigner, éduquer, industrialiser… Ce recul s'accompagne d'une **délégitimation** de son action et de la mise en cause de son organisation. L'État est fragilisé par les questionnements constants sur sa place et son rôle.

- Depuis les années 1990 se développe un **malaise sociopolitique**. La montée en puissance de l'extrême droite met en lumière les inquiétudes des Français au sujet de la mondialisation, du libéralisme économique, de l'intégration européenne, de la souveraineté nationale et de la survie du « modèle social français ». Une profonde crise d'identité nationale voit le jour. Quel devenir pour l'État-nation ?

b. ...mais un besoin d'État

- Toutefois, le retrait de l'État n'est pas linéaire : il existe des résistances, car la tradition étatique est profondément enracinée au sein des élites politiques et des citoyens. Une part importante de Français reste attachée à préserver la souveraineté de l'État, comme en témoignent les référendums sur la construction européenne en 1992 et 2005.

- Le poids de l'État reste considérable, comme le montre la part croissante depuis cinquante ans des prélèvements obligatoires (45,9 % du PIB en 2013), qui permettent de financer l'État, la Sécurité sociale, les collectivités territoriales…

- Malgré le tournant néolibéral, l'État voit son **périmètre d'action étendu** pour faire face à des risques nouveaux dans le domaine de l'environnement, de la santé publique, de l'exclusion sociale, du surendettement. L'État redéploie son action et demeure volontariste : il crée le RMI (revenu minimum d'insertion) en 1988, remplacé par le RSA (revenu de solidarité active) en 2009, et met en place la CMU (couverture maladie universelle), qui rompt le lien entre travail et protection en 1999.

c. L'État, un acteur toujours en capacité

- La **reconfiguration de l'État social** est à l'œuvre avec une réorientation des fondements de l'État-providence : un tiers de la protection sociale est aujourd'hui financé par l'impôt, notamment par la CSG (Contribution sociale généralisée) mise en place par le gouvernement Rocard en 1990, pour assurer la solidarité.

- L'État n'est pas mort, il fait preuve d'**adaptation au monde global actuel**. La crise financière et économique, à partir de 2008, a montré la capacité d'intervention de l'État avec le sauvetage des banques. Aussi, après vingt ans de repli, l'État a retrouvé un rôle important dans la conduite de la vie économique. Il est apparu comme l'entité la plus légitime pour protéger les citoyens. Il conserve, en droit comme en fait, une présence et des moyens d'action qui restent déterminants.

REPÈRES

Dates clés

Les présidents de la Ve République.

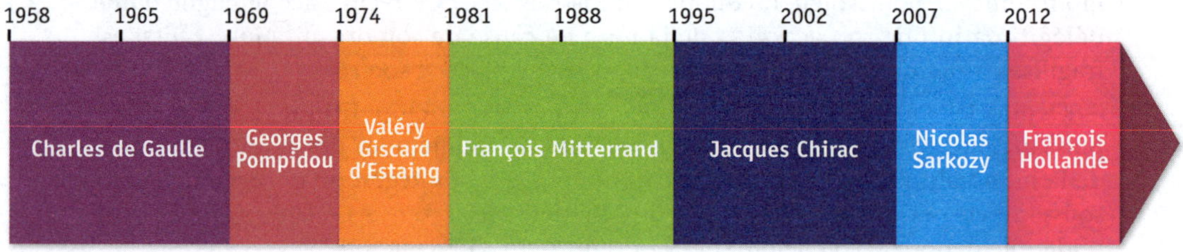

Citations

Charles de Gaulle

Guide de la France et chef de l'État républicain, j'exercerai le pouvoir suprême dans toute l'étendue qu'il comporte désormais.

▪ Allocution radiotélévisée du 28 décembre 1958

[L'État est] une institution de décision, d'action, d'ambition, n'exprimant et ne servant que l'intérêt national.

▪ *Mémoires de guerre*, t. 3

La clé de voûte de notre régime, c'est l'institution nouvelle d'un président de la République désigné par la raison et le sentiment des Français pour être le chef de l'État et le guide de la France.

▪ Allocution radiotélévisée du 20 septembre 1962

Homme de la nation… seul à détenir et déléguer l'autorité de l'État.

▪ Conférence de presse du 31 janvier 1964.

Bibliographie

• GARRIGUES J. (dir.), *La France de la Ve République 1958-2008*, Paris, A. Colin, 2008. Notamment les articles « Constitution », « Décentralisation », « État-providence », « Fonction publique », « République ».

• SIRINELLI J.-F., *La Ve République*, Paris, P.U.F., 2008 (Que sais-je ?)

• ZANCARINI-FOURNEL M., DELACROIX C., *La France du temps présent 1945-2005*, Paris, Belin, 2010.

• « Quelle Ve République demain ? », *Cahiers français*, n° 370, sept-oct. 2012.

• « La place de l'État français aujourd'hui », *Cahiers français*, n° 379, mars-avril 2014.

Sitographie

• **www.vie-publique.fr** : dans les Repères, à la rubrique « Découverte des institutions », voir notamment les dossiers « Comprendre les institutions » et « La protection sociale »

• **www.ina.fr** : dans les thèmes, à la rubrique « Politique »

– « Ve République : 50 ans »

– « La fonction présidentielle sous la Ve République »

• **fresques.ina.fr/de-gaulle** : la « fresque » de l'INA, « 30 ans de paroles publiques de Charles de Gaulle ».

MÉTHODES ET STRATÉGIES

1 Étude critique de deux documents – L'ENA

Après avoir présenté les deux documents, montrez dans quelle mesure ils rendent compte du rôle de la haute fonction publique dans la gouvernance de l'État.

> Voir la méthode générale d'une étude critique de document en annexe (p. 518).
> Voir les sujets 1 et 2 du chapitre 7, 1 du chapitre 8, 1 et 2 du chapitre 9.

DOC. 1 La promotion Voltaire de l'ENA, 1980.

① **Ségolène Royal**, ministre de l'Écologie, du Développement durable et de l'Énergie depuis le 2 avril 2014 ② **François Hollande**, président de la République française depuis le 15 mai 2012 ③ **Renaud Donnedieu de Vabres**, ministre de la Culture et de la Communication de 2004 à 2007 ④ **Jean-Pierre Jouyet**, secrétaire général de l'Élysée depuis avril 2014 ⑤ **Dominique de Villepin**, Premier ministre de 2005 à 2007 ⑥ **Michel Sapin**, ministre du Travail de 2012 à 2014 puis ministre des Finances et des Comptes Publics depuis le 2 avril 2014.

DOC. 2 La réforme de l'ENA

Extraits de la lettre de mission de la Commission sur la réforme de l'ENA adressée par M. le Ministre Jean-Paul Delevoye, ministre de la Fonction publique, de la réforme de l'État et de l'aménagement du territoire à M. Yves-Thibault de Silguy, directeur général du groupe Suez et président de la Commission, 23 janvier 2003.

« Monsieur le Directeur général,
Voulue par le Président de la République et placée au premier rang des priorités du Gouvernement, la réforme de l'État implique d'importants changements dans la façon dont les fonctionnaires sont recrutés, formés et gérés. En particulier, la formation des cadres supérieurs de l'administration est un des éléments sur lesquels doit s'appuyer la réforme de notre système de gestion publique.

Le Gouvernement a engagé une réflexion sur l'avenir de la haute fonction publique. Il a aussi décidé de moderniser et de renforcer la formation, aussi bien initiale que permanente, des cadres supérieurs des différentes fonctions publiques. L'ouverture aux questions européennes et internationales, la prise en compte des préoccupations managériales, la connaissance concrète des réalités économiques, culturelles et sociales, sont autant d'enjeux pour les futurs gestionnaires de nos services publics.
[...] Des critiques nombreuses sont adressées à la conception actuelle de l'École : elles portent sur le concours d'entrée, sur la qualité de la formation dispensée aux élèves et son adaptation aux besoins réels de la société, sur les procédures d'affectations des élèves dans les corps à la sortie, et sur le fonctionnement de l'ENA. Le Gouvernement a décidé d'engager rapidement une importante réforme de l'École nationale d'administration devant déboucher sur des changements d'envergure d'ici à l'automne de 2003. Cette réforme doit marquer de façon visible la modernisation de la formation des cadres supérieurs dont les fonctions publiques auront besoin dans les années à venir. Elle doit aussi permettre à l'École de se doter d'une organisation conforme aux exigences de la réforme de l'État dont l'ENA doit être un des vecteurs. »

Analyser le sujet

> Analyser le thème et la consigne du sujet

Le sujet traite de l'administration de l'État et plus précisément de la haute fonction publique formée à l'ENA. Il s'agit de montrer le rôle que jouent les élites dans l'État.

> Identifier les documents

- Le document 1 est une **photographie** de la promotion Voltaire de l'ENA de 1980.
- Le document 2 est un document administratif. Il est **extrait d'une lettre de mission de la Commission sur la réforme de l'ENA** de 2003. C'est une source gouvernementale, officielle. Le ministre engage une réflexion sur la modernisation de la formation des élites de l'État à l'ENA. La mission est confiée à Y.-T. de Silguy, énarque, ancien haut fonctionnaire, directeur général du groupe Suez en 2003, et aboutit à la réforme de l'ENA menée en 2004-2005.

> Relever les informations importantes dans les documents

- Le document 1 permet, grâce à la légende, l'identification de certains énarques de premier plan. Il met l'accent sur le poids toujours prépondérant des énarques dans les arcanes du pouvoir de l'État. Le document invite à rappeler les enjeux liés à la **création de l'ENA,** « pépinière des futurs commis de la République » (de Gaulle), en 1945 : assurer l'efficacité administrative et l'unité de l'État. Pour de Gaulle, l'ENA devait constituer « la base de l'État nouveau » ; il y a donc une professionnalisation de la fonction publique. La photographie permet de mettre en avant **l'énarchie dans la gouvernance de l'État** et ainsi la **technocratisation du pouvoir exécutif**.
- Le document 2 aborde l'impératif de « réforme », de « changement », de « modernisation » de l'État et des structures administratives. Il souligne le lien entre réforme de l'État et réforme de l'ENA. Ces réformes s'inscrivent dans la **logique de managérialisation de la sphère publique** avec la dynamique impulsée par la **LOLF** : c'est la remise en cause d'un système administratif. La réforme de la haute fonction publique appelle une réforme de la formation des hauts fonctionnaires.

– La confrontation des documents permet de souligner le rôle de l'ENA et des énarques et de montrer que **l'ENA est le « miroir de l'État »** pour reprendre le titre de l'ouvrage[1] de J.-M. Gaillard. L'ENA devient le reflet de la nécessaire adaptation de la haute fonction publique en lien avec la redéfinition du rôle de l'État depuis les années 1970-1980.

> Relever les limites des documents

Le document 1 ne présente que la promotion Voltaire et passe sous silence des énarques comme les présidents de la République V. Giscard d'Estaing et J. Chirac et les Premiers ministres L. Fabius, M. Rocard, É. Balladur, A. Juppé et L. Jospin.

Le document 2 n'évoque pas, hormis la mention pour le concours d'entrée, les critiques émises depuis les années 1960 à l'égard de l'ENA : méritocratie, élitocratie, oligarchie, bureaucratie et technocratie. Ces critiques apparaissent indirectement : sélectivité du concours, monopole de l'ENA sur la formation de la haute administration, nécessaire démocratisation de l'accès à l'ENA…

Les documents ne font pas état des énarques entrés dans le service privé pour « pantoufler ».

> Mobiliser et organiser ses idées

Si le document 1 appelle à traiter de l'ENA comme haut lieu de fabrique de l'élite, il permet de soulever la question de la technocratisation de la politique. Le document 2 incite à comprendre les raisons de la réforme de l'ENA comme corollaire de la réforme de l'État et permet une réflexion plus générale sur administration et État. Trois thèmes se dégagent.

Bâtir le plan de l'étude critique de deux documents

> Construire le plan

Les trois thèmes qui se dégagent des documents aboutissent à la construction d'un plan en trois parties.

I. Une élite administrative au service de l'État

1. L'ENA, haut lieu de fabrique de l'élite
2. Une technocratisation administrative : une République des experts
3. Le « pantouflage » ou l'évasion des hauts fonctionnaires vers le secteur privé

II. Une élite gouvernante au sommet de l'État

1. Une « super-administration centrale à caractère politique » (P. Rosanvallon) et le renforcement de l'exécutif sous la Ve République
2. La politisation de la haute administration et le choix de la carrière politique
3. Un accaparement du pouvoir politique : les énarques, une oligarchie bureaucratique ?

III. Une élite en mue dans un État à repenser

1. L'ENA, une institution sclérosée à reconfigurer
2. Adapter la formation de la haute administration aux nouvelles contingences (NPM, décentralisation, UE, mondialisation)
3. Une nécessaire ouverture pour plus de diversification : la réforme de l'ENA en 2004-2005 (nouvelles formations, nouvelles logiques de carrières, fin du classement de sortie depuis 2011, nouveau concours d'entrée en 2014).

1 Jean-Michel Gaillard, *L'ENA, miroir de l'État. De 1945 à nos jours*, Paris, Éditions Complexe, 1999.

2 Étude critique d'un document – La symbolique d'une affiche électorale

Après avoir présenté le document, montrez dans quelle mesure le candidat à la présidence de la République F. Mitterrand incarne une vision de la France.

> Voir la méthode générale d'une étude critique de document en annexe (p. 518).
> Voir les sujets 1 et 2 du chapitre 7, 1 du chapitre 8, 1 et 2 du chapitre 9.

DOC. Affiche électorale du candidat François Mitterrand, mai 1981.

Analyser le sujet

> Analyser le thème et la consigne du sujet

Le sujet traite de la personnification de l'État français par un homme et du projet politique porté par le candidat socialiste à la présidence de la République François Mitterrand en mai 1981 face au président sortant Valéry Giscard d'Estaing.

> Identifier le document

Le document est l'affiche officielle de la campagne électorale du Parti socialiste pour l'élection du président de la République en mai 1981. L'affiche s'adresse à l'ensemble des électeurs et délivre le message d'une alternance politique possible. Cette affiche est emblématique : elle témoigne de l'apport des publicitaires – dans le cas présent, Jacques Séguéla – dans la mise en œuvre d'une campagne présidentielle.

> Relever les informations importantes dans le document

Il faut d'abord décrire l'image.

Au premier plan, le portrait de F. Mitterrand en gros plan domine l'affiche. Le visage est calme et serein, le regard, porté au loin, ne fixe pas le spectateur. À l'arrière-plan se dessine un village. Il s'agit d'un village de la Nièvre, Sermages.
Le slogan « La force tranquille. » et la mention « Mitterrand Président » délivrent le message politique.
Les points de force (espaces de rencontre des diagonales et des axes verticaux pour mettre en valeur les zones clés de l'image) de l'affiche sont le visage et le clocher.

Il faut ensuite **interpréter les éléments** relevés pour en montrer la symbolique.

- Au premier plan, le visage de F. Mitterrand met en avant la **personnalisation du pouvoir**, le rôle omnipotent du président de la République. La photographie prise en légère contre-plongée renforce l'idée d'un homme au-dessus de la mêlée, incarnant la nation et représentant l'État. C'est l'image d'un homme seul et puissant au sommet de l'État, d'un guide. Détermination et calme transparaissent au travers de l'expression du faciès de F. Mitterrand.

- L'arrière-plan est un paysage rural, celui d'une France ancestrale, patrimoniale. Ce paysage est harmonieux, paisible. La photographie du village a été retouchée : la pointe de l'église a été supprimée, marquant l'attachement à la laïcité du Parti socialiste, et le ciel a été paré des couleurs de la France en devenant tricolore. La symbolique est forte, celle d'un candidat ancré dans le terroir, en lien avec la France rurale, celle d'un homme du rassemblement.

- Le slogan « La force tranquille. » suscite l'espoir d'une France nouvelle. L'expression « force tranquille » vient de Léon Blum : « Un grand avenir s'ouvre devant la démocratie française. J'adjure, comme chef du Gouvernement, de s'y engager avec cette force tranquille qui est garantie de victoires nouvelles. » (discours radiodiffusé, 5 juin 1936). Le terme « force » indique une capacité de changement et l'adjectif « tranquille » une absence de radicalité. Le choix de « la » plutôt que « une » souligne le volontarisme de l'homme politique et le point final marque la force de conviction donnant un caractère affirmatif à cette assertion.

- Le cadre d'ensemble s'organise en deux parties séparées par un axe vertical passant au milieu de l'image. Ce partage de la composition renforce l'alliance de deux aspects antonymes, force et détermination d'une part, tranquillité et quiétude de l'autre. F. Mitterrand se fait porteur de changement et de protection.

Trois thèmes émergent et déterminent le plan de l'analyse.

I. Le rôle du président de la République ou la personnification et la personnalisation du pouvoir.

II. Un désir de rupture en 1981 dans une vie politique bipolarisée dominée par la droite depuis 1958…

III. … mais des valeurs universalistes : image d'une France éternelle, incarnation de la nation dans un homme rassembleur et protecteur, ancrage républicain.

SUJETS DE TYPE BAC

1 Étude critique d'un document – Le rôle de l'État en France

60' (S)
90' (L, ES)

Après avoir présenté le document, montrez dans quelle mesure l'État voit son rôle redéfini de 1946 à nos jours.

> Voir la méthode générale d'une étude critique de document en annexe (p. 518).

> Voir les méthodes et stratégies 1 et 2 du chapitre 7, 1 et 2 du chapitre 8, 1 du chapitre 9.

DOC. L'État en France

« En 1945, un consensus sur l'idée d'un État modernisateur, organisateur du progrès social et régulateur du fonctionnement de l'économie et de la société semble soudain s'imposer à tous. Ce consensus que l'on voit apparaître dans les divers projets formulés pendant la Résistance est le fruit d'une double révolution, intellectuelle et morale.
La révolution intellectuelle, c'est tout simplement le keynésianisme, la prise de conscience que les données économiques, par exemple les prix et les salaires, sont des variables d'action, et non simplement des résultantes de lois économiques. C'est cette révolution mentale qui permet de passer à la notion de régulation, de la conception d'un État « interventionniste » [...] à la perspective d'un État « régulateur ». Deuxième révolution, la révolution morale : une société qui a vécu l'épreuve des deux guerres mondiales s'est reconnu un devoir de solidarité. Cette conscience plus aiguë de faire corps permet en 1945 d'effectuer le grand saut avec la création de la Sécurité sociale.
De ce point de vue, l'État-providence n'est d'ailleurs pas complètement en rupture avec l'État-gendarme. C'est même plutôt un approfondissement de la vision développée par Hobbes dès 1651 dans *Le Leviathan* : celle d'un État « réducteur d'incertitudes ». Cette réduction de l'incertitude [...] va s'étendre à la nécessité d'une sécurité économique et sociale pendant la vie de travail et après (avec la mise en place d'un système de retraites).
L'État s'est considérablement sophistiqué, complexifié, et développé. N'oublions pas que les prélèvements obligatoires, en 1945, représentaient environ 25 % du PIB. Leur part est de 45 % aujourd'hui. On était en dessous du million de fonctionnaires en 1945. Aujourd'hui, il y a 4,8 millions d'emplois publics, soit un cinquième des emplois en France (privé et public confondus). [...] [Une] figure de l'État [...] a connu une extension considérable : l'État-providence, l'État producteur de solidarité. Le niveau de solidarité s'est très fortement accru depuis 1945, même si on a l'impression aujourd'hui qu'il y a des formes de régression sociale. [...] [Autre] figure : celle de l'État interventionniste, devenu un État régulateur. Il est indéniablement en recul depuis vingt ans, même si des pans importants de politique économique subsistent encore. [...] L'État « modernisateur » des années 1950 et 1960, qui a géré la reconstruction, s'est peu à peu effacé au profit d'un État plus modestement « incitateur ». Adam Smith a pris sa revanche sur Keynes. »

▪ Pierre Rosanvallon, « Un pays de fonctionnaires ? », *L'Histoire*, n° 291, octobre 2004.

2 Étude critique de deux documents – L'évolution du rôle du président de la République (1958-1965)

60' (S)
90' (L, ES)

Après avoir présenté les documents, montrez dans quelle mesure ces documents témoignent du rôle nouveau du président de la République.

> Voir la méthode générale d'une étude critique de document en annexe (p. 518).

> Voir les méthodes et stratégies 1 et 2 du chapitre 7, 1 et 2 du chapitre 8, 1 du chapitre 9.

DOC. 1 Le projet constitutionnel de la Ve République

« **I. Donner à la France un régime parlementaire**

[…] *Les conditions du régime parlementaire*

Pas de régime conventionnel, pas de régime présidentiel : la voie devant nous est étroite, c'est celle du régime parlementaire. À la confusion des pouvoirs dans une seule assemblée, à la stricte séparation des pouvoirs avec priorité au chef de l'État, il convient de préférer la collaboration des pouvoirs : un chef de l'État et un Parlement séparés, encadrant un Gouvernement issu du premier et responsable devant le second, entre eux un partage des attributions donnant à chacun une semblable importance dans la marche de l'État et assurant les moyens de résoudre les conflits qui sont, dans tout système démocratique, la rançon de la liberté.
Le projet de Constitution, tel qu'il vous est soumis, a l'ambition de créer un régime parlementaire. […]

III. Le Président de la République

Si vous me permettez une image empruntée à l'architecture, je dirai qu'à ce régime parlementaire neuf […] il faut une clef de voûte. Cette clef de voûte, c'est le Président de la République.

Ses pouvoirs

[…] Le Président de la République doit être la clef de voûte de notre régime parlementaire. Faute d'un vrai chef d'État, le Gouvernement, en l'état actuel de notre opinion, en fonction de nos querelles historiques, manque d'un soutien qui lui est normalement nécessaire. C'est dire que le Président de notre République ne peut être seulement, comme en tout régime parlementaire, le chef d'État qui désigne le Premier ministre, voire les autres ministres, au nom de qui les négociations internationales sont conduites et les traités signés, sous l'autorité duquel sont placées l'armée et l'administration. Il est, dans notre France, où les divisions intestines ont un tel pouvoir sur la scène politique, le juge supérieur de l'intérêt national.
À ce titre, il demande, s'il estime utile, une deuxième lecture des lois dans le délai de leur promulgation (disposition déjà prévue et désormais classique) ; il peut également (et ces pouvoirs nouveaux sont d'un intérêt considérable) saisir le Comité constitutionnel s'il a des doutes sur la valeur de la loi au regard de la Constitution. Il peut apprécier si le référendum, qui doit lui être demandé par le Premier ministre ou les présidents des assemblées, correspond à une exigence nationale. Enfin, il dispose de cette arme capitale de tout régime parlementaire qui est la dissolution.

[…] À ces pouvoirs normaux de chef de l'État, […] le projet de Constitution ajoute des pouvoirs exceptionnels. […] Quand des circonstances graves, intérieures ou extérieures, et nettement définies par un texte précis, empêchent le fonctionnement des pouvoirs publics, il est normal à notre époque dramatique, de chercher à donner une base légitime à l'action de celui qui représente la légitimité. […] »

■ Extraits du discours de Michel Debré devant le Conseil d'État, le 27 août 1958.

DOC. 2 De Gaulle président vu par Moisan

Le Premier ministre Georges Pompidou est représenté en bas à gauche.

■ Moisan, « Au musée !.... le monarque », *Le Canard enchaîné*, 1er décembre 1965.

3 Composition

L'État entre permanences et mutations (de 1946 à nos jours)

120' (S)
150' (L, ES)

> Voir la méthode générale d'une composition en annexe (p. 515).
> Voir la méthode et stratégie 2 du chapitre 9.

CORRIGÉS

1 Étude critique d'un document – Le rôle de l'État en France

Voici une proposition de plan détaillé. Seules l'introduction et la conclusion ont été entièrement rédigées.

[Introduction]

La Libération impulse un élan pour entreprendre reconstruction du pays et progressisme des réformes. La modernisation est un « état d'esprit » (J. Monnet). Le document est un texte analytique extrait de la revue *L'Histoire* et écrit, en 2004, par Pierre Rosanvallon, historien, sociologue et intellectuel français dont les travaux portent notamment sur le rôle de l'État. Le redéploiement de l'État avec l'élargissement de ses compétences s'opère concomitamment à une République réinstaurée en 1946 et porteuse du progrès social et économique. Les fonctions régaliennes traditionnelles de l'État sont dépassées pour promouvoir un État moderne et garantir une nation solidaire sur un territoire unitaire. Le rétablissement de l'État souverain s'accompagne d'une affirmation de l'autorité de l'État. L'État incarne ainsi le pouvoir de gouverner et de décider. Dans quelle mesure le rôle de l'État se voit-il redéfini de 1946 à nos jours ?
Le renforcement de l'État tient à son rôle d'acteur économique avec l'émergence d'un État modernisateur keynésien, mais aussi de garant du contrat social avec le développement d'un État-providence à partir de 1946, même si cet État-moteur devient un État-problème avec la crise de l'État-providence à partir des années 1970.

[I. L'État modernisateur keynésien]

Voir les parties II. 1 et II. 2 du cours.

[1. D'un État, acteur économique omnipotent,...]

La Libération permet le triomphe des « projets formulés pendant la Résistance » autour de l'idée d'un État restauré, puissant et indépendant. En effet, « en 1945, un consensus sur l'idée d'un État modernisateur [...] semble s'imposer à tous » pour reconstruire un État ruiné et dévasté par la guerre. Les réformes de structure appellent une **rupture avec la conception libérale de l'État** et le **dépassement de ses fonctions régaliennes** (police, justice, défense nationale) : c'est une « révolution intellectuelle ». Le « keynésianisme », à savoir que « les données économiques [...] sont des variables d'action, et non simplement des résultantes de lois économiques », met fin à « l'État-gendarme » et légitime un rôle plus actif de l'État pour lutter contre les imperfections de marché d'une économie capitaliste.

[2. ...dirigiste et interventionniste,...]

L'État devient un acteur « interventionniste » pour transformer l'économie française en une économie d'industries et de services. Ce **dirigisme** de reconstruction renforce l'action des pouvoirs publics. L'État est l'aiguillon de la croissance : il met en place une politique de contrôle des « prix » et des « salaires » dès 1945, une politique du crédit et mobilise les dépôts des caisses d'épargne. Par la création de vastes secteurs publics avec les nationalisations entre 1944 et 1948, l'État contrôle aussi des secteurs stratégiques. « L'État "modernisateur" des années 1950 et 1960 [...] a géré la reconstruction » ;

l'après-guerre voit donc naître « l'État-providence », au sens large du terme, à savoir un État garant de la « sécurité économique [...] pendant la vie de travail » des citoyens.

[3... à un État régulateur]

L'État est le « régulateur » de la croissance. La **planification** est indicative, incitative et concertée. L'économie française est un système d'économie mixte, véritable « révolution mentale », celle d'un **capitalisme régulé par l'État** pour remédier aux déséquilibres de l'économie. L'État investit et crée des « emplois publics ». Pour devenir cet acteur économique, « l'État s'est considérablement sophistiqué, complexifié, et développé ». Il s'est fait volontariste et devient savant.

[II. L'État-providence, un État social]

Voir la partie II. 3 du cours.

[1. Un État protecteur]

Le programme du CNR prévoit la mise en place d'une véritable démocratie sociale avec l'instauration d'une protection contre les risques sociaux (maladie, vieillesse, maternité, accidents du travail). C'est une « révolution morale » qui s'opère en reconnaissant ainsi « un devoir de solidarité ». L'État se veut le « régulateur du fonctionnement [...] de la société », l'« organiseur du progrès social » : l'« État-providence [devient un] État producteur de solidarité ». L'État est **garant de la cohésion sociale** et vise à résorber la misère, à augmenter le niveau sanitaire et le pouvoir d'achat de la population.

[2. Un État de bien-être]

L'État-providence est un État responsable du bien-être de tous : l'**idéal de justice sociale** passe par la « création de la Sécurité sociale » en 1945 et la « nécessité d'une sécurité économique et sociale pendant la vie de travail et après (avec la mise en place d'un système de retraites) ». Le renforcement du rôle de l'État fait que « le niveau de solidarité s'est très fortement accru depuis 1945 ».

[3. Un État vecteur de progrès social]

Il convient d'évoquer ici les limites du document au sujet de l'État social.
Voir le paragraphe II.3.c du cours.

[III. L'État remis en cause : la crise de l'État-providence depuis les années 1970]

Voir la partie III du cours.

[1. Le recul de l'État ou l'inflexion libérale]

À la fin des années 1970, l'État est soumis à des pressions économiques et sociales alors que la croissance économique est devenue molle et que le financement du système de protection sociale est devenu coûteux. L'État-providence est en crise. En effet, l'inflexion libérale impulsée dès les années 1970 engendre un **délitement progressif de l'État-providence**, qui est « indéniablement en recul depuis vingt ans ». L'État-moteur, devenu État-problème, a été réformé et « s'est peu à peu effacé au profit d'un État plus modestement "incitateur". Adam Smith a pris sa revanche sur Keynes. »

[2. L'émergence d'un État managérial face aux nouvelles concurrences]

L'État doit gagner en efficacité et devenir plus performant : il doit être **rationalisé** pour répondre aux objectifs des principes du **nouveau management public** (*New Public Management*). Une réforme de l'État est engagée pour réduire les dépenses publiques. La mondialisation et les puissantes firmes multinationales érodent la capacité d'action de l'État dans le domaine économique et social. Aussi émerge « l'impression aujourd'hui qu'il y a des formes de régression sociale ».

[3. Un État toujours présent]

Le poids de l'État reste tout de même considérable : la part des prélèvements obligatoires « est de 45 % [du PIB] aujourd'hui » pour financer l'État, la Sécurité sociale, les collectivités territoriales. Également « aujourd'hui, il y a 4,8 millions d'emplois publics, soit un cinquième des emplois en France ». Si l'État redéploie son action, « des pans importants de politique économique subsistent encore ».

[Conclusion]

En France, l'État est la matrice de la nation et le garant de l'intérêt général ; il assure le lien social. La notion de modernisation implique une transformation des structures économiques et sociales qui passe par de nouvelles formes d'intervention de l'État après 1945. Le rôle de l'État est ainsi redéfini avec un renforcement de ses capacités : l'État devient un acteur central, omniprésent et puissant. L'État-providence triomphe. Puis à partir des années 1970-80, une rupture s'amorce : les pouvoirs de l'État-moteur sont fragilisés et l'État tend à s'effacer dans un contexte néolibéral, d'ouverture des économies en lien avec la mondialisation et l'européanisation et de déficit budgétaire croissant.

L'État doit être repensé. Il doit reconfigurer son rôle pour mieux répondre à la nouvelle donne économique et sociale d'une France en mutation.

2 Étude critique de deux documents – L'évolution du rôle du président de la République (1958-1965)

[Introduction]

« Guide de la France et chef de l'État républicain, j'exercerai le pouvoir suprême dans toute l'étendue qu'il comporte désormais », annonçait Charles de Gaulle dans une allocution radiotélévisée le 28 décembre 1958. Le document 1 est un discours de Michel Debré, gaulliste, garde des Sceaux et ministre de la Justice, principal architecte de la nouvelle Constitution. Ce discours est prononcé devant le Conseil d'État pour présenter le projet constitutionnel le 27 août 1958, près de trois mois après l'investiture, le 3 juin 1958, des pouvoirs constituants au gouvernement de De Gaulle. Il met en avant la réflexion engagée pour mener la révision constitutionnelle afin de pallier l'instabilité gouvernementale de la IVe République et instituer un État fort. Le Conseil d'État est appelé à délibérer sur ce projet débouchant sur la Constitution de la Ve République, adoptée le 28 septembre et promulguée le 4 octobre 1958. Le document 2 est une caricature de Roland Moisan, intitulée « Au musée !.... le monarque », et publiée dans le journal satirique *Le Canard enchaîné* le 1er décembre 1965, à l'occasion de la première élection présidentielle au suffrage universel direct (selon le nouveau mode d'élection fixé en 1962). En effet, l'élection du président de la République au suffrage universel direct, réforme constitutionnelle voulue par de Gaulle et entérinée par le référendum du 28 septembre 1962, accroît la force politique du président. Du projet constitutionnel de l'été 1958 à l'élection de décembre 1965, le poids prépondérant du président de la République dans les institutions de la Ve République s'affirme. Dans quelle mesure le discours de M. Debré et la caricature de R. Moisan témoignent-ils du rôle nouveau du président de la République ?

Le président de la République a un rôle nouveau à jouer, conséquence de la réforme constitutionnelle de 1958 avec le renforcement de l'exécutif mais aussi l'élargissement de ses prérogatives. La présidentialisation du régime à l'œuvre à partir de 1962 rend la fonction présidentielle prééminente, associant ainsi le président de la République à un monarque républicain.

[I. Le président, acteur d'un pouvoir exécutif renforcé...]

[1. La rationalisation du parlementarisme]

Le projet constitutionnel veut rompre avec la tradition parlementaire qui a prévalu jusqu'alors et instituer un État solide et fort en réaction aux difficultés de la IVe République, régime d'assemblée, « conventionnel », soumis à la paralysie. De Gaulle, nommé président du Conseil le 29 mai 1958, met en place un Comité consultatif constitutionnel. Aussi la Constitution de 1958 est-elle élaborée non pas par une Assemblée constituante mais par une équipe gouvernementale restreinte. En 1958 se joue une mue institutionnelle avec « l'ambition de créer un régime parlementaire » : c'est une refondation républicaine, créant un **nouvel édifice institutionnel**, une nouvelle architecture des pouvoirs. « Pas de régime conventionnel, pas de régime présidentiel : la voie [...] est étroite, c'est celle du régime parlementaire. » Il convient, de fait, d'ériger un régime où règne l'**équilibre des pouvoirs entre exécutif et législatif**, de « préférer la collaboration des pouvoirs [avec] un chef de l'État et un Parlement séparés », de « donn[er] à chacun une semblable importance dans la marche de l'État ».

[2. Le président, « clé de voûte » du régime]

Le projet de Constitution, élaboré au cours de l'été 1958 par M. Debré, est empreint d'idées exprimées par de Gaulle dans son discours de Bayeux (1946), où il plaide pour un exécutif aux pouvoirs renforcés. M. Debré a, en effet, des idées concordantes sur la réforme des institutions. La révision constitutionnelle doit viser à restaurer l'État par le **renforcement des organes exécutifs**. La « clef de voûte », « c'est le Président de la République » dans un « régime parlementaire neuf ». Il s'agit de rationaliser le parlementarisme en limitant l'hégémonie du Parlement pour rompre avec l'instabilité ministérielle caractéristique d'un régime d'assemblée et, en conséquence, accroître la capacité d'action du gouvernement. La fonction présidentielle incarne prestige et autorité de l'État.

[3. La réhabilitation de la fonction présidentielle]

Le projet de Constitution de la Ve République place le président de la République au cœur des institutions. Le régime est certes parlementaire, car le gouvernement est responsable devant l'Assemblée, mais il innove en réhabilitant la fonction présidentielle. Il confère au président un pouvoir d'impulsion de la vie politique en en faisant, au-delà de son « soutien » au « Gouvernement » émanant de la majorité parlementaire, un « vrai chef d'État ». Le président de la République devient le premier responsable de la politique nationale. Cette **revalorisation de la fonction présidentielle** s'exprime dans la Constitution qui définit les pouvoirs du président de la République au titre II (articles 5 à 19) avant les pouvoirs du Gouvernement au titre III et ceux du Parlement au titre IV.

[II... et fort de prérogatives constitutionnelles élargies]

[1. Un président arbitre]

Les attributions du président de la République s'inscrivent dans l'héritage de celles des IIIe et IVe Républiques, mais certaines sont en rupture avec la tradition républicaine. En effet, le rôle du président est prééminent, car « le Président de [la] République ne peut être seulement, comme en tout régime parlementaire, le chef d'État ». Il personnifie la République et la France. Il est le « juge supérieur de l'intérêt national », le garant des intérêts supérieurs de la nation, et est donc placé au-dessus des partis, comme en appelait de ses vœux le général de Gaulle dans le discours de Bayeux. Il se dégage ainsi d'une logique partisane, car le chef de l'État doit être puissant et indépendant pour mener l'« arbitrage national » évoqué par de Gaulle en 1946. Dans la définition établie par le projet constitutionnel puis par la Constitution, le président de la République est une sorte de **modérateur**.

[2. Les pouvoirs propres du président de la République]

Les constituants de 1958 apportent une innovation majeure en accordant au président de la République des **pouvoirs propres**, dispensés de tout contreseing ministériel et dépendant de son seul vouloir. Le pouvoir présidentiel est renforcé. Au titre de sa mission arbitrale, le président « désigne le Premier ministre », qui n'est donc plus désigné par le Parlement, et il « dispose de cette arme capitale de tout régime parlementaire qui est la dissolution » de l'Assemblée nationale, ce qui limite le possible renversement du gouvernement par l'Assemblée nationale. Le président peut aussi « saisir le Comité constitutionnel s'il a des doutes sur la valeur de la loi au regard de la Constitution ». Ce droit de saisine du Conseil constitutionnel et le recours au « référendum, qui doit lui être demandé par le Premier ministre ou les présidents des assemblées » sont des « pouvoirs nouveaux ». Toutefois, à ces pouvoirs « normaux » s'ajoutent « des pouvoirs exceptionnels » en cas de « circonstances graves, intérieures ou extérieures » : l'article 16 de la Constitution vise à légitimer l'action du président hors du fonctionnement régulier des pouvoirs publics constitutionnels.

[3. Les pouvoirs partagés du président de la République]

Le président a des pouvoirs traditionnellement partagés avec d'autres autorités. Le pouvoir exécutif est ainsi partagé entre le chef de l'État et le « Gouvernement ». **L'exécutif est bicéphale** pour équilibrer l'influence du Parlement : le sommet de l'État repose sur une dyarchie des pouvoirs entre président de la République et Premier ministre. Au titre de sa mission arbitrale, le président « désigne [...] les autres ministres » ; les ministres étant nommés par le président sur proposition du Premier ministre, le gouvernement dépend dès lors de la volonté du chef de l'État et non plus du Parlement. Chef de la diplomatie, le président représente la France : les « négociations internationales sont conduites et les traités signés » en son nom. Chef des armées, il a « sous [son] autorité [...] l'armée » pour la Défense nationale. Il promulgue les lois après avoir « demand[é], s'il estime utile, une deuxième lecture des lois dans le délai de leur promulgation ». Le président incarne ainsi le **centre de gravité du pouvoir exécutif**.

[III. Le président de la Ve République, un monarque républicain ?]

[1. Un président devenu capitaine]

Si les pouvoirs sont équilibrés dans le texte constitutionnel de 1958, avec une interprétation parlementariste, la pratique gouvernementale gaullienne crée un **système fortement présidentialisé**. Entre 1958 et 1962, la fonction présidentielle évolue. Le président arbitre devient le président gouvernant, véritable capitaine, le gouvernement se soumettant et exécutant la politique présidentielle. L'exécutif est dominé par le chef de l'État. La caricature de Moisan représente de Gaulle en véritable monarque, dominant toute autre forme de pouvoir. Ce portrait en majesté reprend avec exactitude le portrait de Louis XIV peint par Rigaud en 1701, lequel illustrait le pouvoir absolu du souverain. La critique est donc acerbe, le dessinateur parant de Gaulle des attributs de la royauté : couronne, sceptre, épée, main de justice, manteau d'hermine (où ne sont toutefois représentées que quelques fleurs de lys). Le « règne » de De Gaulle est vivement dénoncé : le modèle gaullien d'un présidentialisme à la française dérive vers l'exercice monarchique et solitaire du pouvoir. F. Mitterrand, dans *Le Coup d'État permanent* paru en 1964, critique le pouvoir personnel et autoritaire de De Gaulle évoquant un « roi sans couronne ».

[2. La personnalisation du pouvoir]

Cette prééminence présidentielle découle du contexte de la guerre d'Algérie avec des coups de force du pouvoir exécutif face à l'instabilité politique ; de Gaulle fait notamment des Affaires étrangères et de la Défense un terrain d'action privilégié, devenant le « domaine réservé » (Jacques Chaban-Delmas). En 1962, il initie une réforme constitutionnelle instituant l'élection du président de la République au suffrage universel direct et engendrant la présidentialisation du régime. Dans le texte constitutionnel de 1958, le président de la République est élu au suffrage indirect par 80 000 grands électeurs (parlementaires et élus locaux) ; par l'élection au suffrage universel direct, le président de la République reçoit l'onction populaire. Cette investiture populaire lui confère une légitimité propre. Le président devient ainsi le seul élu de la nation tout entière. **Personnalisation et présidentialisation du régime quinto-républicain** sont à voir dans la toute-puissance du chef d'État telle que R. Moisan la représente dans le contexte de la première élection présidentielle en décembre 1965 (5 et 19 décembre).

[3. La présidentialisation de la vie politique]

La **réforme constitutionnelle de 1962** contribue à modifier l'équilibre institutionnel instauré en 1958. L'élection du président de la République au suffrage universel direct, qui est la principale caractéristique du régime présidentiel, crée alors un régime « mixte » (M. Debré), « semi-présidentiel » selon le juriste Maurice Duverger. L'**exécutif devient monocéphale**, le Premier ministre devenant un collaborateur du président. R. Moisan représente cette soumission du Premier ministre à travers la toute petite taille de G. Pompidou, totalement sous la coupe de De Gaulle. Le président investit tous les domaines, à la manière d'un monarque. Il détermine les grandes orientations de la politique conduite par le gouvernement. Toutefois, la domination du président de la République dépend de la conjoncture politique : les périodes de cohabitation neutralisent le présidentialisme.

[Conclusion]

Ainsi, la révision constitutionnelle engagée en 1958 donne un rôle nouveau au président de la République, incarnant le sommet de l'État, la « clef de voûte » du régime. D'arbitre, le président devient capitaine, avec l'affirmation de son rôle sous l'impulsion de la pratique gaullienne du pouvoir qui crée un système présidentialisé. La Constitution de la Ve République passe d'une interprétation parlementariste à une interprétation présidentialiste ; le régime quinto-républicain devient semi-présidentiel à partir de 1962. Le président de la République occupe une place prépondérante au niveau institutionnel et politique : il accapare le pouvoir gouvernant, son action étant légitimée par le suffrage universel. Les successeurs de De Gaulle, réélu président en 1965, font leur la pratique gaullienne des institutions, celle d'une république « présidentielle ».
Si Jacques Julliard écrivait que « le grand mérite de la Ve République, [c'est] d'avoir opéré la synthèse entre le principe monarchique, incarné par le président de la République, et le principe républicain, signifié par son élection[1] », les pourfendeurs de la personnalisation du régime réclament une VIe République parlementaire.

1 JULLIARD J., « Les antinomies de la Révolution française », *L'héritage politique de la Révolution française*, Hamon et Lelièvre (dir.), Presses universitaires de Lille, 1993, DR.

3 Composition – L'État entre permanences et mutations (de 1946 à nos jours)

Ce sujet repose sur une problématisation de l'intitulé du cours autour des héritages et des évolutions. Seul le plan est ici présenté, chaque sous-partie ou idée principale reprenant une partie du cours.

[Introduction]

« Rétablir la France dans sa puissance, dans sa grandeur et dans sa mission universelle », énonçait le programme du Conseil national de la Résistance en 1944. Dans l'après-guerre, le retour de l'État s'opère. La reconstruction et la modernisation de l'État sont une préoccupation majeure pour établir un État fort, puissant, unitaire et garant du bien commun. L'État connaît un processus d'accélération du renforcement de ses capacités sous la IVe République (1946-1958) et la Ve République jusqu'au milieu des années 1970 : l'État devient un acteur central, omniprésent et omnipotent. Puis, à partir des années 1970-80, une rupture s'amorce : les pouvoirs de l'État-moteur sont fragilisés. Le rôle de l'État est de plus en plus remis en cause.
Dans quelle mesure la gouvernance de l'État est-elle tributaire d'héritages et d'évolutions, de permanences et de mutations ?

I. Un État républicain garant de la stabilité politique : la permanence républicaine (1946 à nos jours)

1. Une République restaurée mais en quête de stabilité gouvernementale : de la IVe République (1946-1958) à la Ve République (1958)

2. Les institutions quinto-républicaines solides et capables de plasticité (1962-aujourd'hui)

3. Une administration garante de la pérennité de l'État : entre service de l'État et pantouflage

II. De l'engagement au désengagement de l'État : d'un État aiguillon à un État effacé (1946-années 1980)

1. Au niveau administratif : de l'État-moteur à l'État-coordonnateur

2. Au niveau économique : de l'État-patron à l'État incitateur

3. Au niveau social : l'État de bien-être, d'une protection universelle à une solidarité spécifique

III. L'État, une entité en recomposition à partir des années 1990 : un État fragilisé mais résistant

1. L'État-problème : un État à réformer pour plus d'efficience

2. L'État, un acteur concurrencé : une gouvernance partagée dans le contexte d'européanisation et de mondialisation

3. Mais un acteur toujours légitime : le maintien du rôle et du poids de l'État

[Conclusion]

La gouvernance de la France à partir de 1946 s'appuie sur l'ancrage de la République dans la durabilité des pratiques institutionnelles et sur l'accroissement du rôle de l'État devenu État-providence. Mais, si la stabilité gouvernementale relève de la permanence de l'édifice institutionnel quinto-républicain, l'évolution de la capacité de l'État à diriger, entreprendre, réguler, protéger, est, elle, le reflet de mutations tant endogènes qu'exogènes. La prégnance des idées keynésiennes s'efface dès les années 1970 face au retour en force du libéralisme ; la machine administrative apparaît à partir des années 1990 comme une pesanteur dans la logique de rentabilité et d'efficience propre au management ; le modèle social coûteux semble, depuis les années 2000, mis en péril dans un contexte de rigueur budgétaire. D'un État-moteur, acteur engagé et central, l'État devient problème, désengagé et concurrencé. Plus qu'une mutation globale, la transformation de l'État s'apparente davantage à une mue progressive, une reconfiguration, une adaptation à la nouvelle donne économique et sociale, européenne et mondiale.

Le rapport de la nation à l'État, catalyseur de l'intérêt public, doit être repensé pour rompre le lien État/tuteur et permettre l'émancipation des citoyens.

CHAPITRE 8 Séries L, ES et S

Le projet d'une Europe politique depuis 1948

COURS

MÉTHODES ET STRATÉGIES

SUJETS DE TYPE BAC

CORRIGÉS

COURS

Le projet d'une Europe politique depuis 1948

Si l'idée d'une union des États européens est ancienne, elle prend forme au lendemain de la Première Guerre mondiale. Les drames de la Seconde Guerre mondiale puis le contexte de la guerre froide accélèrent le processus de rapprochement des États. D'une intégration sectorielle autour du charbon et de l'acier avec la CECA (1951) à une intégration de l'ensemble du secteur économique avec la CEE (1957), puis à une intégration politique avec l'UE (1992), la construction européenne est un projet vaste, ambitieux et, encore aujourd'hui, débattu. En quoi la construction d'une Europe politique constitue-t-elle un enjeu primordial pour les États européens depuis 1948 ?

I. Le projet politique européen depuis 1948 : avancées et crises

1. 1948-1956 : les difficultés de l'intégration européenne

a. Le Congrès de La Haye (1948) ou la promotion de l'idée européenne

- Le drame du conflit mondial souligne la nécessité d'une union des peuples pour favoriser la paix, la reconstruction et la prospérité. Et le contexte de la guerre froide appelle à renforcer la cohésion en Europe de l'Ouest face à la menace communiste. Winston Churchill, ancien Premier ministre britannique et alors leader de l'opposition conservatrice, invite le 19 septembre 1946, lors d'un discours à l'université de Zurich, les États d'Europe à former les « États-Unis d'Europe » : un **grand congrès de l'Europe** est ainsi organisé à **La Haye**, du 7 au 10 mai **1948**. C'est un moment clé de promotion de l'idée européenne. Le succès du congrès met en avant cette volonté de rassemblement.

- Le **Conseil de l'Europe** est fondé à Londres le 5 mai 1949 : il réunit dix États membres (Belgique, Danemark, France, Irlande, Italie, Luxembourg, Norvège, Pays-Bas, Royaume-Uni et Suède) et vise la garantie des droits de l'homme et des libertés fondamentales. Toutefois, il devient un organisme sans pouvoirs réels, un lieu de dialogue plus que de décision. L'impact de ce congrès est donc beaucoup plus psychologique que politique.

b. Le plan Schuman (1950) et la création de la CECA (1951)

- Le **9 mai 1950**, pour dynamiser l'idée européenne, le ministre français des Affaires étrangères Robert Schuman propose à la République fédérale d'Allemagne, dans un discours inspiré par Jean Monnet, de créer un *pool* charbon-acier : c'est le **plan Schuman** (voir la méthode et stratégie 1). Konrad Adenauer, chancelier et ministre des Affaires étrangères de la RFA, soutient le projet. Le *pool* doit être placé sous le contrôle d'une autorité supranationale*, la Haute Autorité. Le choix consiste à privilégier le pragmatisme et le réalisme afin de déboucher sur « des réalisations concrètes ». La proposition est ouverte aux autres pays d'Europe.

- La constitution d'une communauté d'intérêts par la mutualisation des productions et l'interdépendance économique ainsi créée, pose les conditions d'une paix durable. Le rapprochement franco-allemand est désormais la pierre angulaire de la construction européenne. La Belgique, les Pays-Bas et le Luxembourg, à savoir les pays du Benelux, et l'Italie, rejoignent le projet. Le traité de Paris, signé le 18 avril **1951**, institue la **Communauté européenne du charbon et de l'acier**. Les pères fondateurs de l'Europe sont les Français Jean Monnet et Robert Schuman, l'Allemand Konrad Adenauer, le Luxembourgeois Joseph Bech, le Néerlandais Johan Willem Beyen, l'Italien Alcide De Gasperi et le Belge Paul-Henri Spaak.

c. L'échec de la CED et de la CPE

- Dans le contexte de la guerre froide, la question de l'établissement d'une défense commune en Europe de l'Ouest se pose : avec le déclenchement de la guerre de Corée en 1950, la question du réarmement ouest-allemand se fait cruciale pour les Américains pour lutter contre la menace communiste. Le projet de **Communauté européenne de défense (CED)** émerge : l'idée est de communautariser les politiques de défense et d'armement du Benelux, de la France, de l'Italie et de la RFA et de les placer sous commandement supranational (voir la méthode et stratégie 2).
- Le traité, pourtant initié par la France (plan Pleven) et créant la CED en 1952, est rejeté par l'Assemblée nationale française le 30 août 1954. C'est l'échec d'une intégration européenne dans le domaine militaire. L'idée d'une Communauté politique européenne (CPE) étant associée à la CED, l'échec de la CPE traduit l'échec d'une Europe fédérale.

2. 1957-1989 : le chantier du projet européen

a. La CEE (1957), le choix d'une union économique

- Étendre les secteurs économiques dans une politique communautaire et aboutir à la création d'un marché commun constituent une nouvelle étape avec la signature des **traités de Rome** en mars **1957** instituant la Communauté économique européenne (CEE) et la Communauté européenne de l'énergie atomique (Euratom) : le but est la constitution d'une Europe économique et sociale.
- **L'approfondissement* économique de la construction européenne** est en marche, avec pour objectifs la prospérité et la création de liens économiques forts faisant rempart à la guerre. La création d'un marché commun nécessite la coordination des politiques nationales pour permettre la libre circulation des marchandises, des personnes, des services et des capitaux entre États membres de la CEE. Les buts de la CEE dépassent cependant le cadre économique et social car les signataires sont « déterminés à établir les fondements d'une union sans cesse plus étroite entre les peuples européens ».

b. L'eurosclérose ou la stagnation de l'intégration européenne

- La vision de l'Europe de De Gaulle largement contribue à la stagnation de l'intégration européenne. En effet, le président français souhaite une « Europe européenne », qui doit se prémunir de la menace soviétique, mais aussi s'affranchir de la tutelle américaine. De Gaulle refuse, en suspendant la participation de la France (« politique de la chaise vide ») au Conseil (30 juin 1965 – 30 janvier 1966), l'option supranationale pour mettre sur pied une Europe plus politique. Le compromis de Luxembourg (1966) rappelle la nécessité du vote à l'unanimité pour les questions importantes et permet la sortie de crise.
- La demande par Margaret Thatcher, Premier ministre britannique, d'une réduction de la contribution britannique au budget communautaire – avec une formule célèbre : « *We are asking for a very large amount of our own money back* » (« Nous demandons

d'être très largement remboursés de notre propre argent ») – aboutit à une réduction permanente de la contribution britannique au budget européen à compter de 1985. Cela marque le début de l'europessimisme.

c. La relance de l'approfondissement du projet européen

- Dans les années 1970, le couple franco-allemand formé par Valéry Giscard d'Estaing et Helmut Schmidt impulse une relance de la dynamique européenne. C'est la mise en place du **système monétaire européen** (SME) en 1979 pour assurer une stabilité monétaire et l'introduction de l'unité de compte européenne, l'ECU (*European Currency Unit*) et, dans le domaine politique, la création du **Conseil européen** et l'**élection du Parlement européen au suffrage universel direct.**

- L'année 1984 marque un tournant avec le Conseil européen de Fontainebleau. La relance de la construction aboutit, à l'initiative de Jacques Delors, président de la Commission, à la signature de l'**Acte unique européen** (AUE) en **1986** (voir le sujet corrigé 1). Le Marché commun doit être parachevé par la construction d'un « Marché unique » avec la suppression des frontières intérieures. La volonté de créer une monnaie unique est affirmée pour faciliter la libre circulation des capitaux, des hommes, des biens et des services.

3. 1989 à nos jours : les nouveaux enjeux européens

a. La chute du rideau de fer et la chance historique d'unifier le continent européen

- La chute du rideau de fer en 1989 permet l'élargissement de la CEE/UE. La République démocratique allemande (RDA) est associée en 1990. Puis l'Autriche, la Finlande et la Suède, pays neutres devenus libres de leur politique étrangère depuis la fin de la guerre froide, sont intégrés en 1995.

- L'UE s'ouvre ensuite aux anciens pays communistes d'Europe de l'Est. Il s'agit pour les Européens de l'Ouest d'ancrer les valeurs de la démocratie et des droits de l'homme, de favoriser une transition économique vers une économie de marché et d'assurer une sécurité collective au continent européen.

- Les critères de Copenhague, énoncés les 21 et 22 juin 1993, définissent les principes d'adhésion à l'UE : une stabilité politique garante de la démocratie et de l'État de droit, une capacité économique à établir une économie de marché et la reconnaissance de l'Acquis communautaire, soit l'adoption du droit communautaire par les nouveaux États membres.

b. Le traité de Maastricht (1992) ou la volonté d'une union politique

- Le **traité de Maastricht** (7 février **1992**), marque une nouvelle étape avec la fondation de l'« Union européenne ». Il stipule la volonté d'établir une Union économique et monétaire avec la perspective d'une monnaie unique : le projet européen prévoit ainsi d'intégrer un pan de la souveraineté régalienne.

- Il établit également une Politique étrangère et de sécurité commune (PESC) et une coopération dans les domaines de la justice et des affaires intérieures (JAI). L'intégration politique est en marche. Est aussi instituée une « citoyenneté de l'Union ».

c. Le traité de Lisbonne (2007) et la sortie de crise

- Les gouvernements nationaux ont ratifié en 2004 le projet du Traité établissant une Constitution pour l'Europe (TECE). Seize pays ont ratifié le TECE, dont deux par référendum (Espagne et Luxembourg), mais le printemps 2005 sonne le glas avec les « non » français (29 mai) et néerlandais (1er juin). La construction européenne est en crise.

- La sortie de crise, sous initiative allemande, est permise avec le nouveau traité réformateur, le **traité de Lisbonne**, signé le 13 décembre **2007** par les 27 États membres et entré en vigueur le 1er décembre 2009.

La coopération franco-allemande, un moteur pour la construction européenne

- Au lendemain de la Seconde Guerre mondiale, le rapprochement de la France et de la RFA est la pierre angulaire du projet européen. Le partenariat entre les deux pays s'esquisse avec le couple **de Gaulle/Adenauer** et la signature du traité de l'Élysée le 22 janvier 1963. L'entente est, ensuite, médiocre entre de Gaulle et L. Erhard, cordiale entre **de Gaulle et K. Kiesinger**, difficile entre G. Pompidou et W. Brandt. La qualité des relations personnelles entre les dirigeants dynamise ou freine la construction européenne.

- La relance de l'intégration européenne est incarnée par la bonne entente entre **V. Giscard d'Estaing et H. Schmidt** qui donnent un élan à l'Europe économique et monétaire entre 1974 et 1982, puis entre **F. Mitterrand et H. Kohl** qui accélèrent le rythme de la construction européenne entre 1982 et 1992 pour porter cette dernière à son zénith avec l'Acte unique en 1986. La France et l'Allemagne, dirigées par des hommes d'État européens de conviction, donnent ainsi l'impulsion et la cadence au projet européen.

- La nouvelle donne géopolitique en Europe après la chute du mur de Berlin entraîne, après 1990, des relations plus distendues. Les duos formés par **J. Chirac et G. Schröder**, par **N. Sarkozy et A. Merkel**, puis par **F. Hollande et A. Merkel** sont à l'épreuve de divergences parfois fortes, mais surmontées par la volonté réciproque d'un « horizon commun » (F. Hollande). Cette relation est une relation passionnelle.

II. Un modèle européen complexe à définir : le débat autour du projet politique européen

1. Une construction ouverte et attractive : le projet européen par élargissement*

a. Les premières adhésions : de l'Europe des Six à l'Europe des Quinze

- L'intégration de nouveaux pays membres dans la Communauté puis dans l'Union européenne est un des fondements de la construction communautaire, un des vœux formulés par les pères fondateurs. La **première vague d'adhésion** concerne le Royaume-Uni, le Danemark et l'Irlande en 1973. Ce sont des pays développés de l'Europe du Nord-Ouest dont la principale motivation est économique en intégrant un marché important.

- La **deuxième vague d'adhésion** concerne l'Europe du Sud (Grèce en 1981, Espagne et Portugal en 1986) plus agricole et elle est empreinte d'une dimension politique puisque ces trois États ayant connu des régimes dictatoriaux manifestent leur attachement aux valeurs de la démocratie parlementaire.

- La **troisième vague d'adhésion** concerne l'Autriche, la Finlande et la Suède en 1995. L'effondrement du bloc communiste pour ces trois États militairement neutres et les considérations commerciales pour ces économies à niveau de vie élevé sous-tendent leur demande d'intégration.

b. L'après 1989 et les défis de l'élargissement

- L'emploi du terme « élargissement » est consécutif à la chute du mur de Berlin et à ses répercussions sur le remodelage de l'Europe : il révèle ainsi la volonté d'étendre le modèle communautaire à l'échelle continentale.

- L'élargissement de mai 2004 concerne l'Europe centrale et orientale et deux îles méditerranéennes. Dix nouveaux pays membres adhèrent à l'UE : Estonie, Lettonie, Lituanie, Pologne, République Tchèque, Slovaquie, Hongrie, Slovénie, Malte et Chypre (pour sa partie Sud). L'entrée de la Roumanie et de la Bulgarie, le 1er janvier 2007, marque ainsi la réunification de l'Europe de l'Ouest et de l'Est. La Croatie est devenue le 28e État membre le 1er juillet 2013.

c. Un projet dynamique : l'UE, jusqu'où ?

- **La question des limites géographiques de l'UE reste posée.** « Tout État européen » peut devenir membre de l'Union selon les articles 237 du traité de la CEE et 49 du traité de l'UE mais les limites géographiques de l'Europe sont par définition floues. L'UE à 28 ne recouvre pas les limites du « continent » européen.

- Actuellement, cinq États ont le statut de **candidats officiels** : la Turquie, la Serbie, la Macédoine, l'Albanie et le Monténégro. L'Islande a retiré en mars 2015 sa candidature à l'UE. Les **candidats potentiels** sont la Bosnie-Herzégovine et le Kosovo. Une intégration potentielle de l'Ukraine et de la Géorgie poserait la question de son extension géographique maximale. Seules la Norvège et la Suisse ne sont pas intéressées par une intégration à l'UE.

2. Le choix de l'intégration communautaire : le projet européen par approfondissement

a. Des coopérations renforcées pour la relance de la construction européenne

- Les divergences quant aux finalités du projet européen sont profondes entre les États membres. Est alors fait le choix de proposer une **Europe à la carte*** dissociant les États désireux de poursuivre l'intégration et ceux qui y sont moins enclins.

- La création de l'**espace Schengen***, espace de libre circulation des personnes entre les États signataires de l'accord de Schengen, en 1985, et celle de la **zone euro***, zone monétaire avec l'euro pour monnaie unique, en 1999, illustrent la volonté d'États membres d'intégrer davantage certaines politiques au niveau communautaire. La coopération renforcée est censée produire un effet d'entraînement auprès des autres États. Le choix d'une géométrie variable* qui relève du pragmatisme permet à l'approfondissement de ne plus être en panne.

b. La nécessaire réforme institutionnelle pour gouverner l'UE

- Les institutions de la communauté, créées pour un fonctionnement à 6 en 1957, sont en crise profonde depuis 1995 avec l'UE des 15. La crise s'aggrave encore dans une union élargie à 25 puis à 27. **De 1992 à 2009, il y a cinq étapes de réforme institutionnelle** : la signature du traité sur l'Union européenne, dit de Maastricht (1992), modifié par les traités d'Amsterdam (1997) et de Nice (2001) puis l'échec du traité établissant une Constitution pour l'Europe en 2004 et enfin le traité sur l'Union européenne, dit de Lisbonne (2007), qui résout la crise institutionnelle d'une UE élargie à 27.

- Le principe de vote à l'unanimité pour les décisions importantes constitue un important facteur de blocage institutionnel, levé par l'extension du vote à la majorité qualifiée* par le traité de Maastricht pour redonner une capacité d'action à l'UE en fluidifiant ainsi le mécanisme décisionnel. Le traité de Lisbonne introduit le système de la double majorité* pour plus de démocratie et d'efficacité.

c. Les finalités de l'UE : les débats entre confédéralistes, fédéralistes et fonctionnalistes

- Les pères fondateurs ont exprimé leur souhait de construire une Europe fédérale par étapes. Les **fédéralistes** souhaitent la création d'« États-Unis d'Europe » et sont ainsi les partisans d'un gouvernement européen **supranational.**

- Les **confédéralistes** ou unionistes sont les partisans de la primauté des États, donc du principe de l'**intergouvernementalité***.

- Les **néofonctionnalistes** prônent une voie médiane avec la constitution d'une « fédération* d'États-nations » (J. Delors, 1994) à mi-chemin entre fédéralisme complet et indépendance des États.

L'Europe, un « objet politique non identifié »

- Le 9 septembre 1985, lors d'une intervention à Luxembourg, Jacques Delors, ancien président de la Commission européenne de 1985 à 1994, déclarait : « [...] On ne peut pas écarter que, dans trente ans, quarante ans, l'Europe formera un OPNI – une sorte d'objet politique non identifié – mais un ensemble qui, encore une fois, soit capable d'apporter à chacun de nos pays l'effet de dimension qui lui permet de prospérer à l'intérieur et de tenir son rang à l'extérieur ».

- Plus qu'une simple zone de libre-échange* comme L'ALENA ou le MERCOSUR, l'UE n'est cependant pas un super État. Elle est une association d'États libres et souverains déléguant des parts de leur souveraineté au service de politiques communes dans l'intérêt communautaire. C'est donc une organisation unique qui n'est ni une fédération, ni une confédération d'États, ni une organisation internationale. L'Union européenne est une construction originale relevant du système fédéral dans les domaines de la politique économique et monétaire, du marché unique, de la réalisation d'un espace judiciaire et policier commun tandis que d'autres domaines relèvent du système confédéral comme celui de la politique étrangère et de sécurité. « L'Union européenne est un partenariat économique et politique unique entre 28 pays européens qui, ensemble, couvrent la plus grande partie du continent » indique le site officiel de l'Union européenne.

3. Opinions publiques* et projet européen

a. L'affaiblissement de l'adhésion des citoyens à l'œuvre d'unification européenne

- Le projet européen ne suscite pas un enthousiasme profond et révèle même un désenchantement chez les citoyens. Si la reconnaissance d'un ciment culturel et historique et de valeurs communes témoigne d'un attachement à l'Europe, l'idée de perte de souveraineté nationale avec la construction européenne reste présente.

- Dans les années 1990 et 2000, **la légitimité de la construction européenne est ébranlée.** La ratification des traités de Maastricht, de Nice et de Lisbonne est difficile. Et le pessimisme dans les PECO (pays d'Europe centrale et orientale) succède à la vague d'enthousiasme d'avant adhésion au regard de l'écart persistant entre Europe de l'Ouest et Europe de l'Est. Le fossé se creuse entre des élites enclines à parachever l'œuvre européenne et les citoyens.

Parmi les éléments suivants, lesquels vous paraissent les plus importants pour constituer l'identité européenne ? (max. 3 réponses)

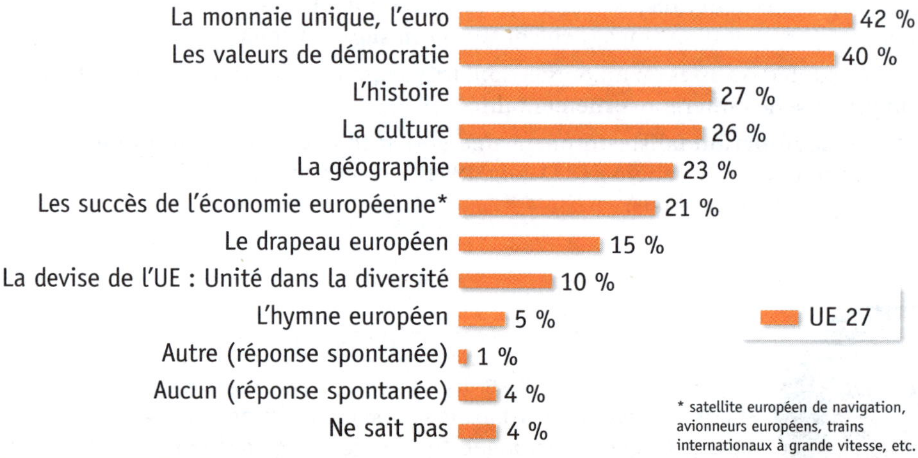

DOC. 1 Les vecteurs d'une identité européenne selon l'eurobaromètre de juin 2013. L'Eurobaromètre constitue le principal instrument utilisé pour prendre la mesure de l'opinion publique européenne.

b. Le déficit démocratique de la construction européenne

- La désaffection des citoyens européens se manifeste dans l'abstention aux élections européennes, qui est croissante depuis 1979 (57,46 % pour la moyenne dans l'UE à 28 en 2014). L'Europe souffre d'un déficit démocratique pour les citoyens européens : la **faiblesse des pouvoirs du Parlement européen** est au cœur de ce désintérêt. Depuis 2004, l'abstention est massive et la légitimité des députés européens est mise à mal. Le processus institutionnel et décisionnel est souvent perçu comme opaque, technocratique, lointain, voire inefficace face à la crise économique et monétaire sévissant depuis 2009.

- Le recours à la ratification par voie parlementaire du traité de Lisbonne peut apparaître comme la négation de l'opinion exprimée lors des référendums de 2005 et renforce alors la crise de légitimité et le déficit démocratique. Aussi, pour construire une Europe plus démocratique, le traité de Lisbonne étend les prérogatives du Parlement européen et instaure l'Initiative citoyenne européenne (ICE) comme forme de démocratie participative pour l'élaboration des politiques de l'UE.

c. La montée de l'euroscepticisme*

Depuis les années 2000, l'euroscepticisme gagne du terrain. Cette opposition à l'Europe est incarnée par diverses sensibilités politiques, avec une hostilité patente des partis les plus radicaux tels que l'extrême gauche luttant contre le capitalisme libéral et l'extrême droite luttant contre la perte de la souveraineté nationale et contre l'immigration.
La poussée à chaque élection européenne des partis souverainistes* ou populistes traduit la défiance croissante des Européens et la crise financière aggrave l'europessimisme. 60 % des Européens se disent aujourd'hui défiants à l'égard de l'UE.

III. La dimension internationale du projet politique européen : l'UE, une Europe puissance* ?

1. L'UE en quête de puissance

a. Devenir un pôle de puissance

- Le projet européen s'est d'abord développé sur le plan économique. 1989 représente un tournant pour l'Europe politique : avec la fin de la guerre froide, la CE/UE est amenée à redéfinir son rôle sur la scène mondiale. L'UE est devenue une grande puissance économique et commerciale mais peine à trouver une identité politique et à définir son rôle dans la gestion des relations internationales : **le « géant économique » doit cesser d'être un « nain politique » pour devenir un acteur global.**
- Constituer un pôle de puissance pour faire entendre la voix de l'UE face à l'hyperpuissance américaine devient un enjeu de la construction européenne. Si le poids de l'UE au niveau mondial tient à l'union de 28 États membres, la puissance découle de la capacité de ces États à définir des intérêts collectifs et des objectifs communs.

b. Définir une politique étrangère et de sécurité commune

- Construire une union politique, c'est établir une politique étrangère et de sécurité commune. Le traité de Maastricht initie la **PESC** et le traité de Nice entérine la mise au point d'une **politique de sécurité et de défense commune (PSDC)** intégrée à la PESC. La PESC repose sur une coopération intergouvernementale en matière de diplomatie et de défense.
- Le **traité de Lisbonne** renforce le volet diplomatique et de sécurité extérieure de l'UE et innove avec la création du poste de haut représentant pour les Affaires étrangères et la politique de sécurité pour assurer la cohérence de la politique extérieure de l'Union en coordonnant les politiques étrangères nationales des pays membres. La présidence stable du Conseil européen et le poste de haut représentant pour les Affaires étrangères devraient assurer à l'UE une visibilité plus importante sur la scène internationale.

c. L'ambition militaire de l'UE

- Avec la fin de la guerre froide, la nouvelle donne géopolitique* ne conduit pas à la disparition de l'OTAN* mais à son renforcement, avec l'élargissement de l'Alliance aux nouveaux pays membres de l'UE. Sur les 28 États membres de l'UE, 22 sont membres de l'OTAN et placent donc leur sécurité sous protection américaine.
- Lors du sommet franco-britannique de Saint-Malo (4 déc. 1998) est affirmée la volonté de capacités militaires autonomes à travers un partenariat UE/OTAN. L'UE devient capable de conduire des opérations de gestion de crise avec une « force de réaction rapide » de 60 000 hommes.

2. L'UE, une puissance régionale ou mondiale ?

a. La visibilité de l'UE

- Avec la **politique européenne de voisinage (PEV)**, mise en place en 2004, l'UE renforce les relations avec ses partenaires voisins à l'est et au sud afin de promouvoir la prospérité, la stabilité et la sécurité à ses frontières. La PEV compte aujourd'hui 16 partenaires : 10 pays de la rive nord de la Méditerranée du Maroc à la Syrie et 6 Républiques ex-soviétiques (Biélorussie, Ukraine, Moldavie, Arménie, Azerbaïdjan, Géorgie). Elle joue le rôle **d'acteur régional**.
- Les États membres de l'UE ont mené des interventions civilo-militaires en Europe (Kosovo, 1999 ; Macédoine, 2003 ; Moldavie, 2005 ; Géorgie, 2008) mais également hors du continent européen, en Afrique, au Moyen-Orient et en Asie. La solidarité de l'UE à l'égard des pays du Sud à travers l'aide au développement lui offre une **visibilité sur la scène internationale**. L'aide humanitaire de l'UE et des États membres est la plus importante du monde.

b. Le *soft power* de l'UE

- **L'UE est un pôle majeur de la mondialisation**. Elle n'est ni une simple zone de libre-échange, ni un État fédéral. Dans le domaine commercial et économique, l'UE fonctionne comme un État, s'exprime d'une seule voix et participe alors à la définition des règles du jeu à l'échelle globale au sein du GATT* puis de l'OMC*.
- Première puissance commerciale, l'UE pèse dans les négociations et propose un modèle reposant sur le multilatéralisme* et le droit international, la coopération économique et l'aide publique. Elle dispose d'une **puissance normative**.

c. Les limites de la PESC et de la PSDC

- L'UE n'est pas l'ultime garante de sa sécurité : il conviendrait de doter l'UE d'un budget de défense significatif pour accroître ses capacités de combat (matériel militaire, renseignements et personnel qualifié) et ne plus recourir à l'aide américaine. Toutefois, dans le contexte de crise des finances publiques de l'UE, le budget pour la défense est soumis à d'importantes compressions.
- **La représentation diplomatique est duale** : à l'ONU, l'UE a un statut d'observateur tandis que les États membres disposent chacun du droit de vote à l'Assemblée générale. Les responsabilités et les compétences de chaque membre pour les affaires étrangères restent donc prépondérantes. L'échec de la PESC a été patent lors de la guerre en Irak en 2003 : aucune position commune n'a été prise au sein des pays membres.

- En 2011, l'UE n'a pas joué les premiers rôles dans le « printemps arabe » et la campagne militaire aérienne menée en Libye ne s'est pas faite sous l'étendard de l'UE mais sous celui de l'OTAN : l'opération en Libye confirme les limites de la PSDC.

3. L'UE face à ses fragilités internes

a. Les limites de la « puissance-influence »

- L'ancrage des valeurs et pratiques démocratiques est favorisé par l'influence exercée par l'UE tant par la dynamique de l'élargissement que par les partenariats. La Turquie, candidate reconnue depuis 1999, a initié une vague de réformes avec notamment l'abolition de la peine de mort et de la torture et la reconnaissance de la minorité kurde, mais des progrès restent encore à faire. Également, le bilan de la PEV est mitigé : si d'importantes réformes économiques ont été engagées, les politiques européennes semblent n'avoir eu qu'un effet limité pour les réformes politiques. Et l'influence de l'UE ne s'exerce pas au-delà de l'espace périphérique : **la « puissance-influence » est donc circonscrite géographiquement.**

- En outre, la défense des valeurs européennes est soumise à certaines **contradictions**. L'UE avait établi des partenariats économiques avec certaines ex-dictatures des pays arabes tels que la Tunisie, l'Égypte et la Libye. Et les relations avec la Russie sont des relations complexes et ambiguës incitant à la recherche de compromis.

b. Le dilemme entre « Europe puissance » et « Europe espace »

- Le projet européen est ouvert car le dilemme entre approfondissement et élargissement n'est toujours pas clarifié. Pour les partisans de l'élargissement, l'UE doit compter le plus de membres possible, le projet étant de construire une « **Europe espace** ». Dans cette optique, les pays situés aux marges de l'UE pourraient devenir membres de cet espace.

- L'idée d'une « **Europe puissance** » est, à l'inverse, celle de l'union d'États avec la mise en commun de capacités : l'**approfondissement** du projet européen est perçu comme facteur de puissance grâce à la mutualisation des parts de souveraineté pour jouer un rôle de premier ordre sur la scène internationale. La diversité est un atout et l'union fait la force pour affirmer le rôle de l'UE dans un monde complexe et multipolaire.

c. Un renforcement de l'hétérogénéité de l'UE ?

- La référence à un continent à deux vitesses, à une Europe à la carte, souligne l'**intégration différenciée** des États membres. La politique de coopérations renforcées a conduit à la non-intégration dans l'espace Schengen du Royaume-Uni et de l'Irlande ainsi qu'à la non-intégration à la zone euro* du Royaume-Uni, du Danemark et de la Suède. Cette logique renforce l'**hétérogénéité de l'union**.

- Certains États négocient également des dérogations (*opting out**) concédées lors des différents traités européens pour ne pas participer à un domaine de la politique communautaire : ce choix de retrait concerne le Royaume-Uni et le Danemark. Plus récemment, la crise financière et monétaire de 2009 et la crise des dettes souveraines à partir de 2010 fragilisent la zone euro, mettent à mal le principe de solidarité entre États membres et éveillent un doute quant au projet politique de l'UE.

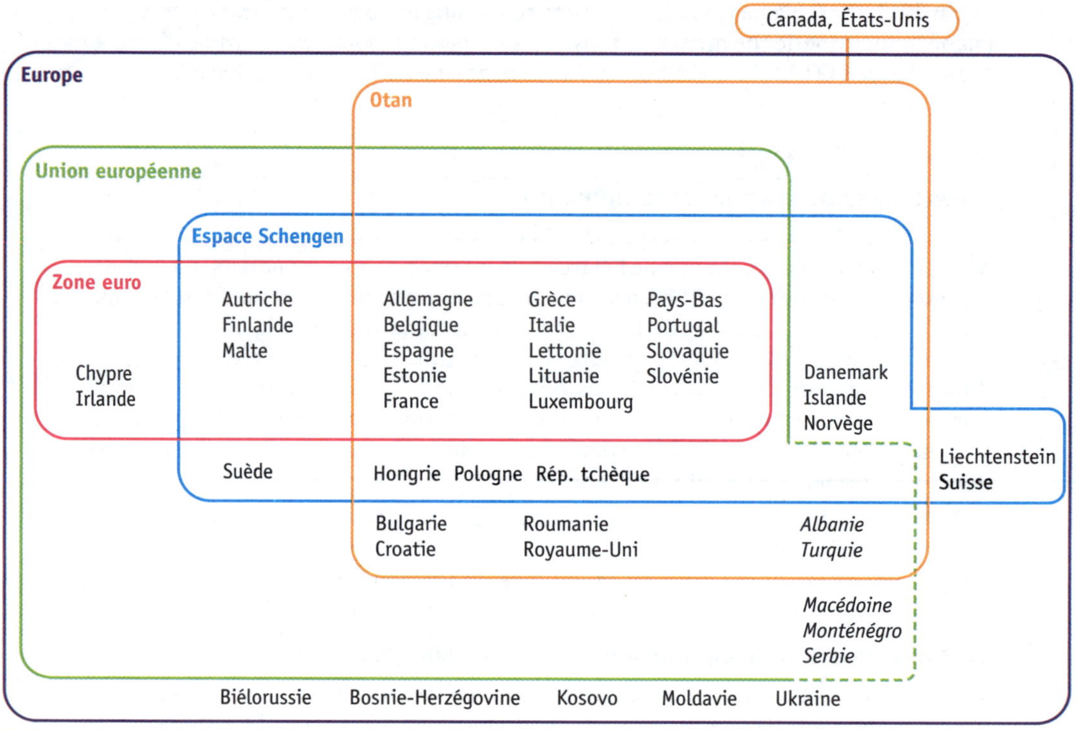

DOC. 2 Une Europe à géométrie variable. L'intégration différenciée des États membres au sein de l'union engendre diverses unités plus ou moins intégratives.

REPÈRES

Chronologie

Les grandes dates de la construction européenne.

1950	**Déclaration Schuman** proposant de créer la CECA
1951	**Traité de Paris** instituant la CECA ; entrée en vigueur en 1952
1957	**Traité de Rome** instituant la CEE ; entrée en vigueur en 1958. **Europe des Six**
1973	**Europe des Neuf** : 1er élargissement au Danemark, à l'Irlande et au Royaume-Uni
1981	**Europe des Dix** : 2e élargissement à la Grèce
1986	**Europe des Douze** : 3e élargissement à l'Espagne et au Portugal Signature de l'**AUE** ; entrée en vigueur en 1987
1992	**Traité de Maastricht instituant l'UE** ; entrée en vigueur en 1993
1995	**Europe des Quinze** : 4e élargissement à l'Autriche, la Finlande et la Suède
2004	**Europe des Vingt-cinq** : 5e élargissement à 8 PECO, Chypre et Malte
2007	**Europe des Vingt-sept** : 6e élargissement à la Roumanie et la Bulgarie **Traité de Lisbonne** ; entrée en vigueur en 2009
2013	**Europe des Vingt-huit** : 7e élargissement à la Croatie

Citations

Victor Hugo

Ne soyons plus Anglais ni Français ni Allemands. Ne soyons plus Européens, soyons hommes. Soyons l'humanité. Il nous reste à abdiquer un dernier égoïsme ; la patrie.

■ *Choses vues*, 1846

Robert Schuman

Par la mise en commun de productions de base et l'institution d'une Haute Autorité nouvelle, dont les décisions lieront la France, l'Allemagne et les pays qui y adhéreront, cette proposition réalisera les premières assises concrètes d'une Fédération européenne indispensable à la préservation de la paix.

■ Déclaration Schuman, 9 mai 1950

Robert Schuman

La paix mondiale ne saurait être sauvegardée sans des efforts créateurs à la mesure des dangers qui la menacent.

■ Déclaration Schuman, 9 mai 1950

Jean Monnet

Nous ne coalisons pas des États, nous unissons des hommes.

■ *Mémoires*, Fayard, Paris, 1976

François Mitterrand

La véritable Europe a besoin des patries comme un corps vivant de chair et de sang.

■ *Le Coup d'État permanent*, Plon, Paris, 1964

Jacques Delors

Concilier ce qui apparaît à beaucoup inconciliable : l'émergence de l'Europe unie et la fidélité à notre nation, à notre patrie.

▪ Discours au collège de Bruges, 17 octobre 1989

Bibliographie

• BAILONI M., *Europe. Le vieux monde en crise ? 50 fiches de géopolitique*, Paris, Ellipses, 2013

• BERTONCINI Y., CHOPIN T., DULPUY A., KAHN S., MANIGAND C. (dir.), *Dictionnaire critique de l'Union européenne*, Paris, Armand Colin, 2008

• DU RÉAU Élisabeth, *L'Idée d'Europe au XXe siècle. Des mythes aux réalités*, Paris, Éditions Complexe, 2008

• KAHN S, *Histoire de la construction de l'Europe depuis 1945*, Paris, PUF, 2011

• *Alternatives économiques*, « Europe », Hors-série n° 081, mai 2009

Sitographie

• **http://europa.eu** ; notamment la rubrique « Histoire »

• **www.touteleurope.eu** ; notamment les « Dates clés »

• **www.cvce.eu** ; Centre virtuel de la connaissance sur l'Europe : dans l'onglet « Publications », nombreux dossiers thématiques, des cartes et des schémas interactifs

• **www.robert-schuman.eu/fr** ; pour les dossiers thématiques dans la rubrique « Publications »

• **www.ina.fr** ; pour les archives filmées, en particulier, le montage d'archives intitulé « Le Parlement européen et la construction européenne »

MÉTHODES ET STRATÉGIES

1 Étude critique d'un document – Le plan Schuman et la construction européenne

Après avoir présenté le document, expliquez dans quelle mesure le plan Schuman est l'initiative motrice du projet de construction européenne.

> Voir la méthode générale d'une étude critique de document en annexe (p. 518).
> Voir les sujets 1 et 2 du chapitre 7, 1 du chapitre 8, 1 et 2 du chapitre 9.

DOC. Caricature de Klaus Pielert sur le plan Schuman, 1950.

La fierté de l'inventeur : « Espérons que la chose se développe mieux que les épingles à nourrice. »

Analyser le sujet

> Analyser le thème et la consigne du sujet

Le sujet porte sur le plan Schuman, proposition de coopération qui marque les débuts de la coopération européenne avec la déclaration faite le 9 mai 1950 par le ministre français des Affaires étrangères, Robert Schuman, et qui aboutit à la création de la Communauté européenne du charbon et de l'acier (CECA) en 1951.

> Identifier le document

Le document est une **caricature.** Ce type de dessin repose sur l'exagération de certaines caractéristiques : le personnage central chauve et moustachu voit certains aspects de son visage accentués comme son long nez, ses petits yeux et ses sourcils tombants. Le trait du caricaturiste insiste sur la bonhommie et la bienveillance du personnage. La mise en comparaison de la machine à coudre et d'une épingle à nourrice crée l'élément comique en illustrant l'efficacité perçue des politiques établies : le lien établi avec une couture est plus pérenne que celui avec l'épingle à nourrice. La caricature use ainsi de la forme humoristique pour délivrer un message partial, pour transmettre un jugement.

> Relever les informations importantes dans le document

Le personnage central est R. Schuman car la mention « Schuman-Plan » sur la machine à coudre en facilite l'identification : il est représenté souriant et confiant en train de coudre.

- L'**action de coudre** symbolise le rapprochement et la couture représente à terme la réconciliation entre la France et la RFA.
- L'**épingle à nourrice** symbolise la ligne Maginot. La ligne Maginot est une ligne de fortifications construite par la France le long de ses frontières orientales de 1930 à 1940, à savoir une ligne défensive destinée à lutter contre une attaque allemande et censée être inviolable. Toutefois, les fortifications au niveau de la frontière belge et des Ardennes, moins solides, ne purent freiner l'offensive allemande.
- Le **sourire** et la **satisfaction** de Schuman mettent en avant le côté créatif du travail du couturier ; il s'agit de proposer une idée nouvelle, originale et donc inédite. La couture doit être plus « résistante » que l'épingle à nourrice : l'établissement de liens économiques doit assurer la sécurité du territoire français plus efficacement que la ligne Maginot en empêchant tout recours à la guerre.

> Relever les limites des documents

- Une caricature exprime un parti pris. Le document présente une vision positive du plan Schuman proposé le 9 mai 1950. Seul R. Schuman est représenté, or le plan Schuman est très inspiré des idées de Jean Monnet.
- En outre, le plan Schuman ne repose pas uniquement sur un choix diplomatique mais également sur un **choix économique**. Des considérations faites par les dirigeants français visent à tenter de « maîtriser » les conditions de production et de compétitivité de l'industrie allemande.

Bâtir le plan de l'étude critique de document

> Mobiliser et organiser ses idées

Trois thèmes émergent :
– la référence à la ligne Maginot met clairement en avant la volonté de prémunir le territoire français contre une nouvelle attaque allemande : c'est l'établissement d'une paix durable qui prévaut dans l'initiative lancée par R. Schuman ;
– la couture traduit le rapprochement entre les deux ennemis héréditaires et le sourire teinté de fierté de Schuman fait référence au **caractère innovant de la coopération** sur un « point décisif mais limité », à savoir la production du charbon et de l'acier, dont les gisements sont situés en Lorraine pour la France, en Sarre et en Ruhr pour l'Allemagne ;
– l'objectif de la proposition Schuman est mentionné dans le sous-titre : la consolidation des relations entre États vise la **création d'un nouvel équilibre européen par le développement d'un lien communautaire, supranational.**

> Construire le plan

Les trois axes aboutissent à un plan thématique :

I. Une initiative de paix : vers la réconciliation franco-allemande
1. Dépasser les antagonismes nationaux…
2. …. pour développer une solidarité d'intérêts

II. Une initiative originale : vers une intégration économique sectorielle
1. Établir une coopération dans un secteur limité : une démarche pragmatique…
2. …. reposant sur un choix stratégique et symbolique

III. Une initiative décisive : vers les premiers pas de l'unification européenne
1. Introduire le principe de supranationalité pour faire prévaloir l'intérêt communautaire sur les intérêts nationaux…
2. …. et contribuer à l'acte de naissance de la communauté européenne.

Rédiger l'étude de document

> Rédiger le développement

Voici une proposition de rédaction d'une sous-partie du développement.

[II. Une initiative originale : vers une intégration économique sectorielle]

[1. Établir une coopération dans un secteur limité : une démarche pragmatique…]

- Présenter la première idée.

Le plan Schuman vise une mise en commun dans le domaine économique. Cette coopération inédite repose ainsi sur le contrôle du charbon et de l'acier dans un but pacifique.

- Prendre appui sur le document pour justifier l'idée énoncée.

La fierté de Robert Schuman, représentée sur la caricature par le sourire satisfait de ce dernier, découle de cette initiative originale et concrète.

- Argumenter à l'aide des connaissances.

Le 9 mai 1950, Schuman énonce en effet que « la paix ne se fera pas d'un coup, elle se fera par des réalisations concrètes créant d'abord une solidarité de fait ». La paix est possible par l'union des Européens. Le projet est ainsi pragmatique, réaliste. Ne pas intégrer tout le champ économique évite tout projet trop ambitieux voué à l'échec. Au contraire, circonscrire la coopération à un seul domaine économique, domaine hautement stratégique et symbolique, permet une solidarité de fait. Jean Monnet, chargé du premier plan français pour relancer l'économie, en tant que commissaire au Plan, suggère, dès 1950, une politique d'intégration économique européenne, une intégration sectorielle avec l'objectif d'associer la RFA à ce projet. Cette intégration doit être placée sous une autorité supranationale et la coopération entre la France et l'Allemagne constitue le pivot.

2 Bâtir le plan de l'étude critique d'un document – Le projet d'une Europe politique dans les années 1950

Après avoir présenté le document, expliquez en quoi le projet d'une Europe politique est un défi pour la stabilité du continent européen dans les années 1950.

> Voir la méthode générale d'une étude critique de document en annexe (p. 518).
> Voir les sujets 1 et 2 du chapitre 7, 1 du chapitre 8, 1 et 2 du chapitre 9.

DOC. Discours de Jean Monnet devant le National Press Club à Washington, le 30 avril 1952.

« Nous nous trouvons à un moment opportun pour parler de la création de l'Europe. [...] Dans peu de mois la communauté européenne du charbon et de l'acier sera une réalité. Le plan Pleven pour la création d'une armée européenne passe, à son tour, par les étapes que le plan Schuman a déjà franchies. Après un an de travail, le traité établissant la communauté européenne de défense sera bientôt signé par les gouvernements qui participent déjà au plan Schuman. L'application du plan Schuman va entraîner la suppression en ce qui concerne le charbon et l'acier, des droits de douane, des contingents entre les pays participants ainsi que de toutes les pratiques discriminatoires et restrictives. [...]

Les institutions créées par le plan Schuman et le plan Pleven ouvriront une brèche dans la citadelle de la souveraineté nationale qui barre la route à l'unité de l'Europe et qui n'a été menacée par aucun des accords internationaux de coopération que nous connaissons bien. Depuis mille ans, la souveraineté nationale s'est manifestée en Europe par le développement du nationalisme, et par de vaines et sanglantes tentatives d'hégémonie d'un pays sur les autres. Dans le système des accords internationaux, les intérêts nationaux restent souverains, les gouvernements retiennent tous leurs pouvoirs, les décisions ne peuvent être prises qu'à l'unanimité. Finalement, les Européens restent divisés entre eux. Dans ce cadre, la coopération s'arrête quand les intérêts nationaux divergent et la guerre demeure leur ultime recours. L'établissement d'institutions et de règles communes assurant la fusion des souverainetés nationales, unira les Européens sous une autorité commune et éliminera les causes fondamentales des conflits.

Nous sommes résolus à agir. Nous sommes résolus à faire l'unité de l'Europe et à la faire rapidement. Avec le plan Schuman et avec l'armée européenne, nous avons posé les fondations sur lesquelles nous pourrons construire les États-Unis d'Europe, libres, vigoureux, pacifiques et prospères. »

Analyser le sujet

> Analyser le thème et la consigne du sujet

Le sujet porte sur la naissance d'une Europe communautaire s'inscrivant dans le contexte de la constitution d'un partenariat économique avec la CECA et de la volonté de constituer une Europe de la Défense avec le projet de Communauté européenne de défense (CED). L'élan donné par la création de la CECA doit conduire à de nouvelles intégrations sectorielles pour fonder une Europe forte et unie.

> Relever les limites des documents

Si Jean Monnet se montre particulièrement enthousiaste à l'idée d'une intégration militaire et y voit une poursuite de la communautarisation des politiques en Europe, l'indépendance de l'armée européenne n'est pas totale puisque l'armée serait placée sous le commandement suprême de l'Organisation du traité de l'Atlantique Nord (OTAN). La prééminence des États-Unis dans la défense de l'Europe n'est donc pas remise en question.

Bâtir le plan de l'étude critique de document

> Mobiliser et organiser ses idées

- Trois axes majeurs se dégagent :
– l'entrée en vigueur de la CECA en 1952 ;
– le projet de la CED ;
– le but ultime : l'établissement d'une Europe fédérale.

- Les passages du discours qui relèvent de la même idée sont mis en évidence par un surlignage avec différentes couleurs.

« Nous nous trouvons à un moment opportun pour parler de la création de l'Europe. [...] Dans peu de mois la communauté européenne du charbon et de l'acier sera une réalité. Le plan Pleven pour la création d'une armée européenne passe, à son tour, par les étapes que le plan Schuman a déjà franchies. Après un an de travail, le traité établissant la communauté européenne de défense sera bientôt signé par les gouvernements qui participent déjà au plan Schuman. L'application du plan Schuman va entraîner la suppression en ce qui concerne le charbon et l'acier, des droits de douane, des contingents entre les pays participants ainsi que de toutes les pratiques discriminatoires et restrictives. [...]

« Les institutions créées par le plan Schuman et le plan Pleven ouvriront une brèche dans la citadelle de la souveraineté nationale qui barre la route à l'unité de l'Europe et qui n'a été menacée par aucun des accords internationaux de coopération que nous connaissons bien. Depuis mille ans, la souveraineté nationale s'est manifestée en Europe par le développement du nationalisme, et par de vaines et sanglantes tentatives d'hégémonie d'un pays sur les autres. Dans le système des accords internationaux, les intérêts nationaux restent souverains, les gouvernements retiennent tous leurs pouvoirs, les décisions ne peuvent être prises qu'à l'unanimité. Finalement, les Européens restent divisés entre eux. Dans ce cadre, la coopération s'arrête quand les intérêts nationaux divergent et la guerre demeure leur ultime recours. L'établissement d'institutions et de règles communes assurant la fusion des souverainetés nationales, unira les Européens sous une autorité commune et éliminera les causes fondamentales des conflits.

« Nous sommes résolus à agir. Nous sommes résolus à faire l'unité de l'Europe et à la faire rapidement. Avec le plan Schuman et avec l'armée européenne, nous avons posé les fondations sur lesquelles nous pourrons construire les États-Unis d'Europe, libres, vigoureux, pacifiques et prospères. »

L'entrée en vigueur de la CECA en 1952

La CECA est créée avec le traité de Paris (18 avril 1951), entré en vigueur le 23 juillet 1952 pour une durée de 50 ans. Les objectifs de la CECA sont économiques et politiques. Le but économique est d'organiser la liberté de circulation du charbon et de l'acier ainsi que le libre accès aux sources de production. Pour intensifier les échanges, les droits de douane et les taxes sont supprimés et, en 1953, le marché commun du charbon et de l'acier favorise la croissance de la production et des échanges intra-européens.

Le projet de la CED

À partir de 1950, il y a urgence pour assurer la sauvegarde de la sécurité de l'Europe occidentale et donc organiser une défense européenne incluant des forces armées allemandes. Jean Monnet souhaite organiser la défense européenne dans un cadre supranational sur le modèle du plan Schuman. Le 24 octobre 1950, René Pleven, président du Conseil français, ancien ministre de la Défense et fervent partisan de l'intégration européenne, expose devant l'Assemblée nationale le projet de création d'une armée européenne. Un projet de traité est rédigé le 1er février 1952 et signé peu après le discours de J. Monnet, le 27 mai 1952.

L'établissement d'une Europe fédérale

Jean Monnet considère que la paix en Europe ne peut être permise que par le dépassement des intérêts nationaux avec la mise en place d'une autorité indépendante au-dessus des États et donc par le fédéralisme. L'expression « États-Unis d'Europe » rappelle W. Churchill lors de son discours de Zurich en 1946. La CECA et le projet de CED sont ainsi des étapes vers l'unité fédérale de l'Europe.

> Construire le plan

Chacun des axes dégagés constitue une partie du développement. À partir des connaissances énoncées ci-dessus, des sous-thèmes s'individualisent.

I. Les premiers pas de la construction européenne : du plan Schuman à la CECA

1. Le plan Schuman et l'intégration sectorielle du charbon et de l'acier
2. Fonctionnement de la CECA : système institutionnel inédit, buts visés du *pool* charbon-acier

II. Le projet d'une intégration militaire pour la défense de l'Europe : du plan Pleven à la CED

1. Le plan Pleven ou la poursuite de l'intégration sectorielle
2. Le traité de Paris et la constitution d'une Europe de la défense

III. Vers une Europe fédérale ?

1. La naissance d'une Europe communautaire et ses buts : paix, prospérité, liberté, démocratie
2. L'instauration du principe de supranationalité garant de l'union des États membres

SUJETS DE TYPE BAC

1 Étude critique d'un document – Les défis d'une Europe politique

60' (S)
90' (L, ES)

Après avoir présenté le document, montrez en quoi le projet d'une Europe politique comporte des défis divers depuis ses débuts.

> Voir la méthode générale d'une étude critique de document en annexe (p. 518).

> Voir les méthodes et stratégies 1 et 2 du chapitre 7, 1 et 2 du chapitre 8, 1 du chapitre 9.

DOC. L'Europe, un projet en construction

« Mes chers compatriotes,

[…] Aujourd'hui, vous le savez, douze pays d'Europe, votre Europe, fêtent le trentième anniversaire de la Communauté que six d'entre eux ont instituée à Rome, le 25 mars 1957.

C'est une grande date ; peut-être – j'aimerais mieux dire sûrement – l'une des plus importantes de notre histoire. Pour en comprendre la portée, il faut imaginer – ceux qui l'ont vécu se souviennent – l'état de notre continent après deux guerres mondiales en moins d'un quart de siècle et les ravages du racisme, et de l'esprit totalitaire. Partout la ruine, le deuil, des terres dévastées, des peuples dépossédés, leur destin désormais passé en d'autres mains, l'Europe coupée en deux, bref, la fin d'un monde.

Aussi l'histoire n'oubliera-t-elle pas les quelques hommes, imaginatifs et courageux, qui élevèrent la voix au-dessus des décombres pour dire aux ennemis d'hier – à commencer par les Allemands et les Français – que le salut dépendait d'eux, d'eux seuls, et qu'ils avaient d'abord à sortir d'un engrenage séculaire de guerre et de domination pour construire, enfin, leur avenir. Ensemble. Ces hommes ont, je le crois, changé le cours du temps. Du moins, si nous savons à notre tour poursuivre l'œuvre et l'achever.

Que ce soit pour ses institutions, ses politiques communes, la suppression de ses barrières douanières intérieures, son aide au tiers-monde, son début de concertation politique, ses audaces techniques, l'Europe a réussi. Elle existe. Première puissance commerciale du monde, forte de ses 320 millions d'habitants, plus que les États-Unis d'Amérique, plus que l'Union soviétique, beaucoup plus que le Japon, forte de ses talents, forte de son travail, elle avance. Et pourtant c'est insuffisant.

Mes chers compatriotes, s'il ne s'était agi pour moi que de célébrer le passé, je ne serais pas ce soir devant vous.

Ne nous payons pas de mots. Notre Europe échouera si elle en reste là. Elle échouera si elle jongle avec les délais et renvoie à la fin du siècle les problèmes qui attendent depuis trente ans d'être tranchés.

Soyons au rendez-vous du 31 décembre 1992 qui verra s'abattre toutes les frontières intérieures et l'Europe s'ouvrir aux douze peuples qui la composent. Hâtons l'Europe technologique. Américains et Japonais ne nous attendront pas. Conquérons l'espace, nous aussi. Organisons nos moyens de communication, d'éducation et de culture. Formons les jeunes aux disciplines du savoir dans les universités de leur choix. Réduisons les inégalités entre pays, entre régions, entre les groupes sociaux et les individus.

Donnons cours à l'Ecu, notre monnaie commune, au sein d'un système monétaire apaisé. Préparons enfin le moment où l'Europe dotée d'un pouvoir politique central décidera elle-même des moyens de sa sécurité.
La tâche sera rude mais telle est la direction que la France doit prendre. Je vous y invite, mes chers compatriotes et j'adresse en votre nom aux autres peuples de la Communauté le salut fraternel du peuple français, avec ce seul message : entrons ensemble dans l'avenir.
Vive l'Europe.
Vive la France. »

■ Allocution de François Mitterrand, président de la République, à l'occasion du 30e anniversaire du traité de Rome, Paris, Palais de l'Élysée, mercredi 25 mars 1987.

2 Composition

120' (S)
150' (L, ES)

Le projet d'une Europe politique depuis 1948, vers « une union sans cesse plus étroite entre les peuples européens » ?

> Voir la méthode générale d'une composition en annexe (p. 515).
> Voir la méthode et stratégie 2 du chapitre 9.

CORRIGÉS

1 Étude critique d'un document – Les défis d'une Europe politique

[Introduction]

Pour Jacques Delors, « l'Union n'agit que pour mener les tâches qui peuvent être entreprises en commun de manière plus efficace que par les États œuvrant séparément ». Le document est un discours tenu par François Mitterrand, président de la République française, à l'occasion du 30e anniversaire du traité de Rome, le 25 mars 1987, et dans lequel il dresse le bilan de trente années de coopération. F. Mitterrand s'adresse aux Français mais également à tous les Européens et défend la vision d'une Europe conquérante dont la réussite doit reposer sur la poursuite de l'intégration. L'Europe de la guerre froide est alors scindée en deux. La Communauté européenne comprend douze pays et connaît une relance de la dynamique communautaire avec l'Acte unique européen signé en 1986 et destiné à entrer en vigueur au 1er juillet 1987. Entre avancées et freins, l'aventure européenne se poursuit. En quoi la construction européenne est-elle confrontée à des défis multiples depuis ses débuts ? Quelles sont ses réussites et ses difficultés ?
L'aventure européenne comporte de nombreux enjeux, tout d'abord l'enjeu de la stabilité par l'établissement d'une paix durable au travers d'une coopération économique sectorielle, puis l'enjeu de l'approfondissement économique par l'instauration de politiques économiques, commerciales et monétaires communes, et enfin l'enjeu d'une intégration par-delà l'économique avec l'élargissement des domaines de coopération et l'émergence d'une union politique.

[I. L'enjeu de la stabilité]

La construction européenne est un processus inédit de coopération entre États pour favoriser la paix et la prospérité.

[1. Un idéal de paix]

En 1945, l'Europe est exsangue démographiquement, matériellement, économiquement et moralement. Il faut œuvrer à l'établissement d'un nouvel ordre européen « après deux guerres mondiales », « sortir d'un engrenage séculaire de guerre et de domination pour construire [...] [l'] avenir », favoriser l'unité, rassembler les peuples pour lutter contre les « ravages du racisme, et de l'esprit totalitaire ». C'est le projet porté par « quelques hommes », « imaginatifs et courageux ».
Ces hommes sont les pères fondateurs de l'Europe, au tout premier rang desquels les Français Jean Monnet et Robert Schuman, promoteurs de l'idée européenne par le rapprochement des « ennemis d'hier » (les Français et les Allemands) avec le plan Schuman, puis l'Allemand Konrad Adenauer, chancelier et ministre des Affaires étrangères de la RFA, le Luxembourgeois Joseph Bech, le Néerlandais Johan Willem Beyen, l'Italien Alcide De Gasperi et le Belge Paul-Henri Spaak.
Tous ont œuvré en 1951 à la création de la Communauté économique du charbon et de l'acier (CECA), union d'États souverains s'appuyant sur une méthode inédite de partenariat sectoriel avec la mise en place librement consentie d'une autorité politique supranationale, la Haute Autorité. « Ces hommes ont [...] changé le cours du temps » par une approche concrète établie « ensemble », c'est-à-dire par la création d'une solidarité de fait.

[2. Le choix d'une union économique]

L'unification européenne repose ainsi sur la mutualisation d'intérêts nationaux incarnée dans le **choix d'une union économique** avec la signature du traité de Rome le « 25 mars 1957 » instituant la « Communauté » économique européenne (CEE). La relance du processus d'intégration communautaire témoigne de la volonté d'ancrer la paix en Europe dans la durée. Les valeurs de paix, de démocratie, d'État de droit ont pris le pas sur « la ruine, le deuil, des terres dévastées, des peuples dépossédés » d'une « Europe coupée en deux » entre l'Axe et les Alliés. L'unification de l'Europe de l'Ouest dans une Europe partagée désormais par le rideau de fer est alors un enjeu majeur. Aussi la signature du traité de Rome est-elle « une grande date » dans l'histoire de la construction européenne, « peut-être », voire « sûrement », « l'une des plus importantes de [l'] histoire » des Européens. En effet, elle est celle d'une **poursuite de l'approfondissement** après l'échec des projets de la Communauté européenne de défense (CED) et de Communauté politique européenne (CPE) en 1954. L'économie est un domaine d'action stratégique et est moins soumise aux résistances nationales. La construction européenne est donc une véritable avancée dont l'objectif plus global est d'ouvrir la voie à une union plus étroite des peuples.

[3. Le fonctionnement institutionnel communautaire]

Les « institutions » de la Communauté reposent sur un compromis entre l'expression des intérêts nationaux et une vision communautaire : le principe de supranationalité triomphant dans le fonctionnement de la CECA recule au profit des intérêts nationaux. La Commission européenne représentant les intérêts communautaires a un droit d'initiative exclusif et le Parlement européen a une fonction consultative. C'est le Conseil des Ministres, organe intergouvernemental, qui détient le pouvoir de décision. Dans une Europe des Douze, le système institutionnel instauré en 1957 pour une Europe des Six fonctionne sans heurt.

[II. L'enjeu de la coopération économique]

Ce que « l'Europe a réussi » pour François Mitterrand, ce sont ses politiques communautaires.

[1. La coopération commerciale et économique]

L'établissement de la CEE aboutit à la mise en place d'un marché commun, d'une union douanière et de « politiques communes ». Le Marché commun est fondé sur quatre libertés : la libre circulation des personnes, celle des services, celle des marchandises et celle des capitaux. L'union douanière est réalisée en 1968 par la « suppression des barrières douanières » et l'établissement d'un tarif douanier unique. Cette politique commerciale commune est un succès puisque la progression des échanges intracommunautaires contribue à l'enrichissement des pays membres et que la Communauté européenne devient la « première puissance commerciale du monde ». Toutefois persistent des difficultés administratives dues aux fiscalités et aux normes restant, elles, nationales. Le traité de Rome instaure également la politique agricole commune (PAC, 1962) qui participe de l'intégration des marchés agricoles dans le Marché commun ; elle répond à la volonté de moderniser le secteur agricole et d'en accroître la productivité. Le principe de solidarité financière et l'instauration de la préférence communautaire reposent sur l'idée de venir en aide aux producteurs et de protéger le marché européen. La PAC a permis une hausse considérable de la production agricole européenne engendrant l'autosuffisance et une compétitivité accrue des produits agricoles dans une union devenue exportatrice.

[2. Les réussites des politiques communes]

Si les succès de la CEE/CE sont particulièrement tangibles dans le domaine économique, d'autres politiques communes sont plus volontaristes. Le traité de Rome prévoit la création d'un fonds européen pour le développement (FED) pour les colonies ou les anciens pays colonisés maintenant des relations privilégiées avec les métropoles. L'« aide au tiers-monde » est la **politique européenne de développement** et les conventions de Lomé, dont la première est signée en 1975, soulignent la volonté de la CE de coopérer avec les pays d'Afrique, des Caraïbes et du Pacifique (ACP) pour favoriser le développement des pays les plus démunis.

Plus encore, les « audaces techniques » sont le fruit d'une **coopération dans le domaine de la recherche et de l'innovation**. Si aucune politique commune en matière de recherche et développement n'a été définie par les traités communautaires, la nécessité de coordonner les efforts s'est imposée face à la concurrence des « États-Unis d'Amérique » et du « Japon ». Les innovations techniques concernent tout particulièrement l'aéronautique avec l'Airbus et l'aérospatiale avec la fusée Ariane, réalisations rendues possibles par la mise en commun des compétences nationales.

Le « début de concertation politique » fait référence à la coopération intergouvernementale instaurée dans le domaine de la politique internationale. C'est le « rapport Davignon » qui, en 1970, est à l'origine de la **coopération politique européenne** (CPE). En 1974, les États membres s'engagent à coordonner leur politique dans tous les domaines des affaires internationales. Le rapprochement des politiques étrangères marque une étape vers l'intégration politique. C'est à travers ces avancées que « l'Europe existe ».

[3. Difficultés et échecs (*limites des documents*)]

Mais sa construction n'est pas exempte de crises. À l'heure du bilan dressé par F. Mitterrand, seuls les succès sont mis à l'honneur et les crises sont passées sous silence. Au cours des années 1960, le principal frein à l'approfondissement est le refus de De Gaulle de toute extension des pouvoirs supranationaux. La France gaullienne contribue également au blocage de l'élargissement de la communauté en refusant en 1963 et en 1967 la candidature britannique. Le Royaume-Uni, l'Irlande et le Danemark n'adhèrent alors à la CEE qu'en 1973.

La spécificité britannique met en avant, quant à elle, les difficultés d'une politique budgétaire communautaire. La crise économique que connaît le Royaume-Uni et le choix d'une politique néolibérale menée par M. Thatcher, Premier ministre depuis 1979, débouche sur la **réduction permanente de la contribution britannique au budget communautaire** à compter de 1985.

Toutefois, c'est **l'échec de l'Euratom** qui traduit l'ampleur des dissensions communautaires. L'Euratom visait la création d'un marché commun nucléaire pour développer le nucléaire civil comme moyen d'indépendance énergétique de l'Europe et ainsi permettre l'essor d'une industrie nucléaire européenne.

Les divergences entre États membres ralentissent ainsi le projet européen.

[III. L'enjeu d'une union plus approfondie]

F. Mitterrand, Européen convaincu, souligne donc le caractère inachevé de la construction européenne et encourage la poursuite de l'approfondissement pour une union plus forte.

[1. La relance économique et monétaire avec l'AUE]

Dans une Europe élargie à douze pays membres depuis l'adhésion de la Grèce en 1981 et celle de l'Espagne et du Portugal en 1986, l'approfondissement, en panne, est relancé à l'initiative du président de la Commission, le Français Jacques Delors. Cela aboutit à la **création de l'Acte unique européen (AUE) en 1986**. L'AUE concrétise nombre de politiques communes. Il modifie le traité de Rome et ouvre la voie à l'Union européenne qui naît en 1992 avec le traité de Maastricht. Ainsi les « institutions européennes » sont réformées avec notamment l'extension du vote à la majorité qualifiée au Conseil et l'élargissement des champs de compétences communautaires.

L'AUE vise la **réalisation du marché intérieur** avant le « 31 décembre 1992 qui verra s'abattre toutes les frontières intérieures ». La dynamique de l'AUE, pour parachever le marché unique, débouche sur la volonté de créer une monnaie unique, de mutualiser une part de la souveraineté régalienne pour **fonder une union monétaire** en « donn[ant] cours à l'ECU [...] au sein d'un système monétaire apaisé ». Le système monétaire européen (SME) mis en place en 1979, avec l'ECU (*European Currency Unit*), pour assurer une stabilité monétaire fonctionne de manière satisfaisante dans les années 1980. L'introduction d'une monnaie unique permet une intégration marchande totale. L'AUE annonce donc la création de l'euro en 1999.

[2. L'élargissement des domaines de coopération]

Avec l'AUE, les politiques communautaires sont renforcées avec une volonté de coopération intergouvernementale. Pour la **politique régionale**, la politique européenne de cohésion a pour objectifs de « rédui[re] les inégalités » et de permettre un développement équilibré du territoire communautaire : elle repose sur la réforme des fonds structurels apportés aux régions par le biais du Fonds européen de développement (FEDER) et le Fonds européen d'orientation et de garantie agricole (FEOGA).

Avec l'Acte unique européen, la CE se dote aussi d'une politique commune en matière de recherche pour **renforcer la compétitivité de la communauté**, dès 1984 avec le programme Esprit finançant la R&D dans les technologies de l'information à l'échelle européenne, puis avec le programme Eurêka lancé en 1985 pour financer la coopération technologique. Cette initiative française explique que F. Mitterrand insiste sur la nécessité de « hât[er] l'Europe technologique » afin de consolider l'industrie européenne car « Américains et Japonais [...] [n'] attendront pas ». De même, développer une capacité spatiale indépendante relevant de l'Agence spatiale européenne (ESA), créée en 1975, doit conduire l'Europe à « conquér[ir] l'espace ». Il faut résorber l'écart technologique entre les États-Unis et l'Europe.

L'avenir se prépare en « organis[ant] [les] moyens de communication, d'éducation et de culture » pour mettre en relation les peuples. Aussi pour « form[er] les jeunes aux disciplines du savoir dans les universités de leur choix » est lancé en 1986 puis entériné en juin 1987, quelques mois après ce discours, le **programme Erasmus** qui permet le développement d'un espace européen de l'enseignement supérieur. Telles sont les ambitions à concrétiser dans le futur.

[3. Vers une union politique]

Mais les modifications introduites au traité de Rome par l'AUE permettent surtout d'établir des **fondements à l'établissement d'une union politique**. Les États membres s'engagent à mettre en œuvre une politique étrangère et de sécurité commune. F. Mitterrand appelle de ses vœux le « moment où l'Europe dotée d'un pouvoir politique central décidera elle-même des moyens de sa sécurité ». La sécurité des territoires reste en effet assurée dans le cadre de l'OTAN. Cette volonté d'établir une politique étrangère européenne commune conduit à l'un des piliers du traité de Maastricht en 1992 avec la création de la Politique étrangère et de sécurité commune (PESC).

Fonder une union politique communautaire est un objectif pour achever la construction européenne. L'Acte unique est donc un traité volontariste pour poursuivre l'approfondissement car « [l']Europe échouera si elle en reste là ». Toutefois, F. Mitterrand a conscience que « la tâche sera rude » pour parvenir à des transferts de souveraineté régalienne à l'Union alors que les divergences de conceptions quant au projet européen subsistent.

[Conclusion]

Ainsi le projet d'une Europe politique est un projet ambitieux car confronté à des défis multiples. Les avancées majeures sont l'établissement d'une paix pérenne en Europe et l'instauration d'une solidarité entre les États membres de la Communauté européenne, principalement dans le domaine économique, grâce au transfert de parts de souveraineté à l'Union. Les années 1980 sont des années charnières de la construction européenne ouvrant la voie à une Europe élargie et à l'édification d'une Europe politique. F. Mitterrand, partisan d'une Europe fédérale, est à l'origine, avec H. Kohl, de la volonté d'accélération de l'intégration politique. Dès 1988, le projet d'une Europe politique est défini et aboutit au traité de Maastricht en 1992 qui crée l'Union européenne ; l'année 1989, avec la chute du mur de Berlin, voit l'Europe divisée redevenir une et des perspectives d'élargissement s'ouvrir à l'Est.

2 Composition – Le projet d'une Europe politique depuis 1948, vers une union sans cesse plus étroite entre les peuples européens ?

[Introduction]

« Nous ne coalisons pas les États, nous rassemblons les hommes » : ainsi décrit Jean Monnet, un des pères fondateurs de l'Europe, le projet de construction d'une Europe politique. La volonté d'une solidarité de destinée des peuples d'Europe s'affirme avec force après la fin de la Seconde Guerre mondiale. Harmoniser les intérêts nationaux par la mutualisation de compétences, de souverainetés est l'expression d'un vouloir-vivre ensemble. La construction européenne est un processus dynamique et progressif. Du Congrès de La Haye, lieu de promotion de l'idée européenne, et de l'émergence d'une coordination interétatique en Europe de l'Ouest sous l'égide des États-Unis en 1948 à la création de solidarités économiques à partir de 1951 puis politiques à partir de 1992, les liens se consolident par étapes. Le développement du projet n'est pas linéaire mais heurté entre avancées et blocages, entre resserrement et relâchement, entre convergences et divergences d'intérêts. Les perspectives d'approfondissement et d'élargissement sont les moteurs de la construction européenne pour définir une concertation et une communautarisation des politiques et étendre la coopération jusqu'aux frontières du continent. En quoi le projet d'une Europe politique constitue-t-il un projet ambigu, oscillant entre l'ambition d'un partenariat toujours plus élargi soudant les peuples européens et l'attachement à la souveraineté régalienne garante de l'indépendance des États-nations ?

La construction européenne est une union dont les liens se tissent « à petits pas » depuis 1948 pour assurer la paix et la prospérité par le rapprochement des peuples, tout en faisant très tôt débat au gré de crises distendant les liens, pour devenir à partir du tournant de l'année 1989 une union ouverte mais toujours en chantier.

[I. Une union qui se scelle « à petits pas »]

Si l'idée d'une unité européenne est une idée ancienne, elle s'impose après 1945.

[1. Le projet d'une union des États européens : une unification par tâtonnements]

L'Europe sort amoindrie de la guerre ; son sort est entre les mains des deux grandes superpuissances, États-Unis et URSS, grands vainqueurs du conflit et rivaux idéologiques. L'Europe est alors dans le berceau de la guerre froide. Le projet politique d'une union des États européens est porté par des mouvements pro-européens et relayé par les États-Unis.

L'idéalisme, prégnant au sortir de la guerre, de faire triompher les droits de l'homme et l'État de droit invite à constituer les « États-Unis d'Europe » (Churchill, 1946) pour consolider durablement la paix et la liberté sur le continent. L'organisation du Congrès de l'Europe à La Haye, du 7 au 10 mai 1948, amorce un élan pour développer une entité européenne unitaire. La création du **Conseil de l'Europe**, organisation intergouvernementale, dont le but est de « réaliser une union plus étroite entre ses membres », regroupe dix États membres (Benelux, Danemark, France, Irlande, Italie, Norvège, Royaume-Uni et Suisse). Le Conseil de l'Europe devient un lieu de dialogue.

L'émergence d'une Europe de l'Ouest unie pour la reconstruction économique et la défense se fait sous l'égide des États-Unis. La création de l'**OECE** (organisation européenne de coopération économique) en 1948 favorise le travail en commun et le multilatéralisme des relations interétatiques et concourt à la mise en place d'une coopération intergouvernementale pour la répartition de l'aide financière du plan Marshall tandis que la sécurité de l'Europe de l'Ouest est assurée par l'OTAN (Organisation du traité de l'Atlantique Nord) à partir de 1949. Les États-Unis jouent alors un rôle central pour la concrétisation du resserrement des liens entre États.

[2. Une union sectorielle : l'Europe des communautés et les succès de la coopération économique]

Ancrer le rapprochement des peuples par-delà le dialogue, c'est l'œuvre menée par Jean Monnet et Robert Schuman, Européens convaincus. Le **plan Schuman** (9 mai 1950) propose une intégration sectorielle par la création d'un *pool* charbon-acier à l'échelle européenne placée sous le contrôle d'une autorité supranationale. Cette initiative inédite est vivement soutenue par les États-Unis. La Communauté économique du charbon et de l'acier (**CECA**), fondée en 1951 et réunissant six États fondateurs (France, RFA, Benelux, Italie), est la première réalisation concrète de cette « Europe des petits pas », processus prôné par Jean Monnet pour construire une Europe par le « bas » grâce à une interdépendance dans des secteurs limités.

La conférence de Messine en 1955 relance la question de nouvelles intégrations partielles. Étendre les secteurs économiques et aboutir à la création d'un marché commun constituent une nouvelle étape pour une collaboration économique et commerciale plus élargie. Les **traités de Rome**, signés en mars 1957, instituent la Communauté économique européenne (**CEE**) et la Communauté européenne de l'énergie atomique (Euratom) et consolident les relations intracommunautaires.

Le principe d'un Système monétaire européen (SME) fondé en 1979 ainsi que d'une unité de compte européenne, l'ECU (*European Currency Unit*), créent une union économique et monétaire. Mais le choix d'une intégration plus poussée se concrétise avec l'**Acte unique européen** en 1986. Il prévoit la mise en place d'une Union économique et monétaire (UEM) pour privilégier une approche coopérative des politiques économiques nationales et la création d'une monnaie unique. La réalisation d'un

Marché unique doit accroître l'interdépendance économique entre les pays membres en mutualisant les souverainetés nationales.

[3. Vers une union politique]

À partir de 1950 et le déclenchement de la guerre de Corée, il y a urgence à organiser une défense européenne incluant des forces armées ouest-allemandes. En 1950, le plan Pleven propose une Communauté européenne de défense (CED), soit une intégration des politiques de défense et d'armement placées sous commandement supranational. À la CED est associé un projet politique visant à créer une structure fédérale ou confédérale, la Communauté politique européenne (CPE). Or, le 30 août 1954, la France rejette le projet de CED. Cet échec entraîne celui de la CPE.
Pour approfondir la coopération, le projet de création d'une coopération politique européenne (CPE) chargée de définir une politique étrangère commune est lancé à partir de 1970. L'objectif est de construire une entité politique à même de devenir un acteur sur la scène internationale. Mais c'est le congrès de Fontainebleau en 1984 qui traduit la maturation du projet politique de l'aventure européenne. Il révise le traité de Rome et débouche sur l'Acte unique européen (AUE) qui enclenche une dynamique politique européenne en ouvrant la voie à l'intégration politique. Le **traité de Maastricht** crée en 1992 l'**Union européenne** et développe dans deux domaines régaliens des politiques communes : Politique extérieure et de sécurité commune, Justice et Affaires intérieures.
Si le projet d'unification de l'Europe s'est scellé « à petits pas », il demeure ambigu et fait l'objet de débats. L'union est ainsi soumise à des crises, des réticences voire des résistances.

[II. Une union qui fait débat]

Les divergences de conceptions distendent les liens entre États membres de la Communauté.

[1. Un projet en crise : des liens qui se distendent]

L'évolution souhaitée vers plus de fédéralisme pour la construction européenne est freinée dans les années 1960 par l'hostilité du général de Gaulle. Celui-ci souhaite une « Europe européenne » et une « Europe des États » ; il propose le plan Fouchet, projet d'union politique à l'organisation intergouvernementale dans le domaine essentiellement de la politique étrangère. Mais les divergences sur la question d'une défense européenne commune visant l'indépendance à l'égard de l'OTAN et le caractère trop intergouvernemental des institutions proposées aux dépens d'une visée communautaire conduisent définitivement à l'échec du plan Fouchet en avril 1962.
De même, la **crise politique** engendrée par la suspension de la participation de la France au Conseil du 30 juin 1965 au 30 janvier 1966, dite politique de la « chaise vide », bloque l'avancée du projet européen par le refus de De Gaulle d'abandonner le principe d'unanimité dans le processus décisionnel au profit d'une extension du vote à la majorité qualifiée. Cette politique d'obstruction au processus de mutualisation des souverainetés aboutit au compromis de Luxembourg du 30 janvier 1966 rappelant la nécessité du vote à l'unanimité pour les questions importantes. Il faut attendre 1986 avec l'Acte Unique pour que la CE étende la prise de décision à la majorité qualifiée.

[2. Des résistances nationales]

Unir les États d'Europe de l'Ouest est une volonté exprimée dès les débuts de la construction européenne et réaliser la construction européenne sans les Britanniques est un regret formulé par les six États fondateurs. C'est la perspective d'un approfondissement progressif de la CEE vers une union politique qui freine le Royaume-Uni, qui crée alors l'AELE (Association européenne de libre-échange) en 1959, comme alternative au marché commun de la CEE.

Néanmoins, le Royaume-Uni dépose, le 31 juillet 1961, sa candidature d'adhésion à la CEE afin de bénéficier de la dynamique d'expansion économique de la CEE. Le processus de construction communautaire l'emporte alors sur le principe de zone de libre-échange : le pas de la simple coopération vers l'intégration est en passe d'être franchi. Le Royaume-Uni, après deux veto de De Gaulle en 1963 et en 1967, adhère à la CEE en 1973, avec, dans son sillage, le Danemark et l'Irlande.

La participation du Royaume-Uni à la dynamique communautaire n'est pas sans soulever des difficultés quant au financement de la politique budgétaire communautaire. L'agriculture britannique bénéficie peu des aides agricoles accordées dans le cadre de la Politique agricole commune (PAC) et la crise économique des années 1970 aboutit à la demande par Margaret Thatcher, Premier ministre, d'une réduction de la contribution britannique au budget communautaire. Pour débloquer la vie politique communautaire, une réduction permanente de la contribution britannique au budget européen est accordée à compter de 1985.

[3. Une union qui s'élargit… mais jusqu'où ?]

Une des perspectives de la construction européenne est l'adhésion à l'union de nouveaux pays membres, avec l'entrée de la Grèce en 1981 et celle de l'Espagne et du Portugal en 1986. L'élargissement en 1995 à l'Autriche, à la Finlande et à la Suède contribue à unifier la quasi-totalité de l'Europe de l'Ouest, cependant que la chute du mur de Berlin remodèle l'Europe.

« Ce n'est pas l'Ouest qui dérive vers l'Est, mais bien l'Est qui est attiré vers l'Ouest », énonce Jacques Delors en 1989. L'élargissement de 2004 représente une chance historique d'**unifier le continent européen** par l'intégration de dix nouveaux pays membres, dont huit d'Europe centrale et orientale (Estonie, Lettonie, Lituanie, Pologne, République tchèque, Slovaquie, Hongrie, Slovénie) et deux îles méditerranéennes (Chypre et Malte). Le mouvement d'extension de l'Union vers l'Est se poursuit en 2007 avec l'adhésion de la Bulgarie et de la Roumanie, puis en 2013 avec celle de la Croatie.

Toutefois, la capacité d'intégration de l'UE est mise à mal depuis 2004 et devient un point de débat. Jusqu'où l'Union peut-elle ou doit-elle s'élargir, d'autant que le choix de l'élargissement depuis 1973 est, pour certains, un frein au processus d'approfondissement et donc de mise en œuvre d'une Europe fédérale ? Or le processus est loin d'être achevé avec la prévision de futurs élargissements aux pays candidats – cinq sont candidats officiels (Albanie, Macédoine, Monténégro, Serbie et Turquie) et deux « candidats potentiels » (Bosnie-Herzégovine et Kosovo). Parvenir à l'union de l'ensemble des pays du continent européen est un défi majeur pour les États membres. Mais la question de l'élargissement de l'UE pose la question des frontières de l'Europe et également celle de la priorité à accorder entre une « Europe espace » et une « Europe puissance ».

Par-delà les débats au sein de la communauté autour des perspectives d'approfondissement et d'élargissement, le projet d'une union des États européens reste en chantier.

[III. Un projet en chantier : une union inachevée]

L'inachèvement de l'union reflète la complexité de ce processus de rapprochement des États-nations d'Europe.

[1. Dichotomie entre Europe des peuples et Europe des élites]

Dans les années 1990 et 2000, la légitimité de la construction européenne est ébranlée. La ratification des traités de Maastricht, de Nice et de Lisbonne est difficile, soulignant la dichotomie entre l'Europe des peuples et l'Europe des élites. Le traité de Maastricht est refusé par le Danemark en juin 1992 avec 50,7 % de non lors du référendum, puis ratifié en mai 1993 (56,8 % de oui) après un aménagement du traité pour limiter les transferts de souveraineté. Il est ratifié en France à une courte majorité des suffrages (51,04 %) par voie référendaire en septembre 1992.
Permettre l'efficacité d'une construction qui s'élargit est l'objet du traité d'Amsterdam (1997) puis du traité de Nice (2001) qui prévoient les réformes institutionnelles ; mais la volonté de cohérence du fonctionnement de l'Union s'impose avec l'élaboration d'une Constitution pour remplacer par un texte unique tous les traités existants à l'exception du traité Euratom. Le rejet du traité établissant une constitution pour l'Europe par référendum en France (29 mai 2005) et aux Pays-Bas (1er juin 2005) conduit à une impasse. Les dirigeants européens décident, en conséquence, de lancer une « période de réflexion » sur l'avenir de l'Europe.
La sortie de crise institutionnelle s'amorce avec la ratification du traité de Lisbonne en 2007 par voie parlementaire dans tous les États membres, à l'exception de l'Irlande. En Irlande, la ratification est refusée lors du premier vote puis approuvée suite à des modifications apportées au texte. Le fossé se creuse donc entre des élites enclines à parachever l'œuvre européenne et les citoyens défiants à l'encontre des politiques communautaires.

[2. Gouverner l'union : le débat entre Europe des États et Europe supranationale]

Dès le congrès de La Haye en 1948, la querelle entre fédéralistes, partisans d'un gouvernement européen supranational, et confédéralistes ou unionistes, partisans de la primauté des États, soulève la **question de la gouvernance d'une Europe unie**. Le débat n'est toujours pas tranché. Si, dans une union économique restreinte au secteur du charbon et de l'acier, la supranationalité permet de communautariser les intérêts des États membres, le refus d'une intégration européenne dans le domaine militaire avec l'échec de la CED révèle la primauté des intérêts nationaux sur les intérêts communautaires.
Aussi la relance d'un approfondissement économique, seul rendu possible, aboutissant à la création de la CEE en 1957, débouche sur la mise en place d'un compromis institutionnel moins menaçant pour les souverainetés nationales en amoindrissant la supranationalité. L'équilibre entre **supranationalité** et **intergouvernementalité** est assuré avec des institutions supranationales délimitées, Commission européenne et Parlement européen. Le clivage entre fédéralistes et confédéralistes conduit, au milieu des années 1990, Jacques Delors à proposer un concept innovant à travers l'oxymore « Fédération d'États-nations », à mi-chemin entre fédéralisme complet et indépendance des États. Les pères fondateurs avaient exprimé le souhait de construire une Europe fédérale par étapes. Or la sauvegarde des souverainetés nationales dans une Europe formée d'États-nations rend le processus lent et complexe.

[3. Une union lâche et clivée]

Les divergences quant aux finalités du projet européen sont profondes entre les États membres. Le choix de proposer une **Europe à la carte**, dissociant ainsi les États désireux de poursuivre l'intégration et ceux qui le sont moins, en est le reflet. En proposant cette méthode de la **coopération renforcée**, le traité d'Amsterdam (1997) rompt certes avec l'idée d'une Union unificatrice mais il met aussi fin à la paralysie qu'affronte l'Union face à la réticence de certains membres à aller de l'avant. Le choix d'une **géométrie variable**, avec la création de l'espace Schengen en 1995 et celle de la zone euro en 1999, renforce l'hétérogénéité de l'union. En outre, certains États négocient des dérogations, des *opting outs* et bénéficient ainsi d'un statut particulier au sein de l'UE : ce choix de retrait concerne le Royaume-Uni et le Danemark. La constitution d'une Europe à la carte remet dès lors en question la cohésion de l'union et le projet initial des pères fondateurs.

Également, l'écart persistant entre Europe de l'Ouest et Europe de l'Est clive l'UE. Si l'élargissement aux PECO est une réussite en termes d'ancrage de la démocratie, de croissance économique et de stabilité aux frontières, les inégalités dans les domaines économique et social dominent dans une Europe à 28. La crise économique fragilise depuis 2009 les économies des pays membres et la crise des dettes souveraines à partir de 2010 touchant les PIIGS (Portugal, Irlande, Italie, Grèce et Espagne) nécessite certes l'aide financière de l'UE pour stabiliser la zone euro cependant qu'elle porte atteinte au principe de solidarité entre États membres.

L'émergence d'une union plurielle, voire désunie, apparaît avec la PESC, dont les résultats sont limités. Déjà l'impuissance diplomatique et militaire de l'UE est manifeste lors des conflits ensanglantant l'ex-Yougoslavie à partir de 1991 car seule l'intervention des États-Unis dans le cadre de l'OTAN permet le rétablissement de la paix en 1995. Lors de la guerre d'Irak en 2003, aucune position commune n'est prise au sein des pays membres. Les États membres restent, en effet, divisés sur la politique étrangère à mener et peinent à adopter une stratégie communautaire pouvant mettre à mal leur diplomatie nationale.

[Conclusion]

Le projet d'une Europe politique se concrétise ainsi à travers la construction européenne, évoluant d'une communauté d'États à la coopération économique circonscrite à une union économique, monétaire et politique et ancrant la paix et la démocratie en Europe. L'Union européenne est une construction originale, une association d'États reposant sur la mutualisation partielle de souveraineté pour rapprocher les États membres autour de politiques communes : elle relève du système fédéral dans les domaines de la politique économique et monétaire, du marché unique, de la réalisation d'un espace judiciaire et policier commun tandis que d'autres domaines relèvent du système confédéral comme celui de la politique étrangère et de sécurité. Le resserrement des liens relève de la dynamique d'intégration communautaire tandis que l'adhésion de nouveaux pays membres revêt, en conséquence, une volonté de rapprocher l'ensemble des peuples européens. De 1948 à nos jours, l'union n'a cessé d'être plus étroite sans parvenir à la constitution des « États-Unis d'Europe » : elle est certes unie mais dans la diversité. Au-delà d'unir des États, c'est unir les hommes, œuvrer à un destin commun, susciter le désir d'Europe qui est le véritable enjeu du XXIe siècle.

CHAPITRE 9 Séries L, ES et S

La gouvernance économique mondiale depuis 1944

COURS

MÉTHODES ET STRATÉGIES

SUJETS DE TYPE BAC

CORRIGÉS

COURS

La gouvernance économique mondiale depuis 1944

À l'issue de la Seconde Guerre mondiale, les Alliés posent les bases d'une nouvelle conception du gouvernement du monde. Ils tentent de réguler l'économie mondiale par la mise en place d'institutions internationales dont le but est d'éviter de nouvelles crises semblables à celle de 1929. Alors que le monde passe progressivement d'une économie-monde américaine à une économie-monde multipolaire, quelles sont les réalités et les limites de la gouvernance économique mondiale ?

I. Aux origines de la coopération économique mondiale : l'ordre économique de Bretton-Woods (1944-1971)

1. Éviter l'émergence de nouveaux désordres

a. Rompre avec la crise des années 1930

- Face à la crise de 1929, les puissances industrielles n'ont pas accepté de se concerter. Chacune a alors pris des mesures protectionnistes* et a dévalué sa monnaie, entraînant une chute brutale du commerce mondial dans les années 1930.

- Conscients de la responsabilité de la crise dans le déclenchement de la Seconde Guerre mondiale, les États-Unis décident, par la charte de l'Atlantique en 1941 et dans le cadre de la Grande Alliance, de reconstruire l'économie mondiale sur de nouvelles bases. La **prospérité** et le **libre-échange*** doivent permettre une paix durable une fois le nazisme vaincu.

b. Reconstruire une Europe en partie détruite

- En 1945, l'Europe est ruinée. Le coût total des destructions est estimé à 2 000 milliards de dollars. Les pays européens et asiatiques doivent reconstruire leurs infrastructures et rétablir la solidité de leurs monnaies. Les prix augmentent de 25 à 50 %, les États ont recours à la planche à billets pour financer la reconstruction. Il devient alors urgent de contrôler l'**inflation**.

- Certains secteurs industriels ont été relancés par le conflit (textile, chimie, métallurgie), mais les biens de consommation manquent. Dès 1941, les États-Unis ont accordé des prêts aux pays européens en guerre (voir le chapitre 4).

2. Établir de nouvelles règles monétaires

a. Un nouveau Système monétaire international

- Pour se relever de la guerre, il faut mettre en place de nouvelles institutions capables de rétablir un **ordre économique mondial stable**. Le 22 juillet 1944, lors de la conférence de Bretton Woods (près de Boston aux États-Unis), 44 pays édifient un nouveau système monétaire international (SMI). Le dollar devient la monnaie internationale

* Les mots suivis d'un astérisque sont définis dans le lexique.

des échanges. Le SMI veille à établir entre les monnaies des taux de change stables, propices aux échanges internationaux.

La rénovation du système monétaire international : le Gold Exchange Standard

- L'accord signé à **Bretton Woods** a été préparé par l'économiste britannique John Maynard Keynes et le sous-secrétaire au Trésor des États-Unis, Harry Dexter White. Il établit le retour à la fixité des changes et la coopération entre pays signataires.
- Chaque État s'engage à définir la valeur de sa monnaie en or ou en dollar, ainsi qu'à faire intervenir sa banque centrale pour maintenir cette parité, dans les limites de plus ou moins 1 %. Il doit aussi équilibrer sa balance des paiements en veillant à ce que le taux d'inflation ne dépasse pas celui des principaux pays signataires de l'accord.
- En cas de déficit de la balance des paiements, les pays signataires peuvent dévaluer, sans dépasser 10 % de la valeur de leur monnaie, ou si le FMI l'accepte. Chaque pays membre doit verser au FMI une contribution proportionnelle à sa puissance économique.

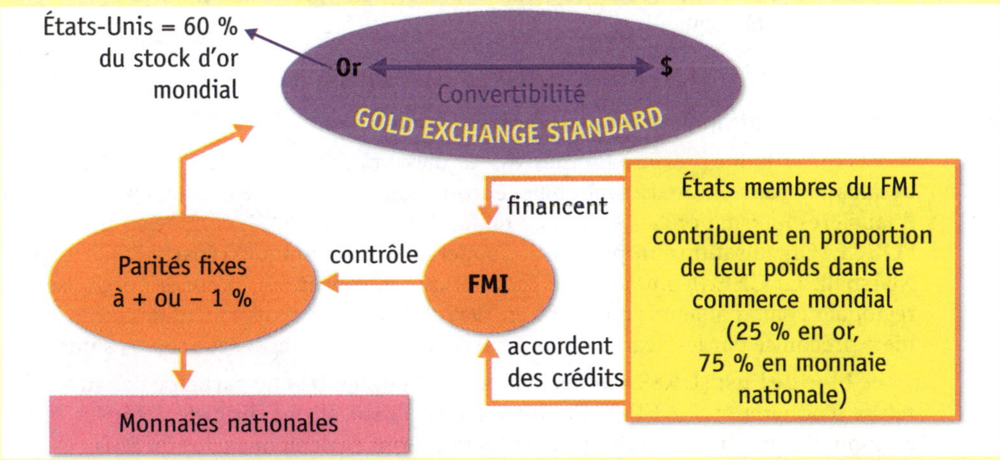

DOC. 1 La rénovation du système monétaire international.

b. De nouvelles institutions sous l'égide des États-Unis

- Les accords de Bretton Woods mettent en place, en décembre 1945, le **Fonds monétaire international** (FMI) et la **BIRD** (Banque pour la reconstruction et le développement, aujourd'hui un des organismes de la Banque mondiale) qui sont des institutions de l'**ONU**, récemment créée (juin 1945), chargées de financer les économies des pays touchés par la guerre. Le FMI veille à la stabilité des changes et la BIRD accorde des prêts à long terme pour la reconstruction des pays détruits.
- Les décisions prises à Bretton Woods confirment l'**hégémonie américaine**. Les États-Unis en sont les principaux contributeurs financiers et le FMI et la BIRD ont

chacun leur siège à Washington. Le **plan Marshall** (ou ERP, programme européen pour la reconstruction) assure en outre aux produits américains l'accès à un vaste marché.

c. Les accords du GATT* et les progrès du libre-échange

- L'accord général sur les tarifs douaniers et le commerce (GATT) est signé à Genève, le 30 octobre 1947, par **23 pays qui assurent 80 % du commerce mondial.** Cet accord repose sur trois grands principes : des rencontres périodiques entre les membres (*rounds*), des taux justes qui interdisent le dumping (exporter une marchandise à un prix inférieur à celui pratiqué dans le pays d'origine) et la consolidation des taux existants (engagement de ne pas les augmenter). Les accords du GATT excluent des négociations les produits agricoles.

- Les négociations du GATT conduisent à une réduction importante des droits de douane : de 40 % du prix importé, ils tombent à 20 % lors des quatre premiers *rounds* menés de 1949 à 1959, puis à 10 % après le *Kennedy Round* achevé en 1967. La souplesse du GATT correspond aux désirs du Congrès américain de ne pas mettre en place une organisation trop contraignante et contraire au **libéralisme.**

- Les mesures du GATT entraînent une augmentation du commerce mondial : la valeur des exportations est multipliée par dix et le PIB des pays industrialisés augmente de 5 % pendant les **Trente Glorieuses***. Il est dopé par la recherche des gains de productivité et l'innovation, le prix faible de l'énergie et une main-d'œuvre plus nombreuse et plus qualifiée.

3. Une coopération imparfaite et contestée

a. Une coopération limitée au monde occidental

- La convertibilité prévue à Bretton Woods n'est vraiment établie qu'en 1958, après les dévaluations de nombreuses monnaies européennes. De plus, de nombreuses initiatives financières internationales se font en dehors du cadre du SMI, comme en Europe où l'**OECE** (Organisation européenne de coopération économique) répartit l'aide du plan Marshall. La **CEE** (Communauté économique européenne), première organisation régionale*, naît d'ailleurs en Europe en 1957. Elle freine l'abaissement des tarifs douaniers préconisé par les négociations du GATT afin de protéger ses échanges internes.

- Le **bloc de l'Est** (URSS, Chine, démocraties populaires) ne participe pas au SMI et refuse d'adhérer au GATT. Ayant fait le choix du socialisme dirigiste, il tourne le dos au capitalisme* libéral. Les empires coloniaux sont également exclus du SMI.

b. Une coopération contestée par le tiers-monde

- Le monde récemment décolonisé, le tiers-monde (terme d'Alfred Sauvy en 1952), n'adhère que partiellement au système de Bretton Woods. Réuni à Bandoung en 1955, il participe à la fondation de la **CNUCED** (Conférence des Nations unies sur le commerce et le développement) à l'ONU en 1964. Cette organisation tente, par le dialogue avec les pays riches, de réduire les disparités de développement*.

- Le **G77**, formé au sein de la CNUCED, est un groupe d'États du tiers-monde formé dans le but de peser dans les négociations à l'ONU. Ces pays réclament, en 1974 lors de la Conférence d'Alger, l'instauration d'un **nouvel ordre économique mondial** qui leur soit plus favorable. Ils demandent, entre autres, le droit de contrôler leurs richesses (par des nationalisations), des prix justes et stables de leurs matières premières exportées, la garantie de débouchés pour leurs produits et des indemnisations pour les « dommages » subis pendant la colonisation.

II. La coopération économique mondiale à l'épreuve de la crise (1971-1990)

1. La fin du système de Bretton Woods et l'émergence de nouveaux pôles

a. Une dégradation économique et financière

- Au cours des années 1960, la croissance* économique mondiale connaît des ralentissements. L'excédent commercial des États-Unis recule, ceux-ci étant de plus en plus concurrencés par le Japon et les pays européens. Ces pays ont en effet bénéficié des transferts de technologies, des aides américaines et des salaires moins élevés qui ont rendu leurs produits plus compétitifs. Pour la première fois depuis 1929, des faillites se multiplient dans le monde, le chômage augmente ainsi que les prix : c'est la **stagflation**.
- La **crise** révèle son ampleur dans la décennie suivante. Les États-Unis ne peuvent plus financer à la fois la conquête spatiale et la guerre du Vietnam (1959-1975). Le pays a alors recours à la fabrication de monnaie et les dollars en circulation représentent, en 1971, cinq fois la valeur de l'or disponible aux États-Unis pour le garantir. La stabilité monétaire est menacée.

b. L'abandon des taux de change fixes

- Face à la baisse de confiance et à une convertibilité accrue des dollars en or, notamment en Europe, le président Richard Nixon suspend temporairement le Gold Exchange Standard le 15 août 1971. Les monnaies s'apprécient désormais librement les unes par rapport aux autres, l'**insécurité monétaire grandit**.
- Après le premier choc pétrolier de 1973, causé par la dépréciation du dollar et la guerre du Kippour (voir chapitre 6), l'inflation s'accélère dans le monde. La production recule, le chômage enfle, les recherches de solutions à l'échelle nationale l'emportent sur toute mobilisation internationale. En 1976, la **fin du système de Bretton Woods** est officialisée par les accords de Kingston.

c. L'émergence de nouveaux pôles de l'économie mondiale

- Dès les années 1970, des firmes transnationales (FTN) délocalisent leurs activités industrielles, comme la sidérurgie, vers des pays à la main-d'œuvre bon marché, comme les « **dragons asiatiques** » (Hong Kong, Singapour, Corée du Sud, Taïwan). La croissance de ces pays décolle, suivie, au début des années 1980, par celle des « **Tigres** » (Indonésie, Malaisie, Thaïlande) et des littoraux chinois (grâce aux zones économiques spéciales*).
- Les **pays pétroliers** s'enrichissent après les deux chocs pétroliers (1973 et 1979). Ils investissent alors massivement dans les biens d'équipement produits au Japon, mais aussi en République fédérale d'Allemagne (RFA) tandis que les autres pays européens subissent de plein fouet la hausse de la facture énergétique.

2. La nécessité de nouvelles formes de coopération

a. L'émergence de nouvelles organisations

- De nouvelles organisations mondiales et régionales voient le jour pour compenser l'inefficacité de l'ONU. Le **G6** (groupe des 6) est créé en 1975, élargi au Canada en 1976, puis à la Russie (1998) pour former le **G8**. Ce groupe de discussion et de partenariat économique des pays les plus puissants du monde se consacre à l'économie mondiale lors de sommets.

- Les États s'associent également en **organisations régionales** afin de faciliter leurs échanges intracommunautaires : l'Union européenne, l'Association des nations de l'Asie du Sud-Est (ASEAN)*, le Marché commun d'Amérique du Sud (Mercosur)*, l'Accord de libre échange nord-américain (ALENA)*.

b. La multiplication des acteurs non étatiques

- Les **banques centrales** multiplient leurs interventions en émettant de la monnaie et en finançant l'économie d'un pays ou d'une zone monétaire comme la zone euro*.

- Les **agences de notation***, institutions privées et indépendantes, proposent d'accorder une note aux États en fonction de leur situation financière : elles influencent ainsi la confiance des marchés financiers vis-à-vis des pays et les taux d'intérêt qui leur sont proposés pour financer le remboursement de leur dette.

- Le **Forum économique mondial** est une fondation créée en Suisse en 1971. Connu pour sa réunion annuelle à Davos, il réunit des dirigeants d'entreprises, des responsables politiques ainsi que des intellectuels et des journalistes, afin de débattre des problèmes les plus urgents de la planète.

- Les **FTN** des pays développés à économie de marché (PDEM) où se trouvent leurs sièges sociaux, **délocalisent** leurs productions vers des pays à bas coût où elles créent des filiales. La division internationale du travail (DIT)* se met en place et les FTN constituent des groupes de pression (lobbies).

3. Le choix d'autres politiques économiques

a. La victoire du néolibéralisme

- Certains économistes anglo-saxons attribuent la responsabilité de la crise à un trop grand interventionnisme des États qui accroît les réglementations, la fiscalité et freine la croissance. Ils dénoncent le poids de l'État-providence*, des syndicats et l'inefficacité des politiques de relance. Cette thèse néolibérale prône la **rigueur*** et **l'autorégulation**. Les grandes figures de ce **courant néolibéral**, appelé aussi « consensus de Washington », sont le président américain Ronald Reagan (1980-1988), et le Premier Ministre britannique Margaret Thatcher (1979-1990). Influencé par l'économiste Milton Friedman, ce désengagement de l'État s'impose également en Allemagne (avec Helmut Kohl) et en France de 1986 à 1988 (voir le chapitre 9).

- Une **nouvelle réduction des barrières douanières** est négociée dans le cadre du *Tokyo Round* (cycle de négociations de 1973 à 1979) et l'*Uruguay Round* (à partir de 1986) : la libéralisation lutte alors contre toutes les formes de protectionnisme (quotas, normes) et concerne 117 pays. Les politiques libérales expliquent l'explosion des échanges dans la décennie 1980-1990. Un marché mondial des capitaux émerge : on parle alors de **globalisation financière**.

b. Le recul de l'aide au développement

- Les pays industrialisés, en difficulté, diminuent leur aide financière aux pays en développement. Le FMI pousse ces derniers à augmenter leurs productions de matières premières et agricoles, ce qui fait chuter les cours mondiaux et accroît leur endettement.

Ainsi, entre 1970 et 1980, la dette des pays en développement (PED) est multipliée par 33. Incapables de rembourser leurs emprunts, ils font appel au FMI et à la Banque mondiale et demandent parfois une annulation d'une partie de leurs dettes.

- Or, le FMI et la Banque mondiale sont également touchés par la vague néolibérale. À partir des années 1980, les prêts accordés aux PED sont conditionnés à l'adoption de mesures de libéralisation de l'économie, ce sont des **plans d'ajustement structurel*** : abaissement des barrières douanières, fin des subventions, réduction du nombre de fonctionnaires, privatisation de nombreuses entreprises. Ces plans aggravent les inégalités sociales dans les PED.

III. La recherche d'une gouvernance économique mondiale à l'heure de la mondialisation (depuis les années 1990)

1. Le libéralisme stimule la mondialisation

a. Une nouvelle croissance économique

- Dans les années 1990, le secteur des communications, de l'informatique et de la recherche spatiale génèrent une nouvelle phase de croissance. Cette « **nouvelle économie** » mobilise 50 % des investissements et les indices boursiers des nouvelles technologies, comme le Nasdaq, flambent.

- Avec la fin de la guerre froide, de nouveaux pays s'ouvrent aux échanges mondiaux : les pays d'Europe centrale et orientale deviennent membres de l'Union européenne en 2004 et en 2007. De nouvelles puissances*, comme le Brésil, la Russie, l'Inde, l'Afrique du Sud et la Chine (BRICS) deviennent les centres d'impulsion, secondaires, d'une **économie-monde** devenue multipolaire.

b. De nouvelles mesures de libéralisation

- Le cycle de négociations commencé en 1986 par le GATT s'achève en 1994 par un accord signé à Marrakech : les tarifs douaniers sont à nouveau abaissés (5 % dans les pays industrialisés, 25 à 30 % dans les pays en développement). Ils concernent pour la première fois l'agriculture, les services et la propriété intellectuelle.

- En 1995, l'**OMC** (Organisation mondiale du commerce) succède au GATT. Elle dispose de compétences élargies et accueille toujours plus de membres. Elle veille à la libre concurrence et peut infliger des amendes aux pays qui en faussent le jeu. En 2001, la conférence de l'OMC qui se tient à Doha, au Qatar, réunit 145 pays, dont la Chine, qui engagent des discussions sur de nouvelles baisses douanières et sur les subventions aux exportations agricoles.

2. Le libéralisme à l'origine de nouvelles crises et de contestations

a. La multiplication des crises financières

- L'ordre économique mondial, reposant sur les échanges financiers, ne peut échapper aux risques de la **spéculation financière*** sur l'immobilier, les matières premières et les titres boursiers. En 1987, une première crise touche les caisses d'épargne américaines. En 1995, le Mexique, récemment entré dans l'ALENA (1994), connaît une situation politique instable faisant fuir les investisseurs. Lors de ces deux crises, les États-Unis débloquent des aides d'urgence.

- En 1997, une nouvelle crise, née en partie du surinvestissement et d'une dette publique très importante, éclate en Asie orientale (Thaïlande et Indonésie) : le FMI débloque 120 milliards de dollars. Mais les crises se succèdent dans un monde de plus en plus interdépendant : Russie, Amérique du Sud (quasi-faillite de l'Argentine en 1999). Les capitaux refluent alors vers les pays occidentaux, jugés plus sûrs, notamment vers les actions des « **start-up*** » de la « nouvelle économie ».

- Mais, en 2000, un retournement boursier s'opère brusquement : on s'aperçoit que les sociétés liées à l'essor d'Internet sont surévaluées. Le Nasdaq s'effondre et, avec lui, les principaux indices boursiers (CAC 40 en France, Nikkei au Japon). Après ce **krach boursier***, le commerce mondial se contracte et le volume des investissements directs à l'étranger (IDE)* chute.

b. La montée des contestations

- C'est dans ce contexte de crises successives que le système économique mondial néolibéral est contesté par la **mouvance altermondialiste**. Celle-ci se manifeste lors de la réunion de l'OMC à Seattle en 1999 et obtient un premier succès médiatique. Des milliers de manifestants, venus de plus de 80 pays, y affirment qu'un « autre monde est possible ». Ces militants se retrouvent à Porto Alegre en 2001 pour un premier **Forum social mondial**.

- Le groupe des altermondialistes est en réalité très diversifié : organisations paysannes, mouvement des paysans sans-terre, écologistes, associations de défense des consommateurs, anarchistes, syndicalistes, association pour la taxation des revenus financiers (ATTAC). Ils sont les héritiers de l'idéologie tiers-mondiste, favorable au commerce équitable*, à la réduction des atteintes à l'environnement, voire à la **décroissance**.

c. Une crise plus profonde depuis 2007

- Entre 2001 et 2007, la croissance mondiale est tirée par un plan de relance américain (après les attentats du 11 septembre 2001) et par l'industrialisation de l'Inde et de la Chine : la confiance revient. Les banques américaines multiplient les prêts hypothécaires à taux variables (ou subprimes), permettant à des familles modestes d'accéder à la propriété.

- Le relèvement des taux de crédit, en 2007, provoque une catastrophe : les mensualités augmentent, des millions de familles deviennent insolvables et sont expulsées de leur logement. Le prix de l'immobilier s'effondre, les banques sont en difficulté (faillite de Lehman Brothers en 2008). Cette **crise des subprimes** entraîne une pénurie du crédit et touche toute l'économie mondiale.

- En 2010, la crise de la dette publique éclate en Europe, révélée par les agences de notation qui dégradent la note de certains pays : le taux d'endettement de la Grèce atteint 102 % du PIB et son déficit budgétaire annuel est de 13 %. La réalité, longtemps dissimulée par l'État grec, est aggravée par une fraude fiscale généralisée et son intégration à la zone euro.

3. Une nouvelle gouvernance mondiale à inventer

a. Vers un gouvernement économique mondial ?

- Dans cette situation de crises successives, les États prennent conscience de la nécessité d'intégrer le plus d'acteurs possibles à la gouvernance économique mondiale. La **création du G20**, en 1999, a ainsi pour but d'associer les pays développés de la Triade aux pays émergents*, dont les BRICS*, avec lesquels ils assurent l'essentiel du commerce mondial. Le FMI, en 2008, réforme son mode de gouvernance pour renforcer la représentation des pays émergents.

DOC. 2 Du G6 au G20 : Brisbane, novembre 2014. Le groupe des 20 représente 85 % du commerce mondial et plus de 90 % du produit mondial brut.

- Lors des crises de 2008 et de 2010, les États volent au secours de leurs banques et de certaines entreprises pour éviter leur faillite (General Motors aux États-Unis par exemple). En **rupture avec l'idéologie libérale**, ils prennent des participations ou nationalisent temporairement des sociétés. Les pays membres de la zone euro et le FMI accordent leur aide à la Grèce en mai 2010 et un fonds monétaire européen est mis en place.

- Les pays poursuivent leur intégration à des organisations régionales, comme en témoigne le projet d'une zone de libre-échange des Amériques ou le projet de partenariat transatlantique entre l'Union européenne et les États-Unis. Elles apparaissent de plus en plus comme un rempart face aux effets néfastes de la mondialisation.

G6 (1975)	Allemagne, États-Unis, France, Italie, Japon, Royaume-Uni
G7 (1976)	Canada
G8 (1998)	Russie (exclue en mars 2014 à la suite de la crise ukrainienne)
G20 (1999)	Afrique du Sud, Arabie saoudite, Argentine, Australie, Brésil, Chine, Corée du Sud, Inde, Indonésie, Mexique, Turquie, Union européenne (la Russie y participe malgré son exclusion du G8)

DOC. 3 Les élargissements successifs du G20.

b. Vers une gouvernance économique plus durable ?

- La gouvernance est un enjeu majeur des débats sur la mondialisation (voir le chapitre 11). Il s'agit de savoir comment « bien gouverner ». Face aux États et aux institutions internationales, la **société civile** s'organise pour peser davantage dans cette gouvernance. Les **ONG*** se spécialisent dans des domaines variés, comme le développement ou l'environnement, et agissent localement, même si elles interviennent dans le monde entier.
- Les États prennent de plus en plus en compte la **protection de l'environnement.** Le **protocole de Kyoto** (réduction des gaz à effet de serre) est entré en vigueur en 2005, malgré le refus des États-Unis de le ratifier et la volonté des pays émergents de ne pas freiner leur industrialisation. La communauté internationale s'est de plus fixée d'ambitieux objectifs pour réduire la pauvreté et l'inégal accès au soin (objectifs du Millénaire pour le développement* de l'ONU en 2000).

La gouvernance économique mondiale a réussi à restaurer un système monétaire stable et à relancer le commerce mondial à l'issue de la Seconde Guerre mondiale. Mais, ce faisant, elle a abouti à une impasse : le néolibéralisme a affaibli toutes les règles et tous les acteurs qui avaient encadré les Trente Glorieuses, et débouché sur des déséquilibres mondiaux à l'origine des crises qui touchent encore le monde.
La succession de ces crises entraîne des contestations et un consensus se forme sur l'idée qu'une nouvelle gouvernance, plus juste et plus durable, est nécessaire. Mais, avec le poids croissant des puissances émergentes et les intérêts divergents des membres du G20, il y a encore loin du projet à sa mise en œuvre.

REPÈRES

Dates clés

1944	Accords de Bretton Woods
1945	Création de l'ONU, du FMI et de la BIRD
1947	Accords du GATT
1964	Naissance de la CNUCED
1971-1976	Fin de la convertibilité du dollar en or, fin du système de Bretton Woods
1975	Création du G6
1995	Création de l'OMC
1999	Crise asiatique ; création du G20 ; sommet de l'OMC à Seattle ; naissance de l'altermondialisme
2001	Premier forum social mondial (Porto Alegre)
2007-2012	Crise financière et bancaire mondiale
2008	Réforme de la gouvernance du FMI

Chronologie de la gouvernance économique mondiale.

Citation

Pascal Lamy, président de l'OMC de 2005 à 2013

Pour que la gouvernance marche, elle doit combiner leadership, cohérence et légitimité. […]. Dans le système international, il n'y a pas un lieu qui regroupe ces trois fonctions.

■ Extrait d'un entretien avec Pascal Lamy, Jean-Marc Vittori, *Pour une gouvernance mondiale*, Autrement, 2010

Bibliographie

- MISTRAL J., *Le G20 et la nouvelle gouvernance économique mondiale*, Paris, PUF, 2011
- GRAZ J.-C., *La gouvernance de la mondialisation*, Paris, La Découverte, 2013
- VITTORI J.-M., *Pour une gouvernance mondiale*, Paris, Autrement, 2010

Sitographie

- **www.banquemondiale.org :** dans l'onglet « thèmes », les missions de la BP
- **www.ifm.org :** onglet « Que fait le FMI ? »
- **www.wto.org :** onglet « OMC, que fait l'OMC-membres »
- **www.un.org/fr :** site de l'ONU, onglet « Structure et organisation »

MÉTHODES ET STRATÉGIES

1 Étude critique d'un document – Le sommet de l'OMC à Cancun

Analysez la manière dont ce document met en valeur les modalités et les difficultés d'une gouvernance économique mondiale au début du XXIe siècle.

> Voir la méthode générale d'une étude critique de document en annexe (p. 518).
> Voir les sujets 1 et 2 du chapitre 7, 1 du chapitre 8, 1 et 2 du chapitre 9.

DOC. « L'Europe et l'Amérique liguée pour sauver l'OMC », J.-L. Validire, *Le Figaro*, 10 septembre 2003.

« Les ministres du commerce de 146 pays se retrouvent aujourd'hui à Cancun, au Mexique, pour le 5e sommet de l'Organisation mondiale du commerce (OMC) qui se déroulera jusqu'à dimanche. Du coton à l'électricité, en passant par les médicaments génériques, les membres de cette "ONU du commerce", créée en 1995 pour succéder au GATT, tenteront de s'accorder sur une série d'épineux dossiers et de mener à bien le cycle de Doha sur la libéralisation des échanges […]. Depuis le lancement de ce nouveau « *round* » de négociations au Qatar en novembre 2001, qui visait en théorie à intégrer davantage les pays pauvres au sein du commerce mondial, de nombreuses étapes sur l'abaissement des subventions ou les barrières tarifaires n'ont pas été franchies. L'objectif de Cancun n'a donc rien d'évident : c'est même l'une des dernières occasions de parvenir à un accord commercial mondial d'ici au 1er janvier 2005, l'échéance fixée à Doha. Dans cette perspective, les États-Unis arrivent à Cancun munis d'un projet de proposition commun avec l'Union européenne, ces deux géants commerciaux représentant 40 % des échanges mondiaux. Mais ce que Washington et Bruxelles considèrent comme des concessions, notamment sur le problème majeur des subventions agricoles, est jugé timoré par les pays en développement. Ils verront ainsi leurs intérêts confrontés à d'autres blocs plus ou moins bien organisés, du groupe Cairns[1] des grands exportateurs agricoles aux pays ACP (Afrique, Caraïbes, Pacifique), en passant par les organisations non gouvernementales. Les militants d'un millier d'ONG sont présents dans la station balnéaire mexicaine, avec la volonté de plaider pour une nouvelle donne des échanges internationaux, qu'ils souhaitent plus favorable aux pays en développement, notamment pour l'agriculture et pour les "services fondamentaux" (éducation, eau, santé et énergie). Faute d'avoir été autorisé par la justice à se rendre à Cancun, le porte-parole de la Confédération paysanne[2], José Bové[3], était pour sa part la vedette hier du "contre-sommet" de Cancon, en Lot-et-Garonne. »

1 Organisation internationale créée à Cairns en Australie en 1986 réunissant la plupart des pays en développement exportateurs de produits agroalimentaires ainsi que le Canada, l'Australie et la Nouvelle-Zélande.

2 La confédération paysanne est un syndicat agricole français dont un des objectifs est de sortir l'agriculture de l'OMC.

3 José Bové, figure médiatique de l'altermondialisme, est condamné en février 2003 à 10 mois de prison pour avoir fauché des plantations transgéniques (OGM). En septembre 2003, sa peine est aménagée et il est assigné à résidence par la justice.

Analyser le sujet

> Analyser le thème et la consigne du sujet

Le sujet porte sur la gouvernance économique mondiale au début du XXIe siècle, plus particulièrement sur l'OMC, Organisation mondiale du commerce, et l'un de ses sommets, à Cancun au Mexique, en 2003. Il permet de mettre en évidence le rôle de cet organisme et les difficultés qu'il rencontre. La consigne indique clairement ces deux thèmes.

> Identifier/présenter le document

Le document est un article de presse tiré du *Figaro*, quotidien français à grand tirage. Il est daté du 10 septembre 2003, jour de l'ouverture du 5e sommet de l'OMC. Ce nouveau sommet poursuit un cycle de négociations entamé en 2001 sur de nouveaux abaissements des tarifs douaniers.

> Relever et expliquer les informations importantes du document

Un certain nombre de phrases doivent être explicitées :

- « ONU du commerce » : comme l'ONU, l'OMC est une organisation intergouvernementale, mais elle n'est pas une institution onusienne.
- « créée en 1995 pour succéder au GATT » : le GATT est l'Accord général sur les tarifs douaniers et le commerce négocié en 1947. L'OMC, qui prend sa suite, entame le cycle de négociation de Doha (Qatar) en 2001. Ces négociations ont pour objectif de faciliter l'accès pour les pays en développement aux marchés des pays riches et concernent surtout l'agriculture.
- « de nombreuses étapes sur l'abaissement des subventions ou les barrières douanières n'ont pas été franchies » : les lenteurs du processus s'expliquent par le refus des États-Unis et de l'Union européenne de baisser les subventions accordées à leurs agriculteurs. Ces subventions empêchent les agriculteurs des pays en développement ou émergents d'être compétitifs sur les marchés mondiaux.
- « d'autres blocs plus ou moins bien organisés, du groupe Cairns [...] aux pays ACP » : les ONG, le groupe de Cairns et les pays ACP (Pays d'Afrique, des Caraïbes et du Pacifique) ont des intérêts communs dans leur lutte contre les politiques agricoles de Washington et de Bruxelles. Cependant, certains de ces pays sont déjà de grandes puissances agricoles (Australie), quand d'autres sont des PMA.
- « Contre-sommet de Cancon en Lot-et-Garonne » : un contre-sommet est une réunion altermondialiste organisée pour diffuser des idées s'opposant à celles défendues pendant le sommet qui se tient au même moment.

> Mobiliser et organiser ses idées

Deux thèmes émergent, ils sont indiqués par la consigne :
– les « modalités » de la gouvernance économique mondiale : il s'agit des institutions mentionnées par le texte : le GATT, l'OMC, et leurs réunions ou sommets. Il faudra donc présenter leurs origines, leurs buts, leurs réalisations ;
– les « difficultés » qu'elle rencontre : le texte évoque des intérêts divergents entre les États, les contestations altermondialistes, le contre-sommet de Cancon. Il faudra présenter ces difficultés et mentionner leurs causes, leurs différentes manifestations depuis le début du XXIe siècle (sommet de Seattle en 1999).

> Relever les limites du document

S'agissant d'un article de presse, il se veut assez objectif et rend compte de faits, que vous devez expliciter ou qui le sont par des notes. Il s'adresse à des lecteurs déjà informés sur le rôle des sommets de l'OMC. On peut regretter toutefois qu'il ne mentionne pas d'autres sommets, comme celui de Seattle où les altermondialistes avaient fait entendre leur voix.

Bâtir le plan de l'étude du document

Les deux thèmes observés aboutissent à la construction d'un plan en deux parties.

I. Les modalités de la gouvernance économique mondiale depuis les années 2000

1. Une gouvernance qui s'appuie sur des institutions anciennes
2. Une gouvernance remodelée par l'OMC…
3. … et des sommets réguliers

II. Les difficultés de cette gouvernance économique

1. Des oppositions entre États
2. Des oppositions entre organisations internationales
3. Une opposition altermondialiste

Rédiger l'étude critique du document

- Voici une proposition d'introduction.

Les sommets de l'OMC, depuis celui de Seattle en 1999, sont régulièrement le théâtre de manifestations altermondialistes très médiatisées. Ils sont ainsi l'occasion, pour de nombreux mouvements, de faire entendre leur opposition au principal organe de la gouvernance économique mondiale actuelle. C'est notamment le cas en 2003, lors du sommet de Cancun au Mexique, sommet particulièrement connu en France pour avoir suscité l'organisation d'un contre-sommet à Cancon, village presque homonyme du Lot-et-Garonne, sous l'égide de l'emblématique José Bové. Un article du *Figaro* du 10 septembre 2003, relate ces événements et évoque plus largement les débats qui agitent alors les participants au sommet mexicain. De quelle façon le sommet de l'OMC de Cancun en 2003 est-il révélateur d'une volonté d'une nouvelle gouvernance économique mondiale, gouvernance qui peine néanmoins à s'organiser au début du XXIe siècle ?
Il sera possible de répondre à cette question après avoir observé d'abord les modalités de la nouvelle gouvernance économique souhaitée dans les années 2000, puis ses difficultés, révélées dans le texte soumis à notre étude.

- Voici une proposition de rédaction de la partie I.

[I. Les modalités de la gouvernance économique mondiale depuis les années 2000]

- Présenter l'idée générale de la première partie.

Afin de réguler l'économie mondiale, de nombreuses institutions existent et voient leur rôle évoluer depuis le début du XXIe siècle.

- Présenter la première idée (I.1).

Si l'Organisation mondiale du commerce naît en 1995 pour renforcer la coopération économique entre de nombreux États du monde, cette coopération n'est pas nouvelle.

- Utiliser le document pour justifier la première idée.

Comme le mentionne le texte dès la cinquième ligne, l'OMC succède en effet au GATT.

- Argumenter à l'aide de ses connaissances.

Créé en 1947, le GATT ou Accord général sur les tarifs douaniers et le commerce, avait pour but l'augmentation des échanges entre 23 pays signataires assurant alors 80 % du commerce mondial. Il s'agissait des pays les plus riches et industrialisés (États-Unis, Canada, Europe de l'Ouest) qui souhaitaient mettre un terme au protectionnisme et abaisser entre eux les droits de douanes, essentiellement sur les produits fabriqués (l'agriculture et les services en étaient exclus). De 1947 au début des années 1970, les négociations du GATT, ou *rounds*, avaient permis au volume du commerce mondial d'augmenter en moyenne de 8 % par an, tandis que la valeur des exportations avait été multipliée par dix. La croissance des pays membres du GATT était en moyenne de 5 % par an pendant les Trente Glorieuses, stimulée par les échanges internationaux et une stabilité monétaire garantie par les accords de Bretton Woods (convertibilité du dollar en or, stabilité des taux de change surveillée par le FMI).

- Présenter la deuxième idée (I.2).

C'est en 1995 que l'Organisation mondiale du commerce est fondée afin d'accueillir de nouveaux membres et élargir les compétences du GATT. Une nouvelle institution de gouvernance économique mondiale voit donc le jour.

- Prendre appui sur le document pour justifier la deuxième idée.

Comme le mentionne le texte, cet « ONU du commerce » réunit les ministres du commerce de 146 pays afin de poursuivre la libéralisation des échanges.

- Argumenter à l'aide de ses connaissances.

C'est en effet à la suite des négociations du cycle de l'Uruguay (1986-1994) que l'OMC est créée. Elle compte à l'origine 146 membres en 2003, et s'est élargie à 160 membres en 2014. Son rôle est de réduire les différends et les tensions commerciales, stimuler la croissance économique et l'emploi, lutter contre tous les obstacles au commerce international (quotas, taxes). Elle défend aussi la protection de l'environnement et de la santé (réduction du soutien à l'industrie et à l'agriculture productiviste, autorisation des aides à la préservation de l'environnement, de normes sanitaires, etc.).

- Présenter la troisième idée (I.3).

C'est lors de sommets, c'est-à-dire pendant des conférences interministérielles régulières, que les principales décisions sont prises et que le calendrier des négociations est fixé.

- Utiliser le document pour justifier la troisième idée.

Le texte mentionne notamment le sommet de Doha, réuni en 2001 au Qatar, dernier cycle de négociations commerciales qui devait réformer en profondeur les relations entre les membres de l'OMC.

- Argumenter à l'aide de ses connaissances.

Ce cycle de négociations succède à celui de l'Uruguay, mené par le GATT, qui s'est achevé en 1994 avec les accords de Marrakech : les tarifs douaniers sur les produits manufacturés y ont été à nouveau abaissés (5 % dans les pays du Nord, 25 à 30 % dans les pays du Sud). Lors du sommet de Seattle, en 1999, les négociations, qui devaient concerner de nouveaux domaines (agriculture, service et propriété intellectuelle), ont été un échec. Elles n'ont été reprises que lors du sommet de Doha, en 2001. Le programme de travail de Doha comprend environ vingt domaines, notamment les domaines évoqués à Seattle. Ce cycle est aussi appelé Programme de Doha pour le développement car l'un de ses principaux objectifs est d'améliorer les perspectives commerciales des pays en développement.

2 Bâtir le plan d'une composition

Les États-Unis et la gouvernance économique mondiale depuis 1944

> Voir la méthode générale d'une composition en annexe (p. 515).

> Voir les sujets 3 du chapitre 7, 2 du chapitre 8, 3 du chapitre 9 et le sujet d'approfondissement (p. 295).

Analyser le sujet

> Analyser les termes du sujet

Il convient de définir « gouvernance économique mondiale ». La gouvernance repose sur l'idée d'un abandon de prérogatives détenues jusqu'alors par l'État (droits de douane, contrôle aux frontières, protection de secteurs économiques) pour favoriser les échanges économiques à l'échelle planétaire et atteindre des objectifs fixés en commun. Des institutions internationales, mettant en contact tous les acteurs économiques, ont en charge d'établir un dialogue, des règles que chacun s'engage à respecter dans l'intérêt de tous.

La conjonction « et » suppose de définir des relations entre la gouvernance économique mondiale et les États-Unis, première puissance économique mais aussi acteur étatique qui pourrait être tenté d'agir pour son propre intérêt. Il faut donc montrer le rôle des États-Unis, en tant qu'État, dans le pilotage de cette gouvernance économique.

> Dégager la problématique d'un sujet

Les bornes chronologiques sont claires : « depuis 1944 », c'est-à-dire de la conférence de Bretton Woods jusqu'à nos jours. Quelle a été l'évolution du rôle des États-Unis dans la gouvernance économique mondiale depuis 1944 ? Quels ont été les objectifs, les acteurs, les moyens d'action des États-Unis dans les tentatives de régulation économique ? Quels succès ? Quels échecs ? Quelles concurrences ? Ces questions permettent de dégager des ruptures chronologiques.

Il faut transformer le sujet à la forme interrogative en rappelant que le premier terme est le plus important : « Quel rôle les États-Unis jouent-ils dans la gouvernance économique mondiale depuis 1944 ? »

Bâtir le plan de la composition

> Mobiliser et organiser ses idées

Trois périodes émergent :

– une période de domination des États-Unis dans la mise en place d'institutions de gouvernance économique à l'échelle mondiale, entre 1944 et le début des années 1970 ;

– une période où la gouvernance américaine connaît des limites, des échecs et des concurrences, des années 1970 aux années 1990 ;

– il faut enfin s'interroger sur la place des États-Unis dans une économie-monde devenue multipolaire et une gouvernance économique mondiale qui tente de se réorganiser.

> Construire le plan

Les grandes parties du plan respectent la chronologie pour dégager une évolution. La conclusion devra nuancer la troisième partie : l'influence des États-Unis dans la gouvernance économique mondiale reste importante.

I. Une coopération économique mondiale dominée par les États-Unis dans l'après-guerre… (1944-début des années 1970)

1. Les États-Unis sont à l'origine des accords de Bretton Woods
2. Les États-Unis dominent les institutions de coopération économique
3. L'économie-monde américaine est à son apogée

II. …mais une coopération sous l'égide américaine qui connaît des difficultés et des contestations (début des années 1970 aux années 1990)

1. De nouveaux rythmes de croissance qui affaiblissent la coopération internationale et la domination américaine
2. La domination américaine concurrencée par ses partenaires
3. Une domination américaine contestée qui laisse de côté de nombreux pays

III. …et rend nécessaire une nouvelle gouvernance économique mondiale dans laquelle les États-Unis ne sont plus qu'un des multiples acteurs (depuis 1990)

1. La montée en puissance des pays émergents : du G6 au G20
2. De nouveaux acteurs de la gouvernance économique mondiale
3. Le modèle américain remis en cause : la montée de l'altermondialisme

SUJETS DE TYPE BAC

1 Étude critique d'un document – La déclaration de Rambouillet des grands pays industrialisés

60' (S)
90' (L, ES)

Après avoir présenté le document et son contexte, vous montrerez en quoi il atteste d'une nouvelle forme de coopération économique dans les années 1970.

> Voir la méthode générale d'une étude critique de document en annexe (p. 518).

> Voir les méthodes et stratégies 1 et 2 du chapitre 7, 1 et 2 du chapitre 8, 1 du chapitre 9.

DOC. Déclaration de Rambouillet, 17 novembre 1975.

Déclaration approuvée par les six chefs d'État et de gouvernement réunis par le président Valéry Giscard d'Estaing.

« Nous sommes réunis parce que nous partageons les mêmes convictions et les mêmes responsabilités. Nous sommes chacun pour notre part responsables de la conduite d'une société ouverte, démocratique, profondément attachée à la liberté individuelle et au progrès social […].

Dans un monde marqué par une interdépendance croissante, nous sommes décidés […] à développer nos efforts en vue d'une coopération internationale accrue et d'un dialogue constructif entre tous les pays […]. La tâche la plus urgente consiste à assurer le redressement de nos économies et à réduire le gaspillage de ressources humaines que provoque le chômage. […]. Nous nous sommes aussi attachés à définir les nouveaux efforts qui sont nécessaires dans les domaines du commerce international, des questions monétaires et des matières premières, y compris l'énergie. […] Nous estimons que les négociations commerciales multilatérales devraient être accélérées […].

Des rapports de coopération et une meilleure compréhension entre les pays en développement et le monde industrialisé sont fondamentaux pour la prospérité de chacun […]. En conséquence, nous jouerons notre rôle au Fonds Monétaire International et dans les autres instances internationales compétentes. […] Dans ce contexte, il convient de donner la priorité aux pays en développement les plus pauvres.

L'expansion économique mondiale est manifestement liée à la disponibilité croissante des sources d'énergie. […]. Nos intérêts communs rendent nécessaires que nous continuions de coopérer afin de réduire notre dépendance vis-à-vis de l'énergie importée par la conservation et le développement de sources alternatives. Par ces mesures, ainsi que par une coopération internationale entre pays producteurs et consommateurs conforme à leurs intérêts à long terme, nous n'épargnerons aucun effort pour assurer des conditions plus équilibrées et un développement harmonieux et régulier du marché énergétique mondial. »

2 Étude critique de deux documents – Acteurs et défis de la gouvernance économique mondiale

60' (S)
90' (L, ES)

À partir de l'étude critique des deux documents, vous présenterez les différents acteurs et les défis de la gouvernance économique mondiale.

> Voir la méthode générale d'une étude critique de document en annexe (p. 518).

> Voir les méthodes et stratégies 1 et 2 du chapitre 7, 1 et 2 du chapitre 8, 1 du chapitre 9.

DOC. 1 L'ONU et la gouvernance économique mondiale.

Rapport du Millénaire du secrétaire général des Nations unies, septembre 2000.

« Dans ce monde nouveau, de plus en plus de groupes et de particuliers établissent des relations transfrontières auxquelles les États ne sont pas associés [...]. Criminalité, drogues, terrorisme, pollution, maladies, armes, réfugiés et migrants se déplacent bien plus vite et sur une bien grande échelle que par le passé. Les gens [...] sont davantage conscients de l'injustice et de la violence qui sévissent dans des pays lointains et comptent que les États prendront des mesures pour y remédier. Mais les nouvelles technologies leur permettent aussi de mieux se comprendre et d'agir ensemble. Si nous voulons que la mondialisation tienne ses promesses [...] nous devons apprendre à gouverner mieux, et à gouverner mieux ensemble. Gouverner ensemble ne signifie pas instaurer un gouvernement mondial, ni abolir les États-nations. Au contraire, les États doivent être affermis, et tirer leur force les uns des autres en agissant ensemble au sein d'institutions communes fondées sur des règles et des valeurs partagées. Ces institutions [...] doivent aussi offrir une tribune où les États peuvent coopérer avec des acteurs non étatiques, notamment avec les entreprises mondiales. Dans bien des cas, l'action de ces institutions devra être complétée par celle des réseaux mondiaux plus souples, capables de répondre plus rapidement à des priorités changeantes.
Les disparités de revenus criantes, les conditions misérables dans lesquelles vivent plus d'un milliard de personnes, l'existence de conflits endémiques dans certaines régions et la dégradation rapide du milieu naturel sont autant de symptômes qui montrent que le modèle de développement actuel n'est pas viable, et qu'il faut prendre des mesures pour le corriger. »

DOC. 2 « Du G8 au G20 », dessin de Plantu, *Le Monde*, 9 juillet 2009.

3 Composition

La gouvernance économique mondiale depuis 1975

120' (S)
150' (L, ES)

> Voir la méthode générale d'une composition en annexe (p. 515).

> Voir la méthode et stratégie 2 du chapitre 9.

CORRIGÉS

1 Étude critique d'un document

[Introduction]

En 1975, à l'initiative de Valéry Giscard d'Estaing, président de la République française, les chefs d'État et de gouvernement des six pays industrialisés les plus riches du monde occidental se réunissent à Rambouillet. Alors que le **système monétaire international** mis en place à Bretton Woods s'est effondré en 1971 et que le **choc pétrolier** de 1973 révèle les faiblesses de la croissance des pays occidentaux, ces derniers (États-Unis, RFA, France, Italie et Japon) choisissent de surmonter leurs difficultés économiques en renforçant leur coopération. Comment la déclaration de Rambouillet établit-elle de nouvelles règles dans la gouvernance économique internationale ?
Si elle rend compte d'une prise de conscience du nouveau contexte économique international, celui d'un ralentissement de la croissance, elle affirme également la volonté d'y faire face par la mise en place d'une nouvelle coopération internationale établissant une ligne politique commune.

[I. Un nouveau contexte économique international...]

La déclaration de Rambouillet s'inscrit dans un contexte économique mondial nouveau, celui du ralentissement de la croissance économique des pays industrialisés et l'échec du système monétaire international créé en 1944.

[1. Le ralentissement de la croissance...]

En effet, après plus de vingt ans de croissance économique soutenue en Europe de l'Ouest, aux États-Unis et au Japon (autour de 5 % par an en moyenne), le rythme de celle-ci s'essoufle. La conférence de Rambouillet se tient deux ans après le premier choc pétrolier de 1973, causé par la dépréciation du dollar et la guerre du Kippour au Moyen-Orient. Dans le rapport, les références au **ralentissement de la croissance** économique vécu par les pays industrialisés sont nombreuses : « La tâche la plus urgente consiste à assurer le redressement de nos économies et à réduire le gaspillage de ressources humaines que provoque le chômage ». En effet, le monde occidental connaît alors la **stagflation** : l'inflation s'accélère, la consommation et la production reculent, le chômage enfle. Les États-Unis sont particulièrement touchés par ce ralentissement alors que l'Europe, totalement dépourvue de réserves pétrolières, souffre davantage de sa **dépendance énergétique**.

[2. ... et la fin du monde de Bretton Woods...]

La déclaration de Rambouillet évoque cette question énergétique, mais aussi la situation monétaire instable que connaît le monde depuis le début des années 1970 : « Nous nous sommes aussi attachés à définir les nouveaux efforts qui sont nécessaires dans les domaines du commerce international, des questions monétaires et des matières premières, y compris l'énergie. » C'est en effet le 15 août 1971 que Richard Nixon **suspend la convertibilité du dollar en or**. Les États-Unis connaissent alors une situation d'inflation importante causée par le ralentissement de la consommation et les dépenses liées à la guerre du Vietnam.
Les principaux exportateurs de produits manufacturés européens, comme l'Allemagne, avaient alors accumulé d'immenses réserves de billets verts qu'ils comptaient échanger contre de l'or. Afin d'éviter l'épuisement des réserves de Fort Knox, cette convertibilité

est rendue impossible et la valeur de chaque monnaie s'apprécie librement, créant ainsi une forte **instabilité monétaire**.

[3. ...accélèrent la mise en place d'une économie-monde multipolaire]

Enfin, la déclaration de Rambouillet évoque l'augmentation des échanges qui rend les pays occidentaux de plus en plus dépendants les uns des autres : « dans un monde marqué par une interdépendance croissante ». Au début des années 1970, le phénomène de **mondialisation** (la troisième phase selon l'historien Fernand Braudel) se met en place. On passe d'une économie-monde dominée par l'hégémonie américaine à une économie-monde multipolaire. Les États-Unis sont en effet concurrencés par les pays asiatiques (les Dragons), en plein décollage économique grâce aux **délocalisations** des firmes des premiers pays industrialisés, tandis que la communauté européenne voit ses échanges intrazone augmenter grâce à la progressive mise en place d'un marché commun. Les exportations mondiales de marchandises explosent. Les débuts de la **division internationale du travail** rendent les pays de plus en plus interdépendants, la conception et parfois la production des produits restant localisées dans les six pays réunis à Rambouillet, tandis que leur assemblage se fait de plus en plus souvent dans les pays du Sud, où les coûts de main-d'œuvre sont plus bas.

[Transition]

Cette nouvelle phase de la croissance économique dans les années 1970 rend nécessaire une nouvelle coopération internationale, celle mise en place à Bretton Woods ayant en partie échoué à long terme. C'est ce que cherchent à réaliser les représentants des six pays réunis à Rambouillet sous l'égide de la France.

[II. ...qui nécessite une coopération approfondie et met en place une politique commune]

Le contexte économique international précipite la décision des pays les plus riches de peser davantage dans la gouvernance économique mondiale tout en cherchant à prendre en compte les revendications des pays en développement.

[1. La création du G6 pour relancer la coopération économique mondiale]

Le sommet de Rambouillet marque l'émergence d'un nouvel acteur de la gouvernance économique mondiale, le **G6**, ou groupe des six pays les plus industrialisés (États-Unis, Allemagne, France, Royaume-Uni, Italie, Japon) qui fixe les grandes lignes de la politique économique occidentale Ce sommet montre une solidarité renouvelée entre les grandes puissances industrielles secouées par les crises. Il fait le choix de la concertation afin de consolider le modèle économique libéral : « nous sommes chacun pour notre part responsable de la conduite d'une société ouverte, démocratique, profondément attachées à la liberté individuelle et au progrès social. »
Ils réaffirment ainsi leur attachement au bloc occidental, dans le contexte de la Guerre froide mais présentent également leur objectif commun : répondre aux nouveaux fléaux économique en organisant la lutte contre le chômage et la chasse au gaspillage énergétique devenu problématique depuis la hausse du prix du pétrole décidée par l'Opep en 1973. C'est donc à un retour du rôle des États dans le **pilotage** de la gouvernance économique qui est affirmé dans cette déclaration.

[2. Une coopération qui n'exclut pas les institutions onusiennes...]

Les six pays industrialisés les plus riches maintiennent leur coopération au sein des enceintes créées à la fin de la guerre, c'est-à-dire le **Fonds monétaire international et**

la Banque mondiale : « en conséquence nous jouerons notre rôle au Fonds monétaire international et dans les autres instances internationales compétentes ». Tout en créant un nouveau cadre de coopération au sein du G6, les membres de ce groupe n'entendent donc pas remettre en cause les institutions multilatérales préexistantes. Le rôle du FMI, crée en 1944, est de veiller à la stabilité monétaire et financière et de faciliter les échanges internationaux. Née en 1945, la Banque mondiale est l'autre institution onusienne auquel le texte fait référence, comme « instance compétente ». Regroupant deux organismes, l'Association internationale pour l'aide au développement et la Banque internationale pour la reconstruction et le développement, elle peut accorder des prêts à long terme afin de financer de lourds programmes d'investissement pour les pays qui en ont besoin. C'est notamment le cas pour les pays en développement auxquels la déclaration de Rambouillet fait de nombreuses fois allusion.

[3. ...et cherche à faire une place aux pays en développement]

Le G6 annonce vouloir donner « la priorité aux pays en développement les plus pauvres ». Il répond ainsi aux attentes du **G77**, formé en 1964 au sein de la **CNUCED** (conférence des Nations unies pour le commerce et le développement) pour promouvoir les intérêts économiques des pays en développement. Ces pays ont réclamé, un an plus tôt, la mise en place d'un nouvel ordre économique mondial, dénonçant les inégalités des termes de l'échange – les pays riches exportant leurs produits industrialisés et achetant des matières premières à bas prix aux pays en développement. C'est dans ce contexte que les pays producteurs et exportateurs de pétrole, les pays de l'**Opep** (créée en 1960), décident d'un **embargo**, en 1973, sur les pays occidentaux soutenant Israël lors de la guerre du Kippour. Il en résulte une multiplication par quatre du prix du baril. La déclaration de Rambouillet émet d'ailleurs le souhait « d'un développement harmonieux et régulier du marché énergétique mondial ». Il est donc bien question pour le G6 d'élargir à de nouveaux acteurs la gouvernance économique mondiale, objectif affiché lors du sommet de Rambouillet.

[Conclusion]

Le sommet de Rambouillet marque la volonté des États de peser davantage dans le pilotage de la coopération économique mondiale. C'est un premier pas vers une gouvernance mondiale, multipliant ainsi les formes de coopération et les acteurs qui s'associent pour atteindre des objectifs fixés en commun.

Ce sommet est donc avant tout une déclaration d'intentions générales des pays riches, et ne présente pas de moyens concrets pour atteindre ses objectifs. Rejoint en 1976 par le Canada, le **G7**, est un succès et ses sommets deviennent des moments clés de la gouvernance économique mondiale. Ouvert en 1997 à la Russie, le **G8** cristallise pourtant les oppositions, notamment de la part des **pays émergents** auxquels les pays riches concèdent un sommet élargi, le G20.

2 Étude critique de deux documents

Voici une proposition de plan détaillé. Seules certaines parties du devoir sont développées.

[Introduction]

La plus grande rencontre de chefs d'État et de gouvernement jamais tenue dans le monde a lieu à New York, du 6 au 8 septembre 2000, lors de l'**assemblée du Millénaire**

des Nations unies. Lors de ce sommet historique, les chefs d'État présents cherchent à réexaminer le rôle de l'ONU et les défis qui l'attendent dans le siècle à venir.

Le document 1 est un extrait du rapport de cette rencontre, rédigé par le secrétaire des Nations unies, Koffi Annan. Il y présente certains aspects de la mondialisation et le rôle que devrait y jouer l'ONU, institution ancienne qui doit répondre aux attentes des nouveaux acteurs de ce processus. Le document 2, un dessin du caricaturiste Plantu, paru dans Le Monde le 9 juillet 2009, évoque quant à lui le rôle des États dans la régulation de l'économie mondiale, par l'intermédiaire du G8, et les revendications des pays en développement, membres du **G20**, désireux d'y participer davantage. On peut alors s'interroger sur le rôle occupé par ces différents acteurs et les défis qu'ils ont à relever au début du XXe siècle.

Les acteurs de la gouvernance économique mondiale sont multiples, chacun pèse de façon très inégale dans le processus de régulation de la mondialisation, il est donc nécessaire de rééquilibrer leur rôle pour faire face aux nouveaux défis de notre temps.

[I. Les nombreux acteurs de la gouvernance économique mondiale]

[1. Les acteurs institutionnels]

Rappeler la naissance de ces institutions (ONU et ses organismes comme le FMI, la Banque mondiale, mais aussi le GATT et l'OMC) et leur rôle (voir la méthode et stratégie 1).

[2. Les États]

Ils sont évoqués par les deux documents. Rappeler la création du G6 en 1975, devenu G8, et son élargissement au G20 (voir le corrigé du sujet 1).

[3. La société civile et les FTN]

La **société civile** est représentée par les différentes ONG invitées lors de certains sommets. Elles se spécialisent dans des domaines très diversifiés, comme la défense des droits de l'homme (Amnesty International), l'environnement (Greenpeace, WWF), les missions humanitaires (Médecins sans frontières). Certaines **ONG** participent au mouvement altermondialiste à partir de 1999 à Seattle et lors des **Forum sociaux mondiaux** organisés depuis 2001. Enfin, il faut présenter les acteurs principaux de la mondialisation, les FTN (voir chapitre 11 sur les acteurs de la mondialisation) qui, par leur stratégie de décomposition internationale des processus productifs (DIPP), jouent un rôle important dans l'organisation des échanges mondiaux.

[II. Des acteurs qui pèsent de façons très inégales dans la gouvernance]

[1. Des institutions anciennes en difficulté]

Le FMI, la Banque mondiale et l'OMC ne parviennent pas à prévenir les crises économiques qui se succèdent dans les années 1990, comme par exemple la crise qui secoue le Mexique en 1995 et touche durement l'Asie du Sud-Est (notamment la Thaïlande et l'Indonésie) en 1997. Les plans d'ajustement structurels, imposés par le FMI en échange de leur aide pendant la vague néolibérale des années 1980, ont été vécus comme des instruments de domination des pays du Nord sur les pays en développement, tandis que les fonds débloqués pendant les crises n'ont pas durablement relevé la situation économique des pays touchés. L'année même du sommet du Millénaire organisé par l'ONU, les entreprises de la « nouvelle économie » s'essoufflent et la bourse de New York subit en avril un **krach** causé par une **bulle spéculative** (bulle Internet). Ces institutions souffrent, de plus, d'un manque de transparence, évoqué par Kofi Annan :

« Si nous voulons que la mondialisation tienne ses promesses [...] nous devons apprendre à gouverner mieux, et à gouverner mieux ensemble. » Impliquant de nombreux pays membres, les prises de décision y sont de plus en plus difficiles.

[2. La prédominance d'un petit nombre d'États]

C'est dans ce contexte que les États aspirent à prendre un rôle plus important dans le pilotage de la gouvernance économique mondiale. Les États-Unis, le Japon, l'Allemagne, la France, l'Italie, le Royaume-Uni, déjà regroupés en 1975 au sein du G6, se réunissent régulièrement depuis lors. Même s'ils élargissent leur « club » à 14 nouveaux pays en 1999, lors du sommet de Cologne, les pays les plus riches restent majoritaires. La place des États-Unis y est particulièrement hégémonique. L'Union européenne y possède un siège, renforçant ainsi la place de certains États européens déjà présents. Ensemble, ces pays fixent les grandes orientations de l'économie mondiale, mais ils peinent à maintenir leur entente lors des turbulences économiques, comme c'est le cas lors de la crise grecque qui éclate en 2009.

[3. Un grand nombre d'acteurs au poids insuffisant]

Face aux États et aux institutions internationales, la société civile, si elle s'est organisée en associations pour peser dans la gouvernance mondiale, est souvent peu entendue. Les différentes ONG, dont certaines sont proches du **courant altermondialiste**, dénoncent non pas la mondialisation, mais ses effets. Des effets que le secrétaire de l'ONU évoque lorsqu'il décrit certains « symptômes » du « modèle de développement » actuel : « Les disparités de revenus criantes, les conditions misérables dans lesquelles vivent plus d'un milliard de personnes ».

Mais les ONG, comme le mouvement altermondialiste, forment une nébuleuse dont les actions sont peu souvent coordonnées. Elles sont souvent réduites à avoir une démarche contestataire, comme le démontre la constitution du groupe des « **Indignés** » (né en Espagne en 2011, il rassemble des populations souvent jeunes et paupérisées des pays riches de l'UE qui s'insurgent contre la crise financière et les **politiques d'austérité** imposées par le FMI). Les critiques sont nombreuses de la part des citoyens qui diffusent leurs idées via les réseaux sociaux : « les nouvelles technologies leur permettent aussi de mieux se comprendre et d'agir ensemble ». C'est la raison pour laquelle une nouvelle gouvernance mondiale est nécessaire, comme l'évoque Kofi Annan, afin de répondre aux enjeux du XXIe siècle.

[III. La nécessité de rééquilibrer le rôle de ces acteurs pour une nouvelle gouvernance]

[1. Rééquilibrer les institutions et intégrer les pays pauvres]

Intégrer aux institutions internationales les pays en développement parmi les plus pauvres, notamment les **PMA** (pays les moins avancés*), est une nécessité pour la stabilité du monde. C'est un moyen, par exemple, de lutter contre les fondamentalismes, mais aussi contre les trafics de toutes sortes (armes, drogues, etc.) vers lesquelles les populations les plus exclues du processus de mondialisation pourraient se tourner. C'est pourquoi il est nécessaire d'ouvrir davantage les pays en dévoloppement aux marchés des PDEM, de les associer davantage aux objectifs et aux modalités de la gouvernance économique mondiale et surtout d'avoir une politique d'aide au développement plus ambitieuse.

Intégrer davantage les pays en développement au pilotage de la gouvernance économique pourrait passer par une meilleure représentation des PED au G20, en associant, par exemple, des membres permanents à des membres temporaires, tournants, comme c'est le cas au sein du Conseil de sécurité de l'ONU.

[2. Impliquer la société civile]

L'implication de la société civile dans la gouvernance mondiale pourrait être plus grande : afin de ne pas la cantonner à des actions purement protestataires, il faudrait lui donner un moyen d'exprimer ses points de vue lors des sommets. Mais cette mesure semble pour l'instant utopiste et nécessiterait la tenue d'États généraux où les sociétés civiles du Nord, plus organisées, mieux financées, auraient une plus grande représentation que celles du Sud. Néanmoins, l'implication des sociétés civiles pourrait se faire dans trois directions : leur donner un **rôle de surveillance** des institutions, un rôle **de proposition** auprès des organismes institutionnels, et, enfin, un rôle **de participation** au règlement des différends entre États, par l'intermédiaire d'experts choisis par ces ONG. Ces pistes restent encore à explorer.

[3. Prendre en compte les enjeux environnementaux]

Dans son rapport, le secrétaire général de l'ONU évoque « la dégradation rapide du milieu naturel » contre laquelle il faut lutter. Il reprend ici les critiques des effets de la mondialisation et d'une **croissance prédatrice** sur l'environnement chères aux altermondialistes et aux mouvements écologistes, qui insistent, depuis le sommet de la Terre à Rio en 1992, sur le fait que les ressources de la planète ne sont pas inépuisables et qu'un développement plus durable est nécessaire. Les pollutions, déjà citées au début du texte, sont en effet causées par l'essor des transports, notamment maritimes (marées noires, pollution de l'eau et de l'air) et par la consommation de masse (déchets). Le **protocole de Kyoto** (réduction des gaz à effet de serre) est entré en vigueur en 2005, malgré le refus des États-Unis de le ratifier et la volonté des pays émergents de ne pas freiner leur industrialisation (baisse non chiffrée de leur réduction d'émission de CO_2). Mais d'un point de vue institutionnel, les questions environnementales restent entre les mains du PNUE (programme des Nations unies pour l'environnement). On pourrait donc envisager d'y substituer une OME (organisation mondiale de l'environnement) qui regrouperait les accords multilatéraux déjà existants, élaborerait les projets et veillerait à leur réalisation.

[Conclusion]

Les acteurs de la mondialisation pèsent donc d'un poids bien inégal dans le pilotage de la gouvernance économique mondiale. On est bien loin de l'équilibre souhaité par Valéry Giscard d'Estaing, en 1975, lors de la création du G6 lorsqu'il en appelait à « une meilleure compréhension entre les pays en développement et le monde industrialisé pour la prospérité de chacun ». Force est de constater que les pays les plus riches continuent de dominer les institutions internationales et que les FTN, s'ils ne sont pas des acteurs directs dans ces institutions, pèsent grandement sur celles-ci. Les défis à relever pour une nouvelle gouvernance mondiale sont donc nombreux. Comme le disait en 2010 Pascal Lamy, alors président de l'OMC : « Pour que la gouvernance marche, elle doit combiner leadership, cohérence et légitimité. Dans le système international, il n'y a pas un lieu qui regroupe ces trois fonctions. » Ce lieu, qui serait plus soucieux de tous les acteurs et d'une **gouvernance durable**, reste donc encore à inventer, sans doute à partir des institutions existantes.

3 Composition – La gouvernance économique mondiale depuis 1975

Ce sujet reprend l'intitulé exact du programme de Tle S, et est très probable en cas de sujet commun à toutes les séries. Seul le plan est ici présenté, chaque sous-partie ou idée principale, reprenant une partie du cours.

[Introduction]

À partir des années 1970, le monde entre dans une phase de ralentissement de la croissance économique. Dès 1971, le dollar n'est plus convertible en or et la régulation monétaire mise en place à Bretton Woods s'effondre. Il est alors nécessaire de prendre des mesures pour relancer la gouvernance économique mondiale, c'est-à-dire établir des **règles collectives** permettant de préserver l'intérêt économique de tous les États, quel que soit leur poids sur la scène internationale. La première mesure est la création du G6 en 1975, tentative des **États-nations*** les plus riches de réaffirmer leur rôle et leur volonté de renforcer leur coopération pour répondre à la crise. Mais la multiplication des crises et l'accélération de la mondialisation rendent cette gouvernance difficile, et ce « club des riches » et la gouvernance qu'il impose sont de plus en plus contestés. De nouveaux défis émergent au début du XXIe siècle auxquels une nouvelle forme de gouvernance, plus juste et durable, doit répondre.
Comment adapter la gouvernance économique aux mutations de l'économie mondiale ?

Voici une proposition de plan.

I. Une économie et une gouvernance mondiale désorganisées au milieu des années 1970

1. Une économie désorganisée par le ralentissement de la croissance (fin du système de Bretton Woods)
2. Une gouvernance mondiale qui cherche un second souffle (en 1974, le G77 réclame un nouvel ordre économique international ; création du G6 en 1975)
3. Le choix du néolibéralisme fragilise les pays en développement, à l'écart de la gouvernance mondiale

II. Une gouvernance économique mondiale difficile à réorganiser à l'heure de l'accélération de la mondialisation (dans les années 1990)

1. Une nouvelle phase de la mondialisation : accélération des échanges dans le contexte de la fin de la guerre froide ; victoire du capitalisme ; création de zones de libre-échange à l'échelle régionale
2. Un libéralisme économique à l'origine de nouvelles crises
3. Une gouvernance économique mondiale de plus en plus contestée

III. Les nouveaux défis de la gouvernance économique mondiale (depuis les années 2000)

1. Répondre aux crises (rôle croissant du FMI, des banques centrales)
2. Intégrer plus équitablement tous les acteurs de la mondialisation (FTN/société civile/pays en développement)
3. Inventer une nouvelle gouvernance économique mondiale plus soucieuse de l'environnement

[Conclusion]

À partir des années 1970, la gouvernance économique mondiale, qui avait réussi à restaurer un système monétaire stable et à relancer le commerce mondial en 1945, se retrouve dans une impasse. Pour faire face au ralentissement de la croissance, elle fait le choix du **néolibéralisme** qui, par définition, affaiblit les institutions de régulation économique. Alors que la mondialisation s'accélère dans les années 1990, que de nouveaux acteurs, non institutionnels, s'affirment, les déséquilibres mondiaux s'accroissent et les crises s'enchaînent. Leur succession, ainsi que les revendications altermondialistes, fragilisent les institutions internationales. Aujourd'hui, un consensus se forme autour de l'idée qu'**une nouvelle gouvernance, plus équitable et plus durable**, est nécessaire. Mais, avec le poids croissant des puissances émergentes et les intérêts divergents des membres du G20, cette gouvernance reste encore à l'état de projet.

SUJET D'APPROFONDISSEMENT

POST BAC

Composition

150'
(L, ES, S)

Les différentes échelles de gouvernement du monde remettent-elles en cause la souveraineté de l'État-nation en France depuis 1946 ?

> Voir la méthode générale d'une composition en annexe (p. 515).
> Voir la méthode et stratégie 2 du chapitre 9.

CORRIGÉ

Analyser le sujet

> Analyser les termes du sujet

Il s'agit d'étudier les impacts de la construction européenne et de la mise en place d'une gouvernance économique mondiale sur le rôle de l'État en France. Ces différentes échelles de gouvernance peuvent stimuler l'action de l'État, mais elles peuvent aussi la freiner ou l'empêcher.

> Dégager la problématique du sujet

Les sujets à la forme interrogative ne doivent pas vous pousser à reprendre intégralement leur formulation sans la modifier, même si cela reste possible. Vous pouvez reformuler le sujet ainsi : La souveraineté de l'État-nation en France est-elle menacée par les échelles européennes et mondiales de gouvernement ?

> Mobiliser et organiser ses idées

La difficulté tient ici à trouver des ruptures chronologiques communes aux trois chapitres concernés par le sujet. Au lendemain de la Seconde Guerre mondiale, on peut observer une volonté commune de renforcer l'État, de bâtir un projet européen et de mettre en place une gouvernance économique mondiale : la volonté de réformer domine. À partir des années 1970, la dérégulation semble s'imposer. Depuis les années 1990, l'État est un acteur privilégié face aux autres échelles de gouvernement.

Bâtir le plan de la composition

Les plans chronologique et dialectique (de type thèse/antithèse/synthèse) sont possibles. Le plan suivant mêle les deux approches.

I. L'État en France se renforce jusqu'aux années 1970 tout en adhérant à d'autres échelles de gouvernement

1. La mise en place d'un État modernisateur et moteur
2. La modernisation et la rationalisation de l'administration
3. L'État participe aux autres échelles de gouvernance où il cherche à faire entendre sa voix

II. Le rôle de l'État est affaibli par les échelles de gouvernement concurrentes dans un contexte de ralentissement économique et de mondialisation des échanges (1970-1990)

1. La mondialisation réduit les marges de manœuvre de l'État
2. La construction européenne est vécue comme une contrainte...
3. ... et l'État semble s'effacer

III. Une concurrence des échelles européennes et mondiales aujourd'hui à nuancer

1. Le déficit d'adhésion citoyenne à l'Union européenne et à la gouvernance économique mondiale
2. La volonté de l'État de rester un acteur face aux autres échelles de gouvernement
3. L'État reste l'acteur privilégié de la nation

[Introduction]

À la fin de la Seconde Guerre mondiale, le pouvoir de l'État français est à reconstruire. Pendant près de 25 ans, la capacité de l'État à réguler et à intégrer s'impose, il devient un acteur central et se renforce avec la mise en place de l'État-providence*. En même temps qu'il met en place des institutions plus stables, qu'il redéfinit ses missions et investit largement le champ économique, l'État participe également aux prémices d'une gouvernance économique mondiale et s'engage dans la construction européenne. Cependant, à partir des années 1970-1980, ce modèle est remis en cause dans le contexte de la mondialisation et d'un approfondissement des institutions européennes. Il est alors légitime de se demander si les échelles de gouvernement européennes et mondiales menacent le rôle de l'État en France. Nous considérerons d'abord les éléments qui permettent de démontrer que, dans l'après-guerre et jusqu'aux années 1970, le poids de l'État-nation se renforce en France, mais que ce dernier est remis en cause à la fin des années 1970 dans le contexte d'une montée des concurrences européennes et mondiales. Enfin, nous nuancerons ces difficultés en montrant que l'État reste encore en capacité d'agir face aux difficultés auxquelles il doit faire face.

[I. L'État-nation en France se renforce jusqu'aux années 1970 tout en adhérant à d'autres échelles de gouvernement]

[1. La mise en place d'un État modernisateur et moteur]

Depuis la Révolution française, l'État assume ses fonctions régaliennes mais doit également garantir le lien social. À cette fin, en 1946, il affirme dans le préambule de la Constitution de la IVe République vouloir **établir une démocratie sociale**. C'est pourquoi la **mise en place d'un État-providence** répond à de multiples objectifs : garantir un revenu minimal à tous, protéger les citoyens des aléas de la vie (création de la Sécurité sociale), offrir à tous un accès à la santé et à l'éducation, développer les équipements afin d'améliorer les conditions de travail, de loisirs et d'accès à la culture. L'épreuve de la guerre a transformé le regard de la société sur l'État : son intervention est désormais vue comme devant répondre à des objectifs à long terme. Les **nationalisations** et la **planification** répondent à cette nouvelle vision. Les nationalisations visent ainsi à confisquer aux élites industrielles des éléments de souveraineté que se réapproprie la nation : nationalisations « sanctions » de Renault, des Charbonnages du Nord, nationalisations d'outils du développement économique (Banque de France, banques de dépôt, assurances), nationalisations « stratégiques » (gaz et électricité, mines). Un quart des investissements du pays passent sous le contrôle de l'État entre 1945 et 1946. Le **Commissariat général au Plan** traduit la volonté de l'État d'être le principal acteur de la modernisation du pays en concentrant son action sur la reconstruction (1er plan, 1947-1953), puis sur la recherche et la productivité industrielle (2e plan, 1954-1957). L'État finance notamment la recherche avec la création du CEA et de l'INRA. La Ve République reprend ces politiques modernisatrices : concentration des entreprises, grands programmes industriels (Concorde en 1969, Airbus en 1970), aménagement du territoire (autoroutes, villes nouvelles, aéroports, RER) par l'intermédiaire de la Datar en 1963. Ainsi, de 1945 à 1975, la **théorie de Keynes** triomphe : la croissance, l'emploi et le pouvoir d'achat deviennent des objectifs des politiques économiques. Gouverner un pays revient désormais également à **réguler l'économie**.

[2. La modernisation et la rationalisation de l'administration]

La reconstruction s'accompagne de la modernisation et de la rationalisation de l'administration avec la création de l'École nationale d'administration (**ENA**, 1945) et du statut de la fonction publique (1946). L'ENA, chargée de recruter et de former les hauts fonctionnaires, répond à un double objectif : améliorer la qualité de la fonction publique et accueillir « tous ceux qui sans distinction de rang et de fortune, sans cooptation ni favoritisme, s'y montrent aptes ». **Elle démocratise et renouvelle l'élite administrative**. La création, en 1946, de l'**INSEE**, fournit des instruments statistiques désormais nécessaires aux politiques économiques. La IVe République voit ainsi l'apparition de la figure des **technocrates**, ces hauts fonctionnaires qui prennent une place essentielle dans les cabinets ministériels, à la direction des administrations ou des grandes entreprises. Sous une IVe République instable, ils assurent la **continuité de l'État** et, sous la Ve République, certains d'entre eux investissent l'action politique au détriment des parlementaires considérés comme les représentants des intérêts locaux.

[3. L'État participe aux autres échelles de gouvernance où il cherche à faire entendre sa voix]

Dès le 22 juillet 1944, **la France intègre le nouveau système économique international mis en place à Bretton Woods**. Son influence est cependant limitée, les États-Unis y exerçant largement leur hégémonie. De 1948 à 1951, la France bénéficie de plus de **l'aide Marshall**, s'engageant ainsi dans la voie de l'assistance. Cela peut être perçu comme une perte de souveraineté, mais cette aide permet néanmoins à la France de financer son plan de modernisation et d'équipement. En 1965, la France pratique une conversion de ses réserves de dollars en or, défiant la domination américaine au sein du SMI. Elle est d'ailleurs accusée par les États-Unis d'avoir précipité la fin du système de Bretton Woods en 1971.

De plus, **la France est un acteur incontournable de la construction européenne**. C'est sous l'impulsion du ministre français des Affaires étrangères, Robert Schumann, que le projet européen de la CECA voit le jour en 1951. La coopération franco-allemande devient la clef de voûte de la construction européenne. Les traités de Rome de 1957 instaurent un « marché commun » qui organise le libre-échange de marchandises sans concurrence sauvage, accélérant la coopération entre ses membres. La mise en place de politiques communes entre pays membres de la CEE suscite une législation européenne intégrée à la législation nationale. Revenu au pouvoir en 1958, de Gaulle, malgré son hostilité initiale, accepte les engagements pris. Il utilise la CEE comme un levier de sa politique de modernisation de l'économie française et d'indépendance vis-à-vis des États-Unis en matière de défense et de diplomatie. Durant les années 1960, au nom de la souveraineté nationale, de Gaulle s'oppose à l'extension du vote à la majorité dans les institutions européennes. Pour les grandes décisions, il obtient la règle de l'unanimité, sorte de droit de veto de chaque État membre. De plus, il s'oppose plusieurs fois à l'adhésion du Royaume-Uni et rejette toute forme de construction supranationale. La régionalisation et la mondialisation des prises de décision, notamment dans le domaine économique, ne sont pas vues alors comme des pertes de souveraineté nationale, mais comme **un moyen de peser dans les décisions du monde**.

[Transition]

De la fin de la Seconde Guerre mondiale aux années 1970, l'État en France renforce ses actions, aussi bien en politique intérieure que dans les instances de gouvernement internationales. Au tournant des années 1970, il semble cependant fragilisé par la conjoncture économique internationale.

[II. Le rôle de l'État est affaibli par des échelles de gouvernement concurrentes dans un contexte de ralentissement économique et de mondialisation des échanges]

[1. La mondialisation réduit les marges de manœuvre de l'État]

Au cours des années 1965-1970, la croissance économique mondiale connaît un ralentissement. La crise touche particulièrement les États-Unis qui suspendent les accords de Bretton Woods en 1971. Après le premier choc pétrolier de 1973, l'inflation s'accélère dans les pays industrialisés, dont la France. La consommation et la production reculent, le chômage enfle. Dès la présidence de Georges Pompidou (1969-1973), les grandes entreprises publiques sont encouragées à améliorer leur compétitivité. Certains économistes anglo-saxons attribuent alors la responsabilité de la crise à un trop grand interventionnisme des États qui accroît les réglementations et la fiscalité. Ils dénoncent le poids excessif de l'État-providence, des syndicats et l'inefficacité des politiques de relance, comme celle qui est menée entre 1980 et 1982 par François Mitterrand. Cette thèse néolibérale prône la rigueur* et l'autorégulation. Le retrait progressif de l'État s'impose alors en France : à partir de 1983, avec le virage de la rigueur, puis de 1986 à 1988 lorsque Jacques Chirac entreprend la privatisation de 65 entreprises publiques. Cette politique est poursuivie par ses successeurs. Pourtant, le poids de la dette publique augmente ; face à la globalisation financière et au poids croissant des agences de notation, l'État perd de sa capacité d'action. Il lutte difficilement contre la **désindustrialisation** et les **délocalisations** menées par les FTN.

[2. La construction européenne est vécue comme une contrainte]

Dans les années 1970-1980, les avancées de la construction européenne conduisent la France à concéder d'importants **transferts de souveraineté**. Les domaines où la **majorité qualifiée** suffit pour prendre des décisions se multiplient. Le 1er janvier 1993 entre en vigueur le traité de Maastricht, qui fixe le calendrier pour parvenir à la mise en place d'une monnaie unique en 1999. Des **critères de convergence** doivent être respectés : un déficit budgétaire inférieur à 3 % du PIB, une dette inférieure à 60 %, alors que dans le contexte d'instabilité monétaire internationale le déficit public se creuse. L'État poursuit ses politiques de rigueur en France pour pouvoir intégrer la zone euro, dont il est un des piliers avec l'Allemagne. Il risque des sanctions s'il ne respecte pas les règles émises par Bruxelles. La **création d'une banque centrale européenne** en 1999, l'harmonisation technique et législative, la création d'une citoyenneté européenne, le renforcement des pouvoirs de la Commission, du Parlement de Strasbourg et du Conseil européen, l'élargissement à 28 pays membres, réduisent encore le périmètre régalien. La crise de la dette grecque, qui éclate en 2010, met en danger la zone euro et pousse le FMI et les autres pays européens à intervenir pour sauver la monnaie unique. Les citoyens français vivent de plus en plus l'Europe comme une contrainte, notamment financière, et comme l'une des causes essentielles de la réduction du rôle de l'État.

[3. ....et l'État semble s'effacer]

Le recul des marges de manœuvre de l'État s'accompagne d'une crise de légitimité : il cesse d'être une représentation de l'intérêt général et est présenté comme inefficace et coûteux. L'État, influencé par les néolibéraux, tente de se réorganiser : c'est le ***new public management***. L'État est présenté comme un frein, les fonctionnaires et les entreprises publiques sont vus comme des privilégiés inefficaces protégés du chômage et de la concurrence. L'État doit cesser de faire peser le poids de l'impôt sur les entreprises et se contenter de garantir l'ordre social et politique. L'État doit donc se réformer. C'est ce qu'il tente de faire dès 1982 en adoptant le principe de libre administration des collectivités territoriales (communes, départements, régions). La décentralisation* rapproche le processus de décision des citoyens et favorise ainsi l'émergence d'une citoyenneté de proximité. C'est la fin d'un État fortement centralisé (lois Deferre). De même, les lois de finances en application depuis 2006 doivent permettre une gestion plus rigoureuse des dépenses publiques.

[Transition]

Si le rôle de l'État en France semble diminué depuis l'accélération de la mondialisation et l'approfondissement du projet européen, gouverner à l'échelle de l'État-nation semble correspondre, encore pour longtemps, à l'aspiration des citoyens. L'Union européenne, tout comme la gouvernance économique mondiale, souffre d'un déficit de démocratie, leur rôle est souvent remis en cause tandis que l'État reste l'acteur privilégié par la nation.

[III. Une concurrence des échelles européennes et mondiales de gouvernement à nuancer]

[1. Le déficit d'adhésion citoyenne à l'Union européenne et à la gouvernance économique mondiale]

Le projet européen suscite peu d'enthousiasme, surtout à partir des années 1990 et 2000. La ratification des traités de Maastricht et de Nice est difficile, le projet de constitution européenne est, dans un premier temps, un échec, du fait du « non » français au référendum de 2005. L'abstention croissante lors des élections européennes traduit la désaffection des citoyens pour le Parlement européen, qui leur semble dépourvu de poids politique. Le processus institutionnel et décisionnel est souvent perçu comme opaque, lointain, voire inefficace. Depuis les années 2000, l'opposition à l'Europe est incarnée par diverses sensibilités politiques dont celles des partis souverainistes **eurosceptiques**, comme le Front national qui obtient plus de 24 % des voix aux élections européennes de 2014.

De même, la gouvernance économique mondiale a prouvé ses limites lors de la multiplication des crises à partir des années 1990. Ces crises successives entraînent la montée de la **contestation altermondialiste** qui affirme qu'un « autre monde est possible », et dont la voix est portée en France par José Bové pour la Confédération paysanne. Héritiers de l'idéologie tiers-mondiste de la fin des années 1960, ces militants se retrouvent lors de forums sociaux. Ils sont favorables au commerce équitable, à la taxation des transactions financières, voire à la décroissance.

[2. La volonté de l'État de rester un acteur des autres échelles de gouvernance]

Si de nombreux Français remettent en cause la construction européenne et les tentatives de gouvernance mondiale, ce n'est pas le cas de l'État qui a toujours montré sa volonté d'y prendre part, si ce n'est pendant la période gaullienne. Dans les années 1970, **le couple franco-allemand** formé par Valéry Giscard d'Estaing et Helmut Schmidt impulse une relance de la dynamique européenne : mise en place d'un système monétaire européen en 1979, création du Conseil européen et élection du Parlement au suffrage universel direct. La ratification par voie parlementaire du traité de Lisbonne en 2007 peut apparaître comme la négation de la souveraineté nationale et le choix

d'un État tout puissant. Le fossé se creuse entre des responsables politiques attachés à la construction européenne et les citoyens qui s'en désintéressent.
De même, en 1975, c'est à l'initiative de Valéry Giscard d'Estaing que les chefs d'État et de gouvernement des six pays industrialisés les plus riches du camp occidental se réunissent à Rambouillet et fondent le G6. Le rôle de ce nouvel acteur de la gouvernance économique mondiale est de fixer les grandes lignes de la politique économique occidentale. Depuis, le « club » s'est élargi, devenant le G7 puis le G8. Il accueille également les pays émergents, formant régulièrement le G20. **Les pays les plus riches, dont la France, y sont majoritaires** et l'Union européenne y tient un rôle d'observateur, renforçant ainsi le poids de certains pays, dont celui de la France.

[3. L'État reste l'acteur privilégié de la nation]

Malgré le tournant néolibéral, la demande de services publics de la part des citoyens est croissante. Ceux-ci doivent répondre à de nouveaux risques dans le domaine de la santé, de l'exclusion sociale, de la sécurité domestique ou alimentaire. Les discours et les actes de l'État restent volontaristes. Afin de financer de nouvelles mesures de protection, comme le RMI (1988), le RSA (2009) et la CMU (1999), les prélèvements obligatoires atteignent 46 % du PIB en 2013. Un tiers de la protection sociale est financée par l'impôt, notamment par la CSG mise en place en 1990. En 2008, l'État intervient en finançant un plan de sauvetage des banques lors de la crise de l'euro. Ainsi, l'individualisme a renforcé le rôle législateur et redistributeur de l'État. L'État s'est adapté au monde global actuel.

[Conclusion]

Depuis 1946, l'État a dû s'adapter aux circonstances. Moteur et modernisateur dans le cadre de la reconstruction de l'après-guerre, il poursuit son action en faisant triompher l'État-providence jusqu'à la fin des Trente Glorieuses. En dépit d'une tendance apparente à l'effacement devant les processus de mondialisation et d'intégration régionale, l'État reste en France un acteur central, un régulateur de conjoncture. Si la construction européenne et les institutions de gouvernance économique mondiale ont pu fragiliser l'action de l'État en France, elles lui ont également permis de s'affirmer à l'étranger et, surtout, l'ont forcé à se réformer. Comme le dit l'historien Pierre Rosanvallon, l'État moteur, devenu État problème, « s'est peu à peu effacé au profit d'un État plus modestement incitateur ».

Clés de lecture d'un monde complexe

INTRODUCTION

- La diffusion planétaire du processus de mondialisation*, provoquée par la multiplication et les interactions croissantes entre les différents acteurs* géographiques, a consacré l'échelle mondiale comme indispensable à la compréhension des enjeux géoéconomiques* actuels. Ces acteurs sont nombreux et variés : acteurs économiques, à l'image des firmes transnationales (FTN)*, décideurs politiques dans des cadres de plus en plus inter ou supra-étatiques, autres acteurs transnationaux (ATN)*, comme les organisations non gouvernementales (ONG)* à vocation humanitaire, écologique ou de défense des droits de l'homme, ou encore réseaux de migrants internationaux appartenant parfois à une diaspora* contribuent depuis plus d'un demi-siècle à la massification des flux*. Ces derniers sont à la fois matériels pour les hommes et les marchandises, et virtuels pour les capitaux et les informations. Leur augmentation rapide a permis la naissance d'un « village planétaire » (Marshall McLuhan).

- Cette conscience commune, fruit d'économies de plus en plus interdépendantes, est aussi le résultat de nouvelles expériences de plus en plus ressenties comme partagées. L'implosion de l'Union soviétique en 1991 marque à cet égard un tournant majeur. Du point de vue géoéconomique, la fin de l'affrontement bipolaire a permis l'expansion du capitalisme* à l'échelle planétaire. Géopolitiquement, la renaissance des institutions internationales et la réorientation de leur action ont eu lieu. Dans une optique géoculturelle*, la suprématie d'une « hyperpuissance* » (Hubert Védrine) américaine exportant – non sans difficultés parfois – son mode de vie et ses valeurs a renforcé l'impression d'une américanisation progressive des sociétés permise par la transmission quasi instantanée de l'information par le biais des nouvelles technologies de l'information et de la communication (NTIC)*.

- Dans les années 1970, l'observation de la Terre depuis les satellites et la prise de conscience concomitante des risques environnementaux aboutissent à la promotion massive du développement durable*, notamment depuis le sommet de la Terre de Rio en 1992. La visibilité médiatique de cette grille de lecture **géoenvironnementale*** s'accroît ainsi depuis une génération.

- Ces nouvelles clés de lecture (géographique, géopolitique, géoculturelle et géoenvironnementale) d'un monde complexe peuvent être analysées à toutes les échelles grâce à l'outil cartographique.

CHAPITRE 10 Séries L, ES et S

Des cartes pour comprendre le monde

COURS

MÉTHODE ET STRATÉGIE

SUJETS DE TYPE BAC

CORRIGÉS

COURS

Des cartes pour comprendre le monde

Depuis la fin de la guerre froide, le monde, du fait de nouvelles dynamiques, est devenu plus complexe. Les termes utilisés par les géographes pour décrire cette complexité ont également subi des mutations. La carte, ou le planisphère à l'échelle mondiale, principal support du travail géographique, permet, malgré ses limites techniques, de visualiser ces évolutions rapides. Dans quelle mesure la représentation cartographique est-elle en mesure de rendre compte de la complexité croissante du monde actuel ?

I. La recomposition des inégalités économiques et sociales

1. Un monde en réseau*

a. Les flux, moteurs de la mondialisation des échanges

- L'internationalisation de la production dans le cadre de la nouvelle division internationale* du travail, promue comme mode de fonctionnement par les firmes transnationales* depuis un demi-siècle, a contribué à un accroissement massif des **échanges** (voir la méthode et stratégie). L'origine et la destination des investissements directs à l'étranger* (IDE), flux cette fois immatériels, recoupent en partie celles des marchandises.
- Les planisphères représentant les flux sont souvent thématiques, spatialisant importations et exportations d'un produit représentatif (pétrole par exemple) des échanges mondialisés, ou synthétisant l'ensemble des échanges par grands ensembles géographiques.
- L'Union européenne est ainsi souvent mise en valeur. Elle représente les deux tiers des échanges mondiaux grâce à la prédominance des échanges intrazone, qui y contribuent à hauteur de 50 %.

b. La projection polaire, une nouvelle vision du monde

La circulation mondiale des marchandises a des conséquences sur les modes de représentation cartographique. Le planisphère à projection cylindrique ne permet pas de montrer le bouclage du monde, les flux – entre Asie et Amérique dans le cas d'une projection européano-centrée – étant coupés par les bords de la carte. La **projection polaire** s'est donc imposée, permettant notamment de cartographier sans discontinuité les principaux flux s'effectuant par voie maritime (90 % du transport international de marchandises).

2. La complexification du modèle centre-périphérie

Les notions habituellement employées pour décrire l'organisation économique du monde – domination d'un **centre** (la Triade) sur une **périphérie**, du Nord sur le Sud – sont également à repenser.

a. Les espaces de commandement hérités : les pôles de la Triade

- La massification des échanges a conduit au « basculement du monde » (Michel Beaud), c'est-à-dire à une reconfiguration spectaculaire de la répartition mondiale des richesses, accentuée par les dynamiques nées de la crise des *subprimes* en 2007 et de la crise financière et économique qui l'a suivie un an plus tard.

- Apparue en 1985 sous la plume de l'économiste japonais Kenichi Ohmae, la notion de **Triade** renvoie à trois pôles de richesse – États-Unis, Europe occidentale, Japon – concentrant l'immense majorité de la production de richesses mondiales jusqu'au début du troisième millénaire. La part relative de ces États est aujourd'hui en déclin : 15 % de la population mondiale ne concentrent plus que la moitié de la richesse mondiale. La Triade, cette fois au sens large (Amérique du Nord, Europe occidentale et Asie-Pacifique), permet d'inclure de nouveaux pôles dans cet ensemble.

b. Une économie-monde multipolaire

- Premier exportateur mondial depuis 2010 et deuxième puissance économique mondiale depuis 2011, la Chine ne correspond plus à l'image d'une périphérie dominée. Les autres **pays émergents*** participent dans une moindre mesure à cette redistribution, dont les BRICS* paraissent être les grands gagnants. La croissance des flux Sud-Sud en est l'indice le plus probant.

- Pour rendre compte de ces dynamiques sont nées de nouvelles notions : **pôles** et **aires de puissance***, **centres d'impulsion** majeurs ou secondaires de l'espace mondialisé traduisent l'idée d'une conception d'un monde polycentrique, multipolaire.

- Centres et périphéries sont de plus en plus divers et différenciés **à toutes les échelles** : États et ensembles d'États comme l'Union européenne, façades maritimes plus ou moins composites comme en Asie orientale, métropoles* mondiales et villes globales grâce aux fonctions de commandement de leurs quartiers d'affaires.

3. La persistance des inégalités de développement*

a. Croissance économique et aggravation des inégalités socio-spatiales

- Croissance économique et amélioration des conditions de vie des populations sont loin de coïncider : à toutes les échelles, l'insertion des territoires dans la mondialisation économique a accru les inégalités. Les choix cartographiques effectués sont de plus en plus adaptés à la **visualisation des distorsions** entre richesse et développement. De nombreux planisphères confrontent les données macroéconomiques (PIB par État) aux réalités plus individuelles (RNB/habitant, IDH*). Elles font ressortir, entre autres, le mal-développement des pays exportateurs d'hydrocarbures, riches en pétrodollars mais dont les populations sont en partie exclues de la redistribution des bénéfices de l'économie de rente*.

- La multiplication des **indicateurs de développement** rend à elle seule la lecture du monde de plus en plus complexe. En réponse aux critiques visant le caractère réducteur de l'IDH sont apparus d'autres indicateurs aux modes de calcul complexes : indice sexo-spécifique de développement humain (ISDH) précisant les valeurs de l'IDH par sexe, indice de pauvreté multidimensionnelle (IPM) s'appuyant sur des indicateurs différents selon le niveau de développement des États, enfin coefficient de Gini mesurant les inégalités au sein d'une société.

b. Des Nords, des Suds

- En 1980, suite à la diffusion du rapport *Nord-Sud : un programme de survie*, publié sous la direction de l'ancien chancelier allemand Willy Brandt et portant sur les problèmes internationaux de développement, la division du monde entre un Nord industrialisé et développé et un Sud en retard de développement rend caduque la notion de tiers-monde. S'imposant dans les années 1990, elle conduit à une représentation cartographique : la **limite Nord-Sud**.

- Les évolutions économiques actuelles et les jeux d'échelle – le niveau de vie d'un citadin du Sud pouvant se révéler égal ou supérieur à celui d'un habitant d'une métropole du Nord – rendent cependant la limite Nord-Sud de plus en plus inopérante. Les quatre Dragons asiatiques ont une première fois fait bouger la ligne de démarcation : leur IDH est aujourd'hui proche de celui des pays les plus développés. La proximité de l'IDH de la Russie, puissance* déclassée du Nord, et de celui de certains pays émergents, interpelle : le choix du nombre de classes et des seuils de discrétisation lors de la réalisation d'un planisphère est alors déterminant.
- À l'heure actuelle, Nords (anciens pays industrialisés et développés, nouveaux pays industrialisés asiatiques, économies en transition de l'ancien bloc communiste) et Suds (pays émergents, en développement ou les moins avancés) sont donc de plus en plus hétérogènes.

c. Une représentation cartographique privilégiée : l'anamorphose

Les planisphères par **anamorphose**, représentation des informations sélectionnées par des formes géométriques dont la surface est proportionnelle à l'importance du phénomène cartographié, simplifient le tracé des frontières pour mieux visualiser les contrastes. Ils sont aujourd'hui supplantés par des types d'infographie plus esthétiques : les **cartogrammes**.

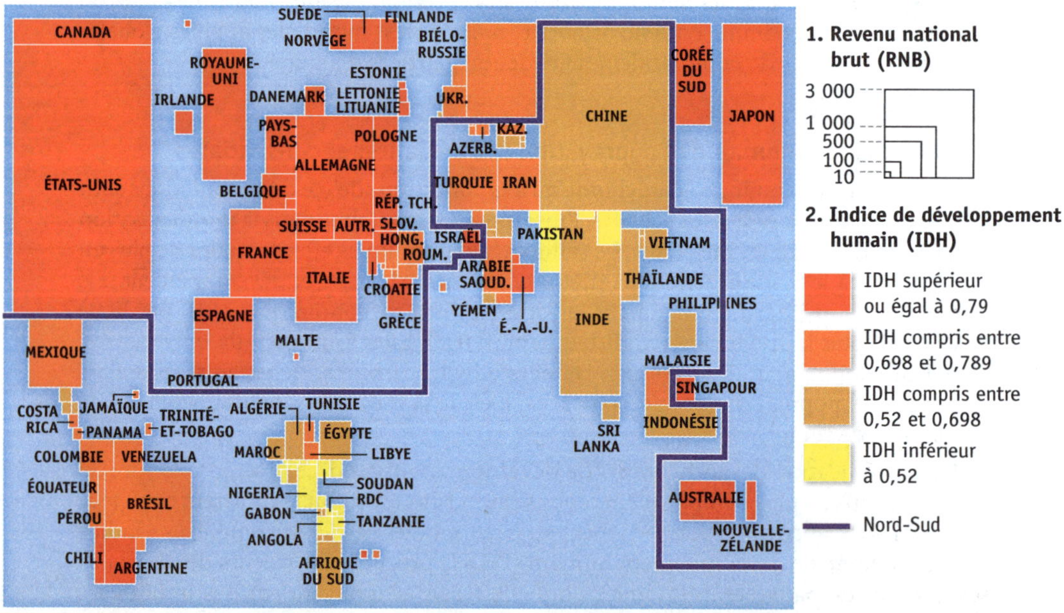

DOC. 1 Les inégalités de richesse et de développement dans le monde en 2011.
Du fait de la localisation d'un grand nombre de pays les moins avancés* (PMA) en Afrique (34 pays sur 49 en 2013), la pauvreté et le faible niveau de développement du continent africain sont souvent perceptibles en creux, du fait de sa quasi-disparition sur certains planisphères par anamorphose. Dans les décennies 1960-1970 au contraire, afin de mettre en valeurs le tiers-monde en développement, la mise en avant de la taille du continent africain sur les planisphères utilisant la projection de Peeters (au détriment de celle de Mercator) avait permis de se défaire de la sous-représentation des espaces situés aux latitudes intertropicales.

II. Un monde politiquement fragmenté

Les nouvelles ambitions économiques de nombreux États (leur *hard power* selon Joseph Nye) se traduisent également par des structures et des actions d'ordre militaire dont rend compte une grille de lecture géopolitique* du monde. Le rôle des différentes puissances dans la mondialisation et leurs relations constituent en effet des enjeux majeurs pour comprendre le monde actuel.

1. Un monde multipolaire : entre héritages et recompositions

a. L'oligopole des grandes puissances

- Les grandes puissances, dont la capacité d'influence est héritée des guerres du XXe siècle, conservent un poids majeur. **États-Unis, Chine, Grande-Bretagne, France** et **Russie** sont les cinq membres permanents du Conseil de sécurité de l'ONU. Ils y disposent du droit de veto et possèdent l'arme nucléaire, acquise antérieurement à la signature du traité de non-prolifération de 1968.
- Les alliances militaires sont la traduction du réseau d'alliances tissé par une puissance et ses alliés. Si l'OTAN s'est pérennisée et a même accueilli de nouveaux membres en 2004, le pacte de Varsovie a été dissous en 1991 et a été remplacé par l'Organisation de coopération de Shanghai (OCS) en 1996 : États-Unis, Grande-Bretagne et France d'un côté, Russie et Chine de l'autre, se font face.

b. Le planisphère, outil de démonstration de la puissance

- La traduction géographique de la puissance passe en grande partie par le **choix de l'orientation et du centrage d'un planisphère**. Le territoire placé au centre de la représentation cartographique domine ses concurrents.
- Même la nomenclature utilisée sur un planisphère peut devenir source de tensions internationales : l'étendue d'eau séparant le Japon et la Corée s'appelle-t-elle mer du Japon ou mer de l'Est, les îles revendiquées par le Japon et la Chine Senkaku ou Diaoyu ?

c. Un nouveau désordre mondial difficile à cartographier

- Les **nouvelles conflictualités** (guerres civiles ou interétatiques de basse intensité et/ou asymétriques : attaques terroristes, piraterie) ayant succédé à la guerre froide, le mode de représentation cartographique des conflits a dû être repensé.
- Leur localisation le plus souvent diffuse et leur évolution rapide représentant un défi technique : la localisation par figurés ponctuels ou aplats de couleur, l'incertitude et l'obsolescence rapide des données, la généralisation simplificatrice à la dimension d'un « arc des crises » (Bernard Lewis) couvrant une partie de l'Afrique, du Proche et du Moyen-Orient, apparaissent inévitablement comme insatisfaisants.

2. Les nouveaux acteurs publics de la mondialisation

- L'économie mondialisée dépasse le cadre politique des **États**, dont la souveraineté et la légitimité sont fragilisées face à la pression des acteurs non étatiques : FTN profitant de la dérégulation, agences de notation* influençant la perception du risque-pays et la confiance des investisseurs, migrants questionnant l'existence des frontières politiques (voir le chapitre 11). Paradoxalement, les indicateurs statistiques les plus courants (endettement, balance commerciale et des paiements) restent inscrits dans le cadre national. Les États jouent un rôle moteur dans les dynamiques de la mondialisation par leur législation plus ou moins favorable aux FTN (paradis fiscaux, zones franches*). Les puissances économiquement émergentes aspirent désormais à jouer un rôle géopolitique au conseil de sécurité de l'ONU ou par le biais de dépenses militaires en hausse.

- D'autres formes d'organisations politiques concurrencent les États au nom de l'émergence d'une **nouvelle gouvernance mondiale** (voir le chapitre 9). Les États membres d'organisations régionales abandonnent tout ou partie de leurs prérogatives de législateur. À l'échelle internationale, les discussions intergouvernementales sont plus ou moins pondérées par un rapport de force né d'inégales contributions financières à l'ONU, à la Banque mondiale ou au Fonds monétaire international (FMI).

- Les débats tenus lors des sommets itinérants du G8 ou du G20 créent un **nouveau maillage des capitales politiques mondiales**, permanentes ou éphémères, reflétant le dynamisme des villes mondiales établies ou en essor (voir le sujet 1). Ainsi, l'union économique et monétaire créée au sein de l'Union européenne a fait émerger une nouvelle centralité à Francfort-sur-le-Main, siège de la Banque centrale européenne et quatrième capitale de l'Union européenne.

Projection et centrage : une vision du monde

- Les planisphères **européano-centrés**, vision traditionnelle pour les Européens, remontent au temps des Empires coloniaux, plaçant au centre et en haut de la représentation les métropoles. Les planisphères américano-centrés renforcent la domination des États-Unis sur leur « arrière-cour » américaine. Les planisphères sino-centrés rendent compte de la montée en puissance actuelle de l'« Empire du milieu ». Les planisphères *down under* centrés sur l'Australie, diffusés depuis 1979, mettent en valeur cette puissance régionale dans le Pacifique.

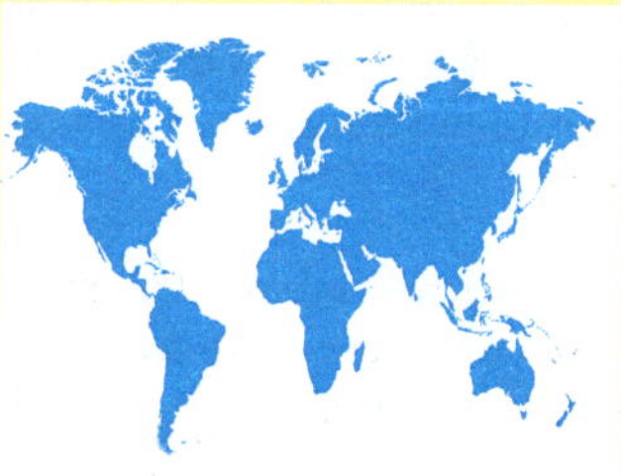
planisphère européano-centré

planisphère américano-centré

planisphère pacifico-centré

- En revanche, la **projection azimutale équidistante** (dite polaire), adoptée en juin 1945 à la conférence de San Francisco pour être le support de l'emblème puis du drapeau de l'ONU, place les continents sur un pied d'égalité : le choix cartographique, renforcé par les deux branches d'olivier, symbolise l'espoir une communauté internationale fondée sur l'égalité entre ses membres. Seul le continent Antarctique n'est pas visible.

3. Le maillage étatique, fondement des relations internationales

a. La territorialisation croissante de l'espace mondial

- Le **pavage** étatique est la base de la représentation cartographique habituelle : les cartes « choroplèthes » donnent à voir la juxtaposition de 193 États dont l'étendue est continue et exclusive, les frontières linéaires et emboîtées sans solution de continuité : tout lieu y est inclus ou en est exclu. Ce fond de carte traditionnel donne l'illusion d'un contrôle sur un territoire national uniforme, gommant l'hétérogénéité aux échelles infra-étatique, et essentialisant la construction progressive de l'État-nation* depuis le XVIIIe siècle.

- La **territorialisation** du monde constitue en effet une dynamique inachevée. L'Érythrée (en 1993) et le Soudan du Sud (9 juillet 2011) sont par exemple les deux derniers États africains reconnus par la communauté internationale ; en Europe, le Kosovo est reconnu depuis 2008. Seules deux unifications ont été recensées (Allemagne et Yémen en 1990). Cependant, certaines frontières ne sont pas reconnues par la communauté internationale, telles celles de la Crimée revendiquée par la Russie au printemps 2014. Les revendications indépendantistes fondées sur des bases identitaires, linguistiques, religieuses ou motivées par des enjeux économiques (redistribution de la manne pétrolière), se localisent principalement dans les grandes zones de crises et de tensions, en Afrique ou en Asie centrale.

- Les **mers et les océans** sont aussi devenus, depuis la convention de l'ONU sur le droit de la mer à Montego Bay (1982), des enjeux de souveraineté : ces nouvelles frontières proposent un pavage renouvelé (et disputé) du globe selon les Zones économiques exclusives (ZEE), accordant notamment une place nouvelle aux micro-États insulaires (voir le chapitre 12).

b. La diversité topographique des États

- Les **États-continents** comme la Russie, le plus vaste pays du monde, disposent de ressources* naturelles et souvent d'une population nombreuse pouvant être considérées comme des bases de la puissance économique, à la condition que le territoire soit suffisamment maîtrisé.

- Les **micro-États** sont au contraire fréquemment perçus comme des « nains » politiques, alors que leur potentiel humain peut se révéler être un atout essentiel à l'heure de l'économie de l'innovation, de la connaissance et du savoir ; d'autres tirent parti de leur législation en devenant des paradis fiscaux.

c. Les frontières, enjeux majeurs de souveraineté et de représentation

La délimitation des **frontières** est un enjeu géopolitique dont les répercussions se lisent dans les choix cartographiques. Presque un dixième des frontières étatiques a été tracé après 1991 (27 000 km sur 248 000 km). Leur disparition, annoncée par la multiplication des accords commerciaux, reste pour le moment une utopie. Le renforcement de leur matérialité, de la frontière mexicano-américaine aux zones d'attente des aéroports internationaux, est une tendance réelle, en particulier pour encadrer les mobilités humaines. Les querelles de bornage et les incidents nécessitent parfois que le cartographe prenne position, en choisissant un tracé frontalier plutôt qu'un autre (Sahara occidental ou Cachemire indien par exemple).

III. La mondialisation, chance ou menace pour la diversité humaine et écologique ?

1. Une complexité culturelle réelle

a. Les aires de civilisation* : une définition impossible ?

- La pluralité des **aires de civilisation** est liée à la diversité des fondements, religieux, linguistiques ou historiques, servant de base à la classification des ensembles géographiques. Plus de 5 000 langues sont recensées à la surface du globe. Avec ses 24 langues officielles, ses trois alphabets et plus de 3 500 traducteurs, l'Union européenne fait figure de tour de Babel.
- Le nombre de croyants progresse dans le monde, notamment du fait de la transition démographique : les chrétiens (40 % de la population mondiale) voient leur nombre augmenter hors d'Europe ; les musulmans (20 % de la population mondiale)sont très présents dans le monde arabe mais plus nombreux en Asie, où bouddhisme et hindouisme disposent également d'une vaste base démographique. Cristallisant les tensions, les identités religieuses sont liées à un grand nombre de conflits qui parcourent le monde actuel.

b. Le phénomène religieux : une cartographie impossible ?

Les critiques n'ont pas manqué concernant la division du monde en neuf aires de civilisation, à la cohérence illusoire et aux lignes de front contestables, présentés par le politologue américain Samuel Huntington en 1996 dans son ouvrage *Le Choc des civilisations* ; la réponse apportée un an plus tard par le géographe français Yves Lacoste, qui divise le monde en cinq ensembles, présente les mêmes limites.

2. Le mythe de l'uniformisation culturelle

a. La diffusion planétaire d'un modèle occidental

- À première vue, le volet culturel de la mondialisation est synonyme d'**occidentalisation**, voire d'**américanisation**. Best-sellers, séries télévisées, musique pop, alimentation, vêtements, valeurs ou lieux (centres commerciaux, parcs d'attractions) semblent se standardiser à mesure que les FTN pénètrent les marchés nationaux. L'anglais globalisé, le *globish*, est devenu une langue véhiculaire, notamment sur Internet (voir le sujet d'approfondissement).
- Les grands événements sportifs, dont le berceau est situé en Europe (comme les jeux Olympiques refondés par Pierre de Coubertin en 1896), sont désormais organisés par des villes et des pays dont l'émergence économique est ainsi prolongée symboliquement : Rio accueillera les jeux Olympiques en 2016, le Qatar organisera la Coupe du monde de football en 2022, Singapour organise un grand prix de Formule 1 depuis 2008.

b. L'hybridation, une nouvelle richesse culturelle

La mondialisation culturelle permet d'autres phénomènes : réappropriation, métissages, syncrétisme sont autant de modalités d'adaptation à un horizon culturel élargi aux cinq continents. Les productions de Bollywood à Mumbai et Nollywood à Lagos concurrencent ainsi à l'échelle continentale l'industrie hollywoodienne.

c. La diversité culturelle, une valeur commune

Le maintien de la diversité culturelle est encouragé par les instances internationales. L'**Unesco** labellise ainsi depuis 1972 des sites naturels et historiques ainsi que des pratiques culturelles locales, régionales ou nationales désormais patrimonialisées.

Cartographier le fait religieux

Apparemment simple et rapide à lire, ce planisphère thématique concernant la répartition géographique du bouddhisme dans le monde peut être soumis à plusieurs interrogations.

- La définition d'un bouddhiste est floue, comme celle de tout autre adepte d'une religion : s'agit-il d'un pratiquant régulier (sur quelle base : annuelle, hebdomadaire, quotidienne ?), d'un croyant dont la pratique n'est pas forcément institutionnalisée, d'une personne s'appuyant sur la spiritualité bouddhiste sans en reconnaître tous les dogmes ?
- Par ailleurs, les cinq seuils de discrétisation choisis sont déséquilibrés : trois d'entre eux concernent des valeurs relatives inférieures à un dixième de la population totale du pays, gommant les nuances possibles entre pays dont la population bouddhiste est comprise entre 10, 40 et 100 %.
- L'analyse à l'échelle mondiale doit enfin être complétée par l'étude de l'ancrage spatial d'une religion à plus grande échelle. Une analyse menée à l'échelle régionale verrait, dans le cas de la Chine, une différence notoire entre marges tibétaines et Chine des Han. À l'échelle locale, l'insertion pluriséculaire des temples, des moulins à prière et des stupas dans le paysage montagneux bhoutanais est différente de celle de centres communautaires modernes construits dans des pays occidentaux. L'étude des routes de pèlerinage et celle des fêtes religieuses, célébrées avec un faste particulier dans certains monastères, pourrait contribuer à dessiner une cartographie plus révélatrice du fait religieux, qui passerait par l'usage de figurés linéaires et ponctuels.

DOC. 2 Les bouddhistes dans le monde en 2010.

3. Le développement durable*, nouveau modèle culturel mondialisé ?

a. Une prise de conscience progressive

- Fruit de la prise de conscience des ressources limitées de la planète et de l'existence de risques dépassant les frontières, tels les marées noires ou la montée du niveau des océans, la **grille de lecture géoenvironnementale** du monde est devenue indispensable à l'analyse du monde actuel.

- Son histoire est celle d'une diffusion planétaire, comme tout autre produit mondialisé : de la définition confidentielle de la notion de développement durable contenue dans le rapport Brundland (1987) à sa médiatisation lors du **Sommet de la Terre à Rio (1992)**, du protocole de Kyoto (1997) à sa renégociation *a minima* à Paris (2015), le nombre d'acteurs et de territoires concernés n'a cessé de s'étendre.

- La question de la durabilité du développement nécessite désormais de croiser des logiques **économiques, sociales et environnementales.**

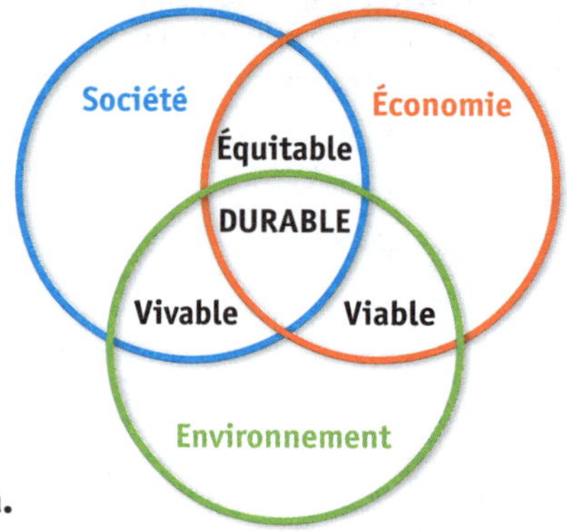

a.

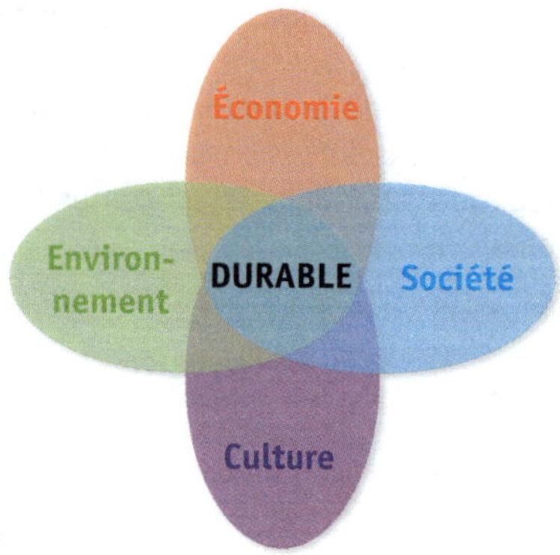

b.

DOC.3 La définition du développement durable
a. Représentation à trois « cercles » du rapport Brundtland, 1987
b. Représentation à quatre « pétales » du Sommet de Johannesburg, 2002

b. Le dilemme de la mondialisation : écologie *versus* économie ?

- Les activités économiques produisant de la croissance* et de la richesse peuvent mener à des **dégradations environnementales** de grande ampleur : épuisement des ressources énergétiques fossiles, augmentation de la concentration des gaz à effet de serre (GES) dans l'atmosphère, catastrophes technologiques.

- Les pays les moins industrialisés et développés seraient les plus vertueux ; mais leurs dirigeants sont confrontés, en particulier en Afrique et en Asie, au défi d'assurer à une population en forte augmentation, notamment en ville, l'accès à un niveau de vie décent sans épuiser pour autant les ressources naturelles locales. Certains pays du Sud revendiquent ainsi un **droit au développement** et refusent de se soumettre aux règles établies par les pays du Nord.

c. Des planisphères anxiogènes ?

- L'analyse de la source est essentielle pour comprendre l'éventuelle **dramatisation des enjeux** (biodiversité, énergies renouvelables) que les ONG pratiquent pour alerter l'opinion publique.
- La dimension diachronique est également fondamentale : il s'agit en effet de permettre aux générations futures de disposer de ressources naturelles pour leur propre développement. Les cartes deviennent ainsi **prospectives**, visualisant des scénarios pour les décennies à venir à partir d'évolutions documentées depuis plusieurs décennies. La modélisation des futurs possibles est aujourd'hui essentiellement climatique : élévation du niveau des mers et des températures, fonte de la banquise arctique.

Le monde actuel est donc soumis à de multiples découpages, dont la dialectique principale se situe entre uniformisation et fragmentation. Ainsi, les cartes, et en premier lieu les planisphères, sont des constructions intellectuelles dont la conception et la réalisation ont été affectées par la mondialisation. Nécessaires mais imparfaites pour rendre compte des dynamiques à l'œuvre et de leurs interactions, elles imposent d'analyser les choix effectués en termes de projection, centrage, informations et figurés, qui concourent à transmettre une vision sélective de territoires interdépendants, une représentation partielle d'un monde multipolaire et métissé, un point de vue sur une planète pour certains en sursis (voir le sujet d'approfondissement).

REPÈRES

Chiffres clés

Les 5 États les plus peuplés en 2014

État	Chine	Inde	États-Unis	Indonésie	Brésil
Population (en millions d'hab.)	1 373	1 250	320	254	203

Les 5 États les plus riches en 2014

État	États-Unis	Chine	Japon	Allemagne	Royaume-Uni
PIB (en milliards de dollars)	18,3	11,3	4,8	4	3

Les 5 États les plus vastes

État	Russie	Canada	Chine	États-Unis	Brésil
Superficie (en millions de km^2)	17	10	9,6	9,4	8,5

Bibliographie

Atlas

• *L'Atlas des atlas : le monde vu d'ailleurs en 200 cartes*, *Courrier international*/Arthaud, 2008
• BONIFACE P., VÉDRINE H., *Atlas du monde global*, Paris, Armand Colin/Fayard, 2010
• RAISSON V., *Atlas des futurs du monde*, Paris, Robert Laffont, 2010

Revues

Carto (bimestriel) et *Diplomatie* (mensuel) publient de nombreuses cartes et disposent d'une documentation en ligne (**www.carto-presse.com** ; **www.diplomatie-presse.com**).

Ouvrages de référence

• FOUCHER M., *La Bataille des cartes : analyse critique des visions du monde*, Paris, François Bourin éditeur, 2011
• GRATALOUP C., *Représenter le monde,* revue La Documentation photographique, Les dossiers n° 8084, 2011
• LÉVY J., *La carte, enjeu contemporain*, Paris, La Documentation française, 2004

Sitographie

• Trois sites incontournable proposent des cartes à différentes échelles :
– **www.ladocumentationfrancaise.fr/cartes**
– **http://cartographie.sciences-po.fr/fr/cartotheque**
– **www.monde-diplomatique.fr/cartes/**

• Les sites institutionnels (Banque mondiale, OMC…) ou des grandes ONG (WWF) disposent de ressources cartographiques, parfois interactives.

• « Les cartes des autres », J.-C. Victor, *Le Dessous des cartes*, mars 2009 (émission diffusée sur Arte) ; à voir sur **ddc.arte.tv**

MÉTHODE ET STRATÉGIE

1 Étude critique de deux planisphères thématiques – La complexité du monde d'un point de vue géoéconomique

Après avoir présenté les documents, vous montrerez leurs apports et leurs limites quant à la compréhension de la complexité géoéconomique du monde. Vous porterez un regard critique sur les modes de représentation cartographique choisis.

> Voir la méthode générale d'une étude critique de document en annexe (p. 518).
> Voir les sujets 1 et 2 du chapitre 10 et le sujet d'approfondissement (p. 329).

DOC. 1 Part dans les exportations mondiales de marchandises en 2012, en pourcentage.

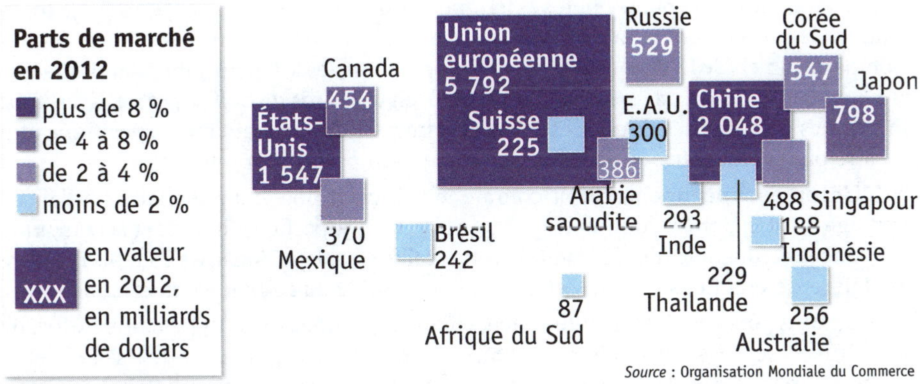

Source : Organisation Mondiale du Commerce

DOC. 2 Part dans les importations mondiales de marchandises en 2012, en pourcentage.

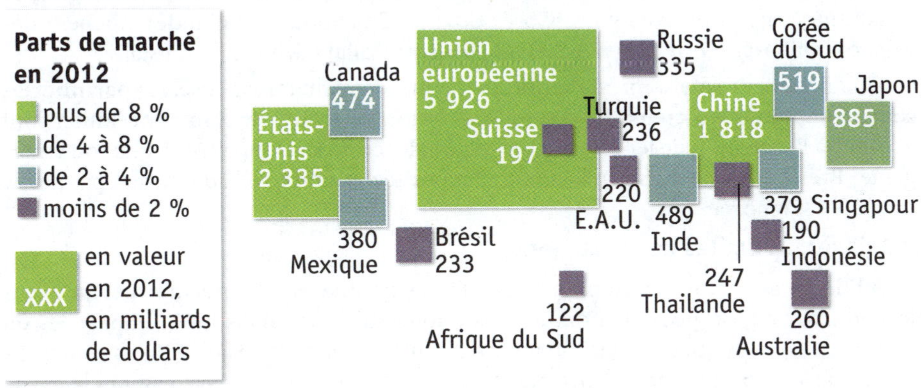

Analyser le sujet

> Analyser le thème et la consigne du sujet

- La grille de lecture proposée est fortement liée à la mondialisation (voir la partie I du cours). L'énoncé très ouvert permet d'aborder les principales problématiques du chapitre : analyse critique des principales **notions** abordées, **typologie** liée à des critères géoéconomiques, **critique** d'une représentation cartographique.

> Identifier les documents

- Deux **cartogrammes**, simplifications géométriques encore plus réductrices que des cartes par anamorphose, traitent d'un thème économique fortement corrélé à la mondialisation : les échanges commerciaux mondiaux, c'est-à-dire les flux de marchandises. Les données sont celles de 2012, soit quatre ans après le début de la crise économique mondiale marquée par une contraction temporaire des échanges mondiaux. Les données statistiques ont été élaborées à partir des données de l'organisation mondiale de référence en ce domaine, l'OMC*. Elles concernent une vingtaine d'États au centre des échanges mondiaux contemporains.

> Relever les informations importantes dans les documents

- La lecture des deux planisphères et leur nécessaire confrontation nécessitent la **localisation**, le **croisement** et la **hiérarchisation** de nombreuses données synchroniques (comparaison en 2012 du poids dans les importations et les exportations mondiales), présentées à la fois en valeurs absolues (valeurs en milliards de dollars) et relatives (part en %). Les nombreuses données statistiques nécessitent un traitement spécifique afin de faire parler les chiffres (ordres de grandeur, comparaisons).

- L'**Union européenne** apparaît comme le principal pôle commercial mondial. Le centrage du planisphère sur le continent européen, la superficie du carré et la couleur la plus foncée du dégradé (doc. 1) mettent cette réalité en valeur. Ainsi, les 28 États membre de l'UE représentent environ trois fois la valeur absolue du commerce extérieur chinois.

- Les autres **pôles et aires de puissance**, encore regroupés sous l'appellation de Triade (K. Ohmaé) se dégagent également. Outre l'Union européenne, les États-Unis et la Chine figurent parmi les premières puissances commerciales mondiales. Les États-Unis ont la particularité de présenter une balance commerciale déficitaire : la valeur des exportations y est inférieure d'un tiers à celle des importations. Avec plus de 8 % des échanges mondiaux, la Chine a dépassé le Japon. L'Asie orientale se distingue par sa multipolarité : plusieurs pays (Corée du Sud, Singapour, Thaïlande) affichent des valeurs similaires, entre 400 et 1 200 milliards de dollars échangés au total.

- Du fait de leur sous-représentation par le biais de l'anamorphose, les **périphéries** sont représentées en creux. Les continents sud-américain, africain et océanien sont absents, à l'exception de leur puissance régionale, pays développé (Australie) ou émergente (Brésil, Afrique du Sud). La grande majorité des États, celle qui ne fait pas partie du G20, est ignorée.

> Relever les limites des documents

- À l'heure des écrans et du numérique, l'**infographie** est devenue un vecteur privilégié d'information pour de nombreuses publications journalistiques imprimées ou numériques, en France ou dans le monde. Toutefois, la vulgarisation de la représentation cartographique ne permet pas de conserver certains aspects essentiels à une représentation cartographique scientifique.

- Le simple pavage étatique néglige la visualisation des **flux de marchandises** (volumes, directions). Les interdépendances, les flux croisés, les dissymétries sont peu perceptibles du fait du caractère statique des deux cartogrammes.
- La dimension **multiscalaire** du raisonnement géographique peine également à être démontrée. Dans le cas de l'UE en particulier, la représentation choisie met certes en avant l'ensemble formé par des États ayant signé des traités de libre-échange*, mais néglige les disparités socio-spatiales (par exemple entre États membres de la zone euro* et ceux qui n'en sont pas membres) et surtout ne permet pas de dissocier le commerce intrazone et le commerce avec des pays tiers, ce dernier comptant au final pour la moitié des échanges commerciaux des 28.
- Enfin, l'**efficacité visuelle** des choix graphiques est à relativiser du fait de l'utilisation d'une palette graphique restreinte à un dégradé de deux couleurs froides.

Bâtir le plan de l'étude de documents

> Mobiliser et organiser ses idées

L'apport de notions, définitions, connaissances et exemples permet d'éviter la paraphrase du document.

La croissance exponentielle des **flux** matériels liés au commerce international est l'un des principaux aspects de la mondialisation. Au pétrole, première marchandise échangée dans le monde, dont le volume et la valeur sont stratégiques, s'ajoutent d'autres marchandises : matières premières et produits agricoles à faible valeur ajoutée, produits manufacturés à haute valeur ajoutée (aéronautique, chimie) ou non (textile, jouets). La légende met ici en évidence le poids de la valeur de ces marchandises.
Le commerce international reflète et modifie en partie la **hiérarchie** des territoires dans la mondialisation : la domination du Nord et de la Triade laisse place à l'affirmation d'organisations régionales* (UE, ALENA*, dans une moindre mesure MERCOSUR* et ASEAN*), d'un ensemble hétéroclite de pays émergents et à des pays exportateurs d'hydrocarbures. Au contraire, les périphéries (pays en développement et PMA avant tout) restent dépendantes des centres et moins concernées par la circulation de la richesse induite par les flux de marchandises, car leurs exportations sont principalement composées de matières premières non transformées.

> Construire le plan

Le plan, **typologique**, peut reprendre les grands axes repérés lors de la description des deux planisphères.

I. L'UE, premier pôle commercial mondial
1. Une hégémonie incontestable
2. Une suprématie à nuancer

II. La multiplication des centres
1. Les autres pôles anciens de la Triade
2. La montée en puissance de nouveaux pôles

III. Des périphéries invisibles
1. Le reflet des inégalités de richesse et de développement
2. Des exceptions : les puissances régionales des Suds

Rédiger l'étude de documents

> Rédiger le développement

Voici un exemple de sous-partie rédigée. On y énonce en premier lieu l'idée principale ❶. Puis est développée l'argumentation en utilisant les documents (ici en rouge) et ses connaissances (en vert) ❷, sans omettre de critiquer les documents (en bleu) pour nuancer l'argumentation ❸.

II.2. La montée en puissance de nouveaux pôles

❶ Les pays émergents ont profité des dynamiques de la mondialisation pour s'intégrer au commerce mondial.

❷ Ainsi, la Chine était en 2012 la deuxième puissance commerciale mondiale, talonnant les États-Unis (avec un commerce extérieur d'une valeur de 3 866 milliards de dollars contre 3 882) et les a dépassés en 2014 ; ses exportations en avaient fait dès 2011 le premier exportateur mondial devant l'Allemagne. Cette évolution explique et renforce sa place de deuxième puissance économique mondiale, au détriment du Japon, depuis 2011 : le commerce extérieur japonais représente environ la moitié de la valeur du commerce mondial chinois.

La Chine reproduit le modèle de développement adopté avec succès par les NPIA dans les années 1960-1970. La Corée du Sud et Singapour affichent des exportations d'une valeur comparable à celle de la Russie ou du Canada et supérieure à celle de l'Inde, pour un territoire moins étendu et une population moins nombreuse. Ces deux Dragons, désormais classés dans les Nords, illustrent la réussite de la montée en gamme, de la remontée des filières, du modèle du « vol d'oies sauvages » (Akamatsu) que suit la Chine à l'heure actuelle.

Les autres puissances émergentes, appartenant ou non au groupe des BRICS, fondé en 2009, apparaissent comme des puissances commerciales de second rang. La part de chacune dans les exportations mondiales est inférieure à 4 %. La valeur des exportations y est inférieure à 400 milliards de dollars, soit moins d'un cinquième de la valeur des exportations chinoises. Du fait de sa rente pétrolière et gazière, la Russie présente cependant une balance commerciale largement excédentaire. Le Mexique grâce à sa présence dans l'ALENA depuis 1994 et l'Arabie saoudite ou les Émirats Arabes Unis grâce à leurs ressources pétrolières présentent après la Chine les chiffres les plus élevés des Suds à l'export, qui cachent leur dépendance vis-à-vis du marché états-unien.

❸ Nouvelles puissances commerciales, les pays du Sud présentent en effet une forte dépendance vis-à-vis des marchés internationaux, tant au niveau de leurs exportations, principalement vers les États-Unis ou l'Union européenne, flux que des flèches épaisses auraient pu représenter sur les deux planisphères, que de leurs importations de matières premières ou énergies fossiles, en provenance de pays non retenus ici par le cartographe, par exemple le pétrole sud-soudanais pour la Chine.

SUJETS DE TYPE BAC

1 Étude critique d'un document – Le nouvel ordre mondial

60' (S)
90' (L, ES)

Après avoir présenté le document, vous l'analyserez afin de présenter le relatif basculement militaire et diplomatique que connaît le monde à l'heure actuelle. Vous porterez un regard critique sur la représentation cartographique choisie.

> Voir la méthode générale d'une étude critique de document en annexe (p. 518).
> Voir la méthode et stratégie du chapitre 10.

DOC. Le monde en 2013 : grille de lecture géopolitique.

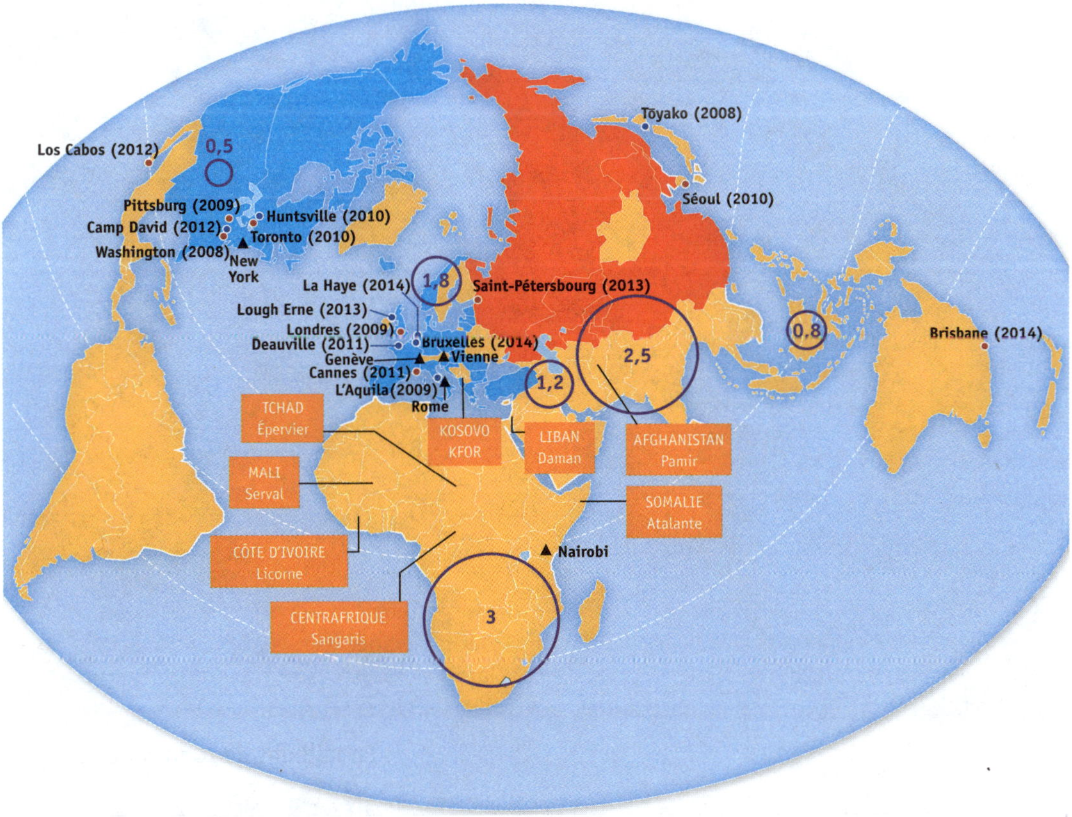

1. Les alliances militaires
- pays membres de l'OTAN
- pays membres de l'Organisation de sécurité de Shanghai

2. Les foyers de conflits
- (0,8) Nombre de réfugiés (2013, en millions)
- interventions militaires françaises (OPEX) à l'étranger, 2013

3. La gouvernance mondiale
- ▲ siège et offices des Nations unies
- • sommets du G8 depuis 2008
- • sommets du G20 depuis 2008

2 Étude critique d'un document – Les transferts de CO_2 en 2011 : une lecture géoenvironnementale du monde actuel

60' (S)
90' (L, ES)

Après avoir présenté le document, vous analyserez son apport et ses limites quant à une lecture géoenvironnementale du monde actuel. Vous porterez un regard critique sur les modes de représentation cartographique proposés.

> Voir la méthode générale d'une étude critique de document en annexe (p. 518).
> Voir la méthode et stratégie du chapitre 10.

DOC. Les transferts de CO_2 en 2011.

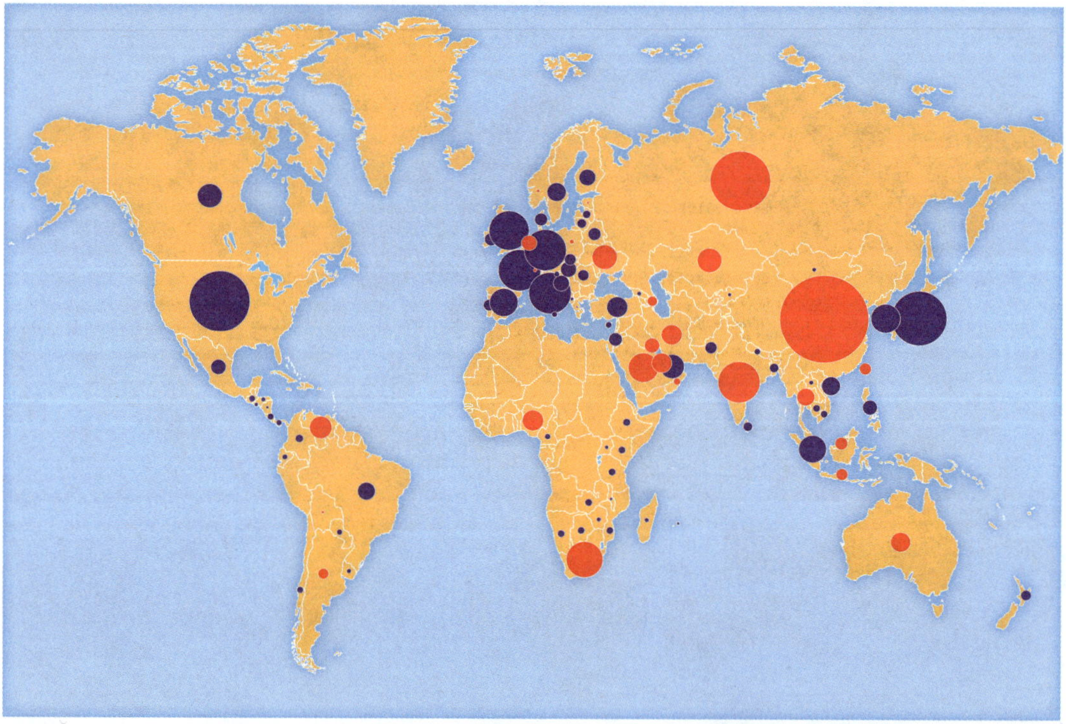

En millions de tonnes de CO_2

Pays importateur — Pays exportateur

> 1 500 > 350 > 200 > 25 > 10

CORRIGÉS

1 Étude critique d'un document – Le nouvel ordre mondial

[Introduction]

En 1990, au crépuscule de la guerre froide, le politologue américain Joseph Nye précise et complète la définition usuelle de la notion de puissance. Le *hard power* relève pour lui des domaines économique et militaire, le *soft power* de l'influence diplomatique et culturelle. La carte de synthèse proposée décline ces deux aspects appliqués au champ géopolitique, sous trois angles : les rapports de force entre États, symbolisés par deux alliances militaires ; l'instabilité du monde contemporain, miné par de nombreux conflits ; enfin, les espoirs placés dans un nouvel ordre international multilatéral. Dans quelle mesure le « basculement du monde » (M. Beaud) n'est-il pas seulement géoéconomique, mais aussi géopolitique ? Si certains facteurs de continuité perdurent, de nouvelles configurations, acteurs et tensions, apparaissent. Le « nouvel ordre mondial » (G. Bush) apparaît au final plus diplomatique que militaire.

[I. « Le monde d'hier » (S. Zweig) : une clé de lecture encore pertinente]

Des héritages liés à l'histoire mondiale du XXe siècle modèlent encore les configurations géopolitiques mondiales actuelles.

[1. La recomposition des réseaux issus de la guerre froide]

Sur le planisphère, l'**OTAN** est l'un des éléments les plus visibles : premier item de la légende, son figuré (aplat de couleur bleue) s'inscrit dans la lignée de la représentation traditionnelle de la puissance maritime des États-Unis. Fondée lors du blocus de Berlin (1948-1949), l'OTAN a survécu à la fin de la guerre froide et a vu le nombre des pays membres augmenter avec l'adhésion d'anciens pays européens du bloc communiste, jusqu'à posséder une frontière commune avec l'ancien ennemi au niveau des États baltes. Les tensions autour de l'adhésion à cette institution de la Géorgie et de l'Ukraine (l'aplat de couleur beige sur la carte souligne leur statut de zone-tampon) ravivent périodiquement le souvenir de la disparition du pacte de Varsovie en 1991. La représentation par aplats de couleurs ne mentionne cependant pas les nouvelles missions de l'OTAN dans le cadre des nouvelles conflictualités : de la dissuasion, cette alliance est passée à l'action, intervenant en ex-Yougoslavie dans les années 1990, en Afghanistan après les attentats du 11 septembre 2001, enfin en Libye au printemps 2011.

[2. La mutation des logiques coloniales]

Une seconde trame de lecture, plus ancienne, remonte à l'**ère coloniale**. La majorité des OPEX (opérations extérieures) françaises en cours en 2013 a pour terrain le continent africain, ancien « pré carré » d'une métropole dont les liens politiques, économiques et militaires avec ses anciennes colonies sont restés étroits. Présentes au Tchad depuis 1979, en Côte d'Ivoire depuis 2002, sur les côtes somaliennes depuis 2008, au Mali depuis janvier 2013 et en Centrafrique depuis décembre 2013, les troupes françaises se déploient pour répondre à des enjeux oscillant entre héritages (soutien au régime en place, protection des intérêts et des ressortissants nationaux) et adaptation aux nouveaux risques mondiaux : piraterie maritime dans la Corne de l'Afrique, réseaux terroristes islamistes (la mainmise d'AQMI sur le nord du Mali a entraîné le déclenchement de l'opération Serval en janvier 2013). Les effectifs concernés restent toutefois modestes et nécessitent de plus en plus la coordination avec d'autres organisations, non évoquées sur le planisphère : en Centrafrique, les soldats français côtoient en 2013 des soldats africains de la MISCU déployés par l'Union africaine et des soldats européens (EUFOR).

[3. Les États-Unis, hyperpuissance globale]

Les puissances traditionnelles évoquées précédemment, entre autres la Russie et la France, monopolisent non seulement le terrain militaire mais également la scène diplomatique. Les États-Unis, dont le budget militaire fédéral représente à lui seul la moitié des dépenses militaires mondiales, maîtres des mers grâce à sept flottes, premiers exportateurs d'armes dans le monde, dominent la scène militaire internationale. Avec trois sommets du G8 et du G20 accueillis sur leur sol entre 2008 et 2014, les États-Unis restent une « **hyperpuissance*** » (Hubert Védrine) diplomatique, devant la France, la Grande-Bretagne et le Canada (deux sommets chacun). La présence à New York du siège des Nations unies en est un autre exemple.

[Transition]

Les puissances qui ont façonné les relations internationales lors du siècle dernier apparaissent bien comme les principaux acteurs du jeu géopolitique actuel. De nouveaux acteurs apparaissent cependant, entre concurrence et coopération avec ces puissances anciennes.

[II. Vers un nouvel équilibre des puissances ?]

[1. L'émergence de la Chine : vers un nouveau condominium ?]

Plus de 40 ans après la rupture sino-soviétique intervenue en 1963 entre Mao et Khrouchtchev, la Russie s'est tournée vers son ancien allié chinois en 1996, puis en 2001, dans le cadre de l'**Organisation de coopération de Shanghai**. Les relations stratégiques nouées avec l'Asie centrale ont remplacé celles rompues avec l'Europe de l'Est. Régimes autoritaires usant de leur droit de veto au conseil de sécurité de l'ONU, complémentaires en termes de ressources énergétiques fossiles (le gaz sibérien étant transporté vers les centres industriels chinois) et partageant des intérêts sécuritaires contre les minorités musulmanes du Caucase ou du Xinjiang, la Russie et la Chine se sont rapprochées depuis la fin de la guerre froide. Il ne faut toutefois pas conclure du choix de la couleur rouge à l'existence d'un bloc continental communiste uni dans l'antiaméricanisme : la Russie joue surtout sur ses frontières maritimes occidentales (annexion de la Crimée en mars 2014), quand la Chine vise l'hégémonie en Asie plus qu'à l'échelle mondiale, y compris sur les mers et océans grâce à son « collier de perles ». Enfin, la conquête spatiale chinoise, marquée par l'envoi du premier taïkonaute en 2003, ajoute une nouvelle dimension à cette lutte territoriale : la course à l'espace constitue en effet depuis 1957 (lancement du premier satellite soviétique, le Spoutnik) un nouvel enjeu géopolitique, mais dont la représentation cartographique reste à construire.

[2. Les ambitions diplomatiques des puissances secondaires à l'heure du multilatéralisme*]

À cette affirmation militaire chinoise, même si les budgets d'autres pays asiatiques – surtout en réponse à l'effort budgétaire de l'« Empire du milieu » – et de la péninsule arabique sont en hausse, s'ajoute de façon plus diffuse et pacifique la montée en puissance de nouveaux acteurs étatiques sur la scène diplomatique. Aux cinq États membres permanents du conseil de sécurité de l'ONU, seuls détenteurs légitimes de l'arme nucléaire depuis la ratification du Traité de non-prolifération nucléaire en 1968, s'opposent de nouvelles ambitions. Ainsi, la multiplication des sommets du **G8** et du **G20**, au-delà de leurs premières ambitions de résoudre les crises économiques de leur temps (1973 et 2008), redessine la carte des États souhaitant une réforme du conseil de sécurité de l'ONU ou des droits de vote au FMI : le Japon, pays hôte du sommet de Tôyako en 2008, ou l'Allemagne (pays hôte du sommet du G8 à Heiligendamm en 2007) en sont la preuve. Si l'Inde, le Brésil ou l'Afrique du Sud n'ont pas encore joué ce rôle de pays hôte, ils ont en revanche organisé d'autres manifestations diplomatiques qui auraient aussi pu être retenues : sommets onusiens comme ceux de la Terre à Rio en 1992 et 2012, sommets d'autres clubs diplomatiques comme ceux des BRICS successivement organisés à Iekaterinburg, Brasilia, Sanya, New Delhi, Durban, Fortaleza et Ufa (2009-2015).

[3. L'Afrique, parent pauvre de la course à la puissance ?]

Le continent africain n'est plus convoité par les deux superpuissances comme lors de la guerre froide, territoire alors sous perfusion financière des deux Grands, sous l'emprise d'un conflit idéologique qui avait étouffé d'autres tensions, locales ou régionales, religieuses ou ethniques. Le basculement dans l'ère des nouvelles conflictualités a vu la place du continent africain s'accroître dans l'économie et la géographie des conflits, alors que ceux-ci connaissaient une mutation qualitative. À cet égard, la répartition continentale ou par sous-ensembles régionaux des **réfugiés** recensés par le HCR (Haut-commissariat aux réfugiés, agence des Nations unies) en 2013 montre l'impossibilité, ou la faible pertinence, d'une cartographie à l'échelle locale ou nationale de ces phénomènes : les conflits de basse intensité géographiquement mouvants impliquent, voire déstabilisent les États frontaliers, du fait de l'afflux de réfugiés dans des territoires aux équilibres socio-économiques fragiles ou de tensions politiques. Les printemps arabes et leurs conséquences au Proche-Orient, notamment en Syrie depuis 2012, ont aussi conduit à une augmentation sensible du nombre de réfugiés – et de déplacés internes non cartographiés ici, qui représentent pourtant dans certains cas la majorité des civils victimes des conflits – dans l'« arc des crises » (B Lewis) : plus de trois quarts des réfugiés en sont originaires.

[Conclusion]

Ainsi, la géopolitique du monde contemporain est traversée par des lignes de force anciennes et nouvelles. Les acteurs étatiques, les instruments de leur puissance et les territoires sur lesquels se cristallisent leurs tensions constituent l'héritage d'un monde colonial européano-centré et bipolaire, en partie interrogé par des réalités contemporaines plus mobiles et réticulaires. Une représentation cartographique statique, telle qu'elle a été proposée ici, permet certes de hiérarchiser les principaux acteurs du « nouvel ordre mondial » (G. Bush), mais leurs dynamiques (élargissement, interventions, diffusion planétaire continentale, maritime et spatiale) restent peu perceptibles.

2 Étude critique d'un document – Les transferts de CO_2 en 2011 : une lecture géoenvironnementale du monde actuel

[Introduction]

La tenue à Paris, en décembre 2015, de la 21e COP (Conférence des parties de la convention-cadre des Nations unies sur les changements climatiques) incite à s'interroger sur les réalités géo-environnementales de la planète, liées à ses dynamiques propres ou en interaction avec les activités humaines. Parmi les indicateurs les plus emblématiques du réchauffement climatique se trouvent les émissions de dioxyde de carbone. Ce planisphère thématique rend compte d'un indicateur original : les émissions de CO_2 par pays y laissent place aux flux virtuels résultant de la différence entre exportations et importations de CO_2 émis par les États lors de la combustion d'énergies fossiles. Cet indicateur est donc explicitement corrélé à la mondialisation des flux de marchandises (pétrole, gaz, produits manufacturés). Dans quelle mesure les transferts de CO_2 reflètent-ils autant les défis environnementaux qu'économiques du monde actuel ? Trois groupes de pays se distinguent : largement déficitaires, les pays développés du Nord dépendent pour leur croissance économique d'importations de CO_2 en provenance de pays du Sud, très insérés dans la mondialisation ; les pays les moins développés voient leur part dans les transferts de CO_2 refléter leur marginalisation géoéconomique.

[I. Le paradoxe des pays du Nord : les dessous du discours environnementaliste]

[1. L'Union européenne, championne de la réduction des émissions de CO_2 ?]

La concentration de disques violets de taille moyenne (200 à 350 millions de tonnes pour la France ou l'Allemagne) en Europe occidentale rend compte de la discordance entre les objectifs et discours politiques environnementalistes et les réalités géoéconomiques et géoenvironnementales. L'Union européenne est le **premier pôle mondial importateur de CO_2** : la délocalisation de la production de biens manufacturés dans les pays du Sud, qui s'est accélérée depuis les années 1990, a certes contribué à atteindre les objectifs fixés lors du sommet de Kyoto en 1997 (diminution avant 2012 de 5 % des émissions de gaz à effet de serre par rapport à leur niveau de 1990), faisant des entreprises et des citoyens européens les « bons élèves » de la lutte contre le réchauffement climatique, mais cette diminution s'est accompagnée d'une délocalisation des émissions de CO_2 vers les nouveaux pays industrialisés. Les objectifs ambitieux de l'Union européenne (plan Climat 2020 puis 2030) doivent donc être relativisés : l'échelle régionale et les indicateurs liés aux seules émissions ne suffisent pas à prendre la mesure du phénomène de transition énergétique (augmentation de la part des énergies renouvelables dans la consommation d'énergie secondaire, diminution globale de la consommation d'énergie, efficience accrue).

[2. Les autres pays très développés : des tendances variées]

Les deux autres pôles historiques de la Triade (au sens strict du terme inventé en 1985 par l'économiste japonais K. Ohmaé), à savoir les États-Unis et le Japon, présentent les mêmes caractéristiques : leur déficit représente environ le double de celui de la France, soit environ 400 millions de tonnes de CO_2. Les importations de CO_2 liées à leur **dépendance énergétique**, certes en diminution aux États-Unis du fait de l'exploitation de plus en plus massive des gaz et pétrole de schiste, mais toujours massive pour le Japon, dépourvu de ressources énergétiques fossiles, pèsent sur cet indicateur, tout comme les importations de produits manufacturés assemblés à l'étranger dans le cadre de la division internationale du travail : les *maquiladoras** mexicaines et les usines implantées en Asie du Sud et de l'Est dans le cadre de la remontée des filières et du modèle du « vol d'oies sauvages » en sont les lieux de production. D'autres pays du Nord anciennement industrialisés s'inscrivent dans une moindre mesure dans la même logique : pays scandinaves, Nouvelle-Zélande, Canada. Certains d'entre eux sont par ailleurs particulièrement rétifs à la mise en place d'un nouvel accord mondial sur la réduction des émissions de gaz à effet de serre afin de contenir l'augmentation de la hausse des températures : les États-Unis n'ont pas ratifié le protocole de Kyoto, le Canada s'en est affranchi en 2011.

[3. La convergence des nouveaux pays industrialisés]

Ces pays se caractérisent par des importations de CO_2 plus importantes que leurs exportations. La Corée du Sud et Singapour dépassent le Canada. Les pays émergents (Mexique, Brésil, Turquie, Indonésie) présentent des valeurs plus modestes, mais en croissance. Un pays exportateur d'hydrocarbures appartient à cette catégorie : le Qatar. Ces pays ont en effet vu leurs émissions de CO_2 croître du fait d'une **ouverture progressive aux marchés internationaux** (exportation de pétrole, de gaz, de produits manufacturés), mais cette tendance est contrebalancée par une demande intérieure croissance en électricité, carburants et produits manufacturés, du fait de la croissance démographique ou de la formation d'une classe moyenne urbaine, motorisée et aspirant à un style de vie occidental plus énergivore.

[Transition]

Face à ces économies très consommatrices de CO_2 – et ce parfois à l'insu d'opinions publiques de plus en plus attachées à la protection des ressources naturelles mondiales dans le cadre du développement durable – se trouve un groupe tout aussi complexe de pays marqués par un déséquilibre des flux en faveur des exportations de CO_2.

[II. La diversité des trajectoires de développement des pays du Sud]

[1. La Chine, atelier du monde]

Souvent stigmatisée pour être, depuis 2006, le premier pays émetteur de CO_2, la Chine voit ici sa place dans l'économie mondiale des émissions de CO_2 relativisée : elle exporte 1 600 millions de tonnes de CO_2 de plus qu'elle n'en importe. En effet, le modèle chinois d'une insertion dans la mondialisation économique est celui d'une industrie exportatrice. L'Inde et l'Afrique du Sud peuvent être associés à cette tendance, même si les valeurs présentées sont de loin plus modestes. Les valeurs absolues (nombre de tonnes exportées et importées), la dynamique temporelle (trajectoire possible vers un modèle occidental plus énergivore) et les impacts des émissions à l'échelle locale (pollution de l'air due à l'utilisation massive du charbon) manquent cependant : la Chine reste confrontée au **défi environnemental**.

[2. Les pays exportateurs d'hydrocarbures : des exportateurs nets de CO_2]

La Russie et le Kazakhstan en Asie centrale, l'Arabie saoudite, le Koweït, les Émirats arabes unis, l'Iran au Proche-Orient et au Moyen-Orient, le Nigeria en Afrique, le Venezuela en Amérique latine, Brunei en Asie sont autant de pays à présenter un solde positif : leurs exportations de CO_2 liées à celles d'hydrocarbures ne sont pas compensées par des importations de CO_2 liées à d'autres flux. Certains de ces États appartiennent à l'organisation des pays exportateurs de pétrole (OPEP*) et voient leurs budgets dépendre de cette rente via les royalties versées par les firmes transnationales étrangères ou les **recettes à l'exportation** de leurs compagnies d'État (Gazprom en Russie) : les préoccupations environnementales peuvent y céder le pas face à ces considérations financières.

[3. L'Afrique à l'écart des flux de CO_2 : un continent en marge de la mondialisation et du développement]

Bien que le planisphère proposé ne soit pas une anamorphose, le **faible poids du continent africain** dans les échanges virtuels de CO_2 reste visible. Seuls se détachent les locomotives nigériane et sud-africaine, cependant loin des valeurs absolues recensées pour d'autres pays. Ces deux pays exportateurs nets font par ailleurs figure d'exception sur le continent : les autres pays d'Afrique de l'Ouest ou d'Afrique australe et orientale importent plus qu'ils n'exportent de CO_2, même si la différence entre les deux flux est faible (moins de 10 millions de tonnes), selon toute probabilité à l'image de leurs valeurs respectives en millions de tonnes. Les données statistiques restent néanmoins très incomplètes, ce qui reflète le difficile processus de collecte de données fiables dans des États faillis* (*failed states*) comme la Somalie, ou en guerre civile comme la République démocratique du Congo ou la Lybie.

[Conclusion]

Un nouveau monde semble naître, avec toutes les nuances liées aux dynamiques des pays émergents : d'un côté les économies et les sociétés du Nord consommatrices souterraines de CO_2, d'un autre les économies rentières liées à l'exploitation d'énergies fossiles. Le continent africain reste cependant marginalisé dans cette nouvelle géographie environnementale. L'étude des flux virtuels s'étend depuis peu également à d'autres ressources sensibles : ainsi, la notion d'eau virtuelle est-elle de plus en plus utilisée.

POST BAC

SUJET D'APPROFONDISSEMENT

Étude critique de deux documents – Internet, miroir d'un monde complexe

90' (L, ES, S)

Après avoir présenté les documents, vous les analyserez de façon critique afin de montrer en quoi les usages de l'Internet permettent de mobiliser l'ensemble des grilles de lecture sur la complexité du monde actuel.

> Voir la méthode générale d'une étude critique de document en annexe (p. 518).
> Voir la méthode et stratégie du chapitre 10.

DOC. 1 Le site Internet le plus visité par pays.
Mark Graham, Stefano De Sabbata, Oxford Internet Institute, 2013.

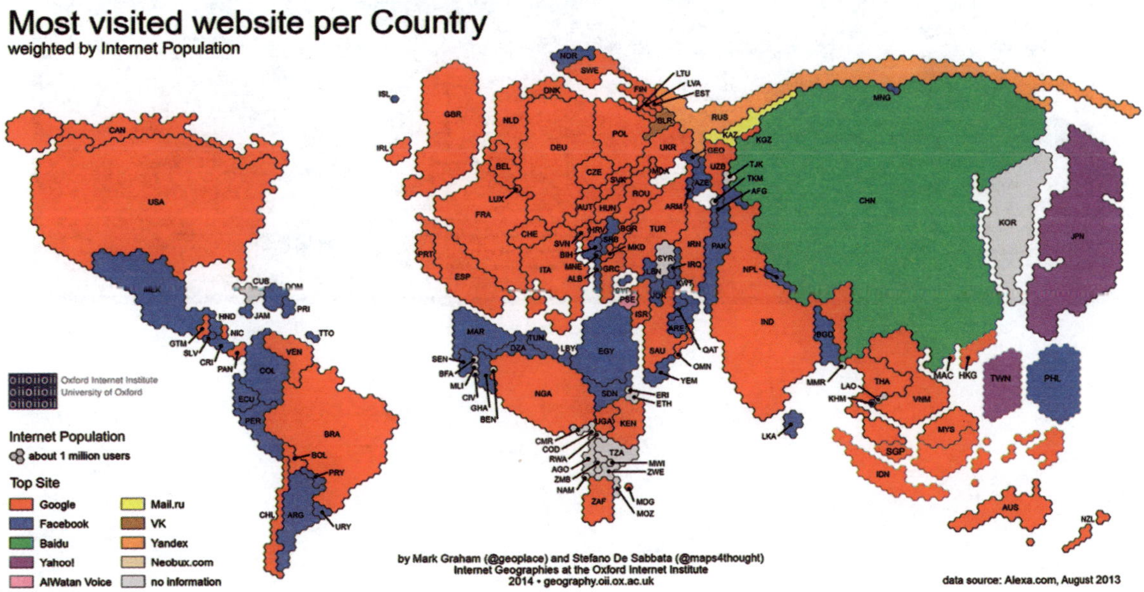

DOC. 2 L'âge des empires Internet.

Mark Graham, Stefano De Sabbata, Oxford Internet Institute, 2013.

CORRIGÉ

POST BAC

Étude critique de deux documents – Internet, miroir d'un monde complexe

Analyse du sujet et de la consigne

L'intérêt du sujet consiste en l'étude d'une **pratique quotidienne banale**, l'accès et l'utilisation d'Internet, à partir de laquelle les **quatre grilles de lecture** du monde actuel doivent être convoquées pour décrire, expliquer et critiquer les documents. Les deux planisphères sont visuellement assez originaux : l'analyse de ces choix graphiques devra être intégrée de façon pertinente à l'étude critique.

[Introduction]

Considérés comme virtuels, les flux d'informations et les sites Internet qui leur sont dédiés n'en sont pas moins cartographiables, comme le montrent les planisphères consacrés aux usagers de Twitter ou encore la page d'accueil de Facebook : un planisphère, des lieux, des réseaux mettant en relation ses utilisateurs. Au-delà de l'effet de mode, des chercheurs de l'université d'Oxford ont produit en 2013 deux planisphères thématiques consacrés à une pratique phare de l'ère des NTIC (nouvelles technologies de l'information et de la communication) : la consultation des sites Internet. Ils en ont retenu les plus consultés dans chaque pays et ont représenté cette même information de deux façons différentes. En quoi ces planisphères convoquent-ils implicitement toutes les logiques géographiques du monde actuel ?

Miroir des inégalités socio-économiques, l'accès à la toile reste très inégal ; les enjeux géopolitiques et géoculturels font également de la maîtrise de cette nouvelle technologie un instrument de pouvoir ou de résistance à la domination du *net power* états-unien.

[I. L'accès à Internet, reflet du niveau de développement]

La représentation par anamorphose (document 1) souligne les disparités d'accès au réseau.

[1. Internet : l'ère des *mass media*]

Devenu un média de masse, Internet relie à l'heure actuelle un peu moins de la moitié de la population mondiale. Les contours du planisphère du document 1 sont en partie comparables à ceux des planisphères traditionnellement centrés sur l'Europe, notamment pour le continent sud-américain ou en Asie du Sud-Est où les plus forts taux d'utilisation sont observés. Depuis la fin des années 1990 et sa diffusion grand public, la croissance des effectifs concernés a été vertigineuse : selon la Banque mondiale et l'Union internationale des télécommunications, 1,6 % de la population sud-coréenne avait accès au Web en 1997, 84,8 % en 2013, faisant de ce Dragon asiatique l'un des plus connectés au monde. Plus largement, la révolution Internet s'est accompagnée d'une révolution numérique, celle des **NTIC** qui englobe également la diffusion massive du téléphone portable, en particulier sur le continent africain : il existe aujourd'hui plus de téléphones portables en circulation que d'hommes à la surface du globe. Cette révolution globale est symbolisée par le pixel, qui constitue la trame graphique de l'anamorphose : la révolution technologique actuelle s'inscrit dans l'histoire de celle, plus ancienne, de l'informatique, qui se développe depuis le milieu du XXe siècle.

[2. Des flux d'informations de plus en plus variés : une fenêtre sur le monde]

Grâce à ces outils se sont multipliés les flux d'informations, vecteurs d'une mondialisation économique et culturelle. Les plages colorées des légendes des deux documents – qui se répètent car elles sont consacrées au même phénomène – appellent à une typologie des usages de l'Internet. Si la recherche d'**informations** semble être l'usage le plus fréquent du World Wide Web dans les pays occidentaux, par exemple en Europe grâce au moteur de recherche Google et au Japon (Yahoo), la percée du web 2.0 et de ses **réseaux sociaux** est visible : Facebook apparaît au premier rang des utilisations en Amérique latine, en Afrique du Nord, en Asie du Sud (Bangladesh, Philippines), peut-être en lien avec les nombreuses diasporas* issues de ces pays : les migrants vivant aux États-Unis, en Europe ou dans les États du golfe arabo-persique maintiennent le contact avec leur famille et leur pays d'origine grâce aux nouvelles technologies. Les mêmes logiques sont à l'œuvre en Chine grâce au moteur de recherche Baidu et en Biélorussie grâce au réseau social national VK. Seule l'Autorité palestinienne semble se distinguer : le site du quotidien *Al Watan Voice* semble être le plus consulté dans ces territoires, indice de la difficulté à consulter la presse sous forme papier du fait d'une situation géopolitique tendue. Ces usages variés et complémentaires restent cependant le fait d'une minorité connectée.

[3. Le poids des inégalités : une fracture numérique réelle]

À l'échelle mondiale tout autant qu'à des échelles plus grandes, la **fracture numérique** ne peut en effet être ignorée. Une surreprésentation des pays du Nord est perceptible : le nombre d'internautes, en valeur absolue, est particulièrement important aux États-Unis, en Europe (également troisième foyer de population mondial), ainsi qu'en Asie orientale (Japon et Corée du Sud) : les principaux centres d'impulsion de l'économie mondialisée ressortent. Le décollage chinois, marqué par l'émergence des classes moyennes, est plus visible que celui de l'Inde, dont une grande partie de la population est encore rurale. La modernité électronique est en effet liée à l'urbanisation, voire à la métropolisation. À l'autre extrémité du spectre, la sous-représentation de l'Afrique subsaharienne, à l'exception des « lions africains » nigérian, kenyan et sud-africain, et de quelques pays d'Afrique de l'Ouest, tenant à des données lacunaires, révèle en creux le faible niveau de développement des pays les moins avancés (PMA). Le raccordement tardif du continent au réseau des câbles sous-marins à fibre optique dont le premier a été posé en 1988 entre les deux rives de l'océan Atlantique, explique en partie ces faibles effectifs. Dans les pays les plus développés, la fracture générationnelle et spatiale nuance le discours produit à l'échelle nationale : ainsi, en France, l'accès Internet à (très) haut débit, permettant de faire passer plus de Mbits par seconde n'est pas accessible en zone rurale. Des cartes à plus grande échelle permettraient donc d'affiner l'analyse.

[Transition]

Ainsi, la grille de lecture géoéconomique du monde actuel s'applique à la géographie de l'Internet : l'accès à cette technologie est le miroir des héritages et des dynamiques de la mondialisation. Les autres grilles de lecture peuvent également être abordées au travers des deux planisphères : la mondialisation entraîne dans ces domaines de nombreuses tensions que cristallise l'existence du réseau.

[II. Internet, enjeu de pouvoir]

[1. Un vecteur d'américanisation du monde]

Instrument de *soft power*, le ***net power*** participe désormais à la définition de l'« hyperpuissance » (H. Védrine) états-unienne. Cet État contrôle une forme de nouvel « empire », virtuel, comme l'indique le titre du document 2. La stylisation de ce planisphère renforce cette impression : abandonnant la modernité des pixels du document 1 pour s'inscrire dans la lignée des planisphères de l'âge d'or des empires coloniaux européens, entre la fin du XIXe siècle et la Seconde Guerre mondiale, les cartographes ont joué sur les contrastes traditionnels entre rouge et bleu, couleur chaude et froide, entre aplats de couleur pour les territoires maîtrisés et hachures pour les « nouvelles frontières » à conquérir, soit la Russie et la Chine, associant également le faible équipement des certaines régions au gris des terres inconnues et peu peuplées de l'Afrique centrale et du Groenland, domaines réservés des explorateurs, aventuriers et pionniers de l'âge colonial et scientifique, de Livingstone à Amundsen.
Cette iconographie historicisante se justifie par des éléments d'explication beaucoup plus contemporains. Le nombre d'États dépendant de sites américains pour leur recherche d'information (Google, fondé en Californie en 1998 et Yahoo, fondé quatre ans plus tôt dans le même État) et leurs contacts sociaux (Facebook, fondé en 2004 à Cambridge, Massachusetts) est écrasant : 114 sur 120 pays au total, soit presque les deux tiers des 193 États qui pavent le monde. Les principales instances régulatrices du WWW sont également de droit américain, comme l'ICANN californienne. C'est aussi le cas d'autres sites au rayonnement international : commerciaux comme Amazon, pionnier de la vente en ligne (dont le siège est situé à Seattle) ; ou, dans le domaine éducatif et universitaire, les plates-formes de cours en ligne EdX (fondé en 2012 par le MIT et l'université d'Harvard, à Boston) et Coursera (créé par des professeurs de l'université de Stanford, en Californie).

[2. Des résistances nationales aux multiples facettes]

Des formes de **contre-pouvoir**, plus ou moins contrôlées par le pouvoir politique ou les sociétés civiles, sont apparues en réponse à l'hégémonie états-unienne sur le Web. Les régimes politiques autoritaires russe et chinois et leurs satellites (Kazakhstan, Biélorussie, Corée du Nord), y tiennent le haut du pavé. Dans chacun de ces États a été développé un moteur de recherche concurrençant les sites américains : yandex.ru (et pour la messagerie électronique mail.ru) et baidu.com, ce dernier étant autant censuré que d'autres moteurs de recherche étrangers en République populaire de Chine. Face à l'anglais, la résistance est également culturelle, liée à l'emploi d'alphabets non latins (en l'occurrence le cyrillique en Russie) ou des idéogrammes, héritage d'aires de civilisation plurimillénaires. Cette prise de distance est plus implicite et paradoxale dans d'autres cas, quand le réseau Internet sert à véhiculer les messages d'organisations altermondialistes ou d'acteurs anti-américains. Géopolitiquement et géoculturellement, Internet renvoie donc l'image d'un monde plus multipolaire et divers qu'unipolaire et américanisé.

[3. Des enjeux géo-environnementaux sous-jacents]

Apparemment grande absente des planisphères, la dimension géo-environnementale doit cependant être associée à une étude géographique de l'Internet. Les détracteurs de ce dernier et des NTIC en général soulignent le **caractère énergivore** des équipements informatiques (ordinateurs, téléphone portable, tablettes), rappelant l'inévitable matérialité du réseau : connexion au réseau électrique, utilisation de batteries alimentées par des terres rares (lithium) dont l'exploitation minière croissante entraîne des dégâts environnementaux de plus en plus médiatisés. La consommation énergétique des centres de traitement de données (*data center*), énormes hangars où sont entreposés les équipements des systèmes d'information des entreprises informatiques, est de plus en plus critiquée. Enfin, le recyclage des appareils électroniques en fin de vie sans danger pour l'environnement et les populations n'est pas garanti : les décharges d'Afrique de l'Ouest ou d'Asie orientale en sont la preuve. Derrière deux planisphères gages de modernité et de puissance se cachent ainsi les limites d'un monde fini.

[Conclusion]

Les deux planisphères proposés, localisant la même information (site Internet le plus visité par pays) et la mettant en perspective (nombre d'utilisateurs d'Internet par pays) font d'Internet le miroir et l'enjeu de la complexité du monde actuel. Les yeux pixellisés du lecteur postmoderne du XXIe siècle perçoivent l'uniformisation des pratiques culturelles, voire la démocratisation de l'accès à l'information ; ceux de l'historien la continuité d'une logique impériale héritée de la guerre froide, malgré les réticences de l'ancien (la Russie) et du nouvel (la Chine) adversaire des États-Unis. Autre pratique culturelle totale, aux implications économiques, géopolitiques, voire environnementales, le sport fait également l'objet d'une riche production cartographique.

Les dynamiques de la mondialisation

INTRODUCTION

- « Le temps du monde fini commence », écrit en 1931 Paul Valéry dans l'avant-propos de ses *Regards sur le monde actuel*. Trois quarts de siècle se sont écoulés depuis et la prédiction de l'écrivain s'est concrétisée : la terre est en passe de devenir un village global. Jamais autant de produits n'ont voyagé de par le monde, jamais les hommes n'ont été aussi mobiles d'un bout à l'autre de la planète, jamais encore l'information, les capitaux, les « invisibles » n'ont circulé avec une aussi grande facilité. La notion de mondialisation renvoie ainsi à un ensemble complexe de processus matériels et organisationnels qui renforcent l'interdépendance des territoires, des économies et des sociétés les plus éloignés de la planète. La mondialisation correspond d'abord à la multiplication sans précédent des flux de toute nature à l'échelle la plus large, mais également à la constitution de grandes entités supranationales* qui remettent en cause le rôle traditionnel des États-nations* par le biais d'une dérégulation croissante de l'économie de marché.

- Ce processus, en forte croissance depuis le début des années 1980, trouve ses fondements dans une histoire plus ancienne dont quelques étapes majeures peuvent être identifiées. Le commerce à longue distance existe dès l'Antiquité en Méditerranée comme en Asie orientale. Les grandes découvertes et la colonisation européenne de nouveaux continents apportent la perspective d'échanges commerciaux à une toute autre échelle. Enfin, les première et seconde révolutions industrielles sont des étapes essentielles vers l'avènement d'une économie globale : les progrès techniques rapides entraînent une véritable révolution des transports et des communications. La révolution de l'informatique, la conquête de l'espace – notamment par le biais de l'envoi de satellites en orbite après la Seconde Guerre mondiale – accélèrent le processus en cours. Enfin, l'effondrement du communisme* à la fin des années 1980 ouvre la voie à un capitalisme* triomphant qui, malgré les crises successives qu'il peut rencontrer, s'étend à toute l'économie mondiale, Chine en tête. La mondialisation est donc un phénomène géographique essentiel à la compréhension de l'organisation du monde actuel et de ses nouveaux équilibres.

- Quels processus en cours permettent de décrire précisément la mondialisation en fonctionnement ? Quelles différenciations territoriales le phénomène entraîne-t-il ?

CHAPITRE 11 Séries L, ES et S

La mondialisation en fonctionnement

COURS

MÉTHODES ET STRATÉGIES

SUJETS DE TYPE BAC

CORRIGÉS

COURS

La mondialisation en fonctionnement

La mondialisation est un phénomène géographique qui a connu une forte accélération à partir des années 1980. C'est un processus qui continue aujourd'hui son développement. À la fois économique et financière, mais également culturelle, la mondialisation s'appuie sur des acteurs multiples qui ne répondent pas tous aux même intérêts ni aux même enjeux. En quoi le processus de mondialisation se renforce-t-il actuellement ?

I. Cacao et chocolat, des produits mondialisés

Après le café et le sucre, le cacao apparaît à la troisième place des matières premières agricoles produites dans le monde. Les zones de production de cacao, par nature tropicales, diffèrent géographiquement des régions de consommation de chocolat situées essentiellement dans les pays développés. Cet éloignement entraîne la création de flux de multiples natures. Cacao et chocolat sont ainsi des produits qui participent pleinement à la mondialisation du goût, de l'alimentation et de la gastronomie.

1. Une grande concentration des pays producteurs et des marchés de consommation

a. Le cacao, un produit tropical

- Géographiquement, l'essentiel du cacao est produit entre les 20es degrés de latitude des hémisphères nord et sud. Le cacaoyer est, en effet, un arbre tropical qui ne peut s'épanouir que dans les zones climatiques sans hiver. C'est historiquement une plante d'origine américaine découverte par les Européens au moment de l'arrivée des Espagnols au Mexique. D'ailleurs, l'étymologie d'origine aztèque des termes cacao et chocolat témoigne de cette origine précolombienne. Le cacao fut, dès sa découverte par les Européens, un moteur de la première colonisation aux XVIe et XVIIe siècles et correspondit, à cette époque, à la mise en place d'une économie de plantation esclavagiste. Paradoxalement, une grande part de la production mondiale se concentre aujourd'hui en **Afrique de l'Ouest** : la Côte d'Ivoire et le Ghana, respectivement premier et deuxième producteurs mondiaux, ainsi que le Nigeria et le Cameroun, regroupent 70 % de la production totale. Cette forte concentration régionale ne doit pas faire oublier la place de l'Indonésie (troisième producteur mondial), du Brésil et de l'Équateur : à eux seuls, ces sept pays concentrent 90 % de la production mondiale.
- L'une des particularités de la production du cacao est d'être le fait d'exploitations de petite taille. 70 % des plantations de cacao correspondent à de petites structures (moins de 5 ha), en particulier en Afrique de l'Ouest où l'on dénombre plus de deux millions d'exploitations. En Amérique latine, au contraire, le cacao est cultivé dans de grandes plantations.
- Dans tous les cas, la production du cacao correspond pleinement à une culture commerciale spéculative d'exportation : le chocolat, produit dérivé du cacao qui supporte mal la chaleur, reste peu consommé dans les pays producteurs.

b. Le chocolat, une consommation de pays développés

Pays	Kg/an/hab.
Suisse	12
France	7
États-Unis	5,5

DOC. 1 Les grands pays consommateurs de chocolat.

- À l'instar de la production, les marchés de **consommation** apparaissent également concentrés. Les pays industrialisés représentent plus de 80 % de la consommation de produits issus des fèves de cacao. Les pays européens sont de très loin les plus grands consommateurs de chocolat : chaque habitant du Vieux Continent en consomme en moyenne 4 kg/an. Des disparités régionales existent néanmoins.
- Très en retrait dans les pays asiatiques, la consommation de chocolat a connu depuis dix ans une forte progression, montrant un élargissement récent du marché mondial. Ainsi, le Japon et la Chine ont vu leur consommation multipliée par deux dans la dernière décennie écoulée. Cela participe à l'essor d'une **standardisation** des habitudes culinaires dans le monde sous l'influence d'une mondialisation culturelle occidentale, standardisation qui conduit également à réduire la diversité des fèves produites.

2. Les nombreux acteurs du marché du cacao et du chocolat

Entre la production de cacao et la consommation de chocolat apparaît une **chaîne complexe** conduisant à une multiplication des acteurs à toutes les étapes de la fabrication.

a. Une division internationale du travail*

- Le processus de transformation du cacao et de fabrication du chocolat est emblématique des **inégalités Nord/Sud**. Les pays producteurs, sauf à de très rares exceptions, ne sont pas maîtres de la transformation des fèves de cacao en chocolat. Une fois récoltées, celles-ci sont transportées en grande partie vers les ports d'Abidjan (Côte d'Ivoire), d'Accra (Ghana) ou de San Pedro (Côte d'Ivoire) pour être exportées vers les pays du Nord.
- À la concentration des pays producteurs répond une concentration de plus en plus forte des **grandes industries agroalimentaires** contrôlant la transformation des fèves en pâte de cacao. La domination du numéro 1 mondial, le Suisse Barry Callebaut, est ainsi remise en cause par les récentes négociations des numéros 2 et 3 du secteur, les Américains Cargill et ADM, qui ont engagé un processus de fusion de leurs activités : ainsi, le géant américain sera à la tête de près de 50 % de la capacité de broyage des fèves de cacao – de quoi renforcer la maîtrise de ces grands groupes sur la fluctuation des prix des marchés mondiaux.
- Afin de réduire les coûts de transformation, ces grandes firmes issues des pays développés investissent toutefois de plus en plus dans les pays producteurs et sous-traitent à des entreprises locales certaines parties du processus de fabrication du chocolat. L'entreprise suisse Nestlé (1re entreprise agroalimentaire mondiale en 2012) possède ainsi deux usines de production en Côte d'Ivoire. Cela ne réduit pas pour autant le contrôle qu'elles possèdent sur cette économie agricole.

b. La domination des firmes transnationales

Plus largement, les **firmes transnationales** (FTN) s'efforcent de contrôler toute la chaîne de production : les six plus grands fabricants de chocolat (dont Nestlé, Kraft Foods ou Ferrero) s'approprient 50 % de la production totale mondiale. La mainmise de ces grands groupes est entière, à toutes les étapes de la chaîne d'approvisionnement, de la production des fèves au produit fini.

* Les mots suivis d'un astérisque sont définis dans le lexique.

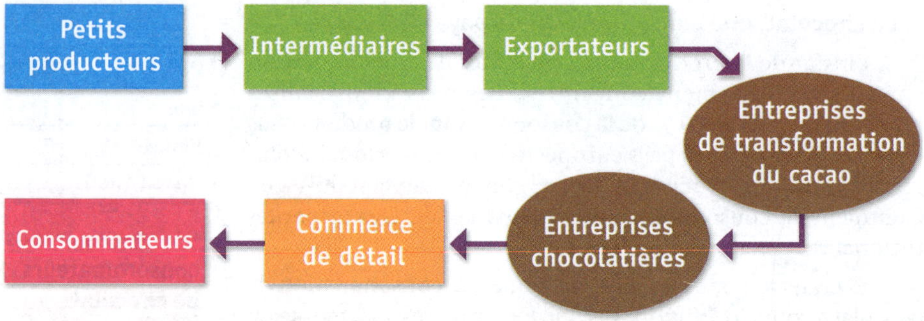

DOC. 2 Du cacao au chocolat : une filière complexe et mondialisée.

3. Un produit au cœur de la problématique du développement durable*

a. L'existence de vifs débats

- Cette organisation capitalistique de l'économie du cacao et du chocolat ne manque pas de susciter quelques interrogations et remises en cause. L'**avantage économique** de la production de chocolat revient avant tout aux pays du Nord : sur les coûts globaux de production d'une tablette de chocolat, moins de 5 % de la valeur ajoutée revient aux pays du Sud. Les petits producteurs obtiennent globalement des revenus très modestes. De plus, les pays producteurs sont fortement tributaires des évolutions du prix du cacao, qui est sujet à de fortes fluctuations. Lors des deux dernières décennies, les prix ont pu varier du simple au double sous le coup de mauvaises conditions climatiques, mais aussi de la dérégulation des marchés mondiaux ou de la simple spéculation boursière. Symbole de cette domination des pays industrialisés dans les transactions, les prix de vente de cette matière première sont fixés à New York et à Londres.
- De plus, la production de cacao est historiquement marquée par le maintien de **médiocres conditions de travail** dans les petites exploitations des pays du Sud et surtout par la forte prégnance du travail des enfants, parfois très jeunes (300 000 seraient concernés, essentiellement en Afrique de l'Ouest). C'est ce que dénoncent particulièrement des organisations non gouvernementales*, comme l'ONG suisse la Déclaration de Berne.
- Les **atteintes à l'environnement** sont également mises en avant : la politique d'intensification des rendements a entraîné l'utilisation grandissante d'intrants (engrais, pesticides…), dont les effets néfastes sur la qualité des sols, les nappes aquifères et la biodiversité locale sont indubitables. Les dégâts sur la santé des travailleurs entrent évidemment en contradiction avec l'image d'une consommation de chocolat censée favoriser le maintien en bonne santé.

b. Le commerce équitable* : une réponse viable ?

- Depuis quelques années, les **actions en faveur d'un développement durable** se sont multipliées. La première des réponses tient au soutien accordé au commerce équitable*, qui ne représente pourtant que 0,25 % du marché global du chocolat.
- La première mesure consiste à limiter le rôle des intermédiaires (comme les firmes transnationales) pour favoriser un commerce le plus direct possible entre producteurs et consommateurs. Il s'agit de valoriser l'existence d'un prix minimum établi sur le long

terme, limitant ainsi les conséquences néfastes des fluctuations des prix du marché. En finançant localement la construction d'écoles ou d'hôpitaux, le commerce équitable permet alors un véritable développement* des populations et en particulier des plus jeunes. Le **rôle des ONG** apparaît déterminant dans la diffusion du commerce équitable : celles-ci agissent pour accroître la traçabilité du cacao afin d'assurer l'amélioration des conditions de travail, le respect des droits fondamentaux de l'homme dans la filière d'approvisionnement ou la préservation de l'environnement des régions productrices. L'ONG américaine International Labour Rights Forum est l'une des plus impliquées en ce domaine.

- Enfin, des **initiatives locales** peuvent être prises dans les pays consommateurs dans le but de s'opposer au mouvement de concentration de la production aux mains de quelques FTN : des artisans chocolatiers haut de gamme décident d'entrer directement en contact avec des petits producteurs dans le but de créer des produits originaux et rares loin de la standardisation actuelle. Ces initiatives peuvent s'accompagner d'une campagne pour la qualité avec, en particulier, le combat contre l'essor de l'utilisation de cacao transgénique.

- Des réserves peuvent toutefois être formulées quant à ces initiatives : outre le fait que le commerce équitable reste encore aujourd'hui marginal, on peut constater qu'il peut lui-même faire l'objet d'une véritable politique de marketing auprès de populations de consommateurs plutôt aisées, seules susceptibles d'être intéressées par un produit au prix de vente généralement supérieur à celui d'un chocolat traditionnel.

II. Processus, acteurs et débats de la mondialisation

1. La mondialisation : un processus en pleine expansion

a. La mise en place d'une NDIT

- Un des facteurs essentiels de la mondialisation des échanges est la mise en place d'une **nouvelle division internationale du travail (NDIT)**. Traditionnellement, la division internationale du travail (DIT) mise progressivement en place au XXe siècle réservait aux pays du Nord la fabrication des biens manufacturés et au reste du monde la fourniture en matières premières (cette réalité correspond pleinement aux échanges dissymétriques rencontrés au temps de la colonisation entre les métropoles et leurs possessions).

- Cependant, la recherche d'une main-d'œuvre moins onéreuse, de conditions fiscales plus avantageuses ainsi que de marchés de consommation en forte croissance change progressivement la donne mondiale : de nombreuses activités de fabrication ont été **délocalisées** dans les pays émergents*. Les BRICS* (Brésil, Russie, Inde, Chine et Afrique du Sud) représentent ainsi aujourd'hui 30 % environ de l'industrie mondiale, un chiffre en croissance constante.

- Ainsi, une **spécialisation productive des territoires** s'est mise en place : une fragmentation du processus de production à l'échelle mondiale s'est établie avec un découplage entre les lieux de direction, de conception et d'innovation, majoritairement situés dans les pays développés, et les unités de production se concentrant de plus en plus dans les pays émergents.

b. Une libéralisation progressive du commerce international

Cette mondialisation de l'économie est rendue possible par l'amélioration des conditions commerciales depuis 1945. L'affirmation d'une libéralisation du commerce mondial tient d'abord à une **volonté politique**. À la suite de la Seconde Guerre mondiale et de la charte de l'Atlantique (1941) affirmant la nécessité pour « tous les hommes de traverser les hautes mers et les océans sans entraves », la création du GATT* (1947) définit la volonté de développer le libre-échange par l'abaissement des tarifs douaniers. Sa transformation en l'OMC* en 1994 renforce cette tendance. En moyenne, les taxes aux frontières, qui s'élevaient à plus de 40 % en 1945, se sont abaissées à moins de 5 % aujourd'hui. L'effondrement du communisme* en URSS et l'ouverture de la Chine au capitalisme ont participé à l'extension de cette logique économique.

Le **facteur technologique** est également essentiel, entraînant une véritable contraction de l'espace-temps (voir les Repères) : les conditions de transports des hommes, mais aussi des marchandises, ont été formidablement améliorées depuis la Seconde Guerre mondiale. Les navires (mode de transport le plus économique) ont vu leur taille croître, leur rapidité et leur fiabilité se renforcer. Surtout, ils se sont spécialisés selon les types de marchandises à transporter. L'innovation majeure tient en la mise au point des porte-conteneurs. Les avions-cargos se sont généralisés pour les marchandises à plus forte valeur ajoutée. Enfin, le transbordement entre les différents moyens de transports a été considérablement simplifié par la mise au point des plateformes multimodales.

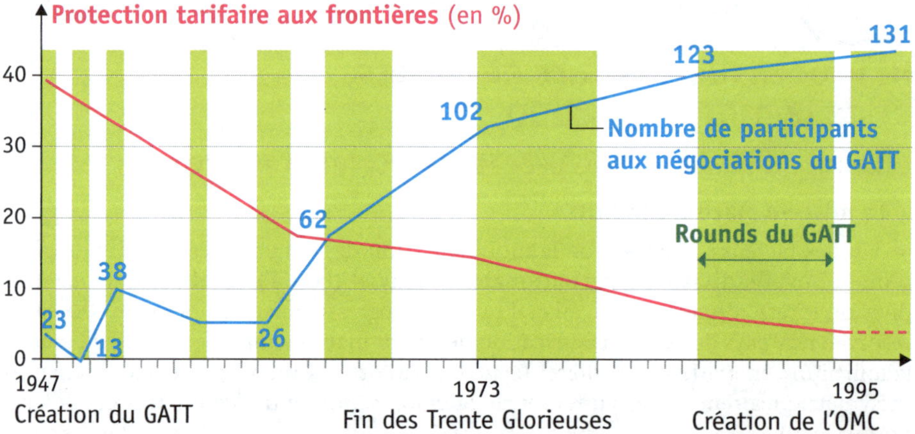

DOC. 3 Du Gatt à l'OMC, 1947-1995. Depuis 1947 et la création du GATT, différentes étapes de négociation, appelées *rounds*, ont ouvert progressivement le monde aux échanges économiques. Les taxes douanières sont dorénavant inférieures à 5 % dans le monde. La création de l'OMC en 1994 a maintenu cette logique.

Les mutations techniques en matière de **communication** ont été encore plus spectaculaires. Si les première et deuxième révolutions industrielles ont constitué des étapes importantes avec l'invention du télégraphe, du téléphone et du cinéma, l'après Seconde Guerre mondiale a vu l'avènement de la révolution informatique qui, avec la généralisation de l'Internet à partir des années 1990, permet de relier les régions les plus éloignées du globe : il y avait 3 millions d'internautes en 1990, plus de 400 millions en

2000, et ils sont plus de 2,7 milliards en 2013. La croissance du nombre d'utilisateurs est exponentielle. Ces innovations technologiques permettent la diffusion quasi instantanée de l'information et des capitaux, entraînant une financiarisation de l'économie mondiale.

c. La financiarisation de l'économie mondiale

- L'effacement progressif des frontières ne concerne pas seulement les marchandises et les services. La liberté de circulation renforcée des capitaux a entraîné une véritable financiarisation de l'économie, correspondant à une part sans cesse croissante des activités financières (banque, assurance, placements) dans le PIB des États.

- Le **marché financier** est devenu réellement planétaire. Le système informatique relie les places financières 24h/24. La croissance de ces flux de capitaux est évidemment en lien avec la croissance générale des échanges de biens matériels. Cependant, ils se distinguent de plus en plus de « l'économie réelle » en constituant un réseau à part entière, grâce au développement spectaculaire des opérations financières autonomes tant par les entreprises, les institutions financières que par les particuliers. Une logique spéculative pousse ainsi à la recherche du profit maximum, y compris par l'intermédiaire de placements à très court terme.

- Cette financiarisation de l'économie a été permise dès les années 1980 par une politique de déréglementation menée selon la logique libérale, abaissant le rôle des États dans l'économie et laissant pleinement jouer les règles du marché : celle-ci supprime les limitations au mouvement international des capitaux et des devises. Elle a également pu être favorisée par le développement de paradis fiscaux et d'une concurrence fiscale accrue entre les différents États de la planète.

2. Les acteurs multiples de la mondialisation

Les enjeux de la mondialisation divergent nettement selon les acteurs en présence. La mondialisation est donc, par définition, un sujet de débats.

a. La primauté aux acteurs privés

- Les FTN sont les véritables **moteurs de la mondialisation**. Elles sont aujourd'hui plus de 82 000 dans le monde (contre 7 000 à la fin des années 1960) s'appuyant sur près de 810 000 filiales étrangères, et leur nombre continue de croître. Elles emploient plus de 4 % de la main-d'œuvre mondiale. Une grande part de ces FTN est issue des pays de la Triade : parmi les 500 premières firmes mondiales (classement 2014), 128 sont américaines, 71 sont japonaises et 159 appartiennent à un des pays de l'UE (dont 39 françaises et 37 allemandes). Cependant, on observe un processus actuel de rééquilibrage au profit des pays émergents. La Chine est désormais au deuxième rang mondial avec 98 FTN parmi les 500 premières, un chiffre qui a plus que quadruplé en seulement 8 années.

- Leur recherche de profit maximal conduit les FTN à exercer leur activité économique à **l'échelle de la planète**. Elles sont ainsi les agents premiers de la NDIT. La principale conséquence est la croissance importante des investissements directs à l'étranger (IDE)*. Pour autant, les fonctions de commandement (siège social, recherche, innovation…) sont situées dans leur pays d'origine, ce qui correspond à 60 % de l'emploi pour les 100 premières mondiales.

- Le poids économique des FTN est devenu impressionnant : ainsi, les multinationales produisent plus de 10 % du PIB mondial. Ces firmes sont également à l'origine des deux tiers du commerce mondial. Le chiffre d'affaires des plus grandes FTN équivaut à celui du PIB d'États de première importance : la puissance économique de Wal-Mart, entreprise américaine spécialisée dans la grande distribution et première FTN au monde, est comparable au PIB de la Norvège, 25e puissance économique mondiale. Cette puissance économique leur permet de faire pression sur les autres acteurs en se constituant en véritables lobbys.

b. Des acteurs publics entre action et réaction

- Les **États ont un rôle paradoxal** dans l'épanouissement de la mondialisation. Historiquement, certains, comme les États-Unis, ont favorisé le développement du commerce international sans entrave par la mise en place de législations nationales ou internationales favorables. Cependant, affaiblis par l'essor de la concurrence internationale et l'effacement des frontières économiques, les États peuvent aussi percevoir la mondialisation comme une **menace** pour l'emploi sur leur propre territoire. Ainsi peuvent-ils parfois être tentés par la mise en place de politiques protectionnistes* pour éviter les délocalisations, surtout en période de crise. Plus généralement, les États s'attachent à développer l'attractivité de leur territoire et la compétitivité de leur économie (politiques fiscales, aménagements du territoire, formation…). Mais leurs moyens d'action ont eu tendance à se réduire depuis une trentaine d'années.

- De plus en plus, les États ne restent plus isolés dans leur volonté de réguler la mondialisation. Ils s'entendent pour constituer des **organisations régionales***, à l'image de l'Union européenne, projet le plus abouti à ce jour, ou encore de l'ALENA* en Amérique du Nord ou du MERCOSUR* en Amérique du Sud.

- Plus globalement, les États agissent au sein des **instances internationales** qui se sont multipliées depuis 1945. Dans le cadre strictement économique, le FMI, l'OMC, la Banque mondiale interviennent pour assurer, chacun dans leur domaine, la régulation de la mondialisation. L'ONU intervient plus spécifiquement pour limiter les inégalités socio-spatiales à travers ses différentes agences : c'est le rôle de la FAO en matière agricole, de l'OMS pour la santé, de l'UNICEF pour l'enfance… Entre 2000 et 2015, les objectifs du Millénaire* ont offert à l'ONU un cadre général d'intervention.

c. La montée en puissance des acteurs de la société civile

- Face à ce qu'elles identifient comme des **dysfonctionnements majeurs** liés à la mondialisation, de nombreuses ONG inscrivent leur action dans un cadre international. Par exemple, Greenpeace met en avant l'enjeu environnemental, Médecins sans frontières intervient dans le domaine humanitaire, Amnesty international veut limiter les atteintes aux droits fondamentaux des êtres humains.

- D'autres organisations altermondialistes, comme ATTAC, combattent le renforcement des inégalités dont ils rendent responsable la mondialisation.

- Intervenant généralement dans un cadre national, les **syndicats** défendent le droit des travailleurs face à une concurrence et des règles internationales libérales qu'ils jugent souvent contraires aux intérêts de leurs membres.

- Enfin, la mondialisation peut être le fait d'**organisations clandestines et criminelles**. Qu'elles agissent dans le domaine du trafic de drogues ou de la vente d'armes, leur action s'établit à l'échelle de la planète entière.

Le trafic international de drogues : l'envers du décor de la mondialisation

- On ne peut sous-estimer l'ampleur et l'essor récent des flux illicites de toute espèce (trafics d'armes, d'êtres humains, de contrefaçon...). Le trafic international des drogues est le plus important d'entre eux, enregistrant entre 350 et 500 milliards de dollars de recettes chaque année, soit 1 à 2 % du produit mondial brut, chiffres par définition imprécis.

- La mondialisation a en grande partie facilité la croissance de ce trafic en favorisant les flux de marchandises et financiers : des filières se sont structurées afin de relier lieux de production et marchés de consommation. La cocaïne, par exemple, est produite en quasi-totalité dans les pays andins (Colombie, Pérou, Bolivie) et alimente les gros marchés que sont les États-Unis et l'Europe où les prix de vente très élevés permettent les plus gros profits : ces flux illicites s'inscrivent donc dans des relations Nord-Sud marquées par les inégalités de développement. Cette activité criminelle a des effets particulièrement déstructurants sur les sociétés des pays pauvres (explosion de violence, corruption politique, financement de mafias...) entraînant une incapacité de ces États à circonscrire ces phénomènes.

- Les trafiquants ont bénéficié de la dérégulation financière internationale : les paradis fiscaux permettent un blanchiment aisé de l'argent de la drogue.

- Aussi, la lutte contre cette forme illégale de mondialisation s'établit à toutes les échelles : les États multiplient les contrôles à leurs frontières ou développent des coopérations transfrontalières (à l'image de l'Union européenne). La création de l'Office des Nations unies contre la drogue et le crime (UNODC) en 1997 se comprend dans ce contexte.

III. Mobilités, flux et réseaux*

L'augmentation spectaculaire des flux de tous types caractérise le processus de mondialisation en cours. Ils sont de plusieurs natures : matériels ou immatériels, purement économiques, mais aussi liés à des migrations humaines en plein essor. Ils s'appuient sur une série de progrès techniques et constituent des réseaux physiques (autoroutes, grandes routes maritimes...) ou numériques (toile et système d'information).

1. Des échanges de marchandises et de services en progression rapidc

- Le phénomène de la mondialisation se traduit d'abord par une **explosion des échanges**. Depuis 1945, les flux croissent plus vite que la production elle-même. Cette progression traduit l'interdépendance renforcée des économies nationales. Ainsi, en 1970, les échanges portent sur 14 % de la production de biens et de services. Ce chiffre s'élève à 31 % en 2008, correspondant à 25 % du PIB mondial. Cette progression est particulièrement forte depuis une vingtaine d'années : depuis 1990, les trafics maritimes et aériens ont augmenté de 40 %.

- Tous les types de biens sont échangés. Dans le domaine agricole, c'est le cas de 20 % de la production mondiale de blé. Dans le secteur secondaire, la diversité fait loi : acier, automobiles, jouets, textiles... Les matières premières et les énergies comme le pétrole restent parmi les flux dont le contrôle est le plus stratégique.

- Cette généralisation des échanges établit une **hiérarchie mondiale** : les pays industrialisés de la Triade dominent encore le commerce mondial avec 75 % des flux. Cependant, la part des pays émergents ne cesse de croître (plus de 20 % du total). L'essentiel de ces échanges s'effectue entre les pays du Nord, mais le commerce entre le Nord et le Sud n'est cependant plus négligeable. Le fait nouveau tient à la place croissante d'une dizaine de pays d'Asie. La Chine est ainsi devenue en 2012 la première puissance commerciale au monde devant les États-Unis.
- Ces échanges déséquilibrés dessinent ainsi un réseau mondial hiérarchisé privilégiant certains nœuds, les façades maritimes et les villes mondiales en premier lieu.

2. Des flux immatériels sans frontières ?

- Les **flux immatériels** circulent encore plus librement que les marchandises ou les services. Les flux de capitaux ne connaissent plus guère de limites à leur déplacement, s'affranchissant presque totalement des frontières politiques. L'incapacité des États à s'entendre pour la création d'une taxe mondiale sur ces flux en témoigne.
- Le **réseau financier** qui s'établit 24 h/24 entre les principales places boursières représente une part essentielle de ces échanges. Les FTN sont également devenues les agents de cette mondialisation financière. Les investissements directs à l'étranger (IDE) ont connu une véritable explosion depuis quarante ans. Leur stock a été multiplié par dix ces vingt dernières années. En 2010, ils ont dépassé 1 200 milliards de dollars. Plus de la moitié de ces flux est encore à destination des pays riches, un pourcentage qui s'élevait à 70 % en 2000. Un rééquilibrage est en cours au profit des pays émergents. Malgré un léger fléchissement en 2012, le territoire chinois a concentré 111 milliards de dollars d'investissement étrangers, soit près de 10 % du total mondial. Même si sa part reste modeste (4,5 %), l'Afrique commence à séduire les investisseurs étrangers.
- La circulation de **l'information** a bénéficié des progrès de l'informatique et de l'Internet. Les attentats du 11 septembre 2001 ou le tsunami survenu au Japon en mars 2011 démontrent la capacité d'un événement à devenir véritablement mondial. Pourtant, de réelles inégalités territoriales demeurent : si de grandes firmes se sont constituées dans les pays du Nord – à l'image de la News Corporation, l'empire de Rupert Murdoch, l'un des plus grands groupes médiatiques au monde –, des territoires apparaissent comme des angles morts de la mondialisation culturelle par volonté politique (censures en Chine ou en Corée du Nord) ou par fragilité sociale et économique (fautes d'images disponibles, le séisme ayant touché Haïti en janvier 2010 n'a pas bénéficié d'une couverture médiatique identique à celle du Japon).
- Cette mondialisation culturelle entraîne une **forme de standardisation** des modes de vie : le cinéma ou les clips de musique en provenance des États-Unis offrent des modèles vestimentaires à la jeunesse du monde entier. L'anglais est devenu la langue mondiale de la communication. 45 % des pages Internet sont rédigées en anglais quand 90 % des langues du monde n'y sont pas représentées. Cette uniformisation peut être vécue comme un danger et explique une dynamique nouvelle de certains régionalismes.

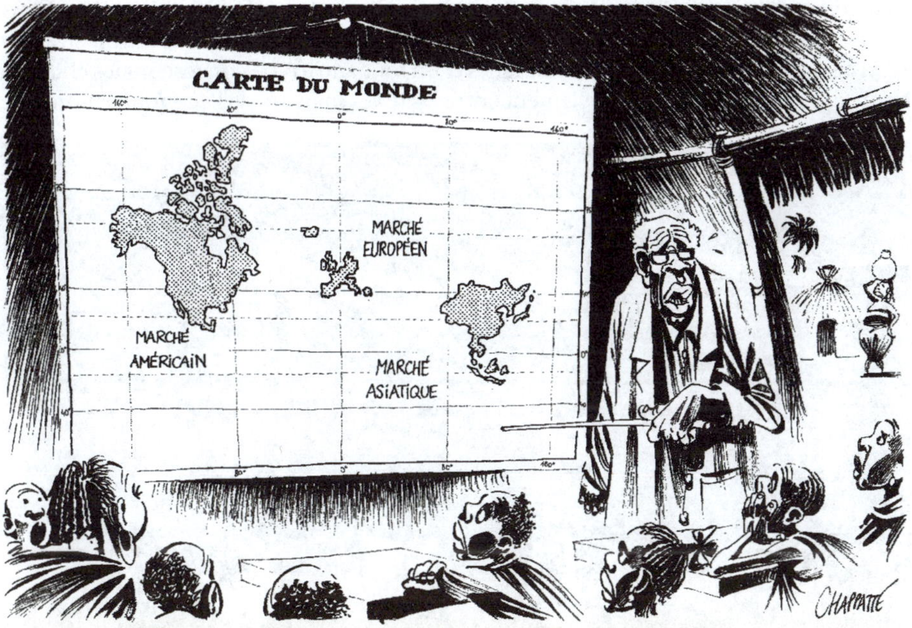

DOC. 4 La mondialisation vue d'Afrique, Patrick Chappatte, dessinateur suisse. En réduisant le planisphère aux trois entités économiques les plus puissantes au monde, le dessinateur souhaite symboliser l'exclusion d'une large partie de la planète du phénomène de la mondialisation, au risque de caricaturer la réalité actuelle, plus complexe.

3. L'explosion des mobilités

- On chiffre en 2010 à plus de 210 millions le nombre de personnes résidant hors de leur pays de naissance. Ce phénomène d'une ampleur inégalée doit cependant être relativisé puisque, en proportion de la population mondiale, le nombre de migrants était plus important il y a un siècle (5 % contre 2,5 % aujourd'hui).

- Cette forte mobilité est liée à l'abaissement des **coûts de transports** ainsi qu'à leur plus grande rapidité ; mais elle est surtout révélatrice des très fortes disparités socio-spatiales qui touchent l'espace mondial. On distingue souvent les migrants d'origine économique et ceux d'origine politique : dans la réalité, il est quelquefois impossible de distinguer strictement ces deux catégories.

- Les flux de travailleurs migrants sont alimentés par les **inégalités de développement** : ils concernent 210 millions de personnes auxquels s'ajoutent environ 30 millions de clandestins. Ces flux se dirigent essentiellement des pays du Sud vers les pays du Nord (deux tiers du total). Cependant, les pays développés ont établi depuis le début des années 1970 des conditions très restrictives à l'accueil. Ainsi, l'espace Schengen*, qui établit la libre circulation des personnes dans l'UE, se double d'une fermeture relativement hermétique vis-à-vis de l'extérieur de son territoire. Les êtres humains franchissent moins facilement que les marchandises les frontières politiques des États. Le cas de la frontière américano-mexicaine en est sans doute la meilleure illustration. Il existe aussi des migrations économiques d'un tout autre type concernant les élites. Ce brain-drain* s'effectue essentiellement entre les pôles majeurs de l'économie mondiale.

DOC. 5 Barrière frontalière entre le Maroc et l'enclave espagnole de Ceuta.
On estime à environ 30 000 le nombre de migrants attendant dans les montagnes voisines, côté marocain, l'occasion pour passer illégalement la frontière.

- Les **réfugiés politiques** ont un statut différent et sont censés être protégés par le droit d'asile : pour cela, leur vie ou leur liberté doivent être mises en danger dans leur pays d'origine, par des conflits ou une répression politique ou religieuse (création du Haut-Commissariat pour les réfugiés) par l'ONU en 1950, convention de Genève de 1951). Dans les faits, les déboutés sont très nombreux (la France ne délivre ce statut qu'à 15 à 20 % des demandeurs). Les réfugiés sont en majorité originaires d'Afrique. On estime aujourd'hui leur nombre à 20 millions. Les réfugiés climatiques fuyant les catastrophes naturelles sont de plus en nombreux. À l'échelle régionale, il ne faut pas sous-estimer l'importance des déplacements de plus faible distance entre les pays du Sud. L'Afrique du Sud, par exemple, est un État très attractif pour les populations d'Afrique australe et centrale.

- Le **tourisme international** constitue dorénavant la source principale des mobilités. Il continue de croître à une vitesse prodigieuse : concernant 750 millions de personnes en 2002, plus d'un milliard en 2012, on évoque le chiffre d'un 1,5 milliard de touristes internationaux en 2020. Les plus fortes progressions concernent l'Asie (la Chine principalement qui devrait devenir la principale destination touristique en 2025), mais l'Europe demeure le premier foyer touristique mondial. L'immense majorité des touristes est encore issue des pays développés.

REPÈRES

Données clés

Aujourd'hui, un tour du monde est techniquement possible en moins de 24 heures. La mondialisation est aussi le produit de la révolution des transports.

Année	Mode de transport	Vitesse (km/h)	Distance*	Lieu accessible depuis Paris (ou le Havre)
1492 : découverte de l'Amérique	marche diligence bateau à voile	6 16 16	72 192 192	Beauvais Lille Southampton (Grande-Bretagne)
1840 : 1re révolution industrielle	locomotive à vapeur paquebot	100 60	1 200 720	Madrid (Espagne) Dublin (Irlande)
1950 : épanouissement de la 2e révolution industrielle	avion à hélice	640	7 680	La Havane (Cuba)
1970 : un monde ouvert	avion à réaction	1 220	14 640	Perth (Australie)

DOC. La mondialisation, une compression de l'espace-temps.
*La distance indiquée est la distance parcourue en 12 heures et exprimée en km.

Citations

Joseph Stiglitz, économiste américain, prix Nobel

Avec la mondialisation, nous sommes tous interdépendants. On disait autrefois : lorsque les États-Unis éternuent, le Mexique s'enrhume. Aujourd'hui, lorsque les États-Unis éternuent, une grande partie du monde attrape la grippe, et les problèmes actuels de l'Amérique sont bien plus graves que de simples reniflements…

■ *Quand le capitalisme perd la tête*, 2003

Paul Virilio, urbaniste et essayiste français

En fait, la mondialisation tellement vantée par les adeptes de la pensée unique, c'est surtout la fin du monde ; la contraction tellurique des distances de temps. Condamnés à l'incarcération géophysique par la compression temporelle des délais du transport et des transmissions instantanées, nous devons plus que jamais méditer la recommandation du sage instituteur de Pagnol : « Mes enfants, ne courez pas, la cour de récréation vous paraîtra plus grande ! »

■ « L'avenir qu'on nous prépare », entretien accordé à C. Grauwin, *Lire-L'Express*, 1999

Bibliographie et documents

• ANSART T., COPINSCHI P., DURAND M.-F., MARTIN B., P. MITRANO, PLACIDI-FROT D., *Atlas de la mondialisation*, Paris, Presses de Sciences Po, 2013

• PERRET G., *Ma mondialisation*, 2006 ; film documentaire

• « Le chocolat, miroir du monde », Planète Terre, France Culture, 1er janvier 2014

1 Relever des informations et bâtir le plan d'une étude de deux documents – Les migrations touristiques : un phénomène mondial ?

Après avoir présenté avec précision les documents, vous démontrerez en quoi ils décrivent une mondialisation incomplète mais grandissante des flux migratoires touristiques dans le monde.

> Voir la méthode générale de l'étude critique de document en annexe (p. 518).

> Voir les sujets 1 du chapitre 11, 2 du chapitre 12 et le sujet d'approfondissement (p. 399).

DOC. 1 Les flux touristiques dans le monde (source : OMT, 2010 et ministère des Affaires étrangères, 2011).

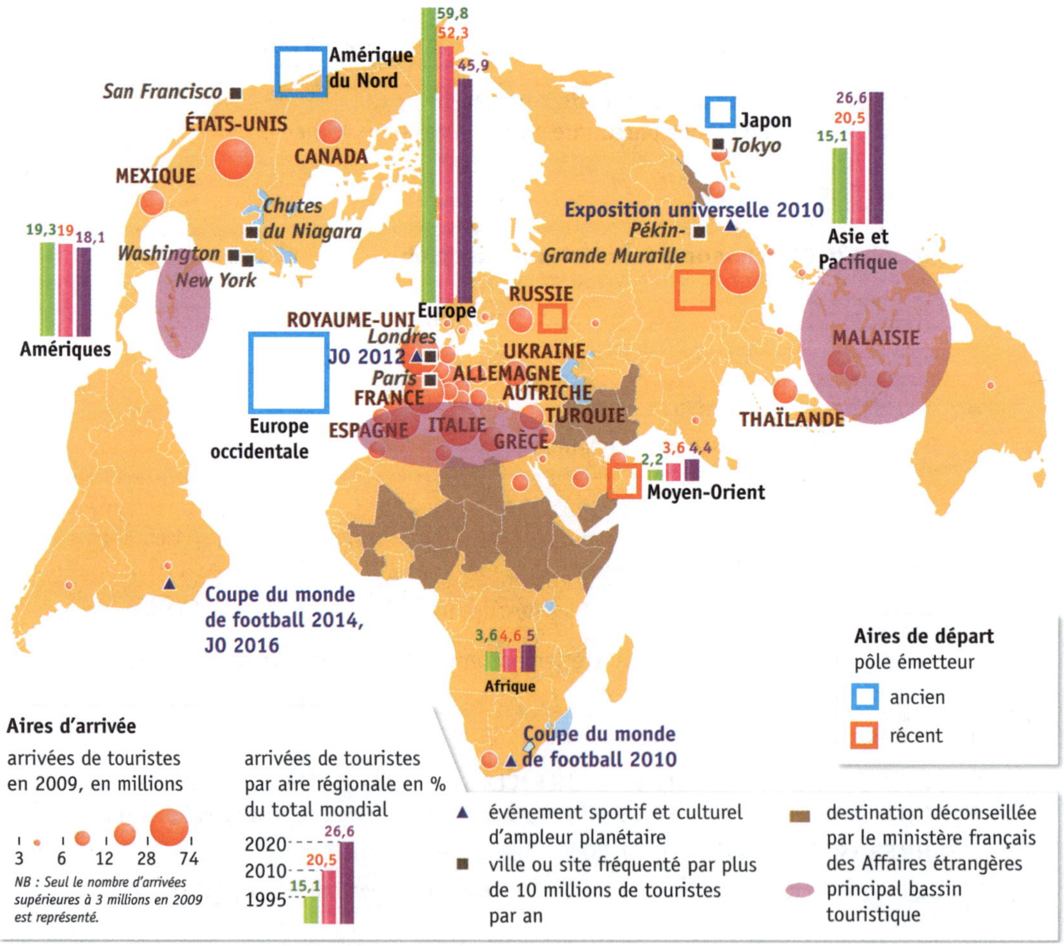

DOC. 2 Évolution et projection des flux touristiques (en millions de touristes), 1995-2020.

	1995	1999	2000	2001	2010	2020
Monde	565,5	650,5	698,8	688,6	1 006,4	1 561,1
Afrique	20,2	26,5	27,6	28,5	47	77,3
Amériques	108,9	122,2	129	119,3	190,4	282,3
Asie de l'Est/Pacifique	81,4	97,6	111,9	114,9	195,2	397,2
Europe	338,2	380,2	403,3	400,5	527,3	717
Moyen-Orient	12,4	18,2	20,6	19,4	35,6	68,5
Asie du Sud	4,2	5,8	6,4	6	10,6	18,8

Source : Organisation mondiale du tourisme.

Analyser le sujet

> Analyser le thème et la consigne du sujet

Certains termes de la consigne permettent de préciser l'intitulé général du sujet en identifiant les questions essentielles auxquelles il faudra répondre.

– D'une part, les « migrations touristiques » ont connu une **croissance extraordinaire** durant les cinquante dernières années, mais les déplacements touristiques sont **fortement concentrés**, la mondialisation est qualifiée d'« incomplète » : il faudra expliquer pourquoi.

– D'autre part, le terme de « mondialisation [...] grandissante » fait référence à une dynamique récente : l'émergence de **nouveaux pôles** émetteurs (Chine, Moyen-Orient) est en effet le phénomène marquant de ces dix dernières années et il faudra interpréter ce rééquilibrage entre différentes aires géographiques.

> Identifier et présenter les documents

- L'étude est menée à partir de deux documents de natures différentes, un planisphère à projection polaire et un tableau de statistiques. Les deux documents ont été établis à partir des chiffres de l'OMT, l'Organisation mondiale du tourisme, et des données du ministère français des Affaires étrangères. Ces statistiques ont donc un caractère officiel et fiable.

- Les deux documents, qu'il faut confronter, sont d'importance inégale. Le planisphère apporte l'essentiel des informations nécessaires au traitement du sujet : localisant les principaux pôles émetteurs et les destinations favorites des touristes, il avance également quelques facteurs explicatifs à ces phénomènes géographiquement limités. En lien avec le tableau de statistiques, document d'importance secondaire, il permet de décrire les dynamiques actuelles entraînant un rééquilibrage progressif du phénomène touristique entre les différentes aires continentales, produit de l'émergence économique de pays comme la Chine. Des estimations permettent des projections pour l'année 2020.

> Relever les informations importantes dans les documents

- Il convient de lister précisément au brouillon les différents thèmes d'étude à aborder :
– Le tourisme est un **phénomène mondial** : tous les continents sont concernés en étant pôle émetteur de touristes (Europe, Amérique du Nord, Japon...) et/ou en possédant les sites parmi les plus visités au monde (France, bassin touristique de la Caraïbe...).

– Le tourisme reste avant tout une **activité des populations des pays du Nord**. Les pays de la Triade sont les pôles émetteurs les plus anciens et les plus puissants : l'Europe occidentale, l'Amérique du Nord et le Japon concentrent à eux seuls près de 500 milliards de dollars de dépenses touristiques, soit plus des deux tiers du total mondial.
– Les flux touristiques restent, de plus, essentiellement des **flux Nord-Nord** : les principales aires d'arrivée sont avant tout européennes, premier foyer touristique au monde, et nord-américaines. La part des pays du Sud est secondaire même s'il existe des aires d'arrivée non négligeables : Chine, Mexique, Afrique du Sud et des zones géographiques comme l'Asie du Sud-Est (Thaïlande, Malaisie…) ou la rive sud de la Méditerranée (Maroc, Tunisie, Égypte).

- Toutefois, une description combinée des deux documents montre une **évolution marquée** de cette réalité : la part relative de l'Europe dans l'arrivée des touristes connaîtrait un déclin important (59,8 % du total mondial en 1995 contre seulement 45,9 % prévus en 2020) lorsque les Amériques n'enregistreraient qu'un tassement (de 19,3 % à 18,1 %). Dans le même temps, l'Asie-Pacifique connaîtrait un essor remarquable du phénomène (de 15,1 % des arrivées en 1995 à 26,6 % en 2020) alors que le continent africain reste marginalisé (de 3,6 % à 5 %). Soyez rigoureux : classez les principales aires d'arrivée dans un ordre respectant la hiérarchie mondiale (l'Europe occidentale et centrale, les États-Unis, etc.). Le document 2 confirme ces dynamiques continentales et permet de constater plus globalement une explosion des flux touristiques dans le monde : calculez au brouillon les coefficients multiplicateurs approchant les ordres de grandeur constatés pour chaque aire géographique (× 3 du nombre de touristes dans le monde, mais seulement × 2,1 en Europe contre × 4,9 en Asie de l'Est).

- Enfin, la légende du planisphère apporte des facteurs d'explication : l'attractivité de certains lieux peut s'expliquer par l'organisation d'événements sportifs ou culturels d'ampleur planétaire (Exposition universelle de Shanghai en 2010, Coupe du monde de football au Brésil en 2014), par l'existence d'un patrimoine naturel (chutes du Niagara) ou historique (Grande Muraille de Chine). Au contraire, des régions entières du globe présentent des facteurs répulsifs à l'essor du tourisme sous la forme d'une mise en garde par le ministère des Affaires étrangères français qui définit des « zones noires » où les déplacements pour des raisons touristiques sont fortement déconseillés.

> Mobiliser et organiser ses idées

Les connaissances nécessaires au traitement du sujet peuvent s'organiser autour de deux questions essentielles.

- **Pourquoi les migrations touristiques sont-elles encore si concentrées ?**

Le tourisme reste une activité réservée aux populations pouvant assurer leurs besoins fondamentaux (nourriture, logement, habitat, santé) : or, en 2015, nombre de populations des pays du Sud, et en particulier des pays les moins avancés (PMA), n'ont pas accès de manière satisfaisante à ces secteurs essentiels. L'activité touristique reste donc marginale pour ces populations en développement (Afrique, Amérique latine).
Le premier facteur de la localisation des flux touristiques est donc économique.
Pour autant, le facteur politique explique aussi la localisation des flux touristiques. En raison de conditions de sécurité devenues insuffisantes, une partie du monde est dorénavant fermée à cette activité. C'est le cas de la quasi-totalité des pays du Sahel et du Sahara qui constituent une zone de voyage déconseillée en raison des enlèvements perpétrés par des groupes terroristes.

- **Comment peut-on interpréter les dynamiques actuelles qui opèrent un rééquilibrage progressif entre les différentes aires géographiques de la planète ?**
Une classe moyenne disposant des moyens financiers pour voyager se développe dans les pays émergents : ainsi, le nombre de Chinois, mais aussi dans une moindre mesure d'Indiens ou de Brésiliens, qui voyagent pour des raisons touristiques, a explosé ces dix dernières années : 100 millions de voyageurs chinois se sont rendus à l'étranger en 2014 contre seulement 10 millions en 2000.
Dans l'autre sens, ces pays s'ouvrent de plus en plus au tourisme international. Les Émirats arabes unis ont, par exemple, lancé une politique de diversification de leur économie dont le tourisme est un des piliers : Dubaï est ainsi devenue en quelques années une destination touristique de premier plan. La Chine facilite depuis quelques années seulement l'obtention de visas touristiques en relation avec l'organisation d'événements d'audience mondiale comme les jeux Olympiques (Pékin 2008) ou l'Exposition universelle de Shanghai (2010).

> Relever les limites des documents

- La principale limite des documents tient à l'absence d'une approche **multiscalaire**. Certaines statistiques recouvrent en effet des territoires très vastes. Si l'analyse des chiffres de continents comme l'Europe ou l'Afrique est relativement aisée du fait d'une certaine homogénéité de développement des populations, cela est beaucoup moins vrai pour les Amériques ou l'Asie-Pacifique où l'hétérogénéité l'emporte (États-Unis/Haïti). Le document 2, plus précis, permet ici de distinguer l'Asie de l'Est de l'Asie du Sud.

- Selon la même logique, le tourisme reste un phénomène concentré à des échelles locales. Si la France est bien la première destination touristique au monde, il serait judicieux de déterminer sur son territoire les espaces particulièrement avantagés et parcourus – c'est bien évidemment le cas de Paris, visité par la quasi-totalité des touristes extra-européens. À l'intérieur même de la ville, l'étude à l'échelle du quartier et même de la rue démontre une concentration très forte de ce phénomène dans l'espace (Champs-Élysées, tour Eiffel, Notre-Dame) où, selon le mot du journaliste Philippe Meyer, « la ville est devenue un décor. »

Bâtir le plan de l'étude de document

Pour cette étude, le plan peut adopter la **démarche analytique**, classique en géographie : description du phénomène étudié, explication de cette réalité, étude des dynamiques récentes :

I. Des flux touristiques concentrés principalement dans les pays du Nord
1. Un phénomène présent sur tous les continents…
2. … mais essentiellement le fait des populations des pays du Nord…
3. … qui concentrent également les principales aires d'arrivée touristiques

II. Des facteurs à cette répartition essentiellement économiques et politiques
1. Le niveau de développement, facteur essentiel dans l'essor des activités touristiques
2. Les conditions de sécurité, autre explication des distorsions géographiques constatées

III. Une dynamique récente visant à un rééquilibrage au profit des régions émergentes
1. L'explosion des flux touristiques en lien avec l'émergence de nouvelles puissances économiques…
2. … entraînant un déclin tout relatif des aires touristiques traditionnelles

Rédiger l'étude de document

> Introduire une étude critique de documents

Une phrase d'accroche peut rappeler l'essor remarquable des migrations touristiques dans le monde dans le dernier demi-siècle.

Alors que le nombre de touristes n'atteignait pas les 70 millions dans les années 1960, la barre du milliard et demi de voyageurs sera largement dépassée en 2020.

Rappeler le lien entre cet essor particulier et celui de la mondialisation au sens large.

> Conclure une étude de documents

Les flux migratoires répondent encore aujourd'hui à une logique planétaire incomplète, bénéficiant avant tout aux populations et aux territoires des pays développés. Cependant, une diffusion du phénomène est enregistrée dans les pays émergents et les pays exportateurs de pétrole. Mais cet essor reste incomplet : les PMA ne sont pas encore concernés par ce mouvement.

2 Réalisation d'un schéma de géographie – Du cacao au chocolat, l'exemple d'un produit mondialisé

> Voir la méthode générale de réalisation d'un schéma en annexe (p. 520).

> Voir les sujets 2 du chapitre 11 et 1 du chapitre 12.

- Une étude géographique se construit autour d'une **approche territoriale**. L'insertion d'un ou de plusieurs schémas dans le développement d'une composition permet ainsi de répondre pleinement à cette logique : mettant en valeur des qualités spécifiquement géographiques, le schéma allège la rédaction en introduisant une rupture valorisée dans la démonstration.
- L'exemple proposé ici permet d'introduire un **schéma à l'échelle mondiale** synthétisant, de la production de cacao à la consommation du chocolat, la mondialisation d'un des produits d'alimentation les plus recherchés de la planète. Aussi, apparaîtra-t-il à la fin du devoir, comme un **bilan** du propos antérieur.

Analyse du sujet

> Définition de la problématique

La **légende** du présent schéma s'appuie sur les grands thèmes fournis par le cours. Elle le complète par l'apport de données chiffrées.

La problématique doit poser l'**asymétrie fondamentale** des relations entre les pays du **Nord** et les pays du **Sud** dans le commerce du cacao et du chocolat : les pays en développement ont un rôle essentiel lié à la production de la matière première agricole (fève de cacao) dont ils possèdent le monopole du fait de leur localisation géoclimatique. Cependant, les pays du Nord, qui détiennent les capitaux d'investissement, sont le débouché naturel de ces productions grâce à des marchés de consommation riches et démographiquement dominants.

Le schéma doit être capable de démontrer l'essor de **nouvelles pratiques** de consommation en Asie, signe d'une mondialisation qui standardise en partie les modes culturelles des différents territoires de la planète.

Bâtir le plan de la légende

> Mobiliser et organiser les connaissances

Le plan de la légende respecte la **logique économique** allant de la **production** à la **consommation.** ❶ Le processus de la production de cacao s'avère très concentré dans un nombre restreint de pays du sud, ❷ ce qui entraîne l'existence de flux particulièrement déséquilibrés car dominés par ❸ les pays du Nord, aux commandes de la filière économique.

> Choisir les figurés appropriés

C'est un moment capital dans la réflexion. **Tous les types de figurés** doivent être utilisés de manière pertinente.

– Les flux de toute nature sont représentés par des flèches. Soyez précis sur les points de départ et d'arrivée de ces échanges. Jouez sur la largeur de ces flèches pour traduire l'importance relative des flux représentés. Un **figuré linéaire** limite la zone de production entre les parallèles de latitude 20° nord et sud.

– Les **figurés de surface** correspondent aux régions de production du cacao mais également aux pays où la consommation du chocolat est répandue.

– Enfin, les **figurés ponctuels**, assez rares ici, permettent de localiser les lieux de commandement majeurs de cette filière économique.

Réalisation graphique

> Recopier la légende et le titre

- Placer le titre au-dessus du schéma, en majuscules. Le titre du schéma reprend l'intitulé de l'étude de cas dont il offre ici une synthèse cartographiée : Du cacao au chocolat, l'exemple d'un produit mondialisé.

- La légende reprend le plan structuré au brouillon : les différents figurés seront placés devant chaque élément de légende. Même si cela peut paraître intellectuellement pertinent, il faut éviter de présenter deux fois le même figuré à deux endroits de la légende.

> Représenter schématiquement les contours de l'espace étudié

Le candidat doit être capable de produire la schématisation d'un planisphère. Il veillera à la fois à la précision des contours des continents, mais également à respecter les localisations relatives de ces territoires entre eux et par rapport aux grands repères astronomiques (équateur, tropiques…).

SCHÉMA

DU CACAO AU CHOCOLAT, L'EXEMPLE D'UN PRODUIT MONDIALISÉ

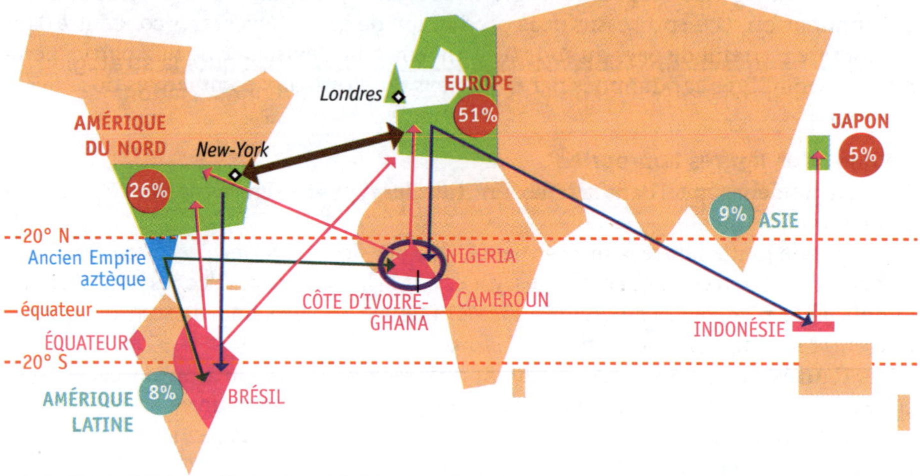

I. Une aire de production concentrée dans quelques pays du Sud

- Le cacao : une plante d'origine américaine
- Diffusion progressive des plantations
- Limite climatique des plantations tropicales
- Zone participant à 90 % de la production mondiale des fèves
- Principale aire de production mondiale

II. Des échanges Nord/Sud déséquilibrés

- Exportations de produits non transformés
- IDE des FTN
- Exportations à plus forte valeur ajoutée, un lien transatlantique
- Deux principales bourses de fixation des prix du marché

III. Les pays du Nord, aux commandes de la filière économique

- Une consommation de pays riches : plus de 75 % de la consommation mondiale de chocolat
- % de la consommation de chocolat
- L'essor récent de la consommation dans les pays émergents

SUJETS DE TYPE BAC

1 Étude critique de deux documents – Nike, une firme transnationale dans la mondialisation

60' (S)
90' (L, ES)

Après avoir présenté les documents, vous démontrerez en quoi la stratégie de cette FTN s'inscrit pleinement dans le processus de la mondialisation.

> Voir la méthode générale d'une étude critique de document en annexe (p. 518).
> Voir les méthodes et stratégies 1 du chapitre 11 et 2 du chapitre 12.

DOC. 1 La présence de Nike dans le monde.

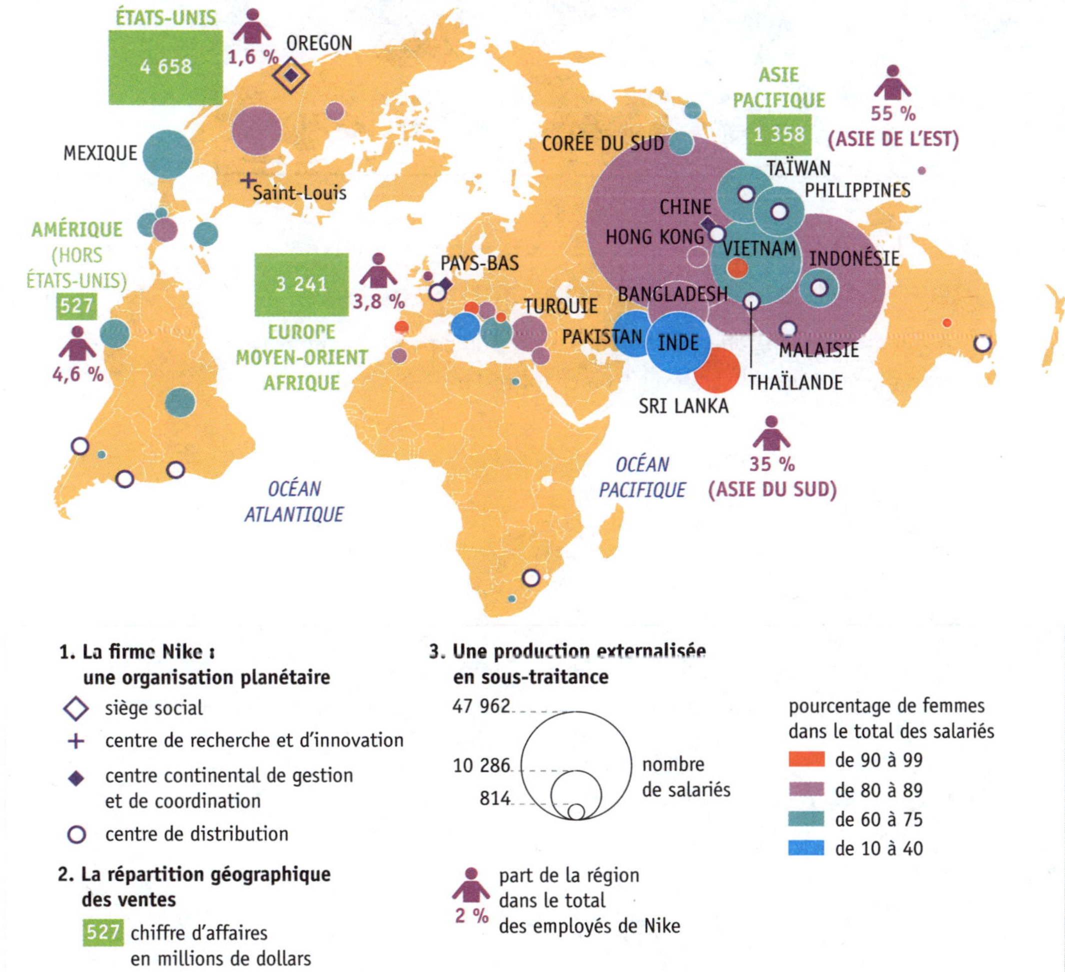

DOC. 2 Caricature de Tony Auth pour *The Philadelphia Enquirer*, 1997.

2 Réalisation d'un croquis en géographie – Flux et réseaux de l'espace mondialisé

60' (S)
90' (L, ES)

> Voir la méthode générale de réalisation d'un croquis en annexe (p. 520).
> Voir la méthode et stratégie 2 du chapitre 11.

CORRIGÉS

1 Étude critique de deux documents – Nike, une firme transnationale dans la mondialisation

Le traitement de ce sujet vous permettra de mieux saisir le rôle important de nouveaux acteurs de la mondialisation, ici les FTN. Du point de vue des méthodes, il vous aidera à saisir l'intérêt de rapprocher deux documents de nature si différente.

Les firmes transnationales (FTN) sont des acteurs essentiels du processus de la mondialisation. Leur stratégie d'entreprise les conduit à développer leur activité économique à l'**échelle de la planète**. Nike, marque mondiale parmi les plus célèbres de l'industrie textile et des chaussures de sport, s'inscrit pleinement dans cette logique. Le planisphère (document 1) permet d'observer cette géographie globale en localisant les pôles de direction et d'innovation, les principales usines de production ainsi que les territoires de commercialisation. Le document 2, une caricature issue d'un article du *Philadelphia Enquirer* datant de 1997, apporte un regard critique sur ce modèle de développement économique en remettant en cause, à travers la dénonciation du travail des enfants, les facteurs du succès d'une telle stratégie. À ce titre, le premier document informe également sur la part prépondérante des femmes dans le total des salariés, main d'œuvre supposée plus fragile, plus docile et moins bien payée, surtout dans les pays du Sud. Dans quelle mesure l'exemple de Nike nous informe-t-il plus globalement sur les stratégies mises en œuvre par toutes les FTN ?
Les activités économiques de l'entreprise Nike se déploient dans le monde entier dans une recherche constante de compétitivité et de profit. Cette politique d'entreprise peut être critiquée, car elle ne s'attache pas toujours au respect des droits essentiels des employés.

[I. Une structure d'entreprise mondialisée, une firme-réseau]

[1. Une chaîne de production éclatée]

L'entreprise Nike est née en 1972 à Beaverton, une petite ville proche de Portland, dans l'Oregon (États-Unis). Cette PME spécialisée dans la chaussure de sport conquiert, dès le début des années 1980, la première place de ce marché aux États-Unis et se lance rapidement dans une stratégie de développement à l'échelle mondiale.
Les **fonctions de commandement** ont été maintenues sur le territoire américain en s'organisant autour de deux grands pôles géographiques spécialisés : la présence du siège social à Beaverton, donc de la direction d'entreprise, détermine l'adresse légale du groupe et, au-delà, sa nationalité. Le conseil d'administration y délibère sur les politiques d'avenir à mettre en œuvre. Les directions du marketing, du design, les services financiers ou encore ceux de la protection juridique y sont implantés. Le document 1 permet de constater également le développement d'un centre de recherche et d'innovation à Saint-Louis, dans l'État du Missouri. Les emplois stratégiques à très haut niveau de qualification se concentrent donc aux États-Unis. Essentiels à la marche et au développement de l'entreprise, ils ne représentent pourtant qu'une infime partie de la main d'œuvre puisque, selon le document 1, seul 1,6 % de celle-ci y est regroupée.
En effet, les gros « bataillons » de la **main d'œuvre** liés directement à la production se localisent en Asie de l'Est (55 % du total) et du Sud (35 %), essentiellement en Chine,

en Thaïlande et en Indonésie. Des implantations de moindre importance peuvent être repérées au Moyen-Orient (essentiellement en Turquie), en Europe ou dans le reste de l'Amérique (au Mexique sous la forme des maquiladoras*). Cette externalisation géographique de la production s'est accompagnée d'une totale externalisation juridique et économique : Nike a inventé le concept de « l'entreprise sans usine » : la fabrication de ses chaussures et autres survêtements est dorénavant entièrement dévolue à des sous-traitants locaux. Dans cette logique, Nike a été un précurseur, suivi depuis par d'autres grandes marques comme Levi's ou Benetton.

[2. L'explosion des flux]

Cette organisation mondiale entraîne la multiplication des flux de toute nature : des IDE* massifs liés à la création ou au développement des usines de fabrication provenant des États-Unis irriguent les territoires. En finançant la construction de locaux et leur entretien, l'achat de machines, le paiement d'une partie de la main d'œuvre, ces flux de capitaux spécifiques permettent d'exercer un contrôle sur ces activités éloignées des États-Unis.

Une véritable DIPP (décomposition internationale du processus productif) traduit la NDIT. Les pays du Nord anciennement industrialisés se sont défaits progressivement du stade de la fabrication des biens manufacturés à faible valeur ajoutée qu'ont repris peu à peu les pays du Sud, d'abord les NPI puis plus tard dans les années 1980 d'autres pays émergents (les Tigres asiatiques tout particulièrement).

Si le territoire des États-Unis a vu une large partie de ses emplois industriels traditionnels se délocaliser vers l'Asie ou d'autres pays du Sud (au détriment essentiel de la *Manufacturing Belt* devenu bientôt la *Rust Belt* dans les années 1980), il conserve l'essentiel des emplois stratégiques et de haute technologie qui sont venus renforcer la *Sun Belt* : ce schéma d'organisation signe donc le maintien, voire le renforcement, d'une domination des pays du Nord sur les pays du Sud, ici par l'intermédiaire des acteurs de la mondialisation que sont les FTN. Il a également entraîné des **mutations territoriales** à l'échelle même des pays, ici les États-Unis.

À l'inverse de ces flux de capitaux essentiellement de direction Nord-Sud, une croissance des flux de marchandises de direction Sud-Nord s'est produite dans le cadre de ce processus : en effet, le document 1 nous informe que les sites de production ne recouvrent que très partiellement les aires de consommation : la moitié des ventes s'effectue aux États-Unis. De même, on peut penser qu'une large part du chiffre d'affaires du sous-ensemble Europe/Moyen-Orient/Afrique concerne en fait les 28 pays de l'Union européenne.

[Conclusion partielle]

Cette première analyse permet de définir l'entreprise Nike comme une FTN pleinement intégrée au processus de mondialisation : si le siège social et les capitaux de l'entreprise sont américains, les activités se sont totalement internationalisées. La stratégie de l'entreprise est mondiale.

Cependant, d'autres échelles d'études apparaissent. Ce système s'appuie sur des relais continentaux de gestion et de coordination (en Europe, en Asie) ; à une échelle plus locale encore, les métropoles mondiales ou émergentes jouent un rôle essentiel : à la recherche des marchés nationaux les plus porteurs, des villes comme Bruxelles, São Paulo ou Melbourne structurent un réseau complexe sur lequel s'appuie la stratégie de l'entreprise.

[II. Les facteurs multiples de cette NDIT]

Les facteurs de cette évolution caractéristique de la mondialisation sont multiples et cumulatifs.

[1. Les premiers sont d'ordre purement **économique**]

Afin d'obtenir des profits toujours plus grands, les entreprises recherchent un abaissement massif du **coût de la main d'œuvre** qui, pour des entreprises textiles comme Nike, représentent plus de 50 % du coût total de fabrication. Ainsi, le niveau de salaire très faible des populations de pays du Sud encourage le processus de délocalisation. La faible qualification de ces hommes et surtout de ces femmes ne représente pas un réel obstacle dans le cadre d'une taylorisation importante des tâches à effectuer.
Le second facteur économique tient à l'**optimisation fiscale** mise en œuvre par Nike. Doté de systèmes sociaux moins protecteurs et donc de prélèvements obligatoires beaucoup plus faibles, les pays du Sud encouragent également l'implantation d'unités de production par des politiques économiques d'abaissement des impôts avec la création de zones franches* (ZES* en Chine, Vietnam…)

[2. Les deuxièmes facteurs sont **technologiques**]

Cette mise en concurrence des territoires et cette recherche des avantages comparatifs de certains pays sont rendues possibles par une véritable **révolution des transports** (dont le phénomène de conteneurisation est un des aspects les plus importants) : devenus beaucoup plus rapides (voir la page des Repères) et ouvrant donc progressivement les entreprises à des marchés mondiaux, leurs coûts ont considérablement diminué, devenant marginaux dans le prix global d'un produit fini.
Cette révolution a également concerné les **télécommunications** : la gestion financière de ces entreprises-monde est rendue possible par l'essor d'un réseau de communication universel. L'information, la publicité, véhiculée par des médias de plus en plus performants permettent d'élaborer un marketing à l'échelle mondiale (en particulier à travers des événements sportifs relayés dans le monde entier comme les jeux Olympiques), élément tout à fait essentiel dans le cadre d'une entreprise qui bâtit une large part de sa compétitivité sur son image de marque.
Enfin, les FTN ont bénéficié d'une **volonté politique** favorisant la mondialisation : depuis 1945, l'abaissement progressif des droits de douane à moins de 5 % permet les réimportations massives de bien produits à l'étranger. Depuis 2005, dans le cadre de l'OMC, les échanges internationaux de produits textiles ont été totalement libéralisés.

[Conclusion partielle]

Au vu de ces explications, on peut se demander pourquoi le continent africain apparaît si marginalisé dans le développement de l'entreprise (document 1). Cela est largement lié à la faiblesse des aménités dont dispose ce territoire. Certes, la main d'œuvre y est meilleure marché que partout ailleurs dans le monde mais le continent est encore mal relié au reste de la planète : le niveau des infrastructures de transports ou de communication y reste souvent fort médiocre. De plus, les entreprises multinationales apprécient particulièrement une stabilité politique que ne peut offrir encore une large partie de ces pays. Enfin, les populations dont le niveau de vie est celui de PMA* ne constituent pas encore un marché de consommation attractif.

[III. Une stratégie critiquée]

Le document 2 apporte une forte nuance à cette « success story ». La caricature parue en 1997 dans un journal de la côte Est des États-Unis dénonce les côtés sombres de la course au profit. En 1996 est révélée l'existence de l'exploitation d'enfants dans certaines usines des sous-traitants de Nike. Des conditions de travail déplorables sont par ailleurs dénoncées, tout particulièrement en Indonésie. L'effet est destructeur pour l'image de l'entreprise : tel est le sens de la caricature proposée. Les célèbres symboles de la FTN deviennent des objets d'asservissement : la virgule, connue dans le monde entier, devient un fléau pour les enfants exploités. Le slogan, reconnaissable entre tous, se transforme en un cri d'injustice et d'inhumanité.

Or, Nike a construit une large partie de son empire sur l'image que la marque véhicule (éthique du sport, respect de l'adversaire, dépassement de soi). Une telle dénonciation est alors tout simplement désastreuse. Très rapidement, la direction décide de réagir, tout d'abord en reconnaissant les graves faiblesses de son modèle de développement. « Les produits Nike sont devenus les emblèmes des salaires de misère, des heures supplémentaires forcées et des abus arbitraires », avoue le PDG de l'époque. De plus, l'entreprise prend toute une série de mesures s'inscrivant dans la logique du développement durable. Nike fonde en 1999 la Fair Labour Association qui se donne pour ambition de promouvoir les droits de l'homme et du travail. Elle renforce ensuite la traçabilité de ses produits en pratiquant une politique de transparence, faisant connaître la liste, opaque jusqu'alors, de ses sous-traitants et devient ainsi un pionnier en la matière. Tout cela participe aussi à une stratégie de marketing qu'il ne faut pas sous-estimer.

Dans l'ensemble, cette politique est une réussite et a permis à la marque de réhabiliter en dix ans une grande partie de sa réputation. Cependant, les salaires pratiqués dans ses usines de production restent faibles : le document 1, en montrant la grande prépondérance du **travail féminin**, nous le rappelle.

[Conclusion générale]

Cette analyse nous a permis de comprendre les ressorts du développement récent des FTN et la croissance de leur puissance économique. Elles sont des acteurs essentiels de la mondialisation en **s'affranchissant** en grande partie **des frontières politiques** de l'ancien monde, construit sur la réalité de l'État-nation.

De nos jours, si le classement des FTN est largement dominé par les pays du Nord (Wal-Mart, Exxon Mobil, Total…), la part des pays émergents grandit rapidement, la Chine en offrant le meilleur exemple.

2 Réalisation d'un croquis en géographie – Flux et réseaux de l'espace mondialisé

Analyse du sujet

- Deux termes que l'on ne peut confondre sont au cœur du sujet. Sous l'appellation de « **flux** », on désigne la circulation des hommes, mais aussi les échanges de marchandises, de services et de capitaux. Le terme « **réseau** » est polysémique : il désigne à la fois les supports matériels, physiques de ces flux (différents moyens de transport, de communication…), mais introduit également une notion de hiérarchisation des territoires en désignant un ensemble de pôles reliés entre eux par des axes majeurs et durables d'échanges et de communication.

- Le sujet définissant l'espace étudié comme « mondialisé » appelle à une étude planétaire des phénomènes. Le fond de carte associé doit être un **planisphère** ; la projection polaire choisie ici rend plus aisée la représentation des déséquilibres géographiques rencontrés.
- La conjonction « **et** » est importante : elle entraîne une confrontation nécessaire entre les termes « flux » et « réseaux ». La mondialisation, qui suppose l'essor et la multiplication des flux de toute nature, s'inscrit-elle **uniformément** dans l'espace mondial ? Cette question permet d'introduire dans les titres de parties de la légende la question de la différenciation des territoires sur le critère de la plus ou moins grande intégration de ces espaces au processus de la mondialisation en marche.

Bâtir le plan de la légende

> Mobiliser et organiser les connaissances

- Trois thèmes à traiter apparaissent. ❶ Le processus de la mondialisation correspond d'abord à l'**essor de flux** de toute nature, dans lesquels on distingue les mobilités des hommes des autres types de flux purement économiques. ❷ Ces flux s'inscrivent dans un espace mondial varié présentant par endroit des **aménités** (facteurs favorables) ou, au contraire, des **contraintes** au regard des caractéristiques propres à la mondialisation. ❸ Ainsi, une **hiérarchisation des territoires**, et ce à toutes les échelles, découle de la mise en place de réseaux autour de pôles et d'axes majeurs.
- Les grandes parties du plan de la légende respectent un plan classique. La géographie inégale des flux (**description**) s'explique par des **facteurs** variés provoquant une hiérarchisation consécutive des territoires (**typologie**) :

I. Un espace mondial traversé par des flux…

II. …privilégiant des territoires d'échanges et de contacts…

III. …définissant un « système-monde » interdépendant mais contrasté

> Choisir les figurés appropriés

Le choix des figurés est un moment capital dans la réflexion.

- Les **trois types de figurés** doivent être utilisés de manière pertinente. Les flux de toute nature seront bien évidemment représentés par des **flèches**. Précisez au maximum les points de départ et d'arrivée de ces échanges. La largeur de ces flèches permettra de traduire l'importance relative des flux représentés.
- Il ne faut pas pour autant négliger les **figurés linéaires** simples, nécessaires à la représentation des principales interfaces maritimes ou des frontières fermées au phénomène de la mondialisation : ils peuvent donc avoir le rôle paradoxal de décrire des territoires d'échanges mais également des discontinuités spatiales.
- Les centres d'impulsion (métropoles mondiales, sièges des grandes institutions internationales…), les nœuds majeurs de communication (hubs mondiaux…) ou les lieux de passage maritimes stratégiques (détroit, canal…) doivent être localisés par des **figurés ponctuels** suffisamment explicites.
- Enfin, la typologie des territoires traduisant la hiérarchisation qu'induit le phénomène de mondialisation se doit d'être représentée par des **figurés de surface** : ils concernent l'échelle des États (Japon, États-Unis, Brésil…) ou celle des organisations économiques régionales intégrées (Union européenne, ALENA…).

CROQUIS

FLUX ET RÉSEAUX DE L'ESPACE MONDIALISÉ

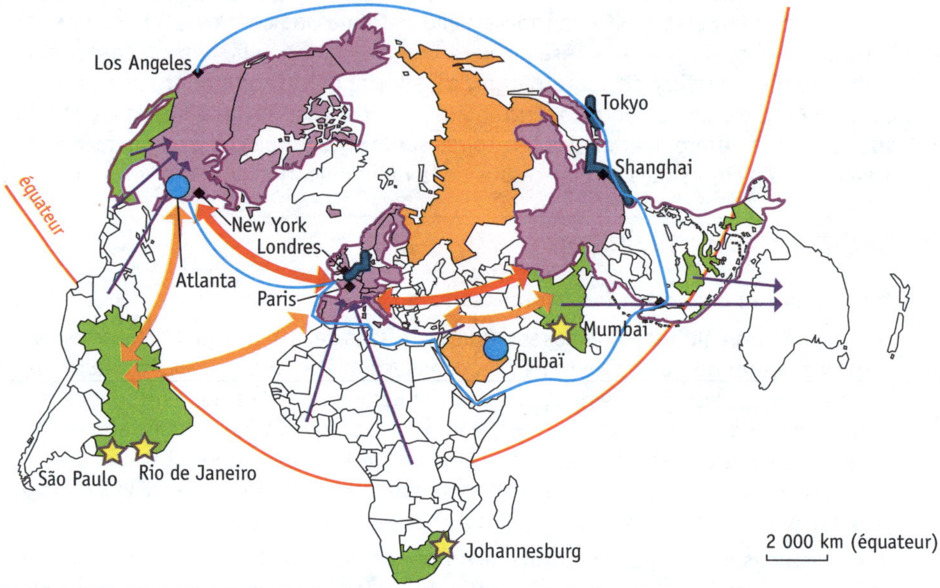

1. Un espace mondial traversé par des flux...

A. De multiples natures
- « anneau de la globalisation », flux majeurs de la mondialisation (marchandises, IDE)
- axes principaux des migrations économiques

B. Connaissant un formidable essor
- flux émergents (marchandises, IDE) en forte croissance depuis une vingtaine d'années
- principales routes maritimes de circulation

2. ...privilégiant des territoires d'échanges et de contacts...

A. Autour des centres d'impulsion majeurs...
- trois pôles dominants, cœur de la mondialisation
- ◆ métropoles mondiales, sommet du réseau d'échange

B. ...et des principaux lieux de passages obligés
- principales façades portuaires
- hubs aéroportuaires dominants

2. ...définissant un « système-monde » interdépendant mais contrasté

A. Un réseau multipolarisé
- principales organisations économiques régionales (ALENA, UE, ASEAN +3)
- métropoles émergentes

B. Un réseau hiérarchisé
- puissances émergentes
- principaux pays exportateurs de pétrole

CHAPITRE 12 Séries L, ES et S

Les territoires dans la mondialisation

COURS

MÉTHODES ET STRATÉGIES

SUJETS DE TYPE BAC

CORRIGÉS

COURS

Les territoires dans la mondialisation

Le processus de mondialisation est paradoxal. Loin d'unifier parfaitement les multiples territoires de la planète, il crée de nouvelles différenciations entraînant l'établissement d'une hiérarchie propre à exclure certains espaces marginalisés. Ainsi, la mondialisation dynamise des pôles et des espaces centraux quand, dans le même temps, des territoires et des sociétés sont laissés à l'écart. Cette réalité s'établit à toutes les échelles : mondiale bien sûr, mais aussi régionale (à l'intérieur d'un continent, d'un État) et locale (au sein d'une métropole par exemple).

I. New York, la ville mondiale par excellence

Pour les uns *Big Apple*, pour les autres « *the city that never sleeps* » (« La ville qui ne dort jamais »), New York est la ville dont on pense souvent qu'elle est le centre du monde moderne. Sa ligne d'horizon, sa célèbre *skyline*, est connue de tous, même après l'effondrement des tours jumelles du World Trade Center. Plus grande métropole* des États-Unis, New York est l'incarnation même de la « ville mondiale ». Quels sont les caractères qui lui permettent de répondre à la définition de cette notion, particulièrement usitée depuis les années 1990 ?

1. Une métropole mondiale de premier rang

a. Une concentration de populations

- Avec **23 millions d'habitants** dans l'aire urbaine, New York se classe au 4e rang des plus grandes mégapoles de la planète, ce qui représente un critère décisif pour évaluer le rang d'une ville mondiale. Elle fut même la plus grande agglomération du monde pendant les trois décennies qui ont suivi la Seconde Guerre mondiale.

- Si sa croissance est aujourd'hui ralentie, elle se poursuit néanmoins : entre 1990 et 2000, près de 700 000 nouveaux habitants, issus pour l'essentiel de l'immigration, ont été dénombrés : New York City reste une mégapole particulièrement **attractive**. C'est la ville où l'on répertorie la plus grande diversité ethnique au monde. Plus de la moitié des habitants parle une autre langue que l'anglais à domicile, et l'usage de 176 langues est enregistré dans les écoles new-yorkaises : le monde entier semble s'être donné rendez-vous dans l'un des cinq *boroughs* (arrondissements) de la ville. Ces nouvelles populations sont essentiellement originaires d'Amérique latine et d'Asie orientale. Cette identité cosmopolite est une marque des plus grandes villes mondiales.

b. Une concentration de fonctions de commandement

- New York ne fut qu'une éphémère capitale des États-Unis (1785-1790). Pourtant, c'est la ville américaine qui concentre en son sein les **fonctions de décision** les plus importantes du pays, et peut-être du monde. D'un point de vue politique, l'absence des autorités fédérales est largement compensée par la présence des institutions de l'**ONU**, dont le siège principal (secrétariat général, Conseil de sécurité, assemblée générale) s'établit dans l'un des gratte-ciel de Manhattan, au bord de l'East River.

* Les mots suivis d'un astérisque sont définis dans le lexique.

- Sur le plan économique, New York est d'abord le siège de la principale bourse mondiale. Le Financial District peut être considéré comme le premier centre financier de la planète : l'évolution des indices de la bourse de Wall Street (NYSE, Nasdaq) influence les places financières du monde entier. De plus, près de 150 des 500 premières firmes transnationales (FTN) américaines ont choisi ce Central Business District (CBD) prestigieux pour y établir leur siège social ; Big Apple est particulièrement dynamique dans le domaine des services aux entreprises (audit, marketing, services juridiques…), mais aussi dans les médias (CBS, NBC, ABC), la publicité ou l'édition, constituant la Silicon Alley, une véritable technopole mondiale. Le produit urbain brut de la ville est le 2e au monde juste derrière Tokyo. À elle seule, New York se hisse au 7e rang des **puissances économiques** mondiales.

- Enfin, *last but not least,* New York reste le phare de l'Amérique en matière **culturelle** : ses universités (Columbia, Yale, Stanford) participent à la qualification d'une main-d'œuvre pleinement adaptée à la mondialisation. Les spectacles de Broadway ou les lumières de Time Square attirent chaque année des milliers de spectateurs. Ses musées (Metropolitan Museum of Art, le MOMA, la *Frick Collection*…) sont parmi les plus visités au monde et renforcent l'attractivité touristique de la ville.

c. Des lieux symboliques, manifestation de la puissance

- Cette puissance multiforme trouve son incarnation dans des **monuments célébrissimes**. À l'instar du centre de Chicago, le cœur de Manhattan a ouvert la voie à la verticalisation des centres dès le début du XXe siècle : l'Empire State ou le Chrysler Building sont les ancêtres d'une architecture aérienne que le processus de standardisation culturelle actuelle a étendu au reste des continents. Comme l'écrit L.-F. Céline dans *Voyage au bout de la nuit*, « New York c'est une ville debout ».

- La statue de la Liberté, que des millions d'immigrants européens ont pu admirer à leur arrivée en Amérique, est l'allégorie qui symbolise à la fois l'ouverture de la mégapole et sa capacité de **rayonnement** et d'attraction sur le reste du monde. Le choc que constitua la destruction des tours jumelles le 11 septembre 2001 se comprend d'autant mieux lorsque l'on sait que cela atteint la silhouette du paysage urbain le plus célèbre du monde.

- New York se caractérise donc comme une métropole de premier rang. Le processus de **métropolisation**, concentration des hommes et des activités de commandement dans les grandes villes, est un phénomène qui s'est accéléré sous l'influence de la mondialisation, jusqu'à pouvoir être interprété comme sa traduction urbaine.

2. Un rôle d'impulsion majeur dans la mondialisation

Ayant su mener à bien la reconversion de ses anciennes structures industrielles en déclin, New York a réussi le virage induit par la mondialisation.

a. Une ville intégrée à un monde globalisé

- Depuis une vingtaine d'années, le processus de mondialisation contribue à élire certains lieux, certains territoires, parce qu'ils sont placés au cœur des flux de toute nature : les métropoles, et particulièrement celles de rang mondial, bénéficient pleinement de cette sélection. Une réorganisation massive du système productif et financier se déroule alors : les villes mondiales en sont les premières bénéficiaires. En tête de la hiérarchie, New York est une de celles qui en a tiré le plus parti par la capacité d'**innovation** et de **création** de ses acteurs économiques.

DOC. 1 Manhattan, le centre du monde ?

- La qualité des infrastructures nécessaires au maintien, voire au développement de ces flux, est donc primordiale. New York est ainsi particulièrement bien **reliée au reste du monde** : plus de 105 millions de passagers transitent chaque année par l'un de ses trois aéroports internationaux (contre 97 millions dans les deux aéroports de Tokyo ou 118 millions dans les six aéroports de Londres), connectant la ville aux principales agglomérations de la planète et constituant un véritable hub* mondial. Elle se place dans le top 10 en termes de fret aéroportuaire et possède le premier port de la façade atlantique des États-Unis. De plus, les infrastructures de télécommunication sont de très bonne qualité.
- Cette connexion s'effectue à toutes les échelles : dans son aire régionale, New York a su se placer au centre d'un ensemble urbain particulièrement intégré grâce à un réseau autoroutier, ferroviaire mais également aéroportuaire très développé. Le dynamisme d'agglomérations comme Boston, Philadelphie ou Washington rejaillit sur la puissance de New York qui constitue la véritable tête de pont de cette **mégalopole** de plus de 50 millions d'habitants.

b. Une compétition acharnée au sein de l'archipel des villes globales

- Les principales métropoles mondiales, dont New York constitue l'archétype, s'organisent en un véritable réseau* à l'échelle de la planète : un **archipel mégalopolitain** mondial s'est mis en place, caractérisé par des relations très intenses entre chacun de ses membres, plus importantes même qu'avec leur environnement proche. Aux villes mondiales de Londres, Tokyo, Paris ou Shanghai s'ajoutent dorénavant des villes émergentes de plus en plus nombreuses, véritables relais de la mondialisation dans certains pays du Sud (São Paulo, Johannesburg). Ce réseau constitue la structure suprême de décision de l'économie-monde.

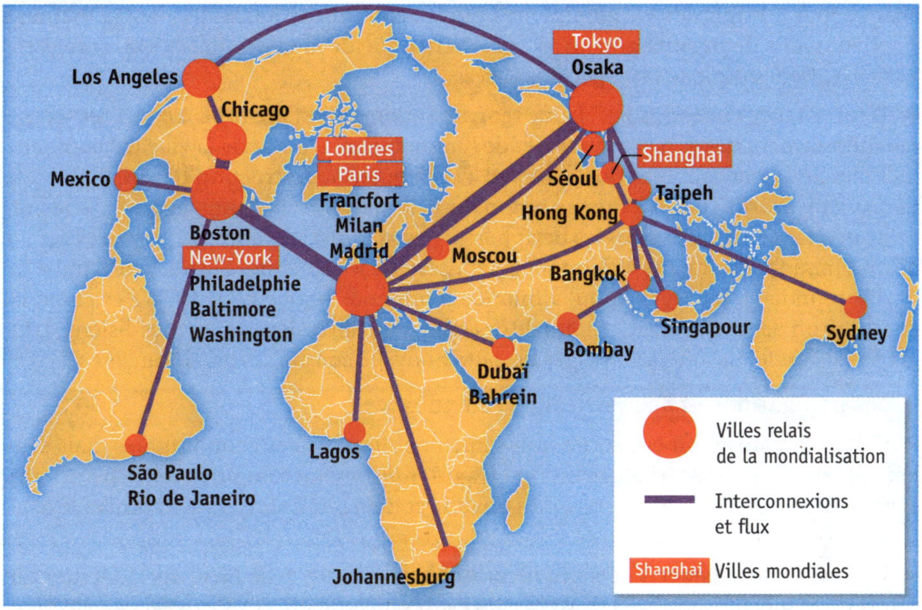

DOC. 2 New York au cœur de l'archipel mégalopolitain mondial.

Toutefois, cette émulation ne peut masquer la **vive concurrence** à laquelle se livrent les principales métropoles mondiales pour se maintenir au sommet de cette hiérarchie. New York a dû faire face à une conjoncture particulièrement difficile depuis le début des années 2000 : les attentats du 11 septembre 2001, s'ils ont modifié de manière spectaculaire la célèbre *skyline* de la ville, ont surtout entraîné une fragilisation passagère de l'économie de Manhattan au profit du New Jersey et du Connecticut voisins. Cependant, le sud de l'île a su depuis attirer un nombre croissant d'entreprises des nouveaux médias, redynamisant l'ensemble rapidement.

Plus globalement, New York devra faire face à la montée en puissance de nouvelles villes mondiales dans les pays émergents comme la Chine, le Brésil ou l'Inde : des projections prévoient un recul de Big Apple au 7e rang mondial des agglomérations dès 2025. La force de New York résidera dans sa capacité à innover et à rester maîtresse du domaine des nouvelles technologies et des médias.

3. Les conséquences sociospatiales de l'intégration dans la mondialisation

Le phénomène de métropolisation entraîne à l'échelle urbaine une série impressionnante de mutations spatiales.

a. Un étalement urbain considérable

À l'instar des grandes métropoles américaines et mondiales, New York a connu un étalement urbain spectaculaire, conduisant à une extension spatiale plus importante que l'expansion démographique, au-delà même des cinq *boroughs* de la ville (Manhattan, Brooklyn, Queens, Bronx et Staten Island). Plus de 775 000 habitants des comtés suburbains périphériques (Long Island, New Jersey, vallée de l'Hudson…) effectuent chaque jour des migrations pendulaires qui les conduisent à travailler à Manhattan : ce phénomène de **périurbanisation**, caractéristique de la métropolisation, enregistre à New York des dimensions spectaculaires.

- D'un point de vue fonctionnel, une réorganisation de l'espace urbain est à l'œuvre. Le renchérissement des prix du foncier et de l'immobilier au cœur de la ville (phénomène mondial lié à la métropolisation), auquel s'est ajoutée la destruction de 900 000 m² de bureaux du World Trade Center au matin du 11 septembre 2001, ont favorisé l'éclosion de **nouvelles centralités** dans les périphéries (les *suburbs*) : les entreprises y bénéficient de prix immobiliers moins élevés tout en conservant les aménités liées à la proximité de la ville mondiale. Jersey City, où la finance représente aujourd'hui 32 % des emplois, constitue un des meilleurs exemples de ces *edge cities* (littéralement, « villes-lisière »). Le gratte-ciel est le marqueur paysager de cette nouvelle centralité fonctionnelle.

b. Des populations et des territoires relégués

- Cette réorganisation concerne non seulement les activités économiques mais également les populations, renforçant une **fragmentation sociologique** entre les acteurs « mondialisés » disposant d'un emploi qualifié et bien rémunéré et « les autres », exclus de cette évolution.

- Un phénomène général de **gentrification*** gagne le cœur de New York. Quittant le centre de Manhattan, saturé et trop cher, les cadres notamment et les *yuppies* (*young urban professionals*) ont investi d'anciens ghettos comme Harlem ou Brooklyn, devenus par endroits de nouveaux quartiers chics. Cette évolution conduit à une exclusion progressive de populations qui ne peuvent se maintenir dans ces quartiers métamorphosés, contraintes de s'éloigner davantage vers les périphéries. Ainsi, la métropolisation renforce une dualité interne à la ville s'appuyant sur le phénomène de **ségrégation** sociale et spatiale.

- Géant démographique, concentrant tous les types de fonctions de commandement stratégiques, au cœur de flux planétaires de toute nature, New York, comme acteur et centre de la mondialisation, répond à tous les critères de la ville mondiale qu'avait définis la sociologue américaine Saskia Sassen en 1991. Néanmoins, pour rester compétitive et performante, New York se doit de conserver sa capacité d'innovation et d'attractivité face à l'essor grandissant de concurrents redoutables.

II. Des territoires inégalement intégrés à la mondialisation

Alors même que la mondialisation la rend plus visible de tous, la **fracture** économique, sanitaire et éducative se creuse pour ceux qui en sont exclus. Il convient donc de définir une **typologie** des territoires à l'échelle planétaire selon leur niveau d'intégration au phénomène de mondialisation, processus en cours d'épanouissement qui procède actuellement à une recomposition de ces hiérarchies.

1. Trois centres d'impulsion dominent la mondialisation

Au sommet de la hiérarchie, **trois pôles majeurs** se disputent la suprématie mondiale : les États-Unis, l'Europe occidentale et le Japon. On parle d'oligopole mondial tant cette suprématie a longtemps été sans partage. Le terme de Triade désigne traditionnellement les trois principaux foyers économiques du monde concentrant l'essentiel des flux économiques de toute nature, les pouvoirs de décision économiques mais aussi politiques.

Atlanta, le plus grand hub du monde

On pourrait penser que le plus grand aéroport international est à New York, Londres ou Pékin. Dans les faits, il se localise à Atlanta, ville surtout célèbre pour abriter le siège social de Coca-Cola et avoir accueilli les jeux Olympiques d'été en 1996. Chaque année, plus de 90 millions de passagers transitent par cet aéroport, mais plus des deux tiers n'y effectuent qu'une correspondance pour une destination plus lointaine. Ce hub est le premier à avoir vu le jour en 1978. Depuis, le concept s'est diffusé dans nombre d'aéroports des États-Unis, puis en Europe dans les années 1990 et aujourd'hui sur le reste de la planète.

Les facteurs d'une telle réussite sont multiples. Ils sont d'abord géographiques : la localisation d'Atlanta est optimale puisque 80 % de la population des États-Unis se situent à moins de 2 heures d'avion de la ville. L'aéroport Hartsfield-Jackson est donc une parfaite porte d'entrée pour le pays. Le deuxième facteur est historique. Atlanta est le siège d'une des plus grandes compagnies aériennes au monde, Delta Air Lines, fondée au début du XXe siècle en Géorgie. Ainsi, grâce à cette compagnie, Atlanta dessert 225 destinations dans 51 pays, au gré d'environ 1 000 vols chaque jour et 225 000 voyageurs quotidiens. Dans une situation comparable, Roissy-Charles-de-Gaulle est devenu le hub unique d'Air France.

Enfin, la réussite d'un aéroport passe par l'attractivité économique et culturelle de la ville qu'elle dessert : siège d'entreprises comme UPS ou Home Depot, Atlanta se positionne au 7e rang des villes mondiales pour les voyages d'affaires. Au niveau touristique, elle dispose d'atouts non négligeables en accueillant par exemple le plus grand aquarium au monde ou le musée de la firme Coca-Cola.

Grâce à cet aéroport international, infrastructure de premier plan, Atlanta, sans se situer au rang des villes mondiales, dispose d'un rayonnement bien supérieur à celui d'autres villes concentrant, comme elle, 5 millions d'habitants.

Au milieu des années 2000, les États développés de la **Triade** cumulent tous les critères de la domination. Pour ce qui est de la richesse économique, ils concentrent en 2005 près des trois quarts du PIB mondial, 72 % de l'industrie dans le monde et, point essentiel lorsque l'on évoque la notion de mondialisation, 75 % du commerce international et 80 % des IDE. Dans certains domaines, leur domination est encore plus écrasante. Les statistiques internationales leur reconnaissent 86 % de la capitalisation boursière ou 85 % des investissements dans la recherche et développement.

La place de leurs FTN dans la hiérarchie mondiale compte parmi les aspects les plus visibles de cette domination. En 2005, les FTN des États-Unis, du Japon et des pays de l'Europe occidentale occupaient 91 places sur les 100 premières du classement mondial, parmi lesquelles les 22 premières places (la 23e était la chinoise Sinopec).

Cette domination s'expliquait historiquement par l'avance technologique que ces trois pôles ont pris sur le reste du monde dès le XIXe siècle. Malgré les aléas (parfois puissants, comme les deux guerres mondiales), l'Europe occidentale d'abord (dès la fin du XVIIe siècle dans le cas de l'Angleterre), les États-Unis ensuite (dernier quart du XIXe siècle) et le Japon à partir de l'ère Meiji (1868-1912), sont les seuls territoires à s'être véritablement industrialisés à cette époque. Cette hiérarchie établie il y a plus d'un siècle a perduré pour l'essentiel jusqu'à la fin du XXe siècle. Pourtant, la mondialisation est un processus qui s'est accéléré à partir des années 1990 et la hiérarchie ainsi définie est aujourd'hui remise en cause.

2. Des dynamiques récentes : vers une multipolarité renforcée

a. L'émergence de nouvelles puissances

- Le phénomène le plus spectaculaire de ces quinze dernières années est le décollage économique rapide de pays tels que la Chine, l'Inde, le Brésil, voire la Russie (après la transition vers une économie capitaliste). Cela se traduit par des taux de croissance annuels qui ont longtemps été proches ou supérieurs à 10 %, par une industrialisation puissante et par une insertion grandissante dans les flux de toute nature. Certes, les NPI ou « Dragons » (Corée du Sud, Taïwan, Singapour, Hong Kong) leur avaient montré la voie dès les années 1970. Mais il s'agissait d'États de faible poids démographique (85 millions d'habitants en 2010) et la situation est aujourd'hui toute autre. Les nouveaux **pays émergents** sont des « géants » démographiques (plus d'un tiers de la population mondiale) dont la croissance économique fulgurante les conduit à remettre en cause la hiérarchie mondiale actuelle.

- Quelques données montrent l'évolution rapide de cette **nouvelle hiérarchie** : en 2005, le PIB de la Chine dépassait celui de la France ; en 2006, celui du Royaume-Uni ; en 2007, celui de l'Allemagne et, en 2010, en dépassant celui du Japon, la Chine devint le dauphin des États-Unis (source : Banque mondiale). En 2012, ce pays est devenu la première puissance commerciale au monde, dépassant les États-Unis et l'Allemagne. Dans la même dynamique, le Brésil passait en 5 ans (de 2006 à 2011) du 9e au 6e rang mondial. En 2011, l'Inde, quant à elle, entrait dans le club fermé des dix premières puissances économiques.

- Cette situation est d'autant plus exceptionnelle que nombre de pays développés (principalement en Europe) sont entrés, depuis 2008, dans une crise économique majeure. Le recul relatif devient patent. Ainsi, les principaux pôles de la mondialisation, dans leur définition la plus étroite (États-Unis, Japon, Europe occidentale), représentaient certes trois quarts du PIB mondial en 2005, mais seulement deux tiers en 2008 – alors même que celui des BRICS* (Brésil, Russie, Inde, Chine, Afrique du Sud) passait de 10 % à près de 14 % dans le même intervalle. La **multipolarité** de l'économie mondiale et de la mondialisation s'impose ainsi de plus en plus, loin de se limiter à une définition étroite des espaces constitués par l'ancienne Triade.

- La mondialisation a entraîné une compétition économique internationale de plus en plus féroce. En conséquence, les centres d'impulsion de la Triade se sont **regroupés en organisations régionales** afin de faire face à de nouvelles concurrences. Les États-Unis ont constitué en 1994 un pôle de libre-échange avec le Canada et le Mexique sous le nom d'ALENA. Les économies de ces trois pays se sont rapprochées. L'écrasante majorité (87 %) des exportations du Mexique s'effectue dorénavant en direction du grand voisin américain. Doit-on considérer ce pôle de la mondialisation non plus seulement à l'échelle des États-Unis mais bien à celle de l'Amérique du Nord tout entière ? De même, en Europe, l'évolution géopolitique née de la fin de la guerre froide en 1991 a permis l'intégration des ex-pays satellites de l'URSS. L'UE des 28 s'étend désormais de l'Atlantique aux frontières de la Russie. Doit-on, de la même manière qu'en Amérique du Nord, comprendre la totalité des pays de l'UE au sein du deuxième centre d'impulsion de la mondialisation alors que, dans les deux cas, les inégalités internes de développement, mais également les contrastes de comportements économiques (par exemple en terme de délocalisation des activités industrielles), sont importants ?

- Aujourd'hui, il ne semble plus pertinent non plus de limiter au Japon le troisième pôle dominant mais nécessaire de l'élargir à une Asie orientale beaucoup plus vaste (comprenant les NPI, la Chine littorale et également les États émergents d'Asie du Sud-Est). L'ASEAN +3, ainsi définie, répond davantage aux **nouvelles dynamiques** issues de la mondialisation. Elle constitue également un ensemble beaucoup plus contrasté dans l'organisation interne de son territoire.

- On le voit, les dynamiques de la mondialisation remettent en cause des définitions généralement admises jusqu'au début des années 2000. Que dire également des États exportateurs de pétrole qui, à l'instar du Qatar ou du Koweït, tentent de diversifier leur économie dans une intégration plus puissante à la mondialisation au travers, par exemple, de l'émission grandissante d'IDE ?

b. Des espaces en marge : un nouvel espoir ?

- En 2014, des espaces restent exclus de ces nouvelles dynamiques. Concentrés pour l'essentiel en Afrique, ils comprennent également des « marges évitées » telles Cuba, la Corée du Nord ou la Birmanie. Ces espaces comprenant essentiellement des **pays les moins avancés (PMA)** ne participent que de façon marginale aux flux économiques. L'Afrique subsaharienne représente aujourd'hui moins de 2 % des échanges mondiaux. Pourtant, ces territoires pourraient bénéficier d'atouts propres comme le faible coût de la main-d'œuvre. Cependant, d'autres facteurs viennent s'opposer à un tel développement économique : ces régions sont les plus instables politiquement (guerres civiles interethniques nombreuses en Afrique, menaces de conflit nucléaire et fermeture volontaire en Corée du Nord) et disposent de peu d'infrastructures de qualité aptes à assurer émissions et réceptions des flux (transports, Internet...).

- Toutefois, des dynamiques positives concernant ces territoires peuvent être enregistrées. Le Laos, État enclavé longtemps fermé à la mondialisation, connaît une ouverture récente au tourisme international. En **Afrique**, des États comme le Ghana ont connu une croissance annuelle en 2012 et en 2013 proche ou supérieure à 10 %. Celui-ci a rejoint les pays dits à revenu intermédiaire et est dorénavant classé dans les pays émergents. Même en Afrique subsaharienne, la mondialisation semble produire des effets inattendus.

III. Les espaces maritimes : approches géostratégiques

Le processus de la mondialisation a accru l'importance géostratégique des mers et des océans.

1. Les espaces maritimes au cœur de la mondialisation

a. Un espace immense et parcouru

- La Terre est la « planète bleue » : les **espaces maritimes** couvrent 71 % de la superficie mondiale, soit 361 millions de km². Longtemps objets de craintes mais aussi de rêves pour les êtres humains, les mers et les océans sont devenus, au fil des grandes découvertes et des révolutions industrielles successives, des espaces traversés par des flux de plus en plus intenses : aujourd'hui, 90 % des transports intercontinentaux sont assurés par le transport maritime. Tous les types de marchandises sont concernés : matières premières, denrées agricoles et produits manufacturés. De plus, les fonds marins sont parcourus par des oléoducs, des gazoducs et des câbles de télécommunication. Le trafic dédié aux porte-conteneurs est devenu le symbole-même de la mondialisation : plus de 4 700 de ces navires sillonnent les océans. Ainsi, le **trafic maritime** mondial est passé de 2,6 milliards de tonnes en 1970 à 8,7 milliards de tonnes en 2011. Quand le taux de croissance de l'économie mondiale se situait autour de 3 % en 2009, celui du transport maritime s'établissait à 7 %.

- Les océans et les mers sont également des espaces de **mobilités touristiques** : certaines régions du monde sont particulièrement dédiées aux croisières et à la navigation de loisirs. C'est ainsi le cas de la mer Méditerranée mais aussi des Caraïbes. Si l'avion a progressivement supplanté le paquebot au lendemain de la Seconde Guerre mondiale dans le transport des personnes, ce dernier n'a pas totalement disparu pour les destinations de faible distance ou dans les espaces insulaires denses.

- Les migrations à caractère **clandestin** empruntent elles aussi les voies maritimes de manière privilégiée : la mer Méditerranée enregistre des flux continus entre l'Afrique et l'île italienne de Lampedusa, le Pacifique entre des pays aussi lointains que l'Inde, le Sri Lanka, la Papouasie-Nouvelle-Guinée et l'Australie.

b. Mondialisation et littoralisation des activités

- Le premier effet de la **maritimisation** de l'économie mondiale est un renforcement de la littoralisation des activités : le rôle des grands ports mondiaux est devenu central dans le processus de la mondialisation. De vastes **façades maritimes**, véritables interfaces entre un avant-pays maritime et un arrière-pays continental, se sont constituées, regroupant les principaux ports de la planète.

- Les plus puissantes se concentrent sur la façade de l'Asie orientale (Chine, Japon, Corée du Sud…), en Europe du Nord (*Northern Range*) ou sur les façades atlantique et pacifique des États-Unis et du Canada. Cette localisation traduit l'évolution de la hiérarchie des puissances économiques mondiales : actuellement, neuf des premiers ports mondiaux sont situés en Asie. Le centre de gravité de l'économie mondiale se déplace progressivement de l'Atlantique vers le Pacifique.

2. Les espaces maritimes, reflet de la hiérarchie des puissances

a. Une géographie concentrée

Ces échanges maritimes, vitaux pour l'économie mondiale, empruntent des **itinéraires privilégiés** et des points de passage obligés, qu'ils soient naturels (cap de Bonne-Espérance, pas de Calais, détroits de Malacca et de Gibraltar) ou créés par les hommes (canal de Suez, canal de Panamá…). Par exemple, le détroit d'Ormuz, long de 63 km et large seulement de 40 km, voit passer près de 30 % du pétrole mondial (soit 1/8e de la consommation totale des États-Unis, 1/4 de la consommation européenne ainsi qu'une part essentielle pour les pays asiatiques). Ces points maritimes sont particulièrement sensibles aux éventuelles collisions entre navires mais également aux tensions politiques et militaires, susceptibles dans ce contexte de déstabiliser l'économie mondiale tout entière.

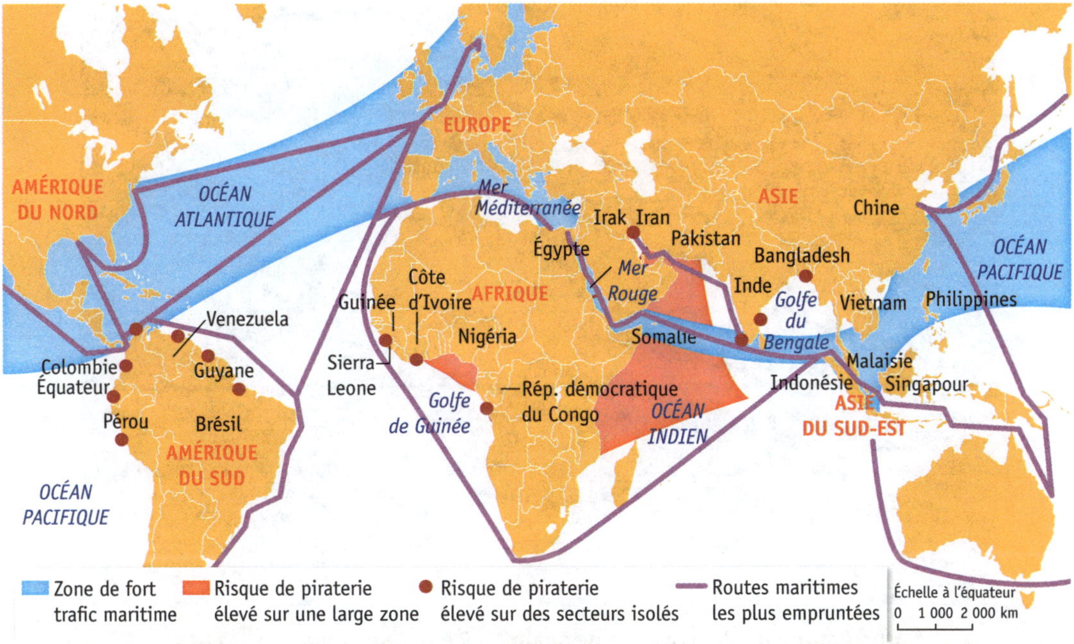

DOC. 3 Principales routes maritimes et actes de piraterie. Les risques liés au transport maritime se sont multipliés depuis 15 ans : trafics d'armes, de drogues, immigration clandestine, actes de piraterie... Ces derniers sont en croissance régulière et touchent des zones stratégiques : la corne de l'Afrique, le golfe d'Aden, le détroit de Malacca.

b. La géostratégie complexe des espaces maritimes

- Ces **seuils** situés au croisement des principales routes maritimes apparaissent donc hautement stratégiques pour les premières puissances économiques mondiales qui recherchent, en conséquence, une maîtrise globale des océans. Ainsi, le contrôle et la **sécurisation** des principales routes maritimes sont assurés d'abord par les plus grandes puissances.

- La mondialisation économique a ainsi entraîné un renforcement progressif des **marines de guerre**. Aujourd'hui, dix États détiennent 84 % de la flotte militaire mondiale. Les États-Unis, qui disposent de 40 % du tonnage de la planète, sont de très loin la première puissance maritime militaire mondiale. Douze des seize porte-avions dénombrés dans le monde en 2012 et 50 % des sous-marins nucléaires sont américains. Les États-Unis disposent ainsi d'un poids stratégique déterminant. Face à cette avance écrasante, on assiste à la montée en puissance récente des États émergents, comme la Chine, l'Inde et le Brésil.

DOC. 4 Une équipe du destroyer américain *USS Pinckney* inspecte un navire suspect dans le golfe d'Aden, 2011.

3. Des espaces convoités et fragiles

a. L'appropriation récente des espaces maritimes

- L'ouverture de la Conférence des Nations unies en 1973 sur le droit de la mer constitue une rupture : jusqu'alors, les États ne disposaient que d'une souveraineté limitée sur une *mare clausum* de quelques milles marins (1 mille marin = 1 852 m). La convention de Montego Bay, signée en 1982, résultat de ces négociations, élargit les droits souverains des pays disposant d'un débouché sur la mer en distinguant les eaux territoriales à souveraineté pleine d'une **zone économique exclusive (ZEE)** à souveraineté partielle (exclusivité sur l'exploration et l'utilisation des ressources, mais circulation maritime ou survol aérien possible pour tous).
- Les ZEE regorgent de **ressources** halieutiques, minières (nodules polymétalliques) et énergétiques. Le sous-sol marin concentre environ 30 % des réserves de gaz et de pétrole mondiales et fournit un tiers de la production grâce aux progrès techniques de l'offshore. De grandes FTN convoitent particulièrement ces multiples richesses dans leur course incessante à la profitabilité.

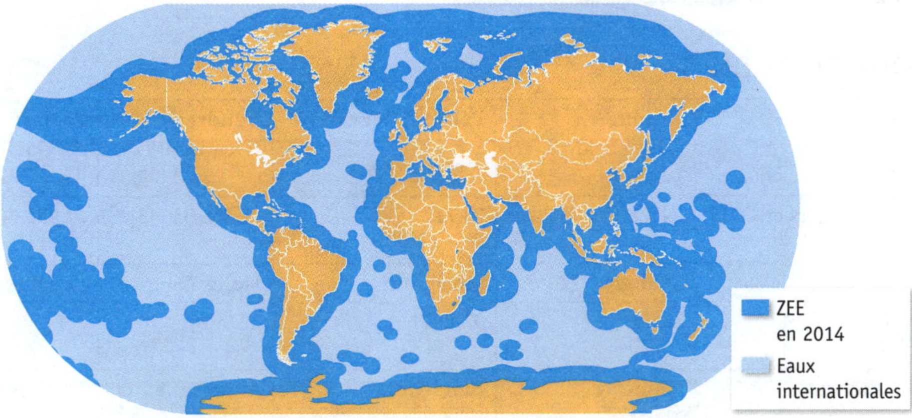

DOC. 5 Limites de souveraineté maritime depuis la convention de Montego Bay.
Les zones économiques exclusives (ZEE) recouvrent une large partie des mers et océans ; la possession du moindre îlot est stratégique. Les États peuvent prétendre exercer leur juridiction jusqu'à 350 milles marins des côtes.

b. Une exploitation durable des océans ?

– Les océans sont donc au cœur du processus de mondialisation mais ils restent, dans le même temps, des espaces **très fragiles**, sources de biodiversité et de production d'oxygène. Or, les captures des pêches maritimes ont été multipliées par cinq depuis 1950 pour atteindre plus de 90 millions de tonnes en 2011. La surexploitation est d'ores et déjà atteinte pour les principales espèces. Les mers sont confrontées au dégazage fréquent des navires qui les parcourent. Des catastrophes de toute nature atteignent les océans : échouage de pétroliers (*Erika* en 1999), plate-formes offshore rompues (golfe du Mexique en avril 2010), fuite d'eau radioactive dans le Pacifique dans la région de Fukushima au Japon.

– Face à ces défis environnementaux, l'ONU a créé en 1948 l'Organisation maritime internationale (OMI) dont l'une des compétences est de veiller à la **protection** du milieu marin. En lien avec les États membres, l'UE a par ailleurs édicté une directive interdisant aux navires pétroliers ne disposant pas d'une double coque de circuler le long de ses côtes.

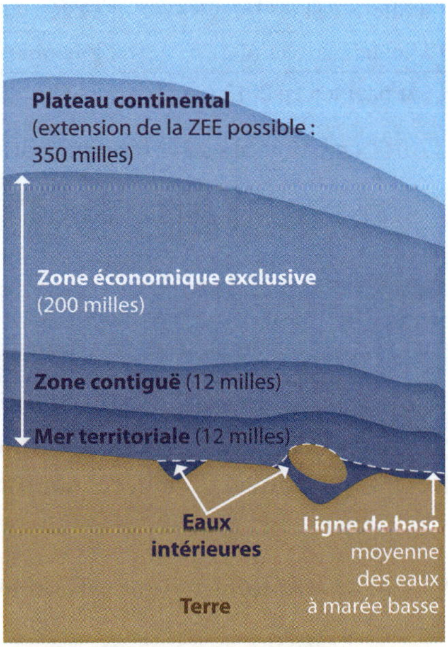

DOC. 6 Zonage juridique de l'espace maritime.

REPÈRES

Données clés

Aéroports	Atlanta (Hartsfield-Jackson)	Pékin (Chaoyang)	Londres (Heathrow)	Paris (Charles-de-Gaulle)
millions de passagers en 2013 [rang]	94 430 785 [1]	83 712 355 [2]	72 368 030 [3]	62 052 917 [8]
Ports	**Shanghai**	**Singapour**	**Hong Kong**	**Le Havre**
millions d'EVP en 2013 [rang]	33,6 [1]	32,2 [2]	22,3 [3]	2,5 [60]
Pays exportateurs	**Chine**	**États-Unis**	**Allemagne**	**France**
% du commerce mondial en 2012 [rang]	11,2 % [1]	8,4 % [2]	7,7 % [3]	3,1 % [6]
Détroits et canaux	**Malacca**	**Pas de Calais**	**Suez**	-
navires/an en 2010 [rang]	140 000 [1]	60 000 [2]	18 200 [3]	-
ZEE	**États-Unis**	**France**	**Australie**	-
millions de km^2 [rang]	12 200 000 [1]	10 190 000 [2]	8 500 000 [3]	-
Marine marchande*	**Panama**	**Libéria**	**Îles Marshall**	-
par pavillon en 2013 [rang**]	8 580 [1]	3 144 [2]	264 [3]	-

DOC. Le palmarès de la mondialisation. * Plus de 60 % des navires circulent sous un « pavillon de complaisance » qui leur permet ainsi de bénéficier d'une législation sociale ou fiscale attractive.
** La France ne figure pas dans les dix premières européennes.

Citations

Fatou Diome, écrivaine franco-sénégalaise

Sur la balance de la mondialisation, une tête d'enfant du tiers-monde pèse moins lourd qu'un hamburger.

■ *Le Ventre de l'Atlantique*, Anne Carrière, 2003

Daniel Cohen, économiste français

La mondialisation fait voir aux peuples un monde qui bouleverse leurs attentes ; le drame est qu'elle se révèle totalement incapable de les satisfaire.

Antoine Grumbach, architecte

La carte Orange est le plus grand urbaniste du XXe siècle. Elle favorise à l'infini le mouvement dans la ville devenue mégapole.

Bibliographie, documents

• BRETAGNOLLE A., LE GOIX R., VACCHIANI-MARCUZZO C., *Métropolisation et mondialisation*, Documentation photographique n° 8082, juillet-août 2011
• MIOSSEC A. (dir.), *Géographie des mers et des océans*, Rennes, PUR, 2014
• BRETAGNOLLE A., « Pourquoi parle-t-on désormais de villes mondiales ? », *Les Enjeux internationaux*, 29 mars 2013, France Culture

MÉTHODES ET STRATÉGIES

1 Bâtir le plan d'une composition et intégrer des schémas dans les développements

Les angles morts de la mondialisation

> Voir la méthode générale d'une composition en annexe (p. 515).
> Voir le sujet 3 du chapitre 12.

Analyser le sujet

> Analyser les termes du sujet

- Il est classique de s'interroger sur le niveau relatif d'intégration des différents territoires de la planète au phénomène de la mondialisation. S'il convient de définir précisément dans l'introduction cette notion, ce sont les termes d'« **angles morts** » qui doivent ici attirer notre attention. Issue du vocabulaire lié à la sécurité routière (la zone inaccessible au champ de vision du conducteur par vision directe ou via les rétroviseurs), cette expression imagée est employée par des géographes comme Alain Reynaud : ils lui font correspondre les territoires périphériques (en opposition aux centres, cœur de l'activité économique et des flux de toute nature) fermés au phénomène de la mondialisation, situés ainsi au plus bas de la hiérarchie mondiale en ce qui concerne leur développement.
- En lien avec la notion de mondialisation, l'étude doit être bien sûr menée à l'échelle du globe. Cependant, une **approche multiscalaire** est absolument indispensable, comme pour l'essentiel des sujets traités en géographie : en effet, si l'analyse peut être menée à l'échelle d'États entiers (comme la Corée du Nord, la Somalie ou l'Afghanistan), les territoires concernés par notre sujet peuvent dépasser le cadre des frontières politiques (la question peut alors porter sur de vastes espaces naturels comme le Sahel, les Andes ou l'Antarctique) ou se limiter à des sous-ensembles régionaux (Chine de l'Ouest, espaces insulaires du Grand Nord canadien, Sahara occidental…) ou d'échelle locale (quartiers déshérités de certaines villes du Sud).

> Dégager la problématique d'un sujet

- À l'heure où le processus d'une mondialisation grandissante offre une clé de lecture essentielle de la géographie du monde, on ne peut que s'interroger sur les facteurs qui excluent certains espaces de ce phénomène en plein essor. Au-delà de la constitution classique d'une liste des facteurs liés à la marginalisation de territoires périphériques, il est nécessaire de s'interroger sur l'importance relative de chacun d'entre eux et de se demander si l'accumulation des contraintes n'est pas la grille d'analyse essentielle du sujet. Enfin, ces territoires, véritables angles morts de la mondialisation, sont-ils condamnés à se maintenir dans cette marginalisation ? Une approche dynamique est donc conseillée en fin de devoir.
- On peut ainsi formuler la problématique en une seule question : Comment peut-on comprendre que certains espaces de la planète puissent être totalement exclus de la mondialisation, un phénomène grandissant de la géographie contemporaine ?

Bâtir et rédiger le plan de la composition

> Mobiliser et organiser ses idées

Un plan de type analytique – une approche classique en géographie dans l'exercice de la composition – peut être privilégié. ❶ Il permet de proposer en première partie une description complète du phénomène, justifiant l'emploi de la notion d'« angle mort ». Cette première partie peut être organisée selon la logique multiscalaire précédemment défendue. ❷ Vient ensuite le moment de comprendre cette exclusion en montrant en quoi des facteurs de différentes natures se cumulent pour expliquer cette grande marginalisation. Les sous-parties répondront donc ici à une approche thématique. ❸ Enfin, la copie doit développer une logique plus dynamique questionnant les perspectives d'évolution de ces territoires contrastés, selon une typologie en deux parties.
Entre parties et sous-parties, il s'avère donc pertinent de combiner des approches complémentaires, qu'elles soient analytiques, thématiques, typologiques ou multiscalaires.

> Construire le plan

I. Les angles morts de la mondialisation : des territoires hautement marginalisés
1. À l'échelle de la planète, des États et de vastes espaces isolés
2. Des régions exclues au sein de pays intégrés
3. À l'échelle de la ville, des quartiers et des populations à l'écart des aménités liées à la mondialisation

II. Une complexe combinaison de facteurs d'exclusion
1. Des contraintes naturelles quelquefois fortes
2. De puissants facteurs de marginalisation économique et sociale
3. Une déstabilisation politique déterminante

III. Des perspectives d'avenir contrastées
1. Des territoires bénéficiant de politiques publiques dynamiques
2. Entre États défaillants et conflits durables : de sombres horizons

Rédiger la composition

> Rédiger les développements

Une description peut s'appuyer sur l'étude de l'indice KOF, qui mesure le degré d'intégration des États dans la mondialisation ainsi que le définit l'exemple rédigé qui suit :

Publié pour la première fois en 2002, l'indice KOF combine une composante économique (flux commerciaux et financiers), sociale (degré de propagation des informations et des idées) et politique (intensité de la collaboration entre pays). Il permet d'établir un palmarès international utile pour le traitement de notre question dans lequel il n'est pas surprenant de retrouver en tête les pôles majeurs de la mondialisation : les États d'Europe occidentale, d'Amérique du Nord ou le Japon. Son intérêt est cependant limité car il reste inopérant pour les autres échelles d'approche.

Rédiger la composition

> Insérer un schéma dans une composition de géographie

Une bonne préparation au baccalauréat nécessite la mémorisation de quelques schémas à toutes les échelles (mondiales, continentales, nationales, locales… selon le chapitre considéré). Le croquis ainsi inséré doit être accompagné d'un titre et d'une légende plus concise que dans l'exercice du croquis.

Le schéma qui suit peut être intégré dans une copie sous la forme d'un planisphère simplifié qui sera particulièrement valorisé au moment de l'évaluation. En décrivant les contrastes d'intégration à la mondialisation, un schéma allège la rédaction et anime la démonstration tout en permettant la localisation des espaces susceptibles de correspondre aux angles morts.
Il est également possible d'insérer un graphique simplifié dans le cœur du développement. On prendra soin de l'accompagner d'un court commentaire.

SCHÉMA Niveau d'intégration dans la mondialisation d'après l'indice KOF.

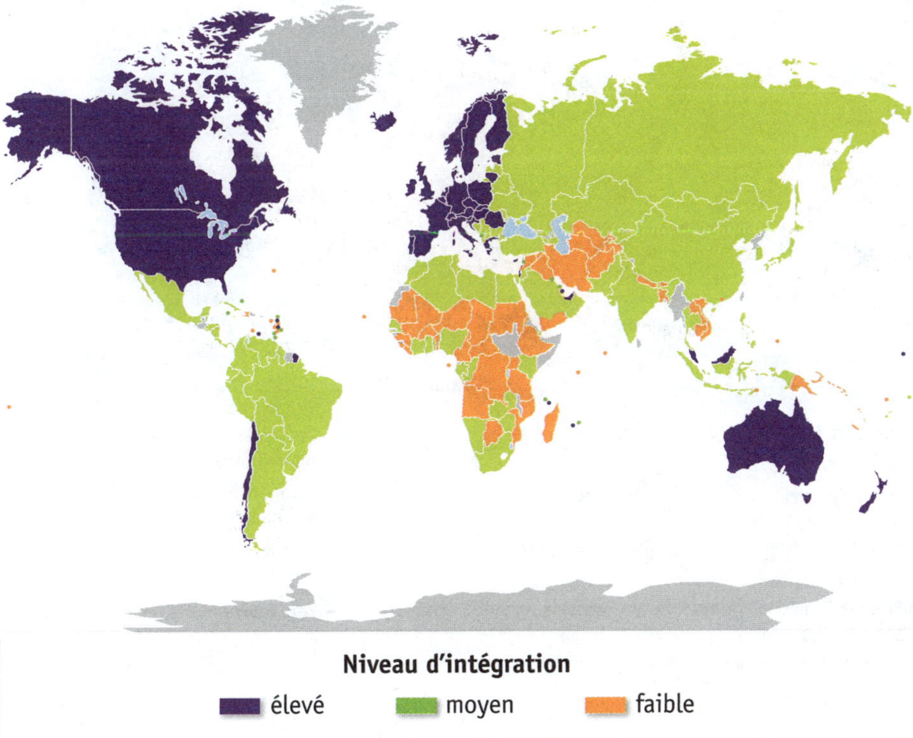

2 Étude critique de deux documents – Singapour, une cité-État au cœur de la mondialisation

En vous appuyant de manière équilibrée sur les deux documents, vous montrerez en quoi Singapour apparaît comme un territoire particulièrement intégré à la mondialisation. Vous nuancerez votre propos en décrivant l'existence de fragilités dans ce modèle de développement.

> Voir la méthode générale d'une étude critique de document en annexe (p. 518).
> Voir les sujets 1 du chapitre 11, 2 du chapitre 12 et le sujet d'approfondissement (p. 399).

DOC. 1 Un territoire fortement aménagé.

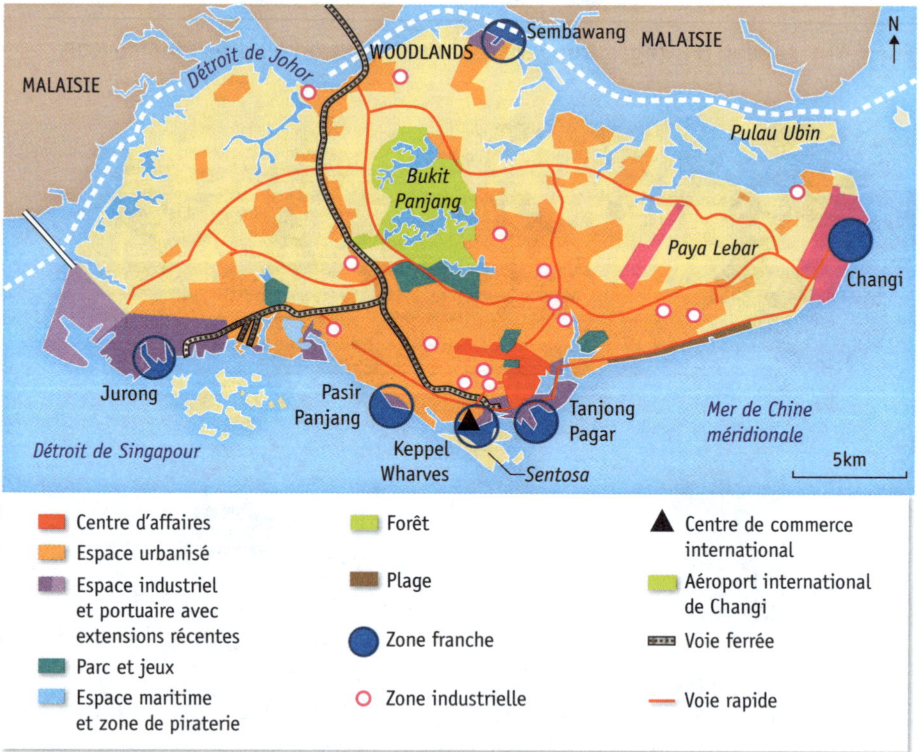

DOC. 2 « Singapour, plaque tournante de l'Asie ».

« La tour de verre de l'Autorité du port de Singapour se dresse comme une vigie. Du trentième étage, la mer paraît aussi chargée que la Manche au matin du 6 juin 1944. Tous les jours, c'est le même embouteillage de porte-conteneurs géants et de superpétroliers. [...] L'équivalent de 22,3 millions de conteneurs de 20 tonnes y ont été transbordés [...] et une centaine de navires quittent la baie chaque jour, dont deux vers les États-Unis, quatre vers l'Europe, neuf vers la Chine et... 70 vers le reste de l'Asie.

Singapour bénéficie certes de sa position à l'entrée du détroit de Malacca, la route maritime la plus fréquentée du globe, entre océans Indien et Pacifique, carrefour des sous-continents indien et chinois en plein boom. Mais la géographie n'explique pas tout. Ainsi les crèmes glacées australiennes dont raffolent les Japonais voyagent-elles de Fremantle à Tokyo via Singapour, ce qui leur fait parcourir quelques milliers de kilomètres supplémentaires. Mais elles arrivent bien plus tôt que si elles avaient pris la route directe, grâce à la fréquence des liaisons, mais surtout en raison d'une efficacité logistique sans pareille [...]. Les conteneurs s'empilent sur une quinzaine de kilomètres de quais, les deux tiers d'entre eux restent ici moins d'une semaine [...].

Au-delà du port et de l'aéroport, la stratégie consistant à offrir les meilleures infrastructures et les meilleurs services pour devenir la zone clef du business en Asie est depuis un demi-siècle celle de toute la ville-État. [...] Résultat, Singapour joue dans le boom économique de l'Asie et la mondialisation un rôle sans commune mesure avec sa taille [...] et ses 4,5 millions d'habitants. Et truste les premières places dans les classements mondiaux : le meilleur aéroport (34 minutes au maximum entre la descente de l'avion et la sortie du terminal), la main-d'œuvre la plus qualifiée et la moins chère de tous les pays développés, l'administration la plus efficace, le pays le mieux équipé en technologies de l'information. En Asie, Singapour est considéré comme le pays le plus compétitif, le moins corrompu et le plus stable [...]. On y fait payer peu d'impôts (20 % seulement sur les bénéfices) et le mètre carré de bureau y est moins cher qu'à Shanghai, Delhi ou Pékin.

Les multinationales sont donc venues en masse. 7 000 s'y sont installées et plus de 4 000 y ont implanté leur QG asiatique ou un important pôle de recherche, comme Sanofi-Aventis, ST Micro, Snecma [...] ou Danone pour ne citer que les françaises, tandis que LVMH, Renault, Michelin, Vivendi ou Publicis en ont fait leur plate-forme logistique régionale. [...]

Rien n'est toutefois acquis quand on est si petit. [...] "Ne rêvons pas, nous serons bientôt rattrapés sur ce que nous savons faire aujourd'hui : la logistique, le transport, l'électronique ou la chimie", explique Manohar Khiatani, un des directeurs d'EDB. Surtout, la montée en puissance des rouleaux compresseurs chinois et indien place Singapour devant un formidable défi [...].

À Biopolis, au sud de la ville, un premier complexe recevra bientôt 2 000 chercheurs en biotechnologies. [...] Le premier pôle biotech d'Asie accueillera 45 000 habitants et 130 000 actifs. Dans les autres disciplines, Singapour reçoit déjà 70 000 étudiants étrangers et, depuis 2004, l'école de politique publique [...] forme des hauts responsables de l'administration des pays de la région, comme une sorte d'ENA à l'échelle de l'Asie. [...]

Enfin, coincée entre les grandes Bourses de Tokyo et de Hong Kong, la place financière mise sur les créneaux porteurs : "Le financement des infrastructures sur tout le continent, le développement des instruments financiers islamiques et la gestion de

fortunes sont en plein boom", assure Ong Chong Tee, directeur de l'autorité monétaire de Singapour. [...]
Singapour commence même à investir sur une activité "subversive" symbole d'oisiveté : les jeux. D'ici à 2009 sortira de terre un hôtel-casino de 2 500 chambres, avec musées, restaurants [...].
Finalement, le problème pour l'avenir de l'île risque d'être social. Les entreprises continueront à trouver leur compte dans cette course vers le haut de gamme, mais à quel prix pour les Singapouriens ? Si le taux officiel de chômage est inférieur à 4 %, les deux tiers des personnes qui cherchent un emploi depuis plus de six mois n'ont pas fait d'études supérieures. Elles ont souvent plus de 40 ans et leur avenir s'annonce difficile [...]. »
■ Emmanuel Lechypre, *L'Expansion,* décembre 2006.

Analyser le sujet

> Analyser le thème et la consigne du sujet

Le sujet et la consigne ne posent pas véritablement de problème de compréhension. Il convient néanmoins, avant de démarrer l'étude, de définir clairement la notion de mondialisation.
Insister dans cette phase de réflexion sur les deux temps impliqués par la consigne : le cœur de la question doit analyser les aspects et les facteurs qui font de Singapour l'un des territoires les plus symboliques du processus de la mondialisation en cours. Cependant, un temps doit être ménagé pour avancer tous les éléments de remise en cause de ce modèle d'intégration.

> Identifier/présenter les documents

Le dossier documentaire proposé est constitué de deux documents de nature différente : il est indispensable de s'appuyer sur les informations apportées par chacun d'entre eux. Si des citations nombreuses de l'article de journal doivent apparaître dans la copie, c'est à une description fine et complète qu'il est nécessaire de procéder pour le document cartographique.
Il est important de rappeler le caractère relativement ancien de l'analyse d'Emmanuel Lechypre (décembre 2006) et de souligner dès l'introduction que les dynamiques géographiques, très fortes en Asie orientale depuis lors, ont en partie remis en cause le rôle de premier plan du port de Singapour. Succédant à Rotterdam en 2000 à la place de numéro 1 mondial, il a été, en effet, détrôné à son tour par Shanghai en 2010.

> Relever les informations importantes dans les documents

Une des difficultés du sujet tient à la richesse d'informations du dossier proposé. Pour relever sans omission toutes les informations contenues dans les différents documents, il faut construire au brouillon un tableau à double entrée (voir p. 385) permettant d'organiser avec rigueur son relevé selon le plan analytique suivant : aspects, facteurs et limites. En **noir** figurent les informations extraites des documents (qui devront être citées textuellement dans le devoir), en **violet** les connaissances personnelles nécessaires à la compréhension des éléments extraits.

Aspects (description du phénomène)	Facteurs (explication du phénomène)	Limites (remises en cause)
	Document 1	
> CBD mondialisation culturelle : forêt de gratte-ciel sur le modèle américain **> Parcs et jeux, plage, centre de commerce** atouts touristiques **> Espace industriel et portuaire** le port ne se limite pas à une simple fonction commerciale mais constitue également une véritable zone industrialo-portuaire.	**> Aéroport international de Changi** grâce à un hub performant, il est le 15e aéroport dans le monde et le 7e en Asie. **> Voie ferrée, voies rapides** très bonne connexion de l'île à la Malaisie (liaisons ferroviaire et routières par le biais de ponts sur le détroit de Johor). **> Zone franche** espace présentant des avantages fiscaux permettant d'attirer les investisseurs.	**> Extensions récentes** gain de terrain sur la mer grâce à la construction de terre-pleins industriels. **> Zone de piraterie** depuis une vingtaine d'années, les attaques ont été multipliées par trois, nécessitant le renforcement d'une police des mers.
	Document 2	
> « embouteillage de porte-conteneurs et de superpétroliers » Singapour, 1er port mondial entre 2000 et 2010 (2e en 2013) **> une centaine de navires vers les États-Unis, l'Europe, la Chine et le reste de l'Asie** Singapour s'inscrit au centre de flux internationaux de marchandises. **> « Les multinationales sont donc venues en masse »** les FTN de tous les pays développés (la France notamment) sont nombreuses à avoir installé leur représentation en Asie. **> « Singapour reçoit 70 000 étudiants étrangers »** la cité-État est attractive pour la matière grise du monde entier. **> jeux, hôtel-casino, musées, restaurant** un essor touristique impressionnant ces 20 dernières années (15 millions de visites/an).	**> « à l'entrée du détroit de Malacca, sur la route maritime la plus fréquentée du globe »** localisation exceptionnelle dans un détroit qui concentre 30 % du trafic maritime mondial **> « fréquence des liaisons, une efficacité logistique sans pareille »** le port de Singapour l'a emporté sur la concurrence asiatique grâce à une compétitivité inégalée (rapidité d'action de la manutention, diminution des coûts). **> « pays le moins corrompu et le plus stable »** facteur politique : un régime autoritaire qui offre les garanties à une activité économique. **> « peu d'impôts (20 % seulement sur les bénéfices) »** des conditions fiscales exceptionnelles font de Singapour un paradis fiscal de premier ordre. **> 2 000 chercheurs, 45 000 étudiants, 130 000 actifs à Biopolis** Singapour investit dans la Recherche et Développement..	**> « Rien n'est [...] acquis quand on est si petit » :** ce pays se limite à une ville (5,4 millions d'hab.) et à une île (700 km², le 190e rang mondial) : l'étroitesse du territoire et du marché de consommation contrastent avec les géants voisins (Chine, Inde, Indonésie...) **> « Nous serons bientôt rattrapés »** en 2010, Singapour a cédé la 1re place mondiale au port de Shanghai. **> le problème risque d'être social : 2/3 des chercheurs d'emploi n'ont pas fait d'études supérieures** la mondialisation exclut autant qu'elle peut intégrer les populations. Le chômage n'épargne pas ceux qui ne disposent pas des compétences nécessaires à une économie mondialisée de type capitaliste.

SUJETS DE TYPE BAC

1 Réalisation d'un croquis de géographie

60' (S)
90' (L, ES)

Les espaces moteurs de la mondialisation

> Voir la méthode générale de réalisation d'un croquis en annexe (p. 520).
> Voir la méthode et stratégie 2 du chapitre 11.

DOC. **Fond de carte**

2 Étude critique de deux documents – L'espace arctique, un front pionnier de la mondialisation ?

60' (S)
90' (L, ES)

En appuyant votre analyse sur les deux documents proposés, vous montrerez en quoi l'océan glacial Arctique est devenu un espace maritime hautement stratégique en voie d'intégration à la mondialisation. En quoi ce nouvel enjeu se place-t-il au cœur des problématiques du développement durable ?

> Voir la méthode générale d'une étude critique de document en annexe (p. 518).
> Voir les méthodes et stratégies 1 du chapitre 11 et 2 du chapitre 12.

DOC. 1 L'océan glacial Arctique : au cœur de la mondialisation ?

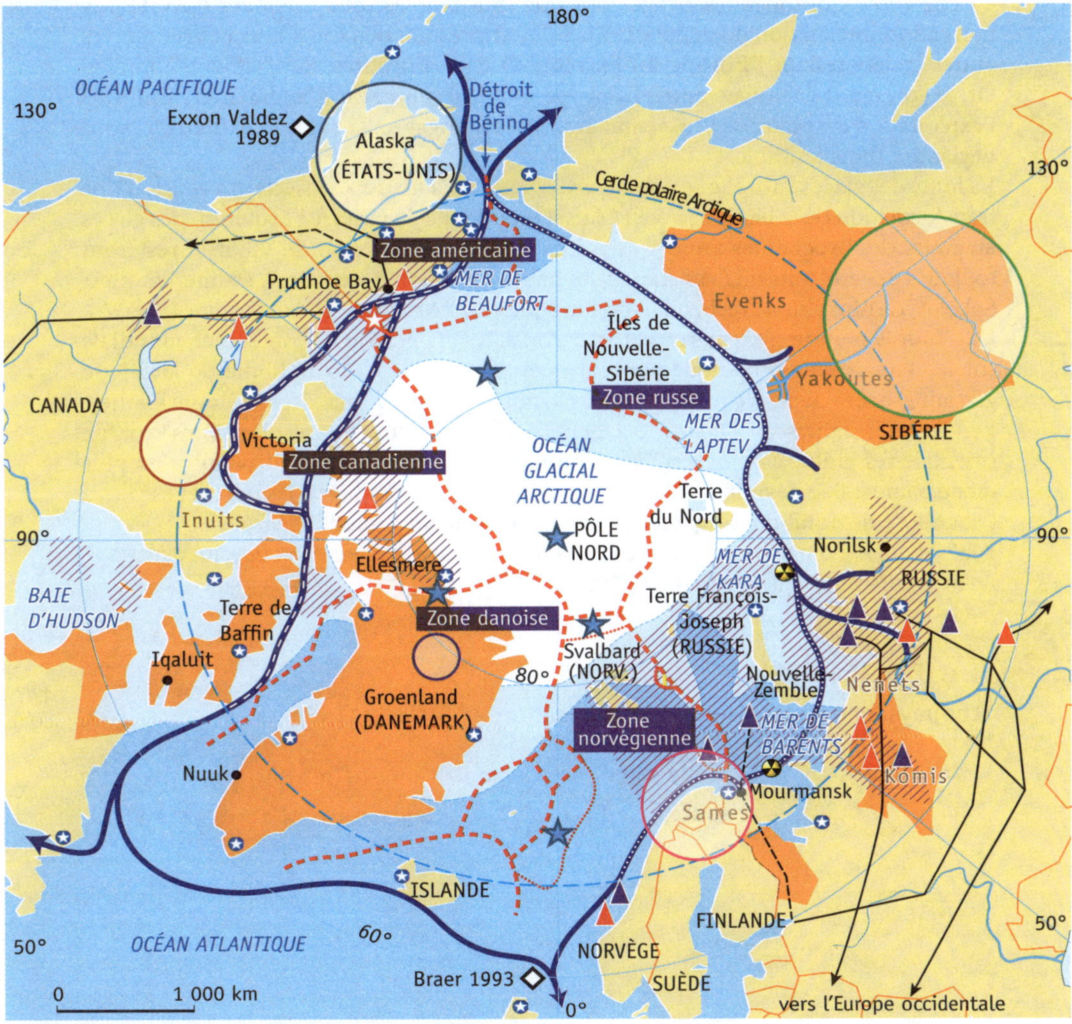

A. UN ESPACE MARITIME AUX ENJEUX ÉCONOMIQUES CROISSANTS

Le milieu
- banquise permanente (été)
- extension maximale de la banquise saisonnière (hiver)

Pollutions
- marées noires
- d'origine nucléaire

Les ressources énergétiques
- réserves prouvées d'hydrocarbures
- principaux oléoducs et gazoducs en service
- principaux oléoducs et gazoducs en projet

Gisements exploités :
- de pétrole
- de gaz

Les voies maritimes
- voie maritime du Nord-Ouest
- voie maritime du Nord-Est

B. LES ENJEUX GÉOPOLITIQUES DE LA TERRITORIALISATION DE L'ARCTIQUE

- territoires autonomes
- limites des eaux territoriales (zone des 200 milles marins)
- Nombre d'habitants : 2 000 000 – 50 000
- litiges à propos de la délimitation des eaux territoriales
- bases militaires

DOC. 2 Les nouveaux passages maritimes : mythe ou réalité ?

« Cette route qui longe les rivages nord de la Russie est officiellement ouverte à la navigation internationale depuis 1991. Elle est presque deux fois plus courte que les autres trajets reliant l'Europe à l'Extrême-Orient. En outre, Suez affiche complet. Or, le volume d'échanges entre l'Europe et l'Asie ne cesse d'augmenter. Enfin, si l'exploitation du plateau continental arctique est engagée, la route maritime du Nord deviendra indispensable.

La fonte des glaces va-t-elle se poursuivre ? "Depuis la fin du XXe siècle, on assiste à une transformation de la banquise. [...] Mais il est difficile de prédire l'évolution des glaces au cours des prochaines années. [...] Les détroits de Long ou de Vilkitski resteront toujours des endroits où l'assistance des brise-glace sera nécessaire", estime Vladimir Sokolov, de l'Institut de recherches scientifiques sur l'Arctique et l'Antarctique (IRSAA). [...] Tout le monde n'est pas de cet avis. Ainsi, les experts de la Conférence mondiale sur le changement climatique pensent que, d'ici 10 à 15 ans, la limite de la calotte glaciaire se sera déplacée de 100 km vers le nord, laissant la voie dégagée toute l'année. [...] Pour l'instant, seule la partie occidentale de la route fonctionne bien. Mais la partie orientale ressemble à un désert blanc. Le suivi de la glace et de l'hydrologie n'est plus mené comme il le devrait, les prévisions météo sont incomplètes, les ports et escales à l'abandon, de nombreux signaux de navigation ont carrément disparu. »

■ Alexandra Ponomareva, « Au rencart, nos brise-glace », d'après *Izvestia*, cité dans *Courrier international*, 19 novembre 2009.

3 Composition

Les pays émergents dans la mondialisation

120' (S)
150' (L, ES)

> Voir la méthode générale d'une composition en annexe (p. 515).

> Voir la méthode et stratégie 1 du chapitre 12.

CORRIGÉS

1 Réalisation d'un croquis de géographie

Analyse du sujet

Le sujet proposé ici ne pose pas de difficultés de compréhension mais il est néanmoins nécessaire de définir une problématique actualisée de la question. Pendant longtemps, et jusqu'à une dizaine d'années, la domination des pôles de la Triade était sans partage. Récemment, cette domination est profondément remise en cause par l'émergence de nouvelles puissances économiques. L'élaboration du plan de la légende doit prendre en compte cette nouvelle réalité géographique.

Réalisation graphique

Le fond de carte fourni est un planisphère à projection polaire, particulièrement utile pour représenter un phénomène marqué par le maintien de profondes inégalités Nord-Sud. Il nécessite une plus grande attention qu'un planisphère plus classique dans la phase de localisation des principaux figurés et de la nomenclature.

CROQUIS Les espaces moteurs de la mondialisation.

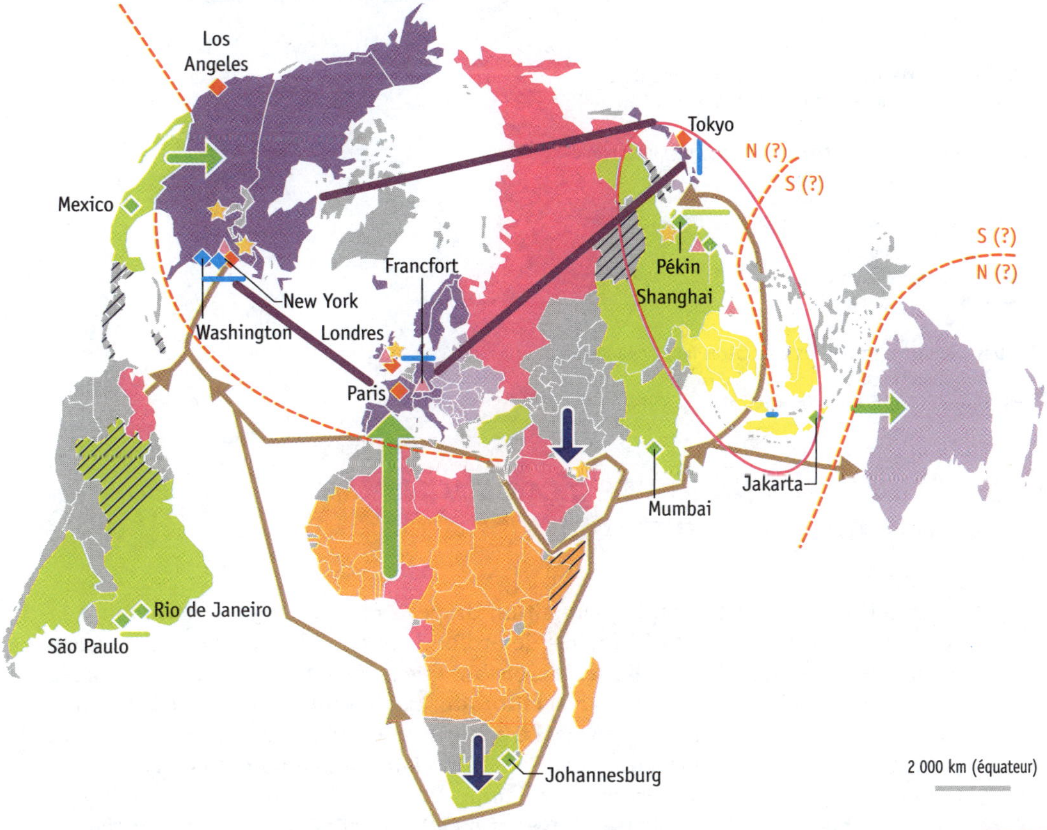

Bâtir le plan de la légende

Le plan proposé est composé d'une phrase-plan (parties et sous-parties). Cette technique possède l'intérêt de justifier d'emblée la cohérence de la structure choisie.

LÉGENDE Les espaces moteurs de la mondialisation.

I. Les centres d'impulsion dominent un espace mondialisé...

A. La Triade, cœur ancien de la mondialisation...
- Les espaces de la Triade
- Autres pays développés

B. ...grâce à une concentration des facteurs de puissance...
- Métropoles mondiales
- Sièges des principales organisations internationales
- Principaux hubs aéroportuaires
- Grandes façades maritimes et ports principaux

C. ...aujourd'hui concurrencée par de nouveaux espaces-relais de la mondialisation
- Métropoles émergentes
- Façades maritimes en croissance

II. ...en polarisant flux et réseaux fortement inégalitaires à l'échelle de la planète...

A. Les effets de la financiarisation de l'économie mondiale
- Principales places boursières

B. Une explosion des flux de biens manufacturés et de matières premières
- Flux de marchandises
- Flux d'hydrocarbures

C. Des migrations, fruits des contrastes de développement
- Migrations Nord-Sud
- Flux Sud-Sud à l'échelle régionale

III ...établissant une hiérarchie mondiale de plus en plus contestée

A. Un ancien équilibre remis en cause...
- Une limite Nord-Sud toujours pertinente ?

B. ...par de nouvelles puissances émergentes de plus en plus intégrées...
- Pays émergents, poids lourds économiques et démographiques
- L'Asie orientale, une aire régionale en forte croissance
- Principaux pays exportateurs de pétrole
- Des pays ateliers au cœur des flux

C. ...malgré le maintien de périphéries délaissées
- Les PMA en marge
- Angles morts, espaces exclus

2 Étude critique de deux documents – L'espace arctique, un front pionnier de la mondialisation ?

[Introduction]

Le 2 août 2007, un bathyscaphe plantait un drapeau russe en titane inoxydable à la verticale du pôle Nord, à 4 621 mètres de profondeur. Comme un symbole, ce geste démontre, s'il en était besoin, l'intérêt croissant que portent les puissances riveraines de l'océan glacial Arctique à ce nouvel **eldorado**. La **délimitation de « l'espace arctique »** ne repose sur aucun consensus. Le premier critère peut être astronomique : on peut circonscrire l'Arctique à un espace de hautes latitudes au nord du cercle polaire (au-delà de 66°33'N sont observées dans l'année au moins 24 heures de nuit ou de jour continues au moment du solstice d'hiver et d'été). Les géographes préfèrent retenir le critère de la définition bioclimatique de la région polaire (aucun mois de l'année dont la moyenne des températures ne dépasse 10°C). On peut également préciser l'appartenance d'un territoire à l'Arctique en s'appuyant sur l'indice de nordicité qui, en plus des facteurs bioclimatiques, introduit des critères humains montrant la capacité d'adaptation des populations à leur espace de vie (accessibilité par voies terrestre, maritime ou aérienne, densité de population…). Ainsi, l'espace étudié comprendra, en plus de la totalité de l'océan glacial Arctique, les rivages de **cinq pays périphériques** (Norvège, Russie, États-Unis grâce à l'Alaska, Canada et Danemark par sa souveraineté sur le Groenland) et les différents archipels qui en dépendent (le Svalbard, la Nouvelle-Zemble…). L'ensemble représente environ 18 millions de km^2 situés dans un cercle de rayon moyen de 2 400 km.

Cet espace fut longtemps une *terra incognita* pour l'espèce humaine. Roald Amundsen est le premier explorateur à avoir traversé le passage du Nord entre 1903 et 1905. Accompagné de Umberto Nobile, le Norvégien serait même le premier homme à avoir atteint le pôle le 12 mai 1926 à bord d'un ballon dirigeable. L'Arctique fut donc, jusqu'à très récemment, un territoire situé en dehors de l'**œkoumène** (ensemble des terres habitées). Depuis, les expéditions scientifiques se sont multipliées. Jusqu'en 1991, ce fut même un territoire au cœur des tensions géopolitiques de la guerre froide, les bases militaires américaines et soviétiques se faisant face de part et d'autre du pôle. Avec la fin de l'opposition Est-Ouest, l'Arctique aurait pu être relégué au rang des angles morts de la mondialisation (faibles densités de population, contraintes climatiques extrêmement fortes en raison d'un froid quasi constant et omniprésent et d'une glaciation générale de la zone durant le long hiver arctique, accessibilité très limitée sur terre comme sur mer). Pourtant, cet espace se replace avec force au cœur des problématiques géostratégiques des espaces maritimes, en liaison avec l'accélération constatée du réchauffement climatique et de la fonte des glaces. L'ouverture de plus en plus aisée à la circulation des navires du monde entier permet d'entrevoir cet espace comme un véritable **front pionnier** des prochaines décennies permettant une mise en valeur plurielle autour de grandes richesses potentielles du milieu. Cette convoitise renforcée ne va pas sans considérations inquiètes sur la durabilité de tels aménagements dans un milieu reconnu comme particulièrement fragile en matière environnementale.

L'étude s'appuiera sur deux documents de **différentes natures**. La carte de l'océan glacial Arctique et des régions riveraines apparaît comme le document central de la réflexion. Détaillant les enjeux économiques et géopolitiques en présence, il nous permet de comprendre en quoi la notion de front pionnier* s'avère pertinente pour désigner l'avenir de cet espace. Le texte, sélectionné et traduit par le mensuel *Courrier International*, nous présente un article paru dans *Izvestia* (« Les Nouvelles »), l'un des plus importants et anciens quotidiens russes. Celui-ci permet de compléter et nuancer certaines informations issues du document 1.

[I. Un espace convoité au cœur d'une dimension géostratégique renouvelée]

Alors que les pays développés d'Europe et d'Amérique du Nord sortent difficilement de la crise économique de 2008, et tandis que les pays émergents comme la Chine et l'Inde maintiennent une croissance économique soutenue et une demande toujours plus forte en énergie, l'espace arctique présente des **potentialités économiques** multiples à même de développer la convoitise des États riverains.

[1. De nouvelles routes maritimes performantes ?]

La « route qui longe les rivages nord de la Russie est officiellement ouverte à la navigation internationale depuis 1991. Elle est presque deux fois plus courte que les autres trajets reliant l'Europe à l'Extrême-Orient. » L'article du quotidien *Izvestia* met en avant le facteur primordial qui place l'océan glacial Arctique au cœur des problématiques maritimes contemporaines. La fonte des glaces enregistrée depuis plusieurs années permet d'imaginer de pouvoir utiliser dans les décennies à venir cette **nouvelle route** pour relier l'Union européenne, première puissance économique mondiale à ce jour, avec l'Asie orientale, dont la croissance économique n'a pas faibli depuis 20 ans.
Cet itinéraire dispose d'un atout majeur : pour effectuer, par exemple, le parcours entre Rotterdam et Tokyo, il faut parcourir 23 300 km via le canal de Panamá, ou 21 200 km par le canal de Suez (dont le journaliste rappelle qu'« il affiche complet »). Par la voie maritime du Nord-Ouest (longeant le vaste archipel canadien), l'itinéraire se réduit à 15 900 km, et même à 14 100 km par la voie maritime du Nord-Est, le long de la côte sibérienne. Les économies de carburant peuvent donc atteindre près de 40 %, sans compter la possibilité de réduire le nombre de navires nécessaires au maintien de relations commerciales étroites.
Toutefois, les prédictions concernant l'**évolution climatique** de l'Arctique restent incertaines : l'essentiel des « experts de la Conférence mondiale sur le changement climatique » estiment que « d'ici 10 à 15 ans [...] la voie [sera] dégagée toute l'année ». Ce n'est pas l'avis de Vladimir Sokolov, « de l'institut de recherches scientifiques sur l'Arctique et l'Antarctique », pour qui il existera « toujours des endroits où l'assistance des brise-glace sera nécessaire ». Les observations météorologiques de la dernière décennie écoulée, même si elles ne sont pas toujours « complètes », laissent néanmoins entrevoir une **fonte continue** et accélérée de la banquise.
Ainsi, la viabilité de ces nouvelles routes dépend à la fois de la vitesse et de la réalité de la réduction de la banquise estivale. Les flux de la mondialisation économique pourraient ainsi s'étendre vers la périphérie nord de notre planète, jusqu'alors peu concernée par le phénomène.

[2. Les gisements d'hydrocarbures offshore : un potentiel impressionnant ?]

L'espace maritime arctique recèle de plus un **potentiel de richesses** non négligeable dans son sol et sur les fonds marins : comme le montre la carte, les gisements exploités de pétrole et de gaz sont déjà nombreux sur le pourtour continental. On estime aujourd'hui à 20 milliards de barils de pétrole et à 8 000 milliards de m^3 de gaz les réserves prouvées dans cet espace. Ces réserves sont partagées entre tous les pays de la zone, à l'exception du Danemark. Les oléoducs et gazoducs multiples permettent l'acheminement de cette énergie vers les zones peuplées et consommatrices de l'Europe occidentale et des États-Unis.
La **convoitise** des FTN est grande car des estimations optimistes circulent actuellement : l'espace arctique serait susceptible de renfermer un cinquième des ressources inexplorées de la planète. Au rythme de l'actuelle consommation mondiale, cela représenterait sept années de consommation de pétrole et 30 années de consommation de gaz naturel.
Pourtant, les gisements présumés de l'Arctique se trouvent le plus souvent en mer, loin des infrastructures terrestres. Les conditions climatiques y sont extrêmes : au-delà du froid qui peut avoir un impact négatif sur les équipements, les vents violents et les blocs de glace dérivants peuvent perturber l'activité d'extraction à n'importe quelle période

de l'année. Les **investissements** nécessaires s'avèrent donc **élevés** et, déjà, certains projets apparaissant sur la carte ont été abandonnés.

[3. Un tourisme de luxe en devenir]

Le **tourisme polaire** a considérablement augmenté depuis une quinzaine d'années. En Arctique, le nombre de touristes a cru de 50 % depuis le début des années 1990 pour atteindre environ 1,5 million aujourd'hui. Les conséquences environnementales de cette activité recèlent un paradoxe : ce flot en augmentation continu peut avoir des répercussions négatives sur la gestion des déchets ou de certains écosystèmes fragiles. Mais, parallèlement, le tourisme peut être une activité contribuant à la conservation des paysages polaires et à la survie des communautés locales. Pour autant, dans des territoires où les densités de population restent très faibles, l'**acculturation** consécutive à cette invasion touristique massive peut accentuer une standardisation des modes de vie et remettre en question le maintien de pratiques culturelles ancestrales.

[Transition]

L'espace arctique est à un tournant de son histoire. Longtemps exclu de l'œkoumène, il se présente aujourd'hui comme un espace de convoitise alors même qu'aucun mode de **gestion politique** cohérent n'est en place, le Conseil de l'Arctique, forum intergouvernemental, n'ayant que des compétences limitées en matière environnementale.

[II. Un conflit de souveraineté entre puissances riveraines]

[1. Une absence de conventions internationales spécifiques à l'Arctique]

À qui appartient l'Arctique ? Soumis au régime international lié à la convention de Montego Bay, et en l'absence de toute convention internationale spécifique, l'espace concerné est aujourd'hui, comme le reste des océans de la planète, divisé entre eaux territoriales et zones économiques exclusives (ZEE). La carte fait apparaître ces dernières : le Canada, mais surtout la Russie, se taillent la part du lion.

[2. Une confrontation de revendications nationales]

Toutefois, exposées aux appétits des acteurs économiques et des États, les **revendications** contradictoires se multiplient depuis quelques années. Deux écoles s'opposent. La première, envisagée par l'ONU, prévoit un partage selon la ligne médiane favorisant l'extension des zones de souveraineté du Canada et du Danemark. La deuxième voie, soutenue par la Norvège et la Russie, propose un partage selon les secteurs de longitude. Les litiges entre États restent nombreux et non résolus.

Aucun accord n'a pour le moment pu être signé, d'autant que la question de l'équilibre environnemental de l'Arctique concerne finalement le monde entier. D'aucuns ont pu entrevoir l'émergence d'une « autre guerre froide. » D'ailleurs, la carte présente la localisation des **bases militaires** qui restent nombreuses dans la région, même après 1991. Le regain de tensions entre Russes et puissances occidentales au sujet de l'Ukraine ne peut qu'encourager les gouvernements à les maintenir dans les années à venir. L'**importance géopolitique** de l'océan Arctique est indéniable.

SCHÉMA À qui appartient l'Arctique ?

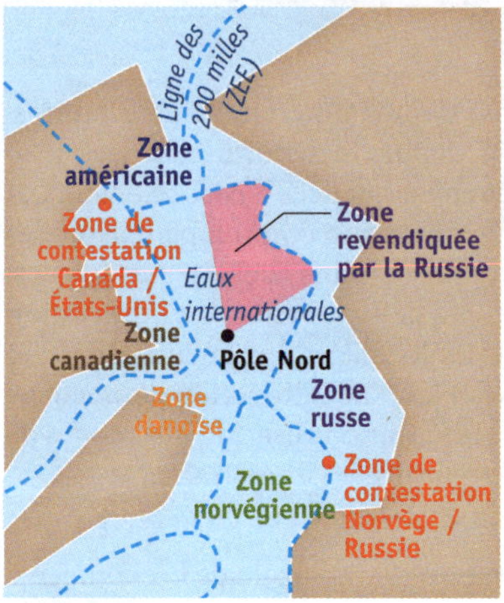

[III. Un espace fragile, des enjeux de durabilité]

[1. L'Arctique : symbole des problématiques environnementales mondiales]

La multiplication des flux de toute nature et le renforcement de l'activité économique font craindre une recrudescence des **pollutions** : des marées noires ont été provoquées par l'échouage de pétroliers (*Exxon Valdez* en Alaska en 1989, le *Braer* en 1993 au large du Danemark). S'y ajoutent le dégazage de navires traversant la région et la rupture d'oléoducs fragilisés par le climat extrême.

La région est également atteinte par de multiples pollutions venant de l'extérieur : substances toxiques portées par les courants atmosphériques et marins, décharges de déchets nucléaires (site d'expérimentation nucléaire russe de Nouvelle-Zemble).

[2. L'enjeu du développement des populations locales]

L'espace arctique possède une forme d'unité par la faiblesse générale de la pression démographique. Un peu plus de 3,2 millions d'habitants sont dénombrés dans la région, dont près des deux tiers vivent en Russie. Le poids des populations indigènes (exemple des Samis en Norvège ou des Inuits au Canada et au Groenland) y est très minoritaire. Confrontées aux enjeux liés à la mondialisation et à la standardisation des modes de vie, les **populations indigènes** ont parfois réussi, à force de détermination, à acquérir le statut de territoires autonomes : c'est le cas des Samis en Norvège, du Groenland dans sa totalité (Danemark) ou des Inuits au Canada. Ces derniers partagent dorénavant le pouvoir avec l'État fédéral grâce à la reconnaissance d'un gouvernement local et d'une assemblée élue au suffrage universel au Nunavut.

Les populations locales vont-elles alors pouvoir bénéficier des retombées d'une activité économique en croissance alors même qu'elles souffrent depuis de nombreuses années d'une marginalisation importante et des problèmes associés (chômage, alcoolisme, faible qualification…) ?

[3. Quelle gouvernance pour l'Arctique ?]

L'Arctique est une région-clé dans l'équilibre planétaire : elle influence le climat mondial et la circulation des courants océaniques. Aussi, des acteurs de toute nature exigent une gouvernance élargie de l'espace, au-delà des seuls États riverains.

Les organisations écologistes comme le WWF ou Greenpeace exigent un **régime de gouvernance** spécifique à la région, semblable au protocole de Madrid qui régule depuis 1991 l'exploitation de l'Antarctique. La revendication essentielle des ONG* tient à la mise en place d'un moratoire de 50 ans qui bloquerait toute exploitation des ressources minières.

[Conclusion]

De par sa localisation géographique périphérique et ses contraintes climatiques fortes, l'espace arctique est longtemps resté un territoire à la marge de la mondialisation. L'évolution actuelle des équilibres écologiques semble ouvrir une nouvelle phase de son histoire : la croissance de l'exploitation des ressources naturelles, la hausse des mobilités touristiques, l'augmentation à prévoir des flux commerciaux en lien avec le réchauffement climatique font de cet ensemble un nouvel espace stratégique. À quel prix ? L'espoir d'un profit économique immédiat doit-il l'emporter sur la prise en compte de la biodiversité régionale et l'équilibre environnemental de la planète tout entière ?

3 Composition – Les pays émergents dans la mondialisation

[Introduction]

Définir la notion de pays émergents dans sa complexité n'est pas chose évidente. Plusieurs critères permettent de caractériser une économie émergente : ces pays du Sud rencontrent un taux de croissance annuel élevé, supérieur à la moyenne mondiale, auquel s'ajoute un potentiel de croissance important qui distingue les pays émergents des pays les moins avancés (PMA). De plus, ces pays sont caractérisés par une volonté d'ouverture au monde sur les plans économique et politique.

[I. Les pays émergents, acteurs majeurs de la mondialisation]

[1. Une croissance économique forte et soutenue]

Les chiffres de croissance des pays émergents ont souvent été impressionnants ces dix dernières années. La Chine a connu une croissance à deux chiffres pendant plus d'une décennie. Le Brésil a connu un rythme annuel supérieur à 4,5 % de 2005 à 2008. Cette expansion économique repose sur **le développement rapide d'une structure industrielle variée** : industrie lourde liée à l'exploitation d'hydrocarbures (Russie), industrie manufacturière liée à la production textile, de jouets (Chine) par exemple. Ce développement sans précédent entraîne **une élévation vigoureuse du niveau de vie.** L'IDH de pays comme le Mexique (61e mondial en 2012), du Brésil (85e), de la Turquie (90e) ou de la Chine (101e) les place dans la catégorie des pays à revenu intermédiaire. L'affirmation d'une classe moyenne de plus en plus nombreuse offre la possibilité d'un développement endogène grâce à l'essor d'un marché interne de consommation.

[2. Les pays émergents au cœur de flux croissants]

Cette croissance économique s'explique par **une intégration grandissante aux flux économiques**. Depuis 2000, les exportations du Brésil ont augmenté de 17 % par an en moyenne. Ce chiffre atteint même 19 % pour l'Inde. En 2012, si l'Union européenne, les États-Unis et le Japon concentrent à eux seuls 42 % du commerce mondial, les seuls BRICS en détiennent d'ores et déjà 20 %. Cependant, la Chine est responsable de 15 % de ces échanges, le Brésil et l'Inde n'en représentent encore qu'une part modeste à hauteur de 2 % chacun. Les pays émergents sont devenus des **acteurs incontournables du commerce international et des membres actifs de l'OMC**. Ouverts aux investissements directs étrangers, ils en deviennent dorénavant des foyers émetteurs.

[3. Vers un basculement du monde ?]

Les quatre Dragons (Corée du Sud, Hong Kong, Taïwan, Singapour) avaient montré la voie de l'émergence dès les années 1970. Cependant, ils ne représentent qu'à peine plus de 86 millions d'habitants en 2014. La situation est tout autre avec les pays émergents, dont **les seuls BRICS concentrent près de 3 milliards d'habitants**. L'OCDE parle ainsi d'un « grand basculement de la richesse » à l'échelle mondiale : les équilibres anciens sont progressivement modifiés. Cet essor de nouvelles puissances économiques entraîne une multipolarité où la notion de Triade n'a plus vraiment lieu d'être. **Les organisations internationales sont elles-mêmes remises en cause dans leur mode de fonctionnement** : la réunion du G20 prend ainsi une importance nouvelle par rapport à l'ancien G7/G8. Les nouvelles puissances demandent une réforme du Conseil de sécurité de l'ONU qui leur permettrait ainsi d'accéder à cette instance de délibération politique.

[II. Des facteurs multiples à l'intégration]

[1. Des infrastructures modernisées, des pays au cœur des flux]

Afin de permettre une intégration renforcée aux circuits économiques mondiaux, ces pays se sont dotés des **infrastructures de transports les plus modernes** : les ports chinois de Shanghai ou de Tianjin voient transiter des millions de conteneurs chaque année. Des aéroports comme celui de Bangkok sont constitués en véritable hub mondial. L'essor de l'Internet ou des réseaux de téléphone portable montrent également **une connexion accrue dans le domaine des télécommunications**.

[2. La stabilité politique, facteur de premier plan]

Cet essor économique peut s'appuyer sur de véritables démocraties, comme au Brésil ou en Inde, mais n'exclut pas l'existence de régimes autoritaires (Chine). **La stabilité politique que connaît l'essentiel de ces États encourage la mise en œuvre de politiques économiques de long terme que recherchent les firmes transnationales.** Beaucoup de pays d'Afrique subsaharienne qui pourraient être candidats à cette ouverture en sont exclus du fait de conflits interethniques ou de coups d'État récurrents.

[3. Une main-d'œuvre à bon marché et peu protégée]

Une part de l'émergence s'explique par la possibilité d'employer une main-d'œuvre nombreuse et peu qualifiée supportant des salaires faibles et de médiocres conditions de travail. Toutefois, le développement économique entraîne progressivement une augmentation des salaires. **Les avantages comparatifs par rapport aux pays développés s'estompent et entraînent l'apparition d'une industrie de gamme supérieure** (informatique) qui ne concurrence pas moins les activités économiques des pays du Nord. À la suite de transferts de technologie, l'industrie des pays émergents se diversifie progressivement et s'affirme de plus en plus dans les secteurs de haute technologie (satellite, aviation…).

[III. Des inégalités renforcées, des faiblesses indéniables]

[1. Une hétérogénéité des modes de développement]

Toutefois, **la notion de pays émergent recouvre des réalités nationales contrastées.** On peut ainsi discuter de la pertinence du concept de BRICS. Peut-on vraiment comparer la Russie (dont l'économie rentière appuyée sur l'exploitation des hydrocarbures peut être mise à mal par une simple chute des prix du pétrole) avec la puissance chinoise disposant d'une industrie de plus en plus variée et que les derniers calculs d'experts placent dorénavant à la première place mondiale en termes de PIB ?

[2. Des inégalités sociales et territoriales accentuées]

Si la mondialisation semble résorber les inégalités sociales par une élévation générale du niveau de vie, le mouvement reste lent et continue d'exclure une bonne part des populations. D'un point de vue spatial, **les territoires ne sont pas égaux face au processus de mondialisation** : au Brésil, le contraste entre des métropoles émergentes comme São Paulo et des territoires ruraux et mal connectés comme le Nordeste est saisissant. Le schéma suivant nous permet d'appréhender ces mêmes inégalités à l'échelle du territoire chinois.

SCHÉMA La mondialisation en Chine, des contrastes territoriaux importants.

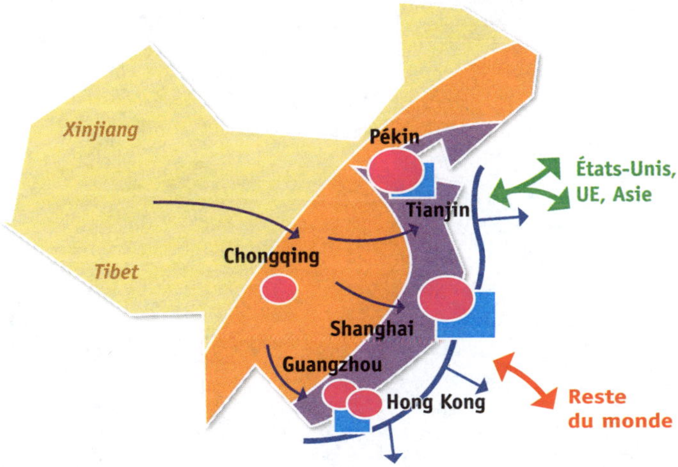

1. Une insertion grandissante dans la mondialisation
- Principaux ports exportateurs et importateurs
- Métropole de rang mondial
- La plus puissante façade maritime du monde

2. Un pays au cœur de flux de toute nature
- Échanges économiques (marchandises, services)
- IDE
- Exode rural consécutif à l'essor urbain et littoral

3. Une inégale intégration des territoires
- Régions littorales, cœur de la Chine mondialisée (économie extravertie, fortes densités et niveau de vie relativement élevé)
- Régions de l'intérieur, périphérie intégrée (réservoir de main d'œuvre)
- Régions extérieures (angle mort de la mondialisation)

[3. Vers une remise en cause récente du rythme de développement]

Au cours de l'année 2014, **la croissance économique des pays émergents connaît un ralentissement**. En 2015, le gouvernement brésilien prévoit une croissance limitée à 0,8 %. De même, la croissance chinoise pourrait être limitée à 7,1 %, chiffre bien inférieur aux sommets atteints ces deux dernières décennies. S'agit-il d'une réalité de long terme ?

[Conclusion]

Ainsi, les pays émergents s'avèrent des acteurs de premier plan de la mondialisation dont ils animent une bonne part des dynamiques économiques actuelles. Réciproquement, la mondialisation entraîne des modifications profondes des structures internes de ces pays, tant sur le plan économique que social et territorial. Ces mouvements d'ampleur vont-ils se poursuivre sur le même rythme dans les prochaines décennies ?

SUJET D'APPROFONDISSEMENT

POST BAC

Étude critique d'un ensemble documentaire – Métropolisation, fragmentation et mondialisation de l'espace urbain d'une mégapole : l'exemple de São Paulo, capitale économique du Brésil

90' (L, ES, S)

Vous rédigerez une note de synthèse de l'ensemble documentaire fourni.

> Voir la méthode générale d'une étude critique de document en annexe (p. 518).
> Voir les méthodes et stratégies 1 du chapitre 11 et 2 du chapitre 12.

DOC. 1 Statistiques démographiques de la ville de São Paulo et de son agglomération.

Année	VILLE de São Paulo	BANLIEUE de São Paulo	AGGLOMÉRATION de São Paulo
1872	28 000	–	–
1900	240 000	–	–
1940	1 277 385	–	–
1960	3 709 274	811 129	4 520 403
1980	8 963 298	3 615 650	12 578 948
1996	9 839 436	6 733 659	16 573 095
2010	11 244 369	8 645 190	19 889 559

DOC. 2a L'avenue Paulista, centre des affaires et des institutions bancaires de la métropole, 2012.

Inaugurée en 1891 et baptisée du nom des habitants de la ville, elle concentre aujourd'hui la plupart des institutions financières et des sièges sociaux des entreprises présentes au Brésil. C'est le centre touristique, culturel et médiatique de la ville, où plus de 800 000 personnes travaillent chaque jour.

DOC. 2b L'avenue Paulista en 1902.

DOC. 3 À São Paulo, un quartier riche, Morumbi, côtoie la favela de Paraisopolis.

DOC. 4 « Les hélicoptères prospèrent à São Paulo », par Gabriel Wernstedt, écrivain et journaliste.

« En pleine crise financière, quand l'industrie automobile est au bord de la faillite et les changements climatiques bouleversent les modes de production, une branche très polluante ne semble pas être touchée. En 2008, la mégapole de São Paulo devenait la ville ayant le plus grand nombre d'hélicoptères au monde.
Vers 19 h, ils dominent le ciel avec leurs lumières clignotantes et leur bruit tonitruant résonnant entre les immeubles. C'est à l'heure du "rush", quand les grandes routes sont quotidiennement bloquées, que les "héli-routes" ont le plus de trafic. Le long de ces voies invisibles dans le ciel, ce sont en grande partie des hommes d'affaires qui rentrent chez eux avec leurs hélicoptères personnels le soir, pour revenir par la même voie verticale le lendemain matin, et ainsi à chaque jour de travail. Entre 300 à 500 hélicoptères se croisent chaque jour dans le ciel de São Paulo. […] L'hélicoptère y est le symbole ostentatoire de la modernité, une cause de fierté pour un grand nombre de Paulistas, et un objet de ségrégation sociale pour les autres. Le Brésil reste parmi les dix pays où l'inégalité sociale est la plus importante au monde […], et ceci est particulièrement flagrant dans la ville de São Paulo. Aujourd'hui, 6 millions de voitures roulent sur les routes de São Paulo chaque jour, dans une ville de presque 20 millions d'habitants. […] Tandis que la plupart des Paulistas sont obligés d'affronter les inéluctables bouchons qui transforment ainsi, par exemple, un trajet de 30 minutes en un périple pollué de 3 heures, des hommes d'affaires traversent la ville en hélicoptère en 10 minutes.
Mais l'explication officieuse de ce choix est la délinquance. En 1999, un total de 12 818 meurtres était commis à São Paulo, selon des chiffres de la police fédérale. Cela signifiait 36 meurtres par jour, c'est-à-dire le même niveau que Kaboul et Bagdad aujourd'hui, sans parler du nombre considérable d'enlèvements. […] Depuis l'arrivée à la présidence de Lula en 2002, la délinquance a diminué. En 2008, le nombre de meurtres à São Paulo ne dépassait pas les 3 500 par an mais la peur des enlèvements et de la violence est toujours dans les esprits. […]
Même si "Dieu est Brésilien" comme dit le proverbe populaire, le ciel n'est pas à la portée de tous, mais il n'a pas de limites pour ceux qui ont des moyens. »

DOC. 5 L'Île-de-France et l'État de São Paulo unis pour un nouveau partenariat.

« Les États apparaissent de plus en plus souvent comme des cadres d'action inadaptés : trop petits pour résoudre les problèmes globaux, comme le changement climatique ou la criminalité transnationale, trop grands pour répondre aux enjeux locaux, tels l'aménagement du territoire ou la mobilité urbaine. Pour permettre de trouver un équilibre, les gouvernements locaux […] se réinventent, et jouent un rôle de plus en plus prépondérant dans la gestion quotidienne de la vie de leurs habitants.
Attentifs à cette tendance, l'État le plus riche d'Amérique latine et la première région d'Europe – la plus avancée dans la conversion écologique et sociale – ont lancé le programme de coopération « 2014, année d'Île-de-France et de São Paulo pour le développement urbain durable ». […] Il garantit que, en 2014, les deux régions s'engagent fortement pour la promotion du développement urbain durable, en se concentrant sur les transports, l'énergie, le logement, l'assainissement et la dépollution de fleuves, l'environnement. […]
L'État de São Paulo va ainsi mobiliser l'expertise et l'expérience franciliennes pour mettre en place une autorité organisatrice des transports. Appuyé par le Syndicat des

transports d'Île-de-France, il entend ainsi proposer des solutions qui ont déjà prouvé leur efficacité dans l'amélioration de la mobilité urbaine. [...]
En mai, ce partenariat franchit un cap important. [...] A été abordée la dépollution des fleuves Tietê et Pinheiros, qui traversent l'État de São Paulo. L'expérience positive de la dépollution de la Seine, engagée par le Syndicat interdépartemental pour l'assainissement de l'agglomération parisienne, a été partagée avec les Brésiliens. En juin, le pôle de compétitivité francilien Advancity, qui réunit des entreprises, des centres de formation et des centres de recherche sur le thème du développement durable, sera à São Paulo dans le cadre du projet Serra do Mar. Ce programme de logements sociaux, pionnier en la matière et porté par le gouvernement de l'État de São Paulo, permettra aux Franciliens de proposer des technologies durables en matière de logements et d'infrastructures [...].
Au-delà de son contenu, l'esprit de notre coopération, tout comme les modalités de sa mise en œuvre, illustrent une approche renouvelée de la coopération internationale des collectivités locales : un partenariat équilibré entre deux métropoles mondiales de premier rang. [...] »

■ **Roberto Romero**, vice-président de la région Île-de-France en charge des affaires européennes et internationales. **Rodrigo Tavares**, chef du Bureau spécial aux affaires internationales du gouvernement de l'État de São Paulo. Source : Mediapart (mai 2014). DR

CORRIGÉ

POST BAC

Étude critique d'un ensemble documentaire – Métropolisation, fragmentation et mondialisation de l'espace urbain d'une mégapole : l'exemple de São Paulo, capitale économique du Brésil

Analyse du sujet

Le dossier documentaire présente la particularité de comporter 5 documents au lieu des 2 proposés au maximum lors de l'épreuve. Les thématiques à aborder dans le devoir sont donc plus nombreuses. L'analyse du corpus demande un esprit de synthèse renforcé et la capacité d'entrevoir les liens entre les différents documents.

Le sujet lui-même entremêle trois notions complémentaires dont il faut montrer les liens réciproques. Le plan proposé répond à cette exigence.

[Introduction]

Si Rio de Janeiro est la métropole la plus célèbre du Brésil, São Paulo est de très loin la plus peuplée, la plus vaste et la plus puissante économiquement. Le **développement majeur** qu'a connu la ville au XXe siècle a été renforcé par le dynamisme induit par la mondialisation. De métropole émergente, elle est en passe aujourd'hui d'accéder au statut recherché de ville mondiale. Mais les défis qu'elle rencontre sont immenses, tant au niveau social qu'environnemental, et posent la question de la durabilité d'une telle croissance.

São Paulo a connu une croissance multiforme, hissant la modeste bourgade au rang de métropole émergente. Cet essor a renforcé une spécialisation voire une fragmentation des territoires de la ville. Ainsi, São Paulo se trouve confronté à d'immenses enjeux de gestion durable de son territoire métropolitain.

[I. Une ville d'un pays du Sud devenue mégapole]

[1. Une croissance extraordinaire]

Le document 1 nous informe sur la croissance démographique formidable de l'ensemble urbain de São Paulo. En 1872, São Paulo est une petite ville d'environ 28 000 habitants. Au début du XXe siècle, sa population a déjà été multipliée par près de dix. La croissance démographique connaît une accélération impressionnante après la Seconde Guerre mondiale. La population de la ville est multipliée par trois entre 1940 et 1960, puis de nouveau entre 1960 et 1980. São Paulo devient d'ailleurs une **mégapole** dans les années 1970 en dépassant le cap des 10 millions d'habitants. À partir des années 1990, la croissance se poursuit, mais à un rythme bien plus faible. Néanmoins, avec plus de 20 millions d'habitants, São Paulo est aujourd'hui une des plus grandes villes au monde.
Cette croissance démographique s'accompagne d'une croissance spatiale importante. Le tableau de statistiques nous informe en effet de la prise en compte de la banlieue à partir de 1960 dans la comptabilisation de la population de la ville. Les limites administratives de la commune sont dépassées par l'afflux de population. On peut reprocher au document de ne pas apporter d'informations sur l'extension de la couronne périurbaine, qui s'étend sur plus d'une centaine de kilomètres d'est en ouest.

[2. Des facteurs d'attractivité multiples]

Comment comprendre une telle évolution ? Les documents restent relativement muets sur les facteurs démographiques d'une telle croissance : il faut ici évoquer la transition démographique, entamée dès le milieu des années 1960 au Brésil, et qui conduit à une chute importante de la mortalité alors que la natalité reste très élevée jusque dans les années 1980. Depuis, si le taux de mortalité a rejoint des niveaux proches de ceux des pays développés, la natalité a connu une baisse vigoureuse. Aujourd'hui, le régime démographique du Brésil se rapproche de celui des États-Unis ou des pays européens : le taux d'accroissement naturel a donc été récemment réduit, ce qui explique le tassement de la croissance de la population de la ville.

Le deuxième facteur est visible sur le document 2 : São Paulo a connu au XXe siècle un **essor économique** important, avant tout basé sur une industrie puissante et relativement diversifiée. Le document 2a nous montre également que l'insertion dans la mondialisation de cette mégapole conduit au développement d'activités à haute valeur ajoutée et à haut niveau de qualification, en lien avec les institutions bancaires ou le centre des affaires visible sur la photographie de l'avenue Paulista, cœur économique de l'ensemble urbain. Des migrations internes au Brésil, des campagnes vers les villes, constituent donc un second facteur essentiel de la croissance démographique.

[Transition]

São Paulo participe au schéma général de croissance des villes des pays du Sud. Alors que dans les pays développés la croissance urbaine a débuté dès le début du XIXe siècle, les pays en développement comme le Brésil ont enregistré une croissance urbaine plus tardive (essentiellement après la Seconde Guerre mondiale), mais très rapide. Il faut noter toutefois que du fait de la colonisation européenne (XVIe siècle) et d'une économie très tôt portée à l'exportation vers l'Europe de produits agricoles ou de matières premières, le Brésil fut parmi les premiers pays en développement à être urbanisé.

[II. São Paulo entre métropolisation et fragmentation de l'espace

1. Une métropolisation visible dans le paysage urbain]

Les documents 2a et 2b nous renseignent, par l'évolution du paysage urbain, sur les formes de la croissance urbaine de São Paulo. En 1902, l'avenue Paulista est bordée d'arbres. Quelques grandes villas de style colonial sont perdues dans un décor encore très verdoyant. Un siècle plus tard, on peut voir sur ce même document les effets de la mondialisation sur le paysage. Des tours de plusieurs étages ont remplacé les arbres et les villas. L'architecture, calquée sur le modèle nord-américain, ne nous permet pas de nous localiser géographiquement. L'avenue Paulista a été élargie pour permettre le développement d'une circulation automobile toujours plus dense. Cette voie, qui prend la forme d'une véritable autoroute urbaine, fait penser aux pénétrantes des villes états-uniennes qui permettent de relier le CBD aux banlieues pavillonnaires périphériques. Un quartier d'affaires a pris son essor au cœur de la ville : la présence des **activités économiques de commandement** est la marque de l'insertion de São Paulo dans la mondialisation. La légende du document 2a nous indique que l'avenue Paulista « concentre aujourd'hui la plupart des institutions financières et des sièges sociaux des entreprises présentes au Brésil ». Capitale économique de ce pays émergent, elle est un siège de décision de premier plan de l'économie mondiale. Les flux de capitaux (IDE*) du monde entier y affluent. Même au niveau touristique (une activité de second plan dans cette ville), elle est un des lieux incontournables dans les circuits de visite.

Cette avenue de prestige est une indéniable vitrine incontournable pour une ville qui prétend jouer un rôle croissant à l'échelle mondiale.

[2. Une très forte ségrégation sociale et spatiale]

L'étalement urbain et l'insertion de la ville dans la mondialisation accusent les contrastes de développement à l'échelle de l'unité urbaine. Des populations éduquées à haut niveau de qualification profitent de ce nouveau dynamisme économique. Elles peuvent travailler – par exemple sur l'avenue Paulista – et vivre dans les quartiers centraux de la ville. Les plus aisées d'entre elles peuvent habiter Morumbi (document 3), un quartier riche de São Paulo. Le plus grand luxe s'y déploie : de hautes tours, disposant vraisemblablement du confort le plus achevé, sont dotées de larges balcons-terrasses avec des petites piscines de style Jacuzzi. Des terrains de tennis occupent un large espace, en contrebas des immeubles.

Sur cette même photographie, le contraste est saisissant entre cet environnement privilégié et la favela voisine de Paraisopolis, véritable bidonville. Les populations y vivent dans une très grande promiscuité à l'intérieur d'habitations constituées de matériaux de récupération (on aperçoit des toits de tôles). Les voies de circulation, étroites et peu adaptées à l'automobile, ne semblent pas bitumées. Les Paulistas (nom des habitants de São Paulo) vivant dans ce quartier sont les exclus de la mondialisation, comme plus de 10 % de la population totale de la ville. En plus du chômage et de la pauvreté s'y développent insécurité et trafic en tout genre (armes, drogues...).

Un mur de plusieurs mètres de hauteur empêche le passage d'un quartier à un autre. Il est le symbole visible d'une forme aiguë de ségrégation sociale et spatiale que renforce le phénomène de la métropolisation. Celle-ci introduit en effet une **spécialisation renforcée** des quartiers en favorisant l'augmentation des prix de l'immobilier dans les quartiers recherchés du centre et, parallèlement, la relégation territoriale vers la périphérie des populations qui n'y ont pas accès.

[3. Une difficile gestion des mobilités]

Cette métropolisation et cet étalement urbain accentuent les difficultés de la ville en matière de transports. Si la photographie 2a ne nous montre pas l'avenue Paulista à une heure de pointe, le document 4 nous informe plus précisément sur les conditions de circulation dans la grande ville brésilienne : « À l'heure du "rush", (...) les grandes routes sont quotidiennement bloquées ». Dans une ville où « 6 millions de voitures roulent sur les routes de São Paulo (...), la plupart des Paulistas sont obligés d'affronter les inéluctables bouchons qui transforment ainsi, par exemple, un trajet de 30 minutes en un périple pollué de 3 heures. » Ainsi, à une dégradation des conditions de vie pour une large partie des habitants (critère social de la notion de développement durable), s'ajoute une détérioration des conditions environnementales. De plus, ces attentes interminables ont une conséquence économique sur le niveau de productivité d'une population perdant une large partie de son temps de vie dans les encombrements de la voierie. Les trois cercles du **développement durable** (social, économique et environnemental) sont donc remis en cause.

« En 2008, la mégapole de São Paulo devenait la ville ayant le plus grand nombre d'hélicoptères au monde. » (doc. 4) Ainsi, « entre 300 à 500 hélicoptères se croisent chaque jour dans le ciel de São Paulo ». Mais, comme le rappelle l'écrivain et journaliste Gabriel Wernstedt, ce mode de locomotion très coûteux est réservé à « des hommes d'affaires » qui peuvent alors traverser « la ville en hélicoptère en 10 minutes ». Ils en retirent l'avantage de ne pas perdre leur temps dans les embouteillages, mais cela leur permet aussi de s'extraire d'une insécurité importante. Même si la situation s'est améliorée, « le nombre de meurtres à São Paulo » s'élevait encore « en 2008 » à « 3 500 par an ». La ségrégation spatiale ne revêt donc pas seulement la dimension horizontale classique, mais peut aussi s'appréhender à la verticale : « même si "Dieu est Brésilien" comme dit le proverbe populaire, le ciel n'est pas à la portée de tous ».

[Transition]

Si São Paulo présente tous les critères d'une insertion croissante dans la mondialisation (métropolisation, industrialisation, croissance spatiale), les conditions de celle-ci pose la question d'une véritable durabilité de ce mode de développement.

[III. Vers une ville durable ?]

« Depuis l'arrivée à la présidence de Lula en 2002 », la lutte contre les inégalités sociales et la pauvreté, mais également une meilleure prise en compte de la protection de l'environnement, sont devenues des priorités pour les autorités brésiliennes. Ces politiques ont aussi été menées à bien à l'échelle de la ville de São Paulo, dans le cadre de politiques de décentralisation. Ainsi, « les gouvernements locaux [...] jouent un rôle de plus en plus prépondérant dans la gestion quotidienne de la vie de leurs habitants. »

[1. La prise en compte de la question sociale]

Dans le cadre d'un « nouveau partenariat » avec l'Île-de-France (doc. 5), São Paulo souhaite s'engager fortement « pour la promotion du développement urbain durable », par exemple pour « mettre en place une autorité organisatrice des transports » à même de garantir une « amélioration de la mobilité urbaine », critère emblématique des inégalités à l'intérieur de la ville.

Un « programme de logements sociaux » est prévu dans le but de répondre à la crise touchant les plus démunis confrontés à l'existence des bidonvilles.

[2. Un environnement nouvellement préservé ?]

En matière environnementale, les objectifs sont multiples : ainsi « a été abordée la dépollution des fleuves Tietê et Pinheiros, qui traversent l'État de São Paulo ». L'amélioration des conditions de transports déjà évoquée doit mener à une baisse de l'émission des polluants de toute nature, et des gaz à effet de serre en premier lieu, ce qui ne tarderait pas à avoir des effets bénéfiques sur la santé des Paulistas.

La nature du document 5 doit toutefois nous rendre prudents sur les réalités d'une telle mesure. Ce document, fourni par des administrations souhaitant défendre les politiques entreprises, reste sujet à caution et nécessite un **regard critique** quant aux prolongements réels d'un tel discours sur le terrain.

[Conclusion]

São Paulo, petite bourgade au milieu du XIXe siècle en passe de devenir ville mondiale en moins d'un siècle et demi, nous offre l'image même d'une géographie planétaire transformée par le processus de mondialisation. L'urbanisation accélérée, signe d'une métropolisation et d'une intégration économique renforcée, rencontre toutefois des limites importantes en matière de développement durable. La réflexion sur la viabilité et le caractère équitable d'une telle évolution, rencontrée sur l'ensemble des continents, reste ouverte.

Dynamiques géographiques de grandes aires continentales

INTRODUCTION

- Ce thème conduit à aborder la mondialisation sous un nouvel angle : lieux et flux de la mondialisation laissent place aux effets de la mondialisation sur les territoires et sur les atouts que ces derniers possèdent pour participer à celle-ci. L'échelle change en prenant en compte de grandes aires continentales, c'est-à-dire des ensembles de pays qui, au-delà des disparités socio-économiques, ont des liens du fait de leur proximité géographique relative. Il s'agit ici d'étudier les modalités et les degrés de l'insertion de ces territoires dans la mondialisation et les conséquences de celle-ci sur les territoires concernés. En quoi les dynamiques observées à l'échelle des continents et/ou des pays sont-elles influencées et influencent-elles la mondialisation ?
- Cette réflexion s'appuie sur la notion de puissance*, dont elle cherche à identifier les liens avec le territoire d'une part et avec la mondialisation d'autre part. Pour les trois aires continentales étudiées – l'Amérique, l'Afrique et l'Asie –, l'analyse s'inscrit dans une dynamique contemporaine : elle tient compte des évolutions en cours, comme en témoigne l'attention portée à la notion de pays émergents* présente dans les trois aires avec le Brésil, la Chine et l'Afrique du Sud. L'analyse des points communs et des différences entre ces trois aires continentales permet d'identifier la forme et le degré de puissance de celles-ci, ce qui amène à aborder les questions de développement et de croissance.
- Ce thème conduit par conséquent à faire varier les échelles et à mener des études comparatives dans la perspective de la mondialisation.

CHAPITRE 13 Séries L, ES et S

L'Amérique : puissance du Nord, affirmation du Sud

COURS

L'Amérique : puissance du Nord, affirmation du Sud

L'étude du continent américain, marqué par le contact entre des pays au niveau de vie et aux cultures différentes mais entretenant d'importantes relations, permet d'insister sur deux phénomènes majeurs : d'une part, les formes et les degrés de l'intégration continentale ; d'autre part, les dynamiques territoriales de deux pays, les États-Unis et le Brésil, qui jouent un rôle prépondérant à l'échelle mondiale, mais présentent un niveau de développement inégal. Si les États-Unis sont une puissance* globale, le Brésil reste un pays émergent*.

I. L'Amérique : une intégration partielle entre complémentarité et tensions

1. Une intégration fonctionnelle née de différences

a. Des flux massifs

- Dans les faits, l'intégration est réalisée, comme en témoigne l'importance des flux de personnes, de marchandises, de capitaux ou d'idées. Les **mouvements de personnes sont parmi les plus importants du monde**, qu'il s'agisse de migrants, de frontaliers ou de touristes.

- Selon l'OCDE, en 2010, le taux d'émigration de la population de l'Amérique latine et de la Caraïbe s'élevait à 5,7 %, soit le chiffre plus élevé des ensembles régionaux du monde. Les **migrants** se dirigent principalement vers les pays les plus riches, à commencer par les États-Unis, premier pays au monde pour l'accueil des migrants. Ils attirent des Canadiens, mais surtout les Latino-Américains provenant de pays dont le niveau de vie est moindre. Ces flux sont tels que le Mexique est souvent présenté comme un pays de transit, et l'espagnol est très présent aux États-Unis : par exemple, les formulaires d'inscription sur les listes électorales de l'Arizona sont bilingues anglais-espagnol. Si les États-Unis restent le principal pôle migratoire, des évolutions sont perceptibles depuis le début du XXIe siècle :
– les flux migratoires du Canada vers les États-Unis sont en recul : le taux d'émigration est passé de 3,7 ‰ en 2000 à environ 2,2 ‰ en 2013 ;
– beaucoup de migrants venant d'Amérique latine tendent à rester au Mexique, à l'image de nombreux Guatémaltèques, ou à se diriger vers de grands pays latino-américains comme le Brésil, l'Argentine ou le Chili. Selon l'Organisation internationale pour les migrations, la population d'origine bolivienne en Argentine a progressé de 48 % entre 2001 et 2011, et celles issues du Pérou et du Paraguay ont crû à un rythme encore plus soutenu.

* Les mots suivis d'un astérisque sont définis dans le lexique.

DOC. 1 Le défilé lors la parade hispanique de New York. New York regroupe de nombreuses communautés hispaniques venues d'Amérique latine et des Caraïbes. L'intégration est symbolisée par les drapeaux qui les représentent au côté du *Stars and Stripes*.

- Les migrations pendulaires de **travailleurs frontaliers** sont massives : la frontière États-Unis/Mexique est la plus fréquentée du monde.
- À ces mouvements migratoires s'ajoutent des **flux touristiques**, qui émanent principalement de l'Amérique du Nord, à destination du Mexique et de la Caraïbe. Les États-Uniens représentent plus de 75 % des touristes internationaux du Mexique (18 millions de personnes sur les 23 millions de touristes accueillis en 2011). Miami est le premier port de croisières du monde, à destination principalement du bassin caraïbe. Les flux touristiques sont également liés à l'activité économique : ainsi, près de 15 % des flux touristiques des États-Unis sont liés au tourisme d'affaires, notamment pour les congrès internationaux.
- Ces dynamiques migratoires contribuent à **l'importance des flux économiques et financiers**. Les États-Unis sont le premier partenaire commercial du Canada et du Mexique (environ 50 % des importations et 75 % des exportations dans chacun des cas), le deuxième partenaire commercial du Brésil derrière la Chine (celle-ci représentait, en 2012, 41 % des exportations brésiliennes et 34 % des importations contre, respectivement 27 % et 32 % pour les États-Unis et 18 % et 16 % pour l'Argentine). Parallèlement, les investissements directs à l'étranger* entre les pays américains sont très importants. Le Brésil attire de nombreux flux en raison de l'importance de ses ressources naturelles et des perspectives de croissance de son marché. Ces flux liés aux entreprises et aux États sont renforcés par l'envoi d'argent des immigrés à leur famille restée dans le pays de départ (des transferts de fonds appelés *remesas* par les hispaniques). Ils constituent

des sommes importantes au point de représenter, en 2012, 16,5 % du PNB du Salvador, 10 % de celui du Guatemala, 2,5 % de celui du Paraguay et 2 % du PNB du Mexique.

- À ces flux s'ajoutent les **flux illégaux**, qu'il s'agisse de migrants clandestins, de drogues ou de blanchiment d'argent.

b. Des dynamiques d'intégration

- Cet ensemble de flux et d'échanges se traduit par des **solidarités territoriales fortes**. Miami est la première place bancaire de la Caraïbe et d'Amérique latine. Le long des frontières nord et sud des États-Unis, les doublons urbains présentant une complémentarité économique, et les mouvements frontaliers quotidiens sont nombreux et très importants, à l'image de Détroit-Windsor entre les États-Unis et le Canada ou San Diego-Tijuana entre les États-Unis et le Mexique. Plus largement, **ces flux créent des aires où les cultures se mélangent**, comme en témoignent la cuisine tex-mex ou l'importance de l'espagnol au Texas ou en Floride. Pour rendre compte de l'importance de ces brassages, le journaliste américain Joel Garreau a forgé le terme de « Mexamerica ». Quant au géographe Hervé Théry, il propose le terme de Brésiguayens pour qualifier les quelque 600 000 Brésiliens qui vivent dans l'Oriente paraguayen et qui ont fait de cette zone frontalière une région complètement intégrée ; une langue associant le portugais et l'espagnol – le portugnol – a même vu le jour et les villes gérées par les Brésiliens forment l'armature urbaine régionale de cette région du Paraguay.

- À cela s'ajoute la **construction d'infrastructures** qui visent à renforcer les échanges ; c'est l'une des missions du Conseil sur les infrastructures et la planification de l'UNASUR (Union des nations sud-américaines), qui agit dans le cadre du projet IIRSA (Initiative pour l'intégration de l'infrastructure régionale en Amérique latine) au sein de laquelle le Brésil joue un rôle important.

Des programmes pour développer l'intégration

L'IIRSA est un programme multilatéral lancé en 2000 à l'initiative du Brésil. Les 12 pays qui le promeuvent (Argentine, Bolivie, Brésil, Chili, Colombie, Équateur, Guyana, Paraguay, Pérou, Uruguay, Surinam et Venezuela) ont pour objectif de développer en Amérique latine le réseau de transports afin de faciliter l'accès aux ressources, mais aussi les infrastructures, notamment énergétiques. Ces projets sont financés par la Banque nationale de développement économique et social, le Fondo Plata et la Corporacion Andina de Fomento. Initialement prévu pour une durée de 10 ans, ce programme a été prolongé afin de pouvoir poursuivre les actions engagées et de surmonter les défis que représentent les distances ou des montagnes telles que les Andes. Il reste encore beaucoup à faire pour que les grands corridors transnationaux existent ; cependant les choses évoluent dans le sens d'une intégration croissante, au profit du Brésil.

c. Des différences de législation, de niveaux de vie, de cultures à l'origine de ces flux

- Ces flux sont liés à la proximité géographique entre des **pays aux législations et aux niveaux de vie très différents**. Ainsi, en 2013, le PIB PPA/hab. à Haïti était de 1 300 $ quand il était de 15 600 $ au Mexique et de 52 800 $ aux États-Unis. L'aspiration à des conditions de vie meilleures conduit les populations à migrer vers les pays les plus développés.

- Dans le même temps, le moindre coût de la main-d'œuvre et des législations plus souples que dans leur pays d'origine, notamment en termes de droit syndical, incitent les entreprises états-uniennes et canadiennes à investir dans les pays d'Amérique latine, soit pour ensuite exporter les productions, soit pour conquérir ces marchés en plein essor.

2. La permanence de tensions

a. Des accords avant tout économiques

- Les échanges économiques et financiers sont d'autant plus importants qu'ils sont promus par de **multiples accords régionaux**, à l'image des deux principaux : l'**Accord de libre-échange nord-américain** (ALENA*) entre le Canada, les États-Unis et le Mexique, et le **Marché commun du Sud** (MERCOSUR*) entre l'Argentine, le Brésil, le Paraguay et l'Uruguay, entré en vigueur en 1995, auxquels s'est ajouté le Venezuela en 2012. Ces organisations régionales* permettent le libre-échange des marchandises entre les pays membres afin d'améliorer la prospérité économique. De fait, l'ALENA, entré en vigueur en 1994, a permis de multiplier par 3,7 la valeur des échanges commerciaux entre les trois pays entre 1993 et 2012, et le PIB combiné est passé de 8 000 milliards de dollars en 1993 à 19,2 billions de dollars en 2012. Les liens fonctionnels, qui se marquent par les flux, ont été renforcés : ainsi, plus de la moitié des exportations manufacturières du Canada vers les États-Unis sont des exportations de produits intermédiaires. Le MERCOSUR, au-delà du libre-échange des biens et des services, vise la mise en place d'un tarif extérieur commun et une convergence des politiques économiques. Néanmoins, aucune des deux organisations ne régit les flux de personnes.

- D'autres accords, comme l'Alliance bolivarienne pour les Amériques (ALBA, regroupant Antigua-et-Barbuda, la Bolivie, Cuba, Dominique, l'Équateur, le Nicaragua, Saint-Vincent-et-les-Grenadines, Sainte-Lucie et le Venezuela, née en 2005), ont des visées plus larges, notamment une intégration politique et culturelle ; mais ils ont surtout comme fondement une coopération politique orientée contre les États-Unis, après que ceux-ci ont cherché à mettre en place la Zone de libre-échange des Amériques (ZLEA).

- Quant à l'Organisation des États américains (OEA), née en 1951 et regroupant 35 États, son rôle reste relativement limité : développement du dialogue entre les membres afin de renforcer la paix et d'assurer le développement économique, les droits de l'homme et la sécurité. Plusieurs observateurs voient d'ailleurs dans l'émergence de la Communauté des États latino-américains et des Caraïbes (CELAC, 2010) – qui, avec 33 États, réunit la plupart des pays (exceptés le Canada, les États-Unis ainsi que les territoires d'outre-mer des puissances européennes) – une relance et une alternative au processus de l'OEA, qui tendait à péricliter.

b. Des tensions politiques et économiques

- Ces accords à vocation commerciale ne doivent pas faire oublier que les rivalités de puissance engendrent des tensions assez nombreuses, quoique d'inégale importance. Une grande partie **des tensions sont liées à la puissance états-unienne** et traduisent principalement l'attitude quasiment hégémonique des États-Unis sur le continent américain. Les États-Unis ont, depuis la doctrine de Monroe*, une tradition d'interventionnisme en Amérique, qu'ils considèrent comme leur chasse gardée. Si, depuis une vingtaine d'années, les interventions directes sont moins nombreuses, les États-Unis continuent à jouer un rôle important par le soutien économique qu'ils apportent ou encore par les relations commerciales qu'ils entretiennent, ou non, avec certains pays (ainsi Cuba a longtemps souffert de l'embargo états-unien). Les sujets de friction entre les États-Unis et les autres pays américains concernent **surtout le contrôle territorial** états-uniens, qu'il s'agisse de la fermeture des frontières états-uniennes, du contrôle du passage du Nord-Ouest ou de l'ingérence dans les États d'Amérique centrale et latine au nom du contrôle à la source du trafic de drogue.

- Ainsi, des tensions subsistent entre les États-Unis et le Mexique en raison du contrôle strict des flux migratoires et de la construction d'un mur afin d'empêcher l'immigration illégale, alors même que les produits commerciaux circulent librement dans le cadre de l'ALENA – accord qui, par la déréglementation et la libéralisation qu'il a entraînées, a fortement déstructuré l'agriculture mexicaine qui n'arrive pas à faire le poids face aux performances de l'agribusiness états-unien, fortement subventionné. Un autre point de discorde est l'importance des prélèvements d'eau sur le Colorado par les États-Unis, qui réduisent considérablement le débit du fleuve à son embouchure, dans le golfe de Californie, au Mexique.

- Les relations avec le Canada ne sont pas non plus dénuées de tensions. Elles sont liées notamment à la tendance des États-Unis à gérer de manière unilatérale la frontière commune ou encore à la revendication de l'internationalisation du passage du Nord-Ouest dans l'océan Arctique quand le Canada y voit des eaux territoriales.

- **En Amérique du Sud, les frontières sont à la fois des lieux de tensions**, où s'affirme le nationalisme, **et des lieux d'intégration**, où se construisent des solidarités territoriales. Cela peut être illustré par la course aux armements (la Colombie y a consacré 4 % de son PIB en 2007, le Chili 3,4 %) et la mise en place de corridors continentaux définis par l'IIRSA. Comme le montre le doc. 2, une partie des tensions est liée au **contrôle des ressources naturelles**, qu'il s'agisse de l'eau, du cuivre ou des hydrocarbures. À cela s'ajoutent les tensions liées aux **trafics de drogues**, qui sont à la fois internes aux États et entre ceux-ci. Les populations les plus pauvres sont poussées à cultiver de la drogue (marijuana au Mexique, cocaïne dans les pays andins) par les narcotrafiquants et les gangs, ce qui contribue à des tensions au sein même des pays : la Colombie, le Mexique sont marqués par des conflits liés aux cartels de la drogue. Les États-Unis utilisent cet argument pour chercher à accroître leur présence militaire en Amérique latine.

c. L'absence de dynamiques véritablement continentales

- Cet ensemble se traduit par **des dynamiques qui se dessinent principalement à l'échelle régionale**. Il n'y a d'ailleurs guère de réseau continental en dehors de la route panaméricaine, axe nord-sud de près de 24 000 km (coupée au Panamá sur 87 km par un parc national et, en de nombreux points, dangereuse et peu praticable). Les réseaux aériens comblent en partie cette lacune pour le transport des passagers. Les réseaux de chemin de fer et de tubes ne relient qu'une partie des pays entre eux et mettent surtout en relation les côtes est et ouest.

- De plus, aucune organisation de coopération à l'échelle du continent ne réussit à créer une véritable dynamique et à prouver son efficacité. Les coopérations régionales sont encore largement structurées autour de l'ALENA (et donc des États-Unis) en Amérique du Nord et du MERCOSUR (autour du Brésil) en Amérique du Sud, et ces deux traités sont à finalités principalement commerciales et économiques et non politiques.

DOC. 2 Amérique du Sud : potentialités et tensions.
Les conflits en Amérique du Sud sont principalement liés à l'exploitation des ressources, qu'il s'agisse de l'eau, des hydrocarbures ou encore des ressources halieutiques. À cela s'ajoutent les luttes et le crime organisé associés à la drogue. Au sein de cet ensemble géographique où le potentiel de richesses est important et les conflits nombreux et plus ou moins latents, le Brésil tente de jouer un rôle de puissance régionale en intervenant comme médiateur, ainsi qu'il l'a fait entre la Colombie et le Venezuela.

II. États-Unis et Brésil : deux puissances inégales dans la mondialisation

1. Une superpuissance et une puissance émergente : des caractères fonctionnels proches

a. Les États-Unis : la conjugaison du *soft-power* et du *hard-power* à l'échelle mondiale

- Les États-Unis sont sans conteste la première puissance mondiale : qu'il s'agisse de l'économie, de la finance, de la culture, de la diplomatie ou de l'armée, ils sont le pays le plus influent ou parmi les pays les plus influents à l'échelle mondiale. Les États-Unis ont la première économie mondiale (PNB PPA : 16 200 milliards de dollars). Le dollar est la première monnaie de réserve au monde : il représente entre 65 et 70 % des réserves de change des banques centrales. Les bourses de New York pour les valeurs et de Chicago pour les matières premières offrent les capitalisations boursières et les volumes d'échanges les plus importants du monde : 31,5 % de la capitalisation boursière mondiale contre 19,6 % pour l'UE. À New York, il s'agit surtout du New York Stock Exchange, plus souvent désigné sous le nom de Wall Street, qui a fusionné en 2007 avec Euronext pour créer la plus grande plateforme boursière du monde. Le pouvoir économique et financier et le pouvoir diplomatique et militaire se renforcent mutuellement. Les États-Unis sont parmi les membres fondateurs et les plus gros bailleurs des principales institutions internationales, dont l'ONU, le FMI et la Banque mondiale, qui ont d'ailleurs leur siège aux États-Unis, respectivement à New York pour la première et à Washington pour les deux autres. L'influence diplomatique est d'autant plus forte que les États-Unis disposent de l'armée la plus puissante du monde, avec des capacités de projection et d'intervention à l'étranger uniques, ce qui permet aux États-Unis d'agir sans nécessairement se plier aux règles de la gouvernance mondiale multilatérales (voir le chapitre 4).
- À ce ***hard power***, qui rend compte du pouvoir diplomatique et militaire d'un pays, et donc de ses capacités à faire prévaloir ses vues par la force ou la coercition, s'ajoute que ce Joseph Nye a appelé le ***soft power***, c'est-à-dire une capacité à influencer les autres acteurs, qu'il s'agisse des structures sociales ou de la culture, par des moyens non coercitifs (comme la culture, les idées ou les valeurs). La culture et les modes états-uniennes sont diffusées par les films et les séries télévisées qui sont les plus largement distribués au monde.
- Leur influence sociétale, politique et économique est d'autant plus forte que l'anglais a un quasi-monopole international. Les ressources des universités attirent les chercheurs parmi les plus brillants (ce qui permet aux États-Unis d'avoir la plus grande concentration de prix Nobel au monde). Les États-Unis sont le premier bénéficiaire du brain-drain* à l'échelle mondiale. Ceci renforce la capacité d'innovation du pays ; or, les économies d'innovation possèdent toujours un avantage important par rapport aux économiques d'imitation. Ces paramètres sont d'autant plus influents qu'ils sont « intégrés » à la société américaine : les États-Unis se pensent et s'affichent comme un modèle pour le monde et agissent en tant que tel.

Le Brésil : une situation internationale compliquée

Le Brésil s'est véritablement affirmé sur la scène diplomatique mondiale à partir de la présidence de Lula da Silva en 2003. Celui-ci a multiplié les voyages à l'étranger tout comme les ouvertures de postes diplomatiques. Parallèlement, le Brésil est de plus en plus présent au sein des grandes négociations politiques et économiques, avec certes plus ou moins de succès. Si les diplomates brésiliens ont réussi à emporter un accord sur le climat lors du Sommet Rio + 20 (juin 2012), la tentative de médiation brésilienne au Moyen-Orient ou en Iran est restée sans lendemain. Il faut dire que la stratégie brésilienne peine à s'adapter aux dynamiques géostratégiques contemporaines, y compris en Amérique latine où elle obéit à des schémas géopolitiques en partie dépassés. Ainsi, le Brésil mise encore très largement sur le partenariat avec l'Argentine, alors que la Colombie est désormais plus importante en termes de population ou d'économie, et ses liens avec le Mexique, l'autre pays émergent en Amérique latine, restent assez ténus.

b. Le Brésil : une influence limitée

- La puissance du Brésil est, par comparaison, plus modeste : elle est moins prononcée, elle se limite à un plus petit nombre de domaines et elle **s'exerce surtout à l'échelle de l'Amérique latine**, même si le Brésil s'affirme de plus en plus à l'échelle mondiale. Le Brésil est sans conteste la première puissance économique et politique d'Amérique latine, mais il n'est encore que la 6e économie mondiale. Il est certes l'un des premiers exportateurs de denrées agricoles au monde, mais il ne dispose pas d'une puissance financière importante. Sur le plan diplomatique, à l'échelle mondiale, il existe surtout à travers les BRICS* (Brésil, Russie, Chine, Inde, Afrique du Sud) qui parviennent à faire entendre leur voix au sein du G20. Le Brésil a, par exemple, été à l'origine de la lutte menée par les pays émergents contre les subventions agricoles des pays du Nord au sein de l'OMC.

- Même s'il ne parvient pas à obtenir le poste de membre permanent au Conseil de sécurité de l'ONU qu'il revendique, le Brésil s'est affirmé à l'échelle mondiale avec **l'accueil de deux manifestations de première importance** : la Coupe du monde de football en 2012 et les jeux Olympiques en 2016. Sous les présidences de Luiz Inácio « Lula » da Silva (2003-2011), homme politique charismatique et très populaire, le Brésil a cherché à accroître son poids diplomatique en signant de nombreux accords de coopérations culturelle et économique et en ouvrant plus de 16 nouvelles représentations diplomatiques, notamment en Afrique lusophone.

- **À l'échelle latino-américaine, le Brésil a un rôle de leadership,** ce qui lui a permis de remplir des fonctions de médiation entre la Colombie et le Venezuela. Le rôle joué par le Brésil dans le MERCOSUR, puis, à partir de 2008, dans l'UNASUR, avant de soutenir à partir de 2011 la création de la Communautés des États d'Amérique latine et de la Caraïbe, témoigne de sa volonté et de son poids économique et politique au sein de l'Amérique latine, où il représente un facteur de sécurité.

- Il reste cependant au Brésil **des défis à surmonter**, comme en témoignent les tensions internes qu'ont suscitées la hausse des prix des transports publics à São Paulo, le nécessaire élargissement de ses partenaires commerciaux ou encore l'affirmation de son poids diplomatique à l'échelle mondiale.

2. Vers une convergence des formes de la puissance ?

a. La recomposition de la puissance états-unienne

- Les observateurs internationaux soulignent, de manière croissante, le recul de la puissance états-unienne, mettant en avant le poids grandissant de la Chine ou encore les défaites militaires enregistrées par les États-Unis. Ce **recul existe, mais il doit être relativisé**. Certes, les États-Unis ont réduit leurs dépenses militaires mais leur armée reste, de loin, la plus puissante. En mars 2014, Peter Zöllner, un des responsables de la Banque des règlements internationaux, qui a pour objectif d'aider les banques centrales à maintenir une stabilité monétaire et coordonne la collaboration internationale dans ce domaine, estimait que la part du dollar au sein des réserves de change allait reculer au profit du yuan au cours des 20 prochaines années ; toutefois, la part du dollar représenterait encore de 50 à 65 % et sa suprématie ne serait guère remise en cause. La dette états-unienne est élevée (plus de 100 % du PIB) et est largement financée par la Chine (12 % de la dette américaine détenue par les investisseurs privés) ; mais l'interdépendance entre les deux pays est forte, car la Chine ne peut que financer le déficit commercial américain, les États-Unis étant le premier débouché de ses exportations.

- Si les États-Unis sont la première économie mondiale et disposent d'un avantage comparatif important (économie d'innovation et premier exportateur mondial de services), l'affirmation de la Chine dans la production industrielle (au point d'avoir entraîné un déclin de l'emploi manufacturier aux États-Unis) et dans les exportations a contraint les États-Unis à revoir leur politique commerciale en lançant une Initiative nationale pour les exportations (*National Export Initiative*) et des négociations en vue de nouveaux partenariats commerciaux (partenariat transpacifique et accord de libre-échange transatlantique).

b. L'affirmation toujours plus grande de la puissance brésilienne

- Le **Brésil s'affirme toujours davantage** à l'échelle régionale et mondiale, recevant par exemple, en 2011, 43,8 % des investissements directs étrangers en Amérique latine (soit 66 milliards contre 19,4 milliards pour le Mexique, situé au deuxième rang). Son rôle diplomatique régional tend à croître, et, signe de sa puissance, certains commencent à parler en Afrique d'un néocolonialisme et de tensions croissantes avec la Chine.

- Pourtant, dans le même temps, on constate certaines difficultés qui fragilisent la société et l'économie brésiliennes. En dépit du programme *Bolsa Familia* (aide financière attribuée aux familles dont le revenu mensuel par tête est inférieur à 47 euros) lancé en 2003, la très grande pauvreté (moins de 23 euros de revenu mensuel par tête) demeure, d'où le lancement de *Brasil sem miseria*, qui a pour objectif de sortir 800 000 familles de cette situation. La chute des cours des matières premières, qui jouent un rôle de premier plan dans l'économie et les échanges, s'est traduite par une baisse de 35 % de l'excédent commercial du Brésil en 2012, d'autant que le pays montre une faiblesse de compétitivité et de productivité à l'échelle mondiale. Cependant, ses richesses naturelles et la possibilité de réformes, ainsi qu'une meilleure intégration à l'économie mondiale, laissent envisager **des perspectives encourageantes**, même si les taux de croissance attendus pour 2014 et 2015 sont relativement faibles, respectivement 0,2 % et 0,8 %.

III. Les dynamiques territoriales au Brésil et aux États-Unis : facteurs et reflets de la puissance

1. Des dynamiques communes liées à la mondialisation

a. Le poids de la métropolisation et des métropoles*

- L'insertion des États-Unis et du Brésil dans la mondialisation incarne la **puissance des métropoles**, dont certaines, comme New York (voir le chapitre 4), sont des hauts lieux de la mondialisation. Celles-ci regroupent les principales infrastructures de communication, les centres de commandements politiques et économiques, les lieux de formation les plus prestigieux et sont des foyers de peuplement importants.

- Aux États-Unis, les métropoles les plus importantes entretiennent entre elles des relations intenses et dessinent des conurbations plus au moins continues, au point de former des mégalopoles sur le « modèle » de la Mégalopolis définie par Jean Gottmann pour désigner l'ensemble Boston-New York-Philadelphie-Baltimore-Washington DC. Forte de deux métropoles de rang mondial, New York et Washington D.C., cet ensemble regroupe près du cinquième de la population du pays. Il offre la plus forte concentration de sièges sociaux, d'universités de renommée internationale et d'équipements culturels. Cette concentration ne doit cependant pas faire oublier la mégalopole de la côte pacifique (entre San Diego et Los Angeles) ou celle des Grands Lacs.

- Au Brésil, qui compte une dizaine de villes millionnaires, le nombre de métropoles exerçant un rôle à l'échelle mondiale et régionale est plus limité. Même si son poids relatif et son aire d'influence tendent à décliner depuis le milieu des années 1980, São Paulo, qui compte près de 20 millions d'habitants, constitue de loin la première interface du pays avec le reste du monde. L'ensemble Rio-Belo Horizonte joue aussi un rôle important, tout comme Brasília, capitale créée ex nihilo au début des années 1960. Cette dernière compte désormais 2,5 millions d'habitants, elle est la capitale politique et devient un hub* aérien majeur, au moins à l'échelle du Brésil.

- La population tend à se concentrer de manière croissante dans ces métropoles. Les inégalités territoriales sont fortes entre ces dernières et le reste du territoire, mais aussi au sein de ces espaces métropolitains marqués par des écarts de richesses importants, comme en témoignent les favellas qui jouxtent des lotissements fermés de luxe dans la plupart des métropoles brésiliennes (voir le sujet d'approfondissement p. 505).

b. Un peuplement à partir du littoral pour exploiter les ressources naturelles : des dynamiques de front pionnier*

- Une carte des densités montre, tant aux États-Unis qu'au Brésil, une **répartition très inégale de la population, beaucoup plus nombreuse sur les côtes**, même si des axes de pénétration et des centres secondaires sont présents à l'intérieur des terres, notamment au Brésil où les fronts pionniers sont actifs.

- Cela est largement le fruit d'un peuplement qui s'est fait à partir des côtes (principalement atlantiques) et qui a progressé vers l'intérieur des terres au fur et à mesure de la nécessité d'**exploiter des ressources naturelles** et grâce à la **maîtrise des modes de transports**. Ce sont ces ressources qui ont assuré ou qui assurent une partie de leur puissance aux États-Unis et au Brésil. Mais alors que le peuplement est assez largement achevé aux États-Unis (où l'on assiste surtout à un mouvement d'étalement urbain, ou *urban spawl*), il se poursuit au Brésil parallèlement au développement de la culture du soja. Comme le souligne le géographe Hervé Théry dans un entretien consacré aux villes, « l'intérieur est un territoire inachevé et le réseau urbain aussi est inachevé. Des capitales d'État se créent comme Palmas, en 1989, qui relèvent d'initiatives publiques. Pour le reste, ce sont des villes qui relèvent d'initiatives privées. Généralement, ce sont des lotissements avec des terres, puis on crée des routes. C'est comme dans le jeu vidéo *SimCity*, mais en vrai. On trace, on ouvre, on attend et puis si des gens s'installent, la ville prospère. » La maîtrise du territoire est en effet fort différente entre les États-Unis et le Brésil, même si dans les pays existe une organisation de type centre(s)-périphérie(s).

2. Les États-Unis : un territoire maîtrisé

Le territoire états-unien (9,9 millions de km^2) est entièrement mis en valeur : ses différents atouts sont au service de la puissance du pays.

a. Le Nord-Est : le cœur politique, économique et culturel du pays

Dominé par la **Mégalopolis** mais s'étendant aussi le long des rives des Grands Lacs, cet espace est le foyer de peuplement le plus ancien, celui à partir duquel s'est organisée la mise en valeur du pays. Il constitue **une interface majeure** et structure une grande partie des réseaux de transports. Même si des métropoles comme Detroit, jadis symbole de la puissance de l'industrie automobile américaine, sont en crise, voire en faillite, cet espace **conserve une position prééminente à l'échelle du pays et du monde**. Dominé par les fonctions tertiaire et secondaire, il abrite la capitale fédérale, les sièges de l'ONU, de la Banque mondiale, du FMI et d'un grand nombre de firmes transnationales, les plus grandes bourses de la planète, les universités de l'Ivy League (dont Harvard et Yale), le M.I.T. (Massachusetts Institute of Technology), la route 128 (axe qui contourne Boston et où se trouve une des plus importantes concentrations mondiale de laboratoires liés à l'informatique, aux biotechnologies, etc.), mais aussi Broadway à New York et des musées de renom comme le Art Institute of Chicago ou le Metropolitan Museum of Art de New York.

b. Un croissant périphérique très dynamique

S'étendant de la Caroline du Nord à l'État de Washington au nord-ouest, cet espace périphérique (littoral et frontalier) est plus vaste que la *Sun Belt*, qui s'étend de la Floride à la Californie. Il est caractérisé par **une forte croissance démographique** alimentée par les migrations internationales et nationales et des taux de natalité relativement forts, qui génèrent une urbanisation et une métropolisation élevées. Il est également marqué par **une croissance économique qui repose sur les nouvelles technologies et les industries de pointe** (informatique aéronautique, aérospatiale, etc.), la finance, le cinéma (Hollywood) et le tourisme.

La prospérité d'ensemble ne doit cependant pas cacher des inégalités régionales et locales très importantes y compris dans les grands centres urbains. Ainsi, à San José, et de manière croissante à San Francisco, les cadres de la Silicon Valley, au pouvoir d'achat élevé, excluent progressivement les populations les moins aisées de certains quartiers d'habitation : la gentrification est à l'œuvre.

c. L'intérieur, un espace de production et de nature au service de la puissance

- L'intérieur des États-Unis est à la fois un **vaste espace de production agricole et minière**. Le grenier à blé et les grandes zones d'élevage des États-Unis se situent dans les Grandes Plaines et sur les contreforts des montagnes Rocheuses, tout comme d'importants gisements d'hydrocarbures (certes moindres que ceux de l'Alaska) et de gaz de schiste. Une partie de ces ressources n'est cependant pas exploitée pour des raisons stratégiques : les États-Unis les préservent si jamais ils devaient limiter leurs importations.

- C'est aussi dans cet espace que se trouvent les parcs nationaux parmi les plus importants du pays, à l'image du Yellowstone. Ils font partie de l'identité nationale états-unienne et sont de hauts lieux touristiques.

- Dans cet espace, les infrastructures de transport transcontinentales sont largement présentes, tout comme quelques grandes métropoles qui organisent un vaste espace régional, à l'image de Salt Lake City ou de Denver.

3. Le Brésil : des dynamiques territoriales de conquête encore très inégales

Le Brésil, pays le plus vaste d'Amérique latine (8,5 millions de km^2), offre des dynamiques territoriales très contrastées entre un centre toujours plus puissant et des périphéries plus ou moins mises en valeur. Au sein de chaque espace, les contrastes de richesse sont très importants.

a. La centralité du Sudeste

- La plupart de la **population et de la richesse se concentrent dans le sud du pays**, dans les grandes métropoles de São Paulo, Rio de Janeiro et Belo Horizonte, auxquelles s'ajoute plus à l'ouest la capitale, Brasília, située dans le District fédéral. Le **Sudeste** représente 42 % de la population du Brésil, 55 % du PIB et 60 % des exportations. C'est là que se rassemblent les **centres de commandement et les principales industries, d'où partent les principaux flux** d'investissements et les infrastructures de conquête du territoire. C'est également vers cette zone que **se dirigent les flux de migrants ruraux et de matières premières**.

- Au sein de cet ensemble, **São Paulo** joue un rôle de premier plan : c'est le plus grand parc industriel de l'hémisphère sud. Le PIB de São Paulo était en 2010 de 547 milliards de dollars (soit 33 % de celui du Brésil). Si Brasília est le principal hub aérien intérieur, São Paulo abrite le premier aéroport du Brésil pour le nombre de passagers et le fret, et est la première interface du Brésil avec l'extérieur. Le Sudeste, et notamment ses grandes métropoles, tire une partie de sa richesse et de sa puissance de l'exploitation des périphéries.

b. Des fronts pionniers actifs au service des centres

- Le Brésil dispose d'**énormes réserves foncières**, notamment de terres arables. Cela permet un **développement agricole mais aussi minier** important. Cela suppose cependant de rendre ces terres et ces gisements accessibles, ce qui oblige à **construire des infrastructures** d'accès, notamment des routes, et à développer le peuplement et la mise en valeur. Les **fronts pionniers** sont ainsi nombreux et actifs, notamment dans la région du Mato Grosso où progressent les cultures de soja (voir le sujet 3). Le développement s'est fait progressivement à partir du sud-ouest.

- Cependant, cette **mise en valeur des espaces est assez peu compatible avec les enjeux du développement durable***, qu'il s'agisse des aspects sociaux ou environnementaux. Une partie de la mise en culture conduit au défrichement de la forêt amazonienne. L'approvisionnement énergétique se fait par l'intermédiaire de grands barrages, à l'image de celui de Belo Monte dont le coût environnemental et social est élevé. À cela s'ajoutent l'exploitation du charbon de bois et le défrichement, souvent assurés par des travailleurs dont les conditions de travail s'apparentent à de l'esclavage. Les débats ne concernent pas que le Brésil, car la forêt amazonienne est considérée, notamment par certaines associations environnementales comme Greenpeace, comme un bien public mondial. Par ailleurs, l'Organisation internationale du travail collabore notamment avec le ministère fédéral de l'Emploi et du Travail pour faire reculer les pratiques esclavagistes.

c. Des régions en crise

Le **Nordeste reste en marge de ce développement**. Après avoir connu une croissance précoce au XIXe siècle, cette région ne s'est jamais remise du déclin du cycle de la canne à sucre. Elle concentre 28 % de la population mais ne représente que 13 % du PIB. Elle reste à l'écart des grands mouvements d'intégration et de développement économique et est peu ouverte sur le monde.

REPÈRES

Données clés

Brésil et États-Unis : des puissances inégales.
(Le rang mondial est donné entre crochets.)

Données	États-Unis	Brésil
Superficie (millions de km^2)	9,9 [3e]	8,5 [5e]
Population (millions d'habitants, 2014)	318 [4e]	202 [6e]
PIB PPA (milliards de dollars, 2013)	16 800 [1er]	3 012 [8e]
PIB/hab. PPA (dollars, 2013)	52 800 [14e]	12 100 [105e]
Part du PIB consacrée à la défense (2012)	4,35 [9e]	1,47 [64e]
Population des trois principales agglomérations (millions d'habitants, 2013)	New York : 19,9 Los Angeles : 13,1 Chicago : 9,5	São Paulo : 20,8 Rio de Janeiro : 12 Belo Horizonte : 5,1
Réseau routier (millions de km)	6,6 [1er]	1,6 [4e]
Nombre de firmes transnationales parmi les 500 premières mondiales (2013)	128	7
Trafic de l'aéroport le plus important (millions de passagers, 2012)	Harstfield-Jackson Atlanta International Airport : 95,5	Guarulhos, São Paulo : 32,7 (les deux autres aéroports de l'agglomération ont accueilli 25 millions de passagers)
Trafic du premier port de conteneurs (en millions d'EVP)	Los Angeles/Long Beach : 14	Santos : 3

Bibliographie et sitographie

- Géopolitique du Brésil, *Carto* n° 23, mai-juin 2014
- GHORRA-GOBIN C., POIRET G., *États-Unis/Canada. Regards croisés*, La Documentation photographique n° 8092, Paris, 2013
- CARROUÉ L., RUIZ C., *Les Amériques*, Bréal, Paris, 2014
- LACROIX L., PERRIER-BRUSLÉ L., « La frontière boliviano-paraguayenne : des contentieux historiques aux dynamiques d'intégration énergétiques », *CERISCOPE Frontières*, 2011. **http://ceriscope.sciences-po.fr**
- THÉRY H., *Le Brésil, pays émergé*, A. Colin, Paris, 2014
- THÉRY H., « Les villes brésiliennes, des villes émergées ? », *Urbanités*, 2014. **www.revue-urbanites.fr**

MÉTHODES ET STRATÉGIES

1 Construire la légende d'un schéma

Les dynamiques territoriales du Brésil

> Voir la méthode générale de réalisation d'un schéma en annexe (p. 520).
> Voir le sujet 2 du chapitre 14.

Analyser le sujet

- **Repérer et définir les termes importants du sujet ainsi que leur mise en relation.** Le terme « dynamiques », formulé au pluriel, invite à s'intéresser à la fois à ce qui existe mais aussi à ce qui se dessine, aux évolutions contemporaines. Le pluriel doit conduire à souligner la diversité des dynamiques territoriales au Brésil. Le propos doit permettre de comprendre comment le territoire est organisé, quelles en sont les lignes de force et d'identifier les faiblesses, les zones en croissance et les zones en déclin.
- **Définir les limites géographiques du sujet.** Les limites spatiales du sujet ne posent guère de problème. Cependant, il est possible de montrer les dynamiques de conquête en dehors des frontières du pays, vers le Paraguay par exemple.
- **Dégager la problématique de travail du sujet.** À partir de la définition des termes du sujet et pour vous aider à établir le fil directeur de la légende, il est utile d'établir une problématique, qui pourrait être : « Quelles sont les recompositions territoriales du Brésil, puissance émergente au sein de la mondialisation contemporaine ? »

Bâtir le plan de la légende

> Mobiliser et organiser les connaissances

- Faire une liste des éléments géographiques à représenter. Trois principaux aspects sont à faire ressortir : le poids croissant des grandes métropoles, la dynamique des fronts pionniers et la persistance des inégalités territoriales. À partir de là, il faut les détailler en tenant compte de la hiérarchie métropolitaine, des axes de communication, des avancées des fronts pionniers et de l'état de mise en valeur des terres ou encore des différents niveaux de développement et/ou de richesse.
- Construire le plan de la légende en lien avec la problématique. Le plan doit être hiérarchisé en parties et sous-parties. La légende est obligatoirement accompagnée d'un titre, qui peut reprendre l'intitulé du sujet ou donner des éléments de réponse. On peut envisager comme titre ici : « Les dynamiques territoriales du Brésil » ou « Les recompositions territoriales d'une puissance émergente ».

> Choisir les figurés appropriés

- Combiner les trois types de figurés (de surface, ponctuels, linéaires dont flèches).
- Choisir la palette graphique et la taille des figurés.

Remarque : pour un schéma d'organisation spatiale d'un territoire, le nombre de figurés peut être plus réduit et la légende moins détaillée.

SCHÉMA

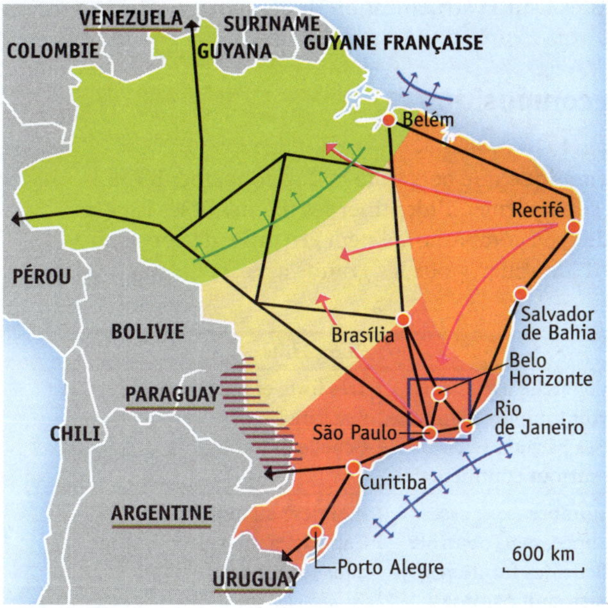

Les dynamiques territoriales contrastées du Brésil, puissance émergente

1. Les dynamiques d'une puissance émergente insérée dans l'économie mondiale...
- métropole principale
- espace moteur renforcé par la mondialisation
- interface maritime
- zone d'intégration frontalière
- PAYS pays membre du MERCOSUR

2. ...conduisent à une plus grande maîtrise du territoire...
- axe de transport principal
- flux migratoire
- front pionnier

3. ...et créent de nouveaux équilibres entre centres et périphéries
- le centre dominant : Sud et Sudeste
- région en voie d'intégration : le Centre-Ouest
- périphérie en crise : le Nordeste
- front pionnier et espace en réserve : le Nord amazonien

2 Composition sur un sujet de type comparatif

États-Unis et Brésil entre tensions et intégrations régionales

> Voir la méthode générale de la composition en annexe (p. 515).
> Voir les sujets 1 du chapitre 13 et 1 du chapitre 15.

Analyser le sujet

> Analyser les termes du sujet

Il faut définir les termes du sujet (tensions, intégrations régionales) de manière à faire ressortir les liens qui existent entre les États-Unis et le Brésil : les deux pays doivent être présentés, notamment ici la notion de puissance qui conduit les deux États à avoir un poids géopolitique important au sein du continent américain, mais suscite aussi des rivalités, tant à l'échelle continentale qu'à l'intérieur des États-Unis et du Brésil. Ce sujet invite donc à une réflexion multiscalaire qui ne se limite pas aux limites géographiques de ces deux pays.

> Dégager la problématique du sujet

– La problématique est le résultat de la définition des termes du sujet. Elle doit, pour ce sujet, montrer que les deux espaces seront traités ensemble, selon une approche thématique, mais qu'il y aura aussi un changement d'échelle.
– Un tel sujet ne doit pas être traité en dissociant les termes les uns des autres, ce qui conduirait à traiter d'une part les États-Unis et d'autre part le Brésil, en soulignant pour chacun d'eux les tensions et les intégrations.

La problématique peut être formulée ainsi : Quelles conséquences ont les rivalités de puissance entre les États-Unis et le Brésil sur la structuration du territoire américain à toutes les échelles ?

Bâtir et rédiger le plan de la composition

> Mobiliser et organiser ses idées

Pour préparer la réponse à la problématique que constitue le développement, l'utilisation des définitions des termes du sujet permet d'identifier les thèmes et les aspects à aborder. Dans le cadre d'un sujet de type comparatif, il peut être utile de construire au brouillon un tableau permettant d'identifier, pour les grands aspects du sujet, les points communs et les différences.

	Brésil	**États-Unis**
Puissance diplomatique	Forte et cherche à s'affirmer sans savoir toujours bien choisir ses partenaires. Échelle surtout continentale.	Très forte et parfois mal ressentie. Échelle mondiale.
Puissance militaire	Armée nombreuse et assez bien équipée, mais contrôle très difficile des frontières, ce qui se traduit par une immigration clandestine et des trafics, notamment de drogues. Participation croissante aux opérations de l'ONU.	Première au monde. Capacité à intervenir partout dans le monde.
Migrations	Important foyer d'immigration, principalement pour les populations issues des pays limitrophes. Migrations intérieures également massives.	Premier pôle d'accueil du continent malgré une politique très stricte de contrôle des entrées. Importantes recompositions démographiques.

Ce tableau peut être aussi plus détaillé en envisageant, par exemple, pour la puissance diplomatique : les partenaires principaux, les organisations auxquelles ils participent, le rôle qu'ils y jouent.

> Construire le plan et choisir des exemples

– Le plan doit faire ressortir les principaux éléments de réponse en soulignant les points communs et les différences entre les États-Unis et le Brésil.
– Il faut également penser à faire figurer le nom de l'exemple que vous allez développer à côté de chaque idée, ici indiqué en bleu.
– À ce stade, il est utile de rédiger les transitions.

I. Le Brésil et les États-Unis : des leaders continentaux qui fédèrent

1. Les moteurs des grandes organisations régionales : MERCOSUR et ALENA
2. Des foyers migratoires et des centres économiques : les migrations de populations et les IDE vers et depuis le Brésil

3. Des acteurs majeurs sur plan diplomatique : résorption de crises (commandement de la mission des Nations unies pour la stabilisation en Haïti assuré par le Brésil), lutte contre les trafics (l'action des États-Unis en Amérique centrale)

II. Des puissances à l'origine de tensions

1. Une rivalité entre le Brésil et les États-Unis pour la domination de l'Amérique latine : l'échec de la ZLEA

2. La résistance des autres pays : le Venezuela, l'apaisement des relations diplomatiques entre les États-Unis et Cuba conduit par contre à une diminution de la résistance de Cuba

3. Les résistances à l'hégémonie brésilienne au sein du MERCOSUR : l'Argentine

III. Des espaces nationaux inégalement marqués par ces dynamiques

1. L'importance des espaces frontaliers : la frontière États-Unis/Mexique

2. Des métropoles qui témoignent de l'intégration : New York

3. De vastes espaces à l'écart ou peu concernés : les montagnes Rocheuses

> Insérer un schéma

Dans la mesure du possible, il est recommandé d'insérer un schéma dans la composition. Cela pourrait ici être celui de la frontière États-Unis/Mexique ou encore un schéma des principaux flux migratoires sur le continent.

SUJETS DE TYPE BAC

1 Composition

120' (S)
150' (L, ES)

Les dynamiques territoriales des États-Unis et du Brésil

> Voir la méthode générale de la composition en annexe (p. 515).

> Voir les méthodes et stratégies 2 du chapitre 13 et 2 du chapitre 14.

2 Composition

120' (S)
150' (L, ES)

Les Amériques, entre tensions et intégrations

> Voir la méthode générale de la composition en annexe (p. 515).

> Voir les méthodes et stratégies 2 du chapitre 13 et 2 du chapitre 14.

3 Étude critique de deux documents – Le Brésil : une grande puissance agricole ?

60' (S)
90' (L, ES)

Après avoir présenté les documents, vous mettrez en évidence et expliquerez les éléments qui font du Brésil une grande puissance agricole, qui est cependant fragile.

> Voir la méthode générale de l'étude critique de documents en annexe (p. 518).

> Voir les méthodes et stratégies 1 du chapitre 14 et 2 du chapitre 15.

DOC. 1 Culture du soja dans le Mato Grosso, principalement destiné à l'exportation.

DOC. 2 Défrichement pour l'élevage en Amazonie : les avancées du front pionnier.

CORRIGÉS

1 Composition – Les dynamiques territoriales des États-Unis et du Brésil

[Introduction]

Les États-Unis et le Brésil sont à la fois parmi les pays les plus vastes du continent américain et parmi les plus puissants d'un espace mondial globalisé et multipolaire. Parallèlement, leurs territoires sont en constantes recompositions, comme en témoignent les appellations, d'ailleurs aujourd'hui remises en cause, de *Rust Belt* et de *Sun Belt* pour les États-Unis, ou l'importance accordée aux fronts pionniers au Brésil. Les dynamiques territoriales sont très nombreuses à l'échelle nationale. Les manières dont les territoires des États-Unis et du Brésil sont mis en valeur évoluent sous l'influence et au service de la puissance de ces pays. Sont-elles pour autant comparables, entre d'un côté la première puissance mondiale et, de l'autre, l'un des principaux pays émergents ? On peut en effet s'interroger sur les manières dont les territoires des États-Unis et du Brésil sont mis en valeur et évoluent en parallèle et au bénéfice de la puissance de ces pays. Si ces deux pays disposent d'atouts territoriaux indéniables, ils sont inégalement maîtrisés en raison de leur histoire propre et de politiques inégales, ce qui amène à distinguer des centres, des périphéries et des marges au sein de leur territoire.

[I. De vastes pays aux atouts territoriaux valorisés]

L'immensité de ces pays leur confère des atouts non négligeables qu'il convient de rendre accessibles. Cela se traduit par des évolutions importantes.

[1. Deux pays très vastes aux forts potentiels]

Les États-Unis et le Brésil sont, après le Canada, **les deux plus vastes pays du continent américain** : ils s'étendent respectivement sur 9,3 et 8,5 millions de km^2. Si cette immensité constitue un défi en termes de contrôle et de mise en valeur, elle représente surtout un important potentiel sur lequel s'appuie la puissance de ces deux pays. Non seulement les **surfaces agricoles utiles sont vastes** (environ 340 millions d'hectares dans les deux cas, soit près de trois fois la SAU de la Chine), mais elles présentent aussi des caractéristiques variées en raison de la diversité des climats et de la nature des sols, qui permettent des productions aussi différentes que celles du coton, du blé, du soja ou de bœufs. De plus, l'importance des superficies rend possibles des cultures extensives, dont les coûts de production sont souvent faibles et qui facilitent les exportations. Tous les espaces ne sont d'ailleurs pas mis en valeur, à l'instar de vastes superficies du Dakota du Sud aux États-Unis qui pourraient être utilisées pour l'élevage.

Ces espaces abritent aussi d'**importants gisements de minerais et d'hydrocarbures ainsi que des ressources hydrauliques importantes**. Le Brésil dispose ainsi de la deuxième plus importante centrale hydroélectrique du monde. Articulée au barrage d'Itaipu, sur le Río Paraná, elle a produit 22 % de l'énergie électrique consommée par le Brésil en 2012. Au total, les quelque 800 centrales hydrauliques du Brésil assurent 13 % de la production énergétique du pays. Le potentiel hydroélectrique reste très important. Cependant, ce potentiel est de plus en plus éloigné des grands centres de consommation, ce qui pose des problèmes techniques et financiers pour acheminer l'électricité par des lignes à très haute tension sur des distances toujours plus longues. **Le Brésil mise aussi sur la production des agrocarburants** (19 % de l'énergie produite au Brésil), notamment l'éthanol à partir de la canne à sucre, dont le pays est le premier producteur mondial. Les **États-Unis** connaissent quant à eux une croissance économique marquée qui repose en partie sur l'**exploitation du gaz de schiste**, qui leur permet de réduire leurs coûts d'approvisionnement énergétique.

Les États-Unis et le Brésil sont également parmi les pays les plus peuplés du monde, respectivement aux troisième et cinquième rangs mondiaux. Les États-Unis comptent près de 322 millions d'habitants et le Brésil près de 202 millions. Ces deux pays disposent donc à la fois d'une main-d'œuvre importante et de consommateurs nombreux. Il faut certes éduquer et former la population, ce qui constitue encore un défi important pour le Brésil. Les États-Unis présentent la plus grande concentration d'universités prestigieuses (Harvard, MIT, Stanford entre autres) et attirent des chercheurs du monde entier, ce qui est favorable au développement de l'innovation et contribue à la puissance économique. Les faibles densités de population – 22 hab./km^2 au Brésil et 31 hab./km^2 aux États-Unis – ne traduisent cependant que très imparfaitement la répartition de la population, qui est loin d'être homogène. Si les densités sont élevées, voire très élevées sur les côtes, elles ont tendance à être faibles, voire très faibles, à l'intérieur des terres, notamment dans les Rocheuses, en Alaska ou en Amazonie. Les conditions climatiques peuvent certes être difficiles, mais ces marges de l'œkoumène (partie de l'espace terrestre mise en valeur par les hommes) permettent aussi d'envisager des recompositions territoriales importantes selon les besoins de l'économie.

[2. Des réseaux de transports inégalement développés, fruits et reflets de ces potentiels]

Ces potentiels sont en partie exploités grâce aux réseaux de transport qui les rendent accessibles. Cependant, ceux-ci sont inégaux, reflétant le niveau de développement du pays.

Les réseaux de transports sont très inégalement développés aux États-Unis, qu'il s'agisse de la route, du rail, de l'avion ou des tubes pour les hydrocarbures. Cependant, si le maillage est inégal, l'ensemble du territoire est accessible et est même très bien desservi dans les zones où le peuplement est le plus dense. Si les métropoles constituent d'importants nœuds de communication, notamment pour le réseau aérien (hubs aériens d'Atlanta ou de Chicago), la présence des grandes voies est-ouest permet de connecter les différentes parties du pays et, surtout, de mettre en relation les côtes atlantique et pacifique. Les réseaux méridiens sont eux surtout présents de part et d'autres des frontières pour permettre notamment les importations de matières premières, à l'image des oléoducs et des gazoducs qui unissent le Canada et les États-Unis.

La route est, néanmoins, le seul réseau qui soit réellement développé sur l'ensemble du territoire. Qu'il s'agisse des grandes autoroutes inter-États, dont le financement a été en partie assuré par l'État fédéral, ou des voies beaucoup plus modestes (qui ne sont d'ailleurs pas toujours asphaltées), le réseau s'étend sur plus de 6 millions de kilomètres, ce qui en fait l'un des plus longs du monde ; il permet aux États-Unis d'être le pays dont la densité de routes est la plus élevée d'Amérique, ce qui facilite la maîtrise du territoire.

Le Brésil dispose, quant à lui, d'importants réseaux de transports, mais ils sont très en retrait par rapport à ceux des États-Unis. La densité du réseau routier est ainsi, en 2011, de 54 km/100 km^2 au Brésil contre 67 km/100 km^2 aux États-Unis. Si les grandes métropoles (São Paulo, Rio de Janeiro, Belo Horizonte ou Brasília) disposent d'importants réseaux autoroutiers, il n'existe pas d'autoroute unissant les différentes parties du pays. **Le maillage du réseau routier est donc très inégal selon les régions.**

À cela s'ajoute un réseau aérien dont les nœuds sont aussi les principales métropoles et des réseaux ferroviaire et fluvial assez modestes eu égard à la superficie du pays. Néanmoins, depuis les années 1970, les gouvernements brésiliens successifs ont cherché à développer fortement les transports, ce qui explique une **croissance d'environ 300 % du réseau autoroutier au cours des vingt dernières années.**

Les réseaux de transports rendent compte des **inégales maîtrises du territoire et puissances des États-Unis et du Brésil. Aux États-Unis**, en dépit de l'immensité et des contraintes naturelles qui peuvent être fortes (fortes pentes, conditions climatiques extrêmes qu'il s'agisse de la sécheresse dans les déserts du Nevada ou du froid en Alaska), **le territoire est entièrement maîtrisé et les frontières sont contrôlées.** Certes, certaines parties ne sont pas mises en valeur, mais cela relève surtout d'un choix afin de préserver des réserves stratégiques ou du fait d'un manque de rentabilité économique. À l'inverse, **au Brésil, une large partie du territoire,** notamment le Nord et le Nord-Ouest, **est peu contrôlée et reste à mettre en valeur**. Le potentiel électrique n'est encore que modérément utilisé et l'exploitation de la forêt amazonienne, sujet fort sensible, reste réduit. Les capitaux manquent et les distances ne sont pas encore totalement maîtrisées, même si les choses évoluent parallèlement à l'émergence du pays.

[3. Des recompositions territoriales plus ou moins encadrées]

Au Brésil, l'aménagement du territoire est le fruit à la fois d'un volontarisme politique fort et d'initiatives privées. Cela s'est traduit par l'**aménagement d'une capitale, Brasília, créée ex-nihilo à l'intérieur des terres** au début des années 1960, mais surtout par un important programme routier en direction de l'Amazonie. La **Transamazonienne** est ainsi lancée dans les années 1970 pour unir l'Atlantique aux zones reculées du Brésil et au Pérou, et ainsi développer le pays. Cet axe, qui n'est souvent qu'un ruban de terre, correspond à un projet d'aménagement et de mise en valeur, car, dans les premières décennies, le gouvernement distribuait à ceux qui s'engageaient à les exploiter des parcelles de 50 km de part et d'autre de la route. Les résultats ont été inégaux : ces terres n'étaient pas toujours de grande valeur et les propriétaires/exploitants n'avaient pas toujours les moyens et/ou les compétences pour les mettre en valeur. Dans le même temps, cette action a été critiquée, car elle a conduit à une très forte déforestation. À cette dynamique s'ajoute celle des **fronts pionniers agricoles** qui, depuis le sud-est du pays, se traduisent par une mise en valeur croissante de la région du Mato Grosso au profit de la culture du soja. Si les fronts pionniers, que l'on peut définir comme l'intégration d'espaces vierges dans le territoire national, sont encore très nombreux, ce processus n'existe plus guère aux États-Unis, même en Alaska.

En revanche, aux États-Unis comme au Brésil, on constate une **importante métropolisation**. Les populations et les activités économiques les plus rentables (notamment le tertiaire supérieur) se concentrent dans les agglomérations les plus grandes comme New York ou São Paulo (voir le chapitre 12). Elles concentrent dès lors les pouvoirs de décision et voient leur morphologie évoluer. Elles sont de plus en plus étendues, avec une répartition assez distincte des fonctions et une hiérarchie sociale forte qui, à Rio, se traduit par la coexistence de favelas et des immeubles huppés de Copacabana souvent situés dans des lotissements fermés et gardés (*condominios fechados*). Ces métropoles entretiennent entre elles de fortes relations et sont tellement étendues qu'elles donnent naissance à des conurbations. C'est le cas de la Mégalopolis qui s'étend de Boston à Washington et qui concentre le cœur économique et politique de la première puissance mondiale ainsi qu'une grande partie des activités de recherche.

[II. Les dynamiques territoriales actuelles, fruits de l'histoire, de la géographie et des politiques de mise en valeur]

[1. Des pays peuplés de l'extérieur]

Les États-Unis et le Brésil ont été largement peuplés à partir de **mouvements migratoires venus de l'extérieur**. S'ils existent toujours, ces mouvements tendent à diminuer. Dans ces deux pays, les principaux foyers de peuplement sont, par excellence, les foyers d'accueil des nouveaux migrants. Ces foyers se constituent autour de la présence de communautés étrangères importantes et/ou de la proximité géographique relative avec les pays émetteurs. Les inégales densités de population reflètent également l'histoire du peuplement de ces deux pays neufs, avec, aux États-Unis, des densités plus élevées le long des côtes (elles sont globalement plus élevées à l'est du Mississippi qu'à l'ouest). L'inégale ancienneté du peuplement est enfin perceptible dans les fonctions présentes dans les têtes du réseau urbain : si les métropoles de la Mégalopolis concentrent les sièges du commandement économique, financier et politique, les métropoles de la côte ouest, San Francisco, Los Angeles ou Seattle par exemple, sont les principaux lieux de l'innovation.

Parallèlement, **les populations des États-Unis et du Brésil sont en croissance et jeunes**, surtout au Brésil. L'âge médian est ainsi de 30,7 ans au Brésil, où 40 % de la population a moins de 25 ans, et de 37,6 ans aux États-Unis (33 % de la population a moins de 25 ans). Les dynamiques issues de l'immigration se traduisent non seulement par une croissance de la population, mais aussi par un **brassage culturel** qui contribue à ouvrir encore davantage ces deux pays sur le continent américain et sur le reste du monde.

[2. Une mise en valeur ancienne et progressive pour exploiter les ressources]

Les États-Unis comme le Brésil se sont développés **en exploitant de nouvelles terres**, qu'il s'agisse de la conquête de l'Ouest pour les États-Unis (ou de la ruée vers l'or en Alaska) ou celle de l'Amazonie pour le Brésil. Cela leur a procuré des ressources supplémentaires qui ont justifié la mise en valeur de ces espaces jusqu'alors inexplorés. La progression du peuplement à partir des bouches de l'Amazone, où s'établissent d'abord les Portugais, vers le sud-est, a été parallèle à l'extension de la culture du sucre, puis à la recherche de l'or, à la culture du café et à celle du caoutchouc. Aujourd'hui, c'est à partir des grandes métropoles que se fait le développement en direction, désormais, du nord-ouest.

Ces **mises en culture sont cependant assez largement contestées** à l'heure actuelle **au nom du développement durable**. Sur le plan environnemental, elles se traduisent au Brésil par un défrichement massif de l'une des plus importantes forêts du monde, la forêt amazonienne, qui joue un rôle majeur dans l'équilibre du climat à l'échelle mondiale. Certains avancent qu'il faut bien nourrir les hommes, mais une large partie du soja cultivé est destiné à la production d'agrocarburants, dont le bilan carbone final est discuté en raison des intrants mécaniques et chimiques nécessaires à sa production. Sur le plan social, les conditions de travail des salariés agricoles sont extrêmement défavorables : salaires faibles, exposition à des produits chimiques, horaires de travail très longs, etc. Dans le domaine de l'hydroélectricité, le barrage d'Itaipu s'est traduit par le déplacement de près de 20 000 personnes, la disparition de la cascade des Sept Chutes, l'une des plus puissantes du monde, et la destruction de l'habitat de milliers d'espèces (le territoire englouti a une surface comparable à celle de la Guadeloupe). Cependant, il reste une source importante de richesses pour le Brésil.

Les États-Unis connaissent aujourd'hui un spectaculaire redressement de leur économie en large partie lié à l'**exploitation du gaz de schiste**, qui leur permet de disposer d'une énergie à faible coût, et donc de réduire leurs coûts de production, notamment industriels.

La maîtrise des techniques et du territoire permet, renforce et reflète l'affirmation de ces États sur le plan économique et/ou stratégique. La mise en valeur de l'Alaska a permis aux États-Unis à la fois de disposer d'importantes ressources sur le plan énergétique tout en constituant un atout important sur le plan militaire lors de la guerre froide. Le Brésil est devenu la « ferme du monde » grâce à l'exploitation de ses atouts agricoles : de nombreuses sociétés investissent au Brésil pour tirer parti de ses ressources naturelles, mais aussi pour s'implanter sur ce marché émergent.

Les dynamiques observées, actuelles ou plus anciennes, ne sont cependant pas présentes de façon similaire sur l'ensemble des territoires de ces deux pays.

[III. Des centres et des périphéries en recomposition]

Ainsi, si certaines parties du territoire national concentrent les fonctions de commandement, d'autres restent à l'écart. La croissance économique n'est pas géographiquement répartie de manière homogène, de même que les fondements du développement (métropoles, grands axes de transports, etc.). Cela conduit à distinguer, aussi bien aux États-Unis qu'au Brésil, des centres, des périphéries intégrées et des fronts pionniers et des espaces de nature. Le propos se limitera ici à l'échelle nationale, mais la dynamique centre/périphérie existe à plusieurs échelles.

[1. Le rôle majeur des centralités métropolitaines]

Les métropoles sont ainsi les centres de ces deux territoires. C'est à partir d'elles que s'organisent toutes les dynamiques territoriales. Elles sont les **lieux de la prise de décision, de l'innovation, des principaux marchés et les nœuds principaux des réseaux de transports**. Elles sont également les plus importants foyers de peuplement et de formation scolaire et universitaire. Ainsi, l'agglomération de São Paulo réunit près de 20 millions d'habitants, soit près d'un dixième de la population brésilienne sur moins d'un millième du territoire. Elle accueille plus des deux-tiers des opérations financières du Brésil et abrite la plus importante bourse du pays. Elle constitue l'élément essentiel de l'État de São Paulo, qui joue un rôle majeur à l'échelle nationale. Il représente près du tiers de la consommation, la moitié de la production industrielle du pays, accueille 50 % de la recherche scientifique et la moitié des sièges des 500 plus grandes entreprises brésiliennes. L'industrie agroalimentaire y est particulièrement développée. Cela a un impact important sur l'activité agricole nationale et se traduit par l'importance du réseau routier entre São Paulo et le reste du pays. C'est également là que se situe le premier aéroport du Brésil (pour les vols internationaux et les vols intérieurs). **Les métropoles sont les principales interfaces et points d'ancrage dans la mondialisation.**

Ces métropoles sont aussi le reflet des dynamiques de leur pays. Ainsi, la population de la ville de São Paulo (voir le sujet d'approfondissement p. 505) a doublé entre 1966 et 2010. Elle abrite aujourd'hui un grand nombre de millionnaires (et la deuxième flotte d'hélicoptères du monde, les très riches préférant se déplacer ainsi plutôt que d'affronter la congestion automobile). Cependant, c'est aussi une ville qui abrite plus de 600 favelas, dont Paraisópolis (« ville du paradis ») qui compte plus de 100 000 habitants et qui jouxte des complexes résidentiels de luxe (dont le Paço dos Reis, le « palais des Rois »). Ces métropoles associent en leur sein centres riches et périphéries aux dynamiques inégales. L'agglomération de São Paulo attire des populations de l'ensemble du Brésil, notamment du Nordeste pauvre, mais elle est aussi à l'origine de flux vers les autres États du Brésil, qu'il s'agisse d'un mouvement de retour de migrants (qui choisissent de revenir d'où ils sont partis faute d'avoir trouvé ce qu'ils cherchaient dans la métropole) ou d'un mouvement de conquête des territoires. Ces dynamiques démographiques sont à l'origine d'un **très fort étalement urbain**, les plus pauvres quittant le centre pour y trouver un logement moins cher, tandis que les classes moyennes et supérieures viennent chercher dans le périurbain des logements plus spacieux à l'écart des dégradations environnementales et de la violence urbaine : de grands lotissements gardés situés près des axes routiers majeurs voient ainsi le jour.

[2. Des périphéries intégrées]

Les périphéries sont sous l'influence des centres, dont elles alimentent la puissance : elles accueillent les activités qui n'ont plus de place dans les centres et/ou elles fournissent des ressources et/ou de la main-d'œuvre. Ce sont des **espaces où la croissance économique et/ou démographique est forte**. Ainsi, même si Miami est un centre de première importance pour la région Caraïbe, l'État de Floride peut être considéré comme la périphérie touristique et économique de la Mégalopolis du nord-est américain. Son développement touristique a été assuré par des magnats de la finance du Nord-Est (Vanderbilt, Rockefeller…) ; elle accueille aujourd'hui principalement des touristes venant des métropoles du nord-est du pays (les Canadiens et les Européens sont également nombreux), attirés par la douceur de ses hivers et ses équipements, comme le Walt Disney World Resort à Orlando. Son développement industriel orienté vers les hautes technologies et l'aérospatiale (Space Coast) est le fruit de décisions prises à Washington et à New York, tandis que sa production agricole, dominée par les agrumes et les crevettes, est exportée dans l'ensemble des États-Unis.

Au Brésil, l'État du Mato Grosso do Sul, couvert de savanes arborées (les *cerrados*), est devenu une périphérie intégrée à partir des années 1970, lorsque les *cerrados* ont été défrichées au profit de la culture du soja à partir du sud du pays. Des axes routiers ont été construits pour évacuer la production et l'exporter dans le monde via le port de Paranaguá.

[3. Des fronts pionniers et des espaces de nature préservés]

Au Brésil, il existe des zones animées par des **dynamiques d'intégration nouvelles**, à l'image du Mato Grosso où les fronts pionnier atteignent à présent la forêt amazonienne. Ils s'organisent à partir des axes routiers, de part et d'autre desquels la forêt est progressivement défrichée. Au Mato Grosso, plus de 2 000 km séparent désormais ces zones du port de Paranaguá, principal débouché des productions forestières et agricoles. Cela procure une petite exploitation aux paysans sans terre, mais ceux-ci ne parviennent pas toujours à la conserver, faute de moyens et, parfois, de titres de propriété réguliers. Dans ces espaces nouvellement mis en valeur, les infrastructures de santé et les écoles manquent, tandis que la sécurité des populations n'est pas assurée. De plus, l'avancée des fronts pionniers pose la question de la **préservation de la forêt amazonienne** et des modes de vie des Indiens.

Les États-Unis ont quant à eux choisi de laisser à l'écart du développement de vastes espaces, à l'image du Yellowstone (premier parc national créé au monde, en 1872, couvrant 8 900 km^2). Les activités économiques (exploitation des ressources naturelles, agriculture, tourisme) y sont autorisées, mais étroitement contrôlées, afin de limiter la mise en valeur et maintenir un tourisme respectueux de la nature. La confrontation de l'homme avec la nature est en effet au cœur de l'identité américaine : chacun doit pouvoir se confronter à la majesté de celle-ci, ce qui laisse de nombreux espaces à l'écart des dynamiques territoriales prédatrices, même s'ils sont étroitement associés à la mise en valeur touristique du territoire et font partie de sa puissance et de son attractivité.

[Conclusion]

Les dynamiques territoriales aux États-Unis et au Brésil suivent les mêmes processus, qu'il s'agisse de la métropolisation, de l'intégration croissante des périphéries ou de la mise en valeur du territoire pour exploiter les ressources naturelles. Cependant, la puissance inégale de ces deux pays est très nettement perceptible dans les différences de degré de développement de leur territoire : il est moindre dans le cas du Brésil et ne s'étend pas encore à l'ensemble du pays. Néanmoins, c'est bien par la mise en valeur de leur territoire que ces deux pays s'affirment à l'échelle mondiale : ainsi l'émergence du Brésil est-elle largement liée à l'exploitation croissante de ses ressources. Ce constat pose néanmoins la question de l'équilibre entre développement durable et croissance économique.

2 Composition – Les Amériques, entre tensions et intégrations

[Introduction]

L'échec de la tentative états-unienne de créer une Zone de libre-échange des Amériques (ZLEA) à la fin des années 2000, alors même que les organisations régionales – à commencer par l'Accord de libre-échange nord-américain (ALENA) et le Marché commun du Sud (MERCOSUR) – se renforçaient, montre la difficulté à parler d'*une* Amérique, d'autant que les disparités socio-économiques sont fortes. Dans le même temps, les flux de personnes, de marchandises et de capitaux sont toujours plus importants et dessinent des réseaux d'importances et d'échelles variées, de l'agglomération au continent. Quelles sont les forces principales qui structurent les Amériques (Amérique du Nord et Amérique latine) ? Sont-elles plutôt centrifuges ou centripètes : amènent-elles à parler d'*une* Amérique ou le pluriel est-il toujours d'actualité ?
Répondre à ces questions conduit à envisager l'importance croissante et la géographie des échanges, puis les nombreuses organisations établies pour les structurer, avant d'aborder, dans un dernier temps, les traductions spatiales inégales de ces dynamiques.

[I. Une intégration régionale principalement subcontinentale]

Les liens entre les différentes parties du continent sont forts, comme en témoignent les flux. Cependant ils ne s'étendent pas à l'ensemble du continent.

[1. Des flux massifs nord-sud mais surtout entre pays proches]

En **termes de flux, l'intégration des Amériques est très largement avancée**. Concernant l'Amérique du Nord, les flux de migrants, de touristes, de marchandises ou des IDE sont très importants. Les liens étroits qui unissent les États-Unis et le Mexique (qui, avec le Canada, ont signé en 1992 l'**Accord de libre-échange nord-américain**) illustrent l'interdépendance entre les deux pays. Plus de 100 millions de passages légaux sont enregistrés chaque année à leur frontière. En Californie, la production agricole, qui représente près du tiers de la production des États-Unis, est assurée à près de 90 % par de la main-d'œuvre venue du Mexique. Dans le même temps, les États-Uniens représentent plus de 75 % des touristes internationaux du Mexique. Les États-Unis sont

le premier partenaire commercial du Mexique qui est, après le Canada, le deuxième consommateur de biens états-uniens. Le **système économique des maquiladoras*** montre combien les différences de niveau de vie et de législations sont exploitées et contribuent à l'enrichissement d'une partie des acteurs. Au final, la zone qui s'étend de part et d'autre de la frontière États-Unis/Mexique est aujourd'hui marquée par le **brassage des cultures**, au point que le journaliste américain Joel Garreau a forgé le terme de « Mexamerica » pour la désigner. La cuisine tex-mex est un des symboles du brassage culturel entre les deux pays, tout comme la toponymie présente dans le sud du Texas ou en Californie (El Paso ou San Francisco), ou encore le *spanglish*. Les échanges financiers sont également importants qu'il s'agisse des IDE ou des *remesas*.
Cependant, si les flux entre pays voisins sont importants (il aurait été possible d'évoquer les liens entre le Canada et les États-Unis ou encore la zone de l'Oriente paraguayen pour les liens entre le Brésil et le Paraguay), les flux transcontinentaux, qu'il s'agisse des personnes, des marchandises ou des capitaux, restent relativement faibles tant les distances, physiques et culturelles, sont importantes.

[2. Des infrastructures d'échanges qui restent limitées]

Ces flux sont en effet assez largement **contraints par les infrastructures de transports**. Or, les **principaux réseaux sont organisés au sein de chaque pays**, avec quelques prolongements méridionaux de part et d'autre des États-Unis et d'autres longitudinaux en Amérique latine. D'ailleurs, si les échanges entre les États-Unis et leurs deux voisins sont les plus importants du continent, cela est lié, outre la puissance économique des États-Unis, aux infrastructures de transports qui sont un des fondements de cette puissance. Ailleurs sur le continent, les réseaux sont beaucoup moins développés.
Pour les passagers, la faiblesse relative des réseaux routiers et ferroviaires est en partie compensée par les **nombreuses lignes aériennes** qui mettent en relation les différentes parties du continent. De surcroît, en raison des distances, l'avion est, de loin, le mode de transport le plus aisé pour se déplacer. Néanmoins, les **contrôles frontaliers**, notamment aux États-Unis, limitent de plus en plus les flux, au moins pour les personnes.

[3. Des tensions qui sont cependant présentes]

Ces flux peuvent également être à l'origine de tensions, notamment s'il s'agit de flux illégaux, qu'il s'agisse notamment de migrants clandestins ou, pour les marchandises, de la drogue (et de l'argent qui lui est associé). La **fermeture des frontières états-uniennes** est ainsi un sujet de crispation avec ses voisins, notamment le Mexique, mais aussi avec certains pays du bassin caraïbe et d'Amérique latine. Quant à la lutte contre la drogue, elle a conduit à une certaine militarisation du bassin caraïbe et de la Colombie sans que les résultats soient vraiment convaincants. Les relations politiques entre les pays manquent encore de cadres juridiques et diplomatiques efficaces.

[II. Des organisations et des projets de regroupement et de coopération nombreux]

Ces flux, qui marquent une complémentarité entre les pays, sont renforcés par les organisations de coopération qui se multiplient, même si celles-ci revêtent essentiellement un caractère commercial.

[1. Des structures à caractère principalement commercial et régional]

Les Amériques sont le siège de **nombreuses organisations de coopération économique**. Outre l'**ALENA** et le Marché commun du Sud (**MERCOSUR**), qui cherchent à favoriser les échanges et à coordonner les politiques macro-économiques et sectorielles entre le Brésil, l'Argentine, l'Uruguay, le Paraguay et le Venezuela, des organisations dont le poids est plus réduit favorisent aussi les échanges. Ainsi, la Communauté des Caraïbes (**CARICOM**) vise à établir une coopération dans les domaines des transports et du développement industriel entre Antigua-et-Barbuda, les Bahamas, le Belize, la Dominique, la République dominicaine, la Grenade, le Guyana, Haïti, la Jamaïque, Montserrat, Sainte-Lucie, Saint-Kitts-et-Nevis, Saint-Vincent-et-les-Grenadines, le Surinam, Trinité-et-Tobago et la République dominicaine. Le Costa Rica, le Salvador, le Guatemala, le Honduras, le Nicaragua et le Panamá collaborent au sein du Système d'intégration américain (SICA).

L'extension de ces organisations est principalement liée à la proximité géographique entre les membres, aux liens culturels ou aux complémentarités économiques, mais elles **ne permettent pas de penser une organisation continentale** et **ne prennent pas en compte les flux de personnes** (à la différence de l'espace Schengen* en Europe par exemple). La tentative d'un regroupement continental à caractère purement commercial, la Zone de libre-échange des Amériques (ZLEA), lancée en 1994 par les États-Unis, s'est traduite par un échec en raison de rivalités géopolitiques : le Brésil ne veut pas risquer de perdre de l'influence en Amérique latine où, par ailleurs, le Venezuela et les États-Unis ont de nombreux différents.

[2. La faiblesse des organisations politiques et continentales]

Avec 35 États membres, **l'Organisation des États américains (OEA) est aujourd'hui la seule organisation rassemblant tous les pays du continent.** Elle a pour objectif de renforcer le dialogue politique, juridique et social entre les États membres afin de consolider la paix et de promouvoir les droits de l'homme, la sécurité et le développement, mais ses réalisations restent modestes. Elle a surtout été un espace de rencontre entre les chefs d'État et de gouvernement, et tend à être de moins en moins active. De ce fait, certains observateurs voient dans l'émergence de la Communauté des États latino-américains et des Caraïbes (CELAC), fondée en 2010, une relance et une alternative à l'OEA. Elle rassemble aujourd'hui 33 États, soit la plupart des pays du continent excepté le Canada, les États-Unis ainsi que les territoires d'outre-mer des puissances européennes. Sur un plan diplomatique, la reprise des relations entre les États-Unis et Cuba début 2015 pourrait conduire à une évolution des équilibres diplomatiques continentaux.

La faiblesse des organisations politiques à l'échelle continentale est largement liée à la très grande influence des États-Unis sur l'ensemble du continent et du Brésil sur l'Amérique latine. Le Brésil a ainsi cherché de manière très nette, à partir de la présidence de Lula (2003-2010), à être un moteur de l'intégration régionale en Amérique latine, ce qui limite la possibilité pour les États-Unis de s'affirmer à l'échelle continentale. Il s'est ainsi impliqué dans le règlement des crises régionales, qu'il s'agisse de la Colombie ou du Venezuela. Pour renforcer l'intégration régionale, il a misé sur l'Union des nations sud-américaines (UNASUR), qui a pour objectif de faciliter la création d'infrastructures de transports, l'élaboration de stratégies de défense communes, l'accroissement des échanges et des coopérations entre ses 12 membres.

Les disparités socio-économiques entre les pays sont un autre facteur limitant l'intégration continentale. Si les États-Unis ont accepté de s'associer au Mexique, dont le PIB/hab. en PPA est presque quatre fois inférieur au leur, il leur est difficile d'envisager une association avec Haïti dont le PIB/hab. en PPA est 40 fois plus faible. L'économie mexicaine, notamment l'agriculture, a déjà du mal à affronter la concurrence états-unienne, qu'en serait-il de celle de Haïti ?

[III. Des espaces inégalement marqués par l'intégration et/ou les tensions]

Ces dynamiques d'intégration et/ou de tensions sont cependant inégalement présentes. Si elles sont maximales et contrastées dans les zones frontalières, elles sont fortes au sein des métropoles (où l'intégration domine cependant) ; mais, pour l'essentiel des territoires, il ne s'agit que de dynamiques diffuses.

[1. Les frontières : des lieux de tensions et/ou d'intégration]

C'est par excellence aux frontières que ces forces s'expriment. Elles associent, souvent en un même lieu, tension et intégration. C'est notamment le cas à la **frontière entre le Mexique et les États-Unis où coexistent des flux de personnes massifs, le système économique des maquiladoras** et des tensions importantes. Celles-ci sont principalement liées à la volonté des États-Unis de limiter les flux de drogue et d'immigrants clandestins. Cela se marque dans le paysage par des réalités multiples, qu'il s'agisse des doublets urbains comme San Diego-Tijuana (les deux agglomérations vivant en symbiose) ou la construction d'un mur frontalier par les États-Unis courant sur des milliers de kilomètres.

La frontière entre les États-Unis et le Mexique symbolise l'intégration économique, avec les convois de camions qui la franchissent quotidiennement, mais elle incarne également les tensions géopolitiques, liées notamment à l'importance des mouvements migratoires et à la volonté des États-Unis de limiter l'arrivée des migrants et de contrôler le profil des touristes et des visiteurs. Depuis le renforcement de l'opération Guardian par les États-Unis (qui se traduit notamment par un durcissement et une multiplication des patrouilles de surveillance des frontières), plus de 2 000 clandestins sont morts, notamment parce qu'ils prennent plus de risques pour franchir la frontière. On estime que, chaque jour, près de 3 000 clandestins essayent de la franchir, ce qui a conduit à la mise en place de filières organisées (qui prennent en charge les clandestins et la drogue) et à un durcissement de l'attitude des États-Unis. Face à cela, le gouvernement mexicain a mis en place le groupe Beta, chargé d'informer et de protéger les clandestins et de lutter contre la corruption de la police locale.

D'autres frontières sont au contraire marquées par des dynamiques d'intégration fortes (même s'il y a des tensions à l'échelle nationale), à l'image de la frontière entre le Brésil et la Paraguay. On compte près de 500 000 Brésiliens (près de 10 % de la population totale du Paraguay) dans cette zone qu'ils ont mise en valeur en développant la culture du soja, ensuite exporté via les réseaux brésiliens. Cela contribue au désenclavement de cette partie du Paraguay qui connaît un développement exceptionnel.

[2. Les métropoles : des lieux d'intégration]

Les **métropoles sont par excellence les lieux de l'intégration**, de manière directe et indirecte. Elles sont notamment les **principaux points d'entrée des flux de personnes**, migrants et touristes (notamment d'affaires) qui se déplacent par avion. Elles offrent à la fois des hôtels, des centres de congrès et de nombreuses attractions pour les touristes. Miami est ainsi un des premiers aéroports des États-Unis grâce aux nombreux touristes qui viennent y embarquer à bord de l'un des bateaux de croisière à destination de la Caraïbe, premier bassin de croisières du monde. Pour les migrants, les métropoles permettent à la fois un certain anonymat, une chance supérieure trouver un emploi et de créer des solidarités avec des migrants de la même origine. Le regroupement des immigrants cubains à Miami a ainsi donné naissance au quartier de Little Havana (« Petite Havane »), et si beaucoup ont souvent déménagé en dehors de celui-ci, ils y ont conservé leurs magasins, restaurants et autres lieux de sociabilité.

Par ailleurs, les métropoles **sont aussi le lieu des décisions politiques et économiques.** C'est à Washington, New York, Brasília, São Paulo ou encore Mexico que sont prises les décisions d'ouverture – ou de fermeture – des frontières, que sont engagées les discussions pour établir des coopérations régionales ou construire des infrastructures transfrontalières. Elles abritent également les sièges des firmes transnationales qui participent aux échanges internationaux. Elles sont les principaux points d'émission et d'accueil des investissements directs étrangers. Miami est ainsi la plaque financière du bassin caraïbe.

[3. La plupart des espaces restent peu marqués par ces dynamiques d'intégration ou de conflit]

Néanmoins, pour la **plupart des espaces, ces dynamiques d'intégration et de tensions n'ont que des effets très indirects.** Les zones d'exploitation des hydrocarbures ou des céréales au Canada, ou celles de culture du soja ou des agrumes au Brésil, sont certes soumises aux dynamiques d'exportation, mais celles-ci s'inscrivent surtout dans une dynamique mondiale plutôt que régionale. De plus, les **marques paysagères de l'intégration sont faibles**, à l'exception des équipements qui permettent d'évacuer les productions.

Les grands espaces de nature – Amazonie, montagnes Rocheuses – sont encore plus à l'écart des dynamiques d'intégration, même s'il existe quelques parcs naturels transfrontaliers comme le Waterton-Glacier International Peace Park entre le Canada et les États-Unis. Pour le reste, ce sont plutôt des symboles nationaux, qui sont présentés et gérés comme tels.

[Conclusion]

Les Amériques sont structurées par des dynamiques d'intégration fortes qui conduisent à la mise en place de structures de collaboration et de partenariat de plus en plus développées. Certes, des tensions subsistent, mais elles sont surtout marquées à l'échelle locale et tendent à s'atténuer à l'échelle des États, comme en témoigne le récent rapprochement entre les États-Unis et Cuba. Pour autant, il s'agit bien de dynamiques à l'échelle principalement subcontinentale : il serait difficile de parler d'une intégration globale de l'Amérique, ce que renforce d'ailleurs la création en 2010 de la Communauté des États latino-américains et des Caraïbes, qui exclue le Canada, les États-Unis et les territoires d'outre-mer des pays européens.

Ces dynamiques d'intégration et ces tensions témoignent des rivalités de puissance qui se font jour au sein du continent américain, mais aussi à l'échelle mondiale.

3 Étude critique de deux documents – Le Brésil : une grande puissance agricole ?

Analyse du sujet

> Introduire l'étude de documents

Voici quelques éléments qui devront être développés dans l'introduction.

Les deux photographies aériennes présentent des zones de culture situées dans les espaces de conquête agricole du Brésil : le Mato Grosso et l'Amazonie. La mise en culture de ces espaces contribue à la puissance émergente du Brésil, mais pose aussi des défis dont l'importance peut générer des faiblesses.

Le corrigé proposé est un plan détaillé.

I. Le Brésil : une grande puissance agricole

1. D'importantes réserves foncières

– Les deux documents montrent de vastes superficies, planes, où les densités de peuplement sont faibles.
– Possibilité d'accroître ces espaces : le défrichement est loin d'être achevé (doc. 2 : forêt à l'arrière-plan). On est ici en présence d'un front pionnier.

2. Le développement de l'agriculture commerciale

– Présence d'une agriculture mécanisée bien intégrée dans la mondialisation (doc. 1 : nombre important de moissonneuses-batteuses et légende).
– Un élevage extensif aux faibles coûts de production (doc. 2 : animaux disséminés et pas d'équipements, ce qui limite les investissements).

II. Un développement agricole qui n'est pas sans poser problème

1. Le défi environnemental

– La conquête des terres se fait aux dépens d'un des « poumons verts » de la planète (déforestation de l'Amazonie).
– Les zones de production sont de plus en plus éloignées des foyers de consommation, ce qui pose le problème de l'évacuation des productions (route en terre et importance des distances).

2. Le défi économique et social

– Les conditions de travail sont difficiles : pénibilité du défrichement, peu de structures agricoles.
– Les titres de propriété et les conditions de vie au sein des fronts pionniers sont difficiles (absence de tout élément de différenciation, pas de village, d'infrastructures de services, etc.).

CHAPITRE 14 Séries L, ES et S

L'Afrique : les défis du développement

COURS

MÉTHODES ET STRATÉGIES

SUJETS DE TYPE BAC

CORRIGÉS

L'Afrique : les défis du développement

L'insertion du continent africain dans la mondialisation actuelle entraîne des mutations inédites. Cette intégration constitue une opportunité afin de répondre aux défis majeurs de l'Afrique pour le demi-siècle à venir, alors qu'une majorité d'Africains vit encore dans la pauvreté ou la précarité : assurer à une population en forte croissance* un mode de développement* conciliant croissance économique et développement humain, tout en garantissant une préservation suffisante des ressources* naturelles. Au sein de ce continent représentant 20 % des terres émergées, le Sahara, immense territoire aux ressources valorisées dans le cadre de la mondialisation, est donc de plus en plus convoité par des acteurs variés.

I. Le Sahara : ressources, conflits

Loin d'être un angle mort de la mondialisation, le désert nord-africain se trouve, du fait de la présence de certaines **ressources***, au cœur des grands enjeux stratégiques mondiaux. Quelles sont les modalités particulières de l'insertion de l'espace saharien dans la mondialisation ? Dans quelle mesure est-il représentatif des dynamiques actuelles du continent africain ?

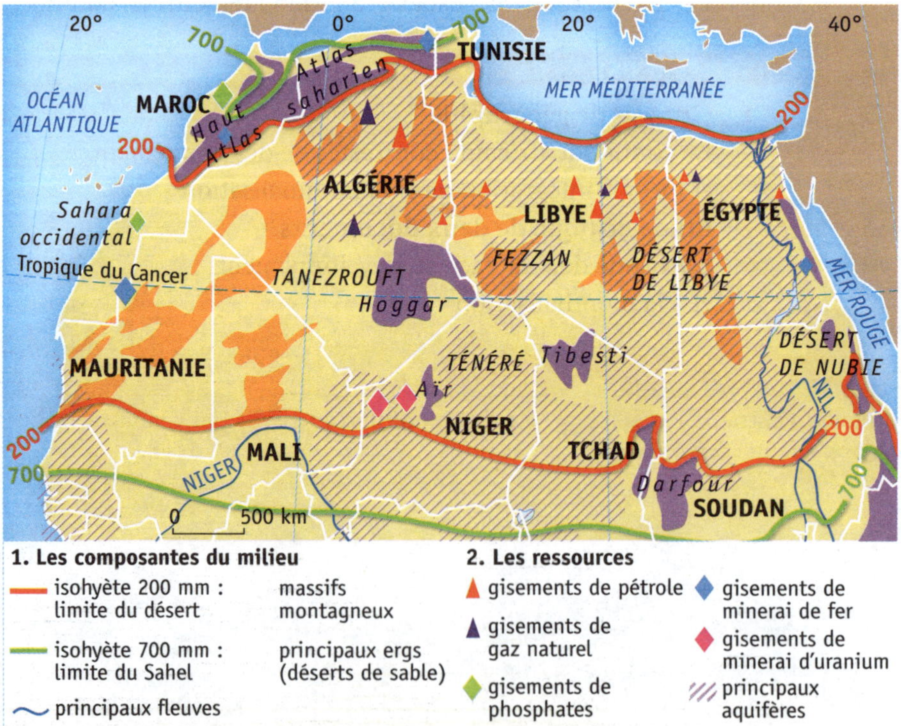

DOC.1 Milieux et ressources du Sahara.

1. De fortes contraintes physiques

a. Le poids des contraintes naturelles

- Immense espace de 8,5 millions de km², s'étendant de l'Atlantique à la mer Rouge et des rives de la Méditerranée au Sahel (espace semi-aride de transition vers la savane), **le plus vaste désert du monde** (*al-sahra* signifie « désert » en arabe) marque au premier abord une coupure nette entre Afrique du Nord méditerranéenne et Afrique noire. Sa latitude tropicale explique son **aridité** : la délimitation de l'espace bioclimatique saharien correspond à des isohyètes inférieures à 200 mm de précipitations par an. Le **paysage** du désert n'est cependant pas aussi uniforme que les représentations touristiques occidentales stéréotypées le sous-entendent : aux ergs (champs de dunes) succèdent regs (surfaces caillouteuses) et hamadas (plateaux rocheux), mais aussi des massifs montagneux secs, tels le Tibesti au Tchad ou le Hoggar en Algérie. Aux chaleurs journalières et aux vents desséchants succèdent des nuits froides dues à l'accentuation des contrastes thermiques par la clarté atmosphérique.

- Paradoxalement, l'imaginaire désertique est devenu, à l'heure de la mondialisation, une **ressource touristique** – certes mise à mal par les attentats islamistes depuis le tournant des années 2000 et les révolutions arabes depuis 2010, occasionnant une insécurité endémique. Le tourisme de luxe et d'aventures exploite la fascination des citadins pour le vide, l'immensité, voire l'attrait culturel des gravures rupestres. Des récits d'Antoine de Saint-Exupéry à ceux de Théodore Monod, de la « croisière noire » Citroën (1924-1925) au Paris-Dakar (1979-2007, annulé en 2008 puis transféré en Amérique du Sud en 2009), la ressource paysagère a permis le développement du tourisme, parfois de masse, comme en Tunisie à l'oasis de Tozeur. Toutefois, dans le contexte géopolitique* actuel défavorable aux destinations situées dans l'« arc des crises » (Bernard Lewis), les vastes espaces sahariens se sont fermés au tourisme international.

b. Le mythe d'un désert humain

- Désert bioclimatique dont les densités moyennes sont inférieures à 1 hab./km², le Sahara est cependant habité, même si ce **peuplement** est ponctuel. Environ dix millions d'habitants vivent dans cet espace. Les **oasis**, centres agricoles et commerciaux anciens, regroupent historiquement les sociétés nomades ou d'agriculteurs traditionnels.

- L'**accès à l'eau potable**, ressource précieuse car rare, est un facteur de fixation du peuplement qui fait parfois l'objet d'un conflit d'usage*. En l'absence d'écoulement superficiel permanent, le stress hydrique structurel est compensé par des aménagements parfois ancestraux. Par ailleurs, les **nappes aquifères fossiles** ont commencé dans la seconde moitié du XXe siècle à être exploitées, comme dans le cas de la Grande Rivière artificielle libyenne : deux imposants projets d'aménagement hydraulique y combinent périmètres d'agriculture irriguée en plein désert et canalisations amenant l'eau vers les pôles urbains littoraux.

- Le Sahara compte un grand nombre de **villes** en forte croissance. Fondée en 1975, Nouakchott, capitale de la Mauritanie, compte aujourd'hui presque un million d'habitants. Des villes-champignons liées à l'exploitation du pétrole et du gaz sont apparues : Hassi R'mel et Hassi Messaoud en Algérie, Zouérat en Mauritanie. Le Sahara maghrébin est cependant plus urbanisé que son versant sahélien.

* Les mots suivis d'un astérisque sont définis dans le lexique.

c. Des ressources principalement souterraines

- À l'image des nappes aquifères fossiles, le Sahara recèle des ressources de plus en plus exploitées. L'exploitation, le raffinage et l'exportation des gisements d'**hydrocarbures** constituent depuis 1958 la base de l'économie algérienne. Extravertie, cette branche d'activité ouvre, grâce aux tubes, oléoducs et gazoducs, les espaces sahariens vers les ports méditerranéens et les zones industrialo-portuaires de Skikda et Arzew (Algérie) ou de Benghazi (Libye).

- Les **richesses minières** sont également abondantes. Au Niger, l'uranium est exploité à ciel ouvert sur le site d'Arlit depuis 1969 par une filiale d'Areva, un second site est exploité à Akokan depuis 1974, un troisième site d'extraction est en cours d'aménagement à Imouraren. Le fer mauritanien, utilisé dans la sidérurgie, et les phosphates marocains, utilisés dans les engrais ou les lessives, complètent l'inventaire.

2. Un ensemble régional politiquement fractionné

Du fait de constructions politiques dissolvant dans des entités plus vastes les spécificités du désert et des populations qui l'habitent et le parcourent, l'espace saharien constitue à l'échelle nationale une périphérie marginalisée.

a. Une territorialisation incomplète

- **Dix États** se partagent un territoire longtemps poreux et doivent assumer le découpage frontalier hérité des rivalités coloniales de la fin du XIXe siècle et des indépendances des années 1950-1960. À l'intérieur de ces nouvelles frontières, les États ne contrôlent cependant parfois que lâchement leur territoire. En outre, du temps des empires coloniaux, un **retournement spatial** a eu lieu : le désert est devenu majoritairement répulsif et hostile, au contraire des littoraux, dont l'attractivité a augmenté. Les concentrations humaines des dix États sahariens se situent donc majoritairement hors du Sahara.

- Ce contrôle extérieur, parfois contraire aux logiques historiques des routes ou des royaumes transsahariens, a conduit à des **conflits territoriaux** aux revendications portées par des populations locales. Si la majorité des tracés frontaliers a été intériorisée, les **litiges** persistent : au Sahara occidental (voir le document 2) et au Tibesti, les Saharouis, les Touaregs et les Toubous ont depuis des décennies pris leurs distances face au pouvoir central. Groupe ethnique réparti sur la moitié des États sahariens, les **Touaregs**, dominés, sédentarisés et urbanisés de force, n'ont pas profité de la manne énergétique ou minière nationale, occasionnant des rébellions sanglantes au Mali ou au Niger. La rébellion des Toubous, à la frontière libyo-tchadienne, a ainsi été filmée par Raymond Depardon (*La Captive du désert*, 1990).

b. Le Sahara des États méditerranéens : des arrière-pays en voie d'intégration

- Le Maroc, l'Algérie, la Tunisie, la Libye et l'Égypte disposent de **réseaux*** de plusieurs types ouvrant le Sahara sur les interfaces urbaines et littorales. Oléoducs, gazoducs, aqueducs, routes et autoroutes (route transsaharienne reliant Alger à Lagos par Tamanrasset) maillent l'espace, qui est ainsi plus ou moins approprié et contrôlé.

- L'enjeu régional le plus important est le conflit frontalier portant sur le **Sahara occidental** opposant les deux puissances régionales, le Maroc et l'Algérie. Espagnol avant 1975, puis partagé entre la Mauritanie et le Maroc jusqu'en 1979, le Sahara occidental a été annexé par ce dernier au cours de la « marche verte » (1975), au cours de laquelle l'armée marocaine s'oppose au Front Polisario. Ce dernier proclame en 1976 la République arabe saharouie démocratique (RASD). Après la construction par le Maroc du « mur des sables » (1982-1987), une partie de la population saharouie (450 000 habitants) s'est réfugiée en Algérie, l'autre dans des camps de réfugiés gérés par l'ONU de part et d'autre du mur, dans l'attente d'un référendum d'autodétermination.

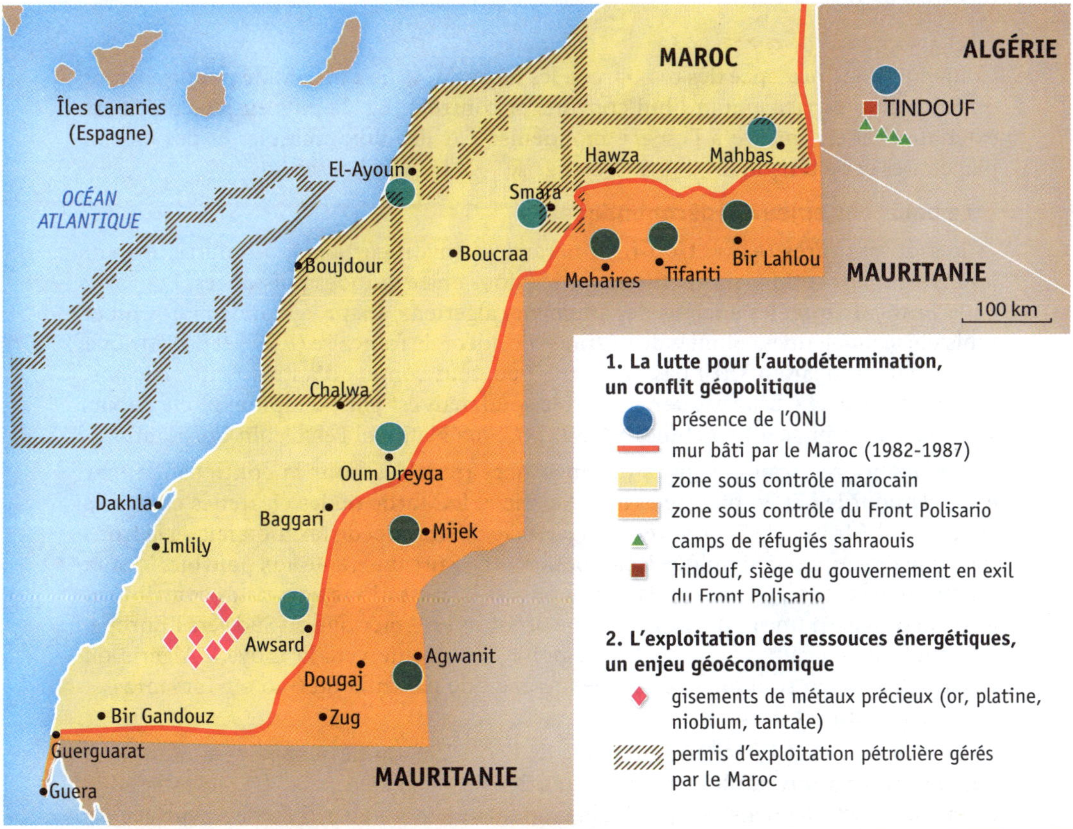

DOC. 2 Le Sahara occidental, un enjeu géopolitique et géoéconomique.

c. Les États saharo-sahéliens : des constructions fragiles à tous égards

Enclavés, arides, en retard de développement, déstabilisés par le retour des « revenants » (mercenaires au service du régime de M. Khadafi jusqu'en 2011) et la hausse du trafic d'armes, du Mali au Soudan la liste des handicaps majeurs de ces pays est longue. Le Mali est secoué par des tensions multiples depuis 2012. Les **mouvements touaregs** rebelles défiant le pouvoir central, comme le MNLA (Mouvement national de libération de l'Azawad) ont été relayés, voire dépassés par les **mouvements islamistes**, dont Al-Qaida au Maghreb islamique (Aqmi). En un an se sont succédés coup d'État militaire, rébellion, partition, occupation par des groupes armés et intervention militaire étrangère depuis le déclenchement de l'opération Serval par la France en janvier 2013. Le Niger est, quant à lui, tristement célèbre pour ses **enlèvements de populations**, notamment d'expatriés. Le Tchad est déstabilisé par le conflit autour de sa frontière nord avec la Libye. Le Soudan du Sud est devenu le 9 juillet 2011 le 54e État africain et le 193e État membre de l'ONU, après une **guerre civile** de vingt ans (1983-2005) ; des tensions subsistent avec le Soudan concernant la répartition des pétrodollars, l'extraction ayant à 80 % lieu au sud, l'exportation vers l'Asie à 100 % à Port Soudan, au nord. Dans la corne de l'Afrique, la Somalie est un « État défaillant » (*failed state*) où le Puntland et le Somaliland réclament l'indépendance.

3. Un espace convoité

Conjuguées à la présence des ressources, les tensions, voire l'instabilité politique, font du Sahara un espace aujourd'hui convoité et contrôlé par de plus en plus d'acteurs extérieurs : il est intégré à l'espace mondialisé par des flux multiples et des enjeux planétaires caractéristiques d'une « zone grise » de la mondialisation.

a. Le poids des enjeux géoéconomiques

- Ressources rares (eau) et/ou rémunératrices (hydrocarbures, uranium) attirent les **investisseurs** étrangers et attisent les tensions entre grandes puissances. Pré carré de la **Françafrique**, les anciens départements algériens, les protectorats marocain et tunisien, les anciennes colonies de l'Afrique occidentale française (AOF) et de l'Afrique équatoriale française (AEF) passent peu à peu, tout comme d'autres États africains, dans l'orbite de la **Chinafrique**. Le pétrole soudanais est par exemple exploité depuis 1999 par l'entreprise d'État chinoise CNPC (China National Petroleum Corporation).
- Les **frontières** sont devenues des interfaces rentables pour la contrebande, par exemple pour le lait en poudre entre l'Algérie et le Maroc ou les cigarettes chinoises exportées d'Afrique de l'Ouest vers l'Algérie : le différentiel de taxation fait de la frontière une ressource économique à part entière, et assure une rente aux pouvoirs locaux qui monnaient son passage. États corrompus et organisations terroristes contribuent aussi au passage d'une partie de la cocaïne produite en Amérique du Sud vers l'Europe. Les migrants illégaux venus d'Afrique noire et en route vers la Libye, l'Algérie ou l'espace Schengen sont dépendants des réseaux de passeurs de Gao ou Tamanrasset (voir la méthode et stratégie 1).
- Le rôle croissant à l'échelle mondiale de l'écologie, du développement durable et des **énergies renouvelables** a fait naître en 2009 le projet Desertec. Des investisseurs, allemands (DB, Siemens) en particulier, souhaitaient couvrir 5 % de la surface du Sahara de panneaux solaires, les cellules photovoltaïques fournissant de l'énergie pour la consommation locale, mais surtout, par le biais d'un gigantesque réseau de transports, européenne. De nombreux obstacles freinent pour l'heure l'avancée du projet : coût, concurrence avec les autres activités en particulier en bordure du désert, risques géopolitiques.

b. Le renouveau des enjeux militaires

- Le contrôle des territoires par leur propre gouvernement étant assez faible, les puissances extérieures tentent d'y étendre leur zone d'influence. Depuis les attentats du 11 septembre 2001, les **États-Unis** ont renforcé leur présence en Afrique au nom de la lutte contre le terrorisme : en 2002 est née la Pan-Sahel Initiative (PSI), en 2005 le Trans-Saharian Counter Terrorism Partnership (TSCP), et en 2007 a été créé pour l'Afrique un commandement militaire spécifique, Africom, basé à Stuttgart en Allemagne.
- Les **réseaux terroristes** plus ou moins affiliés à Al-Qaida ont pris possession de certaines portions du territoire saharien. Comptant entre 500 et 1 000 hommes équipés

de véhicules rapides (les *go fast*) et organisés en *katibas* (groupes de combattants), Al-Qaida au Maghreb islamique (**Aqmi**) rayonnait sur la région, jusqu'à l'intervention française qui a débuté le 11 janvier 2013, depuis son sanctuaire de l'Adrar des Ifoghas, à cheval entre Mali et Algérie et situé à proximité de la frontière nigérienne. Enlèvements et prises d'otages (par exemple à Arlit au Niger le 16 septembre 2010) et contrôle des trafics frontaliers entretenaient cette présence.

c. Des populations civiles délaissées

Les civils apparaissent plus comme agents – passifs – qu'acteurs des mutations actuelles affectant l'espace saharien. L'**insécurité alimentaire** concerne de façon structurelle au moins une dizaine de millions d'habitants de la zone sahélo-soudanienne. Le nombre de réfugiés et de déplacés, fortement corrélé au conflit du Sahara occidental, a quant à lui connu un pic en 2013 au Mali : les troubles politiques y ont fait 284 000 déplacés internes et 169 000 réfugiés.

Le Sahara recèle des ressources minérales et énergétiques nécessaires à la croissance économique : il est donc un nouveau terrain d'**affrontement à distance** des grandes puissances. À l'heure des conflits de basse intensité, des réseaux et des nouvelles conflictualités asymétriques, ce désert est également représentatif d'autres défis auxquels est confronté le continent africain.

II. Le continent africain face au développement et à la mondialisation

S'étendant sur environ 30 millions de km^2, comptant à l'heure actuelle environ un milliard d'habitants, le continent africain connaît des mutations rapides. Quelle est, à l'heure de la mondialisation, sa situation face aux questions du développement ? Dans quelle mesure l'insertion des sociétés africaines dans l'économique mondialisée peut-elle leur permettre de se développer ?

1. Un angle mort de la mondialisation

Les tenants de l'« **afro-pessimisme** » hérité des années 1960, comme en témoignait en 1962 René Dumont dans *L'Afrique noire est mal partie*, mettent en avant des indicateurs qui soulignent la situation souvent marginale, périphérique et dépendante, du continent africain.

a. Une périphérie en marge de la mondialisation

- À l'échelle mondiale, l'Afrique cumule les **indicateurs économiques défavorables**. Son poids dans les échanges mondiaux est très faible : le continent représente 3,5 % du commerce mondial en 2012 et ne reçoit que 4 % des IDE* mondiaux. L'Afrique est un continent exploité de l'extérieur : l'économie de rente* caractérise la structure économique de nombreux pays africains, dépendants des exportations d'une ou deux ressources dont la rémunération est fluctuante. Dans deux tiers des pays africains, les trois quarts de la valeur des exportations sont assurés par un ou deux produits (voir l'exemple du cacao dans le chapitre 11). Selon l'organisation mondiale du commerce, les ressources naturelles représentent en 2009 presque 80 % des exportations du continent. Ainsi, les hydrocarbures algériens comptent pour 98 % des exportations et 70 % des recettes budgétaires de l'État, le café 60 % des exportations éthiopiennes ; le Kenya est quant à lui le premier exportateur mondial de thé.

- Du fait de leur spécialisation dans l'agriculture de plantation destinée aux marchés européens, ces États ne sont pas autosuffisants et doivent, comme en Égypte, importer des céréales pour nourrir leur population. Les taux d'ouverture (proportion de l'activité d'un pays qui est liée à des échanges de biens ou de services avec l'étranger) élevés de ces économies extraverties ne doivent pas non plus cacher leur dépendance technologique : ne disposant pas des savoir-faire ni des équipements nécessaires, les ressources sont mises en valeur par des firmes étrangères qui captent les profits. Les diasporas* libanaise, chinoise ou indienne organisent quant à elles les réseaux commerciaux.

- La **dynamique** des dernières décennies semble de fait **négative**. En un demi-siècle, la part dans les échanges mondiaux a diminué presque de moitié : en 1963, le continent exportait 5,7 % des marchandises mondiales. Cette tendance touche surtout l'Afrique subsaharienne, dont la part dans le commerce mondial a été divisée par trois depuis les années 1950. Le modèle ivoirien, fondé sur l'exportation de produits agricoles (cacao, arachide) dont les cours mondiaux élevés garantissaient la rentabilité, s'est essoufflé dans les années 1980, aboutissant à une grave crise politique dans les années 2000.

- L'insertion dans la mondialisation s'effectue en fait particulièrement par le biais de la place centrale de l'Afrique dans l'**« anti-monde »** (R. Brunet). Flux et trafics illégaux insèrent le continent dans une mondialisation souterraine, à l'exemple du trafic de déchets (navires, déchets électroniques importés par conteneurs) vers les grandes villes d'Afrique de l'Ouest. Le braconnage de l'ivoire en Centrafrique, au Tchad ou au Gabon est destiné à alimenter le marché asiatique. Le trafic d'armes est entretenu par les nombreux conflits de basse intensité qui existent sur le continent.

b. Un continent en mal de développement

- Avec un indice de développement humain* tout juste supérieur à 0,5, l'Afrique subsaharienne cumule les handicaps : 33 des 48 **pays les moins avancés (PMA)*** y sont situés. L'IDH* du Niger s'élevait par exemple en 2013 à 0,337. Selon la Banque mondiale, la moitié de la population y vit sous le seuil de pauvreté absolue (moins 1,25 $/jour). L'économie informelle, filet de sécurité vital dépendant de solidarités familiales, joue cependant un rôle central que les statistiques peinent à quantifier. L'accès aux services de base (logement, éducation, eau, énergie) est difficile. La vulnérabilité face à un retournement de conjoncture économique, comme cela est le cas depuis 2008, à des troubles politiques et face aux risques naturels s'en voit donc accrue.

- Les **indicateurs sanitaires** sont préoccupants : la mortalité infantile (65 décès pour 1 000 naissances vivantes en Mauritanie), le taux de prévalence du VIH (première cause de mortalité sur le continent, devant le paludisme en zone tropicale), l'apparition des « maladies de la modernité » en zone urbaine comme l'obésité. Méningites et virus Ebola se diffusent dans la promiscuité de l'habitat précaire. Les maladies ont des conséquences économiques et sociales : diminution de l'espérance de vie, augmentation du nombre d'orphelins, baisse de la population active. Les famines, aux causes en partie politiques, côtoient des pénuries alimentaires graves, comme dans la bande sahélienne, ou une sous-alimentation chronique qui touche presque un tiers de la population du continent, à l'exception de l'Afrique du Nord, du golfe de Guinée et de l'Afrique australe.

- Le mal-développement est ainsi source de **flux** centrifuges à plusieurs échelles. La « fuite des cerveaux » concerne entre autres les « blouses blanches » ghanéennes, plus nombreuses au Royaume-Uni que dans leur pays d'origine. Le continent compte le plus grand nombre de réfugiés et déplacés internes au monde en 2013 : plus de 10 millions de personnes au total sont concernées. Paradoxalement, le mal-développement intègre l'Afrique dans les flux mondialisés : aux techniciens, matériel et financement des ONG* s'ajoutent les remises de fonds des émigrés.

c. Le cercle vicieux des obstacles à la croissance et au développement

- À l'échelle mondiale, les héritages de la **période coloniale** sont souvent invoqués : remontant dans certains cas aux traites négrières atlantiques, ils ont valorisé les pôles littoraux au détriment des vastes espaces intérieurs. Certains dénoncent aussi le tracé des frontières africaines entre puissances coloniales européennes – oubliant que l'intangibilité des frontières proclamée dans sa charte par l'Organisation de l'unité africaine à Addis-Abeba en 1963 a évité de nombreux conflits frontaliers. La « décennie du chaos » (1991-2001) a fait suite au retrait des deux superpuissances du continent africain du fait de la fin de la guerre froide. Économiquement, les fluctuations hasardeuses des cours des matières premières et la crise de la dette depuis les programmes d'ajustement structurel* des années 1980 ont fait de ces pays, malgré certaines initiatives, des économies encore très endettées.

- À l'échelle nationale, les attentes liées à la **gouvernance** ne sont pas respectées : népotisme et corruption de la part d'une minorité liée au pouvoir politique et économique empêchent la redistribution des richesses, celles-ci étant patrimonialisées par des élites prédatrices et clientélistes et réinvesties à l'étranger, dans les paradis fiscaux ou l'immobilier. Ainsi, les présidents du Congo ou du Zimbabwe, ou encore le roi du Swaziland Mswati III, mènent un train de vie en décalage avec celui de leurs administrés. Sur le modèle somalien, l'absence de contrôle de certains États faillis (*failed states*)* sur leur territoire, les guerres civiles menées par les seigneurs de la guerre, alimentant des trafics divers (ivoire, diamants) et entretenant la peur au sein des populations (déplacements forcés, viols de guerre, massacres à l'arme blanche, recrutement d'enfants-soldats, mines antipersonnelles) ont transformé certains États en sociétés guerrières. Après le Rwanda, le Liberia ou la Sierra Leone dans les années 1990, le Sahara, la corne de l'Afrique et l'est du Congo concentrent aujourd'hui les zones de **conflits**.

- Enfin, depuis 2008, les **sociétés africaines** sont traversées par des crises systémiques que les médias et les hommes politiques tentent de présenter comme des événements isolés : émeutes de la faim, xénophobie (émeutes en Côte d'Ivoire contre les Burkinabés, en Afrique du Sud contre les Zimbabwéens), tensions ethniques et religieuses (au Kenya ou en Centrafrique), piraterie maritime dans le golfe du Guinée ou sur les côtes somaliennes.

2. De nouvelles perspectives : la mise en place progressive de nouveaux leviers de développement

En dépit de ce constat, les Africains semblent profiter depuis une dizaine d'années d'un nouveau cycle de progrès économique, social et politique.

a. Un décollage économique réel

- **Les taux de croissance africains sont élevés.** Le produit intérieur brut a crû de 5,2 % en moyenne entre 2000 et 2010, contre 3,7 % à l'échelle mondiale ; cependant, les taux de croissances les plus élevés (11,1 % en Angola, 7,9 % au Tchad) concernent des pays où les valeurs absolues sont faibles. Des firmes transnationales africaines voient leur empire se consolider : Orascom (Égypte) dans les télécommunications, SASOL (Afrique du Sud) dans l'énergie. L'insertion dans la mondialisation, qui est le principal moteur de la croissance, est en effet réelle : le taux de croissance des exportations est supérieur à 10 % par an, les stocks d'investissements directs à l'étranger ont triplé entre 2009 et 2011.

- L'Afrique dispose en effet de **ressources naturelles** convoitées. Le continent a été qualifié de « scandale géologique » tant les ressources y abondent. Le deuxième plus important massif forestier mondial se trouve en Afrique centrale, dans le bassin du Congo. 60 % des terres arables de la planète sont situées sur le continent. Le potentiel en énergies fossiles (10 % des réserves d'hydrocarbures de la planète) et renouvelables est important : les forages pétroliers offshore ont déjà permis au Ghana de diversifier ses exportations, tandis que le projet Desertec devait profiter à la population locale et européenne. Des **infrastructures** se développent pour permettre cette ouverture : des ports à conteneurs (Tanger Méd, Dakar, Pointe-Noire), des autoroutes, des tubes (projet de gazoduc algérien Medgaz), des grands barrages (Renaissance en Éthiopie). La Chine s'approvisionne en pétrole au Soudan, en grumes dans le bassin du Congo ; le Brésil investit dans les anciennes colonies lusophones portugaises.

- Cette insertion dans la mondialisation reste cependant ambiguë. Les investissements restent majoritairement étrangers, confirmant la dépendance du continent vis-à-vis des firmes transnationales. Une nouvelle « ruée vers l'Afrique » (*scramble for Africa*) a lieu : en développement depuis le premier forum sur la coopération sino-africaine, la Chinafrique représente 11 % des exportations du continent, 40 % des contrats de bâtiment et de travaux publics. Un million de Chinois travailleraient en Afrique.

Minerai	Pays	Part dans la production mondiale en 2013 (%)	Rang (2013)	Part des réserves mondiales (%)
Platine	Afrique du Sud	73	1	95
Tantale	Burundi Mozambique Nigeria République dém. du Congo Rwanda	5 6,8 10 18,6 25,4 *total* : 65,8	7 6 4 3 1	indisponible
Diamant	Angola Afrique du Sud Botswana Congo-Brazzaville Zimbabwe	8,6 3 15,2 23,4 12 *total* : 62,2	5 6 3 1 4	indisponible
Cobalt	République dém. du Congo	47,5	1	47
Phosphates	Maroc (Sahara occidental compris)	12,5	3	74,6
Bauxite	Guinée	6 %	6	26

DOC. 3 La richesse du sous-sol africain. L'Afrique du Sud produit aussi entre 16 et 40 % des minerais suivants : chrome, manganèse, silicium, titane et vermiculite (1er rang mondial), vanadium et zirconium (2e rang mondial). *Source* : US Geological Survey, World Commodities Summaries, février 2014.

L'Afrique, nouvelle usine du monde ?

« La marque suédoise teste la fabrication de vêtements en Éthiopie et au Kenya. M. Persson [directeur général de H & M] relève [...] les importantes possibilités de vente en Afrique, "où beaucoup de pays peuvent se targuer d'une croissance vraiment rapide" et "où une classe moyenne émerge." L'Afrique du Sud, où H & M compte s'implanter en 2015, sera le troisième pays du continent où l'enseigne sera présente, après le Maroc et l'Égypte. [...] Selon les dernières statistiques du cabinet Werner International, le salaire mensuel moyen dans le textile en Éthiopie s'élevait à 40 euros en 2011, contre 80 euros au Lesotho et 360 euros en Chine sur la zone côtière. [...] De plus, les frais de transport depuis l'Afrique, ainsi que les délais de livraison pour l'Europe, s'en trouveraient réduits. [...] Pour attirer les investisseurs, le gouvernement éthiopien a lancé un plan de soutien au secteur textile, en facilitant l'installation d'usines avec des exonérations de charges. »

■ Nicole Vulser, « H & M met le cap sur l'Afrique », *Le Monde*, 30 janvier 2014

Analyse

L'exemple de H & M est représentatif des avantages comparatifs du continent africain pour les firmes transnationales. Le coût de la main-d'œuvre est encore plus faible que dans les pays ateliers asiatiques (Chine, Bangladesh) ; la chaîne logistique (transport par porte-conteneurs) vers les marchés européens est raccourcie ; les populations locales deviennent peu à peu des marchés émergents ; enfin, les États y mènent des politiques fiscales incitatives, favorisant la création de zones franches*.

b. Le développement : outil et résultat de l'insertion dans l'économie mondialisée

- L'aide publique au développement semble faire lentement ses preuves : les investissements réalisés par les agences onusiennes et d'autres bailleurs de fonds au titre de la réalisation des **objectifs du Millénaire pour le développement*** avant 2015 ont permis à une partie de la population africaine de bénéficier d'une meilleure éducation primaire et de lutter contre le paludisme.
- La « **fenêtre démographique** » due à la transition démographique en cours pourrait permettre de suivre le modèle asiatique de développement (voir le chapitre 15). Une population nombreuse, jeune et éduquée, dynamique et créative, constitue un réservoir de main-d'œuvre. Une classe moyenne aux contours flous émerge, créant pour 300 millions de personnes de nouveaux besoins : l'attaque par les *shebabs* somaliennes du Westgate Shopping Mall à Nairobi au Kenya en septembre 2013 visait ces couches sociales dont les modèles de consommation s'occidentalisent. Sur la rive sud de la Méditerranée, les stations balnéaires sont fréquentées par une clientèle nationale.
- La révolution des **nouvelles technologies** de l'information et de la communication, l'accès au téléphone portable et à Internet symbolisent la rapidité avec laquelle cette ouverture économique et sociale au monde s'effectue. Le nombre de câbles optiques sous-marins est encore réduit, leur pose est récente, mais leur nombre est en nette augmentation. Seul 10 % de la population avait accès à Internet en 2010, mais plus de 400 millions d'abonnements de téléphonie mobile étaient enregistrés la même année.

c. Une démocratisation en cours ?

- La notion de développement est aussi synonyme d'exercice des droits et libertés individuels, si bien que les revendications des Africains à prendre en main leur destin économique se retrouvent sur la scène politique. Depuis 2011, les **révolutions arabes** ont renversé les régimes autoritaires en Tunisie, en Égypte et en Libye. Cependant, le futur démocratique de ces États reste incertain.

- L'**Afrique du Sud** post-apartheid est le symbole de cette renaissance africaine. Le prix Nobel de la paix a été décerné à Desmond Tutu (1984), Frederik De Clerk et Nelson Mandela (1993). L'attribution de la même récompense en 2011 à Ellen Johnson Sirleaf, présidente du Liberia, et à sa compatriote Leymah Gbowee, a permis de souligner sur la scène internationale la contribution de ces femmes à la « lutte non-violente pour la sécurité des femmes et leurs droits à une participation entière dans la construction de la paix ». Le Rwanda, au lendemain du génocide de 1994, fait ainsi figure d'élève modèle de la parité : avec 51 des 80 sièges au Parlement, les femmes représentent aujourd'hui 63,75 % des élus.

3. Les défis du développement durable

a. La croissance démographique la plus forte de la planète

- L'Afrique connaît depuis un siècle une croissance démographique exceptionnelle. En 1990, le continent africain comptait 630 millions d'habitants, en 2010 un milliard, soit environ 15 % de la population mondiale. Les prévisions moyennes pour 2050 avancent le chiffre de 2 milliards d'habitants, soit un quart de la population mondiale. En effet, la **transition démographique** est en cours dans la plupart des États subsahariens : la baisse rapide du taux de mortalité n'étant qu'inégalement suivie par celle du taux de natalité, l'indice synthétique de fécondité reste parmi les plus élevés du monde avec 4,7 enfants par femme en moyenne (2,9 dans les pays plus développés de la rive méditerranéenne et en Afrique australe, 5,5 dans les pays les moins avancés). De fait, le solde naturel est très élevé, la population augmente et rajeunit. Ainsi, la moitié de la population nigérienne a moins de 15 ans. Du fait de cette vitalité démographique, les États les plus peuplés sont en passe de devenir des géants démographiques : d'ici 2050, le Nigeria peut accéder à la troisième place mondiale devant les États-Unis, l'Éthiopie passer de 87 à 175 millions d'habitants, la République démocratique du Congo de 70 à 165.

- L'autre contrainte majeure consiste en la maîtrise de la **croissance urbaine** (voir l'encadré sur Lagos et Johannesburg). Avec moins de 40 % de population urbaine (plus de la moitié de la population en Afrique australe et du Nord, environ un quart en Afrique occidentale, mais seulement 15 % au Burundi), l'Afrique reste le continent le plus rural de la planète, mais son taux d'urbanisation augmente rapidement : il pourrait atteindre deux tiers de la population en 2050. L'espace urbain est d'un côté le laboratoire de la modernité démographique car la fécondité y baisse, mais de l'autre reste celui de l'habitat informel, précaire et insalubre. Deux tiers des citadins vivent en Afrique subsaharienne dans un bidonville, le *slum* de Kibera à Nairobi étant considéré comme le plus peuplé du continent. L'urbanisation densifie l'ensemble du réseau urbain africain : si 47 grandes villes comptent plus d'un million d'habitants, le nombre des villes petites et moyennes, où vit la majorité des citadins africains, augmente.

Lagos et Johannesburg : deux visages de l'urbanisation en Afrique

Lagos : une mégapole congestionnée

À Lagos, première mégapole africaine, les mobilités urbaines font figure de point de cristallisation des difficultés liées au gigantisme : le légendaire *go slow* des encombrements de la circulation pénalise la productivité de la capitale économique nigériane, même si un réseau de bus en site propre, des lignes ferroviaires et même des téléphériques sont mis en place ou en projet.

Johannesburg : une métropole* en devenir

Si elle est encore balbutiante, la métropolisation du continent accompagne son urbanisation : seule Johannesburg fait à l'heure actuelle figure de métropole mondiale émergente. Le *Diamant Building*, l'un des gratte-ciel iconiques de la ville, a été construit en 1984 par l'Anglo American, firme spécialisée dans l'extraction minière, et s'élève à 80 mètres. Construit en béton et en verre, son architecture permet de refléter les autres tours du quartier des affaires. Il abrite aujourd'hui le siège d'une banque.

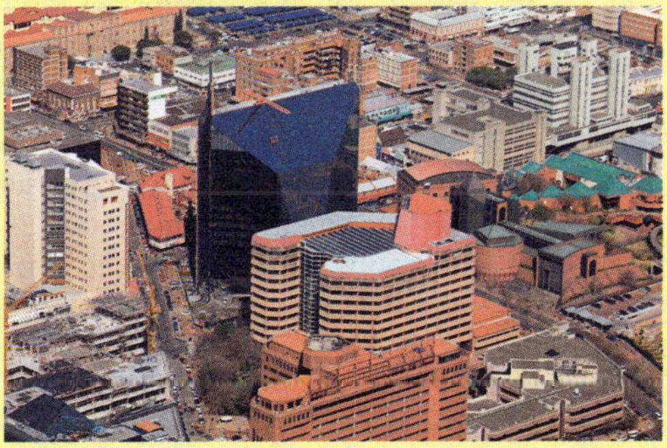

DOC. 4
a. Lagos
b. Johannesburg

La croissance démographique entraîne par ailleurs une **augmentation inégalée de la pression sur les ressources naturelles**. Les besoins alimentaires ne sont pas toujours satisfaits : la sécurité alimentaire a souvent été sacrifiée au profit des cultures d'exportation (voir l'exemple du cacao au chapitre 11), phénomène dont la médiatisation a été amplifiée depuis l'apparition de la notion d'accaparement foncier (*land grabbing*). Des baux de location à très long terme (99 ans) sont ainsi consentis à des fonds souverains ou à des États afin de produire des denrées alimentaires pour les marchés internationaux ou des agrocarburants. Depuis les émeutes de la faim de 2008, une prise de conscience semble cependant avoir eu lieu afin de développer une agriculture plus intensive, combinant mécanisation, irrigation, motorisation et recherche agronomique.

La **pression** sur les ressources est aussi **énergétique**. En l'absence d'électricité, le bois reste un combustible nécessaire au chauffage et à la cuisson des aliments et contribue à la déforestation et à l'émission de CO_2. Les ressources en eau potable illustrent les impasses actuelles et les interrogations futures : désertification, sécheresse et assèchement du lac Tchad, pollution pétrolière dans le golfe de Guinée, où la montée du niveau des océans menace aussi les populations. L'existence de parcs naturels, voire leur renommée internationale, comme celle du parc national Kruger en Afrique du Sud, ne doit pas masquer leurs limites : hérités de la logique conservationniste coloniale, leur tracé et leurs usages sont aujourd'hui difficilement compatibles avec les intérêts des populations locales.

b. Le défi de l'intégration continentale : une régionalisation encore incomplète

- Les deux principales organisations régionales* sont au service des deux puissances économiques continentales. La communauté de développement d'Afrique australe (**SADC**) est devenue depuis 1992 l'un des relais de la puissance sud-africaine en Afrique australe. Des accords la lient avec d'autres zones de libre-échange en Afrique orientale, majoritairement anglophones. La plus ancienne de ces unions, la **CEDEAO**, Communauté économique des États de l'Afrique de l'Ouest, fondée en 1975, est quant à elle centrée sur le Nigeria. Les autres unions économiques sont de plus faibles moteurs d'intégration économique régionale. (Voir la page des Repères)

- À l'heure de la mondialisation, ces unions régionales ont pour mission particulière de désenclaver certains de leurs États-membres grâce à une politique volontariste en matière de transports terrestres (voir le corrigé du sujet 2), les objectifs plus généraux étant l'augmentation des échanges intrazone, la coopération économique et sociale, voire la réalisation d'une union douanière.

- À l'échelle continentale, l'**Union africaine**, forum panafricain créé en 2002 pour prendre la succession de l'Organisation de l'Unité africaine, et dont le siège se situe à Addis-Abeba en Tanzanie, joue avant tout un rôle politique. Ses médiations diplomatiques ainsi que ses interventions militaires se multiplient. Son rôle est cependant loin d'égaler celui de l'Union européenne, tant économiquement que politiquement.

c. Un continent pluriel

- Les défis du développement et de la mondialisation renforcent l'hétérogénéité du continent africain, même si certaines constantes héritées persistent : ainsi, l'Afrique du Nord reste plus développée que l'Afrique subsaharienne.

- Seul État-membre africain du G20 (dès 2008) et du groupe des BRICS* (depuis 2011), la **République d'Afrique du Sud** est un **pays émergent***, même si elle est, à bien des égards, peu puissante et fragile. La puissance économique de cette ancienne colonie britannique s'appuie sur les richesses de son sous-sol : mines d'or et de diamant, de charbon et de cuivre ont permis le développement de grandes firmes et d'une industrie qui attire les investisseurs, en particulier dans le secteur automobile. La fin du régime d'apartheid en 1991 a en effet permis l'internationalisation des entreprises sud-africaines et l'ouverture du marché intérieur. Le *soft power* de cet État s'accroît : de la figure tutélaire de Nelson Mandela, père de la « nation arc-en-ciel », à l'organisation des coupes du monde de rugby (2005) et de football (2010) ou à la conférence de l'ONU de Durban sur le climat (2002), l'Afrique du Sud est de plus en plus présente sur la scène internationale. Sa diplomatie est active sur le continent africain, par exemple en Côte d'Ivoire ou au Soudan. L'Afrique australe est entièrement polarisée : les migrants affluent vers les villes sud-africaines, les enseignes nationales (supermarchés Shoprite, opérateur de téléphonie mobile MTN) s'y implantent, la SADC ayant créé un cadre institutionnel favorable.

- Tout comme les autres pays émergents, l'Afrique du Sud présente cependant d'importantes disparités sociospatiales à toutes les échelles (voir la méthode et stratégie 2), comme entre le Gauteng métropolisé et industrialisé et les régions rurales, ou entre les anciens *townships* d'Alexandria et de Soweto et les nouvelles *edge cities* de Sandton dans l'agglomération de Johannesburg. La violence et la criminalité, le taux de chômage élevé dans la population noire, les tensions sociales – comme la grande grève des mineurs de Marikana en août 2013 qui a fait 34 morts – et le taux élevé de prévalence du VIH restent des défis. Enfin, certains redoutent la possible « reprimarisation » de l'économie nationale, tirée par le poids du complexe minéralo-énergétique : plus de la moitié des exportations du pays est constituée de matières premières.

- Les **« Lions africains »*** sont les autres **pôles de croissance** les mieux insérés dans la mondialisation. Le Nigeria, grâce au pétrole offshore du golfe de Guinée, a déclaré en avril 2014 un PIB dépassant celui de l'Afrique du Sud, mais les tensions religieuses et ethniques handicapent son essor. Les autres principaux pays exportateurs d'hydrocarbures (Algérie et Libye), les pays en développement ayant opté pour une politique de développement extravertie (tourisme balnéaire tunisien ou kenyan, industrie manufacturière textile tunisienne ou éthiopienne, centres d'appels francophones au Maroc ou en Tunisie) ou d'autres menant une politique volontariste comme le Botswana, qui grâce à ses exportations de diamants est sorti de la liste des PMA en 1994, sont particulièrement dynamiques. Dix pays concentrent ainsi deux tiers des investissements. Leurs littoraux dessinent les trois façades maritimes africaines les mieux intégrées à la mondialisation : Méditerranée tournée vers l'Europe, golfe de Guinée, ports sud-africains. Cinq États – Afrique du Sud, Égypte, Algérie, Nigeria et Sénégal – ont institutionnalisé leur position dominante en fondant le Nouveau partenariat pour le développement de l'Afrique (NEPAD) en 2001.

- Enfin, les **périphéries marginalisées** sont constituées des 33 PMA d'Afrique subsaharienne. États et sociétés y sont fréquemment déstabilisés par de graves conflits internes, leur économie est moins diversifiée, leur dépendance est exacerbée envers les remises des émigrés organisés en diasporas en Europe ou en Amérique du Nord et envers l'aide humanitaire. Seize d'entre eux, enclavés, disposent de moins d'atouts encore pour s'intégrer à la mondialisation. Leurs mégapoles, telles Kinshasa, Khartoum ou Nouakchott, ne sont que peu engagées sur la voie de la métropolisation.

L'insertion dans l'espace mondialisé est donc une des clés du développement du continent africain au XXIe siècle. Elle est en effet de plus en plus considérée comme une chance. Du rattrapage au décollage, les situations locales témoignent cependant d'une grande diversité.

REPÈRES

Document clé

Les organisations régionales à vocation économiques en Afrique.

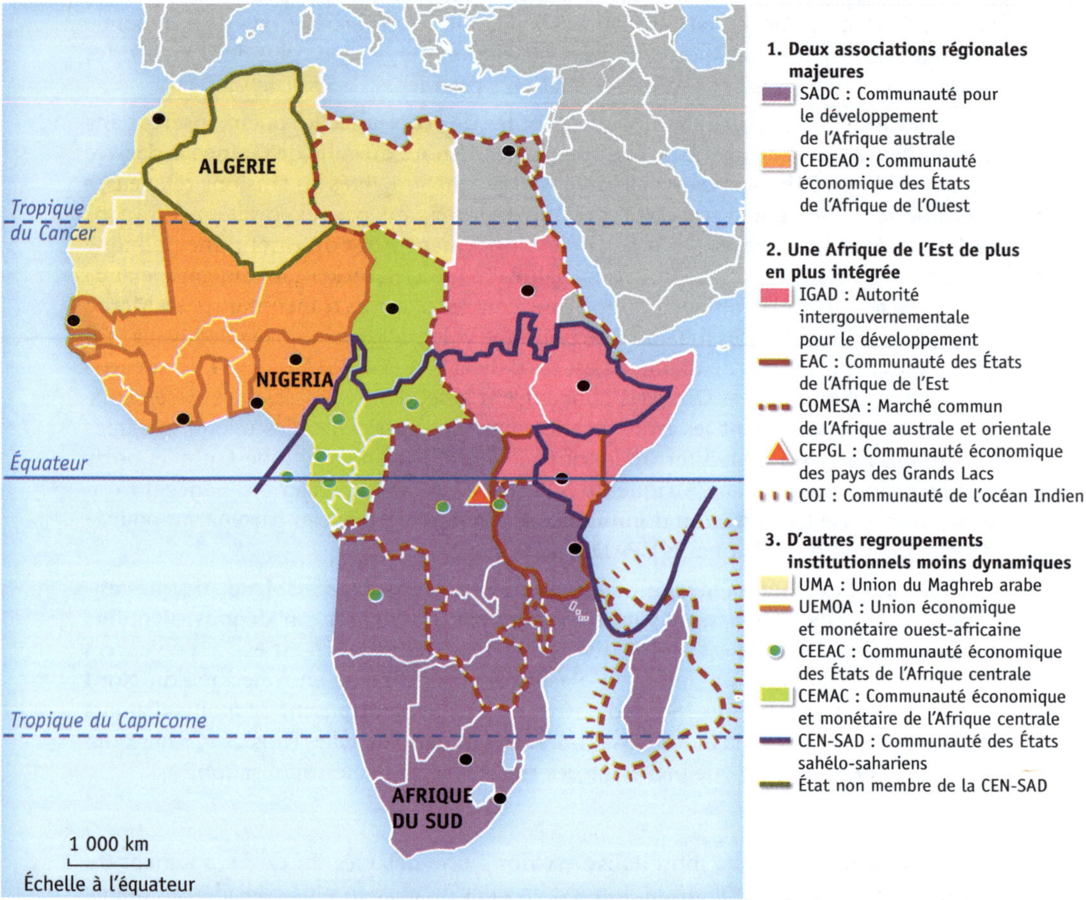

Bibliographie

- BRUNEL S., *L'Afrique est-elle si bien partie ?*, Auxerre, Éd. Sciences humaines, 2014
- DUBRESSON A., RAISON J.-P., *L'Afrique subsaharienne. Une géographie du changement*, Paris, Armand Colin, 2011
- POURTIER R., *Afrique noires*, Paris, Hachette, 2010

Filmographie

- CREPU J., *Main basse sur le riz*, 2010
- DEPARDON R., *Afrique. Comment ça va avec la douleur ?*, 1996
- GALLET A., ODIOT A., *Zambie. À qui profite le cuivre ?*, 2011
- SAUPER H., *Le Cauchemar de Darwin*, 2003

MÉTHODES ET STRATÉGIES

1 Intégrer des schémas dans une composition

Unité et diversité du continent africain face au développement et à la mondialisation

> Voir la méthode générale d'une composition en annexe (p. 515).

> Voir les sujets 1 et 2 du chapitre 13, 2 du chapitre 15 et le sujet d'approfondissement (p. 505).

Analyser le sujet

Deux écueils sont à éviter :

– l'utilisation de connaissances sur l'unité et la diversité du continent africain (climats, paysages, répartition de la population, etc.) non reliées au développement et à la mondialisation.

– le traitement du sujet à la seule échelle continentale. La diversité des niveaux de développement et d'intégration à l'espace mondialisé se retrouve dans une démarche géographique à toutes les échelles : continentale, mais aussi subcontinentale, nationale, régionale et locale. Les schémas à différentes échelles permettent de renforcer la dimension multiscalaire du sujet.

Bâtir le plan de la composition

La difficulté principale est d'éviter un plan construit sur une argumentation binaire : unité/diversité d'un côté, développement/mondialisation de l'autre. Le changement d'échelle, illustré par des schémas complémentaires, peut être au cœur de la construction d'un plan multiscalaire répondant à la problématique suivante : En quoi les défis du développement à l'heure de la mondialisation font-ils de l'Afrique un continent pluriel ?

I. Un continent de moins en moins uniforme

1. Le continent le plus pauvre et le moins développé du monde
2. Une forte croissance économique, mais inégalement répartie
3. Des sous-ensembles régionaux aux dynamiques variées

II. À l'échelle nationale, des dynamiques typiques des logiques spatialement sélectives de la mondialisation

1. Des constructions étatiques centralisées, héritées de l'ère coloniale, souvent défaillantes, favorisant les tendances centripètes
2. Des régions ouvertes sur le monde, mais contrôlées de l'extérieur (agriculture de plantation, gisements miniers ; littoraux – ports, enclaves touristiques ; frontières ouvertes)
3. Des régions en marge de la mondialisation légale et du développement (montagnes refuges, agriculture extensive, territoire des minorités ethniques)

III. Les très grandes villes africaines, des espaces ségrégés

1. Les mégalopoles, foyers de la croissance urbaine
2. Les nouveaux centres, reflet d'un haut niveau de vie et au cœur des dynamiques mondialisés : centres des affaires, quartiers résidentiels aisés (communautés fermées), centres commerciaux
3. La croissance non durable des bidonvilles péricentraux et périphériques

Rédiger la composition

Les trois schémas suivants, s'insérant à la fin de chaque partie, permettent de reprendre les idées principales développées au cours de l'argumentation.

- Le premier schéma a été réalisé à partir du croquis d'organisation spatiale de l'Afrique (voir le corrigé du sujet 1), en sélectionnant les figurés pertinents et en réorganisant la légende. Il met en valeur, notamment par les aplats de couleur, l'hétérogénéité des États africains, et certains de ses facteurs.
- Le deuxième schéma permet de réemployer les notions liées aux dynamiques territoriales d'un État (voir le chapitre 13).
- Le troisième schéma permet, à l'échelle locale, de montrer une précision dans les phénomènes localisés qui valorisera le devoir.

SCHÉMA 1 Des sous-ensembles régionaux de plus en plus divers.

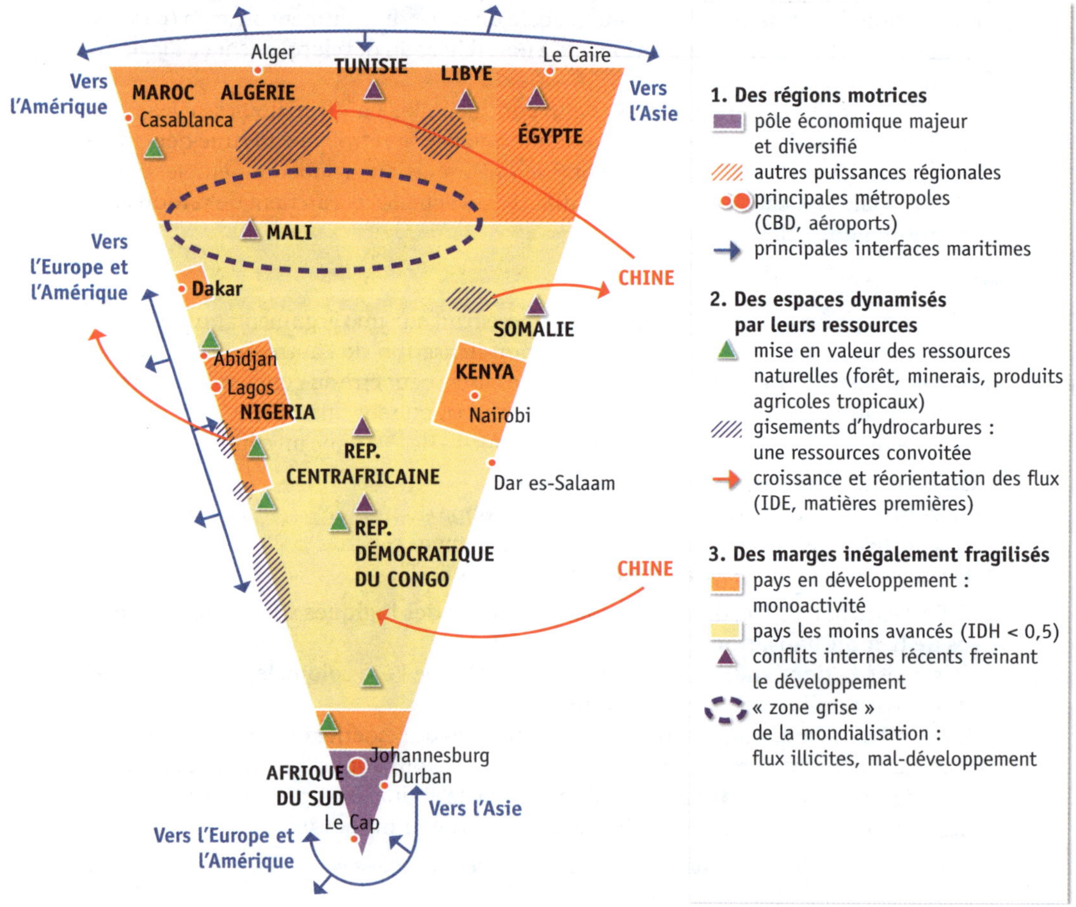

SCHÉMA 2 L'Afrique du Sud : les espaces inégalement développés d'un pays émergent.

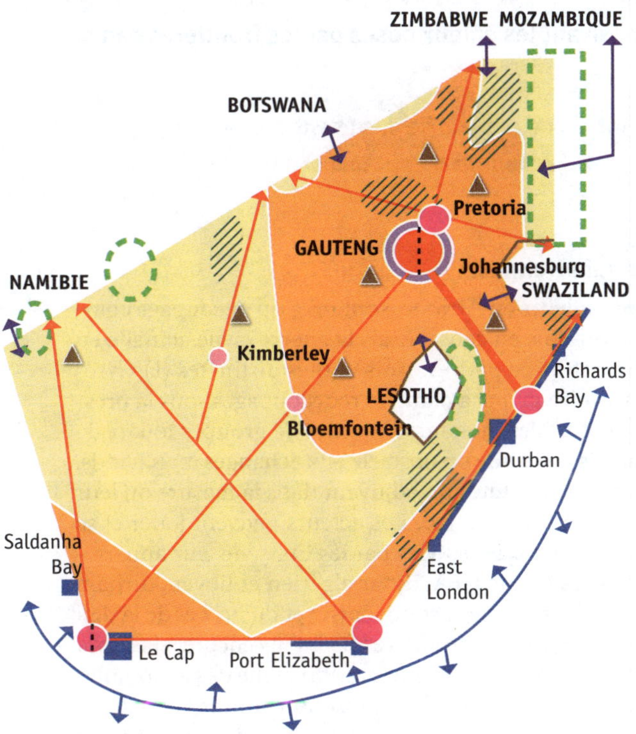

1. Les espaces moteurs du seul pays émergent africain
- mines, bases de la croissance industrielle
- ville mondiale (bourse, aéroport international)
- pôles urbains majeurs
- pôles urbains secondaires

2. Les territoires d'une ouverture récente
- façade maritime
- principaux ports
- échanges variés : puissance régionale
- parcs naturels transfrontaliers : tourisme international et coopération régionale
- principaux axes de communication

3. Une fragmentation croissante à toutes les échelles
- centre économique et politique
- périphéries intégrées : croissance industrielle, littoralisation
- périphéries rurales
- anciens bantoustans, enclaves de mal-développement
- ségrégation socio-spatiale métropolitaine : inégalités économiques persistantes

SCHÉMA 3 Lagos, une métropole fragmentée.

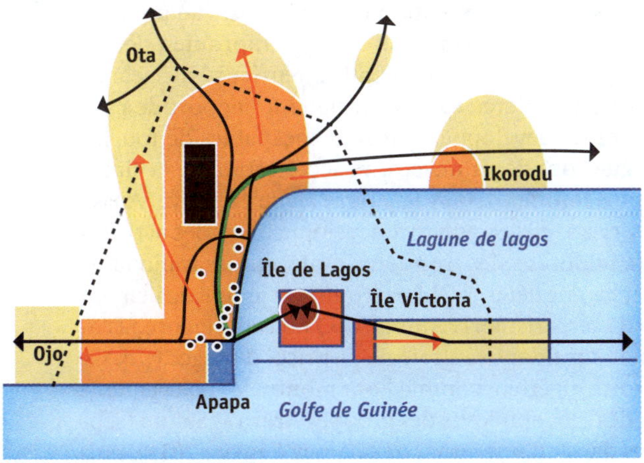

1. Une mégapole en expansion rapide
- zone urbanisée en 1985
- étalement urbain des trente dernières années
- dynamique d'expansion de l'aire urbaine
- principaux axes de transport : engorgements quotidiens
- BRT : réseau de bus en voie propre
- lagune : environnement peu protégé

2. Une métropole dynamique
- centre des affaires : centre de commandement majeur
- aéroport international, premier d'Afrique de l'Ouest
- zone portuaire (quais à conteneurs, silos, stockage de pétrole raffiné)

3. Des contrastes de développement marqués
- quartiers résidentiels aisés
- bidonvilles en forte croissance

2 Étude critique d'un article scientifique – Les frontières dans l'espace saharien : ressources, conflits

Analysez à partir du document suivant les enjeux posés par les frontières dans l'espace saharien.

> Voir la méthode générale d'une étude critique de document en annexe (p. 518).
> Voir les sujets 3 du chapitre 13, 2 du chapitre 14, et 1 du chapitre 15.

DOC. La porosité des frontières sahariennes.

« Les frontières sahariennes, comme ailleurs en Afrique, sont nées du découpage colonial que les indépendances n'ont pas remis en cause. Mais la guerre civile actuelle en Libye pourrait conduire à l'éclatement de ce pays en trois entités distinctes (la Cyrénaïque, la Tripolitaine et le Fezzan), voire même à d'autres redécoupages sous la pression de nouvelles revendications territoriales, notamment celles de groupes touaregs. Les frontières sahariennes n'ont jamais constitué un obstacle aux échanges marchands. Comme ailleurs en Afrique, elles en ont été plutôt un adjuvant dans la mesure où leur perméabilité fournit des opportunités de commercer. Les acteurs peuvent jouer et se jouer des différences de politiques économiques suivies par les États, de leur appartenance à des zones monétaires distinctes (franc CFA, dinar algérien et libyen, dirham marocain, ouguiya mauritanien, libre égyptienne et soudanaise) et du prix et de la disponibilité des marchandises de part et d'autre des frontières [...]. Plus encore, elles sont devenues indispensables aux économies locales : une intégration réelle des économies interrégionales s'est opérée de fait et en l'absence d'organisation supranationale, la Cen-Sad (Communauté des États sahélo-sahariens) étant plus à l'état de projet qu'une réalité (l'Algérie n'y a pas adhéré).
À propos du trafic du hachisch et de la cocaïne, la porosité des frontières sahariennes et la faiblesse des systèmes judiciaires et policiers nationaux ont constitué pour les trafiquants un avantage comparatif déterminant dans leur choix d'emprunter, depuis 2006, la voie sahélienne vers l'Europe. Loin d'être combattue par leurs dirigeants, l'arrivée de ces produits est, au contraire, tolérée car ils permettent l'apport de cash que l'économie formelle et les projets de développement sont incapables de fournir aux populations. Ces trafics de drogue vont de pair avec une accélération de la circulation des armes, d'abord légères, puis lourdes depuis la guerre civile en Libye. Aussi, la zone sahélo-saharienne se caractérise-t-elle par un fort développement des activités criminelles qui s'effectuent en toute impunité : les frontières protègent les trafiquants locaux des poursuites et ralentissent les enquêtes. [...] Les frontières jouent également un rôle important dans le domaine du terrorisme. L'Aqmi [Al-Qaida au Maghreb islamique] utilise la frontière nigéro-malienne dans sa stratégie de prises d'otages [...]. Ce groupe « s'approvisionne » en territoire nigérien, comme l'ont montré les enlèvements de Michel Germaneau (avril 2010), des sept employés des groupes Areva et Satom (septembre 2010) et des deux jeunes gens dans un restaurant de Niamey (janvier 2011), puis « stocke » ses otages dans la région montagneuse du Timétrine située au nord-ouest de l'Adrar des Iforas (Mali). La présence de ce groupe salafiste y transforme les pratiques

sociales des populations locales dans leur vie quotidienne où elles se voient contraintes de se plier à leurs normes religieuses (statut de la femme). [...] »

■ Emmanuel Grégoire, André Bourgeot, « Désordre, pouvoirs et recompositions territoriales au Sahara », *Hérodote*, n° 142 (Géopolitique du Sahara), éditions La Découverte, 2011.

Analyser le sujet

> Présenter le document

La revue *Hérodote* a été fondée par le géographe français Yves Lacoste en 1976. Son sous-titre, *Revue de géographie et de géopolitique*, permet de l'inscrire dans le courant géopolitique de la géographie française et dans la grille de lecture correspondante du programme de Terminale : l'analyse doit donc porter sur les acteurs et leurs stratégies d'appropriation d'un territoire.

Revue scientifique, elle donne la parole à des géographes spécialisés dans leur domaine d'étude, dont l'analyse se veut précise, complète, nuancée et actuelle.

L'idée principale que développe l'extrait est celle de la complexité du fonctionnement des frontières dans l'espace saharien.

Le dossier thématique a été publié en 2011 alors que le Sahara devenait une zone de plus en plus centrale dans l'analyse géopolitique du globe, notamment du fait des révolutions arabes, dont la déstabilisation de la Libye est la conséquence, et du retentissement médiatique notamment en France, de l'activité d'Aqmi, par exemple au Niger.

> Mobiliser et organiser ses idées

Les articles scientifiques étant caractérisés par leur précision et leur densité, la difficulté principale réside dans l'apport de connaissances personnelles permettant de ne pas simplement paraphraser le document. De ce fait, l'apport de définitions et d'exemples complémentaires ainsi que la mise en relation des faits évoqués dans le document seront valorisés.

Dans le premier paragraphe du document, les notions de « frontière », « découpage colonial », « indépendance » seraient par exemple à définir, le contexte et les acteurs de la « guerre civile » en Libye à rappeler (chute du régime de M. Khadafi après le soulèvement des populations locales et l'intervention aérienne de l'OTAN en mars 2011), certains exemples à développer (« touaregs » nomades aussi présents au Mali et au Niger, avec des groupes politiques organisés revendiquant un territoire indépendant).

> Relever les limites du document

La date de rédaction et de parution de l'article peut être utilisée comme levier : les évolutions les plus récentes ne peuvent souvent pas être prises en compte dans le cadre de processus rédactionnels assez longs. Ainsi, depuis 2011, la situation de la Libye reste incertaine, alors que l'intervention française au Mali en janvier 2013 (opération Serval) a entraîné une recomposition territoriale de l'espace contrôlé par Aqmi.

Bâtir le plan de l'étude de document

Le plan peut s'appuyer sur le titre de l'exercice (ici sur des notions de ressources et de conflits) et la structure argumentative assez explicite typique de l'article scientifique : une idée est développée à l'aide d'arguments et d'exemples.

Dès la première lecture, les thèmes suivants sont facilement repérés : histoire et actualité du tracé des frontières, fonction économique en l'absence d'une intégration régionale

institutionnelle efficace, flux de marchandises liées à l'« antimonde » (R. Brunet) de la mondialisation illicite, prise de contrôle par les réseaux terroristes islamistes.
Leur classement peut ensuite s'effectuer de façon binaire :
– ressources : fonction économique, flux de marchandises ;
– conflits : tracé des frontières, réseaux terroristes.
Cette première ébauche de plan peut dans un dernier temps être affinée et complétée afin de répondre à la problématique suivante : En quoi les frontières sahariennes présentent-elles un fonctionnement révélateur des enjeux actuels d'un territoire mondialisé ?

I. Des frontières ouvertes, une ressource économique pour des acteurs de moins en moins locaux

1. Un espace vécu transfrontalier : un bassin de vie des populations locales jouant sur les différences entre États
2. Une intégration régionale balbutiante : la disparition des barrières douanières au sein des zones de libre-échange
3. Des « zones grises » exploitées par des réseaux mafieux mondialisés

II. Des frontières au centre de conflits géopolitiques multiples

1. Le renouvellement des conflits intra-étatiques au sujet du tracé des frontières (Libye, Touaregs)
2. Un contrôle lacunaire du territoire par le pouvoir central : des acteurs politiques dominés
3. La naissance d'un nouveau territoire accompagné de nouvelles frontières mouvantes : le « sanctuaire » d'Aqmi

SUJETS DE TYPE BAC

1 Croquis de géographie

60' (S)
90' (L, ES)

Le continent africain : contrastes de développement et inégale intégration dans la mondialisation

> Voir la méthode générale de réalisation d'un croquis en annexe (p. 520).
> Voir les méthodes et stratégies 1 du chapitre 13, et 1 du chapitre 15.

DOC. **Fond de carte**

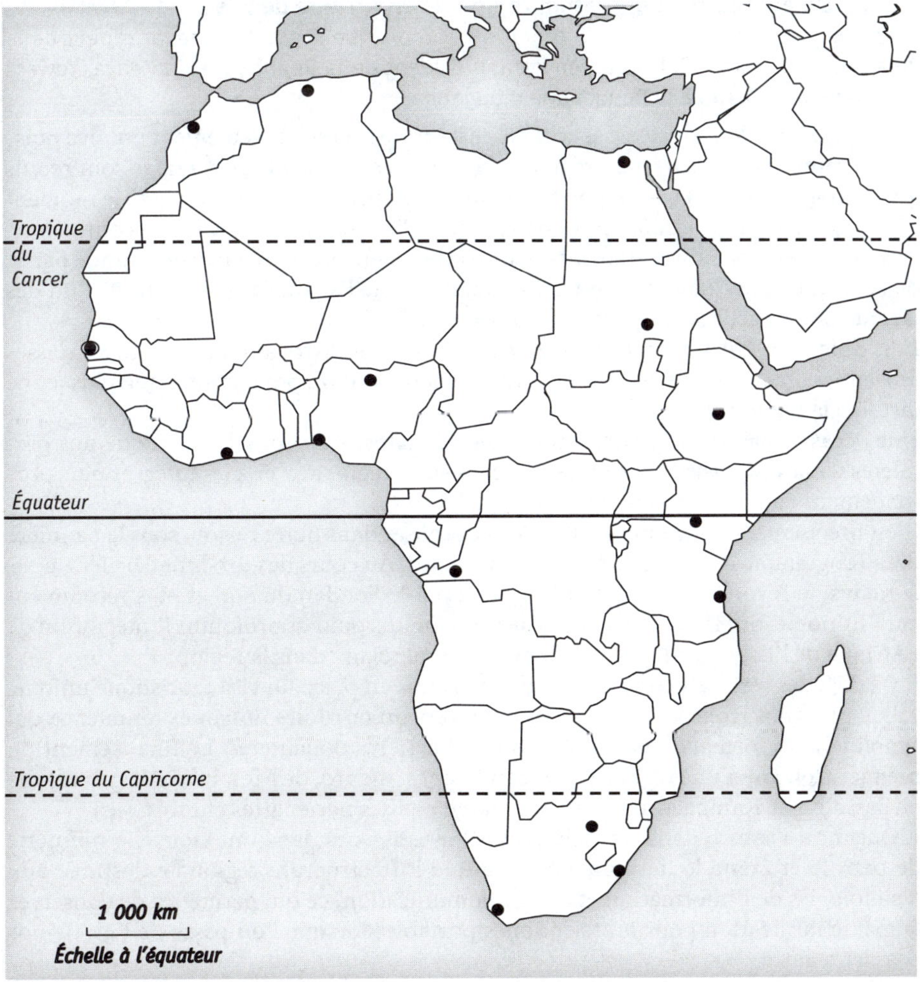

2 Étude critique de deux documents — L'Afrique de l'Est face au développement et à la mondialisation

60' (S)
90' (L, ES)

Confrontez les deux documents proposés afin de porter un regard critique sur la situation actuelle des États est-africains face au double défi du développement et de l'intégration à la mondialisation.

> Voir la méthode générale d'une étude critique de document en annexe (p. 518).
> Voir les méthodes et stratégies 2 du chapitre 14, et 1 du chapitre 15.

DOC. 1 Un espace de coopération régionale en Afrique de l'Est.

Trois présidents plaident pour l'intégration économique : Paul Kagame, président de la République du Rwanda, Uhuru Kenyatta, président de la République du Kenya, Yowera Museveni, président de la République d'Ouganda.

« Cette idée que le XXIe siècle sera celui de l'Afrique n'est pas seulement un rêve puissant et mobilisateur, il devient réalité. Après que les dirigeants africains se sont réunis à Washington du 4 au 6 août pour le premier Sommet Amérique-Afrique, le moment semble propice pour examiner les bases – et les limites – des avancées du continent.

Bien que guerre et pauvreté soient encore de graves problèmes dans une grande partie de l'Afrique, notre continent est plus stable qu'il ne l'a jamais été et jouit de l'un des taux de croissance les plus élevés de la planète.

Lors de la dernière décennie, des dizaines de millions d'Africains ont rejoint les classes moyennes ; nos villes se développent rapidement et notre population est la plus jeune de toute la planète. […]

Une occasion favorable s'offre à nous, les Africains, saisissons-la. L'une de nos premières tâches consiste à élargir les marchés sous-régionaux et à les intégrer plus profondément dans l'économie mondiale. […]

C'est précisément ce que nous cherchons à réaliser dans notre région, sous la bannière d'un Programme d'intégration du corridor nord. Au cours des dix-huit derniers mois, le Kenya, le Rwanda et l'Ouganda, rejoints par le Soudan du Sud et plus récemment par l'Éthiopie, ont lancé quatorze projets communs pour approfondir l'intégration de l'Afrique de l'Est et faciliter les échanges commerciaux dans la région.

Il y a déjà des résultats concrets. Nous avons mis en place un visa touristique unique, valide pour nos trois pays. Nous évoluons vers un territoire douanier unique, ce qui simplifiera les formalités et supprimera les barrières douanières. Le financement du premier tronçon d'une voie ferrée à écartement standard, de Mombasa à Kigali et Juba en passant par Kampala, a été pris en charge par des partenaires chinois. […]

L'Ouganda s'assure de la participation d'investisseurs dans une nouvelle raffinerie de pétrole et mène le développement d'une infrastructure régionale destinée aux technologies de l'information et de la communication, ce qui permettra de conserver la même tarification pour les téléphones portables lorsque l'on passe de l'un de nos pays à un autre.

Le Kenya a la responsabilité de développer une Bourse régionale des matières premières, d'améliorer la formation des travailleurs grâce à l'éducation et à des services de conseil aux entreprises, ou encore de construire des oléoducs pour le pétrole brut et le

pétrole raffiné. Le Kenya devra aussi étendre le réseau de production et de distribution d'électricité au niveau régional.
Le Rwanda a la responsabilité d'assurer la convergence des lois sur l'immigration et de favoriser la liberté de déplacement des citoyens et des visiteurs. Il doit aussi coordonner la gestion de l'espace aérien, la promotion du tourisme dans toute la région et coordonner la sécurité régionale dans le cadre de l'East Africain Standby Force (force est-africaine de stabilité). [...] »

■ « Un espace de coopération régionale en Afrique de l'Est. », P. Kagame, U. Kenyatta, Y. Museveni, traduit de l'anglais par Patrice Horowitz, *Le Monde*, 9 septembre 2014, © Project Syndicate 2014.

DOC. 2 Le Kenya, nouveau pôle régional.

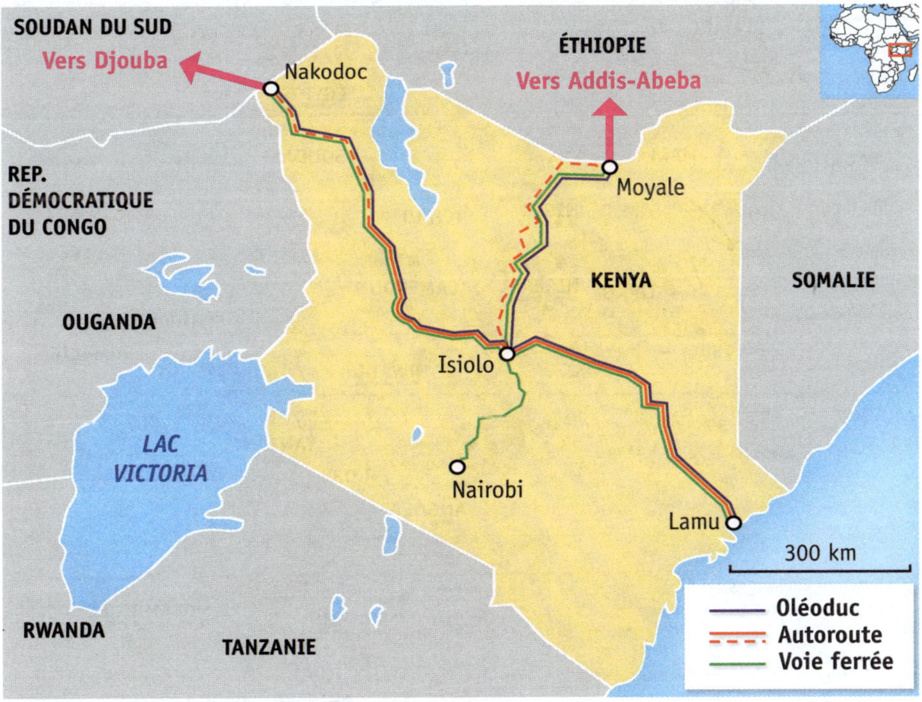

CORRIGÉS

1 Croquis de géographie – Le continent africain : contrastes de développement et inégale intégration dans la mondialisation

CROQUIS **Réalisation graphique**

CROQUIS Légende

I. Des contrastes de développement majeurs

1. Des indicateurs hétérogènes
- forte prévalence du VIH
- urbanisation rapide : crise des espaces ruraux
- émigration vers les pôles de richesse

2. La persistance des conflits armés persistants, freins au développement
- principales zones de conflit (conflits ethniques, piraterie maritime)
- rayon d'action d'AQMI
- l'Afrique, premier foyer mondial de réfugiés et déplacés

II. Une intégration sélective dans la mondialisation

1. Des pôles de croissance isolés
- gisements d'hydrocarbures
- autres ressources minérales
- agriculture tropicale

2. Une littoralisation croissante
- principales façades maritimes
- tourisme de masse balnéaire
- pays enclavés : handicap majeur
- exportations de plus en plus diversifiées
- la Chine, nouveau partenaire commercial privilégié

III. Un continent de plus en plus polarisé

1. Des espaces moteurs peu nombreux
- seul pays émergent africain (G20, BRICS)
- ville mondiale
- PAYS autres « lions africains »

2. Des périphéries aux trajectoires variées
- PAYS dynamisme récent : taux de croissance élevés, ouverture rapide sur l'Asie et le monde
- pays en développement (PED)
- pays les moins avancés (PMA)

2 Étude critique de deux documents – L'Afrique de l'Est face au développement et à la mondialisation

[Introduction]

Quarante ans après la parution de l'essai du géographe français René Dumont, *L'Afrique noire est mal partie*, plusieurs indices tendent à remettre en question le constat « afro-pessimiste » des décennies passées. Les États de l'est du continent, des Grands Lacs à l'océan Indien, voient le niveau de vie de leurs populations augmenter, dans le sillage d'une croissance économique portée par la mondialisation. Ainsi, à l'occasion d'un premier sommet intercontinental réunissant, dans la lignée des sommets Inde-Afrique, Chine-Afrique et Japon-Afrique, des États américains et africains afin d'intensifier les relations économiques entre les deux continents, trois chefs d'État est-africains ont publié en août 2014 une tribune afin de montrer à l'opinion publique internationale leurs ambitions et leur détermination à faire de leurs États des territoires attractifs ; celle-ci a été reprise un mois plus tard dans les colonnes du quotidien français de référence *Le Monde* à l'attention des lecteurs hexagonaux, en général plus familiers des anciennes colonies françaises d'Afrique de l'Ouest. Une carte thématique à l'échelle régionale permet, en plus de situer les pays concernés, de mettre en valeur leur nécessaire collaboration en matière de transports et de souligner la localisation stratégique du Kenya au sein de ce sous-ensemble régional. Dans quelle mesure l'Afrique de l'Est est-elle particulièrement concernée par un dynamisme nouveau lié à la mondialisation ? Le tableau que dressent les trois hommes politiques de l'état actuel de la région s'avère résolument optimiste, ce qui leur permet de proposer une politique volontariste visant à conforter et à renforcer les multiples progrès enregistrés, passant cependant sous silence les difficultés à faire bénéficier tous les Africains de l'Est de cet essor.

[I. Les chantres de l'« afro-optimisme »]

[1. Une insertion réussie dans la mondialisation]

L'ensemble de la déclaration est parsemé de références à la **réussite économique** que constitue l'intégration des pays est-africains dans l'économie globalisée. Les exportations de matières premières, comme le « pétrole brut » du Soudan du Sud ou les matières premières agricoles (café en Éthiopie, thé au Kenya) constituent, en effet, du fait de la demande croissante des marchés nord-américain, européen ou asiatique, le principal levier d'une croissance soutenue : dans la première décennie du XXIe siècle, « l'un des taux de croissance les plus élevés de la planète » s'observe en effet au Rwanda, où il est supérieur à 6 % par an. Des flux financiers sont donc constatés entre les pôles émetteurs d'IDE (investissements directs à l'étranger) et les pays récepteurs, preuve que les firmes transnationales des pays développés ou émergents peuvent trouver sur le sol africain des perspectives de croissance : ainsi, une « participation d'investisseurs dans une nouvelle raffinerie de pétrole » est souhaitée, tandis que des « partenaires chinois » ont déjà été sollicités. Les IDE à destination de l'Afrique, même s'ils restent faibles en regard d'autres régions du monde, connaissent à l'heure actuelle une augmentation rapide.

La tertiarisation de l'économie constitue le dernier volet de cette « vitrine » d'un continent en transition rapide. Le virage de la financiarisation de l'économie est sous-jacent à la création d'une « Bourse régionale des matières premières » au Kenya. Le secteur du tertiaire supérieur correspond à celui des « services de conseil aux entreprises ». Enfin, le secteur du « tourisme », qu'il soit balnéaire, d'aventure ou naturel (dans les parcs naturels ou sur les littoraux kenyans en particulier), renvoie à une économie de services lucrative.

[2. Un niveau de développement de plus en plus élevé]

L'essor économique est intrinsèquement lié à l'**augmentation du niveau de vie** des populations locales. L'émergence d'une nouvelle catégorie sociale, urbaine, éduquée, assez aisée pour venir grossir les effectifs de la société de consommation est tenue pour acquise : « lors de la dernière décennie, des dizaines de millions d'Africains ont rejoint les classes moyennes ; nos villes se développent rapidement ». Les dizaines de millions de personnes dont le revenu dépasse désormais le seuil de pauvreté peuvent prétendre, à Nairobi, à Addis Abbeba ou à Dar es-Salaam, à un accès au mode de vie occidental (par exemple aux grands centres commerciaux, tels le Westgate Shopping Mall à Nairobi), à la fréquentation d'instituts culturels étrangers (pour l'allemand, un institut Goethe est situé dans la même ville) et au progrès technologique des « technologies de l'information et de la communication » et des « téléphones portables » qui leur permet d'entrer dans la modernité électronique.

[3. Une évolution politique encourageante]

Enfin, le bilan des dernières années est présenté comme une réussite d'un point de vue politique : « notre continent est plus stable qu'il ne l'a jamais été ». L'absence de conflit armé constitue en effet un facteur essentiel expliquant l'implantation d'entreprises étrangères, qui suivent les avis des agences de notation* évaluant le risque par pays : si celui-ci est élevé, les acteurs de la mondialisation économique licite ont tendance à éviter le territoire en question. La participation des populations locales à la **vie politique démocratique** est par ailleurs considérée comme un marqueur de bonne gouvernance et de développement. Le Rwanda fait ainsi figure de bon élève : vingt ans après le génocide perpétré en 1994 par les Hutus contre les Tutsis, ce pays est économiquement l'un des plus dynamiques du continent et celui où le pourcentage de femmes au Parlement est l'un des plus élevés au monde.

[Transition]

Cet essor du continent africain en général, et de l'Afrique de l'Est en particulier, conduit certains acteurs politiques à vouloir le soutenir institutionnellement.

[II. Une politique de développement volontariste]

[1. l'approfondissement de l'intégration régionale, principal vecteur de croissance et de développement]

L'enjeu de l'**intégration régionale** apparaît dès le titre de la tribune : « Un espace de coopération régionale en Afrique de l'Est. Trois présidents plaident pour l'intégration économique. » Sur le modèle de nombreuses autres institutions supranationales*, dont l'Union européenne, à laquelle appartiennent les deux anciennes métropoles du Kenya (le Royaume-Uni) et du Rwanda et de l'Ouganda (la Belgique), de nombreux domaines doivent être l'objet d'un dialogue politique afin de renforcer la croissance et le développement. À l'instar des zones de libre-échange, il s'agit avant tout d'« élargir les marchés sous-régionaux [afin de] les intégrer plus profondément dans l'économie mondiale », d'« approfondir l'intégration de l'Afrique de l'Est et faciliter les échanges commerciaux dans la région » : les bénéfices de la régionalisation sont attendus, les pôles de puissance à l'échelle mondiale étant aujourd'hui également ceux où le commerce intrazone est le plus développé. Pour ce faire, cinq pays frontaliers de superficie, de taille et d'histoire diverses se sont associés et doivent devenir complémentaires. Les objectifs fixés sont ceux d'une zone de libre-échange : l'« évolu[tion] vers un territoire douanier unique, ce qui simplifiera les formalités et supprimera les barrières douanières » va de pair avec la libre circulation des personnes (« Nous avons mis en place un visa touristique unique, valide pour nos trois pays », « Le Rwanda a la responsabilité d'assurer la convergence des lois sur l'immigration et de favoriser la liberté de déplacement des citoyens et des visiteurs »).

[2. Le désenclavement, un défi commun]

Des cinq États associés, seul le Kenya dispose d'une façade maritime. À l'heure de la maritimisation et de la littoralisation de l'économie, cette donnée géographique rend nécessaire une **politique des transports commune**. Trois moyens de transport terrestres sont mis en valeur par la carte : les corridors kenyans est-ouest et nord-sud permettront de relier grâce au « premier tronçon d'une voie ferrée à écartement standard [...] Mombasa » au Kenya à « Kigali » et « Juba », capitales du Rwanda et du Sud-Soudan, en complément des autoroutes. L'exportation du pétrole, principale ressource économique du Sud-Soudan, nécessite à l'heure actuelle l'utilisation des tubes menant vers le nord à Port-Soudan : « construire des oléoducs » entre les champs pétrolifères sud-soudanais et le port kenyan de Lamu permettrait au jeune État (né en juillet 2011) d'être moins dépendant de Khartoum (Soudan). Le dernier réseau est aujourd'hui moins important : « coordonner la gestion de l'espace aérien » se révèle au vu des flux observés un objectif secondaire.

[3. Des perspectives planétaires]

Le volontarisme politique mis en évidence à l'échelle régionale se retrouve à plus petite échelle. Des **relations diplomatiques** bilatérales et multilatérales sont recherchées : le « premier sommet Amérique-Afrique » fait suite à la multiplication des rencontres entre dirigeants africains et asiatiques depuis le tournant du siècle. Ces nouvelles relations atlantiques peuvent s'expliquer par l'intérêt commun des participants à ne pas voir l'Afrique, notamment de l'Est, se transformer en Chinafrique. Ce sont en effet des « partenaires chinois » qui développent le réseau ferroviaire est-africain, tout comme le pétrole sud-soudanais, en partie exploité par les entreprises d'État chinoises, est principalement exporté vers ce pays. « La promotion du tourisme dans toute la région » peut aussi prendre la forme de campagnes promotionnelles ciblant cette fois les populations aisées des pays du Nord.

[Transition]

Les auteurs de l'article se présentent ainsi, en qualité d'hommes d'État, comme les promoteurs et les acteurs indispensables au décollage avant tout économique du continent et de leur région, laissant dans l'ombre des difficultés à surmonter.

[III. Des défis encore nombreux]

[1. Un niveau de développement encore faible]

Le décollage de l'économie est-africaine n'entraîne que partiellement l'élévation du niveau de vie des populations locales. En Afrique de l'Est, seul le Kenya ne fait pas partie du groupe des **pays les moins avancés** (PMA) : la « pauvreté » monétaire est encore un « grave problème », tant dans des espaces ruraux qu'urbains. Né de l'étalement urbain spontané caractéristique des très grandes villes du Sud, le bidonville de Kibera à Nairobi est considéré comme l'un des plus vastes du monde. « Étendre le réseau de production et de distribution d'électricité au niveau régional » reste un défi, afin que l'accès à l'énergie soit une réalité pour un plus grand nombre, pour cuisiner, se chauffer, se déplacer, étudier, travailler ou communiquer. La « population […] la plus jeune de toute la planète », du fait d'une transition démographique encore en cours, présente certes l'avantage comparatif d'être nombreuse et bon marché, mais « améliorer la formation des travailleurs grâce à l'éducation » reste une priorité afin d'augmenter le nombre d'emplois qualifiés, au risque d'une « fuite » de ces nouveaux « cerveaux ». Enfin, la définition des « classes moyennes » africaines et de leur effectif fait l'objet de débats : la Banque africaine de développement distingue la classe moyenne flottante (aux revenus compris entre 2 et 4 dollars par jour), intermédiaire (entre 4 et 10) et supérieure (plus de 10 dollars par jour).

[2. Un climat politique régional fragile]

L'optimisme affiché par les trois chefs d'État contraste également avec d'autres **analyses géopolitiques**. La Somalie, visible sur la carte, ne fait ainsi pas partie de l'organisation régionale créée par ses pays voisins : cet État est considéré comme « failli » (*failed state*) depuis le début de la guerre civile en 1991, et la piraterie sévit au large de ses côtes. La crise politique interne a des répercussions sur la « stabilité » et la « sécurité » du Kenya : la prise d'otages du Westgate Shopping Mall de Nairobi en 2014 a été le fait de membres des *shebabs*, milices islamistes implantées en Somalie. La meurtrière « guerre » civile entre Soudan et Sud-Soudan a certes pris fin, mais les tensions sont permanentes le long de leur frontière commune, au tracé en partie contesté. L'Éthiopie se tourne vers ses voisins du sud tandis que les tensions avec l'Égypte augmentent du fait de la construction du barrage Renaissance en amont du Nil. À l'échelle nationale, la « stabilité » n'est qu'apparente au Kenya : le président Kenyatta a fait l'objet de poursuites de la part de la cour pénale internationale suite aux émeutes interethniques de 2008.

[3. « le programme d'intégration du corridor nord », une nouvelle coquille vide ?]

Ce plaidoyer en faveur d'un nouveau programme de développement et de coopération régionale passe sous silence les avancées modestes des **autres institutions africaines** du même ordre. Le nouveau cadre d'action risque de se juxtaposer à ces autres initiatives – Autorité intergouvernementale pour le développement (IGAD), Coopération de l'Afrique de l'Est (EAC), Marché commun de l'Afrique orientale et australe (COMESA), Communauté économique des pays des Grands Lacs (CEPGL), Commission de l'océan Indien (COI) – voire de les concurrencer.

[Conclusion]

L'Afrique de l'Est, en particulier le Kenya, qui en est la puissance régionale majeure, s'avère bien de plus en plus représentative des effets complexes de la mondialisation sur le continent africain, entre croissance et régionalisation de l'économie, diversification des acteurs (hommes politiques, FTN*) et persistance des inégalités sociospatiales. Cette double logique d'intégration régionale et mondiale à l'œuvre sur le continent africain se retrouve autour d'autres pôles de croissance et de développement, en particulier l'Afrique du Sud et le Nigeria.

CHAPITRE 15 Séries L, ES et S

L'Asie du Sud et de l'Est : les enjeux de la croissance

COURS

MÉTHODES ET STRATÉGIES

SUJETS DE TYPE BAC

CORRIGÉS

COURS

L'Asie du Sud et de l'Est : les enjeux de la croissance

L'Asie du Sud et de l'Est est à la fois la zone du monde la plus peuplée et celle où la croissance* économique est la plus forte. Pour autant, si certains des pays de cette zone ont des PIB parmi les plus importants du monde, le niveau de développement* de l'ensemble de la population n'est pas toujours élevé, à l'image de celui de la Chine. Cela conduit à s'interroger sur les liens entre population et croissance économique. L'étude du cas de Mumbai, en Inde, permet de saisir les principaux enjeux de cette question en soulignant sa modernité et ses inégalités, avant de les envisager à l'échelle de l'Asie du Sud et de l'Est et de s'interroger sur l'influence respective des deux principaux acteurs de cette région, la Chine et le Japon, au sein de cet espace multipolaire mais aussi à l'échelle mondiale.

I. Mumbai : une métropole mondiale marquée par les inégalités

1. La métropole indienne la plus puissante et la mieux insérée dans la mondialisation

a. Une métropole puissante

- Mumbai est aujourd'hui la ville la plus peuplée d'Inde avec, selon le recensement de 2011, 12,47 millions d'habitants. La ville et son agglomération ont connu une croissance rapide, passant de 3 millions d'habitants dans les années 1950 à 10 millions en 1980. L'agglomération dénombre 18 millions d'habitants. Elle est ainsi l'**une des principales mégapoles mondiales**. Néanmoins, Mumbai **est aussi une métropole*** qui concentre des fonctions de commandement et de production de premier plan.

	Mumbai	Delhi	Bangalore	Kolkata
Villes (en millions d'habitants) [rang national]	12,47 [1]	11 [2]	8,42 [3]	4,48 [7]
Agglomération (en millions d'habitants) [rang national]	18 [1]	16 [2]	-	14,4 [3]

DOC. 1 Les villes et les agglomérations les plus peuplées d'Inde.

- La ville compte à elle seule **plus de sièges sociaux de grandes entreprises que Delhi et Kolkata réunies**. Elle abrite notamment les sièges des groupes Tata et Birla, qui sont parmi les premières entreprises indiennes et ont des implantations mondiales. La présence de ces sièges dote Mumbai d'une vaste **capacité de commandement** sur les régions voisines, mais aussi à Delhi ou à Chennai, grand centre manufacturier du sud de l'Inde. L'agglomération représente environ 20 % de la valeur ajoutée industrielle indienne et 15 % de son capital productif grâce à plus de 5 000 usines.

* Les mots suivis d'un astérisque sont définis dans le lexique.

- La ville est surtout **le centre financier du pays** : près de 40 % du montant des transactions en Inde sont opérés dans les deux bourses de Mumbai, le Bombay Stock Exchange et le National Stock Exchange, qui sont parmi les dix premières mondiales en termes de transactions. La Bank of India a également son siège à Mumbai.

b. La vitrine de l'Inde et son principal point d'ancrage dans la mondialisation

- Mumbai **symbolise la modernité de l'Inde** et son **ancrage dans la mondialisation**. Si la ville est traditionnellement ouverte sur l'extérieur, comme en témoigne la Gate of India (porte de l'Inde), construite pour commémorer la venue du roi George V et de la princesse Mary en 1911, elle s'est affirmée au cours des dernières décennies. Elle est aujourd'hui la principale interface de l'Inde avec les centres de la mondialisation.
- Forte de son pouvoir économique et financier, Mumbai fait partie des **métropoles mondiales**, avec lesquelles elle entretient des liens nombreux, notamment par le biais des filiales de firmes transnationales qui y sont établies, mais surtout grâce aux nombreuses activités de *back-office* (comptabilité, centre d'appels, gestion des billetteries, etc.) que les firmes anglo-saxonnes sous-traitent à des entreprises de Mumbai. Cela est rendu possible par la qualité des infrastructures de télécommunication et de transport. La ville est le principal **nœud des réseaux de transports** indiens ; elle abrite le deuxième aéroport international du pays (32 millions de passagers contre 36 millions pour celui de Delhi et 12 millions pour Chennai, le troisième) et le premier port indien de conteneurs, le JNPT (Jawaharlal Nehru Port).
- La renommée et l'insertion de Mumbai dans la mondialisation s'incarnent aussi avec **Bollywood**, l'un des plus importants centres de production cinématographique du monde : plus de 1 000 films y sont tournés chaque année, dont beaucoup sont exportés au Afrique du Nord, au Moyen-Orient et en Asie du Sud et de l'Est. C'est également à Mumbai que se trouvent la plupart des groupes de presse indiens.

2. Une croissance économique forte, visible sur le territoire

a. Une économie fleurissante en pleine croissante

- Au fil des décennies, l'économie de Mumbai s'est développée. **Principal centre industriel** du pays au moment de l'indépendance de l'Inde en 1947, grâce à une production principalement tournée vers le textile, Mumbai a su, tout en conservant cette base industrielle, développer les industries chimiques et pharmaceutiques, qui commencent à s'affirmer à l'échelle mondiale, ou encore les produits électroniques et les logiciels (dont les exportations supplantent celle de Bangalore). La ville a aussi su s'affirmer comme premier marché du diamant en Inde, ce qui a un fort impact sur les échanges, l'Inde étant le premier centre mondial de la taille.
- Ce sont cependant **les services qui ont le plus progressé**, qu'il s'agisse du tertiaire supérieur, notamment la finance, ou les activités de *back-office*. Les sociétés indiennes ou étrangères y trouvent une main-d'œuvre nombreuse et qualifiée. Mumbai est l'une des villes indiennes accueillant la plus forte concentration de personnes titulaires d'un diplôme universitaire et parlant anglais, ce qui est très largement lié à ses fonctions métropolitaines et à ses nombreux échanges avec l'extérieur.
- Même si elle s'est ralentie au cours de la dernière décennie, la **croissance** a longtemps été supérieure à 7 % par an, ce qui a des conséquences sur la morphologie urbaine d'une agglomération qui ne cesse de s'étendre et de changer.

b. Une réussite nettement perceptible dans le paysage urbain

- Dès les années 1970, **une ville nouvelle, Navi Mumbai**, a été planifiée pour accueillir des zones industrielles et des zones résidentielles. Elle unit aujourd'hui Mumbai au port de JNPT. Dans les années 1990, la région métropolitaine du Greater Mumbai a été créée pour gérer la croissance urbaine, ce qui ne résout cependant pas tous les problèmes, notamment l'extension vers le nord aux dépens du parc national Sanjay Gandhi.
- Parallèlement à l'étalement urbain, la **physionomie de la ville se transforme**, avec la multiplication des tours et des bâtiments en verre. Dans les années 1980, un **nouveau quartier d'affaires**, le Bandra Kurla Complex (BKC), est sorti de terre juste au nord du plus grand bidonville de Mumbai, Dharavi. Entièrement planifié et édifié sur une ancienne mangrove asséchée, il compte quelques tours de logements et des hôtels, les consulats des États-Unis et de la France, mais accueille surtout les sièges de la Bank of India, ou ceux des filiales de grandes entreprises étrangères comme les sociétés américaines Dow Chemical Company ou Citibank.
- Victime de sa réussite, Mumbai est **aujourd'hui trop à l'étroit** et cherche des moyens de se développer (envisageant à présent de détruire les bidonvilles interstitiels, à commencer par celui de Dharavi), ce qui n'est pas sans poser des problèmes sociaux, économiques et environnementaux (voir la méthode et stratégie 1).

3. Un espace encore marqué par de très profondes inégalités

a. Des populations nombreuses dans les *slums*

En dépit de la vigueur de son économie et de son insertion dans la mondialisation, Mumbai, dont la population a fortement crû (environ 400 000 personnes de plus par an depuis les années 1990) en raison du solde naturel et migratoire, abrite une importante population vivant en dessous du seuil de pauvreté. Certaines statistiques évoquent jusqu'à **la moitié de la population vivant dans des bidonvilles, les *slums***. Celui de **Dharavi** (rendu célèbre notamment par le film *Slumdog Millionaire*) compterait entre 500 000 et 1 000 000 d'habitants. En périphérie de la ville lors de sa création au XIXe siècle, il se situe aujourd'hui en son centre. Comme d'autres bidonvilles, il suscite la convoitise des autorités municipales et des promoteurs dans une ville où le prix au mètre carré est l'un des plus élevés d'Asie du Sud. Les autorités et/ou les promoteurs prévoient en théorie de reloger les populations des *slums* – à ceci près, dans le cas du projet de Dharavi, que cela ne concernerait que les propriétaires, soit moins de la moitié des habitants –, mais les espaces de travail sont souvent détruits. On compte près de 15 000 unités de production et de recyclage à Dharavi, qui récupèrent et traitent pratiquement tout ce que l'agglomération rejette ; cette économie informelle génère en outre un chiffre d'affaires de près de 500 millions d'euros.

b. L'affirmation d'une classe moyenne aux côtés d'une élite très riche

Cependant, les projets immobiliers sont peu à peu réalisés, car la rentabilité est forte et il faut loger une **classe moyenne de plus en plus nombreuse**. L'agglomération représente d'ailleurs environ le quart des recettes de l'impôt sur le revenu du pays. La classe moyenne occupe les emplois de service, plus ou moins qualifiés, des centres d'appel à la finance en passant par les emplois juridiques. Elle aspire à éduquer ses enfants, à consommer et à accéder à des logements plus confortables. Cela explique la multiplication des centres commerciaux, des tours et des axes routiers, mais pose aussi le **problème de l'extension d'une agglomération** dans une zone de mangrove et de marécages (destruction d'habitats naturels fragiles, risques d'inondations, embouteillages, etc.).

DOC. 2 Mumbai, une ville de contrastes. Les très riches, les classes moyennes émergentes et les pauvres vivent dans une grande proximité.

II. L'Asie du Sud et de l'Est : les défis d'une population nombreuse et d'une forte croissance économique

1. L'Asie du Sud et de l'Est : les principaux foyers de peuplement mondiaux

a. Des populations nombreuses mais des dynamiques de croissance démographique contrastées

- L'Asie du Sud et de l'Est constitue le **premier foyer de peuplement mondial** : près de 60 % de la population y vit. Elle compte trois des cinq pays les plus peuplés du monde : la Chine (1,4 milliard d'habitants), l'Inde (1,282 milliard d'habitants) et l'Indonésie (4e rang, 255 millions d'habitants).

- Même si le taux de croissance de la population n'atteint plus des sommets (il est actuellement de 9,6 ‰ contre 24,2 ‰ en Afrique et 0,4 ‰ en Europe), la population continue de progresser dans la plupart des pays. Tous sont aujourd'hui engagés dans la transition démographique (recul des taux de mortalité et de natalité) et certains, comme le Japon, l'ont achevée depuis longtemps. Toutefois la **croissance démographique** se poursuit par un effet d'inertie en raison de l'importance de la population en âge de procréer. Ainsi, en Inde, alors que le taux de croissance est passé de 1,97 % par an en moyenne entre 1991 et 2001 à 1,64 % par an entre 2001 et 2011, la population a crû de 182 millions de personnes entre 1991 et 2001 et de 181 millions entre 2001 et 2011.

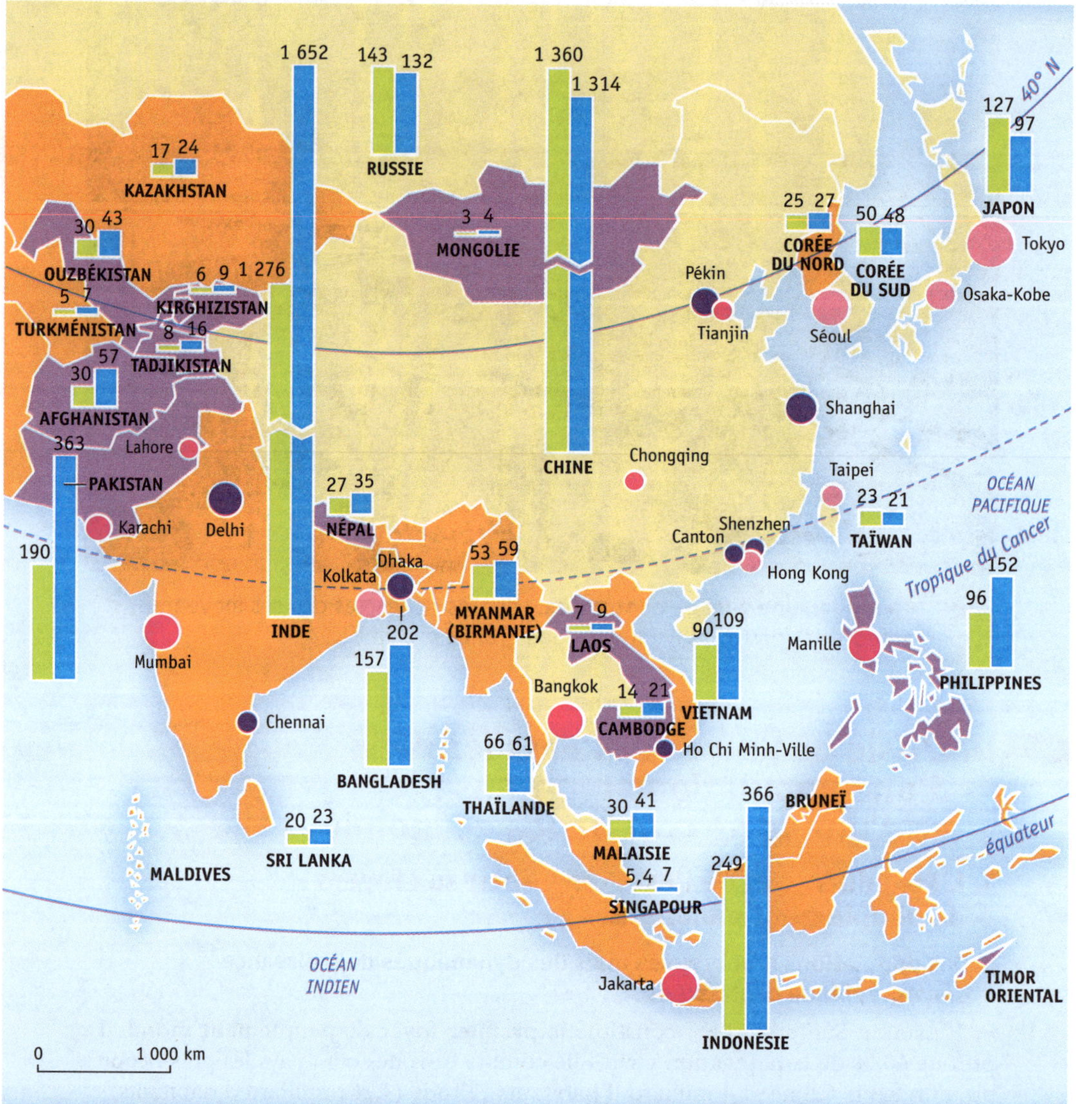

1. Taux d'accroissement naturel

- assez élevé ou élevé (supérieur ou égal à 1,6 %)
- moyen (compris entre 0,5 et 1,5 %)
- faible ou nul (inférieur à 0,5 %)

2. Population
(en millions d'habitants)

90 109
en 2013 — en 2050 (estimations)
VIETNAM

3. Taux de croissance des principales agglomérations
(moyenne annuelle 2005-2010)

– 0,2 | 1 | 3 | 4 %

DOC. 4 Des populations nombreuses au rythme de croissance inégal.

Les **contrastes** sont cependant importants entre les pays, par exemple entre la population du Japon, qui diminue, et celle de l'Afghanistan, qui croît fortement (voir le tableau ci-après). Le ralentissement de la croissance démographique est lié à la hausse du niveau de vie et à l'urbanisation, qui permettent une meilleure maîtrise de la fécondité, mais aussi à des politiques de planning familial très rigoureuses, à l'image de la politique de l'enfant unique lancée en Chine en 1979 (et assouplie en 2013).

	Croissance démographique (% par an)	Population âgée de moins de 25 ans (%)	Population âgée de plus de 65 ans (%)	Taux de natalité (‰)
Japon	–0,13	23	25	8,07
Afghanistan	2,29	66,6	2,29	38,84

DOC. 3 L'Asie du Sud et de l'Est, des contrastes démographiques importants.

Ainsi, les pays de l'Asie du Sud et de l'Est comptent des **populations nombreuses** et, dans l'ensemble, **jeunes**, ce qui constitue à la fois un atout et un frein au développement.

b. Le poids démographique : un atout pour la croissance

L'importance de cette **population et sa croissance ont contribué à la croissance économique** qui a soutenu le développement de ces pays. L'augmentation de la population et les progrès de l'agriculture (la mécanisation et la chimisation ont réduit le besoin de main-d'œuvre) ont permis d'avoir une **importante main-d'œuvre industrielle** à faible coût. Beaucoup de pays, notamment la Chine et, de manière plus récente, les Philippines, le Vietnam ou le Bangladesh, ont fait reposer leur croissance sur la production de biens de consommation à bas prix (vêtements, jouets, électronique grand public), assemblés dans des usines où la main-d'œuvre est nombreuse et peu rémunérée, et exportés dans le monde entier. L'importance de la main-d'œuvre permet non seulement de maintenir des niveaux de salaires peu élevés, mais elle permet aussi aux entreprises d'éviter d'investir dans un équipement onéreux pour automatiser la production.

Parallèlement, la population représente aussi d'**importants marchés de consommation** qui participent aux succès des productions locales et à l'insertion dans l'économie mondiale. En raison de l'importance de sa demande, la Chine est devenue importatrice de pétrole dans les années 1980 et se tourne vers les industries étrangères, notamment vers la firme transnationale (FTN) française Danone pour la production de lait en poudre et de yaourts. Les classes moyennes émergentes aspirent à des modes de vie et de consommation de type occidental, ce qui se traduit par une évolution des goûts : plus importante consommation de viande, de produits gras et/ou sucrés dans le domaine alimentaire par exemple. Les plus riches représentent un marché important pour les industries du luxe, en grande partie européennes et américaines, qui investissent fortement dans ces pays.

Enfin, les systèmes de protection sociale et de retraite étant limités, le **niveau d'épargne** de ces populations est élevé, du moins pour ceux qui en ont les moyens. Cela constitue, notamment pour des pays comme le Japon ou la Corée du Sud, une source importante de financement pour les investissements productifs, notamment industriels.

c. Le poids démographique : un défi pour le développement

- Répartir les fruits de la croissance économique entre un nombre croissant de personnes limite le développement. De plus, le développement se traduit par des besoins de la population plus importants, ce qui peut limiter la croissance, au moins dans un premier temps.

- La croissance démographique impose de relever le **défi de l'approvisionnement en eau et de l'alimentation** d'une population plus nombreuse et dont les besoins évoluent. Les mutations et les grandes politiques agricoles (révolution verte : chimisation, utilisation d'hybrides et de l'irrigation, réformes agraires, politique de gestion de stocks) ont permis d'**éradiquer les grandes famines**. Cependant, les populations les plus pauvres, dans les villes mais surtout dans les campagnes, souffrent de **malnutrition et de sous-nutrition** : même si la situation s'améliore, près de 40 % des 925 millions de personnes sous-alimentées dans le monde vivent en Inde et en Chine. Parallèlement, l'élévation moyenne du niveau de vie se traduit par une progression de la consommation de produits d'origine animale (viande, lait), ce qui oblige à accroître les surfaces agricoles et/ou à importer ces denrées dont les prix montent.

- Dans le domaine de la santé, d'importants progrès ont été accomplis, qu'il s'agisse des infrastructures ou des politiques d'encadrement et de surveillance sanitaires, mais il reste pratiquement autant à faire. Il en va de même dans le domaine de l'éducation. Il est en effet **nécessaire d'éduquer et de former cette population**. Cela a imposé la construction de très nombreuses écoles et conduit aujourd'hui à la multiplication des universités. L'Unesco parle d'une double nécessité dans le domaine universitaire : accroître le nombre des établissements et faire progresser leur niveau. Le défi est de taille, puisque le nombre d'étudiants dans le monde est passé de 32,6 millions en 1970 à 182 millions en 2011, dont près de la moitié en Asie du Sud et de l'Est. Cela nécessite des investissements importants mais contribue aussi à élever le niveau de productivité et d'innovation des économies.

- La croissance de la population s'accompagne d'une **urbanisation importante** car l'agriculture ne peut plus fixer toutes les populations. Cela pose la question du logement et de l'équipement des villes, où se multiplient logements informels et insalubres, mais aussi celle des transports et de l'étalement urbain afin de préserver les terres agricoles et les ressources*.

2. Maintenir la croissance économique en répondant aux enjeux du développement durable*

a. Des croissances économiques soutenues à l'origine du développement

- Même s'il existe un certain ralentissement en Chine et en Inde, les pays d'Asie du Sud et de l'Est connaissent les **taux de croissance économique parmi les plus élevés du monde depuis plus de 10 ans** : autour de 6-7 % en moyenne par an en Inde, en Chine ou aux Philippines. Les pays dont les économies sont déjà très développées présentent, en revanche, des taux de croissance plus faibles : 3 % en Corée du Sud, 1 % au Japon (et même 0 % pour l'année 2014). Le niveau de développement est encore très inégal, ce dont témoignent les valeurs de l'IDH* (Singapour : 0,911 ; Japon : 0,890 ; Chine : 0,719 ; Vietnam : 0,638 ; Inde : 0,586 ; Afghanistan : 0,468).

- Si l'Asie du Sud et de l'Est abrite certaines des plus grandes puissances* économiques **mondiales** (Chine, Japon), elle abrite aussi des pays parmi les plus pauvres (Myanmar, Bangladesh). Même au sein d'un pays comme la Chine, **les pauvres sont nombreux car les fruits de la croissance économique ne sont pas toujours suffisants** par rapport à la croissance démographique, ce qui se traduit par une montée des inégalités sociales et territoriales (entre l'intérieur et les littoraux, entre les métropoles et les campagnes) et par l'augmentation du chômage.
- Cette croissance, qui repose de manière globale sur une forte industrialisation (avec une montée en gamme) et sur l'insertion dans la mondialisation, entraîne **une évolution des territoires**. Outre la construction de gigantesques complexes industriels et une très forte urbanisation (qui pose le problème de l'étalement urbain et des très fortes densités, d'où des extensions coûteuses sur des terre-pleins maritimes et/ou une destruction des zones agricoles), on a assisté à une **multiplication des zones franches*** et des **grands complexes industrialo-portuaires** au Japon, puis dans les « Dragons » (Corée du Sud, Singapour, Taïwan, Hong Kong) et en Chine. Le développement de l'économie se traduit aussi par une pression accrue sur les ressources, qu'elles soient renouvelables ou non.

DOC. 5 Le port à conteneurs de Singapour. Une des marques de la mondialisation est l'importance du transport maritime par conteneurs. Pour répondre à ce besoin nouveau alors que l'espace littoral est limité, beaucoup de ports sont construits sur des terre-pleins à l'image de celui de Singapour, second port à conteneurs du monde après celui de Shanghai.

b. Répondre aux enjeux du développement durable

- La croissance repose sur de **très fortes exploitation et consommation des matières premières**, qu'elles soient renouvelables ou non. La très forte hausse des prix des matières premières, à partir des années 2000, correspond à une période de croissance mondiale marquée par la hausse de la consommation des ménages dans les pays développés, ce qui a favorisé l'industrialisation de pays comme la Chine. Ce pays représente aujourd'hui près de 40 % de la demande mondiale de matières premières industrielles (fer, charbon, plomb, etc.). En 2012, l'Indonésie a abattu deux fois plus de forêt vierge (840 000 ha) que le Brésil pour satisfaire la demande de commerce du bois et laisser la place à des plantations de palmiers à huile (l'Indonésie en étant le premier producteur mondial). La **déforestation** a des conséquences sur l'érosion des sols à l'échelle locale et sur le bilan carbone à l'échelle planétaire. Parallèlement, les modes de production industrielle de beaucoup de ces pays créent une pollution atmosphérique et hydrographique importante. **Face à ces menaces sur l'environnement, les gouvernements tentent de réagir** : l'Indonésie a instauré en 2011 un moratoire sur le défrichement (mais il n'a encore que peu d'effets). La Chine a été en 2012 le plus important investisseur mondial dans les énergies propres. Le gouvernement chinois a décidé d'accentuer le développement des industries de pointe (moins consommatrices que les industries lourdes) et des services, et de remplacer les centrales électriques au charbon par des centrales au gaz naturel. Cependant, il reste encore des progrès substantiels à accomplir.
- La concentration croissante des hommes dans des agglomérations toujours plus importantes, notamment sur les littoraux, accroît la **vulnérabilité des populations** face aux risques de typhons, de tsunamis, de séismes et de pollution. Ce sont les pauvres qui sont alors les plus touchés lorsque survient une catastrophe.
- Sur le plan social, les **programmes de lutte contre les inégalités sociales** et/ou pour l'amélioration des conditions de vie de la population se multiplient, mais n'ont pas toujours des effets très perceptibles, ce dont témoigne le cas indien.

Les besoins énergétiques de la Chine orientent sa stratégie internationale

Le développement économique de la Chine s'est traduit par un besoin accru de matières premières. La Chine est ainsi devenue importatrice de pétrole depuis 1993 alors qu'elle est un des principaux producteurs mondiaux et était jusqu'alors autosuffisante. Ce besoin de matières premières influence largement sa diplomatie et sa stratégie économique mondiale. La recherche d'une diversification des sources d'approvisionnement conduit à d'importants investissements et à la volonté d'assurer la sécurité des grandes voies maritimes mondiales (notamment les détroits d'Ormuz et de Malacca). En effet, la Chine a longtemps importé les hydrocarbures de Russie, du Kazakhstan et du Golfe persique. Elle investit désormais au Soudan, en Algérie, au Nigeria, en Angola, au Venezuela, en Équateur, en Bolivie et au Canada, ainsi qu'en Indonésie et en Australie, ce qui conduit à des importations par voie maritime. Cet ensemble conduit la Chine à faire évoluer sa position au sein des grandes organisations internationales (participation plus active au sein de l'ONU) tout comme sa stratégie militaire et ses relations diplomatiques.

III. Japon-Chine : concurrences régionales, ambitions mondiales

1. Les deux principaux pôles de l'Asie orientale

a. Le Japon : une puissance économique, financière et technologique

- Le **Japon a connu un développement précoce**, dont l'importance (il a concerné tous les aspects de l'économie qui ont profondément évolué) et l'ancienneté (il débute dès la fin du XIXe siècle lors de l'ère Meiji) lui ont permis de jouer un rôle économique et commercial considérable dans la région. Le Japon a contribué au développement de la plupart des pays de la zone par le biais de ses investissements directs à l'étranger*, qu'il s'agisse de délocalisations des usines les plus polluantes ou de celles à plus faible valeur ajoutée (comme la construction navale), ou de création et d'achats de filiales pour conquérir des marchés. Il est aussi le premier financeur de l'aide au développement en faveur des pays de l'Asie du Sud et de l'Est.

- Son **modèle de développement industriel, dit de remontée des filières** (substitution aux importations*, développement des exportations, montée en gamme des productions et passage d'industries de main-d'œuvre à des industries de haute technologie) a été largement repris par les Dragons dans les années 1970-1980, puis par les Tigres (Thaïlande, Malaisie, Indonésie, Vietnam, Philippines) dans les années 1990. Le Japon est donc une puissance industrielle et économique de premier plan qui conserve, pour l'instant, une certaine **avance technologique**, notamment vis-à-vis de la Chine. La faiblesse de la croissance démographique et l'importance du vieillissement conduisent le Japon à mener des recherches importantes dans le domaine de l'automatisation et des robots, y compris dans le secteur des services à la personne.

- En revanche, le Japon, dont les actions durant la Seconde Guerre mondiale ont marqué beaucoup de pays d'Asie du Sud et de l'Est, **n'arrive pas à s'affirmer comme une puissance diplomatique et militaire**. Si les relations avec la Chine sont normalisées depuis 1972, elles restent souvent tendues. À cela s'ajoutent des contestations territoriales entre les deux pays à propos des îles Diaoyu/Senkaku qui donnent accès à des zones économiques exclusives aux ressources abondantes. De plus, en dépit de sa richesse et de l'importance de ses échanges avec les pays de la zone, il n'a jamais réussi à imposer sa monnaie, le yen : le dollar reste la monnaie d'échange.

b. La Chine : une puissance multiforme mais qui présente de forts contrastes

- **L'influence de la Chine en Asie orientale est ancienne**. Elle est notamment largement liée à l'importance de la **diaspora*** dans la zone : près de 75 % des quelque 40 millions de personnes qui la constituent sont implantées en Asie du Sud-Est. Cette diaspora joue un rôle majeur dans la puissance de la Chine en Asie du Sud et de l'Est et dans le reste du monde. Elle a contribué à la diffusion de la culture chinoise. Le bouddhisme, le confucianisme, les idéogrammes et les arts présents en Corée ou au Japon, par exemple, ont été diffusés à partir de la Chine via les mouvements de population. Sur le plan économique, l'ouverture de la Chine à partir des années 1980 s'est appuyée sur ces réseaux qui ont participé à son financement et ont servi de relais. Les chiffres sont difficiles à déterminer, mais on estime qu'environ les trois quarts des capitaux étrangers investis en Chine depuis 1975 sont liés à la diaspora. Dans les pays où elles sont implantées, ces populations contribuent à diffuser les produits chinois. Le poids économique de la diaspora est également important dans les pays d'accueil. En Indonésie, par exemple, on estime qu'entre 70 et 80 % du commerce est entre les mains des Chinois. La diaspora est à présent également utilisée à des fins diplomatiques (comme groupe de pression et relais de l'influence chinoise), ce qui explique la multiplication des Instituts Confucius (le premier a été créé en 2004, et on en compte aujourd'hui plus de 300 établissements dans presque 100 pays) ou encore la chaîne de télévision CCTV4.

- Sa réussite économique, ses **positions diplomatiques et militaires** permettent à la Chine d'être une puissance de poids au sein de l'Asie du Sud et de l'Est. Depuis 2006, **la Chine est le premier partenaire commercial du Japon et ce dernier est le deuxième partenaire commercial de la Chine**. La Chine a réussi à s'affirmer sur le plan commercial (un des principaux aspects de la puissance japonaise) face au Japon, en établissant en 2010 une zone de libre-échange* avec les pays de l'ASEAN*, ce qui en fait la première zone de libre-échange en nombre d'habitants (près de 2 milliards de personnes) mais la troisième du monde en valeur. Cet accord permet à la Chine de renforcer sa puissance au sein de cet espace tout en facilitant ses approvisionnements et ses exportations.

2. Chine et Japon : des rivalités à l'échelle mondiale

a. Le Japon : une volonté de dépasser son rôle d'acteur clé au sein des échanges mondiaux

- À l'échelle mondiale, face à la Chine, le Japon n'est plus le leader incontesté, même s'il **domine encore sur les plans financier et technologique**. Les bourses chinoises sont encore assez fermées, alors que la bourse de Tokyo est une des principales places financières mondiales et l'un des trois rouages essentiels (avec celles de New York et de Londres) du bouclage financier du monde. La Chine devient un concurrent de plus en plus sérieux sur le plan des échanges de produits de haute technologie : certes, on estime que seules 20 à 25 % des exportations chinoises peuvent concurrencer les produits de haute technologie japonais, mais la Chine a réussi à pénétrer l'ensemble des marchés grâce à de faibles coûts de production et opère une très rapide montée en gamme. La rivalité commerciale concerne ainsi à la fois les marchés à conquérir, mais aussi l'approvisionnement, énergétique notamment. La Chine et le Japon s'affrontent ainsi de manière pacifique en Afrique où tous deux multiplient les contacts diplomatiques. La Chine y effectue des investissements massifs alors que le Japon finance très largement l'aide au développement.

- En dépit de l'influence de la diaspora chinoise, la **culture japonaise** exerce une grande influence à l'échelle mondiale, notamment à travers les jeux vidéo et les mangas.

- Ces éléments ne permettent cependant pas au Japon de jouer un rôle majeur sur la scène mondiale dès qu'il s'agit du *hard power**, où la Chine exerce une domination sans partage face à son rival asiatique – même si le Japon a lancé un programme de modernisation de ses avions militaires et dispose, depuis 2007, d'un réseau de satellites espions.

Le Japon : un *soft power* singulier

Deuxième puissance économique mondiale jusqu'aux années 2010, le Japon n'a que très rarement réussi à faire prévaloir ses vues et n'a jamais réussi à obtenir un siège de membre permanent au Conseil de sécurité de l'Organisation des Nations unies en dépit de sa contribution financière ou de sa participation aux opérations de maintien de la paix. Depuis une trentaine d'années, il développe cependant un *soft power* singulier lié à l'industrie culturelle. Celle-ci repose, d'une part, sur la culture japonaise contemporaine (mangas, dessins animés, karaoké, etc.) et, d'autre part, sur l'électronique et la technologie – qui facilitent sa diffusion – et pour lesquelles le Japon est un des pays les plus avancés. La J-Pop (*Japanese Pop Culture*) a permis à la fois de contribuer au redressement de l'économie après la crise de Fukushima et améliore l'image du Japon, qui est perçu comme un pays « cool » (*Cool Japan*).

b. La Chine : un rôle majeur dans les institutions internationales et une stratégie de conquête

- **Sur le plan militaire, la Chine présente une considérable avance**. Elle dispose de l'arme nucléaire et de la première armée du monde en termes d'effectifs. Cette armée a été modernisée mais reste principalement orientée vers la défense du pays.
- Sur le plan diplomatique, la **Chine dispose d'un siège de membre permanent au Conseil de sécurité** des Nations unies et occupe une place importante dans les instances internationales. Son influence politique lui permet de jouer un rôle dans plusieurs dossiers diplomatiques sensibles, tels ceux de la Corée du Nord ou de l'Iran. Alors que la Chine tend à investir et à renforcer ses liens diplomatiques dans les zones délaissées par les pays occidentaux (et s'est rapprochée de la plupart des régimes autoritaires), le Japon mise sur la démocratie. Il entretient des liens étroits avec les États-Unis, l'Australie ou les Philippines.
- La conjugaison de l'affirmation sur le plan commercial et de la puissance diplomatique et militaire permet à la **Chine de s'affirmer toujours davantage face au Japon à l'échelle mondiale**, d'autant qu'elle a conquis des marchés en très forte croissance, notamment en Afrique.

Données clés

Données comparatives entre la Chine et le Japon. La Chine supplante progressivement le Japon. (Le rang mondial est indiqué entre crochets.)

	Chine	**Japon**
Superficie (millions de km^2)	9,6 [4e]	0,377 [62e]
Population (millions d'habitants, 2014)	1 355 [1er]	127 [11e]
PIB PPA (milliards de dollars, 2013)	13 390 [3e]	4 729 [5e]
PIB/hab PPA (dollars, 2013)	9 800 [121e]	37 100 [36e]
Part du PIB consacrée à la défense (2012)	1,99 % [40e]	0,99 [103e]
Population des trois principales agglomérations (millions d'habitants, 2011)	Shanghai : 20,2 Beijing : 15,6 Guangzhou : 10,8	Tokyo : 37,2 Osaka-Kobe : 11,5 Nagoya : 3,3
Réseau routier (millions de km)	4,1 [3e]	1,2 [6e]
Nombre de firmes transnationales parmi les 500 premières (2014)	95	57
Valeur des exportations (milliards de dollars, 2013)	2 210 [1er]	697 [6e]

Bibliographie et sitographie

• GRAVEREAU J., « Jusqu'où ira la Chine ? ». www.hecalumni.fr

• LANDY F. (dir.), *Dictionnaire de l'Inde contemporaine*, Paris, A. Colin, 2010

• LANDY F., « L'Inde, ou le grand écart », *Documentation photographique*, n° 8060, La Documentation française, 2007

• IMBACH R., « Vers une "*global city region*" ? Stratégies économiques, déploiement spatial et politiques d'accompagnement à Mumbai », *Métropoles*, n° 9, 2011 ; **http://metropoles.revues.org/4469**

• MEYER C., *Chine ou Japon : quel leader pour l'Asie ?*, Paris, Presses de Sciences Po, 2010

• PELLETIER P., *Atlas du Japon. Après Fukushima, une société fragilisée*, Paris, Autrement, 2012

• SANJUAN T., *Atlas de la Chine. Un monde sous tension*, Paris, Autrement, 2013

MÉTHODES ET STRATÉGIES

1 Réaliser un croquis à grande échelle

Mumbai : modernité, inégalités

> Voir la méthode générale de réalisation d'un croquis en annexe (p. 520).
> Voir le sujet 1 du chapitre 14.

Analyser le sujet

> Tenir compte de la spécificité d'un croquis à grande échelle

- Pour réaliser un croquis, un fond de carte est fourni, ce qui n'est pas le cas d'un schéma. Un croquis à grande échelle, qui représente donc un espace relativement restreint, comme ici une agglomération, suppose de représenter des phénomènes plus précis que s'il s'agit de tout un pays.
- Pour autant, il est impossible de tout représenter. Il faut donc, comme dans tous croquis, faire des choix et hiérarchiser les éléments afin de répondre au sujet posé.

> Analyser les spécificités du sujet

Le sujet, qui reprend la formulation du programme, invite à souligner les contrastes qui règnent au sein de l'agglomération de Mumbai, ce qui doit conduire à l'identification graphique des différents quartiers en termes de revenus, qui est une des marques les plus visibles des inégalités. La modernité renvoie à la notion de métropole et à l'insertion dans la mondialisation, ce qui doit conduire s'intéresser aux quartiers d'affaires, aux infrastructures de transports et aux défis auxquels la métropole est confrontée.

Bâtir le plan de la légende

> Mobiliser et organiser ses connaissances

- Il faut commencer par faire une liste des **éléments géographiques** à représenter :
  - les noms des quartiers, et notamment des quartiers d'affaires ;
  - les grands équipements ;
  - les infrastructures de transport, notamment l'aéroport qui facilite l'insertion dans la mondialisation.
- Il faut particulièrement prêter attention à la localisation de ces lieux et respecter la toponymie.
- La légende doit être structurée comme un plan et organisée autour de titres.

> Choisir les figurés appropriés

- Il convient de regrouper les éléments de même nature, comme les infrastructures de transport ou les types de quartiers, et d'utiliser des figurés comparables (qu'il s'agisse de la couleur ou de la forme) pour rendre compte de phénomènes voisins.

CROQUIS

Mumbai : modernité, inégalités

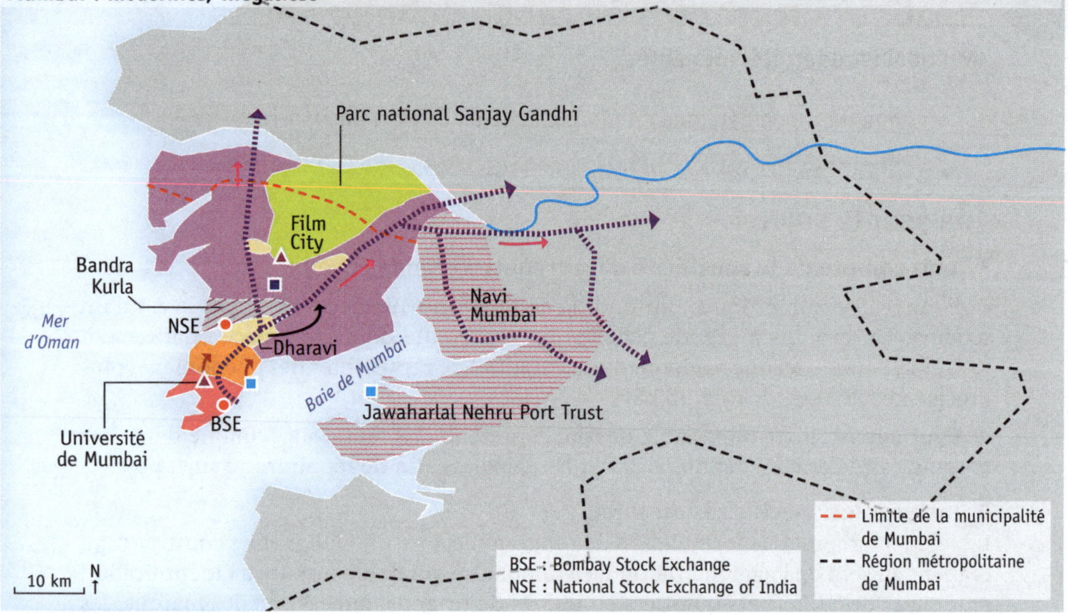

1. **Une métropole marquée par les inégalités**
- quartiers d'affaires anciens et espaces résidentiels huppés
- quartiers commerciaux populaires et ouvriers
- bidonvilles (*slums*) importants

2. **Une métropole mondialisée**

A. Les marques de la puissance
- nouveau quartier des affaires
- place boursière
- un centre culturel et universitaire : université ou studios de cinéma

B. D'importantes infrastructures de transports qui ouvrent sur le monde et le reste du pays
- aéroport, le premier du pays
- nouveau port, Jawaharlal Nehru Port Trust
- voie ferrée

3. **Les défis de la croissance démographique et économique**

A. Une croissance plus ou moins structurée
- zone naturelle protégée mais menacée par l'extension urbaine
- ville nouvelle planifiée
- zone urbanisée

B. Des dynamiques qui se font souvent au détriment des plus pauvres
- gentrification
- relégation envisagée des populations de Dharavi, un des plus grands bidonvilles du monde
- extension de l'urbanisation

2 Étude critique de deux documents cartographiques – Chine-Japon, rivalités commerciales en Asie et dans le monde

Après avoir présenté les documents, analysez les formes de la concurrence entre la Chine et le Japon sur le plan commercial. Quel regard critique peut-on porter sur ces documents ?

> Voir la méthode générale d'une étude critique de document en annexe (p. 518).
> Voir les sujets 3 du chapitre 13, 2 du chapitre 14 et 2 du chapitre 15.

DOC. 1 Le commerce extérieur du Japon en 2012.

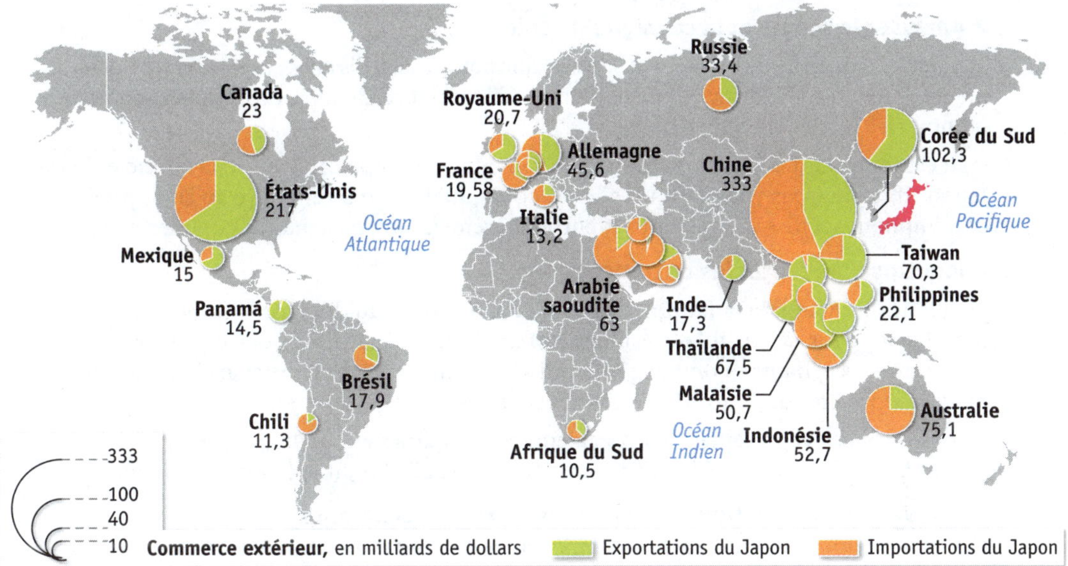

DOC. 2 Les principaux partenaires commerciaux de la Chine en 2010.

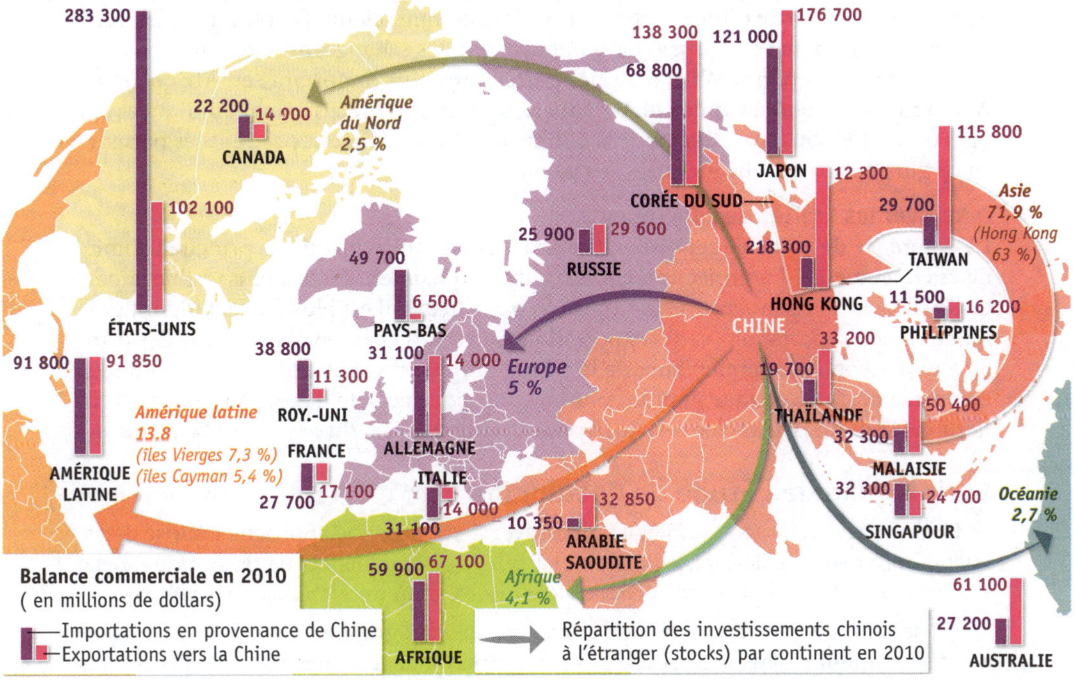

Analyser le sujet

> Analyser le thème et la consigne du sujet

- Il est ici demandé d'orienter l'étude critique autour de trois axes : présenter les documents ; analyser les formes de la concurrence commerciale à partir des documents ; montrer les limites de ceux-ci.

- Il est important de rester ici dans une dimension comparative entre la Chine et le Japon. Il ne faut pas chercher à réciter le cours, mais bien à répondre au sujet posé : cela implique ici de s'intéresser tout particulièrement aux partenaires commerciaux.

> Identifier/présenter les documents

- Il faut s'intéresser à la nature, à la date et à la source du document (lorsqu'elle est indiquée et dans ce cas il faut évaluer sa fiabilité). Il s'agit ici de deux planisphères présentant les échanges commerciaux qui sont comparables même si le choix adopté pour la représentation introduit toujours un biais.

- Les données représentées sont également comparables sur le plan temporel car elles sont de 2010 pour la Chine (document 2) et de 2012 pour le Japon (document 1).

> Relever les informations importantes dans les documents

Ces cartes permettent d'identifier l'importance des échanges commerciaux du Japon et de la Chine avec leurs principaux partenaires commerciaux : il sera utile d'utiliser les chiffres indiqués pour préciser le propos. D'emblée, il est possible de souligner la très nette prédominance de l'Asie au sein des échanges de ces deux pays, qui sont aussi l'un pour l'autre d'importants partenaires commerciaux. De plus, tous les deux exportent largement vers les pays développés et ont des échanges avec les pays du Golfe. En revanche, le Japon semble avoir des partenaires plus importants en Afrique et en Amérique latine que la Chine ; mais il faut noter que les statistiques sont indiquées par pays pour le Japon alors que, pour la Chine, les chiffres ne sont pas ventilés par pays en ce qui concerne l'Afrique et l'Amérique latine.

> Relever les limites des documents

La différence de mode de représentation cartographique constitue la principale limite de ces documents. La projection choisie dans le document 2 rend plus visible la part de l'Asie pour le commerce de la Chine, et, par ailleurs, il est plus facile d'identifier le montant des importations et des exportations sur cette carte. De plus, la carte des principaux partenaires commerciaux de la Chine indique des éléments supplémentaires, comme le poids de chaque grande zone géographique au sein des échanges. Enfin, les données sont un peu anciennes, 2010 pour la Chine, or les flux évoluent beaucoup.

Bâtir le plan de l'étude de documents

- Pour un devoir de géographie, il faut essayer d'adopter une approche multiscalaire, qui fait varier les échelles. Ici, le libellé du sujet invite à commencer par la grande échelle (l'Asie) pour aller vers la petite échelle (le monde), d'où un plan en deux parties.

- Au sein de ces parties, au lieu de consacrer un paragraphe à la Chine et un autre au Japon, il faut essayer de présenter la situation de chacun des pays sur les aspects thématiques envisagés. Dans la première partie, il s'agit de la part de l'Asie dans le commerce extérieur de ces deux pays, avant de détailler le rôle respectif de la Chine et du Japon dans leurs échanges commerciaux réciproques et le poids des autres pays d'Asie.

Rédiger l'étude de documents

> Introduire l'étude des documents

L'introduction doit présenter rapidement les documents, le sujet, et annoncer le plan. Sont ici évoqués quelques éléments qui doivent y figurer.

Les deux planisphères proposés, relatifs au commerce extérieur de la Chine en 2010 et du Japon en 2012 (même si seuls les flux les plus importants sont représentés) permettent de mettre en évidence les rivalités commerciales fortes qui existent entre ces deux pays, à partir d'une source a priori fiable. Cette concurrence existe non seulement en Asie, où ils ont de nombreux échanges, mais aussi dans l'ensemble du monde, où ils privilégient les mêmes zones.

I. L'Asie, cible privilégiée des échanges commerciaux

1. L'Asie représente près de la moitié du commerce extérieur de la Chine et du Japon, même si cela est difficile à identifier de manière précise en raison, notamment, des différences de mode de représentation des documents : les flux ne sont indiqués que pour la Chine alors que, pour le Japon, c'est la taille des cercles qui permet de juger de l'importance des échanges, ce qui oblige à des calculs rapides afin de déterminer l'importance de l'Asie au sein du commerce extérieur japonais.

2. La Chine est le premier partenaire commercial du Japon, mais le Japon est le troisième partenaire de la Chine. Les échanges sont cependant à peu près à l'équilibre : excédent commercial du Japon vis-à-vis de la Chine en 2010, mais déficit en 2012 si l'on confronte les deux cartes.

3. Les autres pays d'Asie sont d'importants partenaires commerciaux : ils jouent le rôle de pays ateliers, et certains, comme l'Indonésie, fournissent des matières premières.

II. Le reste du monde : à la conquête des mêmes marchés

1. À l'échelle mondiale, la Chine et le Japon sont également concurrents tant pour conquérir les marchés les plus importants (ceux des pays développés) que pour s'approvisionner en énergie. Néanmoins, les deux planisphères, qui n'ont pas la même projection, ne donnent pas le même niveau de détail. Globalement, les balances commerciales sont excédentaires.

2. Les États-Unis sont le premier partenaire commercial du Japon et de la Chine. Il faut ici penser à analyser les chiffres et à fournir une explication à l'importance et à la structure de ces flux. Les autres partenaires, Europe mise à part, sont beaucoup moins importants ; on note (mais cela peut être lié aux modes de représentation) une inégale présence de la Chine et du Japon en Amérique latine et en Afrique.

3. Chine et Japon importent beaucoup de matières premières : la Chine, en raison de sa croissance économique et démographique ; le Japon, en raison de l'absence relative de matières premières sur son territoire. D'où une concurrence pour les importations, notamment auprès de l'Arabie saoudite et de l'Australie.

> Conclure l'étude de documents

La conclusion, rapide, doit insister sur la rivalité entre les deux pays en soulignant qu'elle concerne aussi bien les débouchés commerciaux que l'approvisionnement en matières premières. Elle doit rappeler que, si les cartes sont comparables, elles n'offrent pas un traitement identique, ce qui peut accentuer, ou, au contraire, atténuer des différences.

SUJETS DE TYPE BAC

1 Composition

Japon-Chine : concurrences régionales, ambitions mondiales

120' (S)
150' (L, ES)

> Voir la méthode générale de la composition en annexe (p. 515).
> Voir la méthode et stratégie 2 du chapitre 13.

2 Étude critique de deux documents – Croissance économique et croissance démographique en Asie du Sud

60' (S)
90' (L, ES)

Après avoir présenté les documents, vous analyserez les classes moyennes en Asie du Sud. Montrez que ces documents ne permettent pas de répondre de manière complète à la question.

> Voir la méthode générale d'une étude critique de document en annexe (p. 518).
> Voir la méthode et stratégie 2 du chapitre 14 et 2 du chapitre 15.

DOC. 1 L'émergence d'une classe moyenne.

« Si les classes moyennes en Asie du Sud représentent actuellement une faible part de la population, leur taille varie grandement selon les pays. Quasi inexistante au Bangladesh (moins de 1 %) et au Pakistan (2,5 %), elles sont plus consistantes en Inde (6 %) et au Sri Lanka (15 %). […] Toutefois, les effectifs de la classe moyenne sont amenés à croître de manière significative. En Inde, les projections sont de plus de 300 millions d'individus en 2030 et 800 millions en 2050 (soit 20 puis 50 % de la population), contre 70 millions actuellement. Et cette estimation se base sur un rythme de croissance annuel du PIB de 5 %, alors que son potentiel est plutôt évalué autour de 6-8 %. Par ailleurs, l'Asie du Sud est une région à la démographie vigoureuse, facteur essentiel pour appréhender l'émergence d'une classe moyenne. En 2030, l'Asie du Sud comptera trois pays parmi les 10 pays les plus peuplés du monde, l'Inde en tête, puis le Pakistan et le Bangladesh en 6e et 8e positions. Aujourd'hui, le Pakistan est le pays le plus dynamique du sous-continent en termes d'accroissement de la population avec un taux de 2,1 % par an. Sa population devrait ainsi dépasser les 230 millions en 2030. Combinés, les pays d'Asie du Sud devraient atteindre près de 1,9 milliard d'individus. […]
L'émergence de la classe moyenne en Asie du Sud est rendue possible par la conjonction de deux facteurs liés : l'urbanisation et le développement du secteur tertiaire. En effet, les classes moyennes se concentrent dans les centres urbains. En Inde, 60 % des effectifs de la classe moyenne habitent en ville. Cette prédominance de la classe moyenne dans les environnements urbains conduit celle-ci à revendiquer de meilleures infrastructures, notamment dans les transports, l'énergie et l'accès à l'eau. […]
Le phénomène d'urbanisation participe à l'émergence des services, secteur pourvoyeur d'emplois salariés et de revenus plus stables. Le développement des services permet

à une nouvelle frange de la population d'occuper des emplois salariés et de dégager une épargne, point de départ de la constitution d'une classe moyenne. En Inde, les services ont connu entre 2001 et 2012 un taux de croissance annuel moyen de 9 % (56,9 % du PIB), ce qui en fait le 2e secteur des services le plus dynamique au monde après la Chine. »

■ « L'émergence de la classe moyenne en Asie du Sud », *Lettre d'Asie du Sud*, numéro spécial, Trésor, Direction générale, Publications des services économiques, juillet 2014.

DOC. 2 **La diversité du bâti à Mumbai.**

3 Composition avec schémas intégrés

Les défis de la croissance en Asie du Sud et de l'Est

120' (S)
150' (L, ES)

> Voir la méthode générale de la composition en annexe (p. 515).
> Voir la méthode et stratégie 2 du chapitre 13.

CORRIGÉS

1 Composition – Japon-Chine : concurrences régionales, ambitions mondiales

[Introduction]

En septembre 2012, le conflit territorial entre la Chine et le Japon à propos de l'archipel Senkaku-Diaoyu conduisait Toyota et Nissan à arrêter une partie de leurs chaînes de production en Chine. Dans le même temps, les produits japonais étaient boycottés en Chine. Grandes puissances à l'échelle mondiale, le Japon et la Chine n'en sont pas moins des concurrents aux échelles régionale et mondiale. Dans quelle mesure l'affirmation de la puissance chinoise remet-elle en cause la puissance japonaise ? À l'échelle régionale, la Chine est en passe de gagner la « compétition ». Cependant, à l'échelle mondiale, la concurrence reste très vive, car ces deux pays sont engagés dans des rapports de force et poursuivent des objectifs qui sont de plus en plus similaires.

[I. La Chine, en passe de gagner la concurrence régionale]

Qu'il s'agisse du *hard power* ou du *soft power*, la Chine ne cesse de gagner du terrain face à la puissance japonaise au sein de l'Asie du Sud et de l'Est.

[1. Une suprématie chinoise sur les plans culturel et diplomatico-militaire]

Si la Chine et le Japon exercent une influence considérable au sein de l'Asie du Sud et de l'Est, **la Chine s'affirme aujourd'hui comme le leader politique de la zone**. Le souvenir de l'impérialisme japonais durant la Seconde Guerre mondiale est encore vivace au sein de nombreux pays d'Asie, ce qui ne facilite pas les relations diplomatiques du Japon avec ses voisins. De plus, l'armée chinoise, même si elle n'est guère organisée pour être projetée à l'extérieur (c'est-à-dire envoyée pour des missions hors de Chine), est très importante et se manifeste à travers de nombreux exercices et démonstrations de force dans la région, tandis que les forces militaires japonaises sont limitées par la Constitution du pays.

Sur le plan culturel, les importantes migrations de Chinois, alimentées par la démographie chinoise, ont été à l'origine d'une **forte diaspora** qui a contribué à diffuser des éléments de la culture chinoise (confucianisme, bouddhisme, idéogrammes) au sein de la région, alors que le Japon est resté fermé jusqu'à l'ère Meiji. Cette diaspora permet aujourd'hui à la Chine de disposer d'**importants réseaux commerciaux au sein de l'Asie du Sud et de l'Est**, ce qui renforce sa puissance économique. De plus, le pays multiplie les ouvertures d'Instituts Confucius qui visent à promouvoir la langue et la culture chinoise dans le monde.

[2. L'érosion de la suprématie économique japonaise]

Le Japon reste une grande puissance sur le plan économique ; néanmoins, la **diffusion du modèle de développement japonais a conduit à l'affirmation de concurrents** toujours plus nombreux et efficaces, à commencer par la Chine.

Les deux pays sont aujourd'hui d'**importants partenaires commerciaux**, mais chacun cherche à dominer l'autre et, surtout, à asseoir sa puissance commerciale et économique au sein de la zone. Si aucun des deux n'a réussi à imposer sa monnaie, la Chine commence à dominer la scène économique, ce dont témoigne la zone de libre-échange qu'elle a créée en 2010 avec les pays de l'ASEAN.

[Transition]

Néanmoins, cette affirmation de la Chine à l'échelle régionale ne doit pas conduire à négliger la place du Japon, d'autant qu'il joue un rôle important à l'échelle mondiale.

[II. Une concurrence très vive à l'échelle mondiale : des rapports de force et des objectifs de plus en plus similaires]

À l'échelle mondiale, la Chine et le Japon ont des objectifs comparables : être des grandes puissances, ce qui se traduit par une concurrence à la fois économique et diplomatique. Les deux pays disposent pour cela d'avantages différents.

[1. Dominer les échanges]

Les économies des deux pays sont puissantes : le Japon fait partie de ce qui a longtemps été appelé la Triade (États-Unis, Japon et l'ancienne Communauté économique européenne), et la Chine est un membre des BRICS, les puissances économiques émergentes. Les économies japonaise et chinoise reposent largement sur les exportations, ce qui les met en **concurrence directe pour pénétrer les marchés étrangers**. Longtemps, la Chine n'a été que le pays atelier du Japon. La montée en gamme de ses productions et son développement économique en font un concurrent de plus en plus sérieux du Japon, car les deux pays visent à présent à peu près les mêmes pays, notamment les États-Unis. À cela s'ajoute une **rivalité pour l'approvisionnement en matières premières**, dont le Japon est peu pourvu et dont la Chine est demandeuse en raison de sa forte croissance et de son poids démographique considérable. Cela suppose des investissements à l'étranger, mais aussi des accords diplomatiques et une relative maîtrise des transports internationaux, notamment maritimes, d'où une **rivalité plus large qui se marque sur le plan diplomatique**.

Les deux pays cherchent à asseoir leur influence en Afrique, où les ressources sont importantes. **Ils développent en outre chacun leur stratégie d'alliance** – le Japon avec les États-Unis, les Philippines et l'Australie ; la Chine avec les pays délaissés par les puissances occidentales (Soudan, République démocratique du Congo, Corée du Nord, Russie, etc.) – **non seulement pour avoir accès aux matières premières, mais aussi pour s'assurer de leur soutien lors des votes de l'ONU**, où chaque pays dispose d'une voix.

[2. Des grandes puissances encore incomplètes]

L'influence grandissante de la Chine et du Japon s'exerce sur les plans diplomatique, militaire, environnemental et financier.

Si **l'armée chinoise** a surtout un caractère défensif, elle n'en reste pas moins **une des plus importantes du monde en termes d'effectifs**, et elle dispose de l'arme nucléaire. De plus, la Chine est l'un des cinq membres permanents du Conseil de sécurité de l'ONU, ce qui lui permet d'exercer un droit de veto sur la scène internationale. Face à cela, **le Japon reste un « nain politique »**, même s'il est l'un des principaux contributeurs au budget de l'ONU et si ses forces armées participent de manière importante aux opérations de maintien de la paix mandatées par l'ONU.

Cependant, le Japon conserve une position dominante dans la mondialisation à travers la culture (mangas, jeux vidéo, culture zen), mais surtout en raison de la force de son économie et de sa finance. La Bourse de Tokyo est au deuxième rang mondial derrière celle de Wall Street à New York, la monnaie japonaise est convertible et les entreprises japonaises sont largement implantées dans le monde entier, ce qui n'est pas – mais pour combien de temps ? – le cas des entreprises chinoises. Le Japon cherche aussi à être reconnu pour son rôle dans la promotion du développement durable, comme en

témoigne la conférence de Kyoto (1997) qui a débouché sur le protocole relatif aux émissions de gaz à effet de serre.
La concurrence en termes d'image est néanmoins vive et multiforme, comme en témoigne la rivalité pour obtenir les jeux Olympiques, que Pékin a accueillis pour la première fois en 2008. Tokyo, qui les a reçus en 1964, les accueillera à nouveau en 2020.

[Conclusion]
La Chine et le Japon offrent des profils de plus en plus comparables, même si les fondements de leur puissance diffèrent. Cela se traduit par une concurrence directe au sein de leur zone d'influence proche et par une rivalité croissante à l'échelle mondiale, ce qui n'est pas sans affecter les grands équilibres entre demandes et offres de matières premières et a donc une influence sur les cours mondiaux de celles-ci.

2 Étude critique de deux documents – Croissance économique et croissance démographique en Asie du Sud

[Introduction]
Les deux documents présentés conduisent à étudier la montée en puissance de la classe moyenne en Asie du Sud. Il s'agit d'une part d'un rapport officiel analysant la croissance de la classe moyenne en Asie du Sud, rédigé en 2014 par le ministère français de l'Économie, et, d'autre part, d'une photographie aérienne oblique de Mumbai où l'on peut distinguer trois types de constructions. Même s'ils ne permettent pas d'envisager tous les aspects de la place de la classe moyenne dans cette zone, ces documents illustrent sa forte croissance et ses conséquences, et ce malgré leurs limites.

[I. Des classes moyennes en forte augmentation]
Les classes moyennes, encore relativement modestes en Asie du Sud, sont en plein essor sous l'effet d'une évolution positive de la démographie et de l'économie.

[1. Un poids démographique encore relativement modeste, mais des effectifs en forte hausse...]

Le document 1 souligne la **part relativement modeste de la classe moyenne en Asie du Sud**, comprise entre moins de 1 % au Bangladesh et 15 % au Sri Lanka. Néanmoins, ces faibles pourcentages sont à relativiser, en particulier pour les pays très peuplés. Ainsi, en Inde, qui compte près de 1,3 milliard d'habitants, les 6 % de la population appartenant à la classe moyenne correspondent à près de 70 millions d'habitants, soit plus que la population de la France.
Parallèlement, **les projections de croissance sont importantes** : le document 1 évoque le chiffre de 300 millions de personnes dès 2030, ce qui représenterait alors 20 % de la population et même 50 % de la population en 2050. Cependant, on peut aussi douter un peu de ces prévisions, étant donné que le rythme de progression du PIB indien n'est plus aussi fort que les 5 % considérés comme base de croissance – il est actuellement proche de 3 %.

[2. ...liés aux mutations économiques et démographiques]

C'est bien, comme le signale le document 1, **la croissance économique** qui **permet l'émergence d'une classe moyenne**, car la croissance démographique seule ne suffit pas. Il est nécessaire à la fois que la population augmente, mais surtout qu'il y ait plus de richesses disponibles.

Néanmoins, au-delà d'une croissance moyenne du niveau de richesse par individu (qui n'est que statistique), l'émergence d'une classe moyenne se traduit par des mutations, telles que « l'urbanisation et le développement du secteur tertiaire ». Ces éléments impliquent une **évolution des conditions de vie** : ces populations sont non seulement alphabétisées, mais elles ont aussi souvent une formation plus poussée que la majorité de la population, ayant achevé des études secondaires, voire supérieures ; elles produisent et consomment des services pour se déplacer, se soigner, se former ou se divertir. Elles constituent donc d'**importants marchés de consommation** pour des produits tels que les voitures ou les biens de consommation courante.

[II. Des classes moyennes qui font évoluer la morphologie urbaine mais dont la connaissance reste imparfaite]

Ce poids croissant des classes moyennes se marque dans l'espace et la société, mais les documents ne permettent de saisir le profil de la classe moyenne que de manière imparfaite.

[1. Une émergence qui marque l'espace et la société]

Le document 2 montre l'affirmation des classes moyennes : à Mumbai, il n'y a plus seulement la confrontation entre l'habitat précaire des *slums*, visibles ici au premier plan, et les tours du centre-ville. On assiste à la **multiplication d'immeubles résidentiels**, comme on peut le voir au centre de la photographie où la disposition très régulière des immeubles laisse penser à une planification. Ils ne sont pas luxueux mais permettent une évolution des modes de vie : ainsi, le lieu de travail devient généralement disjoint du lieu d'habitation, ce qui est loin d'être le cas au sein des *slums*. De plus, l'équipement sanitaire est plus important. Progressivement, il semble que les *slums* « reculent » face à ces immeubles. Sur la photographie, les immeubles entourent les *slums* ; et l'on sait que Dharavi, le plus grand *slum* de Mumbai, est menacé de destruction pour laisser la place à des logements destinés aux classes moyennes et supérieures et à des entreprises du secteur tertiaire. Ce processus n'est pas spécifique à Mumbai : il est présent dans toutes les grandes métropoles d'Asie du Sud, comme Djakarta (Indonésie).

Parallèlement, ainsi que le souligne le document 1, **la demande de service est accrue**, tant parce que la classe moyenne est une clientèle solvable que parce qu'elle aspire à des changements qui sont aussi les marques de son ascension sociale. De fait, les villes d'Asie du Sud voient se multiplier les infrastructures de transport, mais aussi les commerces et les espaces de loisirs. Cela n'est pas sans poser des problèmes d'espaces : à Mumbai, on assiste ainsi à une gentrification de certains quartiers centraux et à des programmes qui visent à reléguer les populations des *slums*, notamment celui de Dharavi, pour laisser plus de place aux classes aisées et moyennes.

[2. Une définition qui reste à déterminer]

C'est d'ailleurs là une des faiblesses de ces documents. **Comment définir ce que sont les classes moyennes** : par les revenus, les modes de vie ? Se limiter, comme le fait le document 1, au constat qu'elles résident largement en villes et que leur croissance est liée à celle du secteur tertiaire semble un peu restrictif. Il aurait été nécessaire d'avoir une idée de leurs revenus, de connaître leur profil par sexe, leur âge moyen ou encore leurs modes de consommation et de loisirs. Il n'est rien dit non plus de leurs origines sociales et/ou ethniques ou de leur place au sein de la société. Elles représentent en effet à la fois une opportunité d'évolution globale des sociétés d'Asie du Sud, mais aussi un facteur potentiel de tensions en constituant une demande difficile à satisfaire et qui pose d'importants défis.

[Conclusion]
L'essor des classes moyennes est certainement un des faits les plus marquants de la conjonction de la croissance démographique et économique qui marque les pays d'Asie du Sud. Il est de fait plus prononcé au sein de la puissance émergente qu'est l'Inde, où tous ces phénomènes sont particulièrement marqués. Néanmoins, ces classes moyennes sont toutes en expansion et sont encore appelées à évoluer fortement.

3 Composition avec schémas intégrés – Les défis de la croissance en Asie du Sud et de l'Est

Analyse du sujet

Comme le sujet n'est ici accompagné d'aucune consigne, il convient de déterminer la problématique par vous-même.

Il faut dans un premier temps définir les **termes du sujet** pour en identifier le thème central et les enjeux qui lui sont associés.

Pensez à deux éléments importants :

– le libellé est proche des questions au programme, mais il ne faut pas réciter le cours. Une composition est un travail de réflexion et la démonstration doit être construite pour répondre exactement au sujet posé. Ici le sujet porte sur les **problèmes et les enjeux associés à la croissance** et non sur les aspects de la croissance en tant que tels ;

– il faut couvrir **tous les aspects de la croissance**, aussi bien démographique qu'économique.

Rédiger la composition

> Illustrer son propos par des exemples ou des schémas

Dans une composition, chaque **idée** doit être illustrée par un **exemple**. L'ensemble forme un paragraphe. L'exemple doit être assez détaillé afin d'apporter un complément d'information par rapport à l'idée.

- Un exemple ne se limite en aucun cas à un nom. Alors même qu'il ne connaît pas nécessairement l'exemple, le lecteur doit avoir assez d'information pour comprendre ce qui, dans l'exemple choisi, illustre votre propos. Pour vous guider dans cette démarche, penser que développer un exemple se fait souvent grâce à **deux ou trois phrases**.
- Pour être capable de réussir sans difficulté cet exercice, il faut, lorsque vous apprenez votre cours, penser à **associer un exemple à chaque idée du cours**. Notez qu'un même exemple peut souvent être utilisé dans des contextes différents : Mumbai peut aussi bien être utilisé dans des devoirs portant sur l'Asie du Sud et de l'Est que pour des devoirs portants sur les centres et périphéries de la mondialisation. Il peut être utile de faire des fiches d'exemple sur lesquelles vous indiquez pour quelles idées cet exemple peut convenir.
- L'exemple peut être développé sous la forme d'un **schéma**. Deux schémas sont ainsi proposés dans ce corrigé.

[Introduction]

Les pays de l'Asie du Sud et de l'Est connaissent depuis plusieurs décennies les taux de croissance démographique et économique les plus élevés du monde. Leur population a pratiquement doublé en l'espace de 50 ans et, alors que beaucoup des pays de la zone étaient il y a 20-30 ans des pays en développement, ils sont aujourd'hui parmi les nouvelles puissances économiques. Pourtant, cette croissance, par son importance et sa rapidité, n'est pas sans poser des problèmes. Quels sont les défis liés à la croissance économique et démographique des pays d'Asie du Sud et de l'Est ? Répondre à cette question suppose de s'intéresser aux enjeux associés à la croissance démographique, d'envisager ceux liés à la croissance économique, avant de souligner les disparités qui existent entre les pays.

[I. Relever les défis d'une population en forte croissance]

[1. Nourrir la population]

La formidable croissance démographique a imposé de **faire évoluer l'agriculture** pour nourrir la population. Le recours à la révolution verte et à une agriculture intensive a permis de relever largement le défi de l'alimentation, d'autant qu'en Inde et en Chine la croissance démographique a été fortement limitée. En dépit des progrès, la malnutrition et la sous-nutrition sont pourtant encore présentes dans certaines zones, notamment dans le nord-est de l'Inde (Uttar Pradesh, Bihar, Madhya Pradesh, Jharkhand) ou dans l'ouest de la Chine (Qinghai, Yunnan, Xinjiang).
Cette population doit également être logée, notamment dans les villes car l'agriculture n'offre plus assez d'emplois. Cela se traduit par **des villes de plus en plus vastes** où les conditions de logements sont parfois difficiles, comme en témoigne Mumbai : la ville s'étend toujours davantage et les bidonvilles, les *slums*, sont nombreux.

SCHÉMA 1

Mumbai : les défis de la croissance

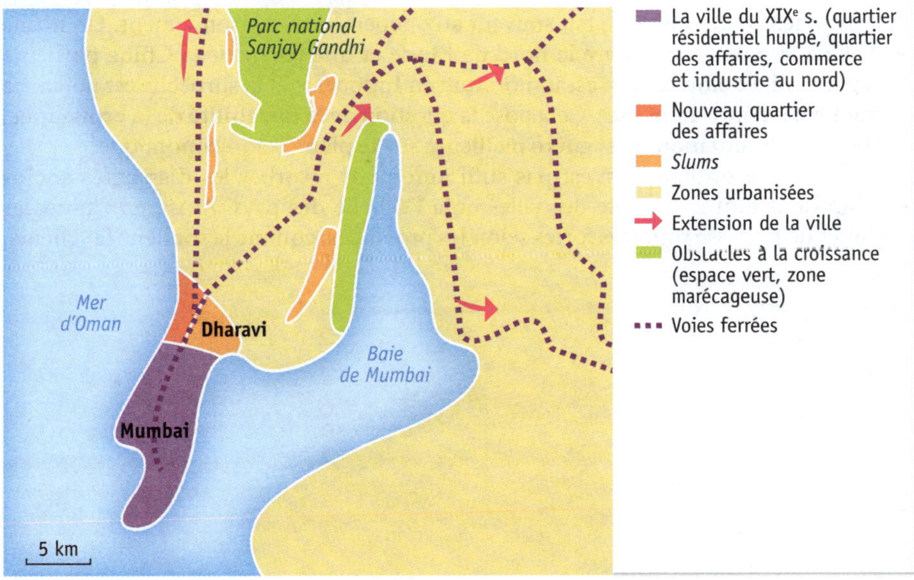

[2. Améliorer le niveau d'éducation de la population en lien avec les mutations économiques]

Cette population doit également être éduquée afin de satisfaire les besoins en main-d'œuvre de plus en plus qualifiée. La Chine et l'Inde multiplient les investissements dans l'éducation, notamment au niveau universitaire, et encouragent leurs étudiants à partir à l'étranger : 15 % des étudiants étrangers aux États-Unis viennent d'Inde. Le nombre d'étudiants chinois présents aux États-Unis a crû de 30 % en 2009.
Si, lors des débuts de l'industrialisation, les industries de main-d'œuvre permettaient d'employer une large main-d'œuvre d'origine agricole, et donc peu qualifiée, le passage aux industries de haute technologie accroît le **besoin de qualification pour développer les innovations**.

[II. Maintenir la croissance économique]

[1. Des concurrents toujours plus nombreux]

Une partie de la croissance de la production est absorbée par le marché national. Néanmoins, pour se développer, les économies des pays de l'Asie du Sud et de l'Est se sont largement tournées vers l'exportation. **Ces pays sont aujourd'hui largement en concurrence.** Ainsi les États-Unis sont le premier partenaire commercial de la Chine et du Japon. Si, pour l'instant, le Japon a réussi à maintenir son avance grâce à sa supériorité technologique, celle-ci s'érode progressivement face au développement de la Chine.
La concurrence joue aussi pour **l'approvisionnement en ressources énergétiques et alimentaires**, soit parce que ces pays ont peu de ressources propres (Corée du Sud, Japon), soit parce que leurs besoins sont très importants (Chine, Inde). Ils multiplient les **alliances stratégiques** afin de garantir leurs approvisionnements en céréales, minerais et hydrocarbures. Cette rivalité a des conséquences pour pratiquement tous les pays du monde, car elle est une des principales causes de l'augmentation des cours moyens des matières premières.

[2. Inscrire la croissance dans le développement durable]

La croissance économique se fait souvent aux dépens de l'environnement. Un nuage brun, lié à la pollution, couvre le nord de l'Inde et une partie de la Chine plusieurs mois par an. La déforestation est importante en Indonésie et la surpêche est notable à proximité des côtes japonaises. Cela pose la question de **la durabilité de la croissance**, d'autant que la situation n'est guère meilleure sur le plan socio-économique.
La croissance économique n'est pas suffisante pour résorber les **disparités socio-économiques** tant à l'échelle des villes qu'à l'échelle des pays. Ainsi, en Chine, les inégalités de richesse sont très fortes selon les provinces, comme le souligne le schéma.

SCHÉMA 2

Les disparités en Chine

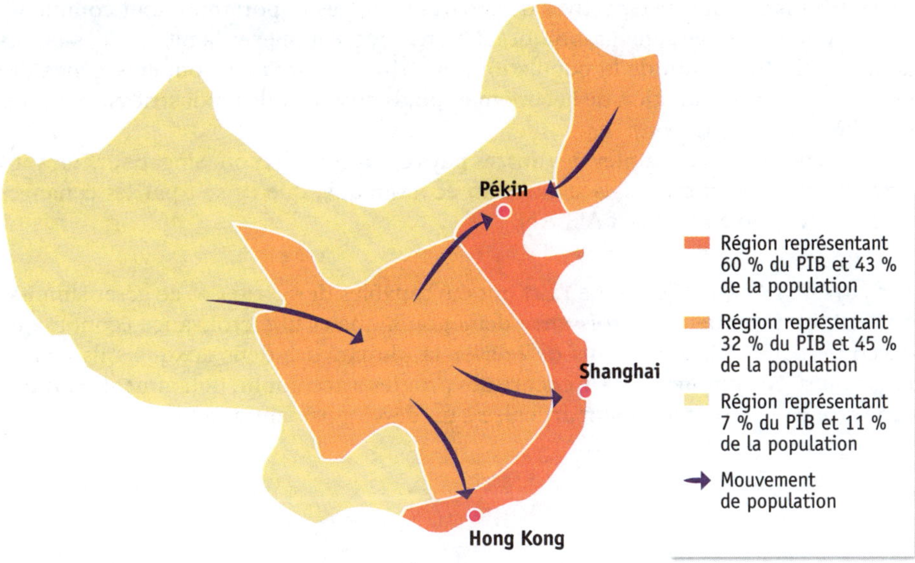

[III. Des situations différentes selon les pays]

Cette partie est proposée sous la forme d'un plan détaillé. Il faut développer un exemple dans chaque partie.

Tous les pays d'Asie du Sud et de l'Est n'ont cependant pas les mêmes défis à relever, selon le niveau de développement économique et l'importance de la croissance démographique qu'ils présentent.

[1. Faire face à une population vieillie et à une concurrence de plus en plus vive]

– Le Japon et la Corée du Sud sont principalement soumis au **vieillissement prononcé de leur population**, ce qui pose des problèmes d'accueil des personnes âgées et d'augmentation des coûts de santé.
– Sur le plan économique, ils doivent surtout maintenir leur avance technologique, ce qui implique **des investissements de plus en plus lourds**. Le chômage tend à progresser.

[2. Gérer le grand nombre et une nouvelle puissance]

– L'Inde et la Chine continuent à exercer un **contrôle démographique strict** pour limiter leur croissance démographique et afin que les fruits de la croissance économique soient sensibles. La formation de la population constitue un des postes les plus importants des dépenses de ces pays.
– Une **classe moyenne** a réussi à s'affirmer, notamment en Inde et en Chine, mais une large partie de la population est encore rurale et ses conditions de vie restent très difficiles. Les gouvernements craignent les mouvements de révolte et les grèves.

[3. Relever le défi de mutations récentes et de grande ampleur]

– La plupart des pays de l'Asie du Sud et de l'Est sont encore aux **premiers stades de la croissance**. Les perspectives de progrès sont très importantes, tout comme les défis économiques et démographiques. Ils ont encore à relever la plupart des points abordés ici : formation de la population, maîtrise de l'urbanisation, émergence des classes moyennes, mutation de l'économie (poids croissant de l'industrie et remontée des filières de production).

– Ils bénéficient des **exemples des autres pays de la zone** (Japon, Singapour, Taïwan) avec lesquels ils sont très liés sur le plan économique, que ce soit par les échanges économiques ou au sein de l'ASEAN.

[Conclusion]

Les pays de l'Asie du Sud et de l'Est ont été capables de susciter et de gérer simultanément, ou presque, une croissance démographique et une croissance économique exceptionnelles. Cela a permis de relever la plupart des défis auxquels ils étaient confrontés. Néanmoins, il reste encore des progrès à accomplir, notamment pour que cette croissance soit réellement articulée à un développement durable.

POST BAC

SUJET D'APPROFONDISSEMENT

Composition

Intégrations régionales et mondialisation

150'
(L, ES, S)

> Voir la méthode générale d'une composition en annexe (p. 515).
> Voir les méthodes et stratégies 2 du chapitre 13 et 2 du chapitre 14.

CORRIGÉ

POST BAC

Composition – Intégrations régionales et mondialisation

Analyse du sujet

Ce sujet permet de mobiliser de façon transversale des connaissances portant sur l'ensemble des aires continentales (Amérique, Afrique, Asie) abordées dans cette partie sous l'angle de leurs dynamiques à l'heure de la mondialisation. Il donne également l'occasion de réemployer, à plus petite échelle et dans une dimension comparative, les démarches, notions et questionnements principalement abordés dans le cours portant sur le continent américain entre tensions et intégrations.
Enfin, ce sujet de réflexion doit implicitement s'appuyer sur la trajectoire spécifique, sinon le modèle, proposé par l'Union européenne : l'élève est ainsi amené à convoquer des connaissances relevant a priori du programme d'histoire de Terminale (le projet d'une Europe politique depuis le congrès de la Haye en 1948), voire du programme de géographie de Première (l'Union européenne dans la mondialisation ; l'Union européenne, acteur et pôle majeur de la mondialisation).

[Introduction]

Les représentants des États-Unis et de l'Union européenne négocient depuis juillet 2013 un accord qui créerait une zone de libre-échange* transatlantique. Ce partenariat transatlantique de commerce et d'investissement (PTCI), connu aussi sous les acronymes TAFTA (*Trans-Atlantic Free Trade Agreement*) ou TTIP (*Transatlantic Trade and Investment Partnership*), est considéré, tout comme son homologue le TPP (*Trans-Pacific Partnership*) que les États-Unis négocient depuis 2009 avec 11 États de la zone Asie-Pacifique, comme la dernière manifestation d'une tendance née au lendemain de la Seconde Guerre mondiale : l'intégration régionale. Celle-ci consiste en un processus de réduction des obstacles à la coopération et au partenariat entre acteurs d'une même aire régionale, souvent continentale ou subcontinentale. Institutionnelle ou fonctionnelle, l'intégration régionale prend des formes variées dont les dynamiques spatiales transforment les territoires à toutes les échelles. Ses liens avec la mondialisation économique, « processus de diffusion du système d'économie marchande dans l'espace mondial » (L. Carroué), relèvent à première vue du paradoxe : la mondialisation économique est en effet synonyme d'internationalisation des marchés, d'accroissement des flux, de constitution d'un monde unique abolissant les différences. La mondialisation actuelle s'effectue en fait dans un cadre spatial largement régionalisé. Dans quelle mesure les dynamiques géographiques relevant de la régionalisation de l'espace mondial renvoient-elles à celles d'un espace de plus en plus mondialisé ?
Les stratégies mises en place par les acteurs multiples de l'intégration économique régionale ont permis l'émergence de nouveaux hauts lieux de la mondialisation économique, si bien qu'au final, les inégalités, les recompositions de la puissance et la sélection des territoires s'opérant dans le cadre de la mondialisation sont largement corrélées au degré d'intégration régionale.

[I. Les organisations régionales, acteurs et pôles majeurs de la mondialisation]

Même si la mondialisation progresse, les organisations régionales* en constituent des acteurs majeurs, ce dont témoignent de nombreux flux régionaux. Ces constructions complexes suscitent cependant des débats.

[1. Le poids des flux régionaux : un paradoxe de la mondialisation]

Le commerce de biens et de services intrazone, c'est-à-dire entre pays membres d'une organisation régionale de commerce, **est important**. Ainsi, en 2013, selon l'Organisation mondiale du commerce, plus de deux tiers des échanges de biens (exportation et importation de produits agricoles, de combustible et de produits manufacturés) réalisés par les 28 États membres de l'Union européenne ont eu lieu en son sein. À l'intérieur de l'ALENA*, zone de libre-échange nord-américaine regroupant depuis 1994 les États-Unis, le Canada et le Mexique, la moitié des exportations et un tiers des importations étaient concernées. Ces flux représentent encore un quart de la valeur des échanges au sein de l'ASEAN* (Association des nations de l'Asie du Sud-Est).

Cette part du commerce intrazone connaît par ailleurs une **augmentation régulière** : l'intégration économique régionale progresse dans le monde. Les flux croisés ont ainsi augmenté entre 2012 et 2013 de 4,5 % au sein du MERCOSUR* (marché commun d'Amérique du Sud), de 4 % dans l'Union européenne, de 2,5 % au sein de l'ALENA, de 1,5 % au sein de l'ASEAN. Ils ont cependant reculé de 1,5 % au sein de la Communauté andine (CAN).

À ces indicateurs les plus souvent mis en avant pour démontrer l'interdépendance croissante des économies régionales pourraient s'ajouter des statistiques semblables dans d'autres domaines : flux croisés des IDE*, des services, des migrants et de leurs transferts financiers (*remesas* en Amérique latine) vers leur pays d'origine. Les migrants sont en effet avant tout attirés par des pays géographiquement proches au niveau de vie plus élevé, et non prioritairement par un lointain eldorado états-unien ou européen. L'Afrique du Sud, seul pays émergent* africain, attire donc des migrants venus d'Afrique australe, par exemple du Zimbabwe.

[2. Les accords commerciaux régionaux : des outils politiques complexes, des degrés d'intégration divers]

Cette intégration avant tout économique, liée aux flux de marchandises et de capitaux des entreprises et des migrants, s'est cependant en partie développée grâce à l'**impulsion des acteurs politiques**. Trois types d'accords régionaux ont en effet été progressivement mis en œuvre parallèlement à la libéralisation des échanges mondiaux dans le cadre du GATT* (1947) puis de l'OMC (à partir de 1995), afin notamment de diminuer les droits de douane.

Cet aspect est fondamental dans la constitution des **zones de libre-échange**, comme l'ALENA. Les **marchés communs** (MERCOSUR, ASEAN, sur le continent africain le Marché commun de l'Afrique orientale et australe – COMESA –, regroupant 20 États) permettent quant à eux d'établir un tarif extérieur commun, unifiant les droits de douane dûs lors de l'importation de marchandises en provenance de pays tiers. Un dernier niveau d'intégration est atteint, à l'heure actuelle uniquement dans l'Union européenne, avec l'**union économique et monétaire** (UEM) : l'euro est ainsi devenue la monnaie unique de 19 États (la Lituanie a adopté l'euro le 1er janvier 2015), facilitant les échanges internationaux en rendant les prix d'achat et de vente plus transparents.

Les acteurs politiques sont donc bien au centre de cette dynamique institutionnelle d'intégration continentale. Ils peuvent la promouvoir, comme les États-Unis voulant créer une zone de libre-échange des Amériques en 1994, ou la freiner, comme les citoyens suisses ou norvégiens, qui se sont exprimés à plusieurs reprises par référendum contre l'adhésion de leur pays à l'Union européenne.

[3. Des organisations régionales en débat : rempart contre ou moteur de la mondialisation ?]

Ces organisations intergouvernementales ont été fondées par des États parfois affaiblis (en France du fait de la perte de l'Empire colonial) avec pour objectif la création d'une échelle intermédiaire permettant de s'intégrer à un marché plus vaste mais encore protégé, afin de rester une puissance*, même secondaire, à l'heure des mutations du système productif imposées par les firmes transnationales.

Cependant, **les opinions publiques nationales, et leurs relais associatifs et médiatiques, prennent de plus en plus partie contre elles**, dénonçant, dans une optique altermondialiste voire protectionniste, des organisations aux principes trop néolibéraux. Ainsi, les rassemblements réguliers devant les sièges des institutions européennes, à Bruxelles par exemple, font écho à la forte concentration des groupes de pression dans cette capitale européenne, proposant aux députés et fonctionnaires européens deux grilles de lecture, souvent opposées, d'un même projet.

Ces institutions sont au contraire vues par d'autres comme des embryons d'une gouvernance économique mondiale, qui permettraient, dans leur forme la plus démocratique, de proposer un nouveau modèle de gestion des ressources* et des richesses produites à l'échelle mondiale.

[Transition]

Différentes initiatives relevant de l'intégration économique ont donc permis à de nombreux acteurs de s'approprier les dynamiques de la mondialisation économique. Ces derniers ont par ce biais contribué à la mise en place d'une intégration fonctionnelle dont les effets spatiaux sont pour certains inédits.

[II. les nouveaux territoires transnationaux de l'intégration régionale]

L'intégration régionale conduit à des recompositions spatiales, qu'il s'agisse d'une nouvelle trame des axes de communication, d'un dynamisme marqué des espaces transfrontaliers ou de l'apparition de nouvelles centralités.

[1. La nouvelle trame des axes de communication]

Les flux de toutes natures ne peuvent exister sans la présence de **réseaux physiques** leur servant de support : la croissance des échanges régionaux suppose donc une **politique volontariste d'aménagement des territoires** afin de connecter des pays voisins, en dépit de barrières frontalières héritées – ces zones étant souvent périphériques et enclavées à l'échelle nationale. L'Union européenne peut être considérée comme pionnière dans ce domaine. Depuis 1996, le développement du programme de développement des infrastructures de transport RTE (réseau transeuropéen de transport) a pour ambition d'intégrer les différents réseaux nationaux en renforçant leur interopérabilité, d'ouvrir les nouveaux États-membres sur l'Europe de l'Ouest – et de promouvoir des modes de transport plus durables.

Les métropoles* ont principalement bénéficié de cette nouvelle connectivité à l'échelle continentale pour renforcer leur fonction de nœud de communication. Ainsi, la ville mondiale qu'est Paris n'est plus seulement reliée au reste du territoire métropolitain ou au monde par le biais de son réseau autoroutier en étoile, de ses gares et de ses aéroports, mais également à de nouvelles destinations européennes : les trains à grande vitesse ont depuis les années 1990 permis d'intensifier les relations, économiques avec Londres, politiques avec Bruxelles, touristiques avec Cologne, tandis que les compagnies aériennes à bas coût permettaient de démocratiser le transport aérien moyen-courrier. Tous les projets de nouveaux axes de transport intercontinentaux n'aboutissent cependant pas aussi rapidement. La construction de l'oléoduc Keystone XL destiné à approvisionner en pétrole canadien les raffineries du golfe du Mexique, en discussion depuis 2010, est toujours soumise au droit de veto du président B. Obama.

[2. Le dynamisme des espaces transfrontaliers]

À grande échelle, l'un des retournements spatiaux les plus spectaculaires liés à l'intégration régionale se présente sous la forme de **nouvelles régions transfrontalières intégrées**. Ces nouveaux territoires reproduisent les dynamiques déjà observées à l'échelle continentale : accroissement et diversification des flux, coopération institutionnelle croissante, modification de la perception de la discontinuité frontalière.

Cette dynamique a pris son essor à la frontière entre les États-Unis et le Mexique, désignée depuis sous le nom de **Mexamerica** (J. Garreau, 1981). L'implantation à la frontière de zones franches* dédiées à l'assemblage de produits manufacturés à faible valeur ajoutée pour le marché états-unien a conduit à la naissance de villes jumelles, telles San Diego-Tijuana ou El Paso-Ciudad Juarez, et à une intensification des flux (marchandises, capitaux, migrants en partie clandestins). La même logique s'est imposée côté canadien de la frontière : la Main Street America sur les deux rives du Saint-Laurent et la Pugetopolis entre Seattle et Vancouver constituent des bassins de vie transfrontaliers pour leurs habitants.

En Asie, l'intégration régionale transfrontalière prend la forme des **triangles de croissance** non institutionnalisés. Les frontières internationales y marquent une différence forte entre des niveaux de richesse et de développement* très contrastés, la mise en valeur de ce différentiel permet donc souvent le décollage économique de toute une région aux ressources financières et humaines complémentaires. SIJORI est ainsi le nom donné à l'ensemble formé depuis 1989 par la cité-État de Singapour, l'État fédéré de Jahore en Malaisie et Batam dans l'archipel des Riau en Indonésie. Hong Kong et la province du Guandong, dans le cadre idéologique d'« un pays, deux systèmes », constituent le second pôle de croissance intégré asiatique.

[3. L'apparition de nouvelles centralités polarisant les espaces continentaux mondialisés]

La double dynamique de densification du maillage des réseaux de transport et d'ouverture des frontières a créé de nouveaux pôles exerçant désormais des fonctions de commandement à plusieurs échelles. En Asie de l'Est, l'intégration économique illustrée par les métaphores du « vol d'oies sauvages » puis du « circuit intégré » asiatique a permis aux **nouveaux pays industrialisés d'Asie (NPIA)**, soit les **quatre Dragons (Corée du Sud, Hong Kong, Taïwan et Singapour)** d'effectuer une remontée des filières et de passer du statut de périphérie du tiers-monde à celui de nouveau centre ; ainsi la Corée du Sud fait partie du G20.

Par ailleurs, si les intégrations régionales renforcent la centralité des **villes mondiales** existantes par adjonction d'une nouvelle échelle de commandement, elles ont aussi permis le développement de nouvelles métropoles. Miami est ainsi considérée comme la capitale du bassin caraïbe : premier port de croisière au monde et centre financier latino-américain, la ville abrite de nombreux quartiers ethniques, comme Little Haïti ou Little Havana.

Enfin, l'augmentation du trafic maritime lié à la mondialisation, qu'il soit international ou continental, a fait naître des **façades maritimes** dont la localisation défie les frontières nationales. L'Asie orientale présente ainsi un chapelet de ports, depuis peu majoritairement chinois, dont le trafic de cabotage est intense ; cette façade court du Japon à Singapour, en passant par les ports des quatre Dragons et le littoral chinois. En Europe du Nord-Ouest, la Northern Range regroupe entre autres les ports du Havre (France), d'Anvers (Belgique), de Rotterdam (Pays-Bas) et de Hambourg (Allemagne), dont les arrière-pays se dilatent à l'échelle de l'Europe continentale, de la Suisse par l'axe rhénan à la mer Noire par le canal Rhin-Danube.

[Transition]

Le cercle vertueux des intégrations institutionnelle, économique et territoriale reste cependant inégalement observable à la surface du globe. Il reflète avant tout la puissance des principaux États et ensembles régionaux dans la mondialisation.

[III. L'intégration régionale, reflet de la puissance]

Ainsi, **la puissance est fonction du degré d'intégration régionale.** L'UE, dont l'intégration est la plus avancée, est la première de ces aires de puissance, les autres espaces économiques intégrés constituent également des centres d'impulsion majeurs de l'espace mondialisé. En revanche, les aires où l'intégration est la plus faible comptent moins au sein de la mondialisation.

[1. Le modèle européen : la première aire de puissance mondiale]

L'Union européenne apparaît souvent comme un modèle d'intégration économique réussie. Plus de 500 millions d'habitants, agents économiques et citoyens, au niveau de vie élevé à l'échelle mondiale, contribuent au bon fonctionnement de la première aire de puissance mondiale. L'Union européenne représente ainsi, échanges intrazone exclus, 16 % du commerce mondial. Elle a exporté en 2012 presque la moitié des investissements directs à l'étranger dans le monde et en a reçu un tiers ; le poids des flux intrazone est cependant ici à prendre en compte.

Cette réussite est le fruit d'une politique de **coopération économique ancienne**. Elle remonte au discours de l'Horloge du 9 mai 1950, prononcé par Robert Schuman, qui appelait à la création d'un marché commun du charbon et de l'acier entre la France, la République fédérale d'Allemagne et les autres États intéressés. La CECA (1951) a ensuite donné naissance à la Communauté économique européenne (1957) puis à l'Union européenne en 1992.

L'intégration économique a été, dans l'esprit de ses fondateurs, un **outil de puissance et d'indépendance économique** vis-à-vis des deux superpuissances de la guerre froide ; elle a globalement profité aux économies nationales à l'heure de la mondialisation, mais la question de son avenir se pose. La zone euro* et l'espace Schengen sont des exemples d'une « Europe à plusieurs vitesses » ; plus de dix ans après leur adhésion, le PIB des anciens pays du bloc de l'Est reste inférieur à la moyenne européenne, la crise de la zone euro a fragilisé les États-membres d'Europe du Sud. La tension entre espace continental et espace mondial est symbolisée par la place ambiguë des régions ultrapériphériques et des pays et territoires d'outre-mer (RUP-PTOM) : interfaces entre l'Union européenne (qui contribue au financement de leurs projets de développement) et leur environnement régional plus pauvre et moins intégré, dans les Caraïbes, dans l'océan Indien ou le Pacifique, ils constituent la nouvelle Frontière, le nouveau front pionnier des dynamiques régionales d'intégration.

[2. Les autres centres de la mondialisation, des espaces économiques intégrés]

Sur le modèle de l'Union européenne, d'autres organisations économiques régionales ont permis à une aire continentale, mais surtout à une puissance hégémonique en leur sein, de devenir des centres de l'espace mondialisé. **Les États-Unis entretiennent dans le cadre de l'ALENA une relation marquée de type centre-périphérie avec le Canada et le Mexique.** En 2010, la moitié des importations des deux autres pays provenaient des États-Unis, à qui étaient destinés plus des trois quarts de leurs exportations.

L'ASEAN, créée en 1967 dans une logique d'endiguement* en Asie du Sud et de l'Est, **a été le moteur et l'instrument du décollage de l'économie singapourienne** et, aujourd'hui, des bébés-tigres (Thaïlande, Malaisie, Indonésie, Philippines). Les exportations sont cependant de moindre valeur et dominées par la puissance économique chinoise. Les mutations actuelles de l'architecture institutionnelle de l'ASEAN, avec la création des groupes ASEAN + 3 (avec le Japon, la Chine et la Corée du Sud) et ASEAN + 6 (avec en complément l'Inde, l'Australie et la Nouvelle-Zélande), intègrent de plus en plus cet espace régional à une vaste zone Asie-Pacifique ouverte sur le monde.

Enfin, **le MERCOSUR**, créé en 1991, **reste dominé par le Brésil**, dont le PIB représente 70 % de celui des cinq États-membres. Seul un peu plus de 14 % du commerce a été effectué entre pays membres en 2013.

[3. Les marges de la mondialisation, des espaces en déficit d'intégration]

La hiérarchie des pôles et des périphéries de l'espace mondialisé peut être complétée par un planisphère en creux des ensembles (sub)continentaux, encore nombreux, où **marginalisation économique et commerciale et déficit d'intégration régionale vont de pair**. Plus d'une dizaine d'organisations de coopération régionale coexistent sur les continents sud-américain ou africain, conduisant à une multiplication des initiatives et à leur relative inefficacité.

Ces économies nationales sont encore largement tournées vers les principales économies mondiales. Des accords bilatéraux existent ainsi entre les États-Unis et de nombreux pays d'Amérique centrale, ou entre certains États africains et la Chine.

En 2013, les pays membres de la Communauté andine (CAN) – Bolivie, Pérou, Équateur et Colombie – ont exporté pour 10 millions de dollars de biens entre eux, mais pour 128 millions vers des pays tiers, et importé dans les mêmes proportions (pour une valeur de 140 millions de dollars, 11 provenaient du groupe andin et 128 de pays tiers).

Les puissances régionales secondaires, en réémergence ou en devenir, s'appuient donc sur des ensembles régionaux économiquement et politiquement encore fragiles. La Russie a créé en 2014 l'Union économique eurasiatique avec la Biélorussie et le Kazakhstan. En Afrique, l'Afrique du Sud domine le reste de la communauté de développement d'Afrique australe (SADC), et le Nigeria la Communauté économique des États de l'Afrique de l'Ouest (CEDEAO). L'Inde, autarcique jusqu'en 1991, est encore aujourd'hui un acteur secondaire du processus d'intégration régionale en Asie du Sud et de l'Est.

[Conclusion]

Les différentes formes, avant tout institutionnelles et économiques, prises par la dynamique d'intégration régionale, promue par différents acteurs et transformant les territoires à des échelles variées, renvoient sous la forme d'une interdépendance réciproque aux réalités de la mondialisation économique contemporaine. La mondialisation s'organise autour d'espaces majeurs qui s'avèrent être les territoires les plus intégrés, parcourus par des flux de toute nature, qui contribuent à l'enrichissement de leurs populations. L'entrée possible dans l'ère des mégazones de libre-échange appellera sans doute une redéfinition des liens entre régionalisation et mondialisation des économies, des sociétés et des territoires.

Annexes

ANNEXE 1

MÉTHODES ET STRATÉGIES

Les différents types de sujet

- La durée et le coefficient de l'épreuve du baccalauréat en histoire-géographie varient selon les séries.

Série	L	ES	S
Durée totale	240 min	240 min	180 min
Coefficient	4	5	3

- L'épreuve se compose de deux exercices. Le premier exercice est une composition d'histoire ou de géographie, le deuxième est soit une étude critique d'un ou deux documents soit un croquis.

Type de sujet	L	L, ES	S
Composition	150 min	150 min	90 à 135 min
Étude de document(s)	90 min	90 min	60 à 75 min
Croquis	90 min	90 min	60 min

1 Traiter un sujet de composition

Une composition est un devoir qui organise logiquement des connaissances sur un sujet donné, souvent directement tiré du thème d'un des chapitres de votre ouvrage ou de votre manuel. C'est une épreuve moins technique que l'étude critique de document(s) mais qui nécessite des connaissances solides et une grande rigueur. Une composition doit convaincre le lecteur et, pour cela, doit respecter des règles de construction, d'expression et d'argumentation, car il ne suffit pas de réciter.

Analyser le sujet

> Analyser les termes du sujet

- Lisez le sujet avec soin et précision. Vérifiez que vous avez une compréhension claire de chaque terme afin de bien cerner tous les enjeux du sujet : de **quel thème** est-il question, dans **quel espace** s'inscrit-il, et, s'il s'agit d'un sujet d'histoire, **quelle époque** couvre-t-il.

- Pour bien identifier le **type de sujet**, repérez-le ou les **mots de liaison** (et, ou, dans, pendant…). Soyez attentif à leur ordre et à la façon dont ils sont employés. À eux seuls, ils déterminent souvent une façon de traiter le sujet.

Toutefois, seuls votre réflexion et votre bon sens peuvent vous guider pour déterminer la problématique, en vous appuyant sur votre analyse des termes du sujet.

Attention, le mot *et* a souvent une grande importance : il peut signifier une mise en relation, une comparaison, une opposition, etc.

> Dégager la problématique d'un sujet

- À partir des mots-clés du sujet, des mots de liaison et de ce que le cours vous permet de savoir des enjeux et des faits importants du thème concerné, trouvez **une question fondamentale** – appelée problématique – correspondant au sujet.
- Cette problématique doit être assez générale et forte pour permettre de rassembler en **une phrase** les différents aspects du sujet. Elle permet de traiter le sujet et sert de structure à la composition : le plan que vous allez adopter doit permettre de répondre à cette question principale.
- Après avoir posé la problématique, il faut y répondre. Il s'agit de le faire en **hiérarchisant** et **organisant** les informations. Au brouillon, listez idées et exemples puis ordonnez-les en utilisant un code couleur ou un tableau.

Bâtir et rédiger le plan de la composition

- Le plan doit permettre de traiter le sujet, c'est-à-dire d'en exposer les grands points, mais aussi de répondre à la problématique. Le plan de composition classique compte, en général trois parties. Dégagez un plan en deux ou trois parties, chacune étant structurée en deux ou trois sous-parties.
- Selon le sujet, plusieurs types de plan sont possibles.

En histoire :
– le plan **analytique** permet d'étudier les causes d'un phénomène, d'évoquer ensuite les faits pour enfin étudier les conséquences ;
– le **plan chronologique** est pertinent s'il est possible de dégager des périodes dans un sujet ;
– le **plan thématique** met plus en avant la continuité des enjeux sur une période limitée ou à un moment précis. En histoire, le plan est généralement chrono-thématique : des grandes césures découlent de nouveaux enjeux.

En géographie :
– le **plan analytique** permet de décrire d'abord le phénomène et de le localiser, puis de l'expliquer pour enfin présenter les évolutions possibles ou les limites ;
– le **plan typologique** est pertinent lorsque les disparités spatiales sont importantes au sein de l'espace considéré par le sujet ; chaque grande partie du plan reflète alors une de ces catégories, qu'il convient, bien entendu, de justifier ;
– le **plan thématico-typologique** débute avec deux parties thématiques où sont envisagés les principaux aspects du sujet ; la troisième partie est fondée sur une typologie (dont les critères sont à présenter) et révèle alors les disparités spatiales du phénomène étudié ; cette dernière partie comporte autant de sous-parties que de catégories identifiées ;
– le **plan multiscalaire** a l'avantage de permettre de souligner les caractéristiques qui apparaissent au fur et à mesure du passage à la plus grande échelle, mais il faut penser à montrer l'articulation entre les échelles.

Rédiger la composition

> Introduire une composition

- L'introduction est une partie fondamentale et stratégique. Pour le correcteur, une bonne introduction annonce bien souvent une bonne composition. Soyez donc particulièrement attentif à sa rédaction. Elle compte environ une **quinzaine de lignes** et débute par une phrase d'accroche.

- Elle a **trois objectifs** qui doivent être rédigés dans cet ordre :
– présenter et définir le sujet, son intérêt, son contexte, ses limites chronologiques et son cadre spatial ;
– annoncer la problématique ;
– annoncer le plan, en montrant si possible les liens logiques qui existent entre les parties.

Rédigez votre introduction au brouillon après avoir défini la problématique et arrêté le plan.

> Rédiger le développement

- La **présentation** n'est pas à négliger car elle doit permettre de signaler immédiatement le plan du devoir. Il faut donc éviter de faire de chaque partie un bloc uniforme, indigeste et compact. L'**écriture** et l'**orthographe** doivent être soignées. Écrivez en faisant des phrases simples, lisiblement, et employez un vocabulaire rigoureux et précis. Évitez les répétitions et certains verbes pauvres de sens : faire, être, évoluer, etc.

Entre les parties, il faut sauter au moins une ligne. A l'intérieur des parties, chaque paragraphe doit être clairement distinct et marqué par un retour à la ligne.

- Le développement correspond à la construction d'une **démonstration** à l'aide d'un **raisonnement**. Dans ce but, il faut créer un lien entre les parties qui se suivent : une courte introduction partielle (une ou deux lignes) et, en fin de partie, une courte conclusion partielle. De même, entre chaque paragraphe, il faut aménager des transitions qui montrent que l'enchaînement des paragraphes est organisé logiquement. Comme toute démonstration, chaque idée avancée doit être argumentée par un exemple précis. En histoire, cet exemple s'appuie sur une référence à un personnage ou à un événement historique, une donnée chiffrée, un courant politique, un système de pensée. En géographie, il peut s'agir d'une étude de cas, de données chiffrées, d'un schéma, etc.

> Conclure une composition

La rédaction de la conclusion obéit aussi à des « règles » éprouvées qui sont attendues par le correcteur. Faites le **bilan** de la réflexion en insistant sur les deux ou trois points constitutifs de chacune de vos parties, puis **répondez à la problématique.** Ensuite, **élargissez le sujet** en ouvrant sur un autre aspect qui lui est lié indirectement ou sur sa suite logique. Cette ouverture est la dernière phrase lue par le correcteur : faites en sorte qu'il termine sa lecture sur une bonne impression.

Mieux vaut préparer au brouillon les idées à écrire en conclusion, en effet des idées reviennent à l'esprit au cours de la rédaction du développement. Mieux vaut rédiger la conclusion une fois que tout le déroulement de la démonstration est bien présent à l'esprit.

2 Rédiger une étude critique de document(s)

Une étude de document(s)[1] est un devoir qui propose une réflexion cohérente en réponse à un sujet posé, à partir d'un ensemble d'un ou de deux documents et des connaissances acquises. Lorsqu'un seul document est proposé, vous devez rendre compte de son intérêt, de ses limites éventuelles, mais aussi prouver que vous savez en extraire des arguments pour répondre au sujet. Lorsque deux documents sont proposés, on attend aussi de vous une mise en relation de ces documents montrant l'intérêt de cette confrontation. L'étude critique ou l'analyse de document est donc une épreuve plus « technique » que la composition. Elle demande, elle aussi, des connaissances solides et une grande rigueur.

Analyser le sujet

> Analyser le thème et la consigne du sujet

Chaque sujet d'étude critique de document(s) est accompagné d'une consigne qui doit orienter l'analyse des documents. Lisez d'abord cette consigne avec soin et vérifiez que vous savez cerner de **quel thème** il est question, dans **quel espace** il s'inscrit, et, s'il s'agit d'un sujet d'histoire, à **quelle époque** il est posé.

> Identifier/présenter le ou les documents

Au brouillon, analysez la nature de chaque document, et présentez rapidement son auteur, sa source, sa date et le contexte de sa réalisation, son destinataire le cas échéant.

> Relever les informations importantes dans le(s) document(s)

- Au brouillon, notez tous les éléments des documents qui permettent de répondre à la consigne : relevez les idées, les faits, les dates, les lieux, les personnages, les différents éléments de la composition d'une image (si le document en est une), les chiffres d'un tableau statistique ou d'un graphique (si le document en est un).
- Il faut repérer matériellement – souligner, surligner de couleurs différentes, classer dans un tableau – les éléments permettant d'analyser chaque document afin de répondre à la consigne.

Réalisez ces repérages directement sur chaque document fourni. L'emploi de surligneurs aide souvent à mettre en valeur les thèmes et les informations importantes.

1 Pour les séries L et ES, le programme mentionne explicitement le terme d'une étude critique de document(s). En série S, il s'agit d'une analyse de document(s).

> Mobiliser et organiser ses idées

- Il convient d'expliquer les documents à l'aide de vos connaissances. Pour ce faire, il faut veiller à donner du sens à ces documents, c'est-à-dire à expliquer leur signification en la replaçant dans leur contexte et en explicitant les références faites par l'auteur.
- Lorsque deux documents sont proposés, montrez en quoi ils peuvent se rejoindre, se compléter ou bien s'opposer dans les informations qu'ils apportent pour répondre à la consigne.

> L'idée selon laquelle on peut étudier un document sans aucune connaissance est à proscrire. De même, chaque document ne doit pas être un prétexte pour réciter son cours.

> Relever les limites du ou des documents

Listez les limites des documents : indiquez en quoi ils ne permettent pas assez de comprendre le problème ou la situation soulevés par la consigne, ou pourquoi ils sont erronés ou partiels.

Bâtir le plan de l'étude de document(s)

Une fois l'ensemble du travail de repérage effectué, vous devez bâtir au brouillon un plan détaillé respectant la consigne. Indiquez les éléments importants tirés des documents pour y répondre ainsi que les connaissances nécessaires à l'éclaircissement de certaines allusions du ou des documents.

Rédiger l'étude de document(s)

> Introduire une étude de document(s)

Débutez idéalement votre introduction par une phrase d'accroche ou par une introduction présentant le ou les documents, et montrant leur intérêt pour traiter la consigne. Puis, annoncez la problématique en reprenant la consigne sous forme interrogative. On peut reformuler au besoin la consigne pour la préciser. Enfin, annoncez votre plan.

> Rédiger les développements

- Structurez votre analyse en deux ou trois parties, comportant chacune deux ou trois sous-parties. Chaque paragraphe doit être construit autour d'une idée et doit former une démonstration appuyant cette idée.
- Faites référence au(x) document(s) et mobilisez vos connaissances : citez les textes, décrivez les images, donnez les chiffres et les statistiques, localisez les phénomènes et éclairez-les.

> Vous prouvez ainsi au correcteur que vous savez prendre rigoureusement appui sur les documents.

> Conclure une étude de document(s)

- Lorsque les parties du développement sont rédigées, terminez votre étude par une conclusion résumant en quoi les documents ont permis de traiter la consigne.
- N'oubliez pas de souligner la portée du document, c'est-à-dire son influence éventuelle.

3 Réaliser un croquis (ou un schéma) de géographie

Le croquis et le schéma sont des représentations simplifiées d'un espace géographique ; ils permettent de décrire et de comprendre l'organisation spatiale de cet espace. Leur réalisation passe par deux étapes :
- un travail préparatoire au brouillon, à ne surtout pas négliger ;
- la réalisation de la légende, au propre, et du croquis, sur le fond de carte.

Analyser le sujet

- Comme pour tout sujet, le travail au brouillon débute par la **lecture du sujet**, c'est-à-dire le repérage et la définition des **termes importants** (par exemple : dynamiques spatiales, flux, pôles, etc.) et une réflexion sur leur **mise en relation** éventuelle par des conjonctions de coordination (et) ou des prépositions (dans).
- Le fond de carte fourni dans le cas du croquis et la lecture du sujet permettent de définir les **limites géographiques du sujet**. Cependant, il peut être pertinent de varier les échelles, notamment par le biais d'informations complémentaires dans la légende.
- L'analyse du sujet débouche sur la définition d'une **problématique**. Même si celle-ci ne figure pas sur la copie, elle guide l'**organisation de la légende**, la formulation de titres de parties et le choix des arguments.

Bâtir le plan de la légende

> Mobiliser et organiser ses connaissances

- Il est nécessaire de commencer par faire une liste des **éléments géographiques** à représenter. Il s'agit de choisir les notions et les arguments utiles pour répondre au sujet posé sans que leur nombre ne devienne un obstacle à la lisibilité du croquis.
- Le **plan** est ensuite construit à partir de ces arguments. Celui-ci doit être **hiérarchisé** en parties et en sous-parties. Les titres annoncent l'idée principale de chaque partie ou sous-partie en lien avec la problématique.

Pour un schéma d'organisation spatiale d'un territoire, le nombre de figurés peut être réduit et la légende moins détaillée.

> Choisir les figurés appropriés

Il est nécessaire de combiner les trois types de figurés :
– les **figurés de surface**, c'est-à-dire des aplats de couleur et hachures (pour les phénomènes ayant une certaine extension, par exemple pour les États) ;
– les **figurés ponctuels** de forme géométrique (pour les phénomènes dont la localisation est précise, comme les villes, les infrastructures, les événements) ;
– les **figurés linéaires** permettant de définir les limites (frontières) ou de représenter des axes, notamment de transport. Lorsqu'ils sont associés à des flèches, ils permettent de rendre compte de dynamiques, notamment de flux.

Pour chaque figuré se pose ensuite la question du choix de la **palette graphique** (couleur et gradation) et à la **taille** des figurés (proportionnalité).

Informations	Figurés utilisés	Différencier des figures	Hiérarchiser des figures
Localisation d'éléments s'étendant en surface (États, espaces urbains, agricoles, zones industrielles...)	**Figurés de surface** – plages colorées – plages hachurées – plages de pointillés	**Pour distinguer des phénomènes de nature différente :** – varier la couleur des plages – varier l'orientation des hachures – varier les types de points	**Pour hiérarchiser des phénomènes de même nature :** – varier l'intensité d'une même couleur – varier la gradation des hachures en jouant sur l'espacement ou l'épaisseur des traits – varier la densité des points
Localisation d'éléments ponctuels (barrage, ville, usine, port...)	**Figurés ponctuels**	**Pour distinguer des phénomènes de nature différente :** – varier la forme – varier la couleur	**Pour hiérarchiser des phénomènes de même nature :** – varier la taille des figurés – varier l'intensité d'une même couleur
Localisation d'éléments linéaires (fleuves, routes, voies ferrées, flux d'échanges)	**Figurés linéaires**	**Pour différencier des types de flux :** varier la couleur ou la forme des flèches	**Pour hiérarchiser des flux :** varier l'épaisseur des flèches

Réalisation graphique

> Recopier la légende et le titre

- La légende doit être présentée de façon à clairement identifier le **plan hiérarchisé** en parties et en sous-parties.

Le jour du bac, l'élève dispose d'un cadre pour la légende : il est judicieux d'en exploiter tout l'espace disponible en aérant et en équilibrant la présentation de la légende.

- Placer le titre au-dessus de la carte ou du schéma en reprenant l'intitulé du sujet.

> Représenter schématiquement les contours de l'espace étudié (dans le cas du schéma)

Le schéma doit être **assez grand pour être lisible (environ une demi-page)**. Il convient d'y intégrer les principaux fleuves, sommets et autres éléments géographiques remarquables.

> Réaliser le croquis ou le schéma

- Faire preuve du plus grand soin lors de la phase de réalisation, en localisant les aplats de couleur, puis les figurés ponctuels et linéaires !
- Terminer par une nomenclature cohérente, complète (États, régions, villes, fleuves et océans), hiérarchisée et précisément localisée.

Liste des méthodes et stratégies

Histoire

Le rapport des sociétés à leur passé

Idéologies et opinions en Europe de la fin du XIXe siècle à nos jours

Puissances et tensions dans le monde de la fin de la Première Guerre mondiale à nos jours

Les échelles de gouvernement dans le monde de la fin de la Seconde Guerre mondiale à nos jours

Géographie

Clés de lecture d'un monde complexe

Les dynamiques de la mondialisation

Dynamiques géographiques de grandes aires continentales

ANNEXE 2

Liste des sujets corrigés

Sujets de type bac

Études critiques de document(s)

Compositions

Croquis de géographie

Sujets post bac

Études critiques de document(s)

Compositions

ANNEXE 3

Lexique

Les termes définis dans ce lexique sont suivis d'un astérisque à leur première occurrence dans le cours.

A

agence de notation
Entreprise qui évalue la situation financière d'un État, d'une collectivité ou d'une entreprise. La note obtenue influence les investisseurs et les taux d'intérêt pratiqués par les créanciers.

aire de civilisation
Ensemble géographique fondé sur un découpage culturel généralement complexe, lié à des critères principalement linguistiques et religieux, mais aussi sociaux (habitudes alimentaires ou pratiques sportives).

ALENA
Accord de libre-échange nord-américain, signé entre le Canada, les États-Unis et le Mexique. Entré en vigueur en 1994, il permet le libre-échange des marchandises entre ces trois pays. Cela s'est traduit par une nette augmentation des échanges, mais aussi par des difficultés économiques de certains secteurs peu concurrentiels comme l'agriculture mexicaine.

amnistie
Mesure judiciaire décidée par la loi consistant à « oublier » officiellement certaines infractions.

approfondissement
Dynamique de la construction européenne qui vise l'intégration de parts de souveraineté nationale au profit d'une politique communautaire applicable aux États, soit une extension qualitative des décisions communes.

ASEAN
Association des nations de l'Asie du Sud-Est, fondée en 1967 pour développer la croissance économique dans un contexte de guerre froide. Elle regroupe aujourd'hui Brunei, le Cambodge, l'Indonésie, le Laos, la Malaisie, le Myanmar, les Philippines, Singapour, la Thaïlande et le Vietnam. Des sommets sont organisés annuellement pour promouvoir la coopération et le développement entre les membres, mais aussi avec d'autres pays comme la Chine, la Corée du Sud ou le Japon.

audimat
Système d'évaluation de l'audience des médias audiovisuels.

B

brain-drain
Expression née dans les années 1960, parfois désignée en français par « exode des cerveaux », qui désigne la migration de scientifiques, de chercheurs ou plus largement de personnes à haut niveau de qualification vers des pays offrant de meilleures conditions de vie, de travail ou de rémunération.

BRICS
Acronyme anglais désignant les cinq grandes puissances émergentes actuelles (Brésil, Russie, Inde, Chine, Afrique du Sud) se réunissant annuellement en sommet. Avant l'entrée de l'Afrique du Sud en 2011, on parlait de BRIC. En 10 ans, leur place dans l'économie est devenue essentielle : ils concentrent aujourd'hui 30 % du PIB mondial.

C

califat
Institution faisant du calife le chef politique et religieux dans le monde musulman. Les califes sont les successeurs du prophète Mahomet. Le califat est aux mains des sultans ottomans de 1517 à 1924.

capitalisme
Système économique fondé sur la propriété privée des moyens de production et la recherche du profit.

censure
Contrôle exercé par un gouvernement sur les médias pour les surveiller, voire les interdire.

chancelier fédéral (*Bundeskanzler*)
Titre du chef du gouvernement de la République fédérale d'Allemagne.

cogestion
Gouvernance d'entreprise fondée sur la gestion en commun de l'entreprise par les salariés et la direction, les représentants des salariés siégeant au conseil d'administration. Ce mode de gestion a été imposé par la loi de 1976 à toutes les entreprises de plus de 2 000 salariés en RFA.

cohabitation
Coexistence au sommet de l'État d'un chef de l'État et d'un chef de gouvernement (Premier ministre) issu d'une majorité parlementaire politiquement opposée au chef de l'État. Le rôle du président de la République est alors amoindri.

commerce équitable
Le commerce équitable contribue au développement durable en proposant de meilleures conditions commerciales et une juste rétribution pour les petits producteurs des pays du Sud. Il promeut une plus grande continuité dans les échanges commerciaux, de meilleures conditions de travail et une préservation croissante de l'environnement.

communisme
Mouvance du socialisme prônant la révolution pour établir une société sans classes, une société égalitaire sans exploitation de l'homme par l'homme.

confédération
Association d'États souverains ; la confédération est un regroupement d'États qui ne constitue pas lui-même un nouvel État.

conflit d'usage
Divergence entre les intérêts des individus ou des groupes occupant un même territoire et exploitant ses ressources.

convention collective
Accord conclu dans une entreprise ou un secteur d'activité entre le patronat et les organisations syndicales de salariés et réglementant le droit du travail (salaires, conditions de travail, licenciement…).

croissance
Processus à caractère souvent économique qui se distingue du développement par sa dimension principalement quantitative. Elle se mesure par des indicateurs différents selon qu'il s'agit d'une croissance démographique ou économique.

D

décentralisation
Politique par laquelle l'État transfère des compétences administratives à des collectivités territoriales (communes, départements, régions) jouissant d'une autonomie locale et exerçant ainsi des responsabilités à un échelon de plus grande proximité.

déconcentration
Politique par laquelle l'État délègue des pouvoirs de décision de l'administration centrale à des administrations locales représentant l'État et donc placées sous son autorité.

développement
Amélioration qualitative de l'économique et de la société. La production et les revenus augmentent. Les infrastructures et les équipements (transports, santé, éducation) sont améliorés.

développement durable
Notion présentée en 1987 dans le rapport Brundtland (*Our Common Future*) qui la définit comme un « mode de développement qui répond aux besoins du présent sans compromettre la capacité des générations futures à répondre aux leurs ». Trois piliers (croissance économique, développement humain et protection de l'environnement) doivent être conciliés.

diaspora
Terme employé lorsque les migrants se sont implantés dans plusieurs pays, tout en gardant des liens forts avec leur pays d'origine. Cela favorise souvent des échanges commerciaux et des IDE* entre les pays émetteurs et les pays d'accueil.

division internationale du travail (DIT)
La DIT ou DIPP (division internationale du processus de production) est la répartition des tâches entre différents pays en fonction des avantages respectifs des sites.

doctrine de Monroe
Définie par le président James Monroe en 1823, elle affirme que les États-Unis n'interviendront pas dans les affaires européennes, et, qu'à l'inverse, les puissances européennes ne doivent pas intervenir sur le continent américain où peut donc s'exercer l'influence exclusive des États-Unis.

double majorité (vote à la)
Principe de vote au Conseil européen instauré par le traité de Lisbonne et reposant sur une double majorité, à savoir une majorité des États et une majorité de population en

fonction du poids démographique de chaque État, soit au moins 55 % des États de l'Union et 65 % de la population européenne.

E

économie de rente
Situation d'un pays ne cherchant pas à développer de nouvelles richesses du fait de la présence sur son sol d'une ressource, notamment naturelle, générant un important profit. Les pays exportateurs d'hydrocarbures ont cependant vu entre juillet et décembre 2014 leur rente diminuer du fait de la brusque chute des cours du pétrole.

élargissement
Dynamique de la construction européenne qui vise l'expansion spatiale de l'Union européenne par l'adhésion de nouveaux États membres, soit une extension quantitative. De 6 pays fondateurs, le projet européen compte désormais 28 pays membres.

empreinte écologique
Indicateur développé entre autres par l'ONG* environnementaliste WWF afin de mesurer la capacité de charge imposée par une population à la nature. Calculée en hectare global par habitant (hag), elle détermine la surface de terres productives nécessaire à une activité économique ou à un mode de vie. Elle peut être critiquée pour son manque de rigueur scientifique et son impact essentiellement médiatique.

endiguement
En anglais, *containment*. Doctrine édictée par le président Truman en 1947 et consistant à contenir, par tous les moyens, l'expansion du communisme dans le monde.

épuration
À la Libération, action visant à écarter de la vie politique ou sociale les individus accusés de collaboration.

espace Schengen
Espace de libre circulation des personnes entre les États signataires de l'accord de Schengen, signé le 14 juin 1985, puis de la convention entrée en vigueur le 26 mars 1995. De 5 pays fondateurs, il regroupe désormais 26 pays, dont 22 appartenant à l'Union européenne et 4 États tiers (Islande, Norvège, Suisse et Liechtenstein). L'espace Schengen repose sur la suppression des contrôles aux frontières.

États faillis (*failed states*)
Notion désignant la situation d'un État ne contrôlant plus sa population ni son territoire. Il ne peut donc plus assurer ses fonctions régaliennes (police, justice) permettant de garantir l'ordre à l'intérieur de ses frontières.

État-nation
État dont les habitants partagent un sentiment d'unité nationale (langue, histoire, culture, valeurs) et la volonté de vivre ensemble.

État-providence
État qui intervient fortement dans le domaine économique et social par une politique de redistribution des richesses (allocations, aides).

Europe « à géométrie variable »
Expression désignant une intégration différenciée des États membres au sein de l'Union européenne engendrant ainsi diverses unités plus ou moins intégratives.

Europe à la carte
Expression désignant une participation différenciée des États membres aux politiques communes. Les États désireux de poursuivre l'approfondissement développent des coopérations renforcées, censées initier une dynamique d'entraînement auprès des autres pays membres.

euroscepticisme
Mouvement de pensée hétérogène, variant d'une position « modérée » à « dure », caractérisé par une désapprobation, une critique de la construction européenne dans sa dimension intégrative et donc communautaire. La viabilité de construction européenne est mise en question, notamment du fait de l'affaiblissement des États-nations provoqué par l'approfondissement de la construction européenne.

F

fatwa
Dans la religion musulmane, avis juridique (pouvant être une condamnation religieuse) prononcé par une autorité religieuse.

fédération ou État fédéral
État souverain et fédération à la fois ; la fédération est un regroupement d'États fédérés

qui deviennent des collectivités soumises à l'autorité de l'État fédéral.

front pionnier
Limite mouvante qui sépare les espaces peuplés et met en valeur des espaces quasiment vides. Au Brésil, les fronts pionniers correspondent souvent à des zones où le défrichement est important.

G

GATT (*General Agreement on Tariffs and Trade*)
Conclus en 1947, les accords du GATT (en français, Accord général sur les tarifs douaniers et le commerce) ont pour objectif d'abaisser les taxes douanières aux frontières des États signataires. Le libre-échange ainsi promu doit assurer le développement économique et la pacification du monde. Le dernier cycle de négociation aboutit en 1994 à la création de l'OMC.

géopolitique
Étude du fait politique à travers sa dimension géographique, impliquant d'une part sa distribution spatiale, d'autre part les stratégies des acteurs pour contrôler un territoire.

Grand Bond en avant
Politique de développement économique décidée par le gouvernement de la République populaire de Chine en janvier 1958, marquée par une accélération de la collectivisation des terres et une industrialisation des campagnes, sur fond de mobilisation des masses. La désorganisation est telle que les récoltes s'effondrent, entraînant des famines.

H

hub
Terme anglais désignant une plate-forme de correspondance des compagnies aériennes dans un aéroport. Le terme peut également qualifier les grands hubs maritimes qui servent de centre d'éclatement pour le transport des marchandises, en général conteneurisées.

hyperpuissance
Puissance sans rival et s'exerçant dans tous les domaines. La notion correspond pour les États-Unis à la période qui suit la fin de la guerre froide et la disparition de l'URSS. Le terme a été avancé par Hubert Védrine, ministre français des Affaires étrangères de 1997 à 2002.

I

investissements directs à l'étranger (IDE)
Placements de capitaux effectués par des entreprises en vue de développer leurs capacités de production dans le monde entier. Les IDE correspondent à des achats d'entreprises, de filiales ou à la création de nouveaux établissements. Ils encouragent l'essor de flux de capitaux et de marchandises.

indice de développement humain (IDH)
Indicateur de développement créé par le PNUD (Programme des Nations unies pour le développement) en 1990. Indicateur composite compris entre 0 (niveau de développement le plus faible) et 1 (niveau de développement le plus élevé), il intègre trois domaines : pouvoir d'achat (RNB/habitant), santé (espérance de vie à la naissance) et éducation (taux de scolarisation, taux d'alphabétisation).

intergouvernementalité
Mode de gouvernance dans une union d'États où chaque État membre reste souverain et représente ses intérêts nationaux ; elle suppose une coopération entre les gouvernements. Le processus décisionnel repose sur l'unanimité ou le vote à la majorité des membres.

isolationnisme
Attitude d'un État consistant à se tenir à l'écart des affaires du monde et des conflits. L'isolationnisme des États-Unis, même lorsque celui-ci est explicitement revendiqué, est cependant toujours relatif en raison de leur poids et de leurs intérêts dans le monde.

K, L

krach boursier
Effondrement brutal du cours des actions.

libre-échange
Système économique prônant la libre circulation des produits et des services par la suppression de barrières douanières.

Lions africains
Expression désignant les pays du continent africain connaissant depuis quelques années une forte croissance économique.

M

majorité qualifiée (vote à la)
Principe de vote au Conseil européen reposant sur une pondération des voix attribuées à chaque État membre.

mandat
Tutelle sur un territoire octroyée en 1919 par la Société des Nations à une grande puissance, en vue de le conduire à l'indépendance.

maquiladoras
Usines d'assemblage américaines implantées au Mexique dans la zone frontalière depuis les années 1960. Bénéficiant d'une main-d'œuvre moins coûteuse, elles sont favorisées par l'abaissement des droits de douane, les productions étant réexportées aux États-Unis.

marxisme
Doctrine philosophique fondée par Karl Marx et Friedrich Engels dénonçant la lutte des classes, l'exploitation économique des prolétaires par les bourgeois. Seule une révolution prolétarienne peut conduire au renversement de la société capitaliste et à l'émergence d'une société sans classe et sans État, la société communiste.

médias
Ensemble des moyens de communication et de diffusion d'informations auprès du public (presse écrite, radio, cinéma, affiches, télévision, Internet). Les médias de masse touchent un public nombreux.

mémorial
Monument commémoratif d'un événement ou honorant la mémoire de victimes.

MERCOSUR
Marché commun du Sud, créé en 1991. Il permet la libre circulation des biens et des services entre l'Argentine, le Brésil, le Paraguay et l'Uruguay. Le Venezuela a adhéré à cette organisation en 2012 et la Bolivie a entrepris des démarches pour la rejoindre. Le Chili, la Colombie, l'Équateur et le Pérou sont des membres associés.

métropole
Agglomération où se concentrent les fonctions de commandement et la population. Elle exerce des forces d'attraction et de rayonnement. Elle constitue une interface entre son pays et le reste du monde. Les plus importantes sont des éléments centraux du processus de mondialisation.

motion de censure
Moyen dont dispose l'Assemblée nationale pour montrer son désaccord avec la politique menée par le gouvernement et le contraindre à démissionner.

moudjahid (au pluriel moudjahidin)
Combattant d'une armée de libération islamique.

multilatéralisme
Politique extérieure qui cherche à concilier les positions d'au moins trois acteurs dans la gestion des relations internationales.

N

négationnisme
Doctrine niant l'existence du génocide juif. Il désigne aussi la contestation ou la minimisation d'autres crimes contre l'humanité.

néoconservatisme
Courant de pensée politique qui se développe aux États-Unis dans les années 1970, prônant la défense des valeurs américaines et démocratiques dans les affaires internationales, quitte à utiliser la puissance militaire. Ce courant a influencé la politique étrangère de Ronald Reagan et surtout de George W. Bush.

nostalgérie
Mémoire positive et nostalgique de l'Algérie portée par les rapatriés après 1962.

O

objectifs du Millénaire pour le développement (OMD)
Adoptés en l'an 2000 par les 193 pays membres de l'ONU, les huit objectifs du Millénaire promeuvent des politiques publiques combattant l'extrême pauvreté, la faim dans le monde, l'analphabétisme, la mortalité infantile, la discrimination des femmes et les grandes pandémies. Des objectifs chiffrés ont été définis pour l'année 2015.

organisation non gouvernementale (ONG)
Association à but non lucratif qui agit dans la défense de l'environnement, des droits de l'homme, de la santé, des libertés, etc.

Organisation des pays producteurs de pétrole (OPEP)

Association des principaux pays producteurs et exportateurs de pétrole, créée en 1960. Elle réunit des pays du Moyen-Orient, mais aussi d'autres comme l'Indonésie ou le Venezuela, dans le but de coordonner leurs politiques énergétiques.

opinion publique

Ensemble des convictions, sentiments, jugements largement partagés par une population à un moment donné. L'opinion publique est cependant souvent divisée, notamment lors des grandes crises politiques, et elle peut évoluer rapidement.

opting out

Option de retrait, dérogation négociée par un État membre dans la politique intégrative de l'Union européenne permettant ainsi de ne pas participer à un domaine de la politique communautaire.

organisation régionale

Association d'États qui délèguent, par un traité, l'exercice de certaines compétences à des institutions communes.

P

pays émergent

Catégorie ouverte de pays dont le taux de croissance annuelle du PIB élevé symbolise un décollage économique, marqué par l'industrialisation et l'insertion dans les échanges mondialisés, mais présentant des signes seulement partiels de développement (maintien, voire renforcement des inégalités socios-patiales par exemple). Les principaux pays émergents sont parfois désormais considérés comme ayant émergé (Chine, Brésil).

pays les moins avancés (PMA)

Catégorie de pays créée par le Programme des Nations unies pour le développement en 1971 pour désigner les pays socio-économiquement les moins développés. Le PIB par habitant y est inférieur à 900 dollars par an, leur IDH* très faible et leur vulnérabilité économique forte. En 2014, 48 pays font partie des PMA, dont 34 en Afrique.

plans (ou programmes) d'ajustement structurel

Conditionnement de prêts accordés aux pays en développement en échange de politique d'austérité (baisse des dépenses publiques).

politique de rigueur

Politique ayant pour but la stabilité et la réduction des déficits publics ; elle fait souvent le choix d'une hausse de la fiscalité.

présidentialisation

Transformation d'un régime politique par l'accroissement du pouvoir du président de la République, devenant la pièce maîtresse de la vie institutionnelle et le pivot décisionnel de la vie politique.

presse d'information

Presse populaire de grande diffusion prétendant à la neutralité de ses informations afin de toucher le public le plus large.

presse d'opinion

Presse affichant des convictions et des idéaux, ceux de mouvements politiques et idéologiques.

prolétaire

Travailleur contraint de vendre sa force de travail pour survivre.

protectionnisme

Politique d'augmentation des barrières douanières pour freiner les importations.

puissance

Notion qui renvoie à une capacité d'agir. On distingue l'action qui repose sur la force (*hard power* : l'armée, la diplomatie) de celle qui repose sur l'influence (*soft power* : attractivité d'une culture ou d'un mode de vie, force commerciale et/ou financière).

R

radio périphérique

Radio émettant depuis une antenne située hors du territoire français pour échapper au contrôle de l'État.

rapatriés

Ensemble des personnes, « Français musulmans » et « Français d'Algérie », réfugiés en France en 1962 après les accords d'Évian. Ce terme évoque aussi le retour des rescapés des camps (de travail, de prisonniers, de concentration et d'extermination) de la Seconde Guerre mondiale.

réformisme

Courant du socialisme prônant la transformation de la société par le biais de réformes engagées par la voie légale, c'est-à-dire parlementaire.

régime semi-présidentiel

Expression forgée par le juriste Maurice Duverger pour désigner le régime hybride situé entre le régime parlementaire et le régime présidentiel. Dans ce régime mixte, les responsabilités de l'exécutif sont partagées entre le chef de l'État, élu au suffrage universel direct et ayant des prérogatives propres, et le chef du gouvernement, seul responsable devant le Parlement.

réseau

Ensemble des lignes et des axes matériels permettant la circulation des flux (réseau routier, ferroviaire…). Les carrefours de communication en constituent les nœuds. La notion de réseau peut également désigner un ensemble plus immatériel de relations, d'échanges : réseaux migratoires par exemple.

résistancialisme

Terme forgé par l'historien Henry Rousso pour qualifier la mémoire d'après-guerre présentant la France comme unanimement résistante pendant l'Occupation.

résolution 242 de l'ONU

Résolution du Conseil de sécurité de l'ONU, votée en 1967, exigeant le retrait des territoires occupés par Israël à la suite de la guerre des Six Jours, mais rappelant aussi le droit pour tous les États de la région – y compris Israël – de vivre en sécurité.

ressource

Capital – naturel, matériel ou humain – qui est mis en valeur par une société afin de produire des richesses. Les ressources naturelles sont variées : ressources minérales, énergétiques, parfois le site en lui-même dans le cas de la mise en tourisme des ressources paysagères. Leur exploitation dépend du niveau de développement d'une société et peut mener, dans un contexte de raréfaction de la ressource, à des conflits.

Révolution culturelle

Politique de Mao Zedong pour reconquérir son pouvoir en dénonçant les élites administratives, économiques et culturelles ; beaucoup de membres, y compris de dirigeants communistes, sont exécutés par les « gardes rouges » fidèles à Mao. Le culte de la personnalité de Mao Zedong atteint son apogée avec la lecture et la connaissance obligatoires du *Petit Livre rouge*, recueil des pensées de Mao sous forme de slogans.

S

scrutin uninominal à deux tours

Mode de désignation pour attribuer un siège. Si, lors du premier tour, un candidat recueille la majorité absolue des suffrages exprimés, il est élu ; sinon, un second tour est organisé et le candidat qui recueille le plus de voix (majorité relative) est élu.

social-démocratie

Tendance réformiste et modérée du socialisme visant l'établissement d'une société plus juste par la réforme du capitalisme et la négociation entre syndicats et patronat.

socialisme

Doctrine politique dénonçant la précarité des conditions de travail et de vie des ouvriers à l'ère industrielle et capitaliste, et prônant l'établissement d'une société plus juste.

souverainiste

Défenseur de la souveraineté nationale, de l'autonomie politique ; les intérêts nationaux priment sur les intérêts communautaires. Opposant du fédéralisme.

spartakisme

Ligue marxiste révolutionnaire, scissionniste du SPD et à l'origine de la naissance du KPD.

spéculation financière

Opérations d'achats ou de ventes de titres financiers ou de biens (immobiliers) dans le but d'en tirer un bénéfice grâce à la variation de leur valeur.

start-up (jeune pousse)

Jeune entreprise ayant un fort potentiel de croissance et ayant généralement pour domaine d'activité les nouvelles technologies.

substitution aux importations
Mode de développement économique qui consiste à taxer très fortement les importations afin de permettre à la production nationale de se développer et, progressivement, d'être capable d'assurer la production des biens jusque-là importés. Ce mode de développement a été promu par le Japon et repris par de nombreux pays de l'Asie du Sud et de l'Est.

supranationalité
Mode de gouvernance dans une union d'États où chaque État membre délègue des parts de sa souveraineté à une autorité supérieure (supranationale, au-dessus des gouvernements), qui représente les intérêts communs de la communauté primant sur les intérêts particuliers des États ; elle suppose une intégration des politiques nationales au profit d'une politique communautaire s'appliquant à tous les États membres.

syndrome de Vichy
Expression de l'historien Henry Rousso évoquant la difficulté des Français et de la République à évoquer et à assumer ses attitudes et ses responsabilités pendant l'Occupation.

T

talibans
Étudiants en théologie islamique. Ils forment un mouvement fondamentaliste et terroriste musulman très influent au Pakistan et surtout en Afghanistan, où ils sont au pouvoir de 1996 à 2001.

Trente Glorieuses
Expression de l'économiste Jean Fourastié utilisée pour décrire la période de forte croissance économique (5 % en moyenne) des pays industrialisés entre 1945 et 1973. Ses bornes chronologiques peuvent être nuancées selon les pays.

tripartisme
Nom désignant la coalition gouvernementale formée entre 1946 et 1947 par les trois principaux partis politiques : la Section française de l'Internationale ouvrière (SFIO), le Parti communiste français (PCF) et le Mouvement républicain populaire (MRP).

U

unilatéralisme
Politique extérieure d'un pays qui défend ses propres intérêts sans tenir compte de l'avis des autres acteurs (États, organisations internationales…), par exemple les États-Unis lors de leur intervention contre l'Irak en 2003.

W, Z

WASP
Acronyme de « white anglo-saxon protestant » (Blancs protestants d'origine anglo-saxonne), désignant à l'origine les descendants des immigrants protestants d'Europe du Nord-Ouest (par opposition aux « blancs » catholiques). Après avoir imposé leur modèle culturel, les WASP ont constitué l'élite politique et culturelle du pays au détriment des autres communautés ethniques.

zone euro
Zone monétaire regroupant 18 États membres de l'Union européenne ayant choisi d'adopter l'euro comme monnaie unique.

zone économique spéciale (ZES)
Zone franche* couvrant de très vastes territoires, comme en Chine où elles peuvent regrouper plusieurs milliers d'entreprises (cas de Shenzen).

zone franche
Territoire circonscrit d'un pays présentant des avantages fiscaux permettant les investissements étrangers et le développement de l'activité économique. Les droits de douane y sont limités pour favoriser la croissance des flux commerciaux.

ANNEXE 4

Index

P

Q, R

S

T

U, V, W

Z

TABLE DES ILLUSTRATIONS